Kathrin Bauder, Markus Bauder, Volker Holzer, Thomas Paaß, Ulrich Patzig,
Christian Seifritz

Holzer Stofftelegramme Wirtschafts- und Sozialkunde (Gesamtwirtschaft), Gemeinschaftskunde, Deutsch

Kompetenzbereiche I - IV
Industriekauffrau/-mann
Groß- und Außenhandelskauffrau/-mann
Kauffrau/-mann für Spedition und Logistikdienstleistung
Immobilienkauffrau/-mann
Kauffrau/-mann für Marketingkommunikation
u. a.

Baden-Württemberg

D1725019

2. Auflage

Bestellnummer 00654

■ Bildungsverlag EINS
westermann

service@bv-1.de
www.bildungsverlag1.de

Bildungsverlag EINS GmbH
Ettore-Bugatti-Straße 6-14, 51149 Köln

ISBN 978-3-427-**00654**-1

westermann GRUPPE

Vorwort

Das Buch gewährleistet ein **systematisches Fitnesstraining für Unterricht + Klassenarbeit + Prüfung.** Die Stoffinhalte entsprechen den **Lehrplänen (Wirtschafts- und Sozialkunde kompetenzorientiert: Schwerpunkt Gesamtwirtschaft, Gemeinschaftskunde, Deutsch)** für **BADEN-WÜRTTEMBERG (Industrie + Großhandel ... =** mittlerweile **identische Prüfungen).**

Alle Kapitel der Wirtschafts- und Sozialkunde und Gemeinschaftskunde bestehen jeweils aus:

↓ Stofftelegramm	↓ Aufgaben	↓ Prüfungsaufgaben
Stoffinhalte in Kurzform	**typische Fragestellungen zum Stoffgebiet + Tests mit Notenermittlung** in Gesamtwirtschaft	sämtliche kapitelzugehörige und zum neuen Lehrplan passende **Prüfungsaufgaben (Industrie, Großhandel, Einzelhandel ...)** der letzten Jahre (Die Prüfungsaufgaben Sommer 2017 befinden sich gebündelt am Ende des Buches.)

Einsatzmöglichkeiten:

- **systematische Nachbearbeitung** eines Stoffgebietes

- **eigenverantwortliche Kontrolle** anhand der Übungsaufgaben und **Tests** mit Notenermittlung in Kombination mit dem Lösungsbuch

- **gezielte Vorbereitung auf Klassenarbeiten und Abschlussprüfung**

Das **Lösungsbuch (Bestell-Nr. 00655)** mit ausführlichen Antworten ist getrennt erhältlich.

Verfasser und Verlag wünschen Ihnen viel Erfolg beim Lernen, in der Klassenarbeit und Prüfung. Wir freuen uns, wenn das vorliegende Buch für Sie eine entscheidende Hilfe darstellt.

Inhaltsverzeichnis

Wirtschafts- und Sozialkunde

Kompetenzbereich I: In Ausbildung und Beruf orientieren

1 Duales Ausbildungssystem
1.1 Grundlagen: Beteiligte, Lernorte, Ausbildungsordnung 9
1.2 Das Ausbildungsverhältnis mit Exkurs Zeugnis 10
1.3 Konfliktsituationen und Lösungsmöglichkeiten 20

2 Schutzbestimmungen für Mitarbeiter am Arbeitsplatz
2.1 Das Jugendarbeitsschutzgesetz 22
2.2 Arbeits-, Unfall-, Gesundheits- und Kündigungsschutz 25

3 Mitwirkung und Mitbestimmung nach dem Betriebsverfassungsgesetz
3.1 Allgemeine Grundlagen 27
3.2 Betriebsrat und Betriebsversammlung 29
3.3 Jugend- und Auszubildendenvertretung 31
3.4 Aufgaben zu den Kapiteln 3.1–3.3 32

4 Tarifvertrag, Arbeitskampf und Betriebsvereinbarung
4.1 Tarifvertrag und Arbeitskampf 37
4.2 Betriebsvereinbarung 41
4.3 Aufgaben zu den Kapiteln 4.1 und 4.2 41

5 Das System der sozialen Absicherung
5.1 Übersicht über die gesetzliche Sozialversicherung (Stand: 01/2017) 46
5.2 Ergänzungen gesetzliche Krankenversicherung 47
5.3 Ergänzungen gesetzliche Pflegeversicherung 48
5.4 Ergänzungen gesetzliche Rentenversicherung 52
5.5 Ergänzungen gesetzliche Arbeitslosenversicherung 52
5.6 Ergänzungen gesetzliche Unfallversicherung 55

5.7 Probleme der gesetzlichen Sozialversicherung 56
5.8 Das Dreischichtenmodell der Altersvorsorge 57
5.9 Aufgaben zu den Kapiteln 5.1–5.8 57
5.10 Exkurs: Die Gehaltsabrechnung: Fälle + Lösungen (Stand: 01/2017) 60

6 Prüfungsaufgaben Kompetenzbereich I

Kompetenzbereich II: Wirtschaftliches Handeln in der Sozialen Marktwirtschaft analysieren

1 Wechselseitige Beziehungen der Wirtschaftssubjekte
1.1 Wirtschaftskreislauf 110
1.2 Bruttoinlandsprodukt als Maß für wirtschaftliche Leistung 112
1.3 Aufgaben zu den Kapiteln 1.1 und 1.2 115

2 Ordnungsmerkmale der Sozialen Marktwirtschaft

3 Kooperation und Konzentration
3.1 Grundlagen 122
3.2 Kartell und Kartellverbot 123
3.3 Staatliche Wettbewerbspolitik 127
3.4 Aufgaben zu den Kapiteln 3.1–3.3 128

4 Markt und Preis
4.1 Markt und Marktformen 129
4.2 Bestimmungsgründe: Nachfrage und Angebot 132
4.3 Die Marktpreisbildung 138
4.3.1 Vollkommener und unvollkommener Markt 138
4.3.2 Polypol – vollkommener Markt 141
4.3.3 Markteingriffe des Staates 147
4.3.4 Angebotsmonopol 150
4.3.5 Angebotsoligopol 155

5 Prüfungsaufgaben Kompetenzbereich II

Kompetenzbereich III: Wirtschaftspolitische Einflüsse auf den Ausbildungsbetrieb, das Lebensumfeld und die Volkswirtschaft einschätzen

1 Wirtschaftspolitische Ziele
1.1 Grundlagen 171
1.2 Wirtschaftspolitische Zielkonflikte 172
1.3 Wirtschaftliche Grundprobleme der modernen Industriegesellschaft 174
1.4 Aufgaben 175
1.5 Prüfungsaufgaben 177

2 Konjunktur und Konjunkturpolitik
2.1 Der Konjunkturzyklus 180
2.2 Konjunkturindikatoren 182
2.3 Aufgaben 183
2.4 Konjunkturpolitik (allgemein) 185
2.5 Wirtschaftspolitische Konzeptionen 187
2.6 Prüfungsaufgaben 189

3 Beschäftigungs- und Arbeitsmarktpolitik
3.1 Die Beschäftigung in einer Volkswirtschaft 196
3.2 Arten und Ursachen der Arbeitslosigkeit 197
3.3 Bekämpfung und Probleme der Arbeitslosigkeit 197
3.4 Aufgaben (Grundwissen) 198
3.5 Prüfungsaufgaben 200

4 Der Wert des Geldes und seine Messung
4.1 Preisniveau und Kaufkraft 201
4.2 Entstehung des Verbraucherpreisindex 202
4.3 Ursachen von Inflation (Preisniveausteigerungen) 203
4.4 Auswirkungen von Inflation 203
4.5 Aufgaben (Grundwissen) 205

5 Geldtheorie und Geldpolitik
5.1 Das Europäische System der Zentralbanken (ESZB) 207
5.2 Inflation und Deflation (Geldwertschwankungen) 212
5.3 Geldpolitik der EZB 214
5.3.1 Offenmarktgeschäfte der EZB 214
5.3.2 Wirkungsweise von Offenmarktgeschäften 217

5.3.3 Leitzinspolitik der EZB (Übersicht) 218
5.3.4 Aufgaben 220
5.4 Prüfungsaufgaben 223

6 Europäische Integration, Globalisierung, Freihandel, Protektionismus, WTO
6.1 Europäische Integration 224
6.2 Globalisierung 230
6.3 Freihandel – Protektionismus 231
6.4 WTO 231
6.5 Aufgaben 232
6.6 Prüfungsaufgaben 232

Kompetenzbereich IV: Entscheidungen im Rahmen einer beruflichen Selbstständigkeit treffen

1 Berufliche Selbstständigkeit
1.1 Anforderungen 233
1.2 Beratungs- und Förderangebote für Existenzgründungen 235
1.2.1 Beratung 235
1.2.2 Förderung und Finanzhilfen 235
1.3 Businessplan 236
1.4 Amtliche Formalitäten für die berufliche Selbstständigkeit 237

2 Standortfaktoren
2.1 Standortfaktoren und Standortwahl 238
2.2 Nutzwertanalyse 239
2.3 Aufgaben 240
2.4 Prüfungsaufgaben 240

3 Rechtsformen der Unternehmung
3.1 Kaufmann – Handelsregister – Firma 242
3.2 Übersicht über die wesentlichen Rechtsformen 251
3.3 Einzel- oder Gesellschaftsunternehmung 251
3.4 Die Kommanditgesellschaft (KG) 253
3.5 Die GmbH (einschließlich UG) 262
3.6 Die GmbH & Co. KG 269
3.7 Prüfungsaufgaben 271

4 Unternehmensziele und Unternehmensleitbild
4.1 Unternehmensziele 278
4.2 Unternehmensleitbild 280
4.3 Prüfungsaufgaben 281

Gemeinschaftskunde

1   Junge Menschen in Beruf, Familie und Gesellschaft

1.1 Auszubildende und ihre Lebenswelt	287
1.1.1 Herausforderung Beruf	287
1.1.2 Herausforderung Familienleben	290
1.1.3 Herausforderung Freizeit	297
1.2 Strukturwandel der Gesellschaft	302
1.2.1 Demografischer Wandel	302
1.2.2 Migration	304
1.2.3 Wirtschaft im Wandel	307
1.2.4 Ökologische Herausforderungen	315
1.3 Medien und Mediennutzung	321
1.3.1 Nutzungsverhalten bei digitalen Medien und Printmedien	321
1.3.2 Chancen und Risiken der Mediennutzung	322
1.3.3 Medien und Demokratie	323
1.4 Prüfungsaufgaben	326

2   Demokratie in Deutschland

2.1 Partizipation und politischer Entscheidungsprozess	349
2.1.1 Junge Menschen und Politik	349
2.1.2 Leben im pluralistischen Staat	350
2.1.3 Entscheidungswege in der deutschen Demokratie	351
2.1.4 Beteiligungsmöglichkeiten in einer repräsentativen Demokratie	360
2.1.5 Freiheitlich-demokratische Grundordnung	369
2.2 Entwicklung der Demokratie in Deutschland und ihre Gefährdungen	371
2.2.1 Vorgeschichte der Teilung Deutschlands	371
2.2.2 Besatzungspolitik 1945–1949, Entstehung von BRD und DDR	374
2.2.3 Zeit des Kalten Krieges in Deutschland	375
2.2.4 Der Ost-West-Konflikt in Europa nach 1945	378
2.2.5 Westintegration und Wirtschaftswunder	379
2.2.6 Ende der 1960er-Jahre – Umbruchzeit und Reformbewegungen	380

2.2.7 Der Weg zur Wiedervereinigung 1971–1990	381
2.2.8 Auswirkungen der Wiedervereinigung	386
2.2.9 Gefährdungen für die Demokratie	387
2.3 Grund- und Menschenrechte	390
2.3.1 Grund- und Menschenrechte im Grundgesetz	390
2.3.2 Menschenrechtsschutz durch die UNO	391
2.3.3 Menschenrechtsverletzungen	392
2.3.4 Menschenrechtsorganisationen	393
2.3.5 Bundesverfassungsgericht	393
2.3.6 Europäischer Gerichtshof für Menschenrechte	394
2.4 Prüfungsaufgaben	395

3   Internationale Zusammenarbeit

3.1 Europa im 20. und 21. Jahrhundert	416
3.1.1 Freiheiten und Einheit in der Europäischen Union	416
3.1.2 Motive und Etappen des europäischen Einigungsprozesses	417
3.1.3 Gestaltung europäischen Rechts durch die EU-Organe	418
3.1.4 Machtverteilung und Zusammenarbeit in der EU (nach dem Vertrag von Lissabon 2009)	419
3.1.5 Streitfelder der EU-Politik	422
3.1.6 Perspektiven der EU: Gestaltung und Probleme	425
3.2 Globalisierung	428
3.2.1 Globalisierungserfahrungen	428
3.2.2 Chancen und Gefahren der Globalisierung	429
3.3 Friedenssicherung und Entwicklungszusammenarbeit	431
3.3.1 Problematik der Friedenssicherung	431
3.3.2 Politische und militärische Friedenssicherung	432
3.3.3 Globale Probleme	439
3.3.4 Chancen der Entwicklungszusammenarbeit	443
3.4 Prüfungsaufgaben	445

Deutsch

1 Aufgabentyp 1: Inhaltsangabe und Interpretation (Den Inhalt eines literarischen Textes wiedergeben und eine Zusatzaufgabe bearbeiten)

1.1	Begriffe	469
1.2	Vorgehen	469
1.3	Fehler	471
1.4	Beispiele	472
1.5	Ergänzung 1: Zitieren	473
1.5.1	Begriffe	473
1.5.2	Vorgehen	473
1.5.3	Beispiele	473
1.6	Ergänzung 2: Indirekte Rede/Konjunktiv	474

2 Aufgabentyp 2/1: Kreatives Schreiben (Variante A: Weitererzählen, Variante B: Umschreiben)

2.1	Begriff	475
2.2	Vorgehen	475
2.3	Aufbau	477
2.4	Sprache/Stil	477
2.5	Probleme/Fehler	478
2.6	Beispiele	479

3 Aufgabentyp 2/2: Kreatives Schreiben (Variante A: Privater Brief o. E-Mail, Variante B: Tagebucheintrag)

3.1	Begriffe	480
3.2	Vorgehen	480
3.3	Schreibweise/Stil	481
3.4	Aufbau	481
3.5	Probleme/Fehler	481
3.6	Beispiel	482

4 Aufgabentyp 3: Privater Geschäftsbrief

4.1	Begriff	484
4.2	Vorgehen	484
4.3	Fehler	486
4.4	Äußere Form, Anordnung (DIN 5008)	
	— Beispiel/Musterbrief	487

5 Aufgabentyp 4: Schaubild

5.1	Begriffe	488
5.2	Vorgehen	489
5.3	Schreibweise/Stil	490
5.4	Fehler	490
5.5	Beispiel	490

6 Aufgabentyp 5: Stellungnahme

6.1	Begriff	492
6.2	Vorgehen	492
6.3	Allgemeines Argumentationsschema/ Aufbau eines Argumentes	493
6.4	Einleitung	493
6.5	Hauptteil	494
6.5.1	Lineares Thema	494
6.5.2	Dialektisches (kontroverses) Thema	494
6.5.3	Stellungnahme aufgrund eines Meinungstextes	495
6.6	Schluss	495
6.7	Schreibweise	496
6.8	Fehler	496
6.9	Beispiele	496

7 Aufgabentyp 6: Visualisierung

7.1	Begriffe	498
7.2	Vorgehen (Schaubild/Visualisierung)	498
7.3	Beispiel	499
7.4	Fehler	501

8 Prüfungsaufgaben 502

Prüfungsaufgaben Sommer 2017 522

1 Prüfungsaufgaben Wirtschafts- und Sozialkunde Sommer 2017 522

2 Prüfungsaufgaben Gemeinschaftskunde Sommer 2017 530

3 Prüfungsaufgaben Deutsch Sommer 2017 540

Kompetenzbereich I:
In Ausbildung und Beruf orientieren

1 Duales Ausbildungssystem

1.1 Grundlagen: Beteiligte, Lernorte, Ausbildungsordnung

Stofftelegramm

Berufsbildungsgesetz ← | Rechtliche Vorschriften | → Jugendarbeitsschutzgesetz

Ausbildungsordnung   Berufsausbildungsvertrag

- **Beteiligte:**
  - **Ausbildender:** stellt den Auszubildenden zur Berufsausbildung ein (z. B. Bausitz AG)
  - **Ausbilder:** vom Ausbildenden mit der Ausbildung Beauftragte (z. B. Herr Haaf)
  - **Auszubildender**

- **Duales Ausbildungssystem**: Verbindung von praktischer und theoretischer schulischer Ausbildung
  - **Lernort Betrieb:**   Auszubildender erhält praktische Berufsgrundbildung.
    Basis der Ausbildung:
    - **Berufsausbildungsvertrag**
    - **Berufsbildungsgesetz**: enthält u. a. Bestimmungen über Rechte und Pflichten des Auszubildenden sowie über die Ausbildungsordnung (s. u.)
  - **Lernort Berufsschule:** Auszubildender erhält theoretische Ausbildung.
    Basis der Ausbildung:
    - Schulpflicht   • Lehrpläne   • Schulgesetze der Länder

- **Inhalte der Ausbildungsordnung (§ 5 Berufsbildungsgesetz):**
  - Bezeichnung des Ausbildungsberufes
  - Ausbildungsdauer (zwei bis drei Jahre)
  - Ausbildungsberufsbild: Fertigkeiten und Kenntnisse, die Gegenstand der Ausbildung sind
  - Ausbildungsrahmenplan: Anleitung zur sachlichen und zeitlichen Gliederung der Fertigkeiten und Kenntnisse
  - Prüfungsanforderungen

Aufgaben

1. Nennen Sie vier rechtliche Vorschriften der Berufsausbildung.

2. Erklären Sie den Begriff „duales Ausbildungssystem".

3. Nennen Sie fünf Inhalte der Ausbildungsordnung.

4. Erklären Sie kurz den Begriff „Ausbildungsberufsbild".

5. Erklären Sie kurz den Begriff „Ausbildungsrahmenplan".

1.2   Das Ausbildungsverhältnis mit Exkurs Zeugnis

Stofftelegramm

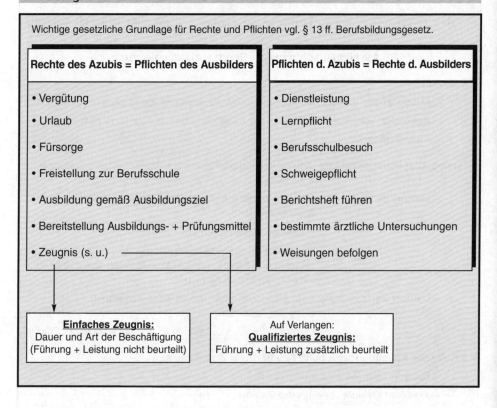

Wichtige gesetzliche Grundlage für Rechte und Pflichten vgl. § 13 ff. Berufsbildungsgesetz.

Rechte des Azubis = Pflichten des Ausbilders	Pflichten d. Azubis = Rechte d. Ausbilders
• Vergütung	• Dienstleistung
• Urlaub	• Lernpflicht
• Fürsorge	• Berufsschulbesuch
• Freistellung zur Berufsschule	• Schweigepflicht
• Ausbildung gemäß Ausbildungsziel	• Berichtsheft führen
• Bereitstellung Ausbildungs- + Prüfungsmittel	• bestimmte ärztliche Untersuchungen
• Zeugnis (s. u.)	• Weisungen befolgen

Einfaches Zeugnis:
Dauer und Art der Beschäftigung
(Führung + Leistung nicht beurteilt)

Auf Verlangen:
Qualifiziertes Zeugnis:
Führung + Leistung zusätzlich beurteilt

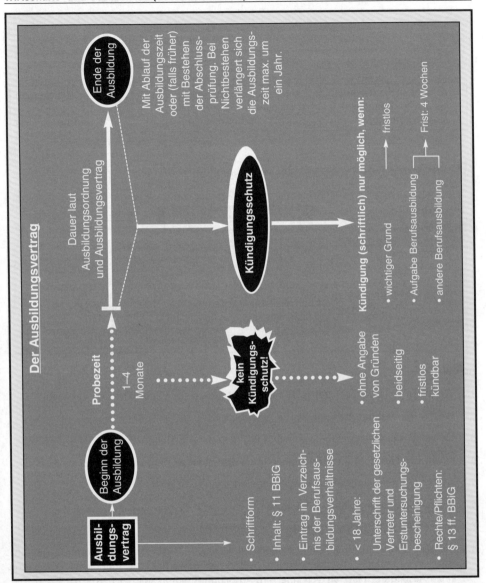

Der Ausbildungsvertrag

Ausbildungsvertrag

- Schriftform
- Inhalt: § 11 BBiG
- Eintrag in Verzeichnis der Berufsausbildungsverhältnisse
- < 18 Jahre: Unterschrift der gesetzlichen Vertreter und Erstuntersuchungsbescheinigung
- Rechte/Pflichten: § 13 ff. BBiG

Beginn der Ausbildung

Probezeit 1–4 Monate

kein Kündigungsschutz!
- ohne Angabe von Gründen
- beidseitig
- fristlos kündbar

Kündigungsschutz

Kündigung (schriftlich) nur möglich, wenn:
- wichtiger Grund → fristlos
- Aufgabe Berufsausbildung
- andere Berufsausbildung ⎰ Frist: 4 Wochen

Ende der Ausbildung

Dauer laut Ausbildungsordnung und Ausbildungsvertrag

Mit Ablauf der Ausbildungszeit oder (falls früher) mit Bestehen der Abschlussprüfung. Bei Nichtbestehen verlängert sich die Ausbildungszeit max. um ein Jahr.

Mindestinhalte eines Berufsausbildungsvertrages (§ 11 BBiG):	• Art, sachliche und zeitliche Gliederung sowie Ziel der Ausbildung • Beginn und Dauer • Ausbildungsmaßnahmen außerhalb der Ausbildungsstätte • Dauer der regelmäßigen täglichen Ausbildungszeit • Dauer der Probezeit • Zahlung und Höhe der Vergütung • Dauer des Urlaubs • Kündigungsvoraussetzungen

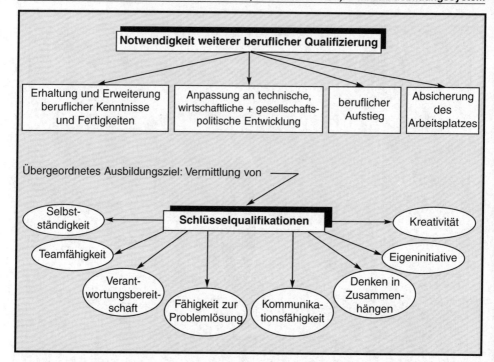

Aufgaben

1. Welche Unter- und Obergrenze ist bei der Probezeit eines Auszubildenden zu beachten?

2. Welche Kündigungsregeln gelten für Auszubildende?

3. Nennen Sie je drei typische Rechte und Pflichten des Auszubildenden.

4. In welchen Gesetzen sind Regelungen über Ausbildungsverträge enthalten?

5. Welche Formvorschrift ist bei Ausbildungsverträgen zu beachten?

6. Wann endet das Ausbildungsverhältnis?

7. Nennen Sie sechs typische Schlüsselqualifikationen.

8. Der Sportshop Fittig e. K. bietet in Rottweil alles zum Thema Sport über drei Etagen an. Für das kommende Ausbildungsjahr erhielten vier Bewerber eine mündliche Zusage für einen Ausbildungsplatz als Verkäufer/-in. Ausbildungsbeginn soll der 01.09.2013 sein. Die Ausbildung soll laut Vertrag am 31.08.2015 enden.
   Sie arbeiten in der Personalabteilung des Sportshops. In diesem Zusammenhang liegen folgende Aufgaben in Ihrem Verantwortungsbereich:
   a) Der Juniorchef, Herr Fittig, hat eine neue Anlage mit Zusatzvereinbarungen zum Ausbildungsvertrag erstellt (**Anlage**).
   Sie überprüfen diese Anlage auf ihre gesetzliche Rechtmäßigkeit (Berufsbildungsgesetz, Jugendarbeitsschutzgesetz, Bundesurlaubsgesetz). Sie notieren zu den Punkten I bis IV eine entsprechende begründete Rückmeldung an Herrn Fittig.

b) Im Rahmen Ihrer Tätigkeit in der Personalabteilung sind Sie immer auch Ansprechpartner für die Auszubildenden. Folgende Fragen haben Ihre Auszubildenden aktuell. Sie beantworten die Fragen unter Berücksichtigung der Rechtslage (Gesetze).

ba) Die Auszubildende Irina möchte wissen, ob ihre fristlose Kündigung in der Probezeit rechtmäßig ist. Sie war doch nur dreimal zu spät im Betrieb.

bb) Der Auszubildende Jan möchte nach acht Monaten mit einer Frist von zwei Wochen kündigen, weil ihm die Tätigkeit keinen „Spaß" mehr macht.

bc) Der Auszubildende Erdan ist im 2. Ausbildungsjahr zum Verkäufer. Er möchte wissen, wann seine Ausbildung endet. Im Ausbildungsvertrag ist das Ende mit 31.08.2013 angegeben. Seine letzte schriftliche Abschlussprüfung findet am 10.05.2013 statt; der mündliche Teil der Abschlussprüfung am 15.07.2013.

bd) Der Auszubildende Erdan möchte seine berufliche Laufbahn in Stuttgart in einem großen Sportfachgeschäft fortsetzen. Dafür benötigt er ein Arbeitszeugnis. Er fragt Sie nach den Unterschieden zwischen einem einfachen und einem qualifizierten Zeugnis.

Anlage

Ausbildungsvertrag

I. Vorrang des Betriebes
Betriebliche Belange haben Vorrang vor der Berufsschule. Sie dürfen die Berufsschule nur dann besuchen, wenn wichtige Themen behandelt werden (diese werden anhand des Lehrplanes von uns ausgewählt) bzw. wenn Klassenarbeiten anstehen. Ansonsten wird an Berufsschultagen normal im Betrieb gearbeitet. Bei Besuch der Berufsschule wird diese Zeit vom Gehalt abgezogen.

II. Probezeit
Die Probezeit endet am 31.01.2014. Bis dahin behalten wir uns das Recht vor, das Ausbildungsverhältnis fristlos und ohne Angaben von Gründen zu beenden.

III. Tätigkeiten
Der Auszubildende hat neben seiner üblichen Tätigkeit als Verkäufer/-in die folgenden Aufgaben zu übernehmen: Er unterstützt den Hausmeister bei Arbeiten, die zur Sauberhaltung der Sanitäranlagen und Außenanlagen einschließlich Parkplatz zu erledigen sind. Der Umfang solcher Tätigkeiten soll wöchentlich 6 Stunden nicht überschreiten.

IV. Urlaubsregelung
Volljährige Auszubildende erhalten den gesetzlich bezahlten Mindesturlaub von 24 Tagen; alle Auszubildenden unter 18 Jahren erhalten zwei weitere Urlaubstage.

Der Ausbildende   Der Auszubildende
Sportshop Fittig e. K.

                                         Evtl. gesetzlicher Vertreter

9.   Als Mitglied einer Jugend- und Auszubildendenvertretung sollen Sie die folgenden Fragen von Auszubildenden unter Berücksichtigung der gültigen Rechtslage (Berufsbildungsgesetz, Jugendarbeitsschutzgesetz) in einer schriftlichen Kurzmitteilung beantworten.

a) Ursel Kohn, 17 Jahre alt:

„Hallo, ich habe in meinem Ausbildungsvertrag eine Probezeit von sechs Monaten. Ein Freund von mir hat nur vier Monate. Geht das überhaupt?"

b) Kevin Adler, 16 Jahre alt:

„Hallo, ich habe mal eine Frage in Bezug auf meine Arbeitszeit. Mein Chef verlangt häufig von mir, länger da zu bleiben, sodass ich auch mal auf neun Stunden täglich komme. Im Vertrag habe ich eine Arbeitszeit von acht Stunden vereinbart. Darf ich dann überhaupt länger arbeiten?"

c) Sabine Sulger, 18 Jahre alt:

„Hallo, als ich meinen Ausbildungsvertrag unterschrieben habe, wurde ausgemacht, dass meine Ausbildungsvergütung direkt im ersten Jahr etwas höher angesetzt wird, dafür aber in den folgenden Ausbildungsjahren nicht weiter erhöht wird. Damals fand ich das sehr gut, befürchte jetzt aber, dass ich im Vergleich zu den anderen Auszubildenden hierbei benachteiligt werde. Kann ich etwas dagegen tun?"

d) Armin Mandel, 19 Jahre alt:

„Hallo, ich habe einem Freund einige interne Informationen aus meiner Abteilung erzählt. Mein Chef hat das rausbekommen und mir fristlos gekündigt. Ist das rechtlich wirksam?"

e) Nina Grenz, 17 Jahre alt:

„Hallo, ich habe ein großes Problem. Mein Ausbilder meint, ich könne nicht zweimal die Woche in den Berufsschulunterricht gehen, da er mich hier im Betrieb braucht. Daher darf ich nur montags und nicht donnerstags in die Berufsschule. Dadurch muss ich daheim ganz viel selbst nachholen an Unterrichtsstoff. Kann ich was dagegen machen?"

Exkurs: qualifiziertes Zeugnis

Hinweise zum qualifizierten Zeugnis:

• Wer ein qualifiziertes Zeugnis wünscht, muss dies dem Arbeitgeber gegenüber **erklären**.

• Das Zeugnis ist auf Verlangen des Arbeitnehmers **unverzüglich** auszustellen.

• Zeugnisschuld = **Holschuld** (Arbeitgeber muss Zeugnis zur Abholung bereithalten.)

• qualifiziertes Zeugnis = **Regelfall**

Das qualifizierte Arbeitszeugnis ist für die betriebliche Praxis und für Arbeitsgerichte ein „**Dauerbrenner**".

Gründe:

• Die **Bedeutung** des Arbeitszeugnisses in Zeiten hoher **Arbeitslosigkeit** wächst.

• Oberster Grundsatz: Die Inhalte des Zeugnisses müssen **wahr** sein.

• Unwahre Zeugnisse können zur **Haftung** und damit zu **Schadenersatzpflichten** des Zeugnisausstellers führen.

• Das Zeugnis muss laut Entscheidungen des Bundesarbeitsgerichts und des Bundesgerichtshofs von verständigem **Wohlwollen** getragen sein und darf dem Arbeitnehmer sein weiteres Fortkommen nicht unnötig erschweren.

• Es können aufgrund des Wahrheitsprinzips auch **negative Aussagen** enthalten sein.

• Der Arbeitgeber soll möglichst **objektiv, vorurteilsfrei und unvoreingenommen** beurteilen.

• **Einmalige Vorfälle** positiver oder negativer Art sollen **unberücksichtigt** bleiben.

Konflikt: Das Zeugnis muss **wahr** sein, aber gleichzeitig von **Wohlwollen** getragen sein. Folge: Vorgesetzte müssen regelrechte Klimmzüge veranstalten, um diesen Konflikt zu lösen.

In der Praxis haben sich bestimmte **Formulierungen** (Verschlüsselungen) herausgebildet, die mit **Noten** gleichgesetzt werden können. Aufgrund der Bedeutung dieser Formulierungen für den Arbeitnehmer ist es wichtig und interessant, sich damit auseinanderzusetzen.

Einige Beispiele typischer „Verschlüsselungen":

• Stets eine Abwertung bedeutet der Ausdruck „**bemühte sich**"!

• „... **stets** (immer, jederzeit) zu unserer **vollsten** (höchsten) Zufriedenheit ..."	= Note 1
„... **stets** (immer, jederzeit) zu unserer vollen Zufriedenheit ..."	= Note 2
„... zu unserer **vollen** Zufriedenheit ..."	= Note 3
„... zu unserer Zufriedenheit ..."	= Note 4
„... im Allgemeinen zu unserer Zufriedenheit ..."	= Note 5
„... hat sich **bemüht**, die ihm übertragenen Aufgaben zu unserer Zufriedenheit ..."	= Note 6

Der Aufbau eines qualifizierten Zeugnisses

1. Überschrift: „Arbeitszeugnis" oder „Ausbildungszeugnis" oder „Zeugnis"

2. Einleitung:
- Personalien des Arbeitnehmers (Name, Vorname, Beruf, Titel)
- Beschäftigungsdauer
- evtl. Geburtsdatum

3. Tätigkeitsbeschreibung:
- Arbeitsplatz
- Aufgaben- und Verantwortungsbereich
- hierarchische Funktion, Vollmachten, Übernahme von Spezialaufgaben

4. Leistungsbeurteilung:

- Leistungsbereitschaft:
  - Engagement
  - Motivation
  - Einsatzfreude
  - Initiative
  - Dynamik

- Arbeitsbefähigung:
  - Denk- und Urteilsvermögen
  - Auffassungsgabe
  - Problemlösungsfähigkeit
  - Belastbarkeit
  - Kreativität
  - Flexibilität
  ...
  = Können

- Arbeitsweise:
  - Zuverlässigkeit
  - Genauigkeit
  - Gewissenhaftigkeit
  - Arbeitseinteilung ...
  - Arbeitsplanung
  - Sorgfalt
  - Sauberkeit
  ...
  = Stil

- Arbeitserfolg:
  - Qualität
  - Quantität (Umsatz, Neukunden ...)
  - Zielerreichung
  - Termineinhaltung ...

- Fachkönnen: theoretische Kenntnisse, Aktualität, Berufserfahrung

- Weiterbildung: Bereitschaft zur Weiterentwicklung der Kenntnisse

- Zusammenfassung: Gesamtbewertung der Leistung

- Leitende Angestellte: Führungsfähigkeit und Führungserfolg

- Besondere Erfolge: herausragende Erfolge separat erwähnen

5. Beurteilung der Führung:
- Sozialverhalten gegenüber Vorgesetzten, Mitarbeitern, Kunden ...
- Gesamtbild (Charakter, Persönlichkeit): Teamfähigkeit, Durchsetzungsvermögen ...

6. Schlusssatz:
- Grund und Art der Beendigung nur auf Wunsch des Arbeitnehmers
- Bedauern über Weggang, Wünsche für Zukunft (fehlt Letzteres: Abwertung!)

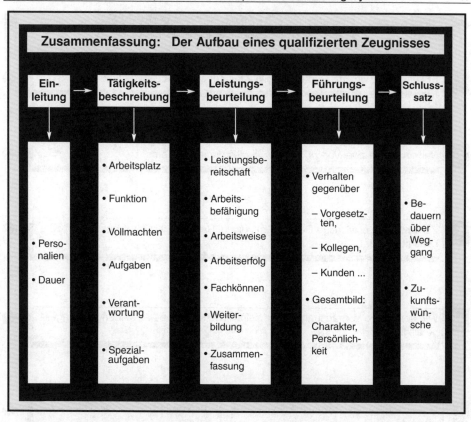

Test ➤ **Ausbildungsvertrag I**

Punkte

1 Erläutern Sie, was man unter Ausbildung im dualen System versteht. — ②

2 Nennen Sie je zwei Vor- und Nachteile des dualen Systems. — ②

3 Zählen Sie zwei wichtige Gesetze auf, die im Rahmen der Berufsausbildung zu beachten sind. — ②

4 Wie heißen die Vertragspartner, die beim Abschluss eines Ausbildungsvertrages beteiligt sind? — ②

5 In welcher Form ist der Ausbildungsvertrag abzuschließen und wo wird dieser registriert? — ②

6 Nennen Sie zwei Mindestangaben, die ein Berufsausbildungsvertrag enthalten muss. — ②

▼▼▼
Punktesumme ➤ ⑫

Notenermittlung: Kreuzen Sie Ihr Ergebnis an (Korrekturanleitung: siehe Lösung).

Punkte ➤	12	11	10	9	8	7	6	5	4	3	2	1
Note ▸	1,0	1,5	2,0	2,5	3,0	3,5	4,0	4,5	5,0	5,5	6,0	6,0
1. Versuch ➤												
2. Versuch ➤												
3. Versuch ➤												

1 Geben Sie je zwei Pflichten an, die durch den Abschluss eines Ausbildungsvertrages für den Auszubildenden und Ausbildenden entstehen.

2 Welchen Zeitraum schreibt der Gesetzgeber für die Probezeit vor?

3 Weshalb wird im Berufsausbildungsvertrag eine Probezeit vereinbart?

4 Beurteilen Sie die Rechtslage in den folgenden Fällen und begründen Sie jeweils Ihre Antwort.

a) Die Auszubildende Deborah Kendel, die sich noch in der Probezeit befindet, erhielt von ihrem Chef ohne Begründung mündlich die fristlose Kündigung.

b) Kim Faiss möchte nach 6 Monaten eine neue Ausbildung in einem anderen Beruf beginnen und kündigt deshalb fristlos. Die Kündigung nimmt er schriftlich vor.

5 a) Welche Zeugnisart muss der Ausbildungsbetrieb dem Auszubildenden nach Beendigung des Berufsausbildungsverhältnisses ausstellen?

b) Welche Angaben enthält dieses Zeugnis?

c) Welche Angaben sind auf Verlangen des Auszubildenden zusätzlich in das Zeugnis aufzunehmen?

d) Um welche Zeugnisart handelt es sich dann?

1.3   Konfliktsituationen und Lösungsmöglichkeiten

Stofftelegramm

Häufige Konfliktursachen

Konflikte sind meist die Folge von *Kommunikationsstörungen*. Nur 10 % der Konflikte sind auf unterschiedliche Auffassungen über eine **Sachfrage** zurückzuführen. In 90 % aller Konflikte geht es „eigentlich" um die **Beziehung**, die beide Konfliktpartner zueinander haben.

Mobbing liegt vor, wenn der Konflikt über einen *längeren Zeitraum* besteht, die angegriffene Person unterlegen ist und die Angriffe *absichtsvoll und geplant* erfolgen mit dem Ziel, das Mobbingopfer *auszustoßen*. Typische Mobbinghandlungen sind z. B. dauernde Kritik, Anschreien, völlige Nichtbeachtung, Redeverbot, räumliche Isolation, üble Nachrede.

Kommunikationsregeln für das Konfliktgespräch

- Person des Gesprächspartners achten: nur sachliche Kritik vortragen
- keine Vorwürfe, nicht verletzen
- Gesprächspartner nicht ins Wort fallen, ausreden lassen
- Probleme des Gesprächspartners ernst nehmen, nichts herunterspielen
- gemeinsam nach Lösungen suchen
- keine Lösungen aufdrängen

Ablauf eines Konfliktgesprächs

1.	Konflikt gemeinsam genau beschreiben (Um was geht es eigentlich?) Typische Frage: „Wie siehst du das?" (keine Vorwürfe, nicht unterbrechen)
2.	Persönliches Anliegen und Betroffenheit durch **Ich-Botschaften** ausdrücken. Nicht gleich nach Lösungen suchen. Typische Redewendungen: „Mir geht es dabei ...", „Für mich bedeutet das ...", „Ich möchte gern ...", „Ich fühle mich ..."
3.	Gemeinsam nach **Lösungsmöglichkeiten** suchen. Typische Fragen: „Was können wir tun?", „Was hältst du von ...?"
4.	Gemeinsam **Vereinbarungen** beschließen. „Können wir uns darauf einigen ...?", „Ich werde ... tun und du wirst auf ... achten."

Möglicher Ablauf einer Konfliktlösung

Konfliktsignale wahrnehmen
- *Widerspruch* (Drohung, Beleidigung, Polemik)
- *Aufregung* (Unruhe, Streit, Fraktionsbildung)
- *Ausweichen* (Schweigen, Blödeln)
- *Lustlosigkeit* (Desinteresse, Unaufmerksamkeit)
- *Krankheit* (hohe Fehlzeiten), hohe *Fluktuation*

Konfliktursache feststellen
- *Sachfragen* (unterschiedliche Vorstellungen)
- *Beziehungsebene* (Sympathie, Antipathie)
- *Führungsfehler* (Bevorzugung, autoritäre Führung)
- *Organisationsmängel* (Über-, Unterorganisation)

Konflikt handhaben
- *Rückzug* (Umgehung, Vermeidung, Verdrängung)
- *Durchsetzen* (Gewinner)/*Nachgeben* (Verlierer)
- *Kompromiss* (beide geben teilweise nach)
- *Konsens* (gemeinsame Vereinbarung)
- *Intrigen/Sündenbock* suchen

Rückmeldung (Feedback)
- *Ich-Botschaften* geben
- *zeitliche Nähe beachten*
- *konkreter Bezug* auf eine Situation
- Bezug auf das *Verhalten* (nicht auf die Person)
- *Abmahnung*, wenn keine Besserung

Aufgaben

1. Worin liegen die Gründe für Mitarbeiterkonflikte?

2. Erklären Sie den Begriff Mobbing.

3. Schildern Sie einige Kommunikationsregeln.

4. Schildern Sie den Ablauf eines Konfliktgespräches.

5. Beschreiben Sie den Stufenplan zur Konfliktbewältigung.

2   Schutzbestimmungen für Mitarbeiter am Arbeitsplatz

Es gibt mehrere wichtige Bestimmungen, Vorschriften und Maßnahmen zum Schutze der Arbeitskraft, zur Vorbeugung vor Gesundheitsgefahren oder Unfällen und zur Ermöglichung von menschengerechtem Arbeiten.

2.1   Das Jugendarbeitsschutzgesetz

Stofftelegramm

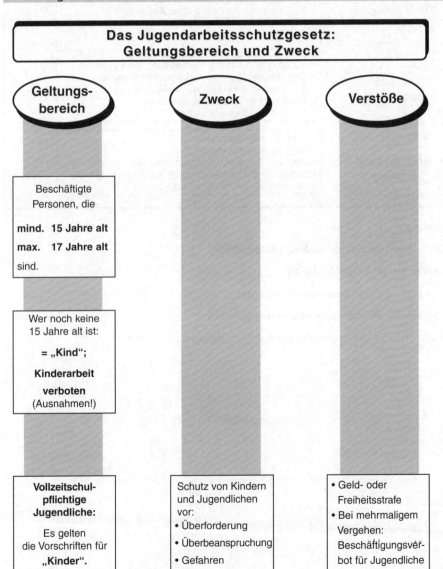

Das Jugendarbeitsschutzgesetz: Geltungsbereich und Zweck

Geltungsbereich

Beschäftigte
Personen, die

mind. 15 Jahre alt

max.   17 Jahre alt

sind.

Wer noch keine
15 Jahre alt ist:

= „Kind";

Kinderarbeit

verboten
(Ausnahmen!)

**Vollzeitschulpflichtige
Jugendliche:**

Es gelten
die Vorschriften für
„Kinder".

Zweck

Schutz von Kindern
und Jugendlichen
vor:
• Überforderung
• Überbeanspruchung
• Gefahren

Verstöße

• Geld- oder
  Freiheitsstrafe
• Bei mehrmaligem
  Vergehen:
  Beschäftigungsverbot für Jugendliche

Das Jugendarbeitsschutzgesetz: Inhaltliche Regelungen

Arbeitsschutz

Arbeitszeit

- tägl. max. 8 Std. (8,5 Std. wenn an anderen Tagen dafür weniger)
- wöchentl. max. 40 Std.

Verbotene Arbeiten

- Akkordarbeit
- gesundheitsgefährdende Arbeiten
- Arbeiten, die Jugendliche sittlich gefährden
- Arbeiten, die die Leistungsfähigkeit der Jugendlichen übersteigen

Berufsschule und Prüfungen

- > 5 Unterrichtsstunden = ein Arbeitstag
- Freistellung am **Prüfungstag** und am Arbeitstag unmittelbar vor schriftl. Abschlussprüfung

Gesundheitsschutz

Ärztliche Untersuchungen

- Erstuntersuchung
- erste Nachuntersuchung vor Ablauf des ersten Beschäftigungsjahres = Pflicht
- zweite und dritte Nachuntersuchung = freiwillig

Überwachung

Gewerbeaufsichtsamt

Offenlegung

Auslage JArbSchG an geeigneter Stelle im Betrieb

Freizeitschutz

Ruhepausen

- 4,5–6 Std. → 30 Min.
- > 6 Std.: → 60 Min.

Urlaub

- 15-Jähr. → 30 Werktage
- 16-Jähr. → 27 Werktage
- 17-Jähr. → 25 Werktage

Nachtruhe

i. d. R. 20:00–06:00 Uhr

5-Tage-Woche

Samstags-, Sonntags- und Feiertagsruhe

branchenspezifische Ausnahmen

Tägliche Freizeit

nach Arbeitszeitende ununterbrochene Freizeit von 12 Stunden

Aufgaben

1. Für wen gilt das Jugendarbeitsschutzgesetz?
2. Wer unterliegt einem generellen Beschäftigungsverbot?
3. In welchen Fällen dürfen 14-Jährige beschäftigt werden?
4. Nennen Sie sechs Bereiche, die im Jugendarbeitsschutzgesetz geregelt sind.

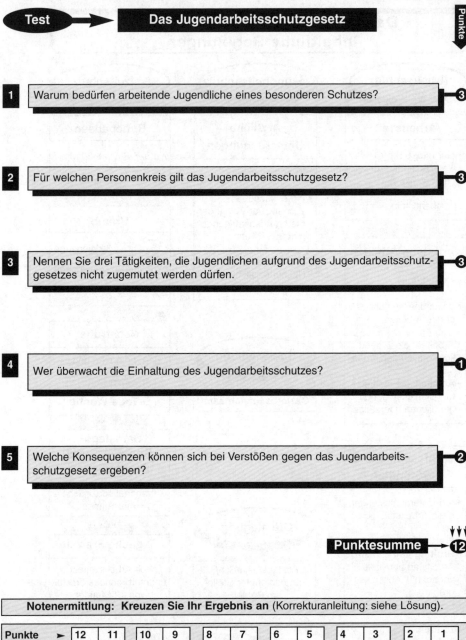

Test ➡ **Das Jugendarbeitsschutzgesetz**   Punkte

1   Warum bedürfen arbeitende Jugendliche eines besonderen Schutzes?   **3**

2   Für welchen Personenkreis gilt das Jugendarbeitsschutzgesetz?   **3**

3   Nennen Sie drei Tätigkeiten, die Jugendlichen aufgrund des Jugendarbeitsschutzgesetzes nicht zugemutet werden dürfen.   **3**

4   Wer überwacht die Einhaltung des Jugendarbeitsschutzes?   **1**

5   Welche Konsequenzen können sich bei Verstößen gegen das Jugendarbeitsschutzgesetz ergeben?   **2**

Punktesumme ➡ **12**

Notenermittlung: Kreuzen Sie Ihr Ergebnis an (Korrekturanleitung: siehe Lösung).

Punkte ►	12	11	10	9	8	7	6	5	4	3	2	1
Note ►	1,0	1,5	2,0	2,5	3,0	3,5	4,0	4,5	5,0	5,5	6,0	6,0
1. Versuch ►												
2. Versuch ►												
3. Versuch ►												

2.2 Arbeits-, Unfall-, Gesundheits- und Kündigungsschutz

Stofftelegramm

Arbeits-, Gesundheits- und Unfallschutz (körperlicher Schutz des Arbeitnehmers bei der Arbeit)

- Rechtliche Grundlagen (u. a.):
  - Arbeitsschutzgesetz (Inhalte: Arbeitssicherheitsgesetz, Arbeitsstättenverordnung, Gefahrenstoffverordnung, Bildschirmarbeitsverordnung, Betriebssicherheitsverordnung)
  - Gewerbeordnung
  - Vorschriften der Berufsgenossenschaften
- Unternehmerpflicht: geeignete Maßnahmen für Arbeits-, Gesundheits- und Unfallschutz der Beschäftigten treffen, Gefahren minimieren, z. B. hinsichtlich Umgebungsbedingungen (Beleuchtung, Lüftung, Staub- und Gasbeseitigung, Schutzvorrichtungen), Arbeitsbedingungen (einseitige Belastung, Monotonie, Körperhaltung), persönlichen Eigenschaften (Alter, werdende Mütter, Erfahrung)
- Überwachende und beratende Institutionen:
  - Gewerbeaufsichtsämter
  - Berufsgenossenschaften
  - Sicherheitsbeauftragte im Betrieb

Sozialer Arbeitsschutz

- Arbeitszeitgesetz (i. d. R. acht, maximal zehn Stunden pro Tag; mehr zulässig, wenn in der Betriebsvereinbarung oder im Tarifvertrag vereinbart; Regelungen zu Ruhepausen, Nacht- und Schichtarbeit)
- Mutterschutzgesetz (keine schwere Arbeit, z. B. Akkordarbeit, Fließbandarbeit, Nachtarbeit etc.; keine Beschäftigung sechs Wochen vor bis zwölf Wochen nach der Geburt)
- Urlaubsanspruch
- Kündigungsschutz

Allgemeiner Kündigungsschutz ➞ = Schutz vor sozial ungerechtfertigter Kündigung

- Voraussetzungen: mind. sechs Monate im gleichen Betrieb; Betrieb hat mehr als zehn Arbeitnehmer
- Kündigung unwirksam, wenn
  - Arbeitnehmer keinen Kündigungsgrund liefert,
  - Kündigung betrieblich nicht notwendig,
  - soziale Gesichtspunkte nicht ausreichend berücksichtigt.

Besonderer Kündigungsschutz

- **Betriebsratsmitglieder und Jugendvertreter:** während Amtszeit und innerhalb eines Jahres danach nicht kündbar; Ausnahme: fristlose Kündigung bei wichtigem Grund

- **werdende Mütter (Mutterschutzgesetz)**

- **Schwerbehinderte (Schwerbehindertengesetz):** Kündigung nur mit Zustimmung der Hauptfürsorgestelle

- **Auszubildende:** Vgl. voriges Kapitel!

Aufgaben

1. a) Welche rechtliche Grundlage hat der Gesundheits- und Unfallschutz im Unternehmen?
    b) Wer überwacht die Einhaltung?
    c) Nennen Sie mehrere Punkte, die beim Gesundheits- und Unfallschutz (für den Unternehmer) zu beachten sind.

2. a) Was versteht man unter allgemeinem Kündigungsschutz?
    b) Für welche Arbeitnehmer gilt der allgemeine Kündigungsschutz?

3. a) Für welche Arbeitnehmer gilt ein besonderer Kündigungsschutz?
    b) Wie sieht dieser Kündigungsschutz jeweils aus?

4. Welche Kündigungsfristen muss ein Arbeitgeber beachten?
    a) Betriebsrat
    b) Auszubildender während und nach der Probezeit

5. Welche Arbeiten sind für werdende Mütter verboten?

3 Mitwirkung und Mitbestimmung nach dem Betriebsverfassungsgesetz

3.1 Allgemeine Grundlagen

Stofftelegramm

Argumente für die Mitbestimmung allgemein:

- Interesse und Motivation der Arbeitnehmer am Betrieb steigen.

- Demokratisierung der Wirtschaft

- Humanisierung des Arbeitslebens

- Gegenseitige Abhängigkeit von Arbeit und Kapital erfordert Mitbestimmung.

Argumente gegen die Mitbestimmung allgemein:

- Erschwerung betrieblicher Entscheidungsprozesse

- Mitbestimmung ohne gleichwertige Mitverantwortung und Risikoübernahme

- evtl. fehlende notwendige Sachkenntnisse der Arbeitnehmer

- evtl. Kapitalflucht des in- und ausländischen Kapitals

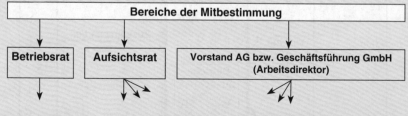

Bereiche der Mitbestimmung		
Betriebsrat	Aufsichtsrat	Vorstand AG bzw. Geschäftsführung GmbH (Arbeitsdirektor)

Gesetze: BetrVG   Drittelbeteiligungsgesetz, Mitbestimmungsgesetz, Aktiengesetz

---

Der Aufbau des BetrVG

1. Teil: Allgemeine Vorschriften: u. a.
- Errichtung von Betriebsräten

- Arbeitnehmer – leitende Angestellte

2. Teil: Betriebsrat, Betriebsversammlung: u. a.
- Wahl
- Betriebsausschuss
- Betriebsversammlung
- Zusammensetzung
- Kosten
- Ehrenamt

3. Teil: Jugend- und Auszubildendenvertretung

4. Teil: Mitwirkung und Mitbestimmung der Arbeitnehmer: u. a.

- Beratungs-, Mitwirkungs- und Mitbestimmungsrechte
- Einigungsstelle
- Betriebsvereinbarungen
- allgemeine Aufgaben des Betriebsrates

Übersicht: Betriebsrat und Jugend- und Auszubildendenvertretung

Abkürzungen: **BR** = Betriebsrat; **JAV** = Jugend- und Auszubildendenvertretung; **V** = Vorsitzender; **StV** = Stellvertreter des Vorsitzenden

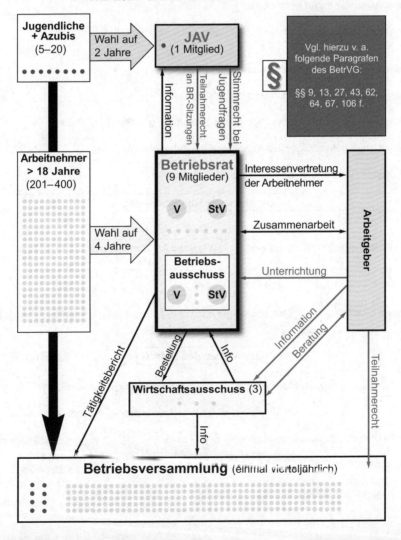

3.2   Betriebsrat und Betriebsversammlung

Stofftelegramm

Betriebsrat: Vertretung der Arbeitnehmer gegenüber dem Arbeitgeber. Die Mitglieder arbeiten ehrenamtlich (Freistellung) und genießen Kündigungsschutz. Wahl für vier Jahre.

- **Voraussetzungen für die Wahl eines Betriebsrates:** mind. fünf Wahlberechtigte (mind. 18 Jahre alt; auch Teilzeitkräfte, Aushilfen, Azubis, Leiharbeiter, wenn länger als drei Monate im Betrieb eingesetzt; nicht: leitende Angestellte) und drei Wählbare (mind. sechs Monate im Betrieb) (§§ 1, 7, 8 BetrVG)

- **Ablauf Betriebsratsgründung:** Prüfung ob Voraussetzungen erfüllt → Betriebsversammlung → Wahl Wahlvorstand → Wahl Betriebsrat (§ 14 ff. BetrVG)

- **Anzahl Mitglieder:** 1, 3, 5 etc., abhängig von der Zahl der wahlberechtigten Arbeitnehmer. Das Geschlechterverhältnis ist zu beachten (20 % Frauen, mind. 20 % der Mitglieder weiblich).

- **Aufgaben des Betriebsrats (vgl. § 80 BetrVG):**

  – Überwachung der zugunsten der Arbeitnehmer durchzuführenden Gesetze, Unfallverhütungsvorschriften, Tarifverträge und Betriebsvereinbarungen

  – Maßnahmen, die dem Betrieb und der Belegschaft dienen, beim Arbeitgeber beantragen

  – Durchsetzung der Gleichstellung von Frauen und Männern

  – Förderung der Vereinbarkeit von Familie und Erwerbstätigkeit

  – Zusammenarbeit mit Arbeitnehmern und der Jugend- und Auszubildendenvertretung (Anregungen entgegennehmen und mit Arbeitgeber verhandeln)

  – Förderung der Eingliederung Schwerbehinderter

  – Wahl einer Jugend- und Auszubildendenvertretung vorbereiten und durchführen

  – Förderung der Beschäftigung älterer Arbeitnehmer im Betrieb

  – Förderung und Sicherung der Beschäftigung im Betrieb

  – Förderung von Maßnahmen des Arbeits- und Umweltschutzes

Betriebsausschuss: Wird gebildet, wenn der Betriebsrat mindestens neun Mitglieder umfasst (§ 27 BetrVG).

Betriebsversammlung: • Versammlung aller Arbeitnehmer eines Betriebes während der Arbeitszeit
• Der Arbeitgeber ist einzuladen.
• Berichte des Betriebsrates und des Arbeitgebers (§ 43 BetrVG)

• Dient der Aussprache zwischen Betriebsrat und Arbeitnehmern.

• einmal pro Kalendervierteljahr

Wirtschaftsausschuss: s. u.

• in Unternehmen mit mehr als 100 Mitarbeitern

• Aufgabe: Beratung wirtschaftlicher Angelegenheiten mit Arbeitgeber

• Bestimmung der Mitglieder durch Betriebsrat

Einigungsstelle: zur Beilegung von Meinungsverschiedenheiten zwischen Arbeitgeber und Betriebsrat (§ 76 BetrVG)

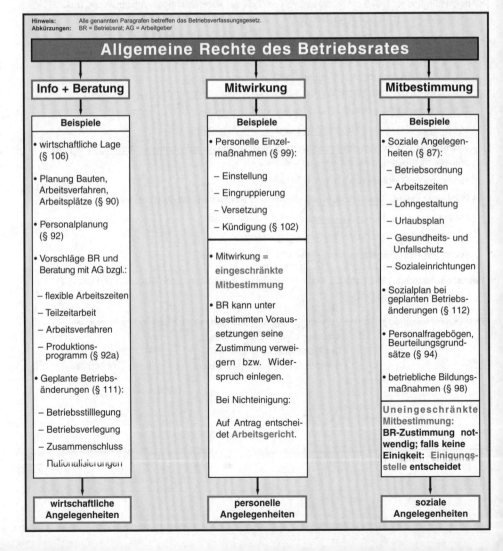

Hinweis: Alle genannten Paragrafen betreffen das Betriebsverfassungsgesetz.
Abkürzungen: BR = Betriebsrat; AG = Arbeitgeber

Allgemeine Rechte des Betriebsrates

Info + Beratung

Beispiele

• wirtschaftliche Lage (§ 106)

• Planung Bauten, Arbeitsverfahren, Arbeitsplätze (§ 90)

• Personalplanung (§ 92)

• Vorschläge BR und Beratung mit AG bzgl.:

– flexible Arbeitszeiten

– Teilzeitarbeit

– Arbeitsverfahren

– Produktions-programm (§ 92a)

• Geplante Betriebs-änderungen (§ 111):

– Betriebsstilllegung

– Betriebsverlegung

– Zusammenschluss

– Rationalisierungen

wirtschaftliche Angelegenheiten

Mitwirkung

Beispiele

• Personelle Einzel-maßnahmen (§ 99):

– Einstellung

– Eingruppierung

– Versetzung

– Kündigung (§ 102)

• Mitwirkung = **eingeschränkte Mitbestimmung**

• BR kann unter bestimmten Voraus-setzungen seine Zustimmung verwei-gern bzw. Wider-spruch einlegen.

Bei Nichteinigung:

Auf Antrag entschei-det **Arbeitsgericht**.

personelle Angelegenheiten

Mitbestimmung

Beispiele

• Soziale Angelegen-heiten (§ 87):

– Betriebsordnung

– Arbeitszeiten

– Lohngestaltung

– Urlaubsplan

– Gesundheits- und Unfallschutz

– Sozialeinrichtungen

• Sozialplan bei geplanten Betriebs-änderungen (§ 112)

• Personalfragebögen, Beurteilungsgrund-sätze (§ 94)

• betriebliche Bildungs-maßnahmen (§ 98)

Uneingeschränkte Mitbestimmung: BR-Zustimmung not-wendig; falls keine Einigkeit: Einigungs-stelle entscheidet

soziale Angelegenheiten

3.3   Jugend- und Auszubildendenvertretung

Stofftelegramm

- Errichtung: In Betrieben mit mind. fünf jugendlichen Arbeitnehmern unter 18 Jahren sowie Auszubildenden unter 25 Jahren und bestehendem Betriebsrat

- Zahl Mitglieder: 1 (5–20 Wahlberechtigte), 3, 5, 7 etc., abhängig von der Anzahl Jugendlicher und Auszubildender (Geschlechterverhältnis muss beachtet werden)

- Wahlberechtigt: alle Arbeitnehmer unter 18 Jahren und Azubis unter 25 Jahren

- Wählbar: alle Arbeitnehmer des Betriebes unter 25 Jahren auf zwei Jahre

- Stellung der Mitglieder: Sie arbeiten ehrenamtlich, genießen Kündigungsschutz und erhalten eine Weiterbeschäftigungsgarantie.

Beachten Sie besonders § 60 ff. BetrVG.

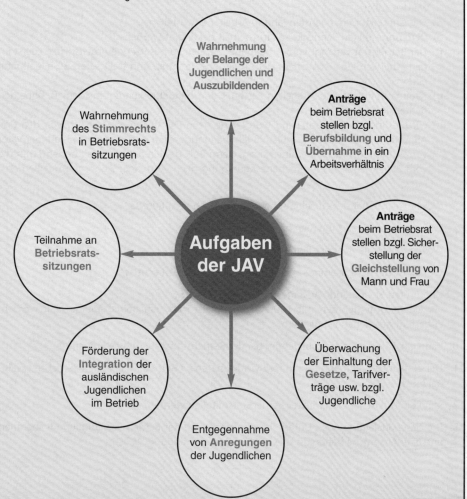

3.4 Aufgaben zu den Kapiteln 3.1–3.3

1. Nennen Sie je drei Argumente für und gegen die Mitbestimmung.

2. Definieren Sie möglichst kurz folgende Begriffe:
   a) Betriebsrat   c) Betriebsversammlung   e) Betriebsausschuss
   b) Einigungsstelle   d) Wirtschaftsausschuss   f) Jugend- und Auszubildendenvertretung

3. Im Rahmen einer Veranstaltung zeigt sich, dass viele Mitarbeiter überhaupt nicht wissen, welche Aufgaben der Betriebsrat hat. Sie erstellen im Auftrag des Betriebsrates ein übersichtliches Informationsschreiben.

4. Welche Rechte hat der Betriebsrat in folgenden Fällen? Wie wird die Situation im Streitfall jeweils gelöst?
   a) Neueinstellung eines Arbeitnehmers
   b) Änderung der Arbeitszeiten
   c) Ein Betriebsteil soll stillgelegt werden, wobei Teile des Personals entlassen bzw. versetzt werden sollen.
   d) Der Chef plant, im nächsten Jahr 50 Arbeiter einzustellen.
   e) Dem Angestellten Schnecke soll fristgemäß gekündigt werden.
   f) Der Betriebsrat verlangt vom Arbeitgeber, 30 neu zu besetzende Arbeitsplätze zuerst innerbetrieblich auszuschreiben. Der Arbeitgeber lehnt ab und stellt sofort 30 neue Kräfte ein.
   g) Kaufmann Butz ist die Faulheit in Person. Der Arbeitgeber kündigt fristgemäß, ohne den Betriebsrat zu informieren.
   h) Für die Buchhaltungsabteilung wurde eine neue DV-Anlage angeschafft. Von den drei Angestellten der Abteilung (zwei 28-jährige Junggesellen und Herr Boll, 45-jähriger Vater von 9 Töchtern) wird einer überflüssig. Herrn Boll, der ein hohes Gehalt bezieht, trifft die vom Arbeitgeber ausgesprochene Kündigung nach vorheriger Anhörung des Betriebsrates.

5. Welche Rechte hat der einzelne Arbeitnehmer nach dem BetrVG?

6. Welche allgemeinen Aufgaben hat der Betriebsrat?

7. Wovon hängt die Zahl der Betriebsratsmitglieder ab?

8. Worauf ist bei der Zusammensetzung des Betriebsrates zu achten?

9. Überprüfen Sie folgende Aussage auf ihre Korrektheit:
   „In einem Unternehmen mit 160 Arbeitnehmern muss ein Betriebsrat gewählt werden. Er besteht aus sieben Mitgliedern."

10. Kann ein 17-jähriger Auszubildender bei der Betriebsratswahl mitbestimmen?

11. Der 20-jährige Kaufmann Lapp ist seit vier Monaten im Betrieb. Ist er in den Betriebsrat wählbar?

12. Kann ein türkischer Gastarbeiter Betriebsratsmitglied werden?

13. Die Geschäftsleitung eines Unternehmens möchte an der Betriebsversammlung teilnehmen und eine Ansprache halten. Ist dies möglich? Begründung,

14. Das Einzelhandelsunternehmen „Genter GmbH" aus Stuttgart ist in der Lebensmittelbranche tätig. Das Unternehmen beschäftigt 70 Mitarbeiter, von denen 18 Auszubildende sind. Die „Genter GmbH" verfügt über einen Betriebsrat (BR) und eine Jugend- und Auszubildendenvertretung (JAV).

Sie sind Mitglied im Betriebsrat und haben diese Woche verschiedene Anliegen und Probleme der Mitarbeiter zu bearbeiten.

a) Für die nächsten Betriebsratswahlen haben bereits drei Mitarbeiter Interesse für eine Kandidatur gezeigt. Sie prüfen, ob die folgenden Personen überhaupt kandidieren können (Betriebsverfassungsgesetz).

> **Kandidat 1:** Erik Hanke, 22 Jahre
> Herr Hanke arbeitet seit vier Monaten bei der „Genter GmbH" im Bereich Einkauf.

> **Kandidat 2:** Beata Persson, 35 Jahre
> Frau Persson ist seit acht Jahren im Betrieb und arbeitet in der Obst- und Gemüseabteilung. Sie hat die schwedische Staatsangehörigkeit.

> **Kandidat 3:** Franziska Junke, 17 Jahre
> Frau Junke ist Auszubildende im 1. Ausbildungsjahr und seit acht Monaten im Unternehmen.

b) Einige ältere Mitarbeiter sind der Ansicht, dass die Jugend- und Auszubildendenvertretung in der „Genter GmbH" völlig überflüssig ist. Der Betriebsrat würde vollkommen ausreichen. Sie überzeugen diese Mitarbeiter vom Gegenteil, indem Sie Ihnen drei Aufgaben der JAV erklären.

c) Frau Finke ist Verkäuferin bei der „Genter GmbH". Sie ist der Meinung, dass es für ein Unternehmen dieser Größe heutzutage selbstverständlich ist, einen Betriebsrat zu haben. Sie analysieren das Schaubild (**Anlage 1**) und nehmen zu Frau Finkes Meinung Stellung.

d) Mit Spannung haben die Mitarbeiter der „Genter GmbH" die Diskussionen um den Dioxin-Skandal verfolgt. Der Betriebsrat hat per E-Mail allen Mitarbeitern einen Zeitungsartikel zu diesem Thema zukommen lassen (**Anlage 2**).

   da) Im Zeitungsartikel fällt der Begriff Nachhaltigkeit. Sie erklären einem interessierten Kollegen, was man unter Nachhaltigkeit versteht.

   db) Sie werden beauftragt, zwei konkrete Vorschläge vorzubringen, wie die „Genter GmbH" in ihrem Unternehmen für mehr Nachhaltigkeit sorgen könnte.

   dc) Die „Genter GmbH" möchte in Zukunft noch stärker auf die Verwirklichung sozialer Ziele achten. Sie nennen drei Beispiele für soziale Ziele innerhalb eines Unternehmens.

Anlage 1

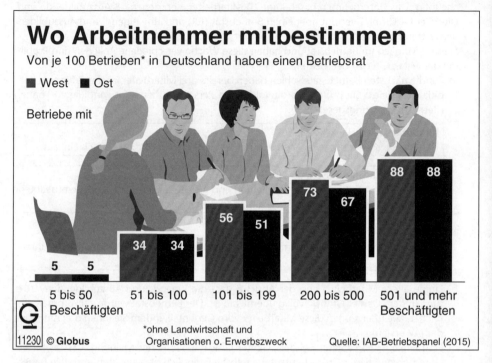

Wo Arbeitnehmer mitbestimmen

Von je 100 Betrieben* in Deutschland haben einen Betriebsrat

■ West ■ Ost

Betriebe mit

	5 bis 50 Beschäftigten	51 bis 100	101 bis 199	200 bis 500	501 und mehr Beschäftigten
West	5	34	56	73	88
Ost	5	34	51	67	88

G 11230 © Globus

*ohne Landwirtschaft und Organisationen o. Erwerbszweck

Quelle: IAB-Betriebspanel (2015)

Anlage 2

[...]
HAMBURG. Noch nie gab es innerhalb kürzester Zeit so viele Umwelt- und Sozialskandale bei Unternehmen wie in den vergangenen Monaten. Die Folgen: Die Verbraucher werden immer kritischer. Das merken auch die Firmen. Seit dem Dioxin-Skandal vertraut nur noch ein Viertel der Deutschen darauf, dass Lebensmittel ausreichend kontrolliert werden, fanden die Marktforscher der GfK heraus. Immer öfter machen Konsumenten zudem mit Boykotten ihrem Unmut Luft: [...]
Kein Wunder, dass Deutschlands Einzelhandel, der mehrheitlich bis vor zwei Jahren „Nachhaltigkeit" für renditevernichtenden Hokuspokus hielt, das Thema inzwischen zur Vorstandsaufgabe erklärt hat.

Quelle: www.handelsblatt.de (Stand: 01.02.2011)

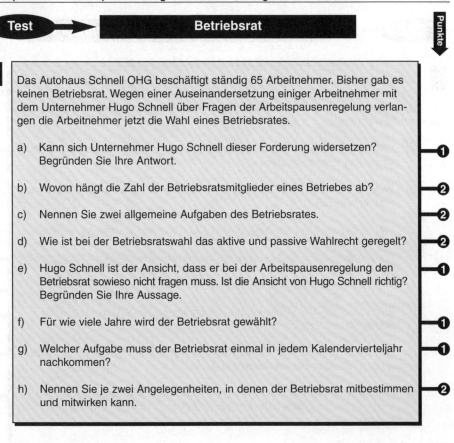

Test ➤ **Betriebsrat**   Punkte

1 Das Autohaus Schnell OHG beschäftigt ständig 65 Arbeitnehmer. Bisher gab es keinen Betriebsrat. Wegen einer Auseinandersetzung einiger Arbeitnehmer mit dem Unternehmer Hugo Schnell über Fragen der Arbeitspausenregelung verlangen die Arbeitnehmer jetzt die Wahl eines Betriebsrates.

a) Kann sich Unternehmer Hugo Schnell dieser Forderung widersetzen? Begründen Sie Ihre Antwort.   ❶

b) Wovon hängt die Zahl der Betriebsratsmitglieder eines Betriebes ab?   ❷

c) Nennen Sie zwei allgemeine Aufgaben des Betriebsrates.   ❷

d) Wie ist bei der Betriebsratswahl das aktive und passive Wahlrecht geregelt?   ❷

e) Hugo Schnell ist der Ansicht, dass er bei der Arbeitspausenregelung den Betriebsrat sowieso nicht fragen muss. Ist die Ansicht von Hugo Schnell richtig? Begründen Sie Ihre Aussage.   ❶

f) Für wie viele Jahre wird der Betriebsrat gewählt?   ❶

g) Welcher Aufgabe muss der Betriebsrat einmal in jedem Kalendervierteljahr nachkommen?   ❶

h) Nennen Sie je zwei Angelegenheiten, in denen der Betriebsrat mitbestimmen und mitwirken kann.   ❷

▼▼▼
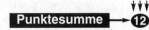
Punktesumme ➤ ⑫

Notenermittlung: Kreuzen Sie Ihr Ergebnis an (Korrekturanleitung: siehe Lösung).

Punkte ➤	12	11	10	9	8	7	6	5	4	3	2	1
Note ➤	1,0	1,5	2,0	2,5	3,0	3,5	4,0	4,5	5,0	5,5	6,0	6,0
1. Versuch ➤												
2. Versuch ➤												
3. Versuch ➤												

Test ➔ **Jugend- und Auszubildendenvertretung (JAV)** | **Punkte**

1 Im Kaufhaus Helmut Wohlfahrt e. K. stehen Wahlen zur Jugend- und Auszubildendenvertretung an. Yasmin Bauknecht, 18 Jahre, Auszubildende zur Kauffrau für Bürokommunikation, im 2. Ausbildungsjahr, kandidiert als Jugend- und Auszubildendenvertreterin.

a) Welche Voraussetzungen für die Wahl einer Jugend- und Auszubildendenvertretung müssen erfüllt sein? **②**

b) Welcher Personenkreis kann Yasmin in die Jugend- und Auszubildendenvertretung wählen? **①**

c) Wer ist bei der Wahl zur Jugend- und Auszubildendenvertretung wählbar? **①**

d) Auf wie viele Jahre wird die Jugend- und Auszubildendenvertretung gewählt? **①**

e) Welche Hauptaufgabe hat die Jugend- und Auszubildendenvertretung? **①**

f) Wann sind alle JAV-Mitglieder zur Teilnahme und zur Abstimmung in der Betriebsratssitzung berechtigt? **①**

g) Begründen Sie, weshalb die Jugend- und Auszubildendenvertretung auch für den Arbeitgeber bedeutsam sein kann. **①**

h) Die türkischen Auszubildenden wollen einen ihrer Landsleute, der sich im ersten Ausbildungsjahr befindet und 17 Jahre alt ist, in die JAV wählen. Kann er gewählt werden? **②**

i) Verschiedene ausländische Auszubildende, alle im ersten Ausbildungsjahr und 16 Jahre alt, wollen ihre Stimme zur JAV abgeben. Der Wahlleiter verweigert dies. Beurteilen Sie die Handlungsweise des Wahlleiters. **②**

▼▼▼
Punktesumme ➔ **⑫**

Notenermittlung: Kreuzen Sie Ihr Ergebnis an (Korrekturanleitung: siehe Lösung).

Punkte ➤	12	11	10	9	8	7	6	5	4	3	2	1
Note ➤	1,0	1,5	2,0	2,5	3,0	3,5	4,0	4,5	5,0	5,5	6,0	6,0
1. Versuch ➤												
2. Versuch ➤												
3. Versuch ➤												

4   Tarifvertrag, Arbeitskampf und Betriebsvereinbarung

4.1   Tarifvertrag und Arbeitskampf

Stofftelegramm

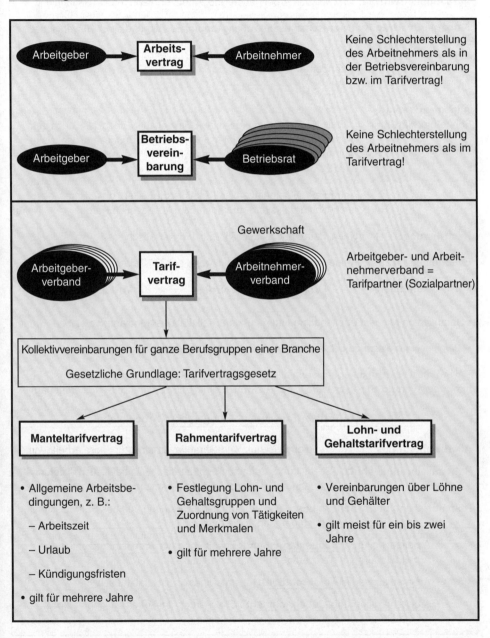

Koalitionsfreiheit:　　Art. 9 GG: Recht zum Zusammenschluss (z. B. zu einem AG-Verband)

Tarifautonomie:　　keine staatliche Einmischung in Tarifverhandlungen

Verbandstarifvertrag: TV zwischen Arbeitgeber- und Arbeitnehmerverband (Regelfall)

Firmentarifvertrag:　　TV zwischen einem Arbeitgeber (z. B. VW) und einer Gewerkschaft

Tarifbindung:　　TV = Mindestbedingungen bei Arbeitsverträgen und Betriebsvereinbarungen

Allgemeinverbind-
lichkeitserklärung:　　TV gilt für alle AG und AN seines Geltungsbereiches, also auch für Nichtmitglieder („Außenseiter"), wenn er vom Bundesarbeitsminister auf Antrag einer Tarifvertragspartei für allgemein verbindlich erklärt wurde.

　　Antrag auf Allgemeinverbindlichkeit heute selten, da üblicherweise auch nichtorganisierte Arbeitnehmer gleichgestellt werden.

Nachwirkung:　　Nach TV-Ablauf gilt alter TV bis zum Neuabschluss.

Friedenspflicht:　　Keine Kampfmaßnahmen während der TV-Dauer erlaubt!

Für Arbeitnehmer ◄── **Vorteile der Tarifverträge** ──► **Für Arbeitgeber**

• Garantie von Mindestarbeitsbedingungen

• Gleichstellung gleich qualifizierter AN

• AN wäre AG evtl. unterlegen, wenn alles im Arbeitsvertrag zu regeln wäre.

• klare Kalkulationsgrundlage, da einheitl. Tarife

• weniger Konkurrenz bei Personalanwerbung

• Vertragsinhalte müssen nicht jedes Mal neu ausgehandelt werden (Zeit-, Kostenersparnis).

Besondere Tarifvertragsvereinbarungen betr. Arbeitsschutz

Alterssicherung:　　Kündigungsschutz und Garantieverdienst für ältere Arbeitnehmer

Rationalisierungsschutz: Beseitigung, Verminderung der Nachteile bei Rationalisierungsmaßnahmen (Umschulungen, Versetzungen, Abfindungen usw.)

Humanisierung der Arbeit: Verbesserung der Arbeitsbedingungen und des Betriebsklimas, Abbau der Monotonie durch:

• Arbeitserweiterung **(Jobenlargement)**: Erweiterung der Arbeitsaufgaben eines Arbeitnehmers um gleichartige oder ähnliche Tätigkeiten

• Arbeitsplatzwechsel **(Jobrotation)**: regelmäßiger Arbeitsplatztausch

• Arbeitsbereicherung **(Jobenrichment)**: Erweiterung der Arbeitsaufgaben eines Arbeitnehmers um höherqualifizierte Tätigkeiten

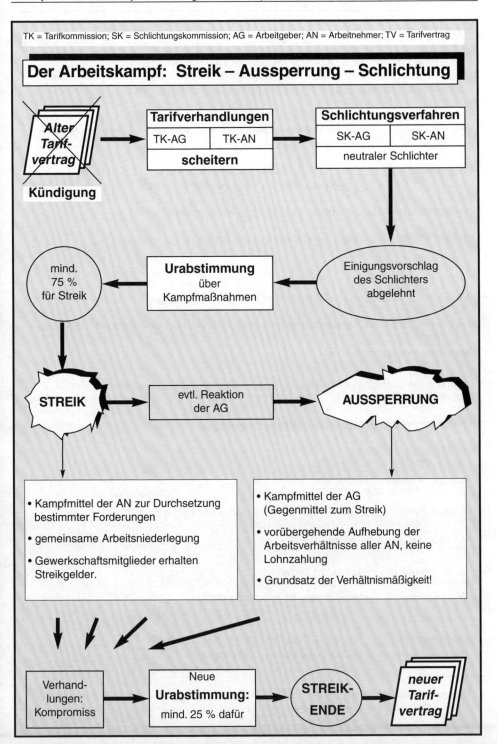

TK = Tarifkommission; SK = Schlichtungskommission; AG = Arbeitgeber; AN = Arbeitnehmer; TV = Tarifvertrag

Der Arbeitskampf: Streik – Aussperrung – Schlichtung

Alter Tarifvertrag

Kündigung

Tarifverhandlungen	
TK-AG	TK-AN
scheitern	

Schlichtungsverfahren	
SK-AG	SK-AN
neutraler Schlichter	

mind. 75 % für Streik

Urabstimmung über Kampfmaßnahmen

Einigungsvorschlag des Schlichters abgelehnt

STREIK

evtl. Reaktion der AG

AUSSPERRUNG

- Kampfmittel der AN zur Durchsetzung bestimmter Forderungen
- gemeinsame Arbeitsniederlegung
- Gewerkschaftsmitglieder erhalten Streikgelder.

- Kampfmittel der AG (Gegenmittel zum Streik)
- vorübergehende Aufhebung der Arbeitsverhältnisse aller AN, keine Lohnzahlung
- Grundsatz der Verhältnismäßigkeit!

Verhandlungen: Kompromiss

Neue **Urabstimmung:** mind. 25 % dafür

STREIK-ENDE

neuer Tarifvertrag

Streikarten

- **Voll- bzw. Flächenstreik:** Alle Arbeitnehmer des Tarifgebiets streiken.

- **Schwerpunktstreik:** Arbeitnehmer nur einzelner Betriebe streiken.

- **Mini-Max-Streik:** Mit minimalem Streikgeldaufwand (Streik in wenigen Zulieferbetrieben) wird maximale Wirkung erzielt (Lahmlegung eines großen Wirtschaftsbereiches).

- **Warnstreik:** Kurzfristiger Streik zur Demonstration der Streikentschlossenheit. Auch während der Friedenspflicht erlaubt.

- **Sympathiestreik:** Unterstützung von Streiks in anderen Bereichen

- **Wilder Streik:** nicht organisierter Streik ohne Urabstimmung; verboten

Schlichtung

- Verfahren zur Beilegung von Streitigkeiten bei Tarifverhandlungen, um Streiks zu verhindern

- Das Schlichtungsverfahren endet mit dem Einigungsvorschlag des neutralen Schlichters.

Argumente für Aussperrung

- notwendiges Gegenmittel der Arbeitgeber gegen Schwerpunkt- und Mini-Max-Streiks („Waffengleichheit")

- Verhinderung übertriebener Gewerkschaftsforderungen

- Arbeitskampfverkürzung

Argument gegen Aussperrung

Arbeitgeberverbände finanziell evtl. besser gestellt, somit ggf. im Vorteil

Auswirkung von Arbeitskämpfen

- **Gewerkschaften:** Streikgelder leeren Kasse

- **Unternehmen:**
  - Verluste durch Produktionsausfälle
  - Rationalisierungstendenz (Arbeitskräfteersatz durch Maschinen)

- **Arbeitnehmer:**
  - finanzielle Einbußen während Arbeitskampf
  - Risiko: Rationalisierungstendenz
  - höhere Löhne = höherer Lebensstandard

- **Gesamtwirtschaft:** Gesamtwirtschaftliche Verflechtung bewirkt negative Folgen auch auf andere Branchen.

4.2 Betriebsvereinbarung

Stofftelegramm

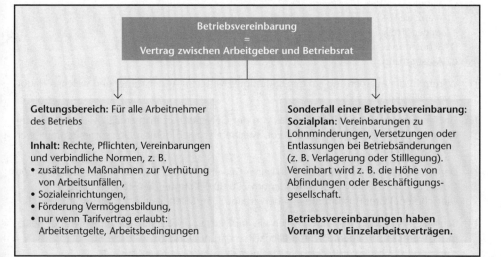

Betriebsvereinbarung
=
Vertrag zwischen Arbeitgeber und Betriebsrat

Geltungsbereich: Für alle Arbeitnehmer des Betriebs

Inhalt: Rechte, Pflichten, Vereinbarungen und verbindliche Normen, z. B.
- zusätzliche Maßnahmen zur Verhütung von Arbeitsunfällen,
- Sozialeinrichtungen,
- Förderung Vermögensbildung,
- nur wenn Tarifvertrag erlaubt: Arbeitsentgelte, Arbeitsbedingungen

Sonderfall einer Betriebsvereinbarung:
Sozialplan: Vereinbarungen zu Lohnminderungen, Versetzungen oder Entlassungen bei Betriebsänderungen (z. B. Verlagerung oder Stilllegung). Vereinbart wird z. B. die Höhe von Abfindungen oder Beschäftigungsgesellschaft.

Betriebsvereinbarungen haben Vorrang vor Einzelarbeitsverträgen.

4.3 Aufgaben zu den Kapiteln 4.1 und 4.2

1. Welches Gesetz ist bei Tarifverträgen zu beachten?

2. Wer sind die Vertragspartner bei Arbeitsverträgen, Betriebsvereinbarungen, Tarifverträgen?

3. Welche Beziehungen bestehen zwischen Arbeitsvertrag, Betriebsvereinbarung, Tarifvertrag und gesetzlichen Regelungen?

4. Wer sind die Tarifpartner (Sozialpartner) im Normalfall?

5. Unterscheiden Sie die Begriffe: a) Manteltarifvertrag, b) Lohn- und Gehaltstarifvertrag.

6. Erklären Sie kurz:
   a) Tarifvertrag
   b) Tarifautonomie
   c) Koalitionsfreiheit
   d) Tarifbindung
   e) Friedenspflicht
   f) Nachwirkung der Tarifverträge
   g) Allgemeinverbindlichkeit

7. Nennen Sie je drei Vorteile des Tarifvertrages für Arbeitnehmer und Arbeitgeber.

8. Tarifverträge beinhalten oft Regelungen über **Rationalisierungsschutz** und **Humanisierung der Arbeit**. Erklären Sie die Begriffe.

9. Notieren Sie folgende Begriffe in richtiger Reihenfolge: erste Urabstimmung, Tarifverhandlungen, Streik, Kündigung des Tarifvertrages, Schlichtungsverfahren, Aussperrung, neuer Tarifvertrag, Einigungsvorschlag Schlichter, zweite Urabstimmung, neue Verhandlungen.

10. Erklären Sie die Begriffe:
    a) Vollstreik
    b) Schwerpunktstreik
    c) Mini-Max-Streik
    d) Warnstreik
    e) wilder Streik
    f) Schlichtung
    g) Aussperrung

11. Warum ist die Aussperrung ein gerechtfertigtes Mittel im Arbeitskampf und welchen Hauptzweck verfolgt sie?

12. Ein Tarifvertrag gilt bis 30.06. Er wird von der Gewerkschaft fristgemäß gekündigt. Welche Kampfmaßnahmen können bereits vor, welche erst nach dem 30.06. vorgenommen werden? Begründung.

13. Der arbeitslose Facharbeiter Boll ist in keiner Gewerkschaft. Er bewirbt sich bei der Schnippel GmbH und vereinbart einen Lohn, der um 200,00 EUR unter dem Tariflohn liegt.
    Die Schnippel GmbH ist im Arbeitgeberverband. Beurteilen Sie die rechtliche Situation.

14. Beurteilen Sie, ob in folgenden Fällen ein Tarifvertrag jeweils für den Arbeitnehmer gelten muss, wenn keine Allgemeinverbindlichkeitserklärung vorliegt.

	a	b	c	d
Arbeitnehmer in Gewerkschaft?	Nein	Ja	Ja	Nein
Arbeitgeber im Arbeitgeberverband?	Ja	Ja	Nein	Nein

15. Beurteilen Sie die Rechtsgültigkeit folgender Fälle:
    a) Ein Tarifvertrag läuft bis zum 30.06. und wurde fristgerecht gekündigt. Die Verhandlungen verlaufen zäh. Am 15.07. legen 200 Arbeitnehmer ohne Urabstimmung für zwei Tage die Arbeit nieder.
    b) Wie a, jedoch wird nur 15 Minuten gestreikt.
    c) Wie b, jedoch erfolgt der Streik bereits am 25.05.
    d) Die Gewerkschaft droht mit Streik. Um ihr zuvorzukommen, sperren die Arbeitgeber aus.
    e) Die Gewerkschaft führt einen Schwerpunktstreik durch, die Arbeitgeber sperren lediglich die gewerkschaftlich organisierten Arbeitnehmer aus.
    f) Die Gewerkschaft führt einen Schwerpunktstreik durch. Die Arbeitgeber von nicht bestreikten Betrieben derselben Branche sperren die Arbeitnehmer aus.
    g) Nach Beendigung des Arbeitskampfes stellt ein Arbeitgeber nur 80 % der ausgesperrten Arbeitnehmer wieder ein.
    h) 5.000 Arbeitnehmer einer Branche streiken, 70.000 Arbeitnehmer nicht bestreikter Betriebe werden ausgesperrt.

16. Was versteht man unter
    a) Tariflohn,
    b) Ecklohn?

17. Nach dem erfolgreichen Abschluss Ihrer Ausbildung arbeiten Sie als Verkäufer/-in im Supermarkt Meier GmbH. Im Einzelhandel wurde der alte Lohn- und Gehaltstarifvertrag gekündigt. Die Gewerkschaft möchte im Rahmen einer Informationsveranstaltung die Beschäftigten des Supermarktes Meier GmbH über die anstehenden Verhandlungen und die rechtlichen Rahmenbedingungen informieren. Sie sind Mitglied des Betriebsrates und helfen bei der Vorbereitung und Durchführung der Informationsveranstaltung.

Während der Veranstaltung ergeben sich verschiedene Fragen. Sie beantworten diese rechtlich fundiert und begründet.

a) Frau Müller möchte wissen: „Was wird denn jetzt überhaupt neu verhandelt? Was regelt denn dieser Lohn- und Gehaltstarifvertrag?"

b) Frau Müller: „Und gibt es nicht auch noch einen Manteltarifvertrag? Was steht denn in dem?"

c) Herr König: „Hoffentlich gibt es bald einen neuen Tarifvertrag, sonst können die Arbeitgeber doch im Moment mit uns machen, was sie wollen!"

d) Herr Bauer: „Ich bin dafür, wir zeigen den Arbeitgebern gleich mal unsere Stärke. Lasst uns ab morgen streiken!"

e) Frau Schulz: „Könnte nicht der Staat ein Machtwort sprechen?"

f) Herr Berger: „Mir ist das sowieso egal. Ich bin nicht in der Gewerkschaft, also gilt der Tarifvertrag für mich überhaupt nicht!"

g) Der Inhaber des Supermarktes Meier: „Ich finde, ihr von der Gewerkschaft solltet euch lieber zurückhalten, sonst sperre ich ab morgen die ersten Mitarbeiter aus!"

18. Im Rahmen der Veranstaltung zeigt sich, dass viele Mitarbeiter überhaupt nicht wissen, welchen Inhalt eine Betriebsvereinbarung hat und für wen sie gültig ist. Klären Sie darüber auf.

Test ➡️ **Tarifvertrag** | Punkte

1 Wer sind die Vertragspartner beim Abschluss eines Tarifvertrages? — ❶

2 Was ist ein Tarifvertrag? — ❶

3 Wie unterscheidet sich der Manteltarifvertrag vom Lohn- und Gehaltstarifvertrag? Stellen Sie anhand einer Gegenüberstellung zwei Unterscheidungsmerkmale heraus. — ❷

4 Was versteht man unter einem Ecklohn und welche Bedeutung kommt diesem zu? — ❷

5 Was bedeutet Tarifautonomie? — ❶

6 Erläutern Sie, was man unter Allgemeinverbindlichkeit versteht. — ❶

7 Nennen Sie je zwei Vorteile, die sich aus dem Abschluss eines Tarifvertrages für Arbeitgeber und Arbeitnehmer ergeben. — ❹

▼▼▼
Punktesumme ➡️ ⑫

Notenermittlung: Kreuzen Sie Ihr Ergebnis an (Korrekturanleitung: siehe Lösung).											
Punkte ➤	12	11	10	9	8	7	6	5	4	3	2	1
Note ➤	1,0	1,5	2,0	2,5	3,0	3,5	4,0	4,5	5,0	5,5	6,0	6,0
1. Versuch ➤												
2. Versuch ➤												
3. Versuch ➤												

Test ➡ **Arbeitskampf**

Punkte ↓

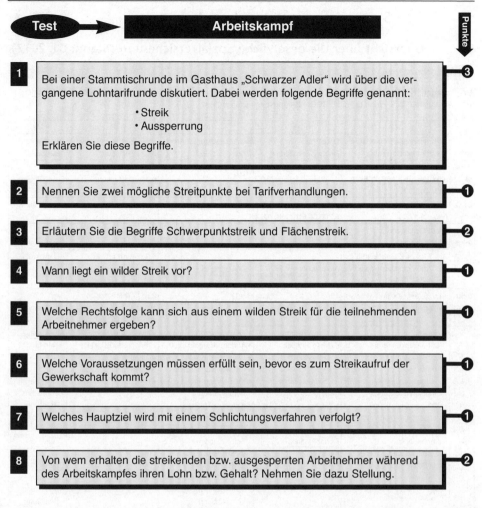

1
Bei einer Stammtischrunde im Gasthaus „Schwarzer Adler" wird über die vergangene Lohntarifrunde diskutiert. Dabei werden folgende Begriffe genannt:

• Streik
• Aussperrung

Erklären Sie diese Begriffe.

3

2 Nennen Sie zwei mögliche Streitpunkte bei Tarifverhandlungen.

1

3 Erläutern Sie die Begriffe Schwerpunktstreik und Flächenstreik.

2

4 Wann liegt ein wilder Streik vor?

1

5 Welche Rechtsfolge kann sich aus einem wilden Streik für die teilnehmenden Arbeitnehmer ergeben?

1

6 Welche Voraussetzungen müssen erfüllt sein, bevor es zum Streikaufruf der Gewerkschaft kommt?

1

7 Welches Hauptziel wird mit einem Schlichtungsverfahren verfolgt?

1

8 Von wem erhalten die streikenden bzw. ausgesperrten Arbeitnehmer während des Arbeitskampfes ihren Lohn bzw. Gehalt? Nehmen Sie dazu Stellung.

2

▼▼▼
Punktesumme ➡ **12**

Notenermittlung: Kreuzen Sie Ihr Ergebnis an (Korrekturanleitung: siehe Lösung).

Punkte ►	12	11	10	9	8	7	6	5	4	3	2	1
Note ►	1,0	1,5	2,0	2,5	3,0	3,5	4,0	4,5	5,0	5,5	6,0	6,0
1. Versuch ►												
2. Versuch ►												
3. Versuch ►												

5   Das System der sozialen Absicherung

5.1   Übersicht über die gesetzliche Sozialversicherung (Stand: 01/2017)

Stofftelegramm

Abkürzungen: **KV, RV, AV, UV, PV** = Kranken-, Renten-, Arbeitslosen-, Unfall-, Pflegeversicherung; **AN** = Arbeitnehmer; **AG** = Arbeitgeber; **W** = West; **O** = Ost; **BBG** = Beitragsbemessungsgrenze

	KV	RV	AV	PV	UV
Trä-ger	AOK, Innungs-, Betriebs-, Ersatzkrankenkassen	Deutsche Rentenversicherung	Bundesagentur für Arbeit	Pflegekassen bei den Krankenkassen	Berufsgenos-senschaften
Vers. pfl.	alle AN bis Versicherungs-pflichtgrenze **4.800,00 EUR** (W + O)	alle AN, Azubis	– wie RV –	Mitglieder der gesetzl./ privaten Kranken-kassen	alle Beschäftigten
BBG	Höhe: **4.350,00 EUR mtl.** (W + O)	**6.350,00 EUR mtl. (W)** **5.700,00 EUR mtl. (O)**	– wie RV –	– wie KV –	– entfällt –
Bei-träge	bis BBG steigend ab BBG konstant	– wie KV –	– wie KV/RV –	– wie KV –	nach Unfallgefahren
	AN: 7,3 % + Zusatzbeitrag AG: 7,3 % gesetzlich fixiert Spezialfall: **450-Euro-Jobs**	AG und AN je 9,35 %	– AG und AN je 1,5 % –	AG und AN je 1,275 %; Kinderlosenzuschlag 0,25 % zahlt AN allein	AG allein
Beitr. satz	14,6 % (allgemeiner Beitragssatz)	18,7 %	3,0 %	2,55 % (Kinderlosen-zuschlag 0,25 %, nur AN ab 23. Leb.jahr)	nach Unfallgefahren
L E I S T U N G E N	• Krankenhilfe: Arzt-, Krankenhaus-, Arzneikosten; Krankengeld ab 7. Woche (70 % vom Bruttolohn); max. 90 % des Nettolohns • Vorsorgeuntersuchungen • Mutterschaftshilfe • Familienhilfe • Zuzahlung zu Arzneimit-teln durch Versicherten	Rentenzahlung: • Rente w. Alters • Rente wegen Berufs- oder Erwerbsunfähig-keit • Witwen- und Waisenrente Rehabilitations-maßnahmen	• Arbeitslosengeld I und II • Kurzarbeitergeld • Winterausfallgeld • Insolvenzausfallgeld • KV-Beiträge Arbeitsloser • Berufsberatung • Arbeitsvermittlung • Umschulungen • Förderung Einstieg in Selbstständigkeit (Gründerzuschuss) • Ein-Euro-Jobs (= Zusatzjobs) vermitteln • Vermittlung von schwer vermittelbaren Arbeitslosen an Personal-Service-Agenturen (PSA) • Bewerbungstraining • Berufliche Rehabilitation	• ambulante Pflege (Pflegesachleistung) • Angehörigenpflege (Pflegegeld) • Heimpflege (stationär)	Arbeitsunfall-folgen (auch Wegeunfälle): • Krankenhilfe • Berufshilfe • Renten an Verletzte + Hinterblie-bene Unfallverhü-tung: • Aufklärung • Belehrung • Überwa-chung

Hinweise zum Arbeitslosengeld I und II: Dauer der Zahlung

Arbeitslosengeld I
Dauer maximal:
12 Monate (ab 50 Jahre max. 15 Monate; ab 55 Jahre max. 18 Monate; ab 58 Jahre max. 24 Monate)

Arbeitslosengeld II
• Arbeitslosengeld II wird gezahlt, solange **Hilfebedürftigkeit** vorliegt und weitere Voraussetzungen, wie z. B. Erwerbsfähigkeit bzw. Altersgrenze erfüllt sind.
• laufende Überprüfung durch die Agenturen
• ALG II wird jeweils nur für maximal sechs Monate bewilligt.

5.2   Ergänzungen gesetzliche Krankenversicherung

Stofftelegramm

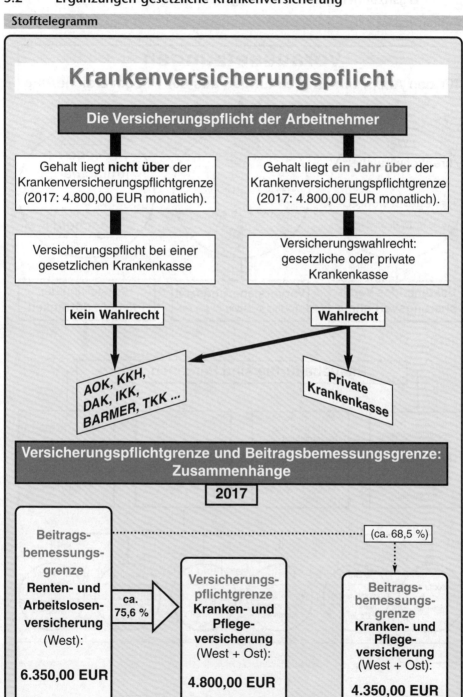

Krankenversicherungspflicht

Die Versicherungspflicht der Arbeitnehmer

Gehalt liegt **nicht über** der Krankenversicherungspflichtgrenze (2017: 4.800,00 EUR monatlich).

Gehalt liegt **ein Jahr über** der Krankenversicherungspflichtgrenze (2017: 4.800,00 EUR monatlich).

Versicherungspflicht bei einer gesetzlichen Krankenkasse

Versicherungswahlrecht: gesetzliche oder private Krankenkasse

kein Wahlrecht

Wahlrecht

AOK, KKH, DAK, IKK, BARMER, TKK ...

Private Krankenkasse

Versicherungspflichtgrenze und Beitragsbemessungsgrenze: Zusammenhänge

2017

Beitrags-bemessungs-grenze
Renten- und Arbeitslosen-versicherung
(West):

6.350,00 EUR

ca. 75,6 %

Versicherungs-pflichtgrenze
Kranken- und Pflege-versicherung
(West + Ost):

4.800,00 EUR

(ca. 68,5 %)

Beitrags-bemessungs-grenze
Kranken- und Pflege-versicherung
(West + Ost):

4.350,00 EUR

5.3   Ergänzungen gesetzliche Pflegeversicherung

Stofftelegramm

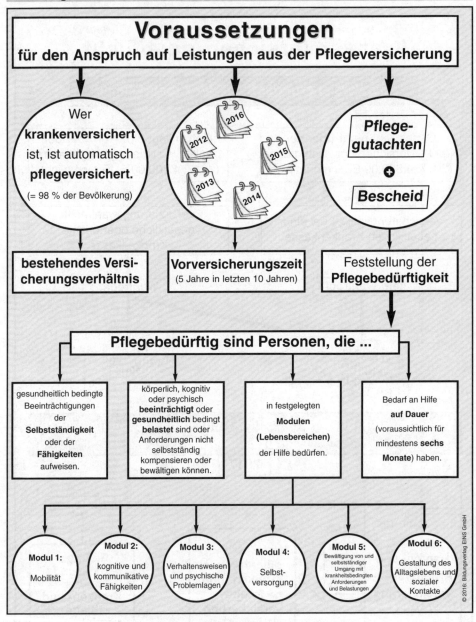

Voraussetzungen
für den Anspruch auf Leistungen aus der Pflegeversicherung

Wer **krankenversichert** ist, ist automatisch **pflegeversichert.**
(= 98 % der Bevölkerung)

2016
2012
2015
2013
2014

Pflege-gutachten
⊕
Bescheid

bestehendes Versicherungsverhältnis

Vorversicherungszeit
(5 Jahre in letzten 10 Jahren)

Feststellung der **Pflegebedürftigkeit**

Pflegebedürftig sind Personen, die ...

gesundheitlich bedingte Beeinträchtigungen der **Selbstständigkeit** oder der **Fähigkeiten** aufweisen.

körperlich, kognitiv oder psychisch **beeinträchtigt** oder **gesundheitlich** bedingt **belastet** sind oder Anforderungen nicht selbstständig kompensieren oder bewältigen können.

in festgelegten **Modulen (Lebensbereichen)** der Hilfe bedürfen.

Bedarf an Hilfe **auf Dauer** (voraussichtlich für mindestens **sechs Monate**) haben.

Modul 1: Mobilität

Modul 2: kognitive und kommunikative Fähigkeiten

Modul 3: Verhaltensweisen und psychische Problemlagen

Modul 4: Selbstversorgung

Modul 5: Bewältigung von und selbstständiger Umgang mit krankheitsbedingten Anforderungen und Belastungen

Modul 6: Gestaltung des Alltagslebens und sozialer Kontakte

Kriterien bei der Begutachtung zur Feststellung der Pflegebedürftigkeit
(§ 14 Abs. 2, § 15 Abs. 2, Anlage 1 zu § 15, § 18 Abs. 5a SGB XI)

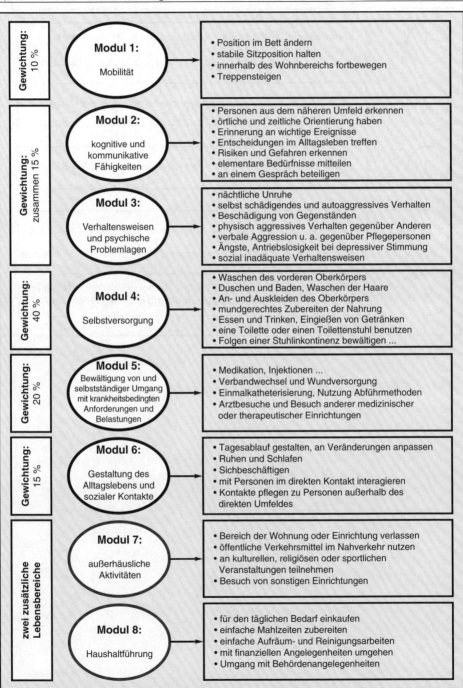

Gewichtung: 10 %

Modul 1:

Mobilität

- Position im Bett ändern
- stabile Sitzposition halten
- innerhalb des Wohnbereichs fortbewegen
- Treppensteigen

Gewichtung: zusammen 15 %

Modul 2:

kognitive und kommunikative Fähigkeiten

- Personen aus dem näheren Umfeld erkennen
- örtliche und zeitliche Orientierung haben
- Erinnerung an wichtige Ereignisse
- Entscheidungen im Alltagsleben treffen
- Risiken und Gefahren erkennen
- elementare Bedürfnisse mitteilen
- an einem Gespräch beteiligen

Modul 3:

Verhaltensweisen und psychische Problemlagen

- nächtliche Unruhe
- selbst schädigendes und autoaggressives Verhalten
- Beschädigung von Gegenständen
- physisch aggressives Verhalten gegenüber Anderen
- verbale Aggression u. a. gegenüber Pflegepersonen
- Ängste, Antriebslosigkeit bei depressiver Stimmung
- sozial inadäquate Verhaltensweisen

Gewichtung: 40 %

Modul 4:

Selbstversorgung

- Waschen des vorderen Oberkörpers
- Duschen und Baden, Waschen der Haare
- An- und Auskleiden des Oberkörpers
- mundgerechtes Zubereiten der Nahrung
- Essen und Trinken, Eingießen von Getränken
- eine Toilette oder einen Toilettenstuhl benutzen
- Folgen einer Stuhlinkontinenz bewältigen ...

Gewichtung: 20 %

Modul 5:

Bewältigung von und selbstständiger Umgang mit krankheitsbedingten Anforderungen und Belastungen

- Medikation, Injektionen ...
- Verbandwechsel und Wundversorgung
- Einmalkatheterisierung, Nutzung Abführmethoden
- Arztbesuche und Besuch anderer medizinischer oder therapeutischer Einrichtungen

Gewichtung: 15 %

Modul 6:

Gestaltung des Alltagslebens und sozialer Kontakte

- Tagesablauf gestalten, an Veränderungen anpassen
- Ruhen und Schlafen
- Sichbeschäftigen
- mit Personen im direkten Kontakt interagieren
- Kontakte pflegen zu Personen außerhalb des direkten Umfeldes

zwei zusätzliche Lebensbereiche

Modul 7:

außerhäusliche Aktivitäten

- Bereich der Wohnung oder Einrichtung verlassen
- öffentliche Verkehrsmittel im Nahverkehr nutzen
- an kulturellen, religiösen oder sportlichen Veranstaltungen teilnehmen
- Besuch von sonstigen Einrichtungen

Modul 8:

Haushaltführung

- für den täglichen Bedarf einkaufen
- einfache Mahlzeiten zubereiten
- einfache Aufräum- und Reinigungsarbeiten
- mit finanziellen Angelegenheiten umgehen
- Umgang mit Behördenangelegenheiten

Die Pflegegrade (Sie bestimmen die Leistungshöhe.)

1 ······ **geringe** Beeinträchtigung der Selbstständigkeit oder der Fähigkeiten (nur für neu eingestufte Personen)

2 ······ **erhebliche** Beeinträchtigung der Selbstständigkeit oder der Fähigkeiten

3 ······ **schwere** Beeinträchtigung der Selbstständigkeit oder der Fähigkeiten

4 ······ **schwerste** Beeinträchtigung der Selbstständigkeit oder der Fähigkeiten

5 ······ **schwerste** Beeinträchtigung der Selbstständigkeit oder der Fähigkeiten **mit besonderen Anforderungen an die pflegerische Versorgung**

Leistungen der Pflegeversicherung

| ambulante Pflege (Pflegesachleistungen) | Angehörigenpflege (Pflegegeld) | Heimpflege (stationär) |

Erläuterung zu Pflegesachleistungen: Versicherte nehmen die Hilfe eines ambulanten Pflegedienstes in Anspruch. Ambulante Sachleistungen können auch mit dem Pflegegeld kombiniert werden. Geräte und Sachen (Pflegehilfsmittel), die zur häuslichen Pflege notwendig sind, sie erleichtern etc. oder eine selbstständigere Lebensführung ermöglichen, werden i. d. R. zur Verfügung gestellt (evtl. Zuzahlung). Die Kosten für Verbrauchsprodukte in Höhe von bis zu 40,00 EUR pro Monat werden von der Pflegekasse erstattet (z. B. Einmalhandschuhe, Desinfektionsmittel oder Betteinlagen).

Maximalleistungen

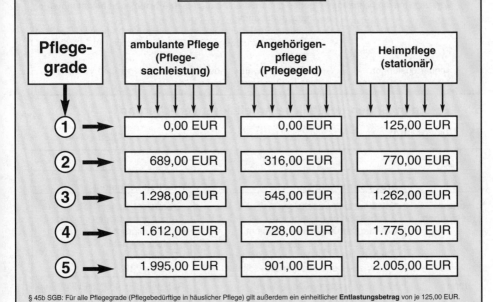

Pflege-grade	ambulante Pflege (Pflege-sachleistung)	Angehörigen-pflege (Pflegegeld)	Heimpflege (stationär)
①	0,00 EUR	0,00 EUR	125,00 EUR
②	689,00 EUR	316,00 EUR	770,00 EUR
③	1.298,00 EUR	545,00 EUR	1.262,00 EUR
④	1.612,00 EUR	728,00 EUR	1.775,00 EUR
⑤	1.995,00 EUR	901,00 EUR	2.005,00 EUR

§ 45b SGB: Für alle Pflegegrade (Pflegebedürftige in häuslicher Pflege) gilt außerdem ein einheitlicher **Entlastungsbetrag** von je 125,00 EUR.

5.4   Ergänzungen gesetzliche Rentenversicherung

Stofftelegramm

• „Meldung zur Sozialvers.":	Der Meldevordruck ist ein Dreifach-Durchschreibesatz.
• Generationenvertrag:	Die beitragszahlende Generation sichert mit ihren Beiträgen die Renten der Renten empfangenden Generation.
• Rentenhöhe: abhängig von	– Lebenseinkommen: Summe aller Bruttoarbeitsentgelte

– anrechnungsfähige Versicherungsjahre:
    Beitragszeiten
    + Berücksichtigungszeiten (Kindererziehungs-, Pflegezeiten)
    + Anrechnungszeiten (Ausbild.zeit max. 3 Jahre; Krankheits-, Schwangerschafts-, Arbeitslosigkeits-, Schlechtwetterzeiten)
    + Ersatzzeiten (Kriegsdienstzeiten)
    + Zurechnungszeiten (bei sehr früher Erwerbsunfähigkeit)

– durchschnittliche Arbeitsverdienste aller Arbeitnehmer

– Steigerungssatz

• Rentendynamisierung:	Rentenanpassung an allgemeine Lohnentwicklung
• Rente wegen Alters:	
– Normale Altersrente:	mit 65, schrittweise Erhöhung für nach 1946 Geborene, ab Geburtsjahrgang 1964 mit 67
– Vorzeitige Inanspruchnahme:	gegen dauerhaften Abzug (ca. 0,3 % für jeden Monat früherer Inanspruchnahme) Teilrente: Auch nur teilweise vorzeitige Verrentung (z. B. 40 %) möglich (Flexirentengesetz). Es gelten jedoch Hinzuverdienstgrenzen.
– Sonderregelungen:	z. B. für Schwerbehinderte, besonders langjährig Versicherte, vor 1952 geborene Frauen, Altersteilzeit

5.5   Ergänzungen gesetzliche Arbeitslosenversicherung

Stofftelegramm

	Arbeitslosengeld I	Arbeitslosengeld II
Voraussetzungen	1. Antragsteller arbeitslos 2. Arbeitslosmeldung beim Arbeitsamt 3. Antragstellung beim Arbeitsamt 4. Verfügbar zur Arbeitsvermittlung 5. Innerhalb der letzten drei Jahre mindestens 360 Tage beitragspflichtig beschäftigt	• Voraussetzungen 1 bis 4 des Arbeitslosengeldes sind erfüllt • Kein Anspruch (mehr) auf Arbeitslosengeld • Bedürftigkeit
Höhe	67 % vom letzten Nettoverdienst (Kinderlose: 60 %)	Regelleistung: 409,00 EUR + Leistungen f. Unterkunft und Heizung
Dauer	maximal zwölf Monate (ab 55 Jahre max. 18 Monate; ab 58 Jahre max. 24 Monate)	zeitlich unbegrenzt; Bewilligung jeweils für max. sechs Monate
Finanzierung	aus Beitragszahlungen	aus Steuergeldern
Sperrzeiten bzw. Absenkung/Wegfall	Verkürzung der Dauer des AL-Geldbezugs u. a. bei Arbeitsablehnung, unzureichenden Eigenbemühungen, Meldeversäumnis, Arbeitsaufgabe (= **Sperrzeit**)	**Absenkung bzw. Wegfall:** z. B. bei Ablehnung einer zumutbaren Arbeit oder Eingliederungsmaßnahme, bei Pflichtverletzung

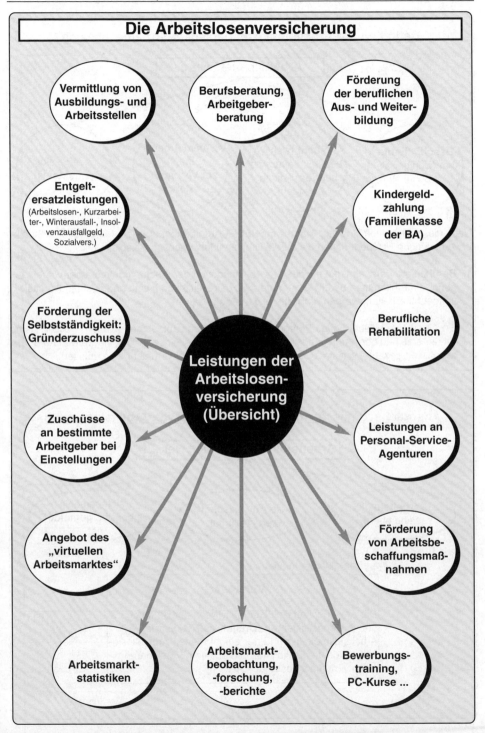

Die Arbeitslosenversicherung

Vermittlung von Ausbildungs- und Arbeitsstellen

Berufsberatung, Arbeitgeber-beratung

Förderung der beruflichen Aus- und Weiter-bildung

Entgelt-ersatzleistungen
(Arbeitslosen-, Kurzarbei-ter-, Winterausfall-, Insol-venzausfallgeld, Sozialvers.)

Kindergeld-zahlung (Familienkasse der BA)

Förderung der Selbstständigkeit: Gründerzuschuss

Leistungen der Arbeitslosen-versicherung (Übersicht)

Berufliche Rehabilitation

Zuschüsse an bestimmte Arbeitgeber bei Einstellungen

Leistungen an Personal-Service-Agenturen

Angebot des „virtuellen Arbeitsmarktes"

Förderung von Arbeitsbe-schaffungsmaß-nahmen

Arbeitsmarkt-statistiken

Arbeitsmarkt-beobachtung, -forschung, -berichte

Bewerbungs-training, PC-Kurse ...

Definition der Arbeitslosigkeit nach dem Sozialgesetzbuch

Arbeitslos ist, wer ...

... keine Beschäftigung hat (weniger als 15 Wochenstunden).

... Arbeit sucht (sich bemüht, seine Arbeitslosigkeit zu beenden).

... dem Arbeitsmarkt **zur Verfügung** steht.

... arbeitslos **gemeldet** ist.

Nach dieser Definition sind laut Bundesagentur für Arbeit (Monatsbericht März 2005) nicht alle erwerbsfähigen Hilfebedürftigen als arbeitslos zu zählen. Wichtige Beispiele:

1. Beschäftigte Personen, die mindestens 15 Stunden in der Woche arbeiten, aber wegen zu geringem Einkommen bedürftig nach dem Sozialgesetzbuch II sind und deshalb Arbeitslosengeld II erhalten, werden **nicht als arbeitslos** gezählt.

2. Erwerbsfähige hilfsbedürftige Personen, die keine Arbeit aufnehmen können, weil sie kleine Kinder erziehen oder Angehörige pflegen, erhalten Arbeitslosengeld II; sie werden **nicht als arbeitslos** gezählt, weil sie für die Arbeitsaufnahme nicht verfügbar sein müssen.

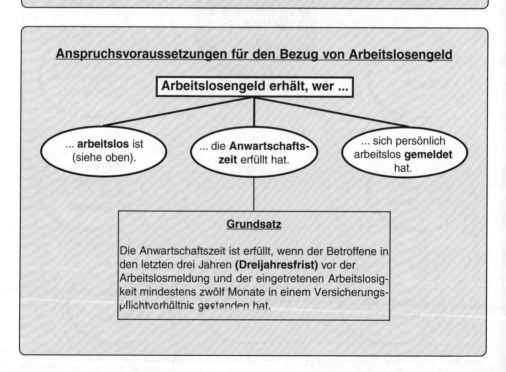

Anspruchsvoraussetzungen für den Bezug von Arbeitslosengeld

Arbeitslosengeld erhält, wer ...

... arbeitslos ist (siehe oben).

... die **Anwartschaftszeit** erfüllt hat.

... sich persönlich arbeitslos **gemeldet** hat.

Grundsatz

Die Anwartschaftszeit ist erfüllt, wenn der Betroffene in den letzten drei Jahren **(Dreijahresfrist)** vor der Arbeitslosmeldung und der eingetretenen Arbeitslosigkeit mindestens zwölf Monate in einem Versicherungspflichtverhältnis gestanden hat.

5.6 Ergänzungen gesetzliche Unfallversicherung

Stofftelegramm

Die Träger der gesetzlichen Unfallversicherung

• Gewerbliche Berufsgenossenschaften ⟶

• Unfallversicherungsträger der öffentlichen Hand ⟶

• Landwirtschaftliche Berufsgenossenschaften

Spitzenverband:
Deutsche Gesetzliche Unfallversicherung (DGUV)

Beiträge

• **Zahlung** durch **Unternehmer** allein

• **Beitragshöhe** abhängig von: **Finanzbedarf, Unfallrisiko, Lohnsumme**

Versicherungspflichtige		Versicherungsfreie	freiwillig Versicherte
• Beschäftigte	• Pflegepersonen	• Beamte	Unternehmer und mitarbeitende Ehegatten
• Auszubildende	• Landwirte	• Richter	
• Schüler, Studenten	• Arbeitslose	• Berufssoldaten	
• Kinder in Kitas	• Haushaltshilfen		

Versicherungsschutz

Arbeitsunfall   Wegeunfall   Berufskrankheit   Kita-, Schul-, Hochschulunfall

Aufgaben + Leistungen der Unfallversicherungsträger

Prävention	Heilbehandlung/Reha	Finanzielle Leistungen
• Erlass von Unfallverhütungsvorschriften	• ärztl. Behandlung	• Verletztengeld
• Unternehmensberatung	• Behandlung Krankenhaus + Reha-Zentren	• Übergangsgeld
• Sicherungsbeauftragte	• Berufsvorbereitung	• Renten
		• Sterbegeld

5.7   Probleme der gesetzlichen Sozialversicherung

Stofftelegramm

Rentenversicherung

- Altersquotient
  (Rentner/-innen : Erwerbsfähige)
  steigt (Gesellschaft altert =
  demografischer Wandel)

- Auf die Beitragszahler kommen immer
  mehr Rentenbezieher durch:

  - längere Ausbildung

  - späterer Eintritt ins Erwerbsleben

  - Zunahme von Teilzeitarbeit

  - Trend zur Selbstständigkeit (immer
    mehr freie Mitarbeiter/-innen, Tele-
    arbeitsplätze ...)

  - Verringerung der Erwerbsquote der
    über 50-Jährigen

  - durchschnittl. Rentenbezugsdauer
    steigt (höhere Lebenserwartung)

  - Verkürzung der Lebensarbeitszeit

  - sinkende Beitragseinnahmen in
    Wirtschaftsflauten

→ Die Beschäftigten müssen für immer
   mehr Rentner/-innen aufkommen.

→ Sozialausgaben übersteigen
   Beitragseinnahmen.

Folgen:

- Leistungseinschränkungen bzw.

- Beitragserhöhungen bzw.

- Verlagerung auf private Altersvorsorge

Krankenversicherung

- Hohe Ausgabensteigerungen im
  Gesundheitswesen:

  steigende   – Krankenhauskosten,

              – Kosten für Medikamente,

              – Kosten für Ärzte

- sinkende Beitragseinnahmen in
  Wirtschaftsflauten

Arbeitslosenversicherung

bei steigender Arbeitslosigkeit → Ausgaben für Arbeitslosengelder steigen

Pflegeversicherung

- steigende Zahl der Pflegebedürftigen
  aufgrund höherer Lebenserwartung

- zunehmende Entstehung von Ein-
  Personen-Haushalten (→ weniger
  Pflege durch Familienangehörige)

Unfallversicherung

- Finanzierung durch Beiträge der
  Arbeitgeber

- Beiträge abhängig v. a. von der Unfall-
  gefahr im jeweiligen Betrieb

  → Einnahmen decken Ausgaben

Wichtig: Zusätzlich private Vorsorgemaßnahmen treffen! (s. u.)

5.8   Das Dreischichtenmodell der Altersvorsorge

Stofftelegramm

Mit Rentenlücke bzw. Versorgungslücke wird der Prozentanteil oder Betrag bezeichnet, um den das letzte monatliche Netto-Einkommen vor Renteneintritt die spätere gesetzliche Altersrente übersteigt. Das Rentenniveau wird 2030 nur noch bei gut 50 % des letzten Nettogehalts liegen (Schätzung!).
Gegen das zu starke Absinken der verfügbaren Finanzmittel muss vorgesorgt werden, z. B. durch betriebliche und private Vorsorgemaßnahmen.

3	Kapitalanlageprodukte = private Vorsorge	private Kapitalanlagen und Rentenversicherungen, die nicht zwingend für die Altersvorsorge genutzt werden müssen
		Bsp.: klassische private Rentenversicherung, Kapitallebensversicherung
2	Zusatzversorgung = staatlich geförderte Altersvorsorge	• betriebliche Altersversorgung • „Riester-Rente" (hohe staatliche Förderung!)
1	Basisversorgung	• gesetzliche Rente • private Basisrente („Rürup")

Als weitere Altersabsicherung wird auch der Erwerb von Immobilien gesehen. Der große Vorteil: Mit einer Eigentumswohnung oder einem Eigenheim hat man bereits lange vor dem Alter einen Nutzen.

5.9   Aufgaben zu den Kapiteln 5.1–5.8

1. Nennen Sie a) die Zweige, b) die Träger der Sozialversicherung.

2. Welche Bedeutung hat die Beitragsbemessungsgrenze für die einzelnen Sozialversicherungsarten?

3. Wer ist sozialversicherungspflichtig (wesentliche Gruppen)?

4. Wer führt die Sozialversicherung an welche Institutionen ab?

5. Nennen Sie die wesentlichen Leistungen der Sozialversicherungen.

6. Wer muss den Arbeitnehmer zur Sozialversicherung melden?

7. Welche Folgen hat es, wenn ein Arbeitgeber es versäumt, einen neuen Arbeitnehmer bei der Krankenkasse anzumelden?

8. Der kaufmännische Angestellte Schlapp ist sieben Wochen krank. Wovon lebt er in dieser Zeit?

9. Unterscheiden Sie die Begriffe Arbeitslosengeld I und Arbeitslosengeld II.

10. a) Heidi Sonne kündigt fristgemäß, um eine halbjährige Südseereise zu unternehmen. Die Finanzierung soll über das Arbeitslosengeld gesichert werden. Nehmen Sie Stellung.

b) Eugen Schott kündigt fristgemäß, weil ihm das Arbeitsklima bei Teufel & Co. nicht behagt. Beurteilen Sie, ob sein Antrag auf Arbeitslosengeld erfolgreich sein wird.

c) Schott möchte gegen den Bescheid des Arbeitsamtes klagen. Welches Gericht ist zuständig?

11. Nico Schlau erhält als DV-Spezialist ein Gehalt von 5.000,00 EUR. Da er ein großes Vermögen besitzt, ist er weder auf eine spätere Rente noch auf Arbeitslosengeld im Falle einer Arbeitslosigkeit angewiesen. Zudem fühlt er sich kerngesund. Er will alle Sozialversicherungen kündigen. Ist dies möglich? Begründung.

12. Erklären Sie kurz folgende Begriffe:
   a) Meldung zur Sozialversicherung   c) Rentendynamisierung
   b) Generationenvertrag   d) anrechnungsfähige Versicherungsjahre

13. a) Wovon hängt die Höhe der Rente ab?
   b) Begründen Sie die Notwendigkeit einer zusätzlichen Altersvorsorge.
   c) Beschreiben Sie das Dreischichtenmodell der Altersvorsorge.

14. Unter welchen Voraussetzungen können die Leistungen der gesetzlichen Unfallversicherung in Anspruch genommen werden?

15. Worin unterscheiden sich Sozial- und Individualversicherung?

16. Wann zahlt der Arbeitgeber die Sozialversicherungsbeiträge allein?

17. Was versteht man unter Selbstverwaltung?

18. Welcher Versicherungsträger erbringt in folgenden Fällen welche Leistung?
   a) Der Angestellte Schlotter bleibt wegen Schüttelfrost auf ärztlichen Rat hin fünf Tage zu Hause.
   b) Ein 50-jähriger Prokurist, der eine Frau und drei Kinder hinterlässt, stirbt.
   c) Der 55-jährige Angestellte Hupf tritt auf dem Heimweg von der Arbeit in einen Pferdeapfel, fällt und bricht sich dabei drei Finger und das Nasenbein. Er nimmt ärztliche Behandlung in Anspruch.
   d) Ein Angestellter kann nach einem privaten Autounfall seinen Beruf nicht mehr ausüben.
   e) Ein Arbeiter kann nach einem privaten Autounfall seinen Beruf nicht mehr ausüben.
   f) Ein 65-jähriger Angestellter begibt sich in den Ruhestand.
   g) Die 25-jährige Arbeiterin Nina Friedlein kündigt fristlos, weil sie die ständigen Beleidigungen ihres Chefs nicht länger hinnehmen will.
   h) Ein Angestellter erkrankt schwer und ist zukünftig in keiner Weise mehr arbeitsfähig.

19. Nennen Sie die wesentlichen Probleme der gesetzlichen Sozialversicherung.

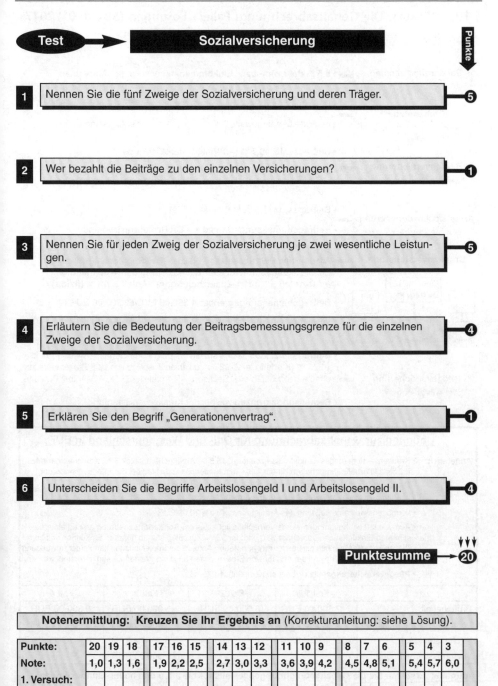

Test ➡ **Sozialversicherung**

Punkte

1 Nennen Sie die fünf Zweige der Sozialversicherung und deren Träger. — **5**

2 Wer bezahlt die Beiträge zu den einzelnen Versicherungen? — **1**

3 Nennen Sie für jeden Zweig der Sozialversicherung je zwei wesentliche Leistungen. — **5**

4 Erläutern Sie die Bedeutung der Beitragsbemessungsgrenze für die einzelnen Zweige der Sozialversicherung. — **4**

5 Erklären Sie den Begriff „Generationenvertrag". — **1**

6 Unterscheiden Sie die Begriffe Arbeitslosengeld I und Arbeitslosengeld II. — **4**

▼▼▼
Punktesumme — **20**

Notenermittlung: Kreuzen Sie Ihr Ergebnis an (Korrekturanleitung: siehe Lösung).

Punkte:	20	19	18	17	16	15	14	13	12	11	10	9	8	7	6	5	4	3
Note:	1,0	1,3	1,6	1,9	2,2	2,5	2,7	3,0	3,3	3,6	3,9	4,2	4,5	4,8	5,1	5,4	5,7	6,0
1. Versuch:																		
2. Versuch:																		
3. Versuch:																		

5.10   Exkurs: Die Gehaltsabrechnung: Fälle + Lösungen (Stand: 01/2017)

Stofftelegramm

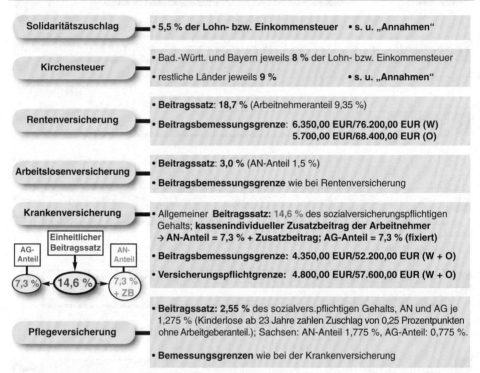

Solidaritätszuschlag
- 5,5 % der Lohn- bzw. Einkommensteuer   • s. u. „Annahmen"

Kirchensteuer
- Bad.-Württ. und Bayern jeweils 8 % der Lohn- bzw. Einkommensteuer
- restliche Länder jeweils 9 %   • s. u. „Annahmen"

Rentenversicherung
- Beitragssatz: 18,7 % (Arbeitnehmeranteil 9,35 %)
- Beitragsbemessungsgrenze: 6.350,00 EUR/76.200,00 EUR (W)
  5.700,00 EUR/68.400,00 EUR (O)

Arbeitslosenversicherung
- Beitragssatz: 3,0 % (AN-Anteil 1,5 %)
- Beitragsbemessungsgrenze wie bei Rentenversicherung

Krankenversicherung

AG-Anteil Einheitlicher Beitragssatz AN-Anteil

7,3 % ← 14,6 % → 7,3 % + ZB

- Allgemeiner Beitragssatz: 14,6 % des sozialversicherungspflichtigen Gehalts; kassenindividueller Zusatzbeitrag der Arbeitnehmer
  → AN-Anteil = 7,3 % + Zusatzbeitrag; AG-Anteil = 7,3 % (fixiert)
- Beitragsbemessungsgrenze: 4.350,00 EUR/52.200,00 EUR (W + O)
- Versicherungspflichtgrenze: 4.800,00 EUR/57.600,00 EUR (W + O)

Pflegeversicherung
- Beitragssatz: 2,55 % des sozialvers.pflichtigen Gehalts, AN und AG je 1,275 % (Kinderlose ab 23 Jahre zahlen Zuschlag von 0,25 Prozentpunkten ohne Arbeitgeberanteil.); Sachsen: AN-Anteil 1,775 %, AG-Anteil: 0,775 %.
- Bemessungsgrenzen wie bei der Krankenversicherung

Übungen zur Gehaltsabrechnung für Ost- und Westdeutschland in EUR:

Annahmen:
- Krankenversicherungssatz (inkl. Zusatzbeitrag): 15,5 %; Arbeitgeberanteil: 7,3 %, Arbeitnehmeranteil: 8,2 %; alle Arbeitnehmer haben Kinder (also kein Kinderlosenzuschlag bei der Pflegeversicherung)
- Die Lohnsteuerbeträge wurden unterstellt; sie sind letztlich von der Lohnsteuerklasse abhängig.
- vermögenswirksames Sparen jeweils 40,00 EUR
- vermögenswirksame Leistung des Arbeitgebers jeweils 20,00 EUR
- Aus Vereinfachungsgründen wurde vernachlässigt, dass der **Solidaritätszuschlag** erst ab einer bestimmten Einkunftshöhe berechnet wird und der 5,5 %-Zuschlag erst ab höheren Einkünften voll zum Tragen kommt. Ähnliches gilt bei der **Kirchensteuer.** Anhand der Kopiervorlagen kann unter Anwendung der Lohnsteuertabellen und der Angabe von Steuerklassen auch mit exakten Zahlen gerechnet werden.
- **Pflegeversicherungssatz** (Arbeitnehmeranteil): 1,275 %

	Fall 1	Fall 2	Fall 3	Fall 4
Bruttogehalt:	2.500,00 EUR	3.000,00 EUR	5.000,00 EUR	6.800,00 EUR
Lohnsteuer (unterstellt):	250,00 EUR	400,00 EUR	800,00 EUR	1.600,00 EUR
Kirchensteuersatz:	8 % (Ost 9 %)	8 % (Ost 9 %)	8 % (Ost 9 %)	8 % (Ost 9 %)
Vorschussverrechnung:	–	–	500,00 EUR	–

Aufgabe: Erstellen Sie die Gehaltsabrechnungen jeweils für die alten und neuen Bundesländer.

Hinweis: Nur in Baden-Württemberg und Bayern beträgt der **Kirchensteuersatz** 8 %, ansonsten bundesweit 9 %.

Abkürzungen: **vL-AG** = vermögenswirksame Leistung des Arbeitgebers   **RV, KV, PV, AV** = Renten-, Kranken-, Pflege-, Arbeitslosenversicherung
SolZ = Solidaritätszuschlag   **vS** = vermögenswirksames Sparen
KiSt. = Kirchensteuer   **st + sv Gehalt** = steuer- und sozialversicherungspflichtiges Gehalt

Lösung Fall 1		West (EUR)	Ost (EUR)
Bruttogehalt		2.500,00	2.500,00
+ vL-AG		20,00	20,00
= st + sv Gehalt		2.520,00	2.520,00
– Lohnsteuer		250,00	250,00
– SolZ	(5,5 % v. 250,00)	13,75	13,75
– KiSt.	(8,0 % v. 250,00)	20,00	(9 % v. 250,00) 22,50
– KV	(8,2 % v. 2.520,00)	206,64	206,64
– RV	(9,35 % v. 2.520,00)	235,62	235,62
– AV	(1,5 % v. 2.520,00)	37,80	37,80
– PV	(1,275 % v. 2.520,00)	32,13	32,13
= Nettogehalt		1.724,06	1.721,56
– vS		40,00	40,00
= Überweisungsbetrag		1.684,06	1.681,56

Beim KiSt.-Satz von 9 % (West) gelten in den **Fällen 1 und 2** die Abrechnungen Ost.

Lösung Fall 2		West (EUR)	Ost (EUR)
Bruttogehalt		3.000,00	3.000,00
+ vL-AG		20,00	20,00
= st + sv Gehalt		3.020,00	3.020,00
– Lohnsteuer		400,00	400,00
– SolZ	(5,5 % v. 400,00)	22,00	22,00
– KiSt.	(8,0 % v. 400,00)	32,00	(9 % v. 400,00) 36,00
– KV	(8,2 % v. 3.020,00)	247,64	247,64
– RV	(9,35 % v. 3.020,00)	282,37	282,37
– AV	(1,5 % v. 3.020,00)	45,30	45,30
– PV	(1,275 % v. 3.020,00)	38,51	38,51
= Nettogehalt		1.952,18	1.948,18
– vS		40,00	40,00
= Überweisungsbetrag		1.912,18	1.908,18

Lösung Fall 3		West (EUR)	Ost (EUR)
Bruttogehalt		**5.000,00**	**5.000,00**
+ vL-AG		20,00	20,00
= st + sv Gehalt		5.020,00	5.020,00
– Lohnsteuer		800,00	800,00
– SolZ	(5,5 % v. 800,00)	44,00	44,00
– KiSt.	(8,0 % v. 800,00)	64,00	(9 % v. 800,00) 72,00
– KV	(8,2 % v. 4.350,00)	356,70	356,70
– RV	(9,35 % v. 5.020,00)	469,37	469,37
– AV	(1,5 % v. 5.020,00)	75,30	75,30
– PV	(1,275 % v. 4.350,00)	55,46	55,46
= Nettogehalt		3.155,17	3.147,17
– vS		40,00	40,00
– Vorschuss		500,00	500,00
= Überweisungsbetrag		2.615,17	2.607,17

Beim KiSt.-Satz von 9 % (West) gilt im **Fall 3** die Abrechnung **Ost**.

Beim KiSt.-Satz von 9 % (West) ergäben sich im **Fall 4** folgende Werte:
- Kirchensteuer: 9 % von 1.600,00 EUR = 144,00 EUR
- Nettogehalt somit: 3.886,86 EUR
- Überweisungsbetrag somit: 3.846,86 EUR

Lösung Fall 4		West (EUR)	Ost (EUR)
Bruttogehalt		**6.800,00**	**6.800,00**
+ vL-AG		20,00	20,00
= st + sv Gehalt		6.820,00	6.820,00
– Lohnsteuer		1.600,00	1.600,00
– SolZ	(5,5 % v. 1.600,00)	88,00	88,00
– KiSt.	(8,0 % v. 1.600,00)	128,00	(9 % v. 1.600,00) 144,00
– KV	(8,2 % v. 4.350,00)	356,70	356,70
– RV	(9,35 % v. 6.350,00)	593,73	(9,35 % v. 5.700,00) 532,95
– AV	(1,5 % v. 6.350,00)	95,25	(1,5 % v. 5.700,00) 85,50
– PV	(1,275 % v. 4.350,00)	55,46	55,46
= Nettogehalt		3.902,86	3.957,39
– vS		40,00	40,00
= Überweisungsbetrag		3.862,86	3.917,39

6   Prüfungsaufgaben Kompetenzbereich I

Prüfungsaufgaben Winter 2012/2013 (Aufgabe 1)

1.1   Sie sind Auszubildende/-r im dritten Ausbildungsjahr und derzeit in der Personalabteilung eines mittelständischen Unternehmens in Freiburg eingesetzt. Sie stehen kurz vor Ihrer Abschlussprüfung. Aufgrund Ihrer bisher sehr guten Leistungen haben Sie bereits eine Festanstellung sicher. Sie werden von Ihrem Ausbildungsleiter beauftragt, für die neuen Auszubildenden im September einen Teil im Einführungsseminar zu übernehmen und entsprechend vorzubereiten.

Erstellen Sie hierzu zwei aussagekräftige Übersichten:
- eine zur Erklärung des Dualen Systems der Berufsausbildung
- eine mit jeweils vier Rechten und Pflichten der Auszubildenden

1.2   Neben Ihren Vorbereitungen zum Einführungsseminar sind Sie auch in das aktuelle Tagesgeschäft in der Personalabteilung miteingebunden. Sie bekommen von der Auszubildenden Carola Ott aus dem zweiten Ausbildungsjahr einen Anruf. Sie möchte ihre Ausbildung in Stuttgart fortsetzen, da ihr Freund dort eine neue Stelle hat und sie mit ihm dort hinziehen möchte. Sie habe dort auch schon einen neuen Ausbildungsbetrieb, in dem sie ihre Ausbildung fortsetzen könnte.

Entwerfen Sie, unter Berücksichtigung der rechtlichen Gesichtspunkte **(Anlage 1)**, eine entsprechende E-Mail an Frau Ott **(Anlage 2)**.

1.3   Sie helfen mit, eine Informationsveranstaltung zu den Problemen der Rentenversicherung vorzubereiten. Im Internet haben Sie dazu unter anderem folgende Informationen gefunden.
- Das durchschnittliche Renteneintrittsalter ist in den letzten 50 Jahren um 1,2 Jahre auf 63,5 Jahre gesunken.
- Im gleichen Zeitraum ist die Rentenbezugsdauer ausgehend von 9,9 Jahren um 86 % gestiegen.

1.3.1   Visualisieren Sie die gefundenen Informationen jeweils in einem geeigneten Schaubild.

1.3.2   Erläutern Sie zwei Ursachen, die zu dieser Entwicklung geführt haben.

1.3.3   Beschreiben Sie vier Lösungsmöglichkeiten, um die im Alter entstehende Versorgungslücke zu schließen.

Anlage 1

Ausschnitt aus dem BBiG

§ 20 Probezeit
Das Berufsausbildungsverhältnis beginnt mit der Probezeit. Sie muss mindestens einen Monat und darf höchstens vier Monate betragen.

§ 21 Beendigung
(1) Das Berufsausbildungsverhältnis endet mit dem Ablauf der Ausbildungszeit. Im Falle der Stufenausbildung endet es mit Ablauf der letzten Stufe.

(2) Bestehen Auszubildende vor Ablauf der Ausbildungszeit die Abschlussprüfung, so endet das Berufsausbildungsverhältnis mit Bekanntgabe des Ergebnisses durch den Prüfungsausschuss.
(3) Bestehen Auszubildende die Abschlussprüfung nicht, so verlängert sich das Berufsausbildungsverhältnis auf ihr Verlangen bis zur nächstmöglichen Wiederholungsprüfung, höchstens um ein Jahr.

§ 22 Kündigung
(1) Während der Probezeit kann das Berufsausbildungsverhältnis jederzeit ohne Einhalten einer Kündigungsfrist gekündigt werden.
(2) Nach der Probezeit kann das Berufsausbildungsverhältnis nur gekündigt werden
   1. aus einem wichtigen Grund ohne Einhalten einer Kündigungsfrist,
   2. von Auszubildenden mit einer Kündigungsfrist von vier Wochen, wenn sie die Berufsausbildung aufgeben oder sich für eine andere Berufstätigkeit ausbilden lassen wollen.
(3) Die Kündigung muss schriftlich und in den Fällen des Absatzes 2 unter Angabe der Kündigungsgründe erfolgen.
(4) Eine Kündigung aus einem wichtigen Grund ist unwirksam, wenn die ihr zugrunde liegenden Tatsachen dem zur Kündigung Berechtigten länger als zwei Wochen bekannt sind. Ist ein vorgesehenes Güteverfahren vor einer außergerichtlichen Stelle eingeleitet, so wird bis zu dessen Beendigung der Lauf dieser Frist gehemmt.

Anlage 2

An:	carola.ott@schmieglogistik.de
Betreff:	
Nachricht:	

Prüfungsaufgaben Winter 2012/2013 (Aufgabe 1)

Sie sind Auszubildender im zweiten Ausbildungsjahr bei der Meyer Moden GmbH in Stuttgart. Ihr Freund Fabian Keller kann ebenfalls bei Meyer Moden seine Ausbildung beginnen.

1.1   Zu dem ihm zugeschickten Ausbildungsvertrag **(Anlage 1)** hat er einige Fragen an Sie.

1.1.1   Sie erklären Fabian, wer den Ausbildungsvertrag unterschreiben muss.

1.1.2   Sie prüfen, ob der Ausbildungsvertrag den gesetzlichen Bestimmungen **(Anlage 2)** entspricht. Dazu listen Sie die fehlerhaften Punkte bei den Angaben A–J auf und notieren entsprechende Korrekturvorschläge.

1.1.3   Sie erläutern Fabian vier Ausbildungspflichten, die er einhalten muss.

1.2   Sie erklären Fabian, warum die vereinbarte Ausbildungsvergütung nicht in voller Höhe auf seinem Konto gutgeschrieben wird.

1.3   Fabian spricht auch das Thema Altersvorsorge an.

1.3.1   Sie nennen ihm die drei Säulen der Altersvorsorge.

1.3.2   Sie erläutern Fabian, welche Säule zukünftig an Bedeutung zunimmt, und begründen dies.

1.4   Fabian zeigt Ihnen einen Zeitungsartikel über die Tarifrunde des Einzelhandels in Baden-Württemberg **(Anlage 3)** und fragt, ob dies für seine Ausbildung von Bedeutung ist.

1.4.1   Sie erläutern ihm die beiden Arten von Tarifverträgen.

1.4.2   Sie erklären ihm, welche Möglichkeiten Arbeitgeber- und Arbeitnehmerverbände haben, um ihren Forderungen Nachdruck zu verleihen.

Anlage 2

Auszug aus dem Berufsbildungsgesetz

§ 10 Vertrag

(1) Wer andere Personen zur Berufsausbildung einstellt (Ausbildende), hat mit den Auszubildenden einen Berufsausbildungsvertrag zu schließen.

(2) Auf den Berufsausbildungsvertrag sind, soweit sich aus seinem Wesen und Zweck und aus diesem Gesetz nichts anderes ergibt, die für den Arbeitsvertrag geltenden Rechtsvorschriften und Rechtsgrundsätze anzuwenden. [...]

§ 11 Vertragsniederschrift

(1) Ausbildende haben unverzüglich nach Abschluss des Berufsausbildungsvertrages, spätestens vor Beginn der Berufsausbildung, den wesentlichen Inhalt des Vertrages gemäß Satz 2 schriftlich niederzulegen; die elektronische Form ist ausgeschlossen. In die Niederschrift sind mindestens aufzunehmen

1. Art, sachliche und zeitliche Gliederung sowie Ziel der Berufsausbildung, insbesondere die Berufstätigkeit, für die ausgebildet werden soll,
2. Beginn und Dauer der Berufsausbildung,
3. Ausbildungsmaßnahmen außerhalb der Ausbildungsstätte,
4. Dauer der regelmäßigen täglichen Ausbildungszeit,
5. Dauer der Probezeit,
6. Zahlung und Höhe der Vergütung,
7. Dauer des Urlaubs,
8. Voraussetzungen, unter denen der Berufsausbildungsvertrag gekündigt werden kann,
9. ein in allgemeiner Form gehaltener Hinweis auf die Tarifverträge, Betriebs- oder Dienstvereinbarungen, die auf das Berufsausbildungsverhältnis anzuwenden sind.

(2) Die Niederschrift ist von den Ausbildenden, den Auszubildenden und deren gesetzlichen Vertretern und Vertreterinnen zu unterzeichnen. [...]

§ 17 Vergütungsanspruch

(1) Ausbildende haben Auszubildenden eine angemessene Vergütung zu gewähren. Sie ist nach dem Lebensalter der Auszubildenden so zu bemessen, dass sie mit fortschreitender Berufsausbildung, mindestens jährlich, ansteigt. [...]

(3) Eine über die vereinbarte regelmäßige tägliche Ausbildungszeit hinausgehende Beschäftigung ist besonders zu vergüten oder durch entsprechende Freizeit auszugleichen.

§ 18 Bemessung und Fälligkeit der Vergütung

(1) Die Vergütung bemisst sich nach Monaten. Bei Berechnung der Vergütung für einzelne Tage wird der Monat zu 30 Tagen gerechnet.

(2) Die Vergütung für den laufenden Kalendermonat ist spätestens am letzten Arbeitstag des Monats zu zahlen.

Auszug aus dem Bundesurlaubsgesetz

§ 3 Dauer des Urlaubs

(1) Der Urlaub beträgt jährlich mindestens 24 Werktage.

(2) Als Werktage gelten alle Kalendertage, die nicht Sonn- oder gesetzliche Feiertage sind.

Auszug aus dem Jugendarbeitsschutzgesetz

§ 19 Urlaub

(1) Der Arbeitgeber hat Jugendlichen für jedes Kalenderjahr einen bezahlten Erholungsurlaub zu gewähren.

(2) Der Urlaub beträgt jährlich

1. mindestens 30 Werktage, wenn der Jugendliche zu Beginn des Kalenderjahres noch nicht 16 Jahre alt ist,
2. mindestens 27 Werktage, wenn der Jugendliche zu Beginn des Kalenderjahres noch nicht 17 Jahre alt ist,
3. mindestens 25 Werktage, wenn der Jugendliche zu Beginn des Kalenderjahres noch nicht 18 Jahre alt ist. [...]

(3) Der Urlaub soll Berufsschülern in der Zeit der Berufsschulferien gegeben werden. Soweit er nicht in den Berufsschulferien gegeben wird, ist für jeden Berufsschultag, an dem die Berufsschule während des Urlaubs besucht wird, ein weiterer Urlaubstag zu gewähren. [...]

Anlage 1

Berufsausbildungsvertrag

IHK Die Industrie- und Handelskammern in **Baden-Württemberg**

(§§ 10, 11 Berufsbildungsgesetz – BBiG)

Zwischen dem/der Ausbildenden (Ausbildungsbetrieb)	und der/dem Auszubildenden männlich [X] weiblich [ ]
KNR	Firmenident-Nr.	Tel.-Nr. 0711-7687-0	Name **Keller**	Vorname **Fabian**
Anschrift des/der Ausbildenden [ ] öffentlicher Dienst	Straße, Hausnummer **Mainzer Straße 15**
Meyer Moden GmbH	PLZ **70499**	Ort **Weilimdorf**
	Geburtsdatum **02.06.1997**
Straße, Hausnummer **Königstraße 80**	Staatsangehörigkeit **deutsch**	Gesetzliche Vertreter[1) **Eltern**
PLZ **70173**	Ort **Stuttgart**	Namen, Vornamen der gesetzlichen Vertreter **Keller, Marion und Herbert**
E-Mail-Adresse des/der Ausbildenden **personalabteilung@meyer-moden.de**	Straße, Hausnummer **Mainzer Straße 15**
Verantwortlicher Ausbilder **Frau Claudia Weber**	PLZ **70499**	Ort **Weilimdorf**

Wird nachstehender Vertrag zur Ausbildung im Ausbildungsberuf mit der Fachrichtung/dem Schwerpunkt/ dem Wahlbaustein etc. nach Maßgabe der Ausbildungsordnung[2) geschlossen	**Kaufmann im Einzelhandel**
	Textilhandel

Zuständige Berufsschule
Kaufmännische Schule Stuttgart

A Die Ausbildungszeit beträgt nach der Ausbildungsordnung
36 Monate.
Die vorausgegangene Berufsausbildung/Vorbildung:

wird mit [ ] Monaten angerechnet, bzw. es wird eine entsprechende Verkürzung beantragt.

Das Berufsausbildungsverhältnis
beginnt am **01.07.2013**   endet am

B Die Probezeit (§ 1 Nr. 2) beträgt [**4**] Monate.[3)

C Die Ausbildung findet vorbehaltlich der Regelungen nach D (§ 3 Nr. 2) in

Straße **Kirchstraße 26**

PLZ, Ort **71634 Ludwigsburg**

und den mit dem Betriebssitz für die Ausbildung üblicherweise zusammenhängenden Bau-, Montage- und sonstigen Arbeitsstellen statt.

D Ausbildungsmaßnahmen außerhalb der Ausbildungsstätte (§ 3 Nr. 12) (mit Zeitraumangabe)

Verkaufsgespräche richtig führen, Esslingen

E Der/die Ausbildende zahlt dem/der Auszubildenden eine angemessene Vergütung (§ 5); diese beträgt zur Zeit monatlich brutto

EUR	525,00	525,00	575,00	
im	ersten	zweiten	dritten	vierten

Ausbildungsjahr.

F Die regelmäßige Ausbildungszeit (§ 6 Nr. 1) beträgt täglich [**7,50**] Stunden.[4 / wöchentlich [**37,50**] Stunden.

Teilzeitausbildung wird beantragt (§ 6 Nr. 2) ja [ ] nein [ ]

G Der/die Ausbildende gewährt dem/der Auszubildenden Urlaub nach den geltenden Bestimmungen. Es besteht ein Urlaubsanspruch.

Im Jahr	2013	2014	2015	2016	
Werktage	14	27	24	12	
Arbeitstage					

H Sonstiges, Hinweise auf anzuwendende Tarifverträge und Betriebsvereinbarungen, sonstige Vereinbarungen.

Betriebsvereinbarung vom 12.01.2012

J Die beigefügten Vereinbarungen sind Gegenstand dieses Vertrages und werden anerkannt.

Stuttgart , den **28.04.2013**

Der/die Ausbildende:

_____
Stempel und Unterschrift

Der/die Auszubildende:

_____
Vor- und Familienname

Die gesetzlichen Vertreter des/der Auszubildenden:

_____
Vater und Mutter/Vormund

Änderungen des wesentlichen Vertragsinhaltes sind vom Ausbildenden unverzüglich zur Eintragung in das Verzeichnis der Berufsausbildungsverhältnisse bei der Industrie- und Handelskammer anzuzeigen.	Die beigefügten Angaben zur sachlichen und zeitlichen Gliederung des Ausbildungsablaufs (Ausbildungsplan) sind Bestandteil dieses Vertrages.

Anlage 3

Tarifrunde Einzelhandel Baden-Württemberg
Tarifabschluss erzielt –3 % in 2011, weitere 2 % in 2012

Bei den gestrigen Tarifverhandlungen (6. Runde) konnten sich ver.di und die Arbeitgeber in einem mehr als 17-stündigen Verhandlungsmarathon auf einen Tarifabschluss für die rund 220.000 Beschäftigten des Einzel- und Versandhandels einigen. Der Abschluss hat eine 24-monatige Laufzeit und sieht lineare Erhöhungen für dieses Jahr um 3 % und im nächsten Jahr um 2 % vor. [...]

In den vergangenen Tagen hatte ver.di zu mehreren landesweiten Streiktagen mit zentralen Veranstaltungen aufgerufen, an denen sich mehrere tausend Beschäftigte des Einzelhandels beteiligt hatten. So fanden sich gestern vor dem Verhandlungslokal in Korntal-Münchingen über 1.000 Streikende ein, die für höhere Entgelte lautstark protestierten. [...]

Quelle: bawue.verdi.de/pressemitteilungen/showNews?id=33c56a3e-9334-11e0-5aa6-001ec9b05a14

(Stand: 04.06.2012)

Prüfungsaufgaben Sommer 2013 (Aufgabe 1, teilweise)

Sie sind Auszubildende/-r im 3. Ausbildungsjahr bei der Fun&Sport GmbH, einem Großhandelsunternehmen in Leonberg und zurzeit in der Personalabteilung eingesetzt. Ihre Vorgesetzte, Frau Peters, hat gerade Vorstellungsgespräche mit neuen Auszubildenden geführt.

1.1 Sie finden folgende Notiz von Frau Peters auf Ihrem Schreibtisch:

Zusätzlich erhalten Sie eine E-Mail von ihr:

Vervollständigen Sie die Punkte (A–H) des Ausbildungsvertrages von Anne Korn **(Anlage 1)** unter Beachtung der rechtlichen Bestimmungen **(Anlage 3)**, der E-Mail und der Notiz von Frau Peters.

1.2 Ihr Freund Stefan macht gerade eine Ausbildung zum Industriekaufmann bei einem Hersteller für Solaranlagen. Als er eines Tages im Büro seines Chefs einen Plan über eine neuartige Technik sieht, macht er eine Kopie davon und gibt sie seinem Onkel, der bei einem Konkurrenzunternehmen arbeitet. Dabei wird er beobachtet, von seinem Chef einen Tag später direkt darauf angesprochen und drei Wochen später fristlos entlassen.
Stefan ist verzweifelt und wendet sich an Sie. Erklären Sie Stefan die Rechtslage **(Anlage 3)** und geben Sie ihm eine Empfehlung, was er jetzt tun sollte.

Anlage 1

Berufsausbildungsvertrag

(§§ 10, 11 Berufsbildungsgesetz - BBiG)

IHK Die Industrie- und Handelskammern in Baden-Württemberg

Zwischen dem/der Ausbildenden (Ausbildungsbetrieb)

KNR	Firmenident-Nr.		Tel.-Nr.
869	248632583		07152-968316-0

Anschrift des/der Ausbildenden	□ öffentlicher Dienst
Fun&Sport GmbH	

Straße, Hausnummer
Maurerstr. 56a

PLZ	Ort
71229	Leonberg

E-Mail-Adresse des/der Ausbildenden
diana.wolff@funandsport.de

Verantwortliche Ausbilderin ▼
Frau ▼
Diana Wolff

und der/dem Auszubildenden   männlich □ weiblich ☒

Name	Vorname
Korn	Anne

Straße, Hausnummer
Schillerstr. 12

PLZ	Ort
71229	Leonberg

Geburtsdatum
20.07.1998

Staatsangehörigkeit	Gesetzliche Vertreter[1]
deutsch	Mutter ▼

Namen, Vornamen der gesetzlichen Vertreter
Korn, Laura

Straße, Hausnummer
Schillerstr. 12

PLZ	Ort
71229	Leonberg

Wird nachstehender Vertrag zur Ausbildung im Ausbildungsberuf mit der Fachrichtung/dem Schwerpunkt/ dem Wahlbaustein etc. nach Maßgabe der Ausbildungsordnung[2] geschlossen

Kauffrau im Groß- und Außenhandel

Zuständige Berufsschule
Berufliches Schulzentrum Leonberg

A Die Ausbildungszeit beträgt nach der Ausbildungsordnung
36 Monate.
Die vorausgegangene Berufsausbildung / Vorbildung:
---
wird mit 0 Monaten angerechnet, bzw. es wird eine entsprechende Verkürzung beantragt.

Das Berufsausbildungsverhältnis
beginnt am [   ]   endet am [   ]

B Die Probezeit (§ 1 Nr. 2) beträgt [   ] Monate.[3]
C Die Ausbildung findet vorbehaltlich der Regelungen nach D (§ 3 Nr. 12) in

Straße Maurerstr. 56a
PLZ, Ort 71229 , Leonberg

und den mit dem Betriebssitz für die Ausbildung üblicherweise zusammenhängenden Bau-, Montage- und sonstigen Arbeitsstellen statt.

D Ausbildungsmaßnahmen außerhalb der Ausbildungsstätte (§ 3 Nr. 12) (mit Zeitraumangabe)

E Der/die Ausbildende zahlt dem/der Auszubildenden eine angemessene Vergütung (§ 5); diese beträgt zur Zeit monatlich brutto

EUR				
im	ersten	zweiten	dritten	vierten

Ausbildungsjahr.

F Die regelmäßige Ausbildungszeit (§ 6 Nr. 1) beträgt
täglich 8,00 Stunden.[4] / wöchentlich 40,00 Stunden.

Teilzeitausbildung wird beantragt (§ 6 Nr. 2) ja □ nein ☒

G Der/die Ausbildende gewährt dem/der Auszubildenden Urlaub nach den geltenden Bestimmungen. Es besteht ein Urlaubsanspruch.

Im Jahr	2014	2015	2016	2017
Werktage				
Arbeitstage				

H Sonstiges, Hinweise auf anzuwendende Tarifverträge und Betriebsvereinbarungen, sonstige Vereinbarungen.
Betriebsvereinbarungen der Fun&Sport GmbH

J Die beigefügten Vereinbarungen sind Gegenstand dieses Vertrages und werden anerkannt.

_____ , den _____
Der/die Ausbildende:

_____
                          Stempel und Unterschrift
Der/die Auszubildende:

_____
                          Vor- und Familienname
Die gesetzlichen Vertreter des/der Auszubildenden:

_____
Vater und Mutter/Vormund

Anlage 3

Auszug aus dem BBiG

§ 13 Verhalten während der Berufsausbildung

Auszubildende haben sich zu bemühen, die berufliche Handlungsfähigkeit zu erwerben, die zum Erreichen des Ausbildungsziels erforderlich ist. Sie sind insbesondere verpflichtet,

1. die ihnen im Rahmen ihrer Berufsausbildung aufgetragenen Aufgaben sorgfältig auszuführen,

2. an Ausbildungsmaßnahmen teilzunehmen, für die sie nach § 15 freigestellt werden,

3. den Weisungen zu folgen, die ihnen im Rahmen der Berufsausbildung von Ausbildenden, von Ausbildern oder Ausbilderinnen oder von anderen weisungsberechtigten Personen erteilt werden,

4. die für die Ausbildungsstätte geltende Ordnung zu beachten,

5. Werkzeug, Maschinen und sonstige Einrichtungen pfleglich zu behandeln,

6. über Betriebs- und Geschäftsgeheimnisse Stillschweigen zu wahren.

§ 15 Freistellung

Ausbildende haben Auszubildende für die Teilnahme am Berufsschulunterricht und an Prüfungen freizustellen. Das Gleiche gilt, wenn Ausbildungsmaßnahmen außerhalb der Ausbildungsstätte durchzuführen sind.

§ 17 Vergütungsanspruch

(1) Der Ausbildende hat dem Auszubildenden eine angemessene Vergütung zu gewähren. Sie ist nach dem Lebensalter des Auszubildenden so zu bemessen, dass sie mit fortschreitender Berufsausbildung, mindestens jährlich, ansteigt.

§ 20 Probezeit

Das Berufsausbildungsverhältnis beginnt mit der Probezeit. Sie muss mindestens einen Monat und darf höchstens vier Monate betragen.

§ 21 Beendigung

(1) Das Berufsausbildungsverhältnis endet mit dem Ablauf der Ausbildungszeit. Im Falle einer Stufenausbildung endet es mit der Beendigung der letzten Stufe.

(2) Bestehen Auszubildende vor Ablauf der Ausbildungszeit die Abschlussprüfung, so endet das Berufsausbildungsverhältnis mit Bekanntgabe des Ergebnisses durch den Prüfungsausschuss.

(1) Bestehen der Auszubildende die Abschlussprüfung nicht, so verlängert sich das Berufsausbildungsverhältnis auf ihr Verlangen bis zur nächstmöglichen Wiederholungsprüfung, höchstens um ein Jahr.

§ 22 Kündigung

(1) Während der Probezeit kann das Berufsausbildungsverhältnis jederzeit ohne Einhalten einer Kündigungsfrist gekündigt werden.

(2) Nach der Probezeit kann das Berufsausbildungsverhältnis nur gekündigt werden

1. aus einem wichtigen Grund ohne Einhalten einer Kündigungsfrist,

2. vom Auszubildenden mit einer Kündigungsfrist von vier Wochen, wenn er die Berufsausbildung aufgeben oder sich für eine andere Berufstätigkeit ausbilden lassen will.

(3) Die Kündigung muss schriftlich und in den Fällen des Absatzes 2 unter Angabe der Kündigungsgründe erfolgen.

(4) Eine Kündigung aus wichtigem Grund ist unwirksam, wenn die ihr zugrunde liegenden Tatsachen dem zur Kündigung Berechtigten länger als zwei Wochen bekannt sind. Ist ein vorgesehenes Güteverfahren vor einer außergerichtlichen Stelle eingeleitet, so wird bis zu dessen Beendigung der Lauf dieser Frist gehemmt.

Auszug aus dem JArbSchG

§ 8 Dauer der Arbeitszeit

(1) Jugendliche dürfen nicht mehr als acht Stunden täglich und nicht mehr als 40 Stunden wöchentlich beschäftigt werden.

(2) [...]

(2 a) Wenn an einzelnen Werktagen die Arbeitszeit auf weniger als acht Stunden verkürzt ist, können Jugendliche an den übrigen Werktagen derselben Woche achteinhalb Stunden beschäftigt werden.

§ 19 Urlaub

(1) Der Arbeitgeber hat Jugendlichen für jedes Kalenderjahr einen bezahlten Erholungsurlaub zu gewähren.

(2) Der Urlaub beträgt jährlich

1. mindestens 30 Werktage, wenn der Jugendliche zu Beginn des Kalenderjahres noch nicht 16 Jahre alt ist,
2. mindestens 27 Werktage, wenn der Jugendliche zu Beginn des Kalenderjahres noch nicht 17 Jahre alt ist,
3. mindestens 25 Werktage, wenn der Jugendliche zu Beginn des Kalenderjahres noch nicht 18 Jahre alt ist.

Auszug aus dem BUrlG

§ 1 Urlaubsanspruch

Jeder Arbeitnehmer hat in jedem Kalenderjahr Anspruch auf bezahlten Erholungsurlaub.

§ 3 Dauer des Urlaubs

(1) Der Urlaub beträgt jährlich mindestens 24 Werktage.

(2) Als Werktage gelten alle Kalendertage, die nicht Sonn- oder gesetzliche Feiertage sind.

§ 4 Wartezeit

Der volle Urlaubsanspruch wird erstmalig nach sechsmonatigem Bestehen des Arbeitsverhältnisses erworben.

§ 5 Teilurlaub

(1) Anspruch auf ein Zwölftel des Jahresurlaubs für jeden vollen Monat des Bestehens des Arbeitsverhältnisses hat der Arbeitnehmer
   a) für Zeiten eines Kalenderjahres, für die er wegen Nichterfüllung der Wartezeit in diesem Kalenderjahr keinen vollen Urlaubsanspruch erwirbt;
   b) wenn er vor erfüllter Wartezeit aus dem Arbeitsverhältnis ausscheidet;
   c) wenn er nach erfüllter Wartezeit in der ersten Hälfte eines Kalenderjahres aus dem Arbeitsverhältnis ausscheidet.

(2) Bruchteile von Urlaubstagen, die mindestens einen halben Tag ergeben, sind auf volle Urlaubstage aufzurunden.

(3) Hat der Arbeitnehmer im Falle des Absatzes 1 Buchstabe c bereits Urlaub über den ihm zustehenden Umfang hinaus erhalten, so kann das dafür gezahlte Urlaubsentgelt nicht zurückgefordert werden.

§ 6 Ausschluss von Doppelansprüchen

(1) Der Anspruch auf Urlaub besteht nicht, soweit dem Arbeitnehmer für das laufende Kalenderjahr bereits von einem früheren Arbeitgeber Urlaub gewährt worden ist.

(2) Der Arbeitgeber ist verpflichtet, bei Beendigung des Arbeitsverhältnisses dem Arbeitnehmer eine Bescheinigung über den im laufenden Kalenderjahr gewährten oder abgegoltenen Urlaub auszuhändigen.

Prüfungsaufgaben Sommer 2013 (Aufgabe 2, teilweise)

Der Sportshop Fittig e. K. bietet in Rottweil alles zum Thema Sport über drei Etagen an. Sie arbeiten in der Personalabteilung des Sportshops und sind Mitglied des Betriebsrates. Im Rahmen dieser Tätigkeiten sind Sie immer auch Ansprechpartner für die Mitarbeiter.

2.2   Die Mitarbeiterin Alina Sauer ist Ende April beim Wandern gestürzt und hat sich einen komplizierten Beinbruch zugezogen. Sie kann voraussichtlich erst wieder ab September arbeiten. Sie möchte wissen, ob sie bis dahin keinen Lohn erhält.
Sie geben ihr darüber Auskunft.

2.3   Die Neuwahl des Betriebsrates steht an. Es gibt bereits zwei Bewerber, die sich in den Betriebsrat wählen lassen wollen.
Sie geben den Bewerbern mithilfe der **Anlage 3** eine begründete Rückmeldung bezüglich ihrer Wählbarkeit:

2.3.1 Bewerber Alberto Lopez: 28 Jahre alt; seit drei Jahren bei Sportshop Fittig e. K.; Verkäufer, Staatsangehörigkeit: spanisch

2.3.2 Bewerberin Luise Müller: 43 Jahre alt, seit zwanzig Jahren als Verkäuferin bei verschiedenen Einzelhandelsunternehmen tätig, seit drei Monaten bei Sportshop Fittig e. K., Staatsangehörigkeit: deutsch

2.4   Auch die Jugend- und Auszubildendenvertretung soll neu gewählt werden. Sie bereiten eine Schulung zu diesem Thema vor. Dafür erstellen Sie eine Übersicht mit folgenden Inhaltspunkten:

2.4.1 Wahlberechtigung

2.4.2 Wählbarkeit

2.4.3 Amtszeit

2.4.4 Aufgaben der Jugend- und Auszubildendenvertretung (drei Angaben)

Anlage 3

Auszüge aus dem Betriebsverfassungsgesetz (BetrVG)

Betriebsrat

§ 7 Wahlberechtigung
Wahlberechtigt sind alle Arbeitnehmer des Betriebes, die das 18. Lebensjahr vollendet haben. [...]

§ 8 Wählbarkeit
(1) Wählbar sind alle Wahlberechtigten, die sechs Monate dem Betrieb angehören. [...]

Jugend- und Auszubildendenvertretung

§ 60 Errichtung und Aufgabe
(1) In Betrieben mit in der Regel mindestens fünf Arbeitnehmern, die das 18. Lebensjahr noch nicht vollendet haben (jugendliche Arbeitnehmer) oder die zu ihrer Berufsausbildung beschäftigt sind und das 25. Lebensjahr noch nicht vollendet haben, werden Jugend- und Auszubildendenvertretungen gewählt.
(2) Die Jugend- und Auszubildendenvertretung nimmt nach Maßgabe der folgenden Vorschriften die besonderen Belange der in Absatz 1 genannten Arbeitnehmer wahr.

§ 61 Wahlberechtigung und Wählbarkeit
(1) Wahlberechtigt sind alle in § 60 Abs. 1 genannten Arbeitnehmer des Betriebs.
(2) Wählbar sind alle Arbeitnehmer des Betriebs, die das 25. Lebensjahr noch nicht vollendet haben; § 8 Abs. 1 Satz 3 findet Anwendung. Mitglieder des Betriebsrats können nicht zu Jugend- und Auszubildendenvertretern gewählt werden.

§ 64 Zeitpunkt der Wahlen und Amtszeit
(1) Die regelmäßigen Wahlen der Jugend- und Auszubildendenvertretung finden alle zwei Jahre in der Zeit vom 1. Oktober bis 30. November statt. Für die Wahl der Jugend- und Auszubildendenvertretung außerhalb dieser Zeit gilt § 13 Abs. 2 Nr. 2 bis 6 und Abs. 3 entsprechend.
(2) Die regelmäßige Amtszeit der Jugend- und Auszubildendenvertretung beträgt zwei Jahre. Die Amtszeit beginnt mit der Bekanntgabe des Wahlergebnisses oder, wenn zu diesem Zeitpunkt noch eine Jugend- und Auszubildendenvertretung besteht, mit Ablauf von deren Amtszeit.

Prüfungsaufgaben Winter 2013/2014 (Aufgabe 1, teilweise, abgeändert)

1.   Die 18-jährige Julia Maier und der 19-jährige Steffen Hold sind Auszubildende zur/zum Kauffrau/Kaufmann im Groß- und Außenhandel im ersten Ausbildungsjahr beim Sanitärgroßhandel Kober GmbH, Karlsruhe. Dieser hat seit einigen Jahren einen Betriebsrat sowie eine Jugend- und Auszubildendenvertretung.
Gegenwärtig arbeitet Julia Maier zusammen mit der Praktikantin Anja Schuster in der Personalabteilung unter der Leitung von Frau Hubert. Steffen Hold hingegen arbeitet im Lager.

1.1   Erläutern Sie der Praktikantin Anja Schuster, was es bedeutet, eine Ausbildung im Dualen System zu machen.

1.2   Anja Schuster möchte wissen, welche Vor- und Nachteile eine Ausbildung im Dualen System aus Sicht der Auszubildenden mit sich bringen kann. Fertigen Sie hierzu eine Gegenüberstellung mit je zwei Argumenten an und erläutern Sie diese kurz.

1.3 Einige Tage später treffen sich Julia und Steffen beim Mittagessen in der Betriebskantine und unterhalten sich über verschiedene betriebliche Themen.

1.3.1 Seit Beginn der Ausbildung wird Steffen im Lager eingesetzt, während Julia in der Personalabteilung arbeitet. Begründen Sie, ob der Einsatz in unterschiedlichen Unternehmensbereichen zulässig ist.

1.3.2 Ferner beklagt sich Julia bei Steffen, dass sie sehr oft die persönlichen Einkäufe der Chefin im Supermarkt um die Ecke erledigen muss. Außerdem soll sie nächste Woche eine kranke Kollegin vertreten, obwohl sie eigentlich zu dieser Zeit Berufsschule hätte. Beurteilen Sie diese Sachverhalte mithilfe des Berufsbildungsgesetzes (BBiG) aus **Anlage 1**.

1.3.3 An wen könnten sich Julia und Steffen bei Fragen zur Berufsausbildung wenden? Nennen Sie zwei Möglichkeiten.

1.4 Der Mitarbeiter Felix Baumgart verunglückt auf dem direkten Heimweg von seiner Arbeitsstätte schwer. Frau Hubert möchte von Julia wissen, welcher Sozialversicherungszweig hier zuständig ist und welche Leistungen von dieser Versicherung zu erbringen sind (zwei Angaben).

Anlage 1

Auszug aus dem Berufsbildungsgesetz (BBiG)

§ 10 Vertrag

(1) Wer andere Personen zur Berufsausbildung einstellt (Ausbildende), hat mit den Auszubildenden einen Berufsausbildungsvertrag zu schließen.

(2) Auf den Berufsausbildungsvertrag sind, soweit sich aus seinem Wesen und Zweck und aus diesem Gesetz nichts anderes ergibt, die für den Arbeitsvertrag geltenden Rechtsvorschriften und Rechtsgrundsätze anzuwenden.

(3) Schließen die gesetzlichen Vertreter oder Vertreterinnen mit ihrem Kind einen Berufsausbildungsvertrag, so sind sie von dem Verbot des § 181 des Bürgerlichen Gesetzbuchs befreit.

(4) Ein Mangel in der Berechtigung, Auszubildende einzustellen oder auszubilden, berührt die Wirksamkeit des Berufsausbildungsvertrages nicht.

(5) Zur Erfüllung der vertraglichen Verpflichtungen der Ausbildenden können mehrere natürliche oder juristische Personen in einem Ausbildungsverbund zusammenwirken, soweit die Verantwortlichkeit für die einzelnen Ausbildungsabschnitte sowie für die Ausbildungszeit insgesamt sichergestellt ist (Verbundausbildung).

§ 13 Verhalten während der Berufsausbildung

Auszubildende haben sich zu bemühen, die berufliche Handlungsfähigkeit zu erwerben, die zum Erreichen des Ausbildungsziels erforderlich ist. Sie sind insbesondere verpflichtet,

1. die ihnen im Rahmen ihrer Berufsausbildung aufgetragenen Aufgaben sorgfältig auszuführen,
2. an Ausbildungsmaßnahmen teilzunehmen, für die sie nach § 15 freigestellt werden,
3. den Weisungen zu folgen, die ihnen im Rahmen der Berufsausbildung von Ausbildenden, von Ausbildern oder Ausbilderinnen oder von anderen weisungsberechtigten Personen erteilt werden,
4. die für die Ausbildungsstätte geltende Ordnung zu beachten,
5. Werkzeug, Maschinen und sonstige Einrichtungen pfleglich zu behandeln,
6. über Betriebs- und Geschäftsgeheimnisse Stillschweigen zu wahren.

§ 14 Berufsausbildung

(1) Ausbildende haben

1. dafür zu sorgen, dass den Auszubildenden die berufliche Handlungsfähigkeit vermittelt wird, die zum Erreichen des Ausbildungsziels erforderlich ist, und die Berufsausbildung in einer durch ihren Zweck gebotenen Form planmäßig, zeitlich und sachlich gegliedert so durchzuführen, dass das Ausbildungsziel in der vorgesehenen Ausbildungszeit erreicht werden kann,

2. selbst auszubilden oder einen Ausbilder oder eine Ausbilderin ausdrücklich damit zu beauftragen,

3. Auszubildenden kostenlos die Ausbildungsmittel, insbesondere Werkzeuge und Werkstoffe zur Verfügung zu stellen, die zur Berufsausbildung und zum Ablegen von Zwischen- und Abschlussprüfungen, auch soweit solche nach Beendigung des Berufsausbildungsverhältnisses stattfinden, erforderlich sind,

4. Auszubildende zum Besuch der Berufsschule sowie zum Führen von schriftlichen Ausbildungsnachweisen anzuhalten, soweit solche im Rahmen der Berufsausbildung verlangt werden, und diese durchzusehen,

5. dafür zu sorgen, dass Auszubildende charakterlich gefördert sowie sittlich und körperlich nicht gefährdet werden.

(2) Auszubildenden dürfen nur Aufgaben übertragen werden, die dem Ausbildungszweck dienen und ihren körperlichen Kräften angemessen sind.

§ 15 Freistellung

Ausbildende haben Auszubildende für die Teilnahme am Berufsschulunterricht und an Prüfungen freizustellen. Das Gleiche gilt, wenn Ausbildungsmaßnahmen außerhalb der Ausbildungsstätte durchzuführen sind.

§ 16 Zeugnis

(1) Ausbildende haben den Auszubildenden bei Beendigung des Berufsausbildungsverhältnisses ein schriftliches Zeugnis auszustellen. Die elektronische Form ist ausgeschlossen. Haben Ausbildende die Berufsausbildung nicht selbst durchgeführt, so soll auch der Ausbilder oder die Ausbilderin das Zeugnis unterschreiben.

(2) Das Zeugnis muss Angaben enthalten über Art, Dauer und Ziel der Berufsausbildung sowie über die erworbenen beruflichen Fertigkeiten, Kenntnisse und Fähigkeiten der Auszubildenden. Auf Verlangen Auszubildender sind auch Angaben über Verhalten und Leistung aufzunehmen.

Prüfungsaufgaben Sommer 2014 (Aufgabe 1)

Sie sind Auszubildende/-r im zweiten Lehrjahr beim Supermarkt Meier GmbH in Heilbronn. Von Ihrem Chef werden Sie beauftragt, die neuen Auszubildenden über den Beruf Kaufmann/Kauffrau im Einzelhandel zu informieren.

1.1   Sie bereiten eine Präsentation mit folgenden Inhaltspunkten vor.

1.1.1   Beschreibung des dualen Systems der Berufsausbildung.

1.1.2   Ein Vorteil und ein Nachteil des dualen Systems.

1.1.3 Je zwei Pflichten des Arbeitgebers und des Auszubildenden.

1.2 Nach Ihrer Präsentation haben die Auszubildenden noch viele Fragen. Benutzen Sie für Ihre begründeten Antworten die **Anlage**.

1.2.1 Jürgen (16 Jahre): „Welchen Sinn hat eigentlich diese Probezeit?"

1.2.2 Anna (16 Jahre): „Wie viele Urlaubstage habe ich eigentlich in diesem Jahr, wenn ich am 05.05.2014 siebzehn Jahre alt werde?"

1.2.3 Julia (16 Jahre): „In meiner Abteilung sind so viele Kollegen im Urlaub, dass ich seit zwei Wochen täglich neun Stunden arbeiten muss. Ist das überhaupt in Ordnung?"

1.2.4 Anton (17 Jahre): „Ehrlich gesagt habe ich mir das mit der Ausbildung ganz anders vorgestellt. Ich glaube, ich möchte doch lieber wieder zur Schule gehen und die Fachhochschulreife machen. Kann ich überhaupt noch kündigen? Meine Probezeit ist nämlich schon vorbei."

1.2.5 Christoph (18 Jahre): „Im Oktober haben wir doch Zwischenprüfung. Mein Abteilungsleiter hat gesagt, dass ich dafür einen Urlaubstag einplanen muss. Stimmt das?"

1.2.6 Dirk (16 Jahre): „Musstet ihr eigentlich auch alle zu einer ärztlichen Untersuchung, bevor ihr mit der Ausbildung angefangen habt? Ist das nur bei diesem Betrieb so?"

Anlage

Auszüge aus dem Berufsbildungsgesetz (BBiG)

§ 15 Freistellung
Ausbildende haben Auszubildende für die Teilnahme am Berufsschulunterricht und an Prüfungen freizustellen. Das Gleiche gilt, wenn Ausbildungsmaßnahmen außerhalb der Ausbildungsstätte durchzuführen sind.

§ 22 Kündigung
(1) Während der Probezeit kann das Berufsausbildungsverhältnis jederzeit ohne Einhalten einer Kündigungsfrist gekündigt werden.
(2) Nach der Probezeit kann das Berufsausbildungsverhältnis nur gekündigt werden
1. aus einem wichtigen Grund ohne Einhalten einer Kündigungsfrist,
2. von Auszubildenden mit einer Kündigungsfrist von vier Wochen, wenn sie die Berufsausbildung aufgeben oder sich für eine andere Berufstätigkeit ausbilden lassen wollen.
(3) Die Kündigung muss schriftlich und in den Fällen des Absatzes 2 unter Angabe der Kündigungsgründe erfolgen.
(4) Eine Kündigung aus einem wichtigen Grund ist unwirksam, wenn die ihr zugrunde liegenden Tatsachen dem zur Kündigung Berechtigten länger als zwei Wochen bekannt sind. Ist ein vorgesehenes Güteverfahren vor einer außergerichtlichen Stelle eingeleitet, so wird bis zu dessen Beendigung der Lauf dieser Frist gehemmt.

Auszüge aus dem Jugendarbeitsschutzgesetz (JArbSchG)

§ 8 Dauer der Arbeitszeit

(1) Jugendliche dürfen nicht mehr als acht Stunden täglich und nicht mehr als 40 Stunden wöchentlich beschäftigt werden.

(2) Wenn in Verbindung mit Feiertagen an Werktagen nicht gearbeitet wird, damit die Beschäftigten eine längere zusammenhängende Freizeit haben, so darf die ausfallende Arbeitszeit auf die Werktage von fünf zusammenhängenden, die Ausfalltage einschließenden Wochen nur dergestalt verteilt werden, dass die Wochenarbeitszeit im Durchschnitt dieser fünf Wochen 40 Stunden nicht überschreitet. Die tägliche Arbeitszeit darf hierbei achteinhalb Stunden nicht überschreiten. (2a) Wenn an einzelnen Werktagen die Arbeitszeit auf weniger als acht Stunden verkürzt ist, können Jugendliche an den übrigen Werktagen derselben Woche achteinhalb Stunden beschäftigt werden.

(3) In der Landwirtschaft dürfen Jugendliche über 16 Jahre während der Erntezeit nicht mehr als neun Stunden täglich und nicht mehr als 85 Stunden in der Doppelwoche beschäftigt werden.

§ 10 Prüfungen und außerbetriebliche Ausbildungsmaßnahmen

(1) Der Arbeitgeber hat den Jugendlichen
   1. für die Teilnahme an Prüfungen und Ausbildungsmaßnahmen, die aufgrund öffentlichrechtlicher oder vertraglicher Bestimmungen außerhalb der Ausbildungsstätte durchzuführen sind,
   2. an dem Arbeitstag, der der schriftlichen Abschlußprüfung unmittelbar vorangeht,
freizustellen.

(2) Auf die Arbeitszeit werden angerechnet
   1. die Freistellung nach Absatz 1 Nr. 1 mit der Zeit der Teilnahme einschließlich der Pausen,
   2. die Freistellung nach Absatz 1 Nr. 2 mit acht Stunden.
Ein Entgeltausfall darf nicht eintreten.

§ 19 Urlaub

(1) Der Arbeitgeber hat Jugendlichen für jedes Kalenderjahr einen bezahlten Erholungsurlaub zu gewähren.

(2) Der Urlaub beträgt jährlich
   1. mindestens 30 Werktage, wenn der Jugendliche zu Beginn des Kalenderjahrs noch nicht 16 Jahre alt ist,
   2. mindestens 27 Werktage, wenn der Jugendliche zu Beginn des Kalenderjahrs noch nicht 17 Jahre alt ist,
   3. mindestens 25 Werktage, wenn der Jugendliche zu Beginn des Kalenderjahrs noch nicht 18 Jahre alt ist.
Jugendliche, die im Bergbau unter Tage beschäftigt werden, erhalten in jeder Altersgruppe einen zusätzlichen Urlaub von drei Werktagen.

(3) Der Urlaub soll Berufsschülern in der Zeit der Berufsschulferien gegeben werden. Soweit er nicht in den Berufsschulferien gegeben wird, ist für jeden Berufsschultag, an dem die Berufsschule während des Urlaubs besucht wird, ein weiterer Urlaubstag zu gewähren.

§ 32 Erstuntersuchung

(1) Ein Jugendlicher, der in das Berufsleben eintritt, darf nur beschäftigt werden, wenn
   1. er innerhalb der letzten vierzehn Monate von einem Arzt untersucht worden ist (Erstuntersuchung) und
   2. dem Arbeitgeber eine von diesem Arzt ausgestellte Bescheinigung vorliegt.

(2) Absatz 1 gilt nicht für eine nur geringfügige oder eine nicht länger als zwei Monate dauernde Beschäftigung mit leichten Arbeiten, von denen keine gesundheitlichen Nachteile für den Jugendlichen zu befürchten sind.

Prüfungsaufgaben Sommer 2014 (Aufgabe 1)

Die CABA Designmöbel GmbH ist ein mittelständisches Unternehmen mit Sitz in Stuttgart. Von den aktuell 105 Mitarbeitern ohne Führungsverantwortung sind 15 unter 18 Jahre alt.

Durch die Ausweitung der Exporttätigkeit war es notwendig, in den letzten fünf Monaten 20 neue Mitarbeiter einzustellen und die Räumlichkeiten zu vergrößern. Die Bauarbeiten zur Erweiterung der Geschäftsräume sind bereits in vollem Gange und die Verwaltung musste in Bürocontainer umziehen. Die Mitarbeiter in den Containerräumen empfinden ihre Arbeitsumgebung als wenig attraktiv, insbesondere wird beklagt, dass morgens die Temperatur in den Räumen gerade einmal 15° C betrage.

Die Geschäftskontakte ins Ausland, vor allem nach Singapur, bedingen, dass sich die Arbeitszeiten in der Exportabteilung vor Kurzem geändert haben: Es wurde eine Frühschicht eingeführt.

Aufgrund der massiven Veränderungen im Unternehmen regt sich der Wunsch der Mitarbeiter nach mehr Mitbestimmung im Unternehmen und der Gründung eines Betriebsrates.

Sie sind volljährig und arbeiten nach Abschluss Ihrer Ausbildung seit einem Jahr bei der CABA GmbH. Sie haben zusammen mit weiteren Kollegen Interesse an einer Betriebsratstätigkeit.

Für die Gründung des Betriebsrates haben Sie und Ihre Kollegen vom Geschäftsführer freie Hand erhalten. Interesse, sich für die Wahl zur Verfügung zu stellen, haben Sie selbst und die Mitarbeiter Müller, Moreno, Cosglu, Kemptner, Sommer, Wagner (**Anlage 1**). Alle erfreuen sich der breiten Unterstützung der Belegschaft.

1. Erstellen Sie einen detaillierten, übersichtlichen Ablaufplan für die Vorbereitung und Durchführung der Betriebsratswahl. Beginnen Sie mit der Prüfung der Voraussetzungen für die Einrichtung eines Betriebsrates (**Anlagen 1** und **2**).
   Erläutern Sie die einzelnen Punkte Ihres Ablaufplanes unter Zuhilfenahme der Gesetzestexte.

2. Der Betriebsrat ist gewählt und Sie sind eines der Mitglieder. Es warten schon die ersten Aufgaben auf Sie. Die Situation der Kollegen in den Bürocontainern beschäftigt Sie. Dann kommen noch die Kollegen der Exportabteilung mit dem Schichtplan (**Anlage 3**) zu Ihnen, weil sie mit den Arbeitszeiten nicht einverstanden sind.
   Prüfen Sie die Situationen im Hinblick auf arbeitsschutzrechtliche Bestimmungen (**Anlage 4**).

3. Private Versicherungsunternehmen bieten seit einiger Zeit Möglichkeiten der privaten Altersvorsorge an. Bislang haben Ihre Kollegen diese Möglichkeiten kaum genutzt und ausschließlich in die gesetzliche Rentenversicherung eingezahlt. Deshalb stellen Sie auf der nächsten Betriebsversammlung die Notwendigkeit einer zusätzlichen Altersvorsorge dar.

3.1 Formulieren Sie auf einem „Stichwortzettel" drei Probleme der gesetzlichen Rentenversicherung.

3.2 Begründen Sie die Notwendigkeit der privaten Altersvorsorge.

Anlage 1: Auszüge aus Personalakten

Nachname	Vorname
Müller	Karsten
Straße, Hausnummer	**PLZ, Ort**
Tulpenweg 3	70173 Stuttgart
Geburtsdatum	**Geschlecht**
01.04.1976	☒ männlich ☐ weiblich
Staatsangehörigkeit	**Familienstand**
deutsch	verheiratet
Eintrittsdatum	**Ausgeübte Tätigkeit**
01.09.2000	Tischler

Nachname	Vorname
Moreno	Claudio
Straße, Hausnummer	**PLZ, Ort**
Mühlenstraße 8	70567 Stuttgart
Geburtsdatum	**Geschlecht**
06.12.1982	☒ männlich ☐ weiblich
Staatsangehörigkeit	**Familienstand**
italienisch	verheiratet
Eintrittsdatum	**Ausgeübte Tätigkeit**
01.02.2011	Controller

Nachname	Vorname
Cosglu	Ayla
Straße, Hausnummer	**PLZ, Ort**
Bahnhofstraße 102	70175 Stuttgart
Geburtsdatum	**Geschlecht**
30.01.1996	☐ männlich ☒ weiblich
Staatsangehörigkeit	**Familienstand**
deutsch	ledig
Eintrittsdatum	**Ausgeübte Tätigkeit**
01.09.2013	Produktdesignerin

Nachname	Vorname
Kemptner	Kevin
Straße, Hausnummer	**PLZ, Ort**
Goethestr. 91	70378 Stuttgart
Geburtsdatum	**Geschlecht**
11.11.1997	☒ männlich ☐ weiblich
Staatsangehörigkeit	**Familienstand**
deutsch	ledig
Eintrittsdatum	**Ausgeübte Tätigkeit**
01.10.2013	Lagerarbeiter

Nachname	Vorname
Sommer	Heike
Straße, Hausnummer	**PLZ, Ort**
Am Berg 17	70619 Stuttgart
Geburtsdatum	**Geschlecht**
15.10.1981	☐ männlich ☒ weiblich
Staatsangehörigkeit	**Familienstand**
deutsch	verheiratet
Eintrittsdatum	**Ausgeübte Tätigkeit**
01.09.2002	Verkaufsleiterin

Nachname	Vorname
Wagner	Alexander
Straße, Hausnummer	**PLZ, Ort**
Burggasse 1	70192 Stuttgart
Geburtsdatum	**Geschlecht**
13.03.1995	☒ männlich ☐ weiblich
Staatsangehörigkeit	**Familienstand**
deutsch	ledig
Eintrittsdatum	**Ausgeübte Tätigkeit**
01.09.2010	Verkäufer

Anlage 2: Auszug Betriebsverfassungsgesetz

§ 1 BetrVG: Errichtung von Betriebsräten
(1) In Betrieben mit in der Regel mindestens fünf [...] wahlberechtigten Arbeitnehmern, von denen drei wählbar sind, werden Betriebsräte gewählt. [...]

§ 7 BetrVG: Wahlberechtigung
Wahlberechtigt sind alle Arbeitnehmer des Betriebs, die das 18. Lebensjahr vollendet haben. [...]

§ 8 BetrVG: Wählbarkeit
(1) Wählbar sind alle Wahlberechtigten, die sechs Monate dem Betrieb angehören [...].

§ 9 BetrVG: Zahl der Betriebsratsmitglieder
Der Betriebsrat besteht in Betrieben mit in der Regel
    5 bis 20 wahlberechtigten Arbeitnehmern aus einer Person,
    21 bis 50 wahlberechtigten Arbeitnehmern aus 3 Mitgliedern,
    51 wahlberechtigten Arbeitnehmern bis 100 Arbeitnehmern aus 5 Mitgliedern,
    101 bis 200 Arbeitnehmern aus 7 Mitgliedern, [...]

§ 13 BetrVG: Zeitpunkt der Betriebsratswahlen
(1) Die regelmäßigen Betriebsratswahlen finden alle vier Jahre in der Zeit vom 1. März bis 31. Mai statt. Sie sind zeitgleich mit den regelmäßigen Wahlen nach § 5 Abs. 1 des Sprecherausschussgesetzes einzuleiten.
(2) Außerhalb dieser Zeit ist der Betriebsrat zu wählen, wenn
1.   mit Ablauf von 24 Monaten, vom Tage der Wahl an gerechnet, die Zahl der regelmäßig beschäftigten Arbeitnehmer um die Hälfte, mindestens aber um fünfzig, gestiegen oder gesunken ist,
2.   die Gesamtzahl der Betriebsratsmitglieder nach Eintreten sämtlicher Ersatzmitglieder unter die vorgeschriebene Zahl der Betriebsratsmitglieder gesunken ist,
3.   der Betriebsrat mit der Mehrheit seiner Mitglieder seinen Rücktritt beschlossen hat,
4.   die Betriebsratswahl mit Erfolg angefochten worden ist,
5.   der Betriebsrat durch eine gerichtliche Entscheidung aufgelöst ist oder
6.   im Betrieb ein Betriebsrat nicht besteht.
[...]

§ 14 BetrVG: Wahlvorschriften
(1)   Der Betriebsrat wird in geheimer und unmittelbarer Wahl gewählt.
(2)   Die Wahl erfolgt nach den Grundsätzen der Verhältniswahl. Sie erfolgt nach den Grundsätzen der Mehrheitswahl, wenn nur ein Wahlvorschlag eingereicht wird oder wenn der Betriebsrat im vereinfachten Wahlverfahren nach § 14a zu wählen ist.
(3)   Zur Wahl des Betriebsrats können die wahlberechtigten Arbeitnehmer und die im Betrieb vertretenen Gewerkschaften Wahlvorschläge machen.
(4)   Jeder Wahlvorschlag der Arbeitnehmer muss von mindestens einem Zwanzigstel der wahlberechtigten Arbeitnehmer, mindestens jedoch von drei Wahlberechtigten unterzeichnet sein; in Betrieben mit in der Regel bis zu zwanzig wahlberechtigten Arbeitnehmern genügt die Unterzeichnung durch zwei Wahlberechtigte. In jedem Fall genügt die Unterzeichnung durch fünfzig wahlberechtigte Arbeitnehmer. [...]

§ 17 BetrVG: Bestellung des Wahlvorstands in Betrieben ohne Betriebsrat

[...]

(2) Besteht weder ein Gesamtbetriebsrat noch ein Konzernbetriebsrat, so wird in einer Betriebsversammlung von der Mehrheit der anwesenden Arbeitnehmer ein Wahlvorstand gewählt; [...]

(3) Zu dieser Betriebsversammlung können drei wahlberechtigte Arbeitnehmer des Betriebs oder eine im Betrieb vertretene Gewerkschaft eingeladen werden und Vorschläge für die Zusammensetzung des Wahlvorstands machen.

§ 18 BetrVG: Vorbereitung und Durchführung der Wahl

(1) Der Wahlvorstand hat die Wahl unverzüglich einzuleiten, sie durchzuführen und das Wahlergebnis festzustellen. Kommt der Wahlvorstand dieser Verpflichtung nicht nach, so ersetzt ihn das Arbeitsgericht auf Antrag des Betriebsrats, von mindestens drei wahlberechtigten Arbeitnehmern oder einer im Betrieb vertretenen Gewerkschaft. § 16 Abs. 2 gilt entsprechend.

(2) Ist zweifelhaft, ob eine betriebsratsfähige Organisationseinheit vorliegt, so können der Arbeitgeber, jeder beteiligte Betriebsrat, jeder beteiligte Wahlvorstand oder eine im Betrieb vertretene Gewerkschaft eine Entscheidung des Arbeitsgerichts beantragen.

(3) Unverzüglich nach Abschluss der Wahl nimmt der Wahlvorstand öffentlich die Auszählung der Stimmen vor, stellt deren Ergebnis in einer Niederschrift fest und gibt es den Arbeitnehmern des Betriebs bekannt. Dem Arbeitgeber und den im Betrieb vertretenen Gewerkschaften ist eine Abschrift der Wahlniederschrift zu übersenden.

§ 20 BetrVG: Wahlschutz und Wahlkosten

(1) Niemand darf die Wahl des Betriebsrats behindern. Insbesondere darf kein Arbeitnehmer in der Ausübung des aktiven und passiven Wahlrechts beschränkt werden.

(2) Niemand darf die Wahl des Betriebsrats durch Zufügung oder Androhung von Nachteilen oder durch Gewährung oder Versprechen von Vorteilen beeinflussen.

(3) Die Kosten der Wahl trägt der Arbeitgeber. Versäumnis von Arbeitszeit, die zur Ausübung des Wahlrechts, zur Betätigung im Wahlvorstand oder zur Tätigkeit als Vermittler (§ 18a) erforderlich ist, berechtigt den Arbeitgeber nicht zur Minderung des Arbeitsentgelts.

Anlage 3: Schichtplan

	Montag	Dienstag	Mittwoch	Donnerstag	Freitag	Samstag	Sonntag
Marlies Müller	F	F	F	T	T		
Frank Frei		T	T	T	F	F	
Anna Anschütz	T	T	T	F	T		

T = Tagschicht   09:00–18:00 Uhr   (inkl. 1 Stunde Pause)
F = Frühschicht   04:00–13:00 Uhr   (inkl. 1 Stunde Pause)

Anlage 4: Auszug Arbeitsschutzrechtliche Vorschriften

§ 3 ArbStättV: Gefährdungsbeurteilung

(1) Bei der Beurteilung der Arbeitsbedingungen nach § 5 des Arbeitsschutzgesetzes hat der Arbeitgeber zunächst festzustellen, ob die Beschäftigten Gefährdungen beim Einrichten und Betreiben von Arbeitsstätten ausgesetzt sind oder ausgesetzt sein können. Ist dies der Fall, hat er alle möglichen Gefährdungen der Gesundheit und Sicherheit der Beschäftigten zu beurteilen. Entsprechend dem Ergebnis der Gefährdungsbeurteilung hat der Arbeitgeber Schutzmaßnahmen gemäß den Vorschriften dieser Verordnung einschließlich ihres Anhangs nach dem Stand der Technik, Arbeitsmedizin und Hygiene festzulegen. Sonstige gesicherte arbeitswissenschaftliche Erkenntnisse sind zu berücksichtigen.

4.2 Lufttemperaturen in Räumen

(1) In Arbeitsräumen muss die Lufttemperatur in Abhängigkeit von der Arbeitsschwere und Körperhaltung mindestens den Werten in Tabelle 1 entsprechen, wobei diese Lufttemperatur während der gesamten Arbeitszeit zu gewährleisten ist.

(2) Werden die Mindestwerte nach Tabelle 1 in Arbeitsräumen auch bei Ausschöpfung der technischen Möglichkeiten nicht erreicht, ist der Schutz gegen zu niedrige Temperaturen in folgender Rangfolge durch zusätzliche

– arbeitsplatzbezogene technische Maßnahmen (z. B. Wärmestrahlungsheizung, Heizmatten),

– organisatorische Maßnahmen (z. B. Aufwärmzeiten) oder

– personenbezogene Maßnahmen (z. B. geeignete Kleidung)

sicher zu stellen.

Tabelle 1: Mindestwerte der Lufttemperatur in Arbeitsräumen

Überwiegende Körperhaltung	Arbeitsschwere		
	leicht	mittel	schwer
Sitzen	+20° C	+19° C	–
Stehen, Gehen	+19° C	+17° C	+12° C

Quelle: Ausschuss für Arbeitsstätten – ASTA-Geschäftsführung – BAuA – www.baua.de

§ 4 ArbZG: Ruhepausen

Die Arbeit ist durch im voraus feststehende Ruhepausen von mindestens 30 Minuten bei einer Arbeitszeit von mehr als sechs bis zu neun Stunden und 45 Minuten bei einer Arbeitszeit von mehr als neun Stunden insgesamt zu unterbrechen. Die Ruhepausen nach Satz 1 können in Zeitabschnitte von jeweils mindestens 15 Minuten aufgeteilt werden. Länger als sechs Stunden hintereinander dürfen Arbeitnehmer nicht ohne Ruhepause beschäftigt werden.

§ 5 ArbZG: Ruhezeit

(1) Die Arbeitnehmer müssen nach Beendigung der täglichen Arbeitszeit eine ununterbrochene Ruhezeit von mindestens elf Stunden haben.

Prüfungsaufgaben Winter 2014/2015 (Aufgabe 1)

Sie sind Mitarbeiter/-in bei der Stegmüller GmbH in Sinsheim und derzeit in der Personalabteilung eingesetzt.

1.1   Ihr Vorgesetzter Herr Remo hat gerade einige Vorstellungsgespräche mit Bewerbern für einen Ausbildungsplatz geführt. Sie erhalten von ihm folgende E-Mail:

Von:	richard.remo@stegmueller-gmbh.de
An:	mitarbeiter@stegmueller-gmbh.de
Betreff:	Fertigstellung Ausbildungsvertrag Felicitas Fleißig

Liebe/-r Mitarbeiter/-in,

zum 01.09.2015 wird Frau Felicitas Fleißig als neue Auszubildende eingestellt. Da keine Tarifbindung besteht, habe ich mit Frau Fleißig eine anfängliche Ausbildungsvergütung von 650,00 EUR vereinbart, die jedes Jahr um 20 % steigen soll. Eine Ausbildungszeitverkürzung ist nicht vorgesehen.

Anbei sende ich Ihnen den bereits teilweise ausgefüllten Ausbildungsvertrag für Frau Fleißig. Ergänzen Sie bitte die noch fehlenden Angaben (Ausbildungszeit, Probezeit, Ausbildungsvergütung und Urlaubstage). Wählen Sie dabei stets die für unser Unternehmen vorteilhafteste Regelung.

Mit freundlichen Grüßen

Richard Remo

(Personalleiter – Stegmüller GmbH)

Bearbeiten Sie den Arbeitsauftrag des Personalleiters Herrn Remo (siehe obige E-Mail). Nutzen Sie hierfür die **Anlagen 1** und **2**.

1.2   Da der Personalleiter Herr Remo zum Zeitpunkt der Vertragsunterzeichnung geschäftlich verreist ist, bittet er Sie, das entsprechende Einstellungsgespräch zu führen und die Vertragsunterzeichnung mit Frau Felicitas Fleißig vorzunehmen.

1.2.1 Zur Vorbereitung auf dieses Gespräch stellen Sie stichwortartig die Rechte und Pflichten der Auszubildenden während deren Ausbildung zusammen (je drei Angaben).

1.2.2 Nachdem alle Vertragsdetails und Fragen geklärt wurden, ist nun der Zeitpunkt der Vertragsunterzeichnung gekommen. Der inzwischen vollständig ausgefüllte Vertrag wurde zuvor bereits vom Ausbildungsleiter Herrn Remo unterschrieben. Frau Fleißig unterschreibt den Vertrag ebenfalls. Beurteilen Sie, ob damit ein gültiger Ausbildungsvertrag abgeschlossen wurde.

1.3 Zu Ihren Aufgaben in der Personalabteilung gehört auch die Beratung der Mitarbeiter in vielfältigen Bereichen. Per E-Mail wendet sich Felix Neureuther, der auf dem Weg zur Arbeit mit seinem Roller stürzte und ärztlich behandelt werden musste, an Sie. Beantworten Sie die folgende E-Mail:

Von: felix.neureuther@wep.de

An: personal@stegmueller-gmbh.de

Betreff: Unfall auf dem Weg zur Arbeit

Sehr geehrte Mitarbeiter der Personalabteilung,

mein Name ist Felix Neureuther. Ich bin Mitarbeiter in der Logistikabteilung der Stegmüller GmbH. Als ich gestern mit meinem Roller zur Arbeit fuhr, stürzte ich in einer Kurve, da die Fahrbahn mit Öl verschmutzt war. Ich erlitt mehrere Knochenbrüche, Prellungen und muss voraussichtlich noch zwei Wochen im Krankenhaus bleiben. Eventuell muss ich danach sogar zur Reha.

Frage 1: Wer kommt für die Behandlungskosten und die eventuell notwendigen Rehabilitationsmaßnahmen auf? Einer der Krankenpfleger meinte, dass ich als Arbeitnehmer automatisch versichert sei. Stimmt das? Zahle ich dafür Versicherungsbeiträge?

Frage 2: Von meinem Gehalt werden monatlich Abzüge für die Sozialversicherungen vorgenommen. Welche Arten der Sozialversicherung sind das und welche Leistungen (jeweils ein Beispiel) kann ich erwarten? Vielen Dank!

Mit freundlichen Grüßen

Felix Neureuther

Anlage 1

Berufsausbildungsvertrag

(§§ 10, 11 Berufsbildungsgesetz - BBiG)

IHK Die Industrie- und Handelskammern in Baden-Württemberg

Zwischen dem/der Ausbildenden (Ausbildungsbetrieb)	und der/dem Auszubildenden männlich ☐ weiblich ☒

KNR	Firmenident-Nr. 47110815	Tel.-Nr. 07261/555

Anschrift des/der Ausbildenden
Stegmüller GmbH

Name	Vorname
Fleißig	Felicitas

Straße, Hausnummer
Geraniengasse 23

PLZ	Ort
74889	Sinsheim

Straße, Hausnummer
Holzstraße 1

Geburtsdatum
15.03.1998

PLZ	Ort
74889	Sinsheim

Staatsangehörigkeit	Gesetzliche Vertreter[1]
deutsch	Eltern

E-Mail-Adresse des/der Ausbildenden
ausbildung@stegmueller-gmbh.de

Namen, Vornamen der gesetzlichen Vertreter
Fleißig, Christiane und Bernd

Straße, Hausnummer
dto.

PLZ	Ort
	dto.

Wird nachstehender Vertrag zur Ausbildung im Ausbildungsberuf mit der Fachrichtung/dem Schwerpunkt/ dem Wahlbaustein etc. nach Maßgabe der Ausbildungsordnung[2] geschlossen

Kauffrau im Einzelhandel

Zuständige Berufsschule **Max-Weber-Schule Sinsheim**

A Die Ausbildungszeit beträgt nach der Ausbildungsordnung **36** Monate.
Die vorausgegangene Berufsausbildung / Vorbildung:

wird mit **0** Monaten angerechnet, bzw. es wird eine entsprechende Verkürzung beantragt.

Das Berufsausbildungsverhältnis
beginnt am _____ endet am _____

B Die Probezeit (§ 1 Nr. 2) beträgt _____ Monate.[3]

C Die Ausbildung findet vorbehaltlich der Regelungen nach D (§ 3 Nr. 12) in
Straße **Holzstraße 1**
PLZ, Ort **74889 Sinsheim**
und den mit dem Betriebssitz für die Ausbildung üblicherweise zusammenhängenden Bau-, Montage- und sonstigen Arbeitsstellen statt.

D Ausbildungsmaßnahmen außerhalb der Ausbildungsstätte (§ 3 Nr. 12) (mit Zeitraumangabe)

Keine Angaben

E Der/die Ausbildende zahlt dem/der Auszubildenden eine angemessene Vergütung (§ 5); diese beträgt zur Zeit monatlich brutto

EUR				
im	ersten	zweiten	dritten	vierten
Ausbildungsjahr				

F Die regelmäßige tägliche Ausbildungszeit (§ 6 Nr. 1) beträgt **8** Stunden.[4]

G Der/die Ausbildende gewährt dem/der Auszubildenden Urlaub nach den geltenden Bestimmungen. Es besteht ein Urlaubsanspruch.

Im Jahr	2015	2016	2017	2018	
Werktage					
Arbeitstage					

H Sonstiges, Hinweise auf anzuwendende Tarifverträge und Betriebsvereinbarungen.

Keine Angaben

J Die beigefügten Vereinbarungen sind Gegenstand dieses Vertrages und werden anerkannt.

Sinsheim den **01.06.2015**
Ort, Datum

_____
Der/die Ausbildende

_____
Stempel und Unterschrift
Der/die Auszubildende

_____
Vor- und Familienname
Die gesetzlichen Vertreter des/der Auszubildenden

_____
Vater und Mutter/Vormund

Änderungen des wesentlichen Vertragsinhaltes sind vom Ausbildenden unverzüglich zur Eintragung in das Verzeichnis der Berufsausbildungsverhältnisse bei der Industrie- und Handelskammer anzuzeigen.

Die beigefügten Angaben zur sachlichen und zeitlichen Gliederung des Ausbildungsablaufs (Ausbildungsplan) sind Bestandteil dieses Vertrages.

[1] Vertretungsberechtigt sind beide Eltern gemeinsam, soweit nicht die Vertretungsberechtigung nur einem Elternteil zusteht. Ist ein Vormund bestellt, so bedarf dieser zum Abschluss des Ausbildungsvertrages der Genehmigung des Vormundschaftsgerichtes.
[2] Solange die Ausbildungsordnung nicht erlassen ist, sind gem. § 104 Abs. I BBiG die bisherigen Ordnungsmittel anzuwenden.

[3] Die Probezeit muss mindestens einen Monat und darf höchstens vier Monate betragen.
[4] Das Jugendarbeitsschutzgesetz sowie für das Ausbildungsverhältnis geltende tarifvertragliche Rahmennormen und Betriebsvereinbarungen sind zu beachten.

Anlage 2

Auszug aus dem Berufsbildungsgesetz

§ 11 Vertragsniederschrift

(1) Ausbildende haben unverzüglich nach Abschluss des Berufsausbildungsvertrages, spätestens vor Beginn der Berufsausbildung, den wesentlichen Inhalt des Vertrages gemäß Satz 2 schriftlich niederzulegen; die elektronische Form ist ausgeschlossen. In die Niederschrift sind mindestens aufzunehmen

1. Art, sachliche und zeitliche Gliederung sowie Ziel der Berufsausbildung, insbesondere die Berufstätigkeit, für die ausgebildet werden soll,
2. Beginn und Dauer der Berufsausbildung,
3. Ausbildungsmaßnahmen außerhalb der Ausbildungsstätte,
4. Dauer der regelmäßigen täglichen Ausbildungszeit,
5. Dauer der Probezeit,
6. Zahlung und Höhe der Vergütung,
7. Dauer des Urlaubs,
8. Voraussetzungen, unter denen der Berufsausbildungsvertrag gekündigt werden kann,
9. ein in allgemeiner Form gehaltener Hinweis auf die Tarifverträge, Betriebs- oder Dienstvereinbarungen, die auf das Berufsausbildungsverhältnis anzuwenden sind.

(2) Die Niederschrift ist von den Ausbildenden, den Auszubildenden und deren gesetzlichen Vertretern und Vertreterinnen zu unterzeichnen. [...]

§ 20 Probezeit

Das Berufsausbildungsverhältnis beginnt mit der Probezeit. Sie muss mindestens einen Monat und darf höchstens vier Monate betragen.

Auszug aus dem Jugendarbeitsschutzgesetz

§ 19 Urlaub

(1) Der Arbeitgeber hat Jugendlichen für jedes Kalenderjahr einen bezahlten Erholungsurlaub zu gewähren.
(2) Der Urlaub beträgt jährlich

1. mindestens 30 Werktage, wenn der Jugendliche zu Beginn des Kalenderjahrs noch nicht 16 Jahre alt ist,
2. mindestens 27 Werktage, wenn der Jugendliche zu Beginn des Kalenderjahrs noch nicht 17 Jahre alt ist,
3. mindestens 25 Werktage, wenn der Jugendliche zu Beginn des Kalenderjahrs noch nicht 18 Jahre alt ist.

Jugendliche, die im Bergbau unter Tage beschäftigt werden, erhalten in jeder Altersgruppe einen zusätzlichen Urlaub von drei Werktagen.
(3) Der Urlaub soll Berufsschülern in der Zeit der Berufsschulferien gegeben werden. [...]
(4) Im Übrigen gelten für den Urlaub der Jugendlichen § 3 Abs. 2, §§ 4 bis 12 und § 13 Abs. 3 des Bundesurlaubsgesetzes. [...]

Auszug aus dem Bundesurlaubsgesetz

§ 3 Dauer des Urlaubs
(1) Der Urlaub beträgt jährlich mindestens 24 Werktage.
(2) Als Werktage gelten alle Kalendertage, die nicht Sonn- oder gesetzliche Feiertage sind.

§ 4 Wartezeit
Der volle Urlaubsanspruch wird erstmalig nach sechsmonatigem Bestehen des Arbeitsverhältnisses erworben.

§ 5 Teilurlaub
(1) Anspruch auf ein Zwölftel des Jahresurlaubs für jeden vollen Monat des Bestehens des Arbeitsverhältnisses hat der Arbeitnehmer
   a) für Zeiten eines Kalenderjahrs, für die er wegen Nichterfüllung der Wartezeit in diesem Kalenderjahr keinen vollen Urlaubsanspruch erwirbt;
   b) wenn er vor erfüllter Wartezeit aus dem Arbeitsverhältnis ausscheidet;
   c) wenn er nach erfüllter Wartezeit in der ersten Hälfte eines Kalenderjahrs aus dem Arbeitsverhältnis ausscheidet.
(2) Bruchteile von Urlaubstagen, die mindestens einen halben Tag ergeben, sind auf volle Urlaubstage aufzurunden. [...]

§ 6 Ausschluss von Doppelansprüchen
(1) Der Anspruch auf Urlaub besteht nicht, soweit dem Arbeitnehmer für das laufende Kalenderjahr bereits von einem früheren Arbeitgeber Urlaub gewährt worden ist.
(2) Der Arbeitgeber ist verpflichtet, bei Beendigung des Arbeitsverhältnisses dem Arbeitnehmer eine Bescheinigung über den im laufenden Kalenderjahr gewährten oder abgegoltenen Urlaub auszuhändigen.

Prüfungsaufgaben Winter 2014/2015 (Aufgabe 1)

1.   Sie sind seit vier Jahren fest angestellt bei dem Speditionsunternehmen KONZEPT-Logistik GmbH und Mitglied des Betriebsrats.
Die KONZEPT-Logistik GmbH ist ein mittelständisches Unternehmen mit Sitz in Tuttlingen und ist seit Jahren Mitglied im Arbeitgeberverband „Spedition und Logistik". Der aktuelle Tarifvertrag läuft am 31.12.2014 aus. Aufgrund der schwierigen wirtschaftlichen Situation hat sie vor zwei Jahren eine Öffnungsklausel genutzt, die eine abweichende Entlohnung vom Tarifvertrag erlaubt. Deshalb wurde damals eine Betriebsvereinbarung abgeschlossen, in welcher sich Betriebsrat und Geschäftsführung auf Lohnzurückhaltung einigten.
Der Unternehmenserfolg konnte im laufenden Geschäftsjahr deutlich gesteigert werden, weshalb der Betriebsrat die Betriebsvereinbarung zum 31.12.2014 kündigt. Auf der Betriebsversammlung wird der Betriebsrat von den Mitarbeitern aufgefordert, eine neue Betriebsvereinbarung mit folgenden Inhalten auszuhandeln.

   • zusätzlich zur tariflichen Entgeltsteigerung weitere 2 % mehr Entgelt
   • Einführung einer betrieblichen Altersvorsorge

1.1   Entwerfen Sie für das Gespräch mit der Geschäftsführung eine Gesprächsnotiz mit je zwei Argumenten für die Einführung einer Betriebsrente und den Entgeltzuschlag.

1.2   Die Geschäftsführung lehnt die Forderungen des Betriebsrats am 17.11.2014 ab. Einige Mitarbeiter machen den Vorschlag, den Forderungen sofort durch Streik noch mehr Ausdruck zu verleihen.
Nehmen Sie Stellung zu diesem Vorschlag.

1.3   Bei den Tarifverhandlungen zeichnet sich eine Erhöhung des Entgelts um lediglich 2,5 % ab, was bei einigen Mitarbeitern die Streikbereitschaft erhöht. Zudem beabsichtigt die Geschäftsführung, manchen Mitarbeitern die geplante tarifliche Entgelterhöhung nicht zu zahlen.

1.3.1   Zeigen Sie anhand eines Schaubildes den Ablauf von Tarifverhandlungen bis zur Möglichkeit des Streiks.

1.3.2   Erklären Sie, welchen Mitarbeitern die Entgelterhöhung vorenthalten werden kann.

1.3.3   Formulieren Sie zwei Argumente, mit denen Sie die Geschäftsführung davon überzeugen, die Erhöhung des tariflichen Entgelts für alle Mitarbeiter zu übernehmen.

1.4   Die Geschäftsführung der KONZEPT-Logistik GmbH überlegt, aus dem Arbeitgeberverband auszutreten. Erläutern Sie zwei mögliche Folgen des Austritts.

Prüfungsaufgaben Sommer 2015 (Aufgabe 1)

Die Barca Bau GmbH ist ein mittelständisches Bauunternehmen für ökologische Bauten. Nach Ihrer kaufmännischen Ausbildung sind Sie als Sachbearbeiter im Bereich Personal eingesetzt. Ihre Aufgaben umfassen neben der allgemeinen Personalverwaltung auch die Betreuung der Auszubildenden. Die Auszubildenden im ersten Ausbildungsjahr haben ihre erste Gehaltsabrechnung erhalten. Der Auszubildende Samuel Kraft wendet sich mit einer Beschwerde direkt an den Personalleiter Herrn Hummel. Von diesem erhalten Sie die folgende E-Mail.

Von: hummel@barca-bau.de
Betreff: AW: Beschwerde Gehaltsabrechnung

Sehr geehrte/r _____

ich erhielt die nachfolgende E-Mail. Offensichtlich liegt hier ein Defizit beim Verständnis der Sozialversicherungsabzüge vor. Ich habe die Abrechnung geprüft, es ist alles in Ordnung!

Bitte kümmern Sie sich um die Probleme von Samuel Kraft und der anderen Auszubildenden.

Mit freundlichen Grüßen

Berthold Hummel

> *Von: samuel.kraft@mail.de*
> *An: hummel@barca-bau.de*
> *CC: jav@barca-bau.de*
> *Betr: Zu hohe Abzüge*
>
> *Hallo Herr Hummel,*
>
> *ich habe heute meine Gehaltsabrechnung bekommen. Statt der vereinbarten 558,00 EUR krieg ich nur 445,42 EUR! Mir ist nicht klar, warum ich so viele Abzüge habe. Die nützen mir doch nichts. Außerdem planen Sie ja auch noch eine betriebliche Altersabsicherung. Das bedeutet ja noch mal weniger Geld im Monat für mich. Dann kann ich mir ja fast gar nichts mehr leisten. Meinen Azubikollegen geht es genauso!*
>
> *Können Sie sich das bitte mal anschauen?*
>
> *DANKE*
>
> *Ansonsten ist die Ausbildung echt super!!*
>
> *Viele Grüße*
>
>
> *Samuel Kraft*

1.1   Sie schreiben Samuel Kraft eine Antwort-E-Mail.

Erklären Sie ihm die Finanzierung der gesetzlichen Sozialversicherung am Beispiel seiner Gehaltsabrechnung und beschreiben Sie den Nutzen dieser Sozialversicherungszweige anhand von je zwei Leistungen **(Anlage 1)**.

1.2   Da vielen Auszubildenden die Vorteile einer zusätzlichen Altersversorgung offensichtlich nicht klar sind, haben Sie beschlossen, auf dieses Thema beim nächsten Azubi-Nachmittag einzugehen.

Entwerfen Sie zwei anschauliche Präsentationsfolien, aus denen drei Probleme der gesetzlichen Rentenversicherung mit ihren jeweiligen Auswirkungen und die Notwendigkeit der zusätzlichen Altersvorsorge hervorgehen.

1.3   Auf dem Azubi-Nachmittag weisen Sie außerdem auf unterschiedliche Möglichkeiten der privaten Altersvorsorge hin. Daraufhin meldet sich Sabine Helm und meint: „Mein Opa sagt, egal wie du dein Geld anlegst, private Altersvorsorge lohnt sich nicht, denn die Inflation frisst das Vermögen auf!" Erörtern Sie diese Aussage.

Anlage 1

Lohn-/Gehaltsabrechnung 2014 (Ausbildungsvergütung)			Firmenadresse

Lohn-/Gehaltsabrechnung 2014 (Ausbildungsvergütung)

Firmenadresse

Barca Bau GmbH
Gewerbegebiet 12

Monat: September
Name: Samuel Kraft
Strasse: Westpark 5
PLZ/Ort: 71032 Böblingen

71032 Böblingen

Datum: 15.10.2014   Geburtsdatum: 15.07.1988
Steuerklasse: 1   Eintrittsdatum: 01.09.2014
Kinder (lt. Lohnsteuerkarte):   0

Krankenversicherung: 15,50 %
                                                Stunden   Stundenlohn

Gehalt: 38,00   –   = 558,00 EUR
                        Lohnsteuer   – EUR
                        0 % Kirchensteuer   – EUR
                        Solidaritätszuschlag   – EUR
                        KV   45,76 EUR
Arbeitnehmer-anteil SV   AV   8,37 EUR
                        Anwartschaft RV   52,73 EUR
                        PV   5,72 EUR
                        Vorschüsse   – EUR

Summe Abzüge   **112,58 EUR**

Auszahlungsbetrag   **445,42 EUR**

Betrag wird überwiesen auf: IBAN: **DE85 3345 6675 4455 1212 0098 12**
                                        BIC: **POSDECHF**
                                        Bank: **Postkasse AG**

Prüfungsaufgaben Sommer 2015 (Aufgabe 1)

Der Baumarkt Igele GmbH in Stuttgart bietet ein breites Sortiment für den privaten Heimwerkerbedarf an. Als Jugend- und Auszubildendenvertreter/-in beantworten Sie die Fragen einiger Auszubildender und begründen Ihre Antworten unter Berücksichtigung der Rechtslage (**Anlage 1 bei Sommer 2015 Aufgabe 2**).

1.1 Hugo (18 Jahre), seit fünf Monaten im Bereich Sanitär beschäftigt:
„Mir liegt das Verkaufen einfach nicht. Am liebsten würde ich eine Ausbildung zum Industriemechaniker beginnen. Was muss ich tun?"

1.2 Axel (geboren am 01.03.1998), Verkäufer im zweiten Ausbildungsjahr:
„Ich bekomme für das Jahr 2015 nur 27 Urlaubstage. Meine Freundin Tanja meint, ich hätte Anspruch auf mehr Urlaubstage. Hat sie recht?"

1.3 Martina (17 Jahre):
„Ich arbeite zurzeit an fünf Tagen in der Woche neun Stunden. Zudem bekomme ich täglich nur 30 Minuten Pause. Im letzten Jahr musste ich mehrfach noch vor Beginn der Berufsschule (07:30 Uhr) im Betrieb arbeiten. Entspricht das den gesetzlichen Regelungen?"

1.4 Murat (17 Jahre) hat seine Ausbildung zum Verkäufer beendet und wird nicht übernommen:

„Ich habe folgendes Ausbildungszeugnis bekommen, um mich zu bewerben. Ist das Zeugnis inhaltlich vollständig?"

Ausbildungszeugnis

Herr Murat Ersin, geboren am 18.05.1997 in Stuttgart, war in unserem Unternehmen in der Abteilung Sanitär als Auszubildender zum Verkäufer beschäftigt.

Herr Ersin ist zum 30.04.2015 aus unserem Unternehmen ausgeschieden. Für seine Mitarbeit bedanken wir uns.

Stuttgart, den 30.04.2015

Erwin Schneider

1.5 Antonia (17 Jahre), erstes Ausbildungsjahr:

„Mir wurde gestern schriftlich gekündigt, obwohl ich mir nur einmal Geld aus der Kasse geliehen habe. Kann mein Chef das so einfach machen?"

1.6 Sandra (18 Jahre), zweites Ausbildungsjahr:

„Mein Ausbilder interessiert sich nicht für mein Berichtsheft. Muss ich dieses dann überhaupt führen?"

Prüfungsaufgaben Sommer 2015 (Aufgabe 2)

In Ihrer Funktion als Jugend- und Auszubildendenvertreter/-in planen Sie eine Schulung zum Thema Sozialversicherungen/Altersvorsorge.

2.1 Für die Schulung erstellen Sie zunächst eine Übersicht über die fünf Säulen der Sozialversicherung. Sie ergänzen die Vorlage **(Anlage 2)** um die jeweiligen Träger sowie jeweils eine Leistung.

2.2 Zur Veranschaulichung erstellen Sie eine Musterberechnung für einen Arbeitnehmer (mit einem Kind), der ein Bruttogehalt von 2.600,00 EUR erhält.

Gehen Sie von folgenden Beitragssätzen aus:

Beitragssatz (Arbeitnehmer + Arbeitgeber) zur gesetzlichen Krankenversicherung Hinweis: Ein Zusatzbeitrag für AN wird nicht erhoben.	14,6 %
Beitragssatz (Arbeitnehmer + Arbeitgeber) zur gesetzlichen Rentenversicherung	18,7 %
Beitragssatz (Arbeitnehmer + Arbeitgeber) zur gesetzlichen Arbeitslosenversicherung	3,0 %
Beitragssatz (Arbeitnehmer + Arbeitgeber) zur gesetzlichen Pflegeversicherung	2,35 %

2.3   Sie möchten die Problematik des Generationenvertrages in der Schulung anhand der Grafik **(Anlage 3)** aufzeigen. Sie notieren eine entsprechende Erläuterung zu dieser Grafik.

Anlage 1

Berufsbildungsgesetz (BBiG)

§ 14 Berufsausbildung

(1) Ausbildende haben

1. dafür zu sorgen, dass den Auszubildenden die berufliche Handlungsfähigkeit vermittelt wird, die zum Erreichen des Ausbildungsziels erforderlich ist, und die Berufsausbildung in einer durch ihren Zweck gebotenen Form planmäßig, zeitlich und sachlich gegliedert so durchzuführen, dass das Ausbildungsziel in der vorgesehenen Ausbildungszeit erreicht werden kann,

2. selbst auszubilden oder einen Ausbilder oder eine Ausbilderin ausdrücklich damit zu beauftragen,

3. Auszubildenden kostenlos die Ausbildungsmittel, insbesondere Werkzeuge und Werkstoffe zur Verfügung zu stellen, die zur Berufsausbildung und zum Ablegen von Zwischen- und Abschlussprüfungen, auch soweit solche nach Beendigung des Berufsausbildungsverhältnisses stattfinden, erforderlich sind,

4. Auszubildende zum Besuch der Berufsschule sowie zum Führen von schriftlichen Ausbildungsnachweisen anzuhalten, soweit solche im Rahmen der Berufsausbildung verlangt werden, und diese durchzusehen,

5. dafür zu sorgen, dass Auszubildende charakterlich gefördert sowie sittlich und körperlich nicht gefährdet werden.

(2) Auszubildenden dürfen nur Aufgaben übertragen werden, die dem Ausbildungszweck dienen und ihren körperlichen Kräften angemessen sind.

§ 16 Zeugnis

(1) Ausbildende haben den Auszubildenden bei Beendigung des Berufsausbildungsverhältnisses ein schriftliches Zeugnis auszustellen. Die elektronische Form ist ausgeschlossen. Haben Ausbildende die Berufsausbildung nicht selbst durchgeführt, so soll auch der Ausbilder oder die Ausbilderin das Zeugnis unterschreiben.

(2) Das Zeugnis muss Angaben enthalten über Art, Dauer und Ziel der Berufsausbildung sowie über die erworbenen beruflichen Fertigkeiten, Kenntnisse und Fähigkeiten der Auszubildenden. Auf Verlangen Auszubildender sind auch Angaben über Verhalten und Leistung aufzunehmen.

§ 22 Kündigung

(1) Während der Probezeit kann das Berufsausbildungsverhältnis jederzeit ohne Einhalten einer Kündigungsfrist gekündigt werden.

(2) Nach der Probezeit kann das Berufsausbildungsverhältnis nur gekündigt werden

1. aus einem wichtigen Grund ohne Einhalten einer Kündigungsfrist,

2. von Auszubildenden mit einer Kündigungsfrist von vier Wochen, wenn sie die Berufsausbildung aufgeben oder sich für eine andere Berufstätigkeit ausbilden lassen wollen,

(3) Die Kündigung muss schriftlich und in den Fällen des Absatzes 2 unter Angabe der Kündigungsgründe erfolgen.

(4) Eine Kündigung aus einem wichtigen Grund ist unwirksam, wenn die ihr zugrunde liegenden Tatsachen dem zur Kündigung Berechtigten länger als zwei Wochen bekannt sind. Ist ein vorgesehenes Güteverfahren vor einer außergerichtlichen Stelle eingeleitet, so wird bis zu dessen Beendigung der Lauf dieser Frist gehemmt.

Jugendarbeitsschutzgesetz (JArbSchG)

§ 8 Dauer der Arbeitszeit

(1) Jugendliche dürfen nicht mehr als acht Stunden täglich und nicht mehr als 40 Stunden wöchentlich beschäftigt werden.

(2) Wenn in Verbindung mit Feiertagen an Werktagen nicht gearbeitet wird, damit die Beschäftigten eine längere zusammenhängende Freizeit haben, so darf die ausfallende Arbeitszeit auf die Werktage von fünf zusammenhängenden, die Ausfalltage einschließenden Wochen nur dergestalt verteilt werden, dass die Wochenarbeitszeit im Durchschnitt dieser fünf Wochen 40 Stunden nicht überschreitet. Die tägliche Arbeitszeit darf hierbei achteinhalb Stunden nicht überschreiten.

(2a) Wenn an einzelnen Werktagen die Arbeitszeit auf weniger als acht Stunden verkürzt ist, können Jugendliche an den übrigen Werktagen derselben Woche achteinhalb Stunden beschäftigt werden.

(3) In der Landwirtschaft dürfen Jugendliche über 16 Jahre während der Erntezeit nicht mehr als neun Stunden täglich und nicht mehr als 85 Stunden in der Doppelwoche beschäftigt werden.

§ 9 Berufsschule

(1) Der Arbeitgeber hat den Jugendlichen für die Teilnahme am Berufsschulunterricht freizustellen. Er darf den Jugendlichen nicht beschäftigen

1. vor einem vor 9 Uhr beginnenden Unterricht; dies gilt auch für Personen, die über 18 Jahre alt und noch berufsschulpflichtig sind,

2. an einem Berufsschultag mit mehr als fünf Unterrichtsstunden von mindestens je 45 Minuten, einmal in der Woche,

3. in Berufsschulwochen mit einem planmäßigen Blockunterricht von mindestens 25 Stunden an mindestens fünf Tagen; zusätzliche betriebliche Ausbildungsveranstaltungen bis zu zwei Stunden wöchentlich sind zulässig.

(2) Auf die Arbeitszeit werden angerechnet

1.   Berufsschultage nach Absatz 1 Nr. 2 mit acht Stunden,

2.   Berufsschulwochen nach Absatz 1 Nr. 3 mit 40 Stunden,

3.   im Übrigen die Unterrichtszeit einschließlich der Pausen.

(3) Ein Entgeltausfall darf durch den Besuch der Berufsschule nicht eintreten.
(4) (weggefallen)

§ 11 Ruhepausen, Aufenthaltsräume

(1) Jugendlichen müssen im Voraus feststehende Ruhepausen von angemessener Dauer gewährt werden. Die Ruhepausen müssen mindestens betragen

1.   30 Minuten bei einer Arbeitszeit von mehr als viereinhalb bis zu sechs Stunden,

2.   60 Minuten bei einer Arbeitszeit von mehr als sechs Stunden.

Als Ruhepause gilt nur eine Arbeitsunterbrechung von mindestens 15 Minuten.
(2) Die Ruhepausen müssen in angemessener zeitlicher Lage gewährt werden, frühestens eine Stunde nach Beginn und spätestens eine Stunde vor Ende der Arbeitszeit. Länger als viereinhalb Stunden hintereinander dürfen Jugendliche nicht ohne Ruhepause beschäftigt werden.
(3) Der Aufenthalt während der Ruhepausen in Arbeitsräumen darf den Jugendlichen nur gestattet werden, wenn die Arbeit in diesen Räumen während dieser Zeit eingestellt ist und auch sonst die notwendige Erholung nicht beeinträchtigt wird.
(4) Absatz 3 gilt nicht für den Bergbau unter Tage.

§ 19 Urlaub

(1) Der Arbeitgeber hat Jugendlichen für jedes Kalenderjahr einen bezahlten Erholungsurlaub zu gewähren.
(2) Der Urlaub beträgt jährlich

1.   mindestens 30 Werktage, wenn der Jugendliche zu Beginn des Kalenderjahrs noch nicht 16 Jahre alt ist,

2.   mindestens 27 Werktage, wenn der Jugendliche zu Beginn des Kalenderjahrs noch nicht 17 Jahre alt ist,

3.   mindestens 25 Werktage, wenn der Jugendliche zu Beginn des Kalenderjahrs noch nicht 18 Jahre alt ist.

Jugendliche, die im Bergbau unter Tage beschäftigt werden, erhalten in jeder Altersgruppe einen zusätzlichen Urlaub von drei Werktagen.
(3) Der Urlaub soll Berufsschülern in der Zeit der Berufsschulferien gegeben werden. Soweit er nicht in den Berufsschulferien gegeben wird, ist für jeden Berufsschultag, an dem die Berufsschule während des Urlaubs besucht wird, ein weiterer Urlaubstag zu gewähren.
(4) Im Übrigen gelten für den Urlaub der Jugendlichen § 3 Abs. 2, §§ 4 bis 12 und § 13 Abs. 3 des Bundesurlaubsgesetzes. Der Auftraggeber oder Zwischenmeister hat jedoch abweichend von § 12 Nr. 1 des Bundesurlaubsgesetzes den jugendlichen Heimarbeitern für jedes

Kalenderjahr einen bezahlten Erholungsurlaub entsprechend Absatz 2 zu gewähren; das Urlaubsentgelt der jugendlichen Heimarbeiter beträgt bei einem Urlaub von 30 Werktagen 11,6 vom Hundert, bei einem Urlaub von 27 Werktagen 10,3 vom Hundert und bei einem Urlaub von 25 Werktagen 9,5 vom Hundert.

Anlage 2

Säule der Sozialversicherung	Träger	Leistungen
Krankenversicherung		
Rentenversicherung		
Arbeitslosenversicherung		
Pflegeversicherung		
Unfallversicherung		

Anlage 3

VERHÄLTNIS RENTNER ZU BEITRAGSZAHLERN

In den Jahren ...   2010   2030   2060

... zahlen für
einen Rentner

... so viele
Beitragszahler

3   2   1,16

Quelle: Statistisches Bundesamt, 12. Koordinierte Bevölkerungsvorausberechnung 2009, Variante 1-W2, Obergrenze der "mittleren" Bevölkerung, für 2010 Rentenversicherung in Zeitreihen Oktober 2011, S. 262

Prüfungsaufgaben Winter 2015/2016 (Aufgabe 1)

Ausgangssituation:
Die Larcher Baustoffe GmbH in Bitz ist eine Großhandlung, die hochwertige Baustoffe anbietet. In einem Auszug aus der Ausbildungsbroschüre heißt es:

> *Wir sind uns jederzeit bewusst, dass unser Erfolg auf unseren Mitarbeitern beruht. Daher fördern wir bereits unsere Auszubildenden durch betriebliche Schulungen und schützen sie durch hohe Arbeitsschutzstandards, u. a. garantieren wir ihnen eine tariflich festgelegte Arbeitszeit von wöchentlich 37,5 Stunden. Als starker Partner unterstützen wir das System der dualen Berufsausbildung.*

1.1 Wie jedes Jahr erhält die Larcher Baustoffe GmbH ein Einladungsschreiben zum „Tag der Berufsorientierung" der Albert Schweitzer Berufsschule. Da die Ausbildungsleitung Ihr Engagement für die Ausbildung sehr schätzt, leitet sie Ihnen das Einladungsschreiben direkt weiter **(Anlage 1).**

Erstellen Sie für diese Informationsveranstaltung eine anschauliche Präsentation gemäß diesem Einladungsschreiben.

1.2 Sie sind Mitglied in der Jugend- und Auszubildendenvertretung des Unternehmens. In dieser Funktion klären Sie Probleme der Auszubildenden. In Ihrem Mail-Account ist eine Anfrage eines Auszubildenden eingegangen.

✉	
Von:	hofmann_benjamin@larcherbs.de
Datum:	05.09.2015 14:58 Uhr
An:	jav@larcherbs.de
Betreff:	Arbeitsplan

Hallo,
ich bin Benni, seit einer Woche im Unternehmen und gerade in der Fliesenabteilung eingesetzt. Meine Abteilungsleiterin Frau Waldner ist auch neu im Unternehmen und hat mir heute
meinen unten dargestellten Arbeitsplan gegeben. Ich bin 16 Jahre alt und glaube, dass der
Plan nicht stimmen kann. Ich bin zwar bereits Mitglied in der Gewerkschaft, aber ich möchte
mich erst an dich wenden. Kannst du mir bitte helfen?

Viele Grüße

Benni

Arbeitszeit	Montag	Dienstag	Mittwoch	Donnerstag	Freitag
Arbeitsbeginn	08:00	10:00	Berufsschule	10:00	kurzer Schultag,
Frühstücks-pause	10:30–10:45	keine	von 07:30 bis 15:30 Uhr	keine	Schulbeginn um 07:30 Uhr. Mit
Mittagspause	12:45–13:30	13:30–14:30		13:30–14:30	6 Stunden auf
Arbeitsende	17:30	18:30	Mit sieben Stunden auf die Arbeitszeit angerechnet.	20:30	die Arbeitszeit angerechnet.

Überprüfen Sie die Rechtmäßigkeit von Bennis Arbeitsplan (**Anlage 2**).

Anlage 1

Albert Schweitzer Berufsschule, In den Hecken 7, 72458 Albstadt

---

Larcher Baustoffe GmbH
Ausbildungsabteilung
Am Güterbahnhof 62
72475 Bitz

Name:	Matthias Höhne
Telefon:	+49 7432 39-00
Telefax:	+49 7432 39-20
E-Mail:	m_hoehne@asbs.de
Internet:	www.A-S-BS.de

Datum: 02.11.2015

Einladung „Tag der Berufsorientierung"

Sehr geehrte Damen und Herren,

heute wende ich mich mit einem wichtigen Anliegen an Sie und bitte Sie um Ihre Unterstützung.

Wie jedes Jahr veranstalten wir auch im kommenden Jahr einen „Tag der Berufsorientierung". Dieser findet am 07.02.2016 in den Räumen der Schule statt. Im Mittelpunkt steht das Duale System der Berufsausbildung.

Nun möchte ich Sie und einen Ihrer Auszubildenden recht herzlich bitten, unseren Schülerinnen und Schülern
* das System der dualen Berufsausbildung vorzustellen,
* vier Vorteile zu verdeutlichen, die eine duale Ausbildung den Schülerinnen und Schülern bietet sowie
* drei Gründe aufzuzeigen, warum die Larcher Baustoffe GmbH trotz erheblicher Kosten, die für die Ausbildung jährlich anfallen, weiterhin Ausbildungsplätze anbieten wird.

Wir stellen einen Raum mit Platz für ca. 30 Schüler, einen Overheadprojektor und zwei Stellwände sowie einen PC mit Beamer zur Verfügung.

Ich freue mich sehr auf Ihre Unterstützung.

Mit freundlichen Grüßen

Matthias Höhne

Matthias Höhne
Abteilungsleiter
Albert Schweitzer Berufsschule

Anlage 2

Auszug aus dem Jugendarbeitsschutzgesetz

§ 8 Dauer der Arbeitszeit

(1) Jugendliche dürfen nicht mehr als acht Stunden täglich und nicht mehr als 40 Stunden wöchentlich beschäftigt werden.

(2) Wenn in Verbindung mit Feiertagen an Werktagen nicht gearbeitet wird, damit die Beschäftigten eine längere zusammenhängende Freizeit haben, so darf die ausfallende Arbeitszeit auf die Werktage von fünf zusammenhängenden, die Ausfalltage einschließenden Wochen nur dergestalt geteilt werden, dass die Wochenarbeitszeit im Durchschnitt dieser fünf Wochen 40 Stunden nicht überschreitet. Die tägliche Arbeitszeit darf hierbei achteinhalb Stunden nicht überschreiten.

(2a) Wenn an einzelnen Werktagen die Arbeitszeit auf weniger als acht Stunden verkürzt ist, können Jugendliche an den übrigen Werktagen derselben Woche achteinhalb Stunden beschäftigt werden.

§ 9 Berufsschule

(1) Der Arbeitgeber hat den Jugendlichen für die Teilnahme am Berufsschulunterricht freizustellen. Er darf den Jugendlichen nicht beschäftigen

1. vor einem vor 9 Uhr beginnenden Unterricht; dies gilt auch für Personen, die über 18 Jahre alt und noch berufsschulpflichtig sind,

2. an einem Berufsschultag mit mehr als fünf Unterrichtsstunden von mindestens je 45 Minuten, einmal in der Woche,

3. in Berufsschulwochen mit einem planmäßigen Blockunterricht von mindestens 25 Stunden an mindestens fünf Tagen; zusätzliche betriebliche Ausbildungsveranstaltungen bis zu zwei Stunden wöchentlich sind zulässig.

(2) Auf die Arbeitszeit werden angerechnet

1. Berufsschultage nach Absatz 1 Nr. 2 mit acht Stunden,

2. Berufsschulwochen nach Absatz 1 Nr. 3 mit 40 Stunden.

3. Im Übrigen die Unterrichtszeit einschließlich der Pausen.

§ 11 Ruhepausen, Aufenthaltsräume

(1) Jugendlichen müssen im Voraus feststehende Ruhepausen von angemessener Dauer gewährt werden. Die Ruhepausen müssen mindestens betragen

1. 30 Minuten bei einer Arbeitszeit von mehr als viereinhalb bis zu sechs Stunden,

2. 60 Minuten bei einer Arbeitszeit von mehr als sechs Stunden.

Als Ruhepause gilt nur eine Arbeitsunterbrechung von mindestens 15 Minuten.

(2) Die Ruhepausen müssen in angemessener zeitlicher Lage gewährt werden, frühestens eine Stunde nach Beginn und spätestens eine Stunde vor Ende der Arbeitszeit. Länger als viereinhalb Stunden hintereinander dürfen Jugendliche nicht ohne Ruhepause beschäftigt werden.

(3) Der Aufenthalt während der Ruhepausen in Arbeitsräumen darf den Jugendlichen nur gestattet werden, wenn die Arbeit in diesem Räumen während dieser Zeit eingestellt ist und auch sonst die notwendige Erholung nicht beeinträchtigt wird.

§ 13 Tägliche Freizeit

Nach Beendigung der täglichen Arbeitszeit dürfen Jugendliche nicht vor Ablauf einer ununterbrochenen Freizeit von mindestens 12 Stunden beschäftigt werden.

§ 14 Nachtruhe

(1) Jugendliche dürfen nur in der Zeit von 6 bis 20 Uhr beschäftigt werden.

(2) Jugendliche über 16 Jahre dürfen

1. im Gaststätten- und Schaustellergewerbe bis 22 Uhr,
2. in mehrschichtigen Betrieben bis 23 Uhr,
3. in der Landwirtschaft ab 5 Uhr oder bis 21 Uhr,
4. in Bäckereien und Konditoreien ab 5 Uhr beschäftigt werden.

(3) Jugendliche über 17 Jahre dürfen in Bäckereien ab 4 Uhr beschäftigt werden.

(4) An dem einem Berufsschultag unmittelbar vorangehenden Tag dürfen Jugendliche auch nach Absatz 2 Nr. 1 bis 3 nicht nach 20 Uhr beschäftigt werden, wenn der Berufsschulunterricht am Berufsschultag vor 9 Uhr beginnt.

Auszug aus dem Tarifvertragsgesetz

§ 2 Tarifvertragsparteien

(1) Tarifvertragsparteien sind Gewerkschaften, einzelne Arbeitgeber sowie Vereinigungen von Arbeitgebern.

(2) Zusammenschlüsse von Gewerkschaften und von Vereinigungen von Arbeitgebern (Spitzenorganisationen) können im Namen der ihnen angeschlossenen Verbände Tarifverträge abschließen, wenn sie eine entsprechende Vollmacht haben.

(3) Spitzenorganisationen können selbst Parteien eines Tarifvertrags sein, wenn der Abschluss von Tarifverträgen zu ihren satzungsgemäßen Aufgaben gehört.

(4) In den Fällen der Absätze 2 und 3 haften sowohl die Spitzenorganisationen wie die ihnen angeschlossenen Verbände für die Erfüllung der gegenseitigen Verpflichtungen der Tarifvertragsparteien.

§ 3 Tarifgebundenheit

(1) Tarifgebunden sind die Mitglieder der Tarifvertragsparteien und der Arbeitgeber, der selbst Partei des Tarifvertrages ist.

(2) Rechtsnormen des Tarifvertrages über betriebliche und betriebsverfassungsrechtliche Fragen gelten für alle Betriebe, deren Arbeitgeber tarifgebunden ist.

(3) Die Tarifgebundenheit bleibt bestehen, bis der Tarifvertrag endet.

Auszug aus dem Berufsbildungsgesetz

§ 22 Kündigung

(1) Während der Probezeit kann das Berufsausbildungsverhältnis jederzeit ohne Einhalten einer Kündigungsfrist gekündigt werden.

(2) Nach der Probezeit kann das Berufsausbildungsverhältnis nur gekündigt werden

1. aus einem wichtigen Grund ohne Einhalten einer Kündigungsfrist,
2. von Auszubildenden mit einer Kündigungsfrist von vier Wochen, wenn sie die Berufsausbildung aufgeben oder sich für eine andere Berufstätigkeit ausbilden lassen wollen.

(3) Die Kündigung muss schriftlich und in den Fällen des Absatzes 2 unter Angabe der Kündigungsgründe erfolgen.

(4) Eine Kündigung aus einem wichtigen Grund ist unwirksam, wenn die ihr zugrunde liegenden Tatsachen dem zur Kündigung Berechtigten länger als zwei Wochen bekannt sind. Ist ein vorgesehenes Güteverfahren vor einer außergerichtlichen Stelle eingeleitet, so wird bis zu dessen Beendigung der Lauf dieser Frist gehemmt.

Prüfungsaufgaben Sommer 2016 (Aufgabe 1)

Die Brüderle GmbH mit Firmensitz in Esslingen produziert Werkzeuge für die Metall verarbeitende Industrie. Das mittelständische Unternehmen ist Mitglied im Arbeitgeberverband Metall. Sie sind nach Abschluss Ihrer kaufmännischen Ausbildung Mitglied im Betriebsrat der Brüderle GmbH. Die Betriebsratsvorsitzende hat Ihnen folgende Hausmitteilung zukommen lassen.

Brüderle GmbH
Hausmitteilung

von R. Schneider	Datum 25.04.2016	Uhrzeit 10:00 Uhr
Abteilung Betriebsrat	☎ Nr. – 437	E-Mail regine.schneider@bruederle-gmbh.de

☒ zur Erledigung	☐ zur Kenntnisnahme	☐ bitte zurückrufen

Vorbereitung der Betriebsversammlung

Unsere Kolleginnen und Kollegen haben einige Anliegen an uns gesendet.

a) Die Kollegen beklagen, dass die Inhalte des Manteltarifvertrages erst in drei Jahren neu verhandelt werden. Sie möchten die Regelung der Arbeitszeiten zu ihren Gunsten noch in diesem Jahr ändern. Wir wollen die Kollegen in ihrer Forderung unterstützen.

b) Mehrere Kolleginnen aus der Qualitätskontrolle engagieren sich in der Gewerkschaft und haben an Streiks teilgenommen. Die Abteilungsleiterin hat diese aufgefordert aus der Gewerkschaft auszutreten, da sie Unruhe in die Abteilung bringen.

c) Die kaufmännischen Auszubildenden, die nach ihrer bestandenen Prüfung übernommen werden, möchten wissen, ob der Tariflohn in Höhe von 2.007,00 EUR für sie gilt, obwohl Ihnen von der Personalabteilung ein Bruttogehalt in Höhe von 2.150,00 EUR zugesagt wurde.

d) Die Geschäftsleitung hat bereits angekündigt, dass eine Lohnerhöhung in Höhe von 4 % zu Konsequenzen führen wird, da aufgrund des Wettbewerbsdrucks die Kosten der Lohnerhöhung nicht an die Kunden weitergegeben werden können. Mehrere Mitarbeiter haben nachgefragt, welche Folgen gemeint sein könnten.

e) Die Kolleginnen und Kollegen aus der Fertigung hätten gern nähere Informationen, welche Möglichkeiten bestehen, ihren Forderungen nach einer Lohnsteigerung mehr Nachdruck zu verleihen.

1.1   Verfassen Sie für jedes Anliegen eine begründete Rückmeldung an die Kolleginnen und Kollegen. Nutzen Sie dazu ggf. die Auszüge aus den Gesetzestexten (**Anlage 1**).

1.2   Die Betriebsversammlung findet heute statt.

1.2.1   Während der Versammlung meldet sich der Mitarbeiter Herr Steinhaus zu Wort: „Warum sollte man sich überhaupt in einer Gewerkschaft engagieren? Der Gesetzgeber versetzt doch mit der Einführung des Mindestlohns der Tarifautonomie den Todesstoß. Da ist es doch überflüssig, selbst aktiv zu werden."
Nehmen Sie zu der Aussage von Herrn Steinhaus anhand von zwei Argumenten Stellung.

1.2.2   In einem weiteren Redebeitrag betont die Mitarbeiterin Frau Kammer, dass die Einführung des Mindestlohns notwendig war.
Beschreiben Sie zwei Chancen, die sich durch die Einführung des Mindestlohns ergeben.

Anlage 1

Auszug aus dem Tarifvertragsgesetz (TVG)

Tarifvertragsgesetz vom 9. April 1949, in der Fassung der Bekanntmachung vom 25. August 1969 (BGB. I S. 1323), zuletzt geändert durch Artikel 223 der Verordnung vom 31. Oktober 2006 (BGB. I S. 2407).

§ 1 Inhalt und Form des Tarifvertrags

(1) Der Tarifvertrag regelt die Rechte und Pflichten der Tarifvertragsparteien und enthält Rechtsnormen, die den Inhalt, den Abschluss und die Beendigung von Arbeitsverhältnissen sowie betriebliche und betriebsverfassungsrechtliche Fragen ordnen können.

(2) Tarifverträge bedürfen der Schriftform.

§ 2 Tarifvertragsparteien

(1) Tarifvertragsparteien sind Gewerkschaften, einzelne Arbeitgeber sowie Vereinigungen von Arbeitgebern. [...]

§ 3 Tarifgebundenheit

(1) Tarifgebunden sind die Mitglieder der Tarifvertragsparteien und der Arbeitgeber, der selbst Partei des Tarifvertrags ist.

(2) Rechtsnormen des Tarifvertrags über betriebliche und betriebsverfassungsrechtliche Fragen gelten für alle Betriebe, deren Arbeitgeber tarifgebunden ist.

(3) Die Tarifgebundenheit bleibt bestehen, bis der Tarifvertrag endet.

§ 4 Wirkung der Rechtsnormen

(1) Die Rechtsnormen des Tarifvertrags, die den Inhalt, den Abschluss oder die Beendigung von Arbeitsverhältnissen ordnen, gelten unmittelbar und zwingend zwischen den beiderseits Tarifgebundenen, die unter den Geltungsbereich des Tarifvertrags fallen. Diese Vorschrift gilt entsprechend für Rechtsnormen des Tarifvertrags über betriebliche und betriebsverfassungsrechtliche Fragen.

(2) Sind im Tarifvertrag gemeinsame Einrichtungen der Tarifvertragsparteien vorgesehen und geregelt (Lohnausgleichskassen, Urlaubskassen usw.), so gelten diese Regelungen auch unmittelbar und zwingend für die Satzung dieser Einrichtung und das Verhältnis der Einrichtung zu den tarifgebundenen Arbeitgebern und Arbeitnehmern.

(3) Abweichende Abmachungen sind nur zulässig, soweit sie durch den Tarifvertrag gestattet sind oder eine Änderung der Regelungen zugunsten des Arbeitnehmers enthalten.

(4) Ein Verzicht auf entstandene tarifliche Rechte ist nur in einem von den Tarifvertragsparteien gebilligten Vergleich zulässig. Die Verwirkung von tariflichen Rechten ist ausgeschlossen. Ausschlussfristen für die Geltendmachung tariflicher Rechte können nur im Tarifvertrag vereinbart werden.

(5) Nach Ablauf des Tarifvertrags gelten seine Rechtsnormen weiter, bis sie durch eine andere Abmachung ersetzt werden.

Auszug aus dem Grundgesetz (GG)

Art. 9:

(1) Alle Deutschen haben das Recht, Vereine und Gesellschaften zu bilden.

(2) Vereinigungen, deren Zwecke oder deren Tätigkeit den Strafgesetzen zuwiderlaufen oder die sich gegen die verfassungsmäßige Ordnung oder gegen den Gedanken der Völkerverständigung richten, sind verboten.

(3) Das Recht, zur Wahrung und Förderung der Arbeits- und Wirtschaftsbedingungen Vereinigungen zu bilden, ist für jedermann und für alle Berufe gewährleistet. Abreden, die dieses Recht

einschränken oder zu behindern suchen, sind nichtig, hierauf gerichtete Maßnahmen sind rechtswidrig. Maßnahmen nach den Artikeln 12a, 35 Abs. 2 und 3, Artikel 87a Abs. 4 und Artikel 91 dürfen sich nicht gegen Arbeitskämpfe richten, die zur Wahrung und Förderung der Arbeits- und Wirtschaftsbedingungen von Vereinigungen im Sinne des Satzes 1 geführt werden.

Prüfungsaufgaben Winter 2016/2017 (Aufgabe 1)

Sie sind Auszubildende/-r im zweiten Ausbildungsjahr als Verkäufer/Verkäuferin bei der Möbel Werner GmbH in Ulm. Da Ihr Unternehmen sehr viele Auszubildende betreut, gibt es eine Jugend- und Auszubildendenvertretung. Dieser gehören Sie seit einem Jahr an.

1.1 Ihre Freundin Sandra (18 Jahre) möchte ebenfalls eine Ausbildung bei der Möbel Werner GmbH beginnen. Den Ausbildungsvertrag zur Kauffrau im Einzelhandel hat sie bereits unterschrieben. Zu Beginn ihrer Ausbildung ergeben sich einige Fragen, bei denen Sandra Ihre Hilfe benötigt. Nutzen Sie hierfür die **Anlage 1**.

1.1.1 Sandras Eltern sind enttäuscht, als sie erfahren, dass sie sich ohne ihre Zustimmung für diese Ausbildung entschieden hat, anstatt zu studieren. Zudem behaupten sie, dass der Ausbildungsvertrag ohne ihre Unterschrift nicht gültig sei.
Erklären Sie Sandra, wer den Ausbildungsvertrag unterschreiben muss.

1.1.2 Um ihre Eltern zu besänftigen, möchte Sandra sie von den Vorteilen einer Ausbildung überzeugen. Erläutern Sie Sandra drei Argumente, die für eine Ausbildung im dualen System sprechen.

1.1.3 Sandra beginnt schließlich ihre Ausbildung. Mittwochs hat sie immer sechs Stunden Berufsschulunterricht und muss danach noch zum Arbeiten in den Betrieb. Peter (17 Jahre), der mit ihr die gleiche Klasse besucht, muss mittwochs nach der Schule nicht mehr zum Arbeiten.
Sandra findet dies ungerecht und beschwert sich bei der Jugend- und Auszubildendenvertretung. Erklären Sie, warum Peter nicht ebenfalls noch zum Arbeiten in den Betrieb kommen muss.

1.1.4 Fünf Wochen nach Beginn ihrer Ausbildung kommt Sandra entsetzt zu Ihnen. Ihr wurde gekündigt.
Als Begründung wurde ihr mehrfaches Zuspätkommen genannt.
Erklären Sie ihr, ob die Kündigung wirksam ist.

1.2 Alle drei Monate veranstaltet die Jugend- und Auszubildendenvertretung eine Informationsveranstaltung zu verschiedenen Themen der Berufsausbildung. Dieses Mal sind Sie für die Durchführung der Veranstaltung mit dem Thema „Tarifverträge" zuständig. Zu Beginn informieren Sie die Auszubildenden über die Grundlagen von Tarifverträgen. Danach können Ihre Zuhörer Fragen stellen.

1.2.1 Erklären Sie jeweils, welche Möglichkeiten die beiden Sozialpartner haben, um ihren Forderungen bei Tarifverhandlungen Nachdruck zu verleihen.

1.2.2 Erläutern Sie die Rolle des Staates bei Tarifverhandlungen.

1.2.3   Natalie möchte wissen: „Was bringen mir denn Lohnerhöhungen, die bei Tarifverhand-lungen vereinbart werden? Ich bin doch gar nicht in der Gewerkschaft."
Erklären Sie Natalie den Sachverhalt.

1.2.4   Emre möchte wissen: „Mein Kumpel in Berlin, der im gleichen Ausbildungsjahr im Ein-zelhandel wie ich ist, verdient im Monat 100,00 EUR mehr als ich. Aber es muss doch überall im Einzelhandel der gleiche Tarifvertrag gelten, oder?"
Erklären Sie, wie es zu diesem Unterschied kommen kann.

1.3   Nach der Veranstaltung kommt der Auszubildende Philipp (1. Ausbildungsjahr) auf Sie zu. Ihm hat die Veranstaltung sehr gut gefallen und er möchte mehr über die Arbeit der Jugend- und Auszubildendenvertretung wissen.
Beschreiben Sie zwei Aufgaben der Jugend- und Auszubildendenvertretung.

Anlage 1

Auszüge aus dem Berufsbildungsgesetz

§ 11 Vertragsniederschrift

(1)   Ausbildende haben unverzüglich nach Abschluss des Berufsausbildungsvertrages, spä-testens vor Beginn der Berufsausbildung, den wesentlichen Inhalt des Vertrages gemäß Satz 2 schriftlich niederzulegen; die elektronische Form ist ausgeschlossen. [...]

(2)   Die Niederschrift ist von den Ausbildenden, den Auszubildenden und deren gesetz-lichen Vertretern und Vertreterinnen zu unterzeichnen.

(3)   Ausbildende haben den Auszubildenden und deren gesetzlichen Vertretern und Ver-treterinnen eine Ausfertigung der unterzeichneten Niederschrift unverzüglich auszu-händigen. [...]

§ 20 Probezeit

Das Berufsausbildungsverhältnis beginnt mit der Probezeit. Sie muss mindestens einen Mo-nat und darf höchstens vier Monate betragen.

§ 22 Kündigung

(1)   Während der Probezeit kann das Berufsausbildungsverhältnis jederzeit ohne Einhalten einer Kündigungsfrist gekündigt werden.

(2)   Nach der Probezeit kann das Berufsausbildungsverhältnis nur gekündigt werden
1.   aus einem wichtigen Grund ohne Einhalten einer Kündigungsfrist,
2.   von Auszubildenden mit einer Kündigungsfrist von vier Wochen, wenn sie die Be-rufsausbildung aufgeben oder sich für eine andere Berufstätigkeit ausbilden lassen wollen.

(3)   Die Kündigung muss schriftlich und in den Fällen des Absatzes 2 unter Angabe der Kündigungsgründe erfolgen.

(4)   Eine Kündigung aus einem wichtigen Grund ist unwirksam, wenn die ihr zugrunde liegenden Tatsachen dem zur Kündigung Berechtigten länger als zwei Wochen bekannt sind. Ist ein vorgesehenes Güteverfahren vor einer außergerichtlichen Stelle eingeleitet, so wird bis zu dessen Beendigung der Lauf dieser Frist gehemmt.

Auszüge aus dem Jugendarbeitsschutzgesetz

§ 9 Berufsschule

(1) Der Arbeitgeber hat den Jugendlichen für die Teilnahme am Berufsschulunterricht freizustellen. Er darf den Jugendlichen nicht beschäftigen

1. vor einem vor 9 Uhr beginnenden Unterricht; dies gilt auch für Personen, die über 18 Jahre alt und noch berufsschulpflichtig sind,

2. an einem Berufsschultag mit mehr als fünf Unterrichtsstunden von mindestens je 45 Minuten, einmal in der Woche,

3. in Berufsschulwochen mit einem planmäßigen Blockunterricht von mindestens 25 Stunden an mindestens fünf Tagen; zusätzliche betriebliche Ausbildungsveranstaltungen bis zu zwei Stunden wöchentlich sind zulässig.

(2) Auf die Arbeitszeit werden angerechnet

1. Berufsschultage nach Absatz 1 Nr. 2 mit acht Stunden,

2. Berufsschulwochen nach Absatz 1 Nr. 3 mit 40 Stunden,

3. im Übrigen die Unterrichtszeit einschließlich der Pausen. [...]

Auszug aus dem Betriebsverfassungsgesetz

§ 70 Allgemeine Aufgaben

(1) Die Jugend- und Auszubildendenvertretung hat folgende allgemeine Aufgaben:

1.   Maßnahmen, die den in § 60 Abs. 1 genannten Arbeitnehmern dienen, insbesondere in Fragen der Berufsbildung und der Übernahme der zu ihrer Berufsausbildung Beschäftigten in ein Arbeitsverhältnis, beim Betriebsrat zu beantragen;

1a. Maßnahmen zur Durchsetzung der tatsächlichen Gleichstellung der in § 60 Abs. 1 genannten Arbeitnehmer entsprechend § 80 Abs. 1 Nr. 2a und 2b beim Betriebsrat zu beantragen;

2.   darüber zu wachen, dass die zugunsten der in § 60 Abs. 1 genannten Arbeitnehmer geltenden Gesetze, Verordnungen, Unfallverhütungsvorschriften, Tarifverträge und Betriebsvereinbarungen durchgeführt werden;

3.   Anregungen von in § 60 Abs. 1 genannten Arbeitnehmern, insbesondere in Fragen der Berufsbildung, entgegenzunehmen und, falls sie berechtigt erscheinen, beim Betriebsrat auf eine Erledigung hinzuwirken. Die Jugend- und Auszubildendenvertretung hat die betroffenen in § 60 Abs. 1 genannten Arbeitnehmer über den Stand und das Ergebnis der Verhandlungen zu informieren;

4.   die Integration ausländischer, in § 60 Abs. 1 genannter Arbeitnehmer im Betrieb zu fördern und entsprechende Maßnahmen beim Betriebsrat zu beantragen. [...]

Prüfungsaufgaben Winter 2016/2017 (Aufgabe 2)

Bei einer weiteren Informationsveranstaltung der Jugend- und Auszubildendenvertretung geht es schwerpunktmäßig um das Thema Sozialversicherung. Hierzu haben Sie ein Informationsblatt vorbereitet **(Anlage 2)**.

Beantworten Sie folgende Fragen der Auszubildenden:

2.1   Markus, 17 Jahre: „Ich habe gehört, dass es fünf Arten der Sozialversicherung gibt. Auf deinem Informationsblatt stehen aber nur vier Arten."

2.1.1   „Nenne mir die fehlende Sozialversicherungsart."

2.1.2   „Erläutere den Grund, warum diese Sozialversicherungsart auf dem Informationsblatt fehlt."

2.2   Maria, 20 Jahre: „Ich hatte vor kurzem einen Unfall im Betrieb und musste ins Kranken-haus. Gestern bekam ich von meiner Krankenkasse einen Unfallbericht zugeschickt. Da soll ich genau beschreiben, wie es zu diesem Unfall gekommen ist. Begründe, warum die Krankenkasse dies von mir verlangt."

2.3   Sven, 18 Jahre: „Meine Ausbildungsvergütung beträgt 680,00 EUR und ich zahle bei meiner Krankenkasse einen Beitrag von 55,76 EUR.

Erkläre mir, wie dieser Beitrag berechnet wird."

2.4   Klaus, 17 Jahre: „Ich habe mal gehört, dass meine Beiträge zur Rentenversicherung nicht angespart werden, das liege am Generationenvertrag. Das habe ich nicht verstanden."

2.4.1   „Erläutere, was man unter dem Generationenvertrag versteht."

2.4.2   „Erkläre, warum der Generationenvertrag zunehmend problematisch wird."

2.5   Beate, 18 Jahre: „Ich mache mir Sorgen um meine Altersversorgung. Nenne mir drei weitere Möglichkeiten der Altersvorsorge – neben der gesetzlichen Rentenversicherung."

2.6   Annika, 21 Jahre: „Bei der Pflegeversicherung gibt es einen Zuschlag von 0,25 % für Kinderlose."

2.6.1   „Erläutere, warum ich den nicht zahlen muss, obwohl ich keine Kinder habe."

2.6.2   „Erkläre, warum dieser Zuschlag überhaupt verlangt wird."

Anlage 2

Informationsblatt

Beitragssätze der gesetzlichen Sozialversicherung	
Arten der Sozialversicherung	**Beitragssätze in %**
Rentenversicherung	18,7
Arbeitslosenversicherung	3,0
Krankenversicherung	14,6 + Zusatzbeitrag (hier 0,9)
Pflegeversicherung	2,35
Zuschlag für Kinderlose über 23 Jahre	0,25

Prüfungsaufgaben Winter 2016/2017 (Aufgabe 1)

Die Elektronik Ernst GmbH fertigt Drucker und Fotokopierer in Deutschland. Sie sind Auszubil-dende/-r bei der Elektronik Ernst GmbH und Mitglied der Jugend- und Auszubildendenvertretung (JAV). Die Geschäftsführung legt Wert auf verantwortungsbewusstes Verhalten in allen Bereichen und schult ihre Mitarbeiterinnen und Mitarbeiter daher entsprechend.
Einmal im Jahr organisiert die JAV einen Workshop „Von Azubis für Azubis". Dieses Jahr findet der Workshop am 21. November 2016 um 09:30 Uhr im Raum 007 statt. Das Thema lautet: „Un-fall- und Jugendarbeitsschutz". Als Mitglied der JAV sind Sie für diesen Workshop verantwortlich.

1.1 Entwerfen Sie einen Text für das Einladungsschreiben an die neuen Auszubildenden.

- Erläutern Sie in Ihrer Einladung anhand von jeweils drei Gesichtspunkten, warum der Elektronik Ernst GmbH der Unfallschutz und der Jugendarbeitsschutz wichtig sind.
- Formulieren Sie zwei Folgen, die für das Unternehmen bei Missachtung der Schutzbestimmungen eintreten könnten.

1.2 Im Workshop sollen Sie den Auszubildenden die gesetzliche Unfallversicherung vorstellen.

1.2.1 Beschreiben Sie zwei Fälle, in denen die Versicherung einspringt.

1.2.2 Erläutern Sie jeweils eine Leistung, die die Versicherung in den beschriebenen Fällen erbringt.

1.3 Im Rahmen des Workshops am 21. November 2016 findet ein „Marktplatz" statt. Hier können die Auszubildenden zu verschiedenen Themen Fragen stellen. Sie betreuen den Stand „Rechtliche Fragen rund um die Ausbildung".

1.3.1 Frank Schirmer (18 Jahre) ist Auszubildender seit dem 1. September 2016. Er möchte wissen, ob man ihm kündigen kann, weil er bereits zwei Mal zu spät gekommen ist. Von seinen Freunden hat er diesbezüglich widersprüchliche Auskünfte erhalten.
Erläutern Sie ihm die Rechtslage **(Anlage)**.

1.3.2 Anastasia König (19 Jahre), Auszubildende im 2. Ausbildungsjahr, möchte nun doch lieber ein Soziales Jahr in Frankreich absolvieren und die Ausbildung sofort beenden, da sie bereits zum 1. Dezember 2016 ihre neue Stelle in Lyon antreten könnte.
Beraten Sie sie begründet hinsichtlich ihrer Möglichkeiten, das Ausbildungsverhältnis zu beenden **(Anlage)**.

Anlage

Berufsbildungsgesetz (BBiG)

§ 20 Probezeit
Das Berufsausbildungsverhältnis beginnt mit der Probezeit. Sie muss mindestens einen Monat und darf höchstens vier Monate betragen.

§ 21 Beendigung
(1) Das Berufsausbildungsverhältnis endet mit dem Ablauf der Ausbildungszeit. Im Falle der Stufenausbildung endet es mit Ablauf der letzten Stufe.

(2) Bestehen Auszubildende vor Ablauf der Ausbildungszeit die Abschlussprüfung, so endet das Berufsausbildungsverhältnis mit Bekanntgabe des Ergebnisses durch den Prüfungsausschuss.

(3) Bestehen Auszubildende die Abschlussprüfung nicht, so verlängert sich das Berufsausbildungsverhältnis auf ihr Verlangen bis zur nächstmöglichen Wiederholungsprüfung, höchstens um ein Jahr.

§ 22 Kündigung

(1) Während der Probezeit kann das Berufsausbildungsverhältnis jederzeit ohne Einhalten einer Kündigungsfrist gekündigt werden.

(2) Nach der Probezeit kann das Berufsausbildungsverhältnis nur gekündigt werden
1. aus einem wichtigen Grund ohne Einhalten einer Kündigungsfrist,
2. von Auszubildenden mit einer Kündigungsfrist von vier Wochen, wenn sie die Berufsausbildung aufgeben oder sich für eine andere Berufstätigkeit ausbilden lassen wollen.

(3) Die Kündigung muss schriftlich und in den Fällen des Absatzes 2 unter Angabe der Kündigungsgründe erfolgen.

(4) Eine Kündigung aus einem wichtigen Grund ist unwirksam, wenn die ihr zugrunde liegenden Tatsachen dem zur Kündigung Berechtigten länger als zwei Wochen bekannt sind. Ist ein vorgesehenes Güteverfahren vor einer außergerichtlichen Stelle eingeleitet, so wird bis zu dessen Beendigung der Lauf dieser Frist gehemmt.

§ 23 Schadensersatz bei vorzeitiger Beendigung

(1) Wird das Berufsausbildungsverhältnis nach der Probezeit vorzeitig gelöst, so können Ausbildende oder Auszubildende Ersatz des Schadens verlangen, wenn die andere Person den Grund für die Auflösung zu vertreten hat. Dies gilt nicht im Falle des § 22 Abs. 2 Nr. 2.

(2) Der Anspruch erlischt, wenn er nicht innerhalb von drei Monaten nach Beendigung des Berufsausbildungsverhältnisses geltend gemacht wird.

§ 24 Weiterarbeit

Werden Auszubildende im Anschluss an das Berufsausbildungsverhältnis beschäftigt, ohne dass hierüber ausdrücklich etwas vereinbart worden ist, so gilt ein Arbeitsverhältnis auf unbestimmte Zeit als begründet.

§ 25 Unabdingbarkeit

Eine Vereinbarung, die zuungunsten Auszubildender von den Vorschriften dieses Teils des Gesetzes abweicht, ist nichtig.

Kompetenzbereich II:
Wirtschaftliches Handeln in der Sozialen Marktwirtschaft analysieren

1   Wechselseitige Beziehungen der Wirtschaftssubjekte
1.1   Wirtschaftskreislauf

Stofftelegramm

Aufgaben der volkswirtschaftlichen Gesamtrechnung (VGR)

• Die VGR hat das Ziel, ein möglichst umfassendes, übersichtliches, quantitatives Gesamtbild des wirtschaftlichen Geschehens einer Volkswirtschaft zu geben.

• Ermittlung Inlandsprodukt (Wachstum?)

• Erfassung aller volkswirtschaftlich bedeutenden Zahlen

• Informationslieferant für Politiker, Wirtschaftsforschung, Gewerkschaften ...

• Nationaler und internationaler Wohlstandsvergleich wird ermöglicht.

Im Folgenden verwendete Abkürzungen:

E	= Volkseinkommen (= NNEh)	IP	= Inlandsprodukt
C_{pr}	= privater Konsum	NE	= Nationaleinkommen
C_{st}	= Staatskonsum		
I_{br}	= Bruttoinvestitionen		
Ab	= Abschreibungen		
I_n	= Nettoinvestitionen		
T_i	= Indirekte Steuern		
Z	= Subventionen		
S_{pr}	= private Ersparnis		
S_{st}	= Staatsersparnis		
Ex	= Exporterlöse		
Im	= Importausgaben		
E_{nu}	= Nichtunternehmereinkommen		
E_u	= Unternehmens- und Vermögenseinkommen		
NIP_h	= Nettoinlandsprodukt zu Herstellungspreisen		
NIP_m	= Nettoinlandsprodukt zu Marktpreisen		
BIP_m	= Bruttoinlandsprodukt zu Marktpreisen		
NNE_h	= Nettonationaleinkommen zu Herstellungspreisen = Volkseinkommen		
NNE_m	= Nettonationaleinkommen zu Marktpreisen		
BNE_m	= Bruttonationaleinkommen zu Marktpreisen		
NPK	= nationales Produktionskonto		
S	**= Saldo der Erwerbs- und Vermögenseinkommen zwischen In- und Ausland**		
	= Einkommen Inländer im Ausland – Einkommen Ausländer im Inland		

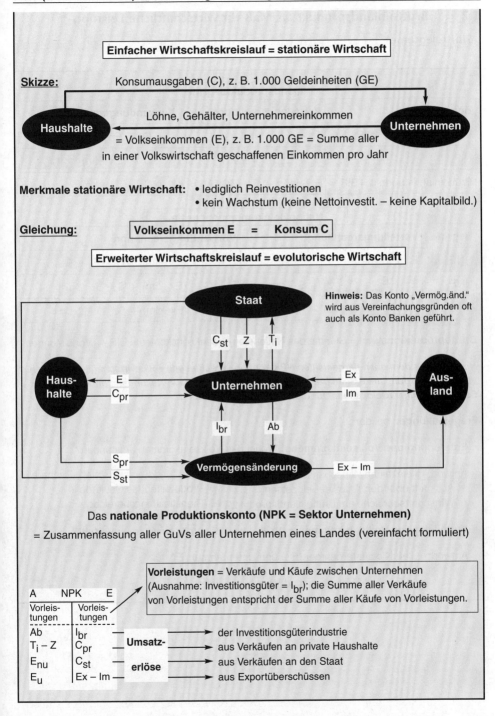

Einfacher Wirtschaftskreislauf = stationäre Wirtschaft

Skizze: Konsumausgaben (C), z. B. 1.000 Geldeinheiten (GE)

Haushalte ← Löhne, Gehälter, Unternehmereinkommen → **Unternehmen**

= Volkseinkommen (E), z. B. 1.000 GE = Summe aller in einer Volkswirtschaft geschaffenen Einkommen pro Jahr

Merkmale stationäre Wirtschaft:
• lediglich Reinvestitionen
• kein Wachstum (keine Nettoinvestit. – keine Kapitalbild.)

Gleichung: | Volkseinkommen E = Konsum C |

Erweiterter Wirtschaftskreislauf = evolutorische Wirtschaft

Staat

Hinweis: Das Konto „Vermög.änd." wird aus Vereinfachungsgründen oft auch als Konto Banken geführt.

C_{st} Z T_i

Haus-halte — E / C_{pr} → **Unternehmen** ← Ex / Im — **Aus-land**

I_{br} Ab

S_{pr} / S_{st} → **Vermögensänderung** — Ex – Im

Das **nationale Produktionskonto (NPK = Sektor Unternehmen)**

= Zusammenfassung aller GuVs aller Unternehmen eines Landes (vereinfacht formuliert)

Vorleistungen = Verkäufe und Käufe zwischen Unternehmen (Ausnahme: Investitionsgüter = I_{br}); die Summe aller Verkäufe von Vorleistungen entspricht der Summe aller Käufe von Vorleistungen.

A	NPK	E
Vorleis-tungen	Vorleis-tungen	
Ab	I_{br}	der Investitionsgüterindustrie
T_i – Z	C_{pr}	aus Verkäufen an private Haushalte
E_{nu}	C_{st}	aus Verkäufen an den Staat
E_u	Ex – Im	aus Exportüberschüssen

Umsatz-erlöse

1.2   Bruttoinlandsprodukt als Maß für wirtschaftliche Leistung

Stofftelegramm

Inlandsproduktbegriffe		
Begriffe	**Verteilungsrechnung**	**Verwendungsrechnung**
Volkseinkommen = NIP_h	$E_u + E_{nu}$	$I_n + C + (Ex - Im) - (T_i - Z)$
NIP_m	$E_u + E_{nu} + (T_i - Z)$	$I_n + C + (Ex - Im)$
Bruttoinlandsprodukt = BIP_m	$E_u + E_{nu} + (T_i - Z) + Ab$	$I_{br} + C + (Ex - Im)$

Nationaleinkommensbegriffe		
Begriffe	**Verteilungsrechnung**	**Verwendungsrechnung**
NNE_h	$E_u + E_{nu} + S$	$I_n + C + (Ex - Im) - (T_i - Z) + S$
NNE_m	$E_u + E_{nu} + (T_i - Z) + S$	$I_n + C + (Ex - Im) + S$
BNE_m	$E_u + E_{nu} + (T_i - Z) + Ab + S$	$I_{br} + C + (Ex - Im) + S$

Bruttoproduktionswert = Summe des Nationalen Produktionskontos = BIP_m + Vorleistungen

Hinweis: Aus dem oben dargestellten NPK können verschiedene volkswirtschaftliche Größen abgeleitet werden. Linke Seite (Ausgaben/Geldabfluss) für die Verteilungsrechnung, rechte Seite (Einnahmen/Geldzufluss) für die Verwendungsrechnung.

Fragestellungen bei der

- **Entstehung des Volkseinkommens: Wo** ist das Volkseinkommen entstanden?

    Antwort: In einzelnen Wirtschaftsbereichen/   → Land- und Forstwirtschaft, Fischerei
    Auskunft über den Anteil der einzelnen   → Produzierendes Gewerbe
    Wirtschaftsbereiche am Bruttoinlandsprodukt   → Dienstleistungsbereiche

- **Verteilung des Volkseinkommens:** An wen wird das Volkseinkommen **verteilt**?

    Antwort: an Nichtunternehmer (E_{nu}) und Unternehmer (E_u)

    (E_u = Unternehmens- und Vermögenseinkommen)

Die Verteilung des Volkseinkommens

Lohnquote = prozentualer Anteil der Arbeitnehmerentgelte am Volkseinkommen

$$= \frac{\text{Arbeitnehmerentgelt} \cdot 100}{\text{Volkseinkommen}}$$

Gewinnquote = prozentualer Anteil des Unternehmens- und Vermögenseinkommens am Volkseinkommen

$$= \frac{\text{Unternehmens- und Vermögenseinkommen} \cdot 100}{\text{Volkseinkommen}}$$

- **Verwendung des Volkseinkommens: Wie** wird das Volkseinkommen **verwendet?**

Antwort: u. a. für Investitionszwecke (I) und Konsumzwecke (C)

Inlandsprodukt: Wert aller in einem Jahr produzierten entgeltlichen Güter und Dienste einer Volkswirtschaft

Reales IP: Inlandsprodukt nach Herausrechnung der Preissteigerungen. Eine rein rechnerische Erhöhung des IP durch Inflation wird so verhindert.

Nominales IP: Inlandsprodukt – zu tatsächl. Preisen bewertet, also evtl. inflationsverfälscht

Reales Wirtschaftswachstum: Das reale IP ist gestiegen. Es wurde eine tatsächliche Mehrleistung erwirtschaftet.

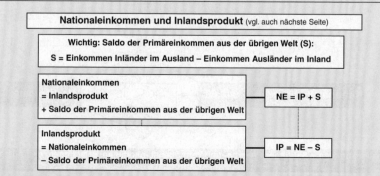

Nationaleinkommen und Inlandsprodukt (vgl. auch nächste Seite)

Wichtig: Saldo der Primäreinkommen aus der übrigen Welt (S):

S = Einkommen Inländer im Ausland – Einkommen Ausländer im Inland

Nationaleinkommen = Inlandsprodukt + Saldo der Primäreinkommen aus der übrigen Welt	NE = IP + S
Inlandsprodukt = Nationaleinkommen – Saldo der Primäreinkommen aus der übrigen Welt	IP = NE – S

NATIONALEINKOMMEN (NE) ←→ INLANDSPRODUKT (IP)

In der Statistik wird seit geraumer Zeit der Begriff **Nationaleinkommen** anstelle des Begriffes **Sozialprodukt** verwendet. Im Folgenden erfolgt eine Gegenüberstellung der Begriffe NE und IP in anschaulicher Form.

Anstelle des Begriffes **Nationaleinkommen** können die Begriffe **Nettonationaleinkommen** bzw. **Bruttonationaleinkommen**, anstelle des Begriffes **Inlandsprodukt** die Begriffe **Nettoinlandsprodukt** bzw. **Bruttoinlandsprodukt** analog verwendet werden.

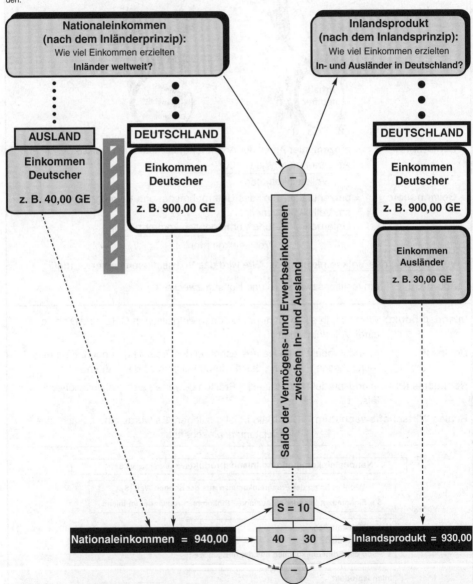

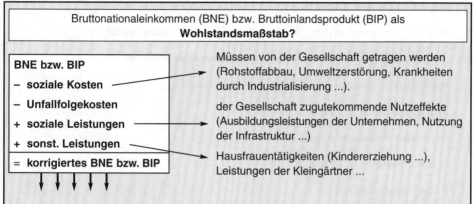

Bruttonationaleinkommen (BNE) bzw. Bruttoinlandsprodukt (BIP) als Wohlstandsmaßstab?

BNE bzw. BIP

– **soziale Kosten**

– **Unfallfolgekosten**

+ **soziale Leistungen**

+ **sonst. Leistungen**

= **korrigiertes BNE bzw. BIP**

Müssen von der Gesellschaft getragen werden (Rohstoffabbau, Umweltzerstörung, Krankheiten durch Industrialisierung ...).

der Gesellschaft zugutekommende Nutzeffekte (Ausbildungsleistungen der Unternehmen, Nutzung der Infrastruktur ...)

Hausfrauentätigkeiten (Kindererziehung ...), Leistungen der Kleingärtner ...

Rein **quantitative** Größen! Problem: **Qualitative** Größen (Lebensqualität, Umweltsituation, Einhaltung der Menschenrechte ...) nicht erfassbar!

Alternative Wohlstandsindikatoren (Beispiele)

Der **Human Development Index (HDI = Index der menschlichen Entwicklung)** versucht, den Wohlstand eines Landes oder Gebietes anhand umfassenderer Kriterien zu bemessen. So werden neben dem BIP pro Kopf (Kaufkraft) auch die Lebenserwartung und der Bildungsgrad berücksichtigt.

Der **Index of Sustainable Economic Welfare (ISEW)** berücksichtigt über das BIP hinaus Faktoren wie Einkommensverteilung, unbezahlte Hausarbeit, öffentliche Ausgaben für das Gesundheitswesen, Bildung, Umweltverschmutzung, Ressourcenverbrauch und Kosten des Klimawandels. Der ISEW wurde zum Genuine Progress Indicator (GPI) weiterentwickelt.

1.3 Aufgaben zu den Kapiteln 1.1 und 1.2

1. Unterscheiden Sie zwischen **Brutto-, Netto-** und **Reinvestitionen.**

2. Welche Investitionsart führt zu volkswirtschaftlichem **Wachstum?**

3. Unterscheiden Sie die Begriffe **Anlage-** und **Vorratsinvestition.**

4. Was versteht man unter **einfachem Wirtschaftskreislauf?**

5. Erklären Sie die Begriffe

   a) **Volkseinkommen,**

   b) **Inlandsprodukt,**

   c) **Nationaleinkommen.**

6. Was versteht man unter **Nationalem Produktionskonto?**

7. Welche Sektoren umfasst der **erweiterte Wirtschaftskreislauf?**

8. Welche volkswirtschaftliche Funktion erfüllen die **Banken?**

9. Welcher Unterschied besteht zwischen **stationärer** und **evolutorischer** Wirtschaft?

10. Unterscheiden Sie zwischen **offener** und **geschlossener** Wirtschaft.

11. Was bedeuten folgende Pfeile des Wirtschaftskreislaufs:

a) den Haushalten zulaufend

b) von den Haushalten weglaufend

c) den Unternehmen zulaufend

d) dem Staat zulaufend

e) vom Staat weglaufend

12. Skizzieren Sie eine Kreislaufgrafik mit den Sektoren Haushalte, Unternehmen, Staat, Ausland und Vermögensänderung (Banken).

13. a) Worin unterscheiden sich **reales** und **nominales** Inlandsprodukt?

b) Warum ist es korrekter, die volkswirtschaftliche Entwicklung anhand des realen Inlandsprodukts zu betrachten?

14. Was versteht man unter **Entstehung, Verteilung** und **Verwendung** des Inlandsprodukts?

15. Folgende Zahlen sind gegeben (in Millionen Geldeinheiten):

- Indirekte Steuern: 300
- Bruttoinvestitionen: 282
- Abschreibungen: 145
- Subventionen: 160
- Exporte – Importe: 35
- Unternehmereinkommen: 500
- privater Konsum: 710
- Staatskonsum: 256
- Nichtunternehmereinkommen: 498

a) Erstellen Sie eine Kreislaufskizze.

b) Beurteilen Sie den Sektor Staat.

c) Ermitteln Sie das Volkseinkommen, Brutto- und Nettoinlandsprodukt zu Marktpreisen nach der Verteilung und Verwendung.

16. Welche **Aufgaben** hat die volkswirtschaftliche Gesamtrechnung?

17. A behauptet, das Volkseinkommen sei um 1 % gestiegen, B spricht von einer Senkung um 2 %.

    Wieso können beide recht haben?

18. Welche volkswirtschaftliche Situation liegt jeweils vor? Begründung.

    a) Bruttoinvestitionen = 177,00 GE; Abschreibungen = 182,00 GE

    b) Bruttoinvestitionen = 200,00 GE; Abschreibungen = 140,00 GE

    c) Bruttoinvestitionen = 200,00 GE; Abschreibungen = 200,00 GE

19. Das Bruttoinlandsprodukt wird oft als **Wohlstandsindikator** bezeichnet. Nehmen Sie kritisch Stellung.

Test ➡ **Volkswirtschaftliche Gesamtrechnung**   Punkte

1 | Erklären Sie die Begriffe Volkseinkommen und Inlandsprodukt. | **2**

2 | Welcher grundlegende Unterschied besteht zwischen stationärer und evolutorischer Wirtschaft? | **1**

3 | Skizzieren Sie eine Kreislaufgrafik mit den Sektoren Haushalte, Unternehmen, Staat, Ausland und Vermögensänderung (Banken). | **5**

Abkürzungen:

E	= Volkseinkommen	Ex	= Exporterlöse	I_{br}	= Bruttoinvestitionen
C_{pr}	= privater Konsum	T_i	= indirekte Steuern	Im	= Importausgaben
C_{st}	= Staatskonsum	Z	= Subventionen	E_{nu}	= Nichtunternehmereinkommen
S_{pr}	= private Ersparnis	Ab	= Abschreibungen	E_u	= Eink. aus Unternehmertätigkeit und Vermögen
S_{st}	= Staatsersparnis	I_n	= Nettoinvestitionen	NIP_m	= Nettoinlandsprodukt zu Marktpreisen
NIP_h	= Nettoinlandsprodukt zu Faktorkosten			BIP_m	= Bruttoinlandsprodukt zu Marktpreisen

4 | Worin unterscheiden sich reales und nominales Inlandsprodukt? | **2**

5 | Folgende Zahlen sind gegeben (in Millionen Geldeinheiten): | **6**

- indirekte Steuern (T_i): 300
- Abschreibungen (Ab): 145
- Exporte – Importe (Ex-Im): 35
- privater Konsum (C): 710
- Nichtu'ereinkommen (E_{nu}): 498

- Bruttoinvestitionen (I_{br}): 282
- Subventionen (Z): 160
- Unternehmereinkommen (E_u): 500
- Staatskonsum (C): 256
- Nettoinvestitionen = I_n

Ermitteln Sie das • Volkseinkommen = Nettoinlandsprodukt zu Faktorkosten (NIP_h),
• Brutto- (BIP_m) und Nettoinlandsprodukt zu Marktpreisen (NIP_m)

nach der Verteilung und Verwendung.

6 | Das Bruttoinlandsprodukt wird oft als Wohlstandsindikator bezeichnet. Nehmen Sie kritisch dazu Stellung. | **4**

Punktesumme ➡ **20**

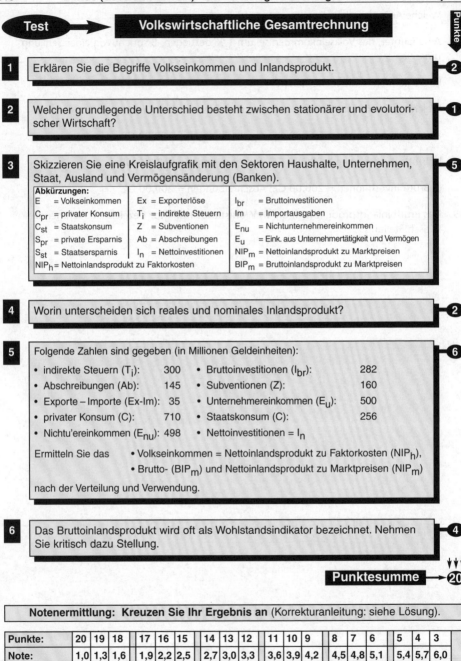

Notenermittlung: Kreuzen Sie Ihr Ergebnis an (Korrekturanleitung: siehe Lösung).

Punkte:	20	19	18	17	16	15	14	13	12	11	10	9	8	7	6	5	4	3
Note:	1,0	1,3	1,6	1,9	2,2	2,5	2,7	3,0	3,3	3,6	3,9	4,2	4,5	4,8	5,1	5,4	5,7	6,0
1. Versuch:																		
2. Versuch:																		
3. Versuch:																		

2 Ordnungsmerkmale der Sozialen Marktwirtschaft

Stofftelegramm

Soziale Marktwirtschaft = Marktwirtschaft unter Verhinderung unsozialer Auswirkungen

Grundgesetz: • schreibt keine bestimmte Wirtschaftsordnung vor

• enthält einige freiheitliche und soziale Ordnungsvorstellungen, z. B.:

- – Art. 2 Abs. 1:   Recht auf freie Entfaltung der Persönlichkeit
- – Art. 12 Abs. 1: freie Berufs- und Arbeitsplatzwahl
- – Art. 14 Abs. 1: Gewährleistung von Eigentum und Erbrecht
- – Art. 14 Abs. 2: Eigentum verpflichtet (Gebrauch i. S. des Gemeinwohls).
- – Art. 20 Abs. 1: Die Bundesrepublik Deutschland ist ein demokratischer und sozialer Bundesstaat.
- – Art. 28 Abs. 1: Verfassungsmäßige Ordnung der Länder muss den Grundsätzen des sozialen Rechtsstaates i. S. des Grundgesetzes entsprechen.

Ordnungsmerkmale der Freien Marktwirtschaft	Einschränkungen der Ordnungsmerkmale in der Sozialen Marktwirtschaft (= Realtyp)
1. Privateigentum an Produktionsmitteln	• Mitbestimmung • z. T. öffentliches Eigentum • Art. 14 GG: Eigentum verpflichtet
2. Vertragsfreiheit	• nichtige und anfechtbare Rechtsgeschäfte • Verbraucherschutz • GWB
3. Gewerbefreiheit	Umwelt- und Verbraucherschutz, Zulassungsvorschriften ...
4. freie Berufswahl	Befähigungsnachweise in bestimmten Berufen
5. Konsumfreiheit	Verbot bestimmter Güter (z. B. Rauschgift)
6. Freihandel	z. B. Verbot von Waffenexporten
7. freie Lohn- und Preisbildung	• marktkonträre Maßnahmen des Staates • Mindestlöhne laut Gesetz (8,84 EUR) und Tarifverträgen
8. keine staatlichen Eingriffe in die Wirtschaft	Eingriffe des Staates (Verhinderung sozialer Härten oder Förderung wirtschaftspolitischer Ziele)

Aufgaben

1. Welcher allgemeine Zusammenhang besteht zwischen den Ordnungsrahmen der freien und jenen der sozialen Marktwirtschaft?

2. Zeigen Sie anhand von je drei Beispielen, wie in einer sozialen Marktwirtschaft folgende Ordnungsmerkmale einer freien Marktwirtschaft eingeschränkt werden:

   a) Privateigentum

   b) Vertragsfreiheit

   c) Gewerbefreiheit

3. Inwiefern unterscheidet sich die Rolle des Staates in der sozialen Marktwirtschaft von jener in der freien Marktwirtschaft?

4. In einem Zeitungsartikel war zu lesen:

   „Eine Wirtschaftsordnung als Erfolgsgarant: Weit mehr als sonst ist die soziale Marktwirtschaft inzwischen zum gleichbedeutenden Begriff für wirtschaftlichen Erfolg geworden."

   a) Nennen Sie drei Ordnungsmerkmale einer Marktwirtschaft.

   b) Welche Rolle spielt der Staat in einer freien Marktwirtschaft?

5. Im Art. 20 Grundgesetz heißt es:

   „Die Bundesrepublik Deutschland ist ein demokratischer und sozialer Bundesstaat."

   Warum wurde der Begriff sozial in das Grundgesetz ausdrücklich mit aufgenommen?

6. Entscheiden und begründen Sie, ob folgende Maßnahmen dem sozialen Anspruch des Grundgesetzes entsprechen:

   • Wohngeldgewährung   • Arbeitsbeschaffungsmaßnahmen

7. Wie beurteilen Sie die Forderung nach gesetzlichen Regeln, welche die Unterschreitung der im Tarifvertrag vereinbarten Bedingungen (z. B. Arbeitsentgelte) zulasten der organisierten Arbeitnehmer ermöglichen?

8. Da der Markt allein soziale Sicherheit und Gerechtigkeit nicht herstellen kann, greift der Staat in die Wirtschaftsprozesse ein.

   a) Er will negative soziale Auswirkungen verhindern oder mildern. Nennen Sie vier solcher Maßnahmen.

   b) Ebenso können im Rahmen des Tarifrechts die Sozialpartner autonom Entscheidungen treffen.

   Geben Sie je zwei Beispiele dafür an, dass die Tarifautonomie positive Auswirkungen für die Arbeitnehmer, aber auch negative Folgen für die Gesamtwirtschaft haben kann.

c) Untersuchen Sie, inwiefern folgende Maßnahmen des Staates mit den Prinzipien der sozialen Marktwirtschaft vereinbar sind.

ca) Eine Gemeinde möchte das vorhandene Krankenhaus erweitern. Die angrenzenden Grundstückseigentümer sind nicht zum Verkauf bereit und werden enteignet.

cb) Innerhalb der EU erhalten die Erzeuger bestimmter landwirtschaftlicher Produkte Mindestpreise.

cc) Mithilfe von Steuertarifen werden Einkommen unterschiedlich besteuert.

cd) Der Staat stärkt durch Stiftungen den Verbraucherschutz.

3 Kooperation und Konzentration

3.1 Grundlagen

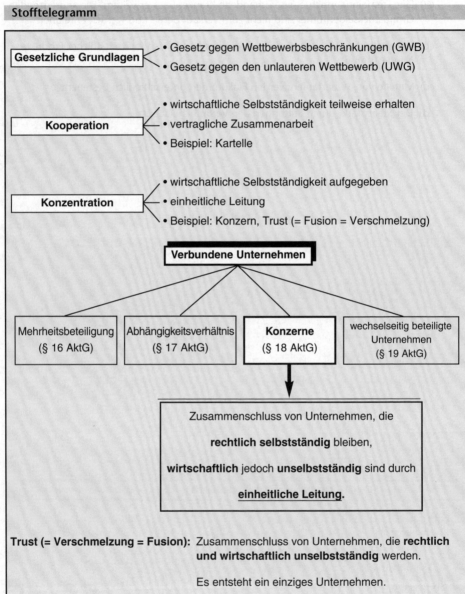

Gesetzliche Grundlagen
- Gesetz gegen Wettbewerbsbeschränkungen (GWB)
- Gesetz gegen den unlauteren Wettbewerb (UWG)

Kooperation
- wirtschaftliche Selbstständigkeit teilweise erhalten
- vertragliche Zusammenarbeit
- Beispiel: Kartelle

Konzentration
- wirtschaftliche Selbstständigkeit aufgegeben
- einheitliche Leitung
- Beispiel: Konzern, Trust (= Fusion = Verschmelzung)

Verbundene Unternehmen

| Mehrheitsbeteiligung (§ 16 AktG) | Abhängigkeitsverhältnis (§ 17 AktG) | **Konzerne** (§ 18 AktG) | wechselseitig beteiligte Unternehmen (§ 19 AktG) |

Zusammenschluss von Unternehmen, die

rechtlich selbstständig bleiben,

wirtschaftlich jedoch **unselbstständig** sind durch

einheitliche Leitung.

Trust (= Verschmelzung = Fusion): Zusammenschluss von Unternehmen, die **rechtlich und wirtschaftlich unselbstständig** werden.

Es entsteht ein einziges Unternehmen.

Ziele der Kooperation und Konzentration	• Wettbewerbsausschaltung
	• Sicherung von Beschaffung und Absatz
	• gemeinsame Werbung
	• Verbesserung der Konkurrenzfähigkeit gegenüber ausländischen Großunternehmen
	• Finanzierungserleichterung für Großprojekte, Forschungs- und Entwicklungsarbeiten
	• Kostensenkung (Massenproduktion, Rationalisierung)

Probleme der Kooperation und Konzentration	• Wettbewerbsbeschränkung bzw. Wettbewerbsausschaltung
	• überhöhte Preise (Ausschaltung der Preisfunktionen)
	• evtl. Angebotsverknappung (verschlechterte Marktversorgung)
	• Gefahr des Missbrauchs wirtschaftlicher Macht

• **Horizontaler Zusammenschluss:**   gleiche Produktionsstufe;
Bsp.: Kaufhaus – Kaufhaus

• **Vertikaler Zusammenschluss:**   aufeinanderfolgende Produktionsstufen;
Bsp.: Autofabrik – Autohandel

• **Anorganischer Zusammenschluss:**   branchenfremder Zusammenschluss;
Bsp.: Kaufhaus – Autofabrik

3.2   Kartell und Kartellverbot

Stofftelegramm

Ein Kartell liegt vor, wenn die Zusammenarbeit rechtlich selbstständig bleibender Unternehmen zur Einschränkung des Wettbewerbs führt.

Gesetzliche Grundlage: Gesetz gegen Wettbewerbsbeschränkungen – GWB (7. GWB-Novelle)

Kartellarten

Preiskartell

Einheitspreis oder Mindestpreis
Spezialfall: **Submissionskartell** (s. u.)

Submissions-kartell

Vereinbarung von Preisuntergrenzen bzw. Festlegung
des zum Zuge kommenden Kartellmitglieds
bei öffentlichen Ausschreibungen

Kalkulations-kartell

einheitliche Kalkulationssätze

Kontingentie-rungskartell

("Kontingent" = Auflage)

• **Gebietskartell:** Aufteilung der Absatzgebiete

• **Quotenkartell:** Zuteilung von Produktionsquoten

Konditionen-kartell

einheitliche Geschäfts-, Liefer- und
Zahlungsbedingungen

Rabattkartell

einheitliche Verkaufsrabatte

Rationalisie-rungskartell

• **Normenkartell:**   einheitliche Normung

• **Typenkartell:**   einheitliche Typung

• **Spezialisierungskartell:** Firmen spezialisieren sich.

• **Einkaufssyndikat:** gemeinsamer Einkauf

• **Verkaufssyndikat:** gemeinsamer Verkauf

**Import- bzw.
Exportkartell**

Zusammenschluss zwecks gemeinsamer
Ein- bzw. Ausfuhr

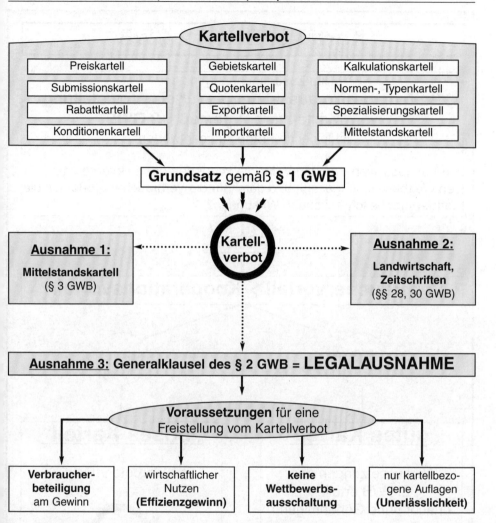

Kartellverbot

Preiskartell	Gebietskartell	Kalkulationskartell
Submissionskartell	Quotenkartell	Normen-, Typenkartell
Rabattkartell	Exportkartell	Spezialisierungskartell
Konditionenkartell	Importkartell	Mittelstandskartell

Grundsatz gemäß § 1 GWB

Kartellverbot

Ausnahme 1:
Mittelstandskartell
(§ 3 GWB)

Ausnahme 2:
Landwirtschaft,
Zeitschriften
(§§ 28, 30 GWB)

Ausnahme 3: Generalklausel des § 2 GWB = **LEGALAUSNAHME**

Voraussetzungen für eine
Freistellung vom Kartellverbot

Verbraucher-beteiligung am Gewinn	wirtschaftlicher Nutzen **(Effizienzgewinn)**	**keine Wettbewerbs-ausschaltung**	nur kartellbezo-gene Auflagen **(Unerlässlichkeit)**

Kartelle: Betr. § 2 GWB

Im Zusammenhang mit der
Prüfung der Voraussetzungen für eine Freistellung vom Kartellverbot gemäß § 2 GWB
ist folgende **Frage** zu beantworten:

Sind die positiven Wirkungen für die kooperierenden Unternehmen, für den Wettbewerb insgesamt und damit für die Verbraucher größer als die wettbewerbsbeschränkenden Wirkungen?

in Kurzform

Verbrauchervorteil > Kooperationsvorteil?

JA   NEIN

„gutes Kartell"

Voraussetzungen des
§ 2 GWB erfüllt →
erlaubt ohne Genehmigung

= Ausnahmetatbestand
des § 2 GWB

= **LEGALAUSNAHME**

„böses Kartell"

→ = verboten (nichtig)

Kartell-
verbot

3.3 Staatliche Wettbewerbspolitik

Stofftelegramm

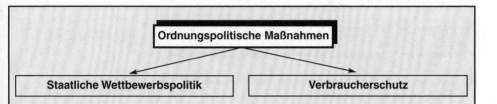

Ordnungspolitische Maßnahmen

| Staatliche Wettbewerbspolitik | Verbraucherschutz |

- Gesetzliche Grundlage: GWB

- Kartellrecht (Kartelle grundsätzlich verboten; Legalausnahme: s. o.)

- Fusionskontrolle (s. u.)

- Missbrauchsaufsicht (s. u.)

Gesetzliche Grundlagen:

- UWG

- Abzahlungsgesetz

- AGB (vgl. §§ 305–310 BGB)

- BGB (Gewährleistungen ...)

- Widerruf von Haustürgeschäften (§ 312 BGB)

- Verbraucherkredite (§§ 488–507 BGB)

Dem **Bundeskartellamt** obliegen die Missbrauchsaufsicht und Fusionskontrolle.

Missbrauchsaufsicht:
Verhinderung des Missbrauchs einer bestehenden marktbeherrschenden Stellung. Zum Beispiel: Monopolist verlangt völlig überhöhte Preise, zwingt andere zu nachteiligen Geschäftsbedingungen etc. Eine marktbeherrschende Stellung liegt vor, wenn ein Unternehmen einen Marktanteil von mehr als 40 % hat.

Fusionskontrolle (Zusammenschlusskontrolle):
Zum Beispiel: Erwerb eines kompletten anderen Unternehmens oder eines großen Teils der Anteile. Anzeigepflicht von Unternehmenszusammenschlüssen (§ 39 GWB) vor der Durchführung. Falls im letzten Geschäftsjahr die Unternehmen zusammen weltweit 500 Millionen EUR und mind. ein beteiligtes Unternehmen im Inland 25 Millionen EUR Umsatzerlöse erzielten, gilt das GWB: Kartellamt untersagt Fusion, wenn marktbeherrschende Stellung entsteht oder verstärkt wird; Ausnahmen: „Die beteiligten Unternehmen weisen nach, dass durch den Zusammenschluss auch Verbesserungen der Wettbewerbsbedingungen eintreten und dass diese Verbesserungen die Nachteile der Marktbeherrschung überwiegen." (§ 36 Abs. 1 GWB).
Auch möglich (bei überragendem Interesse der Allgemeinheit): Auf Antrag kann der Bundesminister für Wirtschaft ein Verbot „überstimmen" und die Erlaubnis erteilen.

3.4   Aufgaben zu den Kapiteln 3.1–3.3

1. Unterscheiden Sie die Begriffe Kooperation und Konzentration. Nennen Sie je ein Beispiel.

2. Nennen Sie fünf Ziele der Kooperation und Konzentration.

3. Welche Probleme resultieren aus Konzentrationstendenzen?

4. Erklären Sie die Begriffe horizontaler, vertikaler und anorganischer Zusammenschluss. Notieren Sie je ein Beispiel.

5. Definieren Sie den Begriff Kartell.

6. Beschreiben Sie kurz folgende Kartellarten: Preiskartell, Submissionskartell.

7. a) Welche grundsätzliche Regelung gilt für Kartelle?

   b) Erklären Sie den Begriff „Legalausnahme".

8. Welche Hauptaufgaben hat das Bundeskartellamt?

9. a) Was versteht man unter einem Konzern?

   b) Welche Voraussetzung ist hier von entscheidender Bedeutung?

10. Was versteht man unter einem Trust? Welche weiteren Begriffe sind hierfür üblich?

11. Beschreiben Sie zwei Möglichkeiten des Kartellamts, die zunehmende Kooperation und Konzentration zu überwachen.

12. „Strategische Allianzen (zunehmende Konzentrationsprozesse) werden in einigen Branchen als betriebswirtschaftlich notwendig angesehen." Schildern Sie zwei mögliche positive Auswirkungen aus volkswirtschaftlicher Sicht.

4 Markt und Preis

4.1 Markt und Marktformen

Stofftelegramm

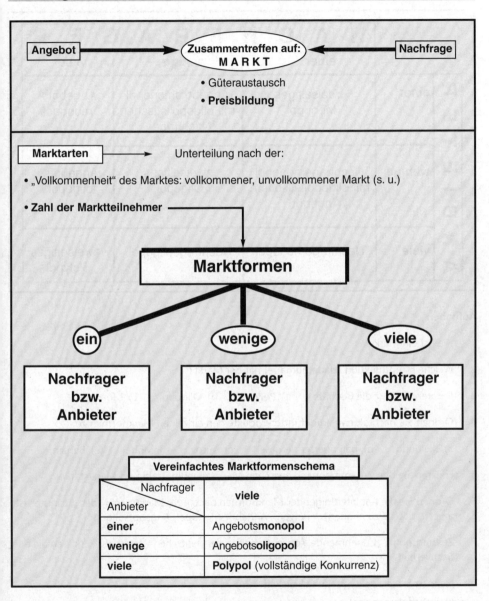

Das (ausführliche) Marktformenschema

N A C H F R A G E R			
	einer	wenige	viele
A N B I E T E R einer	zweiseitiges Monopol	Angebotsmonopol mit oligopolistischer Nachfrage	Angebots- monopol
A N B I E T E R wenige	Nachfragemonopol mit oligopolistischem Angebot	zweiseitiges Oligopol	Angebots- oligopol
A N B I E T E R viele	Nachfragemonopol	Nachfrageoligopol	zweiseitiges Polypol

Aufgaben

1. Was ist ein Markt?

2. Welche Hauptfunktion (Hauptaufgabe) hat der Markt?

3. Erklären Sie kurz die Begriffe: a) Polypol   b) Oligopol   c) Monopol

4. Ordnen Sie nachfolgend aufgeführte Produkte den einzelnen Marktformen zu.

   a) Kleidung   b) patentierter Vergaser   c) Autos   d) Möbel   e) Benzin

5. Erklären Sie den Zusammenhang zwischen Marktteilnehmerzahl und Marktstärke.

6. Ordnen Sie die Anbieter folgender Marktformen nach ihrer Marktmacht (der „Stärkste" ist an erster Stelle zu nennen):   Polypol, Angebotsmonopol, Angebotsoligopol.

7. Zeitungsnotiz: „Zunehmende Konzentration in der deutschen Wirtschaft." Erklären Sie den Sachverhalt.

8. Nennen Sie je zwei typische Beispiele für ein

   a) Angebotsmonopol,
   b) Angebotsoligopol,
   c) Polypol.

Test ➡ **Preisbildung: Die Marktformen**   Punkte ⬇

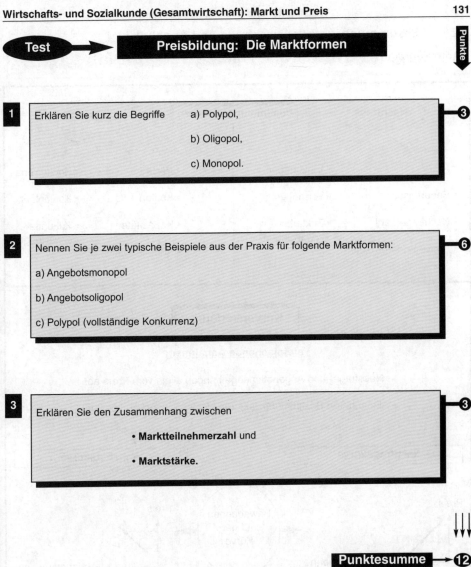

1   Erklären Sie kurz die Begriffe   a) Polypol,   **3**

                                      b) Oligopol,

                                      c) Monopol.

2   Nennen Sie je zwei typische Beispiele aus der Praxis für folgende Marktformen: **6**

a) Angebotsmonopol

b) Angebotsoligopol

c) Polypol (vollständige Konkurrenz)

3   Erklären Sie den Zusammenhang zwischen   **3**

                • **Marktteilnehmerzahl** und

                • **Marktstärke.**

⬇⬇⬇

Punktesumme ➡ **12**

Notenermittlung: Kreuzen Sie Ihr Ergebnis an (Korrekturanleitung: siehe Lösung).

Punkte ►	12	11	10	9	8	7	6	5	4	3	2	1
Note ►	1,0	1,5	2,0	2,5	3,0	3,5	4,0	4,5	5,0	5,5	6,0	6,0
1. Versuch ►												
2. Versuch ►												
3. Versuch ►												

4.2   Bestimmungsgründe: Nachfrage und Angebot

Stofftelegramm

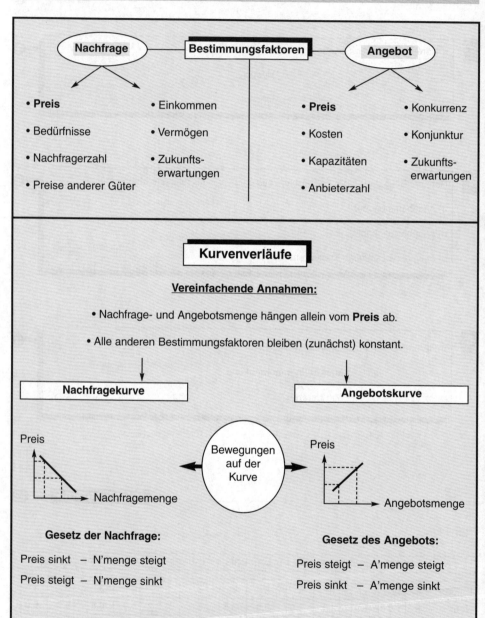

Nachfrage	Bestimmungsfaktoren		Angebot

Nachfrage
- **Preis**
- Bedürfnisse
- Nachfragerzahl
- Preise anderer Güter

- Einkommen
- Vermögen
- Zukunfts-
  erwartungen

Angebot
- **Preis**
- Kosten
- Kapazitäten
- Anbieterzahl

- Konkurrenz
- Konjunktur
- Zukunfts-
  erwartungen

Kurvenverläufe

Vereinfachende Annahmen:

- Nachfrage- und Angebotsmenge hängen allein vom **Preis** ab.
- Alle anderen Bestimmungsfaktoren bleiben (zunächst) konstant.

Nachfragekurve

Angebotskurve

Preis → Nachfragemenge

Bewegungen auf der Kurve

Preis → Angebotsmenge

Gesetz der Nachfrage:

Preis sinkt – N'menge steigt

Preis steigt – N'menge sinkt

Gesetz des Angebots:

Preis steigt – A'menge steigt

Preis sinkt – A'menge sinkt

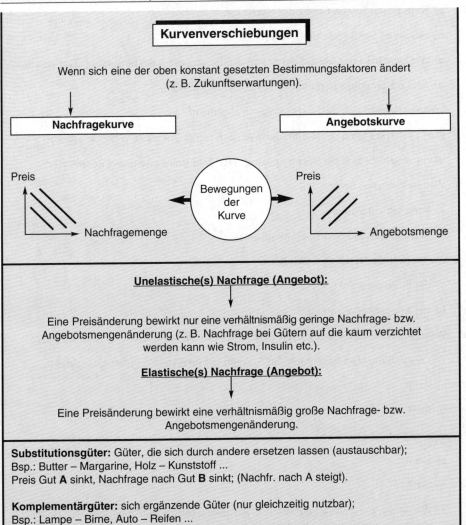

Substitutionsgüter: Güter, die sich durch andere ersetzen lassen (austauschbar);
Bsp.: Butter – Margarine, Holz – Kunststoff ...
Preis Gut **A** sinkt, Nachfrage nach Gut **B** sinkt; (Nachfr. nach A steigt).

Komplementärgüter: sich ergänzende Güter (nur gleichzeitig nutzbar);
Bsp.: Lampe – Birne, Auto – Reifen ...
Preis Gut **A** sinkt, Nachfrage nach Gut **B** (und A) steigt.

Aufgaben

1. Erklären Sie die Begriffe individuelle Nachfrage und Marktnachfrage.

2. Wovon hängt die Nachfrage nach einem Gut ab?

   Nennen Sie mindestens vier Bestimmungsgründe.

3. Welche vereinfachende Unterstellung wird bei der Betrachtung der Nachfragekurve (ohne Verschiebungen) vorgenommen?

4. Wie lautet die Fragestellung, die zum Verlauf der Nachfragekurve führt?

5. a) Formulieren Sie das Gesetz der Nachfrage.

    b) Skizzieren Sie die Nachfragekurve.

6. a) Wie kann man den Verlauf der Marktnachfragekurve für ein bestimmtes Gut ermitteln?

    b) Sind die Ermittlungsergebnisse eindeutig? Begründung.

7. Wann verschiebt sich die Nachfragekurve allgemein?

8. Wann verschiebt sich die Nachfragekurve nach rechts (mindestens drei Beispiele)?

9. Wann verschiebt sich die Nachfragekurve nach links (mindestens drei Beispiele)?

10. Was versteht man unter

    a) Komplementärgütern,

    b) Substitutionsgütern (je zwei Beispiele)?

11. Wie reagiert die Nachfrage nach Butter, wenn

    a) der Butterpreis sinkt,

    b) der Margarinepreis steigt?

12. Wie reagiert die Nachfrage nach Autoreifen, wenn die Autopreise erheblich steigen?

13. Wie reagiert die Nachfrage nach Gut A, wenn der Preis des Komplementärgutes B

    a) steigt,

    b) fällt?

14. Wie reagiert die Nachfrage nach Gut A, wenn der Preis des Substitutionsgutes B

    a) steigt,

    b) fällt?

15. a) Wie wirken pessimistische Zukunftserwartungen (Angst vor Arbeitslosigkeit, Einkommenssenkungen) auf die Nachfrage?

    b) Skizzieren Sie den Sachverhalt in einem Koordinatensystem.

16. a) Wie wirkt die Erwartung erheblich steigender Preise auf die gegenwärtige Nachfrage?

    b) Skizzieren Sie den Sachverhalt in einem Koordinatensystem.

17. Wie entwickelt sich die Nachfrage nach Insulin (Medikament für Zuckerkranke) bei steigendem Preis?

    (Begründung und Skizze)

18. Erklären Sie den Ausnahmefall, dass ein höherer Preis eines Gutes eine höhere Nachfrage nach sich zieht.

19. Nennen Sie die vier Nachfragergruppen einer Volkswirtschaft. Wie wird deren Nachfrage jeweils bezeichnet?

20. Erklären Sie die volkswirtschaftliche Bedeutung der Gesamtnachfrage eines Landes.

21. Erklären Sie rückblickend folgende Zeitungsnotiz:

    „Die deutsche Wirtschaft erwartet Impulse in Form von kräftigen Nachfrageschüben, ausgelöst durch die Erweiterung der EU."

22. Erklären Sie die Begriffe individuelles Angebot und Marktangebot.

23. Wovon hängt das Angebot eines Gutes ab? Nennen Sie mindestens vier Bestimmungsgründe.

24. Welche vereinfachende Unterstellung wird bei der Betrachtung der Angebotskurve (ohne Kurvenverschiebungen) vorgenommen?

25. Wie lautet die Fragestellung, die zum Verlauf der Angebotskurve führt?

26. a) Formulieren Sie das Gesetz des Angebots.

    b) Skizzieren Sie die Angebotskurve.

27. Wann verschiebt sich die Angebotskurve allgemein?

28. Wann verschiebt sich die Marktangebotskurve nach rechts?

    Nennen Sie mindestens drei Beispiele.

29. Wann verschiebt sich die Marktangebotskurve nach links?

    Nennen Sie mindestens drei Beispiele.

30. a) Welchen Einfluss haben steigende Kosten auf das Gesamtangebot?

    b) Skizzieren Sie den Sachverhalt in einem Koordinatensystem.

31. Ein Anbieter rationalisiert. Welchen Einfluss hat dies auf den Verlauf seiner Angebotskurve?

32. Welche Güter wird ein Unternehmer, der nach dem erwerbswirtschaftlichen Prinzip handelt, bevorzugt anbieten?

33. Erklären Sie folgendes Zitat: „In marktwirtschaftlich orientierten Wirtschaftssystemen herrscht Konsumentensouveränität."

34. a) Skizzieren Sie den Verlauf der Angebotskurve eines Anbieters, der seine Produkte zu jedem Preis anbietet (vollkommen unelastisches Angebot).

    b) Nennen Sie ein praktisches Beispiel für die genannte Situation.

Test ➡ **Preisbildung: Die Nachfrage**   Punkte ⬇

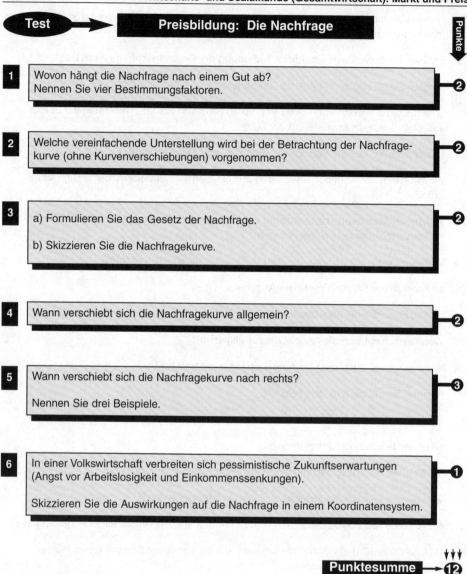

1   Wovon hängt die Nachfrage nach einem Gut ab? Nennen Sie vier Bestimmungsfaktoren.   **2**

2   Welche vereinfachende Unterstellung wird bei der Betrachtung der Nachfragekurve (ohne Kurvenverschiebungen) vorgenommen?   **2**

3   a) Formulieren Sie das Gesetz der Nachfrage.

b) Skizzieren Sie die Nachfragekurve.   **2**

4   Wann verschiebt sich die Nachfragekurve allgemein?   **2**

5   Wann verschiebt sich die Nachfragekurve nach rechts?

Nennen Sie drei Beispiele.   **3**

6   In einer Volkswirtschaft verbreiten sich pessimistische Zukunftserwartungen (Angst vor Arbeitslosigkeit und Einkommenssenkungen).

Skizzieren Sie die Auswirkungen auf die Nachfrage in einem Koordinatensystem.   **1**

▼▼▼
Punktesumme ➡ **12**

Notenermittlung: Kreuzen Sie Ihr Ergebnis an (Korrekturanleitung: siehe Lösung).

Punkte ➤	12	11	10	9	8	7	6	5	4	3	2	1
Note ➤	1,0	1,5	2,0	2,5	3,0	3,5	4,0	4,5	5,0	5,5	6,0	6,0
1. Versuch ➤												
2. Versuch ➤												
3. Versuch ➤												

Punkte

Test ➤ **Preisbildung: Das Angebot**

1 Wovon hängt das Angebot eines Gutes ab?
Nennen Sie vier Bestimmungsfaktoren. **2**

2 Welche vereinfachende Unterstellung wird bei der Betrachtung der Angebotskurve (ohne Kurvenverschiebungen) vorgenommen? **2**

3 a) Formulieren Sie das Gesetz des Angebots.

b) Skizzieren Sie die Angebotskurve. **2**

4 Wann verschiebt sich die Angebotskurve allgemein? **2**

5 Wann verschiebt sich die Marktangebotskurve nach rechts?
Nennen Sie zwei Beispiele. **2**

6 a) Welchen Einfluss haben steigende Kosten auf das Gesamtangebot?

b) Skizzieren Sie den Sachverhalt in einem Koordinatensystem. **2**

▼▼▼
Punktesumme ➤ **12**

Notenermittlung: Kreuzen Sie Ihr Ergebnis an (Korrekturanleitung: siehe Lösung).

Punkte ➤	12	11	10	9	8	7	6	5	4	3	2	1
Note ➤	1,0	1,5	2,0	2,5	3,0	3,5	4,0	4,5	5,0	5,5	6,0	6,0
1. Versuch ➤												
2. Versuch ➤												
3. Versuch ➤												

4.3 Die Marktpreisbildung

4.3.1 Vollkommener und unvollkommener Markt

Stofftelegramm

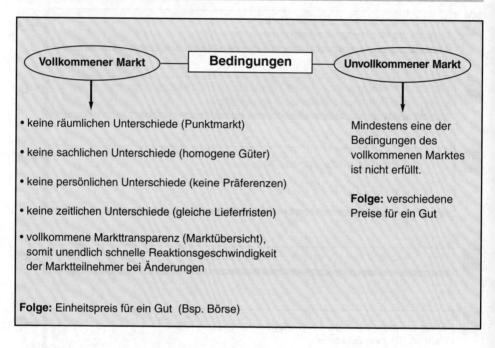

Aufgaben

1. Nennen Sie die Bedingungen des vollkommenen Marktes.

2. Wann liegt ein unvollkommener Markt vor?

3. Welche Folge hat das Vorliegen eines vollkommenen Marktes für die Preise? Begründung.

4. Erklären Sie kurz folgende Begriffe:

   a) Homogenität der Güter

   b) transparenter Markt

   c) Punktmarkt

   d) Präferenzen

5. Ein bestimmter unvollkommener Markt unterscheidet sich vom vollkommenen Markt lediglich durch das Fehlen der Markttransparenz.

   Wie wird sich dieser Markt im Zeitverlauf entwickeln?

6. Der vollkommene Markt ist ein seltener Ausnahmefall. Warum wird er dennoch in der Volkswirtschaftslehre intensiv analysiert?

7. Welcher Markt kommt in der Wirklichkeit dem vollkommenen Markt am nächsten?

8. Begründen Sie, ob folgende Güter auf einem vollkommenen oder unvollkommenen Markt angeboten werden.

   a) Käse (Käsebörse Kempten)

   b) Benzin an Tankstellen

   c) Wein in einem Weinlokal

   d) Äpfel auf dem Wochenmarkt

   e) Wertpapiere an der Frankfurter Wertpapierbörse

9. Welche Bedingungen des vollkommenen Marktes sind in folgenden Fällen nicht erfüllt?

   a) Sepp Herzlieb kauft für seine Freundin Frieda Flitter die Pralinenschachtel „Rotes Herz".

   b) Die Lahm GmbH liefert Draht innerhalb von acht Wochen, die Flott & Co. innerhalb von 14 Tagen.

   c) Franz Dusel bietet seine Bratwürste an einem Würschtlstand in der belebten Fußgänger-zone von Stuttgart an, während Mizzi Dämel ihre Würstchen in einer Nebengasse am Stadtrand feilbietet.

   d) Ignazius Wild trinkt regelmäßig sein Bier in der Gastwirtschaft „Rote Rose", um mit der hübschen Bedienung Lollo ins Gespräch zu kommen.

10. Warum ist die Wertpapierbörse ein (nahezu) vollkommener Markt?

11. Welche der folgenden Aussagen sind richtig?

    a) Bei Fehlen von persönlichen, räumlichen, sachlichen und zeitlichen Unterschieden liegt ein vollkommener Markt vor.

    b) Bei unvollkommener Markttransparenz liegt ein zeitweise (temporär) unvollkommener Markt vor.

    c) Ein vollkommener Markt liegt nur vor, wenn alle 5 Bedingungen gleichzeitig erfüllt sind.

    d) Ein unvollkommener Markt liegt nur vor, wenn alle Bedingungen des vollkommenen Marktes nicht erfüllt sind.

    e) Bei Vorliegen eines Punktmarktes ist stets ein vollkommener Markt gegeben.

    f) Beim vollkommenen Markt sind die Preise der Anbieter gleich.

    g) Vollkommene Märkte gibt es in der Realität nur annäherungsweise.

Test ➡️

**Preisbildung:
Vollkommener und unvollkommener Markt**

Punkte ⬇️

1   Nennen Sie die Bedingungen des vollkommenen Marktes.   **2,5**

2   Wann liegt ein unvollkommener Markt vor?   **1**

3   Welche Folge hat das Vorliegen eines vollkommenen Marktes für die Preise? Begründung.   **3**

4   Der vollkommene Markt ist ein seltener Ausnahmefall. Warum wird er dennoch in der Volkswirtschaftslehre intensiv analysiert?   **2**

5   Welcher Markt kommt in der Wirklichkeit dem vollkommenen Markt am nächsten?   **1**

6   Werden folgende Güter auf einem vollkommenen oder unvollkommenen Markt angeboten?   **2,5**

a) Käse an der Käsebörse   d) Äpfel auf dem Wochenmarkt
b) Benzin an Tankstellen   e) Wertpapiere an der Frankfurter
c) Wein in einem Weinlokal   Wertpapierbörse

Punktesumme ➡️ **12**

Notenermittlung: Kreuzen Sie Ihr Ergebnis an (Korrekturanleitung: siehe Lösung).

Punkte ►	12	11	10	9	8	7	6	5	4	3	2	1
Note ►	1,0	1,5	2,0	2,5	3,0	3,5	4,0	4,5	5,0	5,5	6,0	6,0
1. Versuch ►												
2. Versuch ►												
3. Versuch ►												

4.3.2 Polypol – vollkommener Markt

Stofftelegramm

Ermittlung von Gesamtnachfrage und Gesamtangebot

Kaufaufträge:	Abold	10 Stück zu	20,00 EUR höchstens
	Beiler	5 Stück zu	25,00 EUR höchstens
	Christ	13 Stück zu	30,00 EUR höchstens
	Damm	6 Stück zu	35,00 EUR höchstens

Verkaufsaufträge:	Erl	7 Stück zu	20,00 EUR mindestens
	Frick	7 Stück zu	25,00 EUR mindestens
	Galle	5 Stück zu	30,00 EUR mindestens
	Hotz	15 Stück zu	35,00 EUR mindestens

Preis (EUR)	Nachfrage ———	Angebot ———
20,00	A, B, C, D 34	E 7
25,00	B, C, D 24	E, F 14
30,00	C, D 19	E, F, G 19
35,00	D 6	E, F, G, H 34

sinkt mit steigendem Preis

steigt mit steigendem Preis

Preisbildungsmodell

(**K** = Konsumentenrente; **P** = Produzentenrente)

- **Angebotsüberhang** (N'lücke)
- Preistendenz: fallend
- **Käufermarkt**

- Nachfrage = Angebot
- **Gleichgewichts-(Markt-)preis**
- größtmöglicher Absatz

- **Nachfrageüberhang** (A'lücke)
- Preistendenz: steigend
- **Verkäufermarkt**

Verhalten des Polypolisten: • keine Preispolitik möglich; Gleichgewichtspreis gilt für alle! Preis = „Datum" (für alle Marktteilnehmer vorgegeben)

• Zum festen Gleichgewichtspreis wird die Menge angeboten, bei der er sein Gewinnmaximum erzielt (Kapazitätsgrenze).

Der Preismechanismus

| Nachfrage steigt | Angebot steigt | A + N steigen im gleichen Umfang. |

Funktionen (= Aufgaben) des Preises

Ausgleichsfunktion — Ausgleich von Angebot und Nachfrage

Der Preis „räumt den Markt".

Signalfunktion —

Preissteigerungen signalisieren:

Das Gut ist relativ knapper geworden (weniger Angebot bei gleicher Nachfrage oder mehr Nachfrage bei gleichem Angebot).

Preissenkungen signalisieren:

Das Gut ist relativ weniger knapp geworden (mehr Angebot bei gleicher Nachfrage oder weniger Nachfrage bei gleichem Angebot).

Lenkungsfunktion → Der Preis lenkt die Produktionsfaktoren in Bereiche mit hohen Preisen, also hohen Gewinnen.

Erziehungsfunktion — Der Gleichgewichtspreis zwingt die Anbieter zur Kostensenkung.

Die Nachfrager suchen preisgünstigste Einkaufsmöglichkeiten.

Aufgaben

1. Zeigen Sie mithilfe einer Grafik, wie sich der Polypolpreis (**Gleichgewichtspreis**) im Modell bildet.

2. Erklären Sie anhand einer Skizze und verbal folgende Begriffe und Marktsituationen:

   a) **Angebotsüberhang**   b) **Nachfrageüberhang**

3. Erklären und begründen Sie die Begriffe

   a) **Käufermarkt,**   b) **Verkäufermarkt.**

4. Zeigen Sie anhand einer Skizze, warum beim **Gleichgewichtspreis** der höchstmögliche Absatz erzielt wird.

5. Folgende Daten bezüglich eines Gutes sind gegeben:

Preis (EUR)	10,00	12,00	14,00	16,00	18,00	20,00	22,00
Nachfrage (Stück)	40	35	30	25	20	15	10
Angebot (Stück)	16	19	22	25	28	31	34

   a) Wie viel EUR beträgt der **Gleichgewichtspreis?**

   b) Nennen Sie möglichst viele Begriffe für die Marktsituation bei Preisen von 10,00 EUR, 16,00 EUR und 20,00 EUR.

   c) Skizzieren Sie die Preisbildung in einem Koordinatensystem.

   d) Wie viel EUR Umsatz werden beim Marktpreis erzielt?

   e) Wie hoch wäre der Umsatz bei Preisen von 10,00, 12,00, 20,00 und 22,00 EUR?

6. a) Ermitteln Sie aus den gegebenen Kaufaufträgen für die möglichen Preise 19,00 EUR, 18,00 EUR, 17,00 EUR und 16,00 EUR die Gesamtnachfrage.

   - Hirsch: 10 Stück zu maximal 18,00 EUR
   - Feige: 8 Stück zu maximal 17,00 EUR
   - Degger: 9 Stück zu maximal 16,00 EUR

   b) Erklären Sie anhand einer Skizze sowie verbal die Begriffe **Konsumentenrente** (Nachfragerrente) und **Produzentenrente** (Anbieterrente).

7. Erklären Sie, warum sich beim vollkommenen Polypol ein **Gleichgewichtspreis** bildet.

8. Kommen beim **Gleichgewichtspreis** alle Anbieter und Nachfrager zum Zuge? Begründung.

9. Erklären Sie die Preis- und Mengenpolitik eines **Polypolisten** (vollkommener Markt).

10. Erklären Sie folgende Aussage: „Der **Gleichgewichtspreis** räumt den Markt."

11. Welche Marktlage ist für   a) einen Käufer,   c) die Gesamtwirtschaft optimal?

   b) einen Verkäufer,

12. Welche Marktpreiswirkungen haben folgende Marktänderungen?

     a) Nachfrageerhöhung   c) Nachfragesenkung

     b) Angebotssenkung   d) Angebotserhöhung

13. Zeigen Sie jeweils anhand einer Skizze, wie sich der **Gleichgewichtspreis** in folgenden Fällen ändert.

     a) Einkommenssteigerungen   f) Steigende Rohstoffkosten

     b) Rekordernte   g) Die Nachfrageerhöhung ist größer als die Angebotserhöhung.

     c) Zunehmender Pessimismus bei Anbietern   h) Die Angebotserhöhung ist größer als die Nachfrageerhöhung.

     d) Einkommenssenkungen   i) Einkommens- und Kostensenkungen

     e) Erwartung stark steigender Konsumgüterpreise

14. Wie ändert sich der **Gleichgewichtspreis,** wenn die Einkommen und die Anbieterzahl gleichzeitig ansteigen? Begründen Sie verbal und anhand einer Skizze.

15. Begründen Sie verbal und anhand einer Skizze folgende Aussage: „Der Preis ist gestiegen, obwohl im Vergleich zum Vorjahr das Angebot erheblich zugenommen hat."

16. Welchen Einfluss haben hohe Lohn- und Einkommensteuererhöhungen auf die Preis-Mengen-Verhältnisse des Preisbildungsmodells?

17. Erklären Sie die **Funktionen** (= Aufgaben) des Preises.

18. Für Holz- und Kunststofffenster einer genormten Größe gelten folgende Nachfrage- und Angebotssituationen:

Holzfenster   **Kunststofffenster**

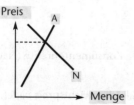   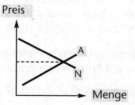

     a) Welche Güterart liegt vor?

     b) Immer mehr Nachfrager steigen aufgrund der relativ preisgünstigen Kunststoffproduktion auf diese Produktart um. Erklären Sie verbal und skizzenhaft die veränderten Marktsituationen.

     c) Erklären Sie anhand dieses Beispiels die Preisfunktionen.

19. Warum wird der Polypolist auf dem vollkommenen Markt als „Mengenanpasser" bezeichnet?

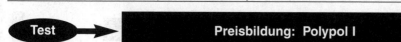

Test → **Preisbildung: Polypol I**

1 Erklären Sie anhand einer Skizze und verbal folgende Marktsituationen: **6**

a) Angebotsüberhang

b) Nachfrageüberhang

2 Ordnen Sie den Begriffen Angebotsüberhang und Nachfrageüberhang die Begriffe „Verkäufermarkt" und „Käufermarkt" zu. **1**

3 Folgende Daten bezüglich eines Gutes sind gegeben: **2**

Preis (EUR)	10,00	12,00	14,00	16,00	18,00	20,00	22,00
Nachfrage (Stück)	40	35	30	25	20	15	10
Angebot (Stück)	16	19	22	25	28	31	34

Wie viel EUR beträgt der Gleichgewichtspreis? Begründung.

4 Erklären Sie, warum sich beim vollkommenen Polypol ein Gleichgewichtspreis bildet. **3**

Punktesumme → **12**

Notenermittlung: Kreuzen Sie Ihr Ergebnis an (Korrekturanleitung: siehe Lösung).

Punkte ➤	12	11	10	9	8	7	6	5	4	3	2	1
Note ➤	1,0	1,5	2,0	2,5	3,0	3,5	4,0	4,5	5,0	5,5	6,0	6,0
1. Versuch ➤												
2. Versuch ➤												
3. Versuch ➤												

Test → **Preisbildung: Polypol II**   Punkte

1 Erklären Sie anhand einer Skizze sowie verbal die Begriffe „Konsumentenrente"
und „Produzentenrente".   **5**

2 Erklären Sie die Preis- und Mengenpolitik eines Polypolisten auf dem vollkommenen Markt.   **5**

3

Zeigen Sie jeweils anhand einer Skizze, wie sich der **Gleichgewichtspreis** in folgenden Fällen ändert.   **4**

a) Einkommenssteigerungen

b) Rekordernte

c) Einkommenssenkungen

d) Erwartung stark steigender Konsumgüterpreise

4 Erklären Sie die Funktionen (= Aufgaben) des Preises.   **6**

Punktesumme → **20**

Notenermittlung: Kreuzen Sie Ihr Ergebnis an (Korrekturanleitung: siehe Lösung).

Punkte:	20	19	18	17	16	15	14	13	12	11	10	9	8	7	6	5	4	3
Note:	1,0	1,3	1,6	1,9	2,2	2,5	2,7	3,0	3,3	3,6	3,9	4,2	4,5	4,8	5,1	5,4	5,7	6,0
1. Versuch:																		
2. Versuch:																		
3. Versuch:																		

4.3.3   Markteingriffe des Staates

Stofftelegramm

Marktkonforme Eingriffe	Marktkonträre Eingriffe
• Staat beeinflusst Nachfrage- oder Angebotsseite: indirekte (mittelbare) Preisbeeinflussung	• Preisfixierung durch den Staat (Höchst- und Mindestpreise): direkte (unmittelbare) Preisbeeinflussung
• Marktmechanismen (Preisfunktionen) bleiben erhalten.	• Marktmechanismen (Preisfunktionen) werden ausgeschaltet.

Beispiele	Beispiele

1. Beeinflussung der **Nachfrage**:

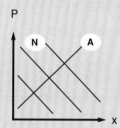

• Nachfr.senkung (weniger staatliche Aufträge): P sinkt

• Nachfr.erhöhung (mehr staatl. Aufträge): P steigt

1. **Höchstpreis**:

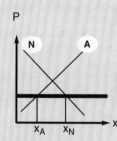

• Zweck: Schutz des Verbrauchers
• Folgen: N'überhang; Schwarzmarkt
• Staatsmaßnahmen: Rationalisierung, Zwang zur A'erhöh.

2. Beeinflussung des **Angebots**:

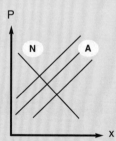

• Angebotssenkung (Importbeschränkungen): Preis steigt

• Angebotserhöhung (Abbau der Importbeschränkung): Preis sinkt

2. **Mindestpreis**:

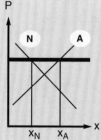

• Zweck: Schutz des Produzenten

• Folgen: Angebotsüberhang

• Staatsmaßnahmen: Produktionsbeschränkungen oder Überschussaufkauf + lagern, vernichten, zweckentfremden, Verkauf ins Ausland; hohe Kosten (Lager ...)!

Aufgaben

1. Was sind marktkonforme bzw. marktkonträre Maßnahmen des Staates?

2. a) Zeigen Sie in einer Skizze die Fixierung eines Höchstpreises.

   b) Begründen Sie die staatliche Festlegung eines Höchstpreises.

   c) Welche Folgen und Probleme können sich hieraus ergeben?

3. a) Zeigen Sie skizzenhaft die Fixierung eines Mindestpreises.

   b) Begründen Sie die staatliche Festlegung von Mindestpreisen.

   c) Welche Folgen und Probleme können sich hieraus ergeben?

4. Welche marktkonträre Maßnahme des Staates ist in folgenden Fällen jeweils denkbar?

   a) Der Gleichgewichtspreis eines lebensnotwendigen Gutes deckt nicht die Kosten.

   b) Der Gleichgewichtspreis eines lebensnotwendigen Gutes ist für den Großteil der Nachfrager nicht erschwinglich.

5. Welche marktkonformen Maßnahmen führen zu Preissenkungen?

6. Entscheiden Sie in folgenden Fällen, ob marktkonträre oder marktkonforme Maßnahmen des Staates vorliegen:

   a) Investitionszulage

   b) Subventionen

   c) Mindestpreis

   d) Bauvorhaben zurückstellen

   e) Festpreis

   f) Zollerhöhung

   g) Steuererhöhung

   h) Höchstpreis

   i) Höchstmieten

7. Mit welchen marktkonformen und -konträren Maßnahmen könnte der Staat extremen Mietsteigerungen entgegenwirken?

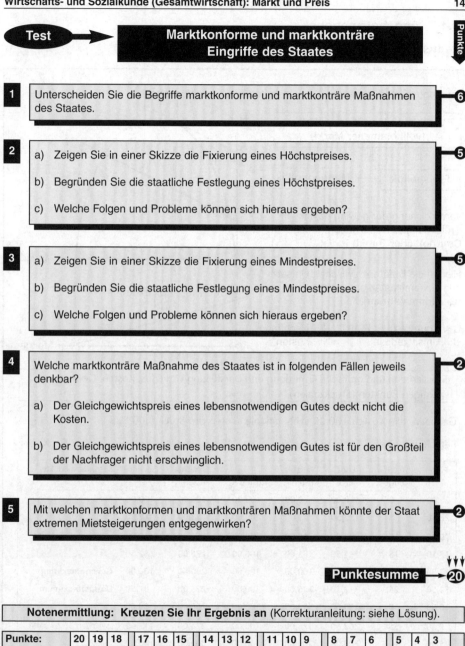

Test ➡ **Marktkonforme und marktkonträre Eingriffe des Staates**

Punkte

1 Unterscheiden Sie die Begriffe marktkonforme und marktkonträre Maßnahmen des Staates. — 6

2 a) Zeigen Sie in einer Skizze die Fixierung eines Höchstpreises. — 5

b) Begründen Sie die staatliche Festlegung eines Höchstpreises.

c) Welche Folgen und Probleme können sich hieraus ergeben?

3 a) Zeigen Sie in einer Skizze die Fixierung eines Mindestpreises. — 5

b) Begründen Sie die staatliche Festlegung eines Mindestpreises.

c) Welche Folgen und Probleme können sich hieraus ergeben?

4 Welche marktkonträre Maßnahme des Staates ist in folgenden Fällen jeweils denkbar? — 2

a) Der Gleichgewichtspreis eines lebensnotwendigen Gutes deckt nicht die Kosten.

b) Der Gleichgewichtspreis eines lebensnotwendigen Gutes ist für den Großteil der Nachfrager nicht erschwinglich.

5 Mit welchen marktkonformen und marktkonträren Maßnahmen könnte der Staat extremen Mietsteigerungen entgegenwirken? — 2

▼▼▼
Punktesumme ➡ 20

Notenermittlung: Kreuzen Sie Ihr Ergebnis an (Korrekturanleitung: siehe Lösung).

Punkte:	20	19	18	17	16	15	14	13	12	11	10	9	8	7	6	5	4	3
Note:	1,0	1,3	1,6	1,9	2,2	2,5	2,7	3,0	3,3	3,6	3,9	4,2	4,5	4,8	5,1	5,4	5,7	6,0
1. Versuch:																		
2. Versuch:																		
3. Versuch:																		

4.3.4 Angebotsmonopol

Stofftelegramm

Der Monopolist ist abhängig von seinen Kosten und der Nachfrage.

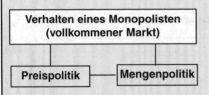

Verwirklichung der gewinnmaximalen Preis-Mengen-Kombination (= sog. **Cournotscher Punkt**) P_C / x_C.

Hier ist die Differenz zwischen Umsatz und Gesamtkosten am größten **(Gewinnmaximum)**.

C = Cournotscher Punkt   N = Nachfrage
U = Umsatzerlöse   K = Kosten

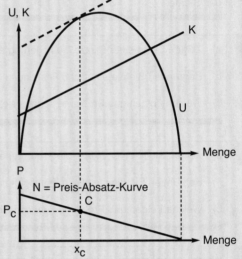

Tabellarische und grafische Ermittlung und Darstellung von Erlös, Kosten, Gewinn und wichtigen Punkten (Stückzahlen)

Gegeben: fixe Kosten 100,00 EUR, variable Kosten pro Stück 5,00 EUR

Berechnungswege: $E = x \cdot p$ $K = x \cdot k_v + K_{fix}$ $G = E - K$

Preis e/p	Absetzbare Menge x	Erlös E/U	Variable Kosten K_v	Fixe Kosten K_{fix}	Gesamt-kosten K	Gewinn G	Besondere Punkte
25,00	0	0,00	0,00	100,00	100,00	−100,00	
22,50	5	112,50	25,00	100,00	125,00	−12,50	$G_{schwelle}$
20,00	10	200,00	50,00	100,00	150,00	50,00	zwischen 5 u. 10 St.
17,50	15	262,50	75,00	100,00	175,00	87,50	
15,00	20	300,00	100,00	100,00	200,00	100,00	**Gewinnmaximum**
12,50	25	312,50	125,00	100,00	225,00	87,50	**Umsatzmaximum**
10,00	30	300,00	150,00	100,00	250,00	50,00	G_{grenze}
7,50	35	262,50	175,00	100,00	275,00	−12,50	zwischen 30 u. 35 St.
5,00	40	200,00	200,00	100,00	300,00	−100,00	
2,50	45	112,50	225,00	100,00	325,00	−212,50	
0,00	50	0,00	250,00	100,00	350,00	−350,00	

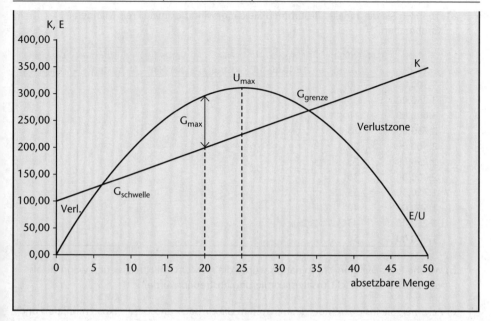

Aufgaben

1. Erklären Sie kurz den Begriff Angebotsmonopol.

2. Nennen Sie zwei Möglichkeiten, wie Monopole entstehen können.

3. Erklären Sie die Begriffe Individual- und Kollektivmonopole.

4. Nennen Sie 5 Gründe, die Unternehmen dazu veranlassen, sich zusammenzuschließen.

5. Unterscheiden Sie die Begriffe Bedarfsdeckungs- und Gewinnmaximierungsmonopole.

6. Welche Daten hat ein Monopolist zu beachten?

7. Erklären Sie die Preis- und Mengenpolitik eines Monopolisten.

8. Skizzieren Sie die Monopolpreisbildung in zwei untereinanderstehenden Koordinatensystemen. Schraffieren Sie die Gewinnzone.

9. Ein Monopolist verwirklicht seine gewinnmaximale Preis-Mengen-Kombination. Wie könnte er seinen Gewinn weiter erhöhen?

10. Die AUMO-GMBH in Stuttgart produziert seit Kurzem Spezialautos. Für diese sensationelle Erfindung sicherte sie sich durch Patente das alleinige Produktions- und Vertriebsrecht. Nachdem die Preis-Nachfrage-Situation durch Marktforschung erkundet wurde, stehen die Geschäftsführer nun vor dem Problem, einen Preis für das Auto zu fixieren. Die Fixkosten betragen 20.000,00 EUR, die variablen Kosten je Stück 1.000,00 EUR.

a) Ergänzen Sie die Tabelle. Bestimmen Sie die gewinnmaximale Preis-Mengen-Kombination.

Preis (EUR)	Nachfrage (Stück)	Umsatz (Erlöse)	Fix-kosten	Variable Kosten	Gesamt-kosten	Gewinn Verlust
3.500,00	0					
3.250,00	5					
3.000,00	10					
2.750,00	15					
2.500,00	20					
2.250,00	25					
2.000,00	30					
1.750,00	35					
1.500,00	40					
1.250,00	45					
1.000,00	50					

b) Welche Preis-Mengen-Kombination würde die AUMO-GMBH realisieren, wenn sie als vorübergehendes Ziel Umsatzmaximierung anstreben würde?

c) Zeichnen Sie ins obere Koordinatensystem die Umsatz- und Gesamtkostenfunktion und bestimmen Sie grafisch das Gewinnmaximum (10.000,00 EUR = 2 cm; 10 St. = 2 cm).

d) Zeichnen Sie ins untere Koordinatensystem die Nachfragefunktion und die gewinnmaximale Preis-Mengen-Kombination (500,00 EUR = 2 cm; 10 Stück = 2 cm).

11. Nennen Sie Gründe, warum ein Monopolist unter bestimmten Voraussetzungen für sein Gut einen Preis verlangt, der unter dem gewinnmaximalen Preis liegt.

12. Warum kann ein Monopolist nicht völlig willkürlich seine Preise festlegen?

13. Nennen Sie Argumente für und gegen Monopole.

14. Gelten die Preisfunktionen auch bei Monopolen? Begründung.

15. a) Wann liegt ein unvollkommenes Monopol vor?

    b) Welche Konsequenz hat die Unvollkommenheit des Marktes für die Preispolitik des Monopolisten?

Test ➤ **Preisbildung: Monopol I**

Punkte

1 Erklären Sie kurz den Begriff Angebotsmonopol. **①**

2 Nennen Sie zwei Möglichkeiten, wie Monopole entstehen können. **②**

3 Nennen Sie vier Gründe, die Unternehmen dazu veranlassen, sich zusammen-zuschließen. **④**

4 Welche Daten hat ein Monopolist zu beachten? **②**

5 Erklären Sie die Preis- und Mengenpolitik eines Monopolisten. **③**

Punktesumme ➤ **⑫**

Notenermittlung: Kreuzen Sie Ihr Ergebnis an (Korrekturanleitung: siehe Lösung).

Punkte ➤	12	11	10	9	8	7	6	5	4	3	2	1
Note ➤	1,0	1,5	2,0	2,5	3,0	3,5	4,0	4,5	5,0	5,5	6,0	6,0
1. Versuch ➤												
2. Versuch ➤												
3. Versuch ➤												

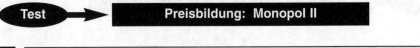

Test ➡ **Preisbildung: Monopol II**   Punkte

---

1   Eine Automobilfirma produziert seit Kurzem Spezialautos. Für diese sensationelle Erfindung sicherte sie sich durch Patente das alleinige Produktions- und Vertriebsrecht. Nachdem die Preis-Nachfrage-Situation durch Marktforschung erkundet wurde, stehen die Geschäftsführer nun vor dem Problem, einen Preis für das Auto zu fixieren.   **10**

Fixkosten: 20.000,00 EUR; variable Kosten je Stück 1.000,00 EUR

Ergänzen Sie die Tabelle und bestimmen Sie die gewinnmaximale Preis-Mengen-Kombination.

Preis (EUR)	Nachfr. (Stück)	Umsatz (Erlöse)	Fix- kosten	Variable Kosten	Gesamt- kosten	Gewinn Verlust
3.500,00	0					
3.250,00	5					
3.000,00	10					
2.750,00	15					
2.500,00	20					
2.250,00	25					
2.000,00	30					
1.750,00	35					
1.500,00	40					
1.250,00	45					
1.000,00	50					

---

2   Nennen Sie zwei Gründe, warum ein Monopolist unter bestimmten Voraussetzungen für sein Gut einen Preis verlangt, der unter dem gewinnmaximalen Preis liegt.   **2**

3   Nennen Sie je zwei Argumente für und gegen Monopole.   **4**

4   Gelten die Preisfunktionen auch bei Monopolen? Begründung.   **4**

▼▼▼
Punktesumme ➡ **20**

Notenermittlung: Kreuzen Sie Ihr Ergebnis an (Korrekturanleitung: siehe Lösung).

Punkte:	20	19	18	17	16	15	14	13	12	11	10	9	8	7	6	5	4	3
Note:	1,0	1,3	1,6	1,9	2,2	2,5	2,7	3,0	3,3	3,6	3,9	4,2	4,5	4,8	5,1	5,4	5,7	6,0
1. Versuch:																		
2. Versuch:																		
3. Versuch:																		

4.3.5 Angebotsoligopol

Stofftelegramm

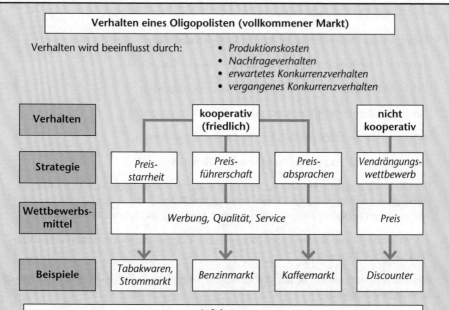

Infobox

- **Preisstarrheit**: Preispolitische Maßnahmen gehen mit erheblichen Risiken für einen Oligopolisten einher, weswegen es häufig vorkommt, dass die Preise auf oligopolistischen Märkten auffallend lange stabil bleiben.

- **Preisführerschaft**: Ein Anbieter verändert den Preis und gibt damit den übrigen Anbietem das Signal, ihrerseits ebenfalls die Preise zu verändern. Bei dem Anbieter, von dem das Preissignal ausgeht, handelt es sich zumeist um denjenigen mit dem größten Marktanteil.

- **Preisabsprache**: Um die Konkurrenz zwischen den Anbietern zu mindern, können abgestimmte Verhaltensweisen erfolgen. Dabei können Preise und/ oder Mengen entweder vertraglich oder ohne vertragliche Vereinbarung (Frühstückskartell) festgelegt werden. Allerdings sind dies schwere Formen der Wettbewerbsbeschränkung und daher nach deutschem und europäischem Recht untersagt.

- **Verdrängungswettbewerb**: Versucht ein Oligopolist, seinen Marktanteil auszudehnen, erfolgt dies über eine Preissenkung unter die Konkurrenzpreise, woraufhin die Konkurrenten ebenfalls mit Preissenkungen reagieren. Es entsteht ein Preisunterbietungsprozess, welcher so weit führen kann, dass die Anbieter unter ihren Selbstkosten verkaufen und somit zeitweilig Verluste in Kauf nehmen.

Vgl. www.gymbase.de/index/themeng12/vwl/marktformen_06.php

Verhalten eines Oligopolisten (unvollkommener Markt)

Verlagerung des Wettbewerbs auf „Nicht-Preis-Wettbewerbsformen"
(Qualität, Werbung, Zahlungsbedingungen ...)

Aufgaben

1. Erklären Sie kurz den Begriff Angebotsoligopol.

2. Nennen Sie drei typische Oligopolmärkte.

3. Wovon ist das Preisverhalten eines Oligopolisten abhängig?

4. Erklären Sie die möglichen Verhaltensweisen eines Oligopolisten.

5. Welche Verhaltensweise ist realistisch für den Oligopolmarkt?

6. Was heißt „Bumerang-Charakter" oligopolistischer Konkurrenz?

7. Warum tendieren Oligopolisten zur friedlichen Verhaltensweise?

8. Wovon hängt das Ende eines Preiskampfes (Oligopolkrieges) ab?

9. Die Mutig AG bietet ihr Produkt auf einem unvollkommenen oligopolistischen Markt an. Um weitere Nachfrager zu gewinnen, senkt sie ihre Preise. Wie könnten die beiden anderen Oligopolisten Sauer AG und Krieger AG reagieren?

10. In welcher Situation werden möglicherweise alle Oligopolisten gemeinsam erhebliche Preissenkungen vornehmen?

11. Erklären und begründen Sie das preispolitische Verhalten eines Anbieters auf dem unvollkommenen Oligopol.

12. Gelten die Preisfunktionen auch auf oligopolistischen Märkten?

Test ➤ **Preisbildung: Oligopol**　　Punkte

1 Erklären Sie kurz den Begriff Angebotsoligopol. **1**

2 Nennen Sie drei typische Oligopolmärkte. **3**

3 Wovon ist das Preisverhalten eines Oligopolisten abhängig? **3**

4 Erklären Sie die möglichen Verhaltensweisen eines Oligopolisten. **4**

5 Welche Verhaltensweise ist realistisch für den Oligopolmarkt? **1**

↓↓↓
Punktesumme ➤ **12**

Notenermittlung: Kreuzen Sie Ihr Ergebnis an (Korrekturanleitung: siehe Lösung).

Punkte ➤	12	11	10	9	8	7	6	5	4	3	2	1
Note ➤	1,0	1,5	2,0	2,5	3,0	3,5	4,0	4,5	5,0	5,5	6,0	6,0
1. Versuch ➤												
2. Versuch ➤												
3. Versuch ➤												

5 Prüfungsaufgaben Kompetenzbereich II

Prüfungsaufgabe A

Marktreif: POMMES-AUTOMATEN

Frankfurt – Anlässlich der Generalversammlung will der einzige Hersteller von Pommes-Automaten einen weiteren Meilenstein auf dem Weg zur Markteinführung setzen. Den Gesellschaftern soll dann die serienreife Maschine, verbunden mit einem Qualitätstest der Pommes, vorgestellt werden. Unabhängige Tester haben immer wieder festgestellt, dass die Pommes aus dem Automaten beim Verbraucher gut ankommen. Verantwortlich für die große Zuversicht in den Erfolg dieser neuartigen Erfindung sei auch die Tatsache, dass mittlerweile die Pommes alle gleich lang, außen viel härter und innen gut gefüllt sind. Wenn es nötig sei, könne die Zubereitung sogar auf länderspezifische Geschmacksunterschiede ausgerichtet werden.

---

1. Begründen Sie, welche Marktform hier vorliegt, und beurteilen Sie diese Marktform aus volkswirtschaftlicher Sicht (je zwei Vor- und zwei Nachteile).

2. Aufgrund eigener Marktuntersuchungen ergeben sich für die Pommes-Fix GmbH die Daten in **Anlage 1.**

   Zu welchem Preis soll die Pommes-Fix GmbH einen Automaten verkaufen, wenn folgende Zielsetzungen verfolgt werden:

2.1 Umsatzmaximierung?

2.2 Gewinnmaximierung?

3. Stellen Sie die Umsatz- sowie die Gesamtkostenkurve im angegebenen Koordinatensystem grafisch dar (vgl. **Anlage 2**).

   Verwenden Sie folgende Maßeinheiten: x-Achse: 1 cm = 10 Automaten/y-Achse: 1 cm = 20.000,00 EUR.

4. Begründen Sie anhand der Grafik die Entwicklung des Unternehmenserfolges in Abhängigkeit von der Absatzmenge.

5. Nach Ablauf des Patents haben sich zwei weitere Unternehmen dazu entschlossen, vergleichbare Pommes-Automaten auf den Markt zu bringen.

   Begründen Sie, welche Marktform jetzt entstanden ist, und erläutern Sie eine mögliche Verhaltensweise der Anbieter bei dieser Marktform.

Anlage 1

Aufgrund einer internen Kalkulation muss mit 90.000,00 EUR Fixkosten und mit variablen Stück-kosten in Höhe von 2.000,00 EUR je Automat gerechnet werden.

Auswertungstabelle						
Preis (EUR)	Menge	Umsatz	Fixkosten	Variable Kosten	Gesamt-kosten	Gewinn bzw. Verlust
10.000,00	0					
9.000,00	10					
8.000,00	20					
7.000,00	30					
6.000,00	40					
5.000,00	50					
4.000,00	60					
3.000,00	70					
2.000,00	80					
1.000,00	90					

Anlage 2

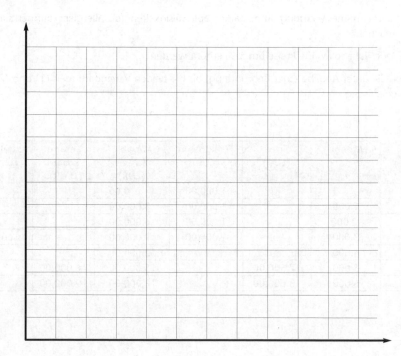

Prüfungsaufgabe B

1. Ihre Geschäfte laufen gut. Es ist Ihnen auch gelungen, mit einem völlig neuen Rezept Süßigkeiten für Allergiker zu entwickeln. Somit haben Sie bei diesen Süßigkeiten ein Monopol und stehen vor der Entscheidung, den Preis für 100 g Süßigkeiten festzulegen.

1.1 Bestimmen Sie mithilfe der Lösungstabelle den Preis für 100 g, zu dem Sie Ihren Gewinn maximieren. Füllen Sie dazu die Tabelle (**Anlage 2**) aus.

1.2 Erläutern Sie für das vorliegende Monopol einen Vorteil und einen Nachteil aus der Sicht der Kunden.

2. Hat Ihr Handeln eine Auswirkung auf die Höhe des Bruttoinlandsprodukts? Begründen Sie Ihre Antwort.

3. Nach einem Jahr haben zwei Konkurrenten in der Region vergleichbare Süßigkeiten für Allergiker auf den Markt gebracht.

3.1 Nennen und beschreiben Sie diese Marktform.

3.2 Sie rechnen nicht mit einem Preiskrieg Ihrer Mitbewerber. Sie erwarten vielmehr, dass relative Preisstarrheit herrschen wird. Argumentieren Sie, warum Sie mit Ihrer Einschätzung richtig liegen (zwei Argumente).

4. Nach einem weiteren Jahr vereinbaren Sie mit den zwei anderen Anbietern, in folgenden Punkten zusammenzuarbeiten:

    (1) Gemeinsame Werbung, um stärker auf Süßigkeiten für Allergiker aufmerksam zu machen.

    (2) Jedes Jahr sollen die Preise um 5 % erhöht werden.

    Prüfen Sie unter Angabe einer Begründung, ob die beiden Vereinbarungen (1) und (2) gesetzlich zulässig sind.

Anlage 2

Preis je 100 g	Menge je 100 g	Erlös (EUR)	Fixe Kosten (EUR)	Variable Kosten (EUR)	Gesamt-kosten (EUR)	Ergebnis (EUR)
6,00	0		1.000,00	0,00		
5,50	1.000		1.000,00	3.000,00		
5,00	2.000		1.000,00	6.000,00		
4,50	3.000		1.000,00	9.000,00		
4,00	4.000			12.000,00		
3,50	5.000	17.500,00		15.000,00	16.000,00	
3,00	6.000	18.000,00		18.000,00	19.000,00	

Prüfungsaufgabe C

Das Wirtschaftsgeschehen in unserer Volkswirtschaft findet auf dem sogenannten Markt statt. Wichtige Sektoren sind der Staat, die Unternehmen, die Haushalte und die Banken. Die ökonomischen Beziehungen der einzelnen Sektoren ergeben sich aus folgenden Geldströmen (Geldeinheiten = GE):

• Einkommen der privaten Haushalte aus Lohnzahlungen der Unternehmen	900 GE
• Steuerzahlungen der privaten Haushalte	200 GE
• Sparrate der privaten Haushalte	100 GE
• vom Staat gezahlte Löhne, Gehälter und Sozialleistungen	400 GE
• Unternehmenssteuern	350 GE
• Erlöse der Unternehmen aus Staatsaufträgen	150 GE
• Kreditaufnahme der Unternehmen für Investitionen	100 GE

1. Zeichnen Sie in das Wirtschaftskreislaufschema (**Anlage**) die oben angegebenen Geldströme ein.

2. Vervollständigen Sie das Kreislaufschema durch die Konsumausgaben der privaten Haushalte.

Anlage

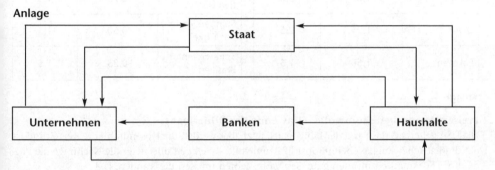

Prüfungsaufgaben Winter 2012/2013 (Aufgabe 2)

Die Tragima GmbH ist ein großer Hersteller von Sport- und Freizeit-Bekleidung. Von der Stoffherstellung bis zum versandfertigen Produkt realisiert das Unternehmen alle Produktionsstufen in Eigenregie.

Sie sind Auszubildender der Tragima GmbH und seit drei Monaten in der Einkaufsabteilung eingesetzt. Ihr Ausbilder Herr Steiner vermutet, dass sich die Preise für Baumwolle nicht verändern werden, da Angebot und Nachfrage in den letzten Jahren relativ konstant waren.

2.1 Zeigen Sie anhand der Informationen aus **Anlage 3**, wie der Preis für Baumwolle an der Bremer Baumwollbörse gebildet wird. Erläutern Sie das Zustandekommen des Gleichgewichtspreises.

2.2 Beim Einkauf Ihrer letzten Jeans haben Sie sich über die hohen Preise gewundert. Ihnen liegt dazu ein Onlineartikel vor (**Anlage 4**).

Sie sollen Ihrem Einkaufsleiter diese Informationen aufbereiten:

• Ordnen Sie die im Artikel genannten Ursachen der Angebots- und Nachfrageseite zu.

• Zeigen und erläutern Sie in zwei verschiedenen Schaubildern, wie sich die genannten Einflussfaktoren auf Angebot bzw. Nachfrage und das jeweilige Marktgleichgewicht auswirken.

2.3 Alfons Schneider, Auszubildender im 1. Jahr, hört sich Ihre Ausführungen aufmerksam an. Anschließend sagt er: „Das klingt ja alles schön und gut, aber in der Realität funktioniert das doch nicht so!" Erklären Sie dem Auszubildenden Alfons Schneider drei Bedingungen des vollkommenen Marktes, die bei der Baumwollbörse weitgehend erfüllt sind.

Anlage 3

Angebot und Nachfrage nach Baumwolle an der Bremer Baumwollbörse:

Angebot	Mindestpreis in EUR/Pfund	Menge in t	Nachfrage	Höchstpreis in EUR/Pfund	Menge in t
Ägypten	0,25	0,5	Spinnereien in China	1,50	6,0
Griechenland	0,50	0,5	Spinnereien in Indien	1,25	3,5
China	0,75	5,5	Spinnereien in Pakistan	1,00	2,0
Indien	1,00	5,0	Spinnereien in den USA	0,75	1,5
USA	1,25	2,5	Spinnereien in der Türkei	0,50	1,5
Pakistan	1,50	1,5	Spinnereien in Brasilien	0,25	1,5

Anlage 4

Preisexplosion bei Baumwolle – Das Ende der Billig-Jeans

Die USA gelten als das Land der Billig-Jeans, jetzt aber werden die Hosen immer teurer. Grund ist ein dramatischer Engpass beim Rohstoff Baumwolle – weltweit übersteigt die Nachfrage die Produktion. Spekulanten machen gute Geschäfte, zahlen müssen die Kunden. [...]

Gründe für den Preisschub sind höhere Lohn- und Transportkosten, unberechenbares Wetter in wichtigen Baumwollregionen wie China, Handelskonflikte, ein vorübergehender Baumwollexportstopp Indiens und das übliche Maß an Spekulation. Auch sattelten manche Farmer während der Rezession, als die Nachfrage nach Bekleidung sank, auf andere Anbaupflanzen um, etwa Sojabohnen. [...]

Zugleich aber zieht die Nachfrage nach dem Ende der globalen Rezession wieder an. Das US-Landwirtschaftsministerium prognostiziert, dass der Baumwollbedarf für die Saison 2010/11 weltweit um fast drei Prozent steigen werde – die Ernteerträge könnten da nicht mithalten. Im Gegenteil: Die Ernte 2010/11 drohe, die mickrigste seit dem mageren Jahr 1995/96 zu werden.
Quelle: www.spiegel.de/wirtschaft/unternehmen/0.1518.696579.00.html (Stand: 27.09.2011)

Prüfungsaufgaben Sommer 2013 (Aufgabe 2)

Sie arbeiten beim Backhaus Zöller in Esslingen, einem traditionsbewussten Unternehmen, das Wert auf Produkte aus besten Rohstoffen und Zutaten legt. Für die Zubereitung der Backwaren werden unter anderem Bio-Eier von regionalen Erzeugern verwendet. Bei der Stuttgarter Produktenbörse für landwirtschaftliche Erzeugnisse treffen Anbieter und Nachfrager aufeinander und ermitteln die Eierpreise für die Region Südwest.

2.1 Beschreiben Sie die vorliegende Marktform der „Eierbörse" und erläutern Sie deren Bedingungen.

2.2 In der Tabelle (**Anlage 4**) finden Sie die Preise und Mengen der anbietenden Bio-Bauernhöfe und der nachfragenden Händler.
Stellen Sie die Preisbildung tabellarisch dar (**Anlage 5**) und erläutern das Zustandekommen des Gleichgewichtspreises.

2.3 Ihr Vorgesetzter hat nachfolgenden Artikel (**Anlage 6**) gelesen und möchte von Ihnen wissen, welche Folgen sich daraus für den Preis von Bio-Eiern ergeben könnten. Stellen Sie die mögliche Veränderung in einem Schaubild dar und notieren hierzu Ihre Erklärungen.

Anlage 4

	Verkaufsangebote		Kaufgebote
Gockel	1.700 Eier zum Preis von 1,00 EUR/10 Eier	Maier	1.600 Eier zum Preis von 1,00 EUR/10 Eier
Hahn	1.000 Eier zum Preis von 2,00 EUR/10 Eier	Kühn	800 Eier zum Preis von 2,00 EUR/10 Eier
Küken	500 Eier zum Preis von 2,50 EUR/10 Eier	Schäfer	1.600 Eier zum Preis von 2,50 EUR/10 Eier
Henne	1.000 Eier zum Preis von 3,50 EUR/10 Eier	Bäckwerk	1.600 Eier zum Preis von 3,50 EUR/10 Eier

Anlage 5

Verkaufsangebote							Kaufgebote					
Gockel	Hahn	Küken	Henne	Gesamtes Angebot	Preis in EUR/10 Eier	Gesamte Nachfrage	Maier	Kühn	Schäfer	Bäckwerk	abgestzte Menge	Marktumatz in EUR

Anlage 6

Zeitungsausschnitt

Der neue Dioxin-Skandal verunsichert viele Verbraucher: Welche Eier, welches Fleisch kann man überhaupt noch essen? [...]

Verbraucherschützer raten Konsumenten zur Vorsicht beim Einkauf. Nur so können sie sicherstellen, belastete Lebensmittel zu meiden. Vor allem Eier gelten jetzt als Problemfall. Durch den Stoffwechsel der Hühner könne Dioxin aus dem Futter recht schnell in die Eier gelangen, sagt Heidi Grunewald von der Verbraucherzentrale Niedersachsen. [...]

„Wer wirklich vorsichtig ist, sollte bereits gekaufte Eier, die nicht aus Bioproduktion stammen, wegwerfen", sagt sie. Nur bei Bio-Eiern können sich Verbraucher demnach relativ sicher sein – denn bei den entsprechenden Hühnern werden keine der umstrittenen Fettsäuren ins Futter gemischt. [...]

Quelle: www.spiegel.de/wirtschaft/service/0,1518,737647,00.html

Prüfungsaufgaben Sommer 2013 (Aufgabe 2, teilweise)

Die BAUPRAKT GmbH, Max-Eyth-Str. 35, 78462 Konstanz ist ein etablierter Baumarkt. Über Jahre hinweg hat sich der Markt in der Kundenwahrnehmung als Preisführer in der Stadt entwickelt. „Gut, günstig, einfach" war bis jetzt der Werbeslogan der BAUPRAKT GmbH. Trotz großer Anstrengungen kämpft die BAUPRAKT GmbH gegen ein negatives Ergebnis an. Sie sind Assistent/-in der Geschäftsleitung bei der BAUPRAKT GmbH und unterstützen den Geschäftsführer Herrn Müller bei den zukünftigen Marketingaktivitäten.

2.5   In der Presse wird über den Zusammenschluss zweier großer Baumarktketten diskutiert.

2.5.1   Herr Müller beauftragt Sie, eine Aufstellung über je eine Auswirkung dieser Fusion auf die Branche, den eigenen Baumarkt und den Verbraucher anzufertigen.

2.5.2   Sie erläutern in diesem Zusammenhang der Geschäftsleitung die Bedeutung des Bundeskartellamtes.

Prüfungsaufgaben Sommer 2014 (Aufgabe 2)

Sie haben Ihre kaufmännische Ausbildung bei der Evolux GmbH mit Sitz in Münsingen auf der Schwäbischen Alb erfolgreich absolviert. Sie erhalten die Chance in der neuen Stuttgarter Niederlassung übernommen zu werden, da nur dort entsprechende Beschäftigungsmöglichkeiten bestehen.

Einer Ihrer Kollegen zeigt Ihnen den nachfolgenden Artikel und meint: „Na, ob sich ein Umzug bei deinem Sachbearbeitergehalt lohnt?"

Zuzug in die großen Städte hält an – Mietpreise steigen

In deutschen Ballungsräumen wie Berlin, Hamburg, München oder Stuttgart steigen die Mieten immer weiter an. Schon jetzt wird es vor allem für Haushalte mit geringem Einkommen immer schwieriger, einen bezahlbaren Wohnraum zu finden. Häufig werden mehr als 30 % des Haushaltseinkommens für das Wohnen ausgegeben.

Ein wichtiger Grund für diese Entwicklung ist der anhaltende Zuzug in die großen Städte. Für die nächsten Jahre wird deshalb im gesamten Preisbereich eine weitere Zunahme der Wohnungsnachfrage um jeweils 20 % prognostiziert. Die Situation auf dem Wohnungsmarkt wird sich dadurch noch mehr verschärfen.

Sie haben sich entschlossen, das Angebot Ihres Betriebes anzunehmen, und überlegen, nach Stuttgart zu ziehen. Dort beabsichtigen Sie, eine Dreizimmerwohnung zu mieten. Die aktuelle Situation auf dem Markt für Dreizimmerwohnungen in Stuttgart liegt Ihnen in vereinfachter Form als Modell des vollkommenen Polypols vor (**Anlage 5**).

2.1   Erläutern Sie den jeweiligen Verlauf der Angebots- und der Nachfragekurve unter Berücksichtigung der unterschiedlichen Zielsetzungen von Mietern und Vermietern.

2.2   Zeigen Sie mithilfe der **Anlage 5** grafisch, wie sich die im Zeitungsartikel prognostizierte Zunahme der Wohnungsnachfrage auf den Markt für Dreizimmerwohnungen auswirkt und erläutern Sie Ihr Ergebnis.

2.3 Bei der Durchsicht verschiedener Wohnungsanzeigen stellen Sie fest, dass die tatsächlichen Mietpreise pro Quadratmeter vom Gleichgewichtspreis des Modells des vollkommenen Marktes abweichen. Begründen Sie dies mithilfe von drei Beispielen.

Anlage 5

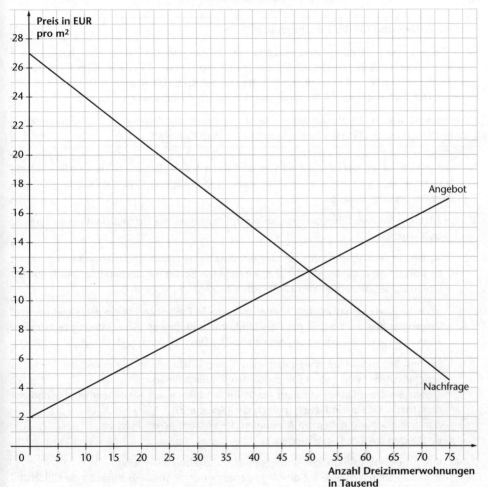

Dreizimmerwohnungen in Stuttgart

Prüfungsaufgaben Sommer 2015 (Aufgabe 2)

Sie sind kaufmännischer Sachbearbeiter in der Personalabteilung der M.E.A.T. GmbH, einem mittelständischen Unternehmen der Fleischindustrie. In der Produktion wird ausschließlich Rindfleisch aus Massentierhaltung verarbeitet.

Beim Lesen der aktuellen Ausgabe einer Branchenzeitschrift stoßen Sie auf den nachstehenden Artikel.

Neuer Tarifvertrag für die Fleischindustrie

Die Gewerkschaft Nahrung-Genuss-Gaststätten (NGG) und die Arbeitgeber haben sich geeinigt, einen tariflich garantierten Mindestlohn in Höhe von 7,75 EUR ab dem 1. Juli 2014 zu gewähren. Dieser wird in mehreren Schritten bis auf 8,75 EUR ab dem 1. Dezember 2016 erhöht. Der Tarifabschluss soll für allgemein verbindlich erklärt werden. [...]

Die Branche war in der Vergangenheit nicht nur durch den Vorwurf des Lohndumpings, sondern auch durch „Gammelfleisch-Skandale" in Verruf geraten. [...]

Sie machen sich Sorgen um Ihr Unternehmen bzw. Ihren Arbeitsplatz, zumal die Geschäftsleitung eine Standortverlagerung ins osteuropäische Ausland in Erwägung zieht. Deshalb beschäftigen Sie sich näher mit der Situation.

2.1   Erläutern Sie zwei Konsequenzen für Ihr Unternehmen, die sich aus dem neuen Tarifvertrag ergeben.

2.2   Allgemein verbindliche tarifliche Mindestlöhne in der Fleischindustrie werden u. a. damit begründet, dass die Regeln der sozialen Marktwirtschaft für alle Bereiche und Branchen innerhalb der deutschen Wirtschaft gelten müssen.

In der sozialen Marktwirtschaft können individuelle Freiheitsrechte eingeschränkt werden. Zeigen Sie dies am Beispiel der Fleischindustrie mithilfe von zwei Ordnungsmerkmalen. Führen Sie je ein Argument an, das eine solche Einschränkung rechtfertigt.

2.3   Die im Zeitungsartikel angesprochenen Gammelfleisch-Skandale sowie der Trend zu vegetarischem Essen haben Folgen für den Rindfleischmarkt.
Stellen Sie diese Folgen auf dem Markt für Rindfleisch aus Massentierhaltung und auf dem Markt für Bio-Rindfleisch grafisch dar (Anlage 2).
Zur Vereinfachung gelten die Annahmen des vollkommenen Polypols.
Begründen Sie Ihre Darstellungen.

2.4   Ihre Arbeitskollegen und Sie sind gegen eine Standortverlagerung.
Verfassen Sie hierzu eine auf drei Argumente gestützte Stellungnahme an die Geschäftsleitung.

Anlage 2

Marktmodell (Zur Vereinfachung gelten die Bedingungen des vollkommenen Polypols.)

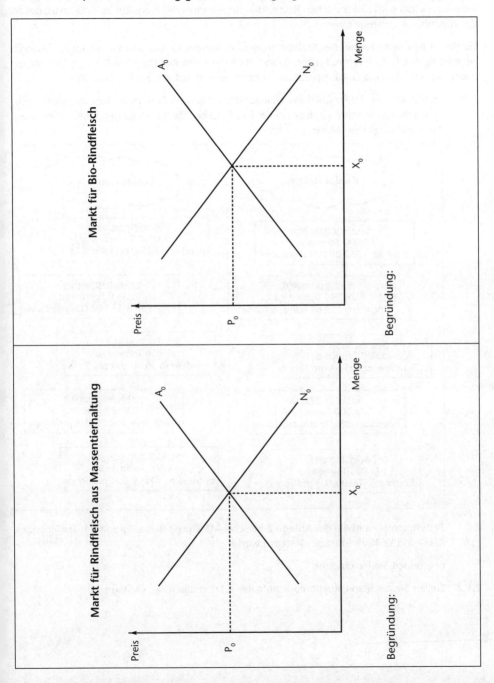

Prüfungsaufgaben Sommer 2016 (Aufgabe 2)

Die Kraftfutterwerke Heilbronn GmbH stellt hochwertiges Spezialkraftfutter her und beliefert Viehzuchtbetriebe im süddeutschen Raum. Hauptbestandteil der Produkte ist Futtermais, der an der Warenbörse gehandelt wird.

Sie sind Auszubildender bei der Kraftfutterwerke Heilbronn GmbH und zurzeit im Rechnungswesen eingesetzt. Zu Ihren Aufgaben gehört auch die Preiskalkulation. Im Rahmen Ihrer Arbeit stellen Sie fest, dass die Einkaufspreise für Futtermais zum Teil erheblich schwanken.

2.1   Für die Analyse der Preisbildung an einer Warenbörse für Futtermais liegt Ihnen das nachstehende vereinfachte Zahlenmaterial vor. Es gelten die Bedingungen eines Polypols auf dem vollkommenen Markt.

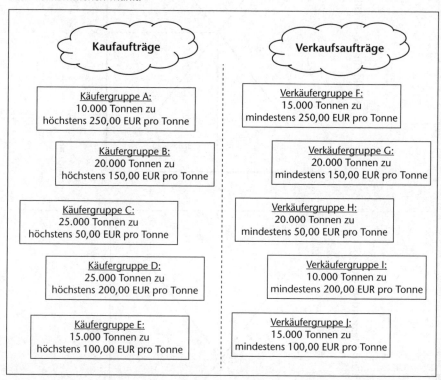

2.1.1   Bestimmen Sie mithilfe der **Anlage 2**, welcher Marktpreis sich aufgrund der vorliegenden Kauf- und Verkaufsaufträge einstellen wird.

Begründen Sie Ihr Ergebnis.

2.1.2   Stellen Sie die Marktsituation aus Aufgabe 2.1.1 grafisch dar (**Anlage 3**).

2.1.3   Aus den aktuellen Börsennachrichten entnehmen Sie folgende Informationen:

+++ Börsennews +++

Rekordernte bei Futtermais

Aufgrund einer Ausdehnung der Anbauflächen wird die kommende Ernte Rekordniveau erreichen und deutlich über den letzten Ernteerträgen liegen. Gleichzeitig nimmt der Einsatz von Mais in der Tierfütterung nach aktuellen Schätzungen ab, da hier vermehrt Weizen als Hauptbestandteil des Futters verwendet wird.
...

Erläutern Sie, wie sich diese Entwicklungen voraussichtlich auf die Marktsituation auswirken.

2.2   Auf die Frage, ob die regelmäßig auftretenden Preisschwankungen an der Warenbörse unmittelbar an die eigenen Kunden weitergegeben werden, antwortet Ihr Abteilungsleiter:

„Wir können solche Preisschwankungen nicht ohne Weiteres weitergeben. Unser Absatzmarkt funktioniert etwas anders. Hier müssen wir bei der Preisgestaltung das Verhalten von zwei Konkurrenten berücksichtigen, die ein vergleichbares Spezialprodukt anbieten. Das ist typisch für die Marktform des Oligopols!"

2.2.1   Diskutieren Sie mithilfe von zwei Überlegungen die Aussage Ihres Abteilungsleiters.

2.2.2   Neben der Preisgestaltung gibt es für die Kraftfutterwerke Heilbronn GmbH weitere Möglichkeiten, sich von ihren Konkurrenten abzuheben.

Unterbreiten Sie hierzu zwei Vorschläge.

Anlage 2

Bestimmung des Marktpreises

Preis (EUR je Tonne)	Gesamtangebot (in Tonnen)	Gesamtnachfrage (in Tonnen)	Handelbare Menge (in Tonnen)

Anlage 3

Grafische Darstellung

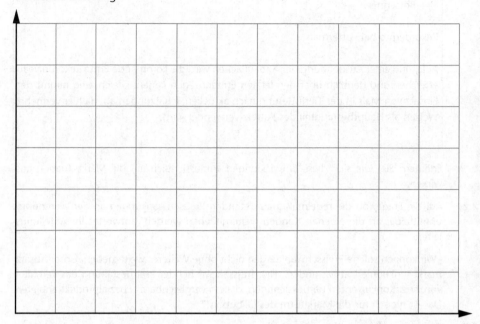

Kompetenzbereich III:
Wirtschaftspolitische Einflüsse auf den Ausbildungsbetrieb, das Lebensumfeld und die Volkswirtschaft einschätzen

1 Wirtschaftspolitische Ziele
1.1 Grundlagen

Stofftelegramm

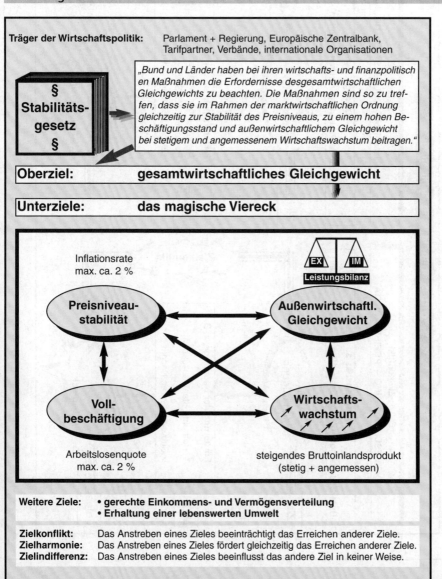

Träger der Wirtschaftspolitik: Parlament + Regierung, Europäische Zentralbank, Tarifpartner, Verbände, internationale Organisationen

§ Stabilitäts- gesetz §

„Bund und Länder haben bei ihren wirtschafts- und finanzpolitischen Maßnahmen die Erfordernisse desgesamtwirtschaftlichen Gleichgewichts zu beachten. Die Maßnahmen sind so zu treffen, dass sie im Rahmen der marktwirtschaftlichen Ordnung gleichzeitig zur Stabilität des Preisniveaus, zu einem hohen Beschäftigungsstand und außenwirtschaftlichem Gleichgewicht bei stetigem und angemessenem Wirtschaftswachstum beitragen."

Oberziel: **gesamtwirtschaftliches Gleichgewicht**

Unterziele: **das magische Viereck**

Inflationsrate max. ca. 2 %

EX   IM
Leistungsbilanz

Preisniveau- stabilität

Außenwirtschaftl. Gleichgewicht

Voll- beschäftigung

Wirtschafts- wachstum

Arbeitslosenquote max. ca. 2 %

steigendes Bruttoinlandsprodukt (stetig + angemessen)

Weitere Ziele: • **gerechte Einkommens- und Vermögensverteilung**
• **Erhaltung einer lebenswerten Umwelt**

Zielkonflikt: Das Anstreben eines Zieles beeinträchtigt das Erreichen anderer Ziele.
Zielharmonie: Das Anstreben eines Zieles fördert gleichzeitig das Erreichen anderer Ziele.
Zielindifferenz: Das Anstreben eines Zieles beeinflusst das andere Ziel in keiner Weise.

1.2 Wirtschaftspolitische Zielkonflikte

Stofftelegramm

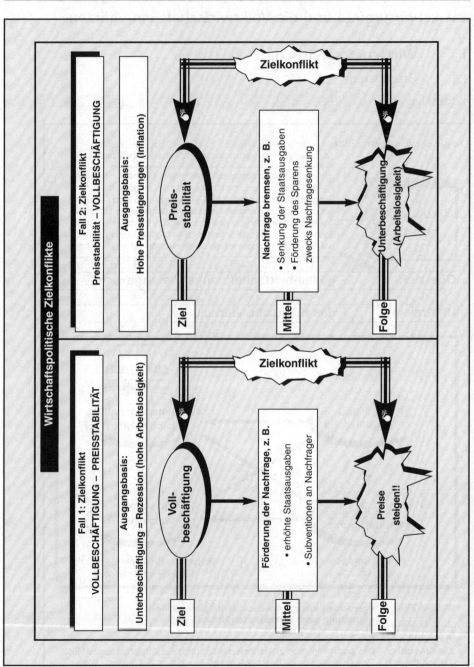

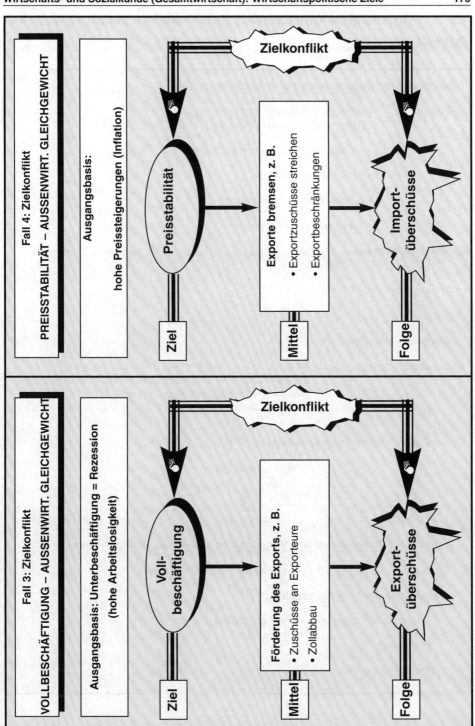

1.3   Wirtschaftliche Grundprobleme der modernen Industriegesellschaft

Stofftelegramm

Quantitatives Wachstum: rein zahlenmäßiges Wachstum

Grenzen: • Abbau von Rohstoff- und Energiequellen
                (Gegenmaßnahme: Einsatz alternativer Energien)

                • Abfallproblematik (Gegenmaßnahme: z. B. Recycling)

                • Erwerbstätigenzahl

                • volkswirtschaftliche Kapazität

                • Zerstörung der Umwelt

Qualitatives Wachstum: Wachstum bei gleichzeitiger Förderung qualitativer Ziele (Umwelt ...)

• Alternativenergien

• Recycling

• verkehrspolitische Maßnahmen

Strukturelle Arbeitslosigkeit: Arbeitslosigkeit in bestimmten Regionen, Branchen oder Berufen durch strukturellen Wandel (langfristige Diskrepanz zwischen Nachfrage und Kapazität einer Branche, z. B. der Landwirtschaft)

Einkommens- und Vermögensverteilung:

Ungleichheiten durch

• Leistungsfähigkeit   • Marktmacht   • Vermögensbasis (Erbe ...)

• **„Gerechte" Einkommens- und Vermögensverteilung:** subjektiv zu beantworten

Stichworte: Leistungsfähigkeit, Unternehmerrisiko, Kinderzahl ...

• **Instrumente der Verteilungspolitik:**

– Steuerpolitik (Progression, Erbschaft-/Vermögensteuer ...)

– Sozialpolitik

– Bildungspolitik

1.4 Aufgaben

1. In welchem **Gesetz** sind die von Bund und Ländern zu beachtenden grundlegenden wirtschaftspolitischen Ziele formuliert?

2. Welches **Oberziel** ist seitens des Staates bei wirtschaftspolitischen Maßnahmen zu beachten?

3. Nennen und beschreiben Sie die Ziele des **magischen Vierecks**.

4. Warum signalisiert eine Arbeitslosigkeit von 1,5 % immer noch eine vollbeschäftigte Wirtschaft?

5. Nennen Sie zwei gesetzlich nicht fixierte wirtschaftspolitische Ziele.

6. Erläutern Sie drei mögliche **Zielkonflikte**.

7. Nennen Sie fünf volkswirtschaftliche Folgen hoher **Arbeitslosigkeit**.

8. Nennen Sie Ursachen hoher **Preissteigerungsraten**.

9. Nennen Sie – abgesehen von Wechselkursänderungen – fünf Ursachen für **Exportüberschüsse**.

10. Nennen Sie vier **Grundprobleme** der modernen Industriegesellschaft.

11. Was versteht man unter quantitativem und qualitativem **Wachstum**?

12. Nennen Sie Grenzen des quantitativen Wachstums.

13. Welche Gefahren sind mit quantitativem Wachstum verbunden?

14. Welchen wirtschaftspolitischen Zielkonflikt versucht das qualitative Wachstumsziel zu beseitigen bzw. zu mildern?

15. Nennen Sie fünf Maßnahmen, die die Gefahren des **quantitativen Wachstums** mindern.

16. Wie wirken Umweltschutzmaßnahmen auf das quantitative Wachstum?

17. Nennen Sie Bereiche der Wirtschaft, in denen ein strukturelles Ungleichgewicht in der Form von Überkapazitäten vorherrscht.

18. Nennen Sie Ursachen ungleicher **Einkommens- und Vermögensverteilung**.

19. Welcher Zusammenhang besteht zwischen Einkommens- und Vermögensverteilung?

20. Wäre eine gleiche Einkommensverteilung Ihrer Ansicht nach eine gerechte Einkommensverteilung? Welche Prinzipien sollten Ihrer Ansicht nach beachtet werden?

21. Im innerbetrieblichen Unterricht werden auch die Inhalte des Stabilitätsgesetzes (StabG) behandelt. Dabei sollen Maßnehmen zur Erreichung der Ziele des Stabilitätsgesetzes diskutiert werden.

    Frau Fröhlich stellt fest, dass als Folge der Rezession das Ziel „hoher Beschäftigungsgrad" in weite Ferne gerückt ist.

    a) Erklären Sie, was man unter einer Rezession versteht.

    b) Der Beschäftigungsstand in einer Volkswirtschaft wird durch die Arbeitslosenquote ausgedrückt. Geben Sie an, wie die Arbeitslosenquote ermittelt wird und bis zu welcher Höhe man von einem „hohen Beschäftigungsgrad" spricht.

c) Beschreiben Sie zwei Maßnahmen des Staates zur Bekämpfung der Arbeitslosigkeit.

d) Nennen Sie die weiteren Unterziele des Stabilitätsgesetzes.

e) Erläutern Sie an einem Beispiel Ihrer Wahl, wie wirtschaftspolitische Maßnahmen zu einem Zielkonflikt führen können.

22. Angesichts der betrieblichen Situation gehen Sie davon aus, dass Sie nach Abschluss der Ausbildung im Juli nicht übernommen werden. Sie machen sich ein Bild über die Arbeitsmarktsituation. Bei Recherchen im Internet finden Sie unter www.tagesschau.de einen Text aus dem Jahr 2010 (**Anlage**).

a) Sie notieren die Prognosen für die folgenden Werte:
   • Wachstum des Bruttoinlandsprodukts für 2011
   • Arbeitslose 2011
   • Erhöhung der Bruttolöhne und -gehälter

b) Sie fragen sich, wie sich die in dem Artikel beschriebene Entwicklung des Arbeitsmarktes und der Löhne auf den Einzelhandel auswirken könnte. Sie notieren die möglichen Auswirkungen in mindestens drei Schritten.

c) Sie beschreiben ein mögliches Hindernis, das die von Ihnen genannten Auswirkungen verhindern könnte.

d) Ein wirtschaftlicher Aufschwung ist durch weitere Merkmale gekennzeichnet. Sie beschreiben zwei weitere, bisher nicht genannte Indikatoren, die für eine Phase des Aufschwungs sprechen.

Anlage

Wirtschaftsforscher legen Herbstgutachten vor

Stärkstes Wachstum seit Jahrzehnten
Die deutsche Wirtschaft wird nach Einschätzung der wichtigsten Forschungsinstitute in diesem Jahr um 3,5 Prozent wachsen – und damit so stark wie seit der Wiedervereinigung nicht mehr. Das ist deutlich mehr als ursprünglich angenommen: In ihrem Frühjahrsgutachten hatten die Institute für 2010 noch mit nur 1,5 Prozent Wachstum gerechnet. Da das deutsche Bruttoinlandsprodukt im vergangenen Jahr aber um fast fünf Prozent geschrumpft war, wäre das BIP auch bei 3,5 Prozent Wachstum noch unter dem Vorkrisen-Niveau. „Die deutsche Wirtschaft ist auf gutem Weg, den krisenbedingten Produktionseinbruch wettzumachen", heißt es im Herbstgutachten.

Weniger Arbeitslose, höhere Löhne
Im kommenden Jahr dürfte der Zuwachs allerdings geringer ausfallen und 2,0 Prozent erreichen, erwarten die Experten. Laut Gutachten werden 2011 durchschnittlich weniger als drei Millionen Arbeitslose erwartet, die niedrigste Zahl seit 1992. In diesem Jahr werde die Zahl der registrierten Arbeitslosen im Schnitt bei 3,2 Millionen liegen.

Die Arbeitnehmer in Deutschland können sich wegen des Aufschwungs nach Ansicht der Ökonomen 2011 auf kräftige Lohnerhöhungen freuen. Die Bruttolöhne und -gehälter dürften im kommenden Jahr um 2,8 Prozent steigen. Dadurch werde sich auch der private Konsum im kommenden Jahr zu einer Stütze des Wirtschaftswachstums entwickeln.

Quelle: www.tagesschau.de (Stand: 14.10.2010)

1.5 Prüfungsaufgaben

Prüfungsaufgaben Winter 2013/2014 (Aufgabe 2, teilweise)

2. **BIP 2013**
   Bundesbank senkt Wachstumsprognose
   Die Bundesbank traut der deutschen Wirtschaft im kommenden Jahr nur noch ein Miniwachstum von 0,4 Prozent zu – deutlich weniger als die Bundesregierung. Immerhin ist der Arbeitsmarkt nach Ansicht der Notenbank robust genug, um die Schwächephase zu überstehen. [...]
   Quelle: manager magazin online, verfügbar unter: www.manager-magazin.de

2.1 Beurteilen Sie, ob das im Text genannte Ziel gemäß Stabilitätsgesetz als erfüllt gilt.

2.2 Beschreiben Sie die Entwicklung des Wirtschaftswachstums in Deutschland anhand des ersten Liniendiagramms der beiliegenden Grafik (**Anlage 3**). Erläutern Sie, ob die deutsche Wirtschaft seit den Fünfzigerjahren ein tendenziell positives oder negatives Wachstum aufweist.

2.3 In der Grafik (**Anlage 3**) wird die Entwicklung des realen Bruttoinlandsproduktes dargestellt. Unterscheiden Sie das reale vom nominalen Bruttoinlandsprodukt.

2.4 In der Grafik (**Anlage 3**) wird auch die Entwicklung der Erwerbstätigenzahlen und der Verbraucherpreise dargestellt.

2.4.1 Nennen Sie die wirtschaftspolitischen Ziele, die im Stabilitätsgesetz verankert sind.

2.4.2 Erläutern Sie zwei mögliche Zielbeziehungen, die zwischen den in der Grafik dargestellten Zielen bestehen.

Anlage 3

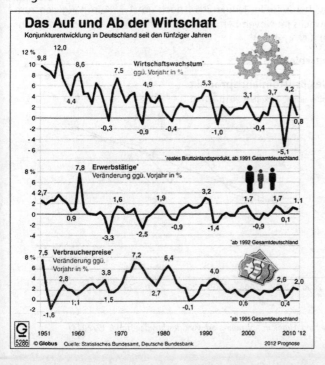

Prüfungsaufgaben Winter 2015/2016 (Aufgabe 2, teilweise)

Die TEC GmbH ist ein mittelständisches Maschinenbauunternehmen mit Sitz in Stuttgart. Neben dem deutschen Markt sind Russland und China zentrale Absatzgebiete. Die wirtschaftliche Situation des Unternehmens hat sich durch den Einbruch der Auslandsnachfrage und durch die insgesamt schwächer werdende Konjunktur in Deutschland spürbar verschlechtert.

Sie sind kaufmännische(r) Auszubildende(r) bei der TEC GmbH. Wie viele andere Auszubildende sorgen Sie sich um die wirtschaftliche Zukunft des Unternehmens und damit auch um Ihre Beschäftigungschancen. Sie werden von Ihrem Ausbildungsleiter gebeten, die nachstehenden Informationen für die nächste innerbetriebliche Schulung aufzubereiten.

Konjunkturaussichten haben sich eingetrübt

Die Wachstumsprognosen für die deutsche Wirtschaft sind nach unten korrigiert worden. Nachdem im Frühjahr 2014 noch ein Wirtschaftswachstum von 1,8 % vorhergesagt wurde, wird die deutsche Wirtschaft nach aktuellen Schätzungen nur noch um 1,2 % wachsen. Auch für 2015 ist eine Korrektur der Prognosewerte von 2,0 % auf 1,0 % vorgenommen worden.

Die konjunkturelle Entwicklung in Europa ist momentan durch eine geringe Dynamik gekennzeichnet. Die Russland-Sanktionen, weltweite Krisen und die schwächelnde Nachfrage aus den Schwellenländern hinterlassen immer tiefere Spuren in der deutschen Wirtschaft.

Erkennbar ist dies unter anderem an den tendenziell rückläufigen Auftragseingängen. Ferner blieb eine verstärkte Investitionstätigkeit der Unternehmen aus. Bislang hat sich der Arbeitsmarkt von der Flaute unbeeindruckt gezeigt, was sich in einem noch kaum veränderten Beschäftigungsniveau ausdrückt. Der Preisauftrieb blieb in den vergangenen Monaten eher moderat. Während die Verbraucherpreise im Januar 2014 noch um 1,3 % im Vergleich zum Vorjahr stiegen, betrug der Zuwachs im November 2014 nur noch 0,6 %. Für das Gesamtjahr wird eine Teuerungsrate von 0,8 % erwartet.

Konjunkturbewegung in Deutschland

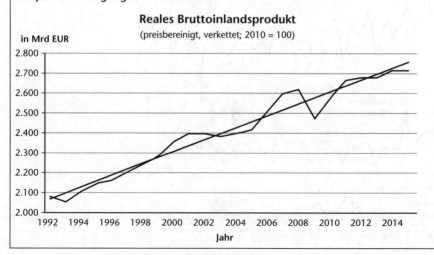

Reales Bruttoinlandsprodukt
(preisbereinigt, verkettet; 2010 = 100)

in Mrd EUR

Jahr

Quellen: Verschiedene Wirtschaftsnachrichten, Grafik in Anlehnung an www.destatis.de (Stand: 12/2014)

2.1 Ermitteln Sie alle im Informationstext angesprochenen Konjunkturindikatoren und begründen Sie für jeden Indikator, auf welche Konjunkturphase dessen jeweilige Entwicklung hindeutet.

2.2 Notieren Sie zwei Gemeinsamkeiten und zwei Unterschiede zwischen der tatsächlichen wirtschaftlichen Entwicklung und dem idealtypischen Verlauf des Konjunkturzyklus.

2.3 Begründen Sie aus Sicht der TEC GmbH die im Text angesprochene zurückhaltende Investitionstätigkeit der Unternehmen.

2.4 Einige Auszubildende sind der Meinung, dass die TEC GmbH zu stark auf Exporte setzt. Nehmen Sie hierzu kritisch Stellung.

2   Konjunktur und Konjunkturpolitik

2.1   Der Konjunkturzyklus

Stofftelegramm

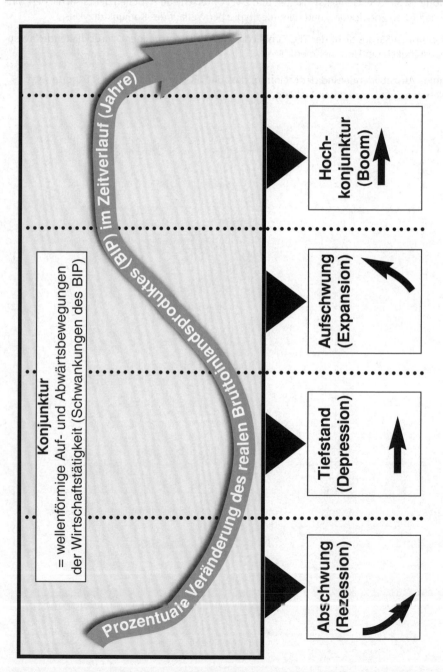

Der Konjunkturzyklus (Merkmale)

Konjunktur-zyklus →	Abschwung (Rezession)	Tiefstand (Depression)	Aufschwung (Expansion)	Hoch-konjunktur (Boom)
Beschäftigungsstand	zunehmende Unterbeschäftigung (Kurzarbeit + Entlassungen)	Unterbeschäftigung	Tendenz zur Vollbeschäftigung	Voll- bzw. Überbeschäftigung (Konjunkturüberhitzung)
Arbeitslosenzahl	steigend	hoch	sinkend	minimal
Nachfrage	sinkend	niedrig	steigend	hoch
Investitionsbereitschaft	sinkend	niedrig	steigend	hoch
„Stimmung"	pessimistisch	pessimistisch	optimistisch	optimistisch
Preissteigerungsrate	mäßig, evtl. negativ	evtl. negativ	konstant (Kostenvorteil)	hoch
Löhne	mäßig steigend bzw. konstant	konstant, evtl. sinkend	mäßig steigend	stark steigend
Zinsen	sinkend	niedrig	mäßig steigend	stark steigend
Gewinne	sinkend	niedrig, evtl. Verluste	steigend	hoch
Wachstum	minimal	negativ	steigend	stark steigend
Aktienkurse	sinkend	sinkend	steigend	steigend

2.2   Konjunkturindikatoren

Stofftelegramm

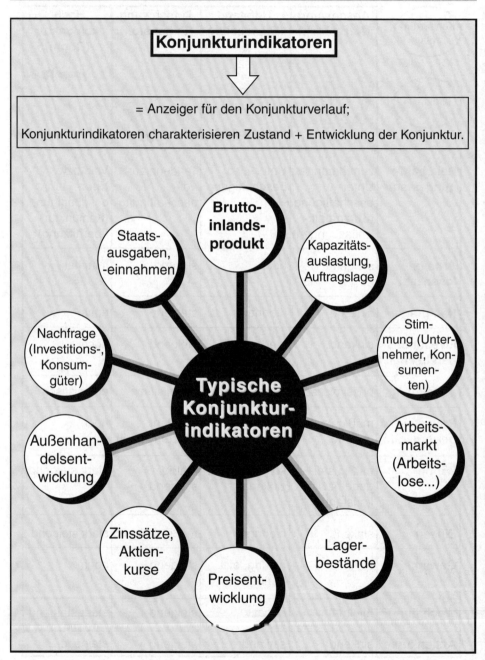

Konjunkturindikatoren

= Anzeiger für den Konjunkturverlauf;

Konjunkturindikatoren charakterisieren Zustand + Entwicklung der Konjunktur.

Typische Konjunkturindikatoren

- Staatsausgaben, -einnahmen
- Bruttoinlandsprodukt
- Kapazitätsauslastung, Auftragslage
- Nachfrage (Investitions-, Konsumgüter)
- Stimmung (Unternehmer, Konsumenten)
- Außenhandelsentwicklung
- Arbeitsmarkt (Arbeitslose...)
- Zinssätze, Aktienkurse
- Preisentwicklung
- Lagerbestände

2.3   Aufgaben

1. Erklären Sie den Begriff Konjunktur.

2. Was versteht man unter Beschäftigung im volkswirtschaftlichen Sinn? Wie wird sie üblicherweise gemessen?

3. Wie wird die Arbeitslosenquote ermittelt?

4. Erklären Sie die drei möglichen Beschäftigungslagen einer Volkswirtschaft.

5. Warum signalisiert eine Arbeitslosenquote von 1,5 % bis 2 % immer noch eine vollbeschäftigte Wirtschaft?

6. Was versteht man unter Konjunkturzyklen?

7. Kennzeichnen Sie stichpunktartig die einzelnen Konjunkturphasen hinsichtlich:

   a) Beschäftigungsstand   e) „Stimmung" der Marktteilnehmer   i) Gewinne
   b) Arbeitslosenzahl   f) Preissteigerungsrate   j) Wachstum
   c) Nachfrage   g) Löhne
   d) Investitionsbereitschaft h) Zinsen

8. Welche Ursachen führen zu einem   a) Konjunkturabschwung,   b) Konjunkturaufschwung?

9. Zeigen Sie den Konjunkturzyklus anhand einer Skizze.

10. Nennen Sie mögliche negative Auswirkungen der Hochkonjunktur.

11. a) Definieren Sie den Begriff Konjunkturindikatoren.
    b) Nennen Sie fünf Konjunkturindikatoren.

12. Warum ist das reale Bruttosozialprodukt (Bruttoinlandsprodukt) zur Messung des Wirtschaftswachstums besser geeignet als das nominale Bruttosozialprodukt (Bruttoinlandsprodukt)?

13. Unterscheiden Sie saisonale und konjunkturelle Schwankungen.

14. Welche Konjunkturphase ist in folgenden Situationen anzunehmen?

    a) hohe Preissteigerungsraten   e) pessimistische Zukunftserwartungen
    b) hohe Arbeitslosenquote   f) stark steigende Löhne
    c) stark steigendes Sozialprodukt g) stark steigende Zinsen
    d) sinkende Arbeitslosigkeit

15. Erklären Sie die Begriffe saisonale, strukturelle, konjunkturelle, friktionelle Arbeitslosigkeit.

16. Wie beeinflusst eine Rezessionsphase die Staatskasse?

17. Ein Auszubildender legt Ihnen den Artikel (**Anlage**) vor, den er teilweise nicht versteht.

    a) Sie erläutern der Gruppe den Begriff Konjunktur und beschreiben den für die Messung der Wirtschaftslage wichtigsten Indikator.
    b) Sie skizzieren den Konjunkturverlauf und legen besonderen Wert auf eine vollständige Beschriftung Ihrer Skizze.

c) Die Auszubildenden sind sich nicht einig, in welcher Konjunkturlage sich Deutschland gegenwärtig befindet. Sie beschreiben anhand von zwei Merkmalen die derzeitige Konjunkturphase.

d) Sie erklären anhand des Artikels die beabsichtigte Wirkung eines niedrigen Leitzinssatzes und erläutern das Ziel, das damit verfolgt wird.

e) Sie begründen, weshalb die gewünschte Wirkung trotz des niedrigen Leitzinses nicht immer eintreten muss.

Anlage

08.04.2010 16:38   **EZB-Leitzins bleibt niedrig**

Keine Überraschungen von den Frankfurter Währungshütern. Die EZB verfolgt weiter ihre extrem expansive Geldpolitik und lässt den Leitzins unverändert. Der Schritt war erwartet worden.

Bis auf Weiteres können sich die Marktteilnehmer auf anhaltend niedrige Zinsen im Euro-Raum einstellen. EZB-Präsident Jean-Claude Trichet sagte auf der Pressekonferenz der Bank: „Das Zinsniveau im Euroraum ist weiter angemessen." Er führte weiter aus, dass das Inflationsrisiko mittelfristig gebremst bleibt. In einem Konjunkturausblick erwartet Trichet ein moderates Wachstum in einem weiter von Unsicherheit geprägten Umfeld. Für das laufende Jahr 2010 erwartet er eine holprige Erholung der Wirtschaft.

Angesichts der niedrigen Inflationsrate und der immer noch schwächelnden Konjunktur entschied die EZB am Donnerstag, den maßgeblichen Zinssatz im Euroraum unverändert bei 1,0 Prozent zu belassen. [...]

Quelle: boerse.ard.de/content.jsp?key=dokument427198

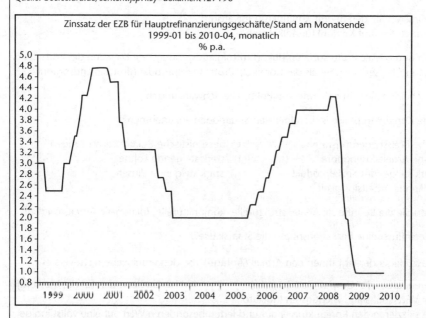

Zinssatz der EZB für Hauptrefinanzierungsgeschäfte/Stand am Monatsende
1999-01 bis 2010-04, monatlich
% p.a.

Quelle: www.bundesbank.de/statistik/statistikzeitreihen.php?first=1&open=zinsen&func=row&tr=SU0202&show-Graph=1

2.4   Konjunkturpolitik (allgemein)

Stofftelegramm

Möglichkeiten staatlicher Konjunkturpolitik (= Fiskalpolitik)	
Bekämpfung der Unterbeschäftigung (Arbeitslosigkeit)	**Bekämpfung der Überbeschäftigung (Inflation)**
Ausgabenpolitik: Ausgaben erhöhen!	**Ausgabenpolitik:** Ausgaben senken!
• Staatsnachfrage erhöhen • Subventionen erhöhen • Konjunkturausgleichsrücklage auflösen	• Staatsnachfrage senken • Subventionen senken • Konjunkturausgleichsrücklage bilden
Einnahmenpolitik: Einnahmen senken!	**Einnahmenpolitik:** Einnahmen erhöhen!
• Steuern senken • Abschreibungsvergünstigungen • Kreditaufnahmen zur Finanzierung der Ausgaben („Deficit-Spending")	• Steuern erhöhen • Abschreibungsvergünstigungen streichen • Kreditaufnahmen senken

Antizyklische Finanzpolitik: Dem Konjunkturverlauf entgegengesetzte Fiskalpolitik:

• Hochkonjunktur: Ausgaben senken!   • Rezession: Ausgaben erhöhen!

Ordnungspolitik: v. a. Wettbewerbspolitik (Erhaltung oder Schaffung von Institutionen, die Wettbewerb ermöglichen und fördern)
Beispiel: Bekämpfung von Wettbewerbsbeschränkungen (Monopolen) durch das Gesetz gegen Wettbewerbsbeschränkungen

Prozesspolitik: wirtschaftspolitische Maßnahmen zur Konjunktursteuerung

Aufgaben (Grundwissen)

1. Was versteht man unter Fiskalpolitik?

2. Nennen Sie je drei einnahmen- und ausgabenpolitische Maßnahmen des Staates zur
    a) Bekämpfung einer Rezession,

    b) Dämpfung einer Hochkonjunktur mit hoher Inflationsrate.

3. a) Erklären Sie den Begriff „Deficit-Spending".

    b) In welchen Konjunkturphasen ist Deficit-Spending sinnvoll?

4. a) Was versteht man unter antizyklischer Finanzpolitik?

    b) Veranschaulichen Sie den Sachverhalt in einer Skizze.

5. In welcher Konjunkturphase sollte der Staat die Einnahmen

    a) erhöhen, b) senken? Begründung.

6. In welcher Konjunkturphase ist es sinnvoll, eine Konjunkturausgleichsrücklage zu bilden?
    Wann sollte sie aufgelöst werden?

7. Wie wirken folgende Maßnahmen der Fiskalpolitik?

    a) Investitionszulagen   e) Abschreibungserleichterungen streichen

    b) Subventionssenkung   f) Konjunkturausgleichsrücklage bilden

    c) Deficitspending   g) Staatsnachfrage senken

    d) Steuern senken   h) Abschreibungsvergünstigungen gewähren

8. Inwiefern kann das Bestreben der Gewerkschaften nach einer Umverteilung der Einkommen zugunsten der Lohnquote sowohl im Boom als auch in der Rezession mit der antizyklischen Konjunkturpolitik kollidieren?

9. Vollbeschäftigung ist eines der wichtigsten Ziele der Wirtschaftspolitik. Als Indikatoren der Beschäftigungssituation verwendet man im Allgemeinen die Arbeitslosenquote und die Zahl der offenen Stellen. Warum ist bei der Interpretation dieser Zahlen Vorsicht geboten?

10. Um Vollbeschäftigung mit wirtschaftspolitischen Maßnahmen erreichen zu können, muss man die Art der Arbeitslosigkeit kennen. Zeigen Sie an einem Beispiel auf, warum eine konjunkturelle Arbeitslosigkeit den Wirtschaftspolitiker vor größere Probleme stellt als eine strukturelle.

11. Der Staat kann durch gesetzliche Maßnahmen die Investitionsbereitschaft der Unternehmen fördern.

    a) Nennen Sie mindestens zwei solcher Maßnahmen.

    b) Wie beurteilen Sie die Wirksamkeit dieser Art von Konjunkturförderung?

2.5   Wirtschaftspolitische Konzeptionen

Stofftelegramm

Angebotsorientierte Wirtschaftspolitik

Monetarismus (vgl. auch Kapitel EZB)

Kernthese:

Angebot = entscheidend für wirtschaftlichen Erfolg

Kernthese:

Geldmenge = wichtigster Faktor zur Wirtschaftssteuerung

Konsequenz bei Rezession:

Erhöhung des **Angebots**

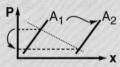

Verbesserung der Rahmenbedingungen der Unternehmen:

• Steuererleichterungen
• Senkung Lohnnebenkosten
• Abbau Bürokratismus
• Abschreibungserleichterungen

Konsequenz bei Rezession:

Erhöhung der **Geldmenge** durch **Zentralbankpolitik,**

z. B. Senkung der Leitzinsen

(Staatliche Eingriffe in die Wirtschaft zur Steuerung der Konjunktur lehnen die Monetaristen grundsätzlich ab.)

Erhoffte Folgen:

Gewinne steigen
→ **Angebot** steigt
→ Investitionen steigen
→ vermehrt Einstellungen
→ Arbeitslosigkeit sinkt
→ **Konjunkturbelebung, Wachstum**

Erhoffte Folgen:

Zinsen sinken
→ **Kreditnachfrage** steigt
→ Konsum + Investitionen steigen
→ vermehrt Einstellungen
→ Arbeitslosigkeit sinkt
→ **Konjunkturbelebung, Wachstum**

Nachfrageorientierte Wirtschaftspolitik = Fiskalismus

Kernthese:

Nachfrage = entscheidend für
wirtschaftlichen Erfolg

Konsequenz bei Rezession:

Erhöhung der **Nachfrage** mittels
Ein- und Ausgabenpolitik der
Regierung (Fiskalpolitik)

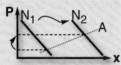

- Steuersenkungen
- Staatsnachfrage erhöhen
  (z. B. Baumaßnahmen des Staates)

evtl. finanziert über höhere
Schulden (**„Deficit-Spending"**)

Konsequenz bei Boom:

Senkung der **Nachfrage** mittels
Ein- und Ausgabenpolitik der
Regierung (Fiskalpolitik)

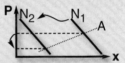

- Steuererhöhungen
- Staatsnachfrage senken
  (z. B. weniger staatliche Baumaßnahmen)

= antizyklische Fiskalpolitik

Erhoffte Folgen:

Einkommen steigen

→ **Nachfrage steigt**

→ Gewinne steigen

→ Investitionen steigen

→ vermehrt Einstellungen

→ Arbeitslosigkeit sinkt

→ **Konjunkturbelebung, Wachstum**

Erhoffte Folgen:

Einkommen sinken

→ **Nachfrage sinkt**

→ Gewinne sinken

→ Investitionen sinken

→ **Konjunkturdämpfung**

   (Konjunkturstabilisierung)

2.6   Prüfungsaufgaben

Prüfungsaufgaben Sommer 2012 (Aufgabe 2)

Sie sind als Auszubildende/-r bei einem großen deutschen Automobilhersteller beschäftigt. Ihr Ausbildungsende steht unmittelbar bevor. Ein Zeitungsartikel (**Anlage 3**) bestärkt Sie in Ihrem Optimismus bzgl. Ihrer Übernahme nach der Ausbildung.

Beim nächsten betriebsinternen Unterricht sollen Sie Ihren jüngeren Kollegen erklären, wie es zu dieser positiven wirtschaftlichen Entwicklung kommen konnte.

2.1   Erstellen Sie eine Übersicht, aus der die im Zeitungsartikel (**Anlage 3**) angesprochenen wirtschaftspolitischen Ziele des Stabilitätsgesetzes und deren grundsätzliche Bedeutung für die Auszubildenden deutlich werden.

2.2   Zeigen Sie mithilfe von jeweils einer Wirkungskette (mehrere Schritte), wie die Geldpolitik der EZB bzw. die Fiskalpolitik der Regierung eingesetzt wurden, um die Wirtschaftskrise zu überwinden.

2.3   Im internen Unterricht kommt die Sprache auf die aktuelle Situation Griechenlands und deren Auswirkungen auf Deutschland. In **Anlage 4** finden Sie eine Grafik, die Ihnen hilft, die wirtschaftliche Situation Griechenlands mit der in Deutschland zu vergleichen.

Vergleichen Sie die Wirtschaftsdaten beider Länder für das Jahr 2011 und leiten Sie aus der Situation Griechenlands je zwei mögliche Auswirkungen auf die Wirtschaft und den Staatshaushalt in Deutschland ab.

Anlage 3

Wirtschaft der Euroländer läuft in verschiedene Richtungen

... Deutschland hat die durch die Finanzkrise verursachte Wirtschaftskrise relativ schnell hinter sich gebracht. Das beherzte Eingreifen der Regierung und der Europäischen Zentralbank (EZB) zeigte überraschend schnell große Erfolge. Die Staatsverschuldung wird zwar voraussichtlich bis Ende 2011 auf ca. 83 % des BIP ansteigen, das deutsche BIP jedoch um 2,2 % wachsen. Schon jetzt sind die Arbeitslosenzahlen stark gesunken, allerdings nimmt die Angst vor Inflation zu. ...

Anlage 4

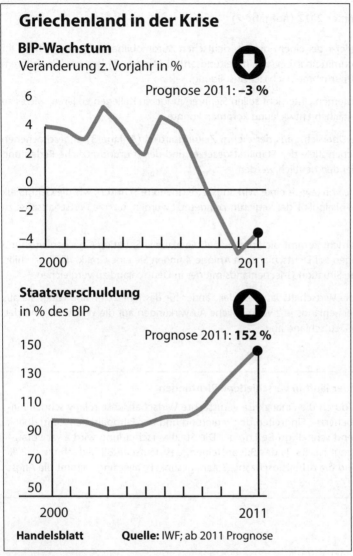

Griechenland in der Krise

BIP-Wachstum
Veränderung z. Vorjahr in %

Prognose 2011: **–3 %**

Staatsverschuldung
in % des BIP

Prognose 2011: **152 %**

Handelsblatt   **Quelle:** IWF; ab 2011 Prognose

Prüfungsaufgaben Winter 2013/2014 (Aufgabe 2, teilweise)

2.5   In **Anlage 4** wird die Entwicklung des Arbeitsmarktes beschrieben. Die obige Aussage
       der Bundesbank wird in Bezug auf die Arbeitsmarktlage bestätigt.

2.5.1 Erläutern Sie die in **Anlage 4** erwähnte Art der Arbeitslosigkeit anhand eines eigenen
       Beispiels.

2.5.2   Beschreiben Sie zwei negative Auswirkungen hoher Arbeitslosigkeit für den Staat.

2.5.3   Erklären Sie zwei Maßnahmen, die der Staat ergreifen könnte, um eine bestehende konjunkturelle Arbeitslosigkeit zu verringern.

2.5.4   Unterbreiten Sie zwei Vorschläge, wie sich Arbeitnehmer vor Arbeitslosigkeit schützen können.

Anlage 4

Arbeitslosenzahl steigt leicht an

Die Arbeitslosenzahl ist im Februar 2013 minimal gestiegen – dafür seien aber saisonale Effekte verantwortlich, sagte BA-Chef Weise. Die Lage sei insgesamt robust. Die Quote bleibt unverändert bei 7,4 Prozent.

Die Arbeitslosenquote bleibt im Februar stabil (Quelle: dpa).

Nürnberg – Schnee und Frost haben sich im Februar auf dem Arbeitsmarkt in Deutschland bemerkbar gemacht. Die Zahl der Erwerbslosen stieg um 18.000 auf 3.156.000, wie die Bundesagentur für Arbeit (BA) am Donnerstag in Nürnberg mitteilte. „Der deutsche Arbeitsmarkt scheint die schwache wirtschaftliche Entwicklung der letzten Monate gut zu verkraften und zeigt sich insgesamt weiter robust. Der Anstieg der Arbeitslosigkeit im Februar hat jahreszeitliche Gründe", erläuterte BA-Vorstandschef Frank-Jürgen Weise. Die Arbeitslosenquote blieb unverändert bei 7,4 Prozent. [...]

Quelle: Handelsblatt Online, verfügbar unter: www.handelsblatt.com

Prüfungsaufgaben Winter 2014/2015 (Aufgabe 2, teilweise)

2.   Bei der Lektüre Ihrer Tageszeitung stoßen Sie auf folgenden Artikel.

Konjunktur – Deutsche Wirtschaft wächst 2014 um 1,8 Prozent
Stark steigende Investitionen dürften die deutsche Konjunktur im nächsten Jahr kräftig beleben. „Die Wirtschaft steht vor einem Aufschwung", erklärten die führenden Forschungsinstitute in ihrem Herbstgutachten 2013 für die Bundesregierung. „Getragen wird er von der Binnennachfrage." Das Bruttoinlandsprodukt werde 2014 um 1,8 Prozent anziehen, nach einem deutlich geringeren Plus von 0,4 Prozent in diesem Jahr. [...]

Die Situation der Langzeitarbeitslosen bleibt, trotz des Fachkräftemangels, aus Sicht der Gutachter problematisch.

Die Forscher machen einen Wermutstropfen aus: Die Wettbewerbsfähigkeit der deutschen Unternehmen verschlechtert sich aufgrund steigender Preise in Deutschland. Die Wirtschaftsforschungsinstitute prognostizieren eine Preissteigerungsrate in Höhe von 1,9 Prozent für das Jahr 2014. Die Folge könnte eine Dämpfung der Konjunktur sein. Skeptisch sehen die Institute in diesem Zusammenhang die Geldpolitik der Europäischen Zentralbank (EZB), insbesondere die erneut vorgenommene Senkung des Leitzinses von 0,5 Prozent auf 0,25 Prozent.

Quelle: angelehnt an www.zeit.de/aktuelles/2013-10/Konjunktur-waechst-2014-Herbstgutachten
(Stand: 17.10.2013)

2.1   Im Zeitungsartikel wird das wirtschaftspolitische Ziel „stetiges und angemessenes Wirtschaftswachstum" angesprochen.

Prüfen Sie die Zielerreichung für die Jahre 2013 und 2014.

2.2   Die im Zeitungsartikel angesprochene gesamtwirtschaftliche Entwicklung beeinflusst die Situation auf dem Arbeitsmarkt.

2.2.1   Erklären Sie die Zielbeziehung, die im Allgemeinen in diesem Zusammenhang unterstellt wird.

2.2.2   Beschreiben Sie die Art der Arbeitslosigkeit, die in 2.2.1 angesprochen wird.

2.2.3   Begründen Sie anhand von drei Argumenten, warum die Vermittlung der Langzeitarbeitslosen trotz eines Fachkräftemangels schwierig ist.

Prüfungsaufgaben Winter 2015/2016 (Aufgabe 2, teilweise)

2.2   In Vorbereitung auf eine Teambesprechung, in der Sie den unbefriedigenden Absatz der Möbel thematisieren wollen, stoßen Sie auf folgenden Artikel.

Konsum ohne Rausch
Die Konsumfreude der Deutschen befeuert das Wachstum. Ein rasches Ende ist derzeit nicht in Sicht...

Die Deutschen sind auf Schnäppchenjagd. Abgesehen haben sie es auf die aktuell stark reduzierten Hemden, Hosen und Pullover. Zwar gibt es den Winterschlussverkauf offiziell nicht mehr, dennoch locken jetzt große Rabatte. [...] Die von Meinungsforschern monatlich erfasste Kauflaune verbessert sich seit der Finanzkrise beinahe kontinuierlich und zwar zum Jahresstart so gut wie seit dreizehn Jahren nicht mehr.

Die Einzelhändler jubeln über ein richtig gutes Weihnachtsgeschäft, das Online-Geschäft wächst mit zweistelligen Raten. Und – das ist aus volkswirtschaftlicher Sicht entscheidend – die Kauffreude der Verbraucher befeuert das Bruttoinlandsprodukt. Mehr als die Hälfte des Wirtschaftswachstums ging im vergangenen Jahr auf das Konto der privaten Verbraucher. Damit bestätigt sich ein Trend des Vorjahres, in dem die Wirtschaft überhaupt nur dank des gestiegenen Konsums gewachsen war. [...]

Es gibt eine ganze Reihe günstiger Rahmenbedingungen für die Konsumfreude, zuallererst die Rekordbeschäftigung in Deutschland. Noch nie haben hierzulande so viele Menschen gearbeitet wie im Moment, der Trend zeigt weiter nach oben. Zugleich steigen die Einkommen der Deutschen. 2014 hatten die Haushalte unter dem Strich im Schnitt 2 Prozent mehr zur Verfügung als 2013. Auch in den Vorjahren waren die verfügbaren Einkommen in vergleichbarer Größenordnung gewachsen. 2015 sorgt der Mindestlohn für einen weiteren Anstieg. Beides schafft eine materielle und immaterielle Sicherheit, die für viele Menschen ein entscheidendes Kaufargument sein dürfte. Denn nur wer zuversichtlich ist, auch in einem oder in zwei Jahren noch Arbeit zu haben, leistet sich ein neues Auto oder eine Fernreise. [...]

Quelle: Pennekamp, Johannes: Konsum ohne Rausch, veröffentlicht am 07.02.2015 unter: www.faz.net/aktuell/

wirtschaft/konjunktur/warum-die-konsumfreude-der-deutschen-weiter-anhaelt-13414250.html

---

Sie erstellen eine Tischvorlage, in der Sie auf folgende Fragen eingehen:

2.2.1   In welcher konjunkturellen Phase befindet sich Deutschland angesichts des Artikels?

2.2.2   An welchen vier Konjunkturindikatoren ist dies erkennbar und wie entwickeln sich diese?

2.2.3   Sie erläutern zwei Ursachen aus dem Artikel, die diese Phase kennzeichnen.

Prüfungsaufgaben Winter 2015/2016 (Aufgabe 2)

Sie sind Mitarbeiter bei der Schäufele Bau GmbH, einem mittelständischen Unternehmen der Bauindustrie. Tätigkeitsschwerpunkte sind der private Wohnungsbau und der industrielle Wirtschaftsbau, insbesondere die Errichtung von Fertigungs- und Lagerhallen. Die Erfahrungen aus den vergangenen Jahren zeigen, dass der wirtschaftliche Erfolg Ihres Unternehmens maßgeblich von gesamtwirtschaftlichen Entwicklungen abhängt.

Aus einem Newsticker für Ihre Branche entnehmen Sie folgende Informationen:

+++ Konjunkturelle Lage: Baubranche ist verhalten optimistisch +++

Wirtschaftsbau: Der deutsche Wirtschaftsbau bewegt sich weiterhin im Schlepptau der Gesamtwirtschaft. Aufgrund der inzwischen stabilen konjunkturellen Entwicklung hat sich die Stimmungslage in der deutschen Wirtschaft verbessert, was sich auch auf die Investitionsplanungen der Unternehmen auswirken könnte.

Wohnungsbau: Im Wohnungsbau wird sich der seit 2009 zu beobachtende Wachstumstrend der vergangenen Jahre fortsetzen.

Zinsentwicklung: Das geringe Zinsniveau für Kredite und Spareinlagen verbessert die Rahmenbedingungen für die Bauwirtschaft. Aufgrund der anhaltenden Niedrigzinsstrategie der Europäischen Zentralbank (siehe Grafik) dürfte sich daran in der nächsten Zeit nichts ändern.

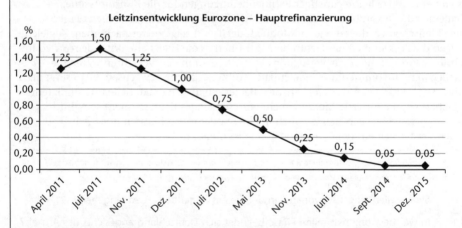

Fachkräfte: Die Beschaffung von Fachkräften in der Baubranche bleibt ein entscheidendes Thema für Unternehmen. Das zeigen die folgenden Zahlen:

Arbeitslose und offene Stellen – Bauingenieure Anzahl							
Jahr	2008	2009	2010	2011	2012	2013	2014
Arbeitslose	3.000	2.897	2.714	2.224	1.930	1.882	1.880
offene Stellen	905	995	1.031	1.196	1.384	1.494	1.697

Quelle: www.bauindustrie.de/zahlen-fakten/bauwirtschaft-im-zahlenbild/_/fakt/studenten-im-bauingenieurwesen/
(Stand: 13.10.2015)

2.1　Im Newsticker wird die konjunkturelle Lage angesprochen.
Erklären Sie den Zusammenhang zwischen dieser konjunkturellen Entwicklung und den zu erwartenden Auftragseingängen im Bereich Wirtschaftsbau der Schäufele Bau GmbH.

2.2　Das im Newsticker genannte geringe Zinsniveau für Kredite und Spareinlagen wird auf die Niedrigzinsstrategie der Europäischen Zentralbank zurückgeführt.

2.2.1　Erläutern Sie diesen Zusammenhang unter Berücksichtigung der Informationen zur Leitzinsentwicklung im Newsticker.

2.2.2.　Beurteilen Sie mithilfe von zwei Argumenten, inwieweit dieses geringe Zinsniveau die Nachfrage im privaten Wohnungsbau fördern kann.

2.3　Die Schäufele Bau GmbH hat seit einiger Zeit einen steigenden Bedarf an qualifizierten Bauingenieuren.

2.3.1　Interpretieren Sie in diesem Zusammenhang die Tabelle aus dem Newsticker.

2.3.2　Schlagen Sie zwei konkrete Maßnahmen vor, wie die Schäufele Bau GmbH diesem Problem begegnen kann.

3   Beschäftigungs- und Arbeitsmarktpolitik

3.1   Die Beschäftigung in einer Volkswirtschaft

Stofftelegramm

3.2 Arten und Ursachen der Arbeitslosigkeit

Stofftelegramm

- **Saisonale Arbeitslosigkeit:**

  Folge saisonaler Produktionsschwankungen (z. B. Landwirtschaft, Bauwirtschaft); kaum bekämpfbar

- **Strukturelle Arbeitslosigkeit (= „Mismatch-Arbeitslosigkeit"):**

  Arbeitslosigkeit in bestimmten Regionen, Branchen oder Berufen durch strukturellen Wandel auf diesen Teilarbeitsmärkten (z. B. Landwirtschaft, Stahlbranche, Uhrenindustrie)

  „Mismatch-Arbeitslosigkeit": Arbeitsangebot und Arbeitsnachfrage weichen in regionaler oder qualifikatorischer Hinsicht voneinander ab → auf dem gesamten Arbeitsmarkt existieren gleichzeitig Arbeitslosigkeit und offene Stellen.

  Gründe für regionales Mismatch: familiäre Bindungen, fehlende Transparenz, fehlende Wohnungen, unterschiedliche Schulsysteme

  Gründe für qualifikatorisches Mismatch: Qualifikative Ansprüche der Arbeitsstellen stimmen nicht mit den Qualifikationen der Arbeitslosen überein (z. B. Facharbeitermangel).

- **Technologische Arbeitslosigkeit:**

  Arbeitslosigkeit durch Rationalisierung (Maschinen ersetzen Menschen)

- **Konjunkturelle Arbeitslosigkeit:**

  durch gesamtwirtschaftlichen Beschäftigungsrückgang (sinkende Nachfrage) hervorgerufene Arbeitslosigkeit (Rezessions- bzw. Depressionsphase)

- **Friktionelle Arbeitslosigkeit:**

  Sie tritt auf, wenn Arbeitskräfte kündigen bzw. entlassen werden und kurzfristig bis zum Antritt der neuen Stelle nicht beschäftigt sind („Sucharbeitslosigkeit" bzw. „Fluktuationsarbeitslosigkeit"). Ebenso wie die saisonale Arbeitslosigkeit zählt sie zur sog. **„Sockelarbeitslosigkeit"**, die auch in Zeiten guter Konjunktur nicht unterschritten werden kann.

3.3 Bekämpfung und Probleme der Arbeitslosigkeit

Stofftelegramm

Bekämpfung der Arbeitslosigkeit (Arbeitsmarktpolitik):

- Möglichkeiten für Arbeitslose schaffen, sich selbstständig zu machen (Existenzgründungszuschüsse)
- Personal-Service-Agenturen errichten, die Arbeitslose in Zeitarbeit beschäftigen
- Arbeitszeitverkürzungen • Senkung der Arbeitskosten
- Maßnahmen zur Steigerung der Nachfrage (Lohn-, Gehaltserhöhungen, Steuersenkungen ...)
- staatliche Beschäftigungsprogramme (Straßenbau ...)
- Investitionszulagen an Unternehmen • Senkung der Unternehmenssteuern
- Verhinderung der Abwanderung deutscher Unternehmen ins Ausland
- Förderung der Berufsbildung

Probleme der Arbeitslosigkeit: • materielle, psychische, soziale Probleme
• Probleme der Finanzierung (Arbeitslosengelder)

Lohnpolitik der Tarifparteien: • **Expansive Lohnpolitik:** Gewerkschaften fordern Lohnerhöhungen, die über der Erhöhung der Arbeitsproduktivität + Inflationsrate liegen.
• **Produktivitätsorientierte Lohnpolitik:** Gewerkschaften fordern Lohnerhöhungen entsprechend dem Anstieg der Arbeitsproduktivität.

3.4   Aufgaben (Grundwissen)

1. Was versteht man unter Beschäftigung im volkswirtschaftlichen Sinn? Wie wird sie üblicherweise gemessen?

2. Wie wird die Arbeitslosenquote ermittelt?

3. Erklären Sie die drei möglichen Beschäftigungslagen einer Volkswirtschaft.

4. Warum signalisiert eine Arbeitslosenquote von 1,5 % bis 2 % immer noch eine vollbeschäftigte Wirtschaft?

5. Erklären Sie die fünf Arten der Arbeitslosigkeit.

6. Wie kann die Arbeitslosigkeit bekämpft werden?

7. Der Geschäftsführer der „Mode im Quadrat GmbH" in Mannheim ist der Meinung, dass die Auszubildenden auch gesamtwirtschaftliche Zusammenhänge und deren Auswirkungen auf den Einzelhandel kennenlernen sollen.

   Sie sind Ausbilder/Ausbilderin bei „Mode im Quadrat GmbH" und erhalten den Auftrag, im Rahmen einer Schulung mit den Auszubildenden Aspekte der Gesamtwirtschaft zu thematisieren.

   Gemeinsam mit den Auszubildenden lesen Sie den Artikel (**Anlage**) und sprechen zunächst über Arbeitslosigkeit.

   a) Sie erklären, wie die Arbeitslosenquote berechnet wird, und berechnen anhand der im Text genannten Zahlen die Zahl der Erwerbspersonen.

   b) Sie erklären den Auszubildenden jeweils zwei Auswirkungen einer hohen Arbeitslosenquote auf den Staat und die Unternehmen.

   c) Sie erläutern vier Maßnahmen, mit denen der Staat versucht, die Arbeitslosigkeit zu bekämpfen.

   d) Während der Schulung diskutieren Sie mit den Auszubildenden Auswirkungen der Arbeitslosigkeit auf einen Langzeitarbeitslosen. Sie notieren zwei Auswirkungen mit Begründung.

   e) Sie geben die Art der Arbeitslosigkeit an, die die Experten laut Artikel überschätzt haben.

Anlage

Arbeitslosenzahl: Starker Rückgang – ein kleines deutsches Jobwunder

Damit hatten die Experten nicht gerechnet: Die Zahl der Arbeitslosen geht nicht nur unerwartet deutlich zurück – sie sinkt sogar unter den Vorjahreswert.

Unter Herausrechnung der jahreszeitlichen Schwankungen ging die Arbeitslosenzahl um 31.000 zurück. Experten hatten eine saisonbereinigte Zunahme um 10.000 erwartet [...], doch dank der Kurzarbeit fallen die Zahlen nach wie vor gut aus.

[...]

Die Bundesagentur für Arbeit (BA) hat 3,568 Millionen Arbeitslose registriert. Dies seien 75.000 weniger als im Februar und 18.000 weniger als vor einem Jahr. Erstmals seit einem Jahr ist die Arbeitslosenzahl damit auch im Vorjahresvergleich wieder gesunken.

Die übliche Frühjahrsbelebung am Arbeitsmarkt setzte damit stärker ein als erwartet. Die Arbeitslosenquote sinkt leicht auf 8,5 Prozent.

Quelle: www.sueddeutsche.de/wirtschaft/313/507472/text/

3.5   Prüfungsaufgaben

Prüfungsaufgaben Winter 2010/2011 (Aufgabe 2, teilweise)

2.3 Der Beitrag der einzelnen Sektoren zur Wirtschaftsleistung hat sich im Laufe der Zeit stark gewandelt. Dies zeigt sich auch in den Veränderungen der Beschäftigungszahlen:

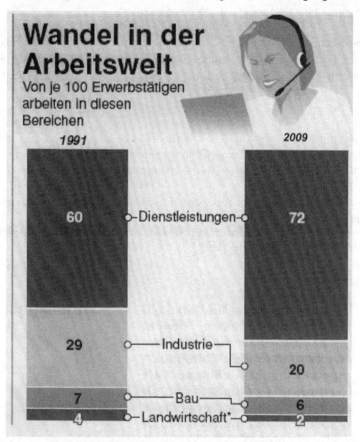

Wandel in der Arbeitswelt
Von je 100 Erwerbstätigen arbeiten in diesen Bereichen

1991 — 2009

	Dienstleistungen	
60		72
29	Industrie	20
7	Bau	6
4	Landwirtschaft*	2

2.3.1 Beschreiben Sie den oben dargestellten Wandel in der Arbeitswelt.

2.3.2 Erläutern Sie zwei mögliche Ursachen für diese Veränderungen.

2.3.3 Beurteilen Sie vor dem Hintergrund dieser Entwicklung die zukünftigen Beschäftigungschancen in der Branche Ihres Ausbildungsbetriebes.

2.3.4 Eine negative Begleiterscheinung dieses Wandels ist die strukturelle Arbeitslosigkeit. Wie können Sie selbst strukturell bedingter Arbeitslosigkeit vorbeugen? Führen Sie zwei Möglichkeiten an.

4 Der Wert des Geldes und seine Messung

4.1 Preisniveau und Kaufkraft

Stofftelegramm

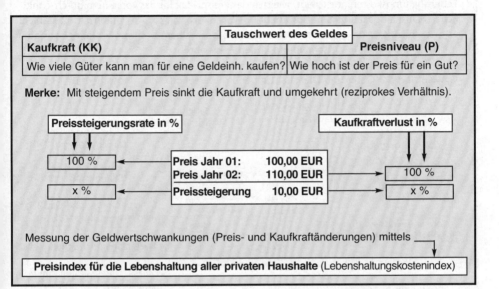

Messung der Geldwertschwankungen (Preis- und Kaufkraftänderungen) mittels

Preisindex für die Lebenshaltung aller privaten Haushalte (Lebenshaltungskostenindex)

4.2 Entstehung des Verbraucherpreisindex

Stofftelegramm

- Ermittlung durch Statistisches Bundesamt
- Lebenshaltungskostenindex zeigt, wie sich das Preisniveau für das von einem durchschnittlichen Haushalt gekaufte Gütersortiment (= **Warenkorb** mit ca. 750 Gütern) im Zeitablauf entwickelt. Ansatz des Kaufpreises des Warenkorbs in einem bestimmten Jahr (**Basisjahr**) mit 100 Punkten (%), Fortschreibung in den Folgejahren.
- Aktuelles Basisjahr: 2010 = 100
- Gewichtung der Güter und Dienstleistungen im Warenkorb (Wägungsschema)

Der **harmonisierte Verbraucherpreisindex (HVPI)** ist ein Maßstab für die Wirtschaftspolitik, für die Unternehmen und das Verhalten der privaten Haushalte, z. B. bei Tarifverhandlungen.

Beispiel: Preisindex und Inflationsrate

Jahr	Preis des Warenkorbes in EUR	Preisindex (100 = Basis 2010)	Inflationsrate (in % ggü. Basisjahr)	Inflationsrate (in % ggü. Vorjahr)
2010	2.030,00	100,00	–	–
2011	2.056,39	101,30	1,30	1,30
2012	2.110,54	103,97	① 3,97	❷ 2,64
2013	2.183,67	107,57	7,57	3,46
2014	2.200,20	108,38	8,38	0,76
2015	2.268,35	111,74	11,74	3,10

① Preisindex Jahr 2012 – Preisindex Basisjahr = Inflationsrate ggü. Basisjahr

    103,97   –   100   =   3,97 %

❷ Preisindex Jahr 2012 – Preisindex 2011 = Inflationsrate ggü. Vorjahr

    103,97   101,30   –   2,67 Prozentpunkte

Berechnung der Inflationsrate: 101,30 = 100 %

    2,67 =   x %,   x = 2,64 %

4.3 Ursachen von Inflation (Preisniveausteigerungen)

Stofftelegramm

Ursachen für Inflation

monetäre Ursachen ← → nicht monetäre Ursachen

Überversorgung der Wirtschaft mit Geld
- übermäßige Kredite an die öffentlichen Haushalte
- übermäßige Kredite an die private Wirtschaft

Von der Angebotsseite her:
- Kosteninflation durch z. B. höhere Löhne, steigende Energiekosten
- Gewinninflation

Von der Nachfrageseite her:
- Konsuminflation: Nachfrager sparen weniger
- Investitionsinflation: Unternehmen investieren mehr
- importierte Inflation durch z. B. erhöhte Exportüberschüsse

4.4 Auswirkungen von Inflation

Stofftelegramm

Auswirkungen von Inflation auf:

1. Löhne/Gehälter: Arbeitnehmer können sich von ihrem Einkommen weniger leisten.

- Preise der Lebensmittel steigen ⎫
- Mieten steigen   ⎬ = Kaufkraftverlust
- Energiekosten steigen usw.   ⎭

Die Lohn-Preisspirale

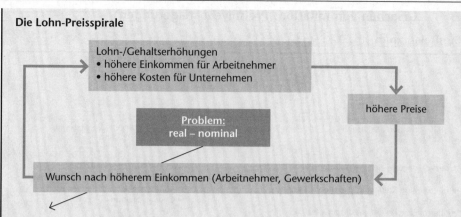

Nominallohn:	dem Arbeitnehmer für Güterkäufe zur Verfügung stehender Nettolohn
Reallohn:	die Menge an Gütern, die sich der Arbeitnehmer tatsächlich kaufen kann
	→ Nominallohn − Preissteigerung = Reallohn

Beispiel:

Basisjahr 2010	Nominal 2014	Real 2014
100	110,2	103,4

2. Schulden

Schulden unterliegen dem Nominalwertprinzip, d. h., der geschuldete Betrag bleibt auch bei Inflation der Betrag, der zurückgezahlt werden muss.
→ Schuldner profitieren durch Inflation.

3. Ersparnisse

Ersparnisse wachsen durch Zinsen. Liegen diese unter der Inflationsrate, nehmen Geldvermögen **real** ab. → Sparer sind die Verlierer.

4. Sachwerte

Sachvermögen sind von Inflation kaum betroffen, da diese Vermögen durch Wertsteigerungen wachsen und diese meist über der Inflation liegen. Die Nachfrage nach Sachwerten steigt, deren Preise steigen somit auch.

4.5 Aufgaben (Grundwissen)

1. a) Unterscheiden Sie die Begriffe „Kaufkraft" und „Preisniveau".
    b) Wie verhalten sich Kaufkraft und Preisniveau zueinander?

2. Auf welche beiden grundsätzlichen Arten können Geldwertschwankungen berechnet werden?

3. Preis Jahr 01: 100,00 EUR   a) Preissteigerungsrate?
    Preis Jahr 02: 110,00 EUR   b) Kaufkraftverlust?

4. Preissteigerungsrate 8 %. Kaufkraftverlust?

5. Kaufkraftverlust: 6 %. Preissteigerungsrate?

6. Nennen Sie vier Bereiche, für die ein Preisindex berechnet wird.

7. Erklären Sie die Begriffe „Warenkorb" und „Basisjahr".

8. Was kann der Verbraucher aus dem Preisindex für die Lebenshaltung der Haushalte ablesen?

9. Warum müssen Warenkörbe regelmäßig „reformiert" werden?

10. Ergänzen Sie die Tabelle (Aufrundung auf eine Kommastelle).

	Jahr 01	Jahr 02	Jahr 03	Jahr 04
Kosten für Warenkorb in EUR	2.000,00	2.040,00	2.101,00	2.206,00
Prozentuale Preissteigerung im Vergleich zum jeweiligen Vorjahr	–	a)	b)	c) ....
Preisindex: Basisjahr 01	d)	e)	f)	g) ....

11. Unterscheiden Sie die Begriffe „Nominallohn" und „Reallohn".

12. Wie hat sich in folgenden Fällen das Preisniveau entwickelt?

    a) Nominallohnsteigerung: 8 %;   Reallohnsteigerung: 5 %
    b) Nominallohnsteigerung: 3 %;   Reallohnsteigerung: 4 %
    c) Nominal- und Reallohnsteigerung je 4 %

13. Ermitteln Sie die Preisindizes bei folgenden Preissteigerungsraten (Basisjahr 01):

Jahr	01	02	03	04	05	06
Preissteigerungsrate	1,2 %	2,6 %	3,0 %	3,0 %	4,2 %	3,2 %

14. Nennen Sie die Faktoren, die den Geldwert beeinflussen können.

15. Für ein bestimmtes Jahr wurde in Deutschland eine Inflationsrate von 4,5 % vorausgesagt. Daher schlugen zu Jahresbeginn namhafte Wirtschaftswissenschaftler vor, für ein Jahr eine Lohnpause auszusetzen.

    a) Nehmen Sie an, die Tarifpartner konnten sich auf eine solche Lohnpause einigen. Welche Auswirkungen hätte ein solcher Beschluss in der oben beschriebenen Situation auf den Reallohn? Begründung.

    b) Das Statistische Bundesamt ermittelt den jährlichen Preisindex für die Lebenshaltungskosten.

ba) Warum werden bei dieser Preisindexermittlung nicht alle Preise einer Volkswirtschaft addiert und durch ihre Anzahl dividiert?

bb) Wie ist es zu erklären, dass bei real steigenden verfügbaren Einkommen die Ausgaben eines Haushalts für Nahrungsmittel von 33,3 % des Einkommens im Jahre 10 auf 26,7 % des Einkommens im Jahre 16 gesunken sind?

bc) Wie haben sich Preisniveau und Kaufkraft vom Jahr 12 bis 13 prozentual bei einem Lebenshaltungskostenindex von 106,5 im Jahre 12 und 110,9 im Jahre 13 verändert?

c) Mit der vorgeschlagenen Lohnpause sollte nach Meinung der Wissenschaftler die lohnkostenbedingte Inflation eingedämmt werden. Nennen Sie zwei weitere Ursachen einer Geldentwertung und erklären Sie, wie sich daraus die jeweilige Inflation ergibt.

16. Was versteht man unter Inflation?

17. Nennen Sie mögliche Ursachen einer Inflation.

18. Erklären Sie den Begriff „importierte Inflation".

19. Erklären Sie den Begriff „Lohn-Preis-Spirale".

20. Welche Auswirkungen hat die Inflation?

5 Geldtheorie und Geldpolitik

5.1 Das Europäische System der Zentralbanken (ESZB)

Stofftelegramm

Stellung der EZB (Errichtung: 1998)

• ESZB = EZB + nationale Zentralbanken (NZB) der Mitglieder der Europäischen Wirtschafts- und Währungsunion (EWWU = „Euroland")

→ Föderalismus! Vergleichbar mit Deutscher Bundesbank und deren neun Hauptverwaltungen in Bundesländern

• Sitz der EZB in **Frankfurt/Main**

• EZB am **Modell der Deutschen Bundesbank** orientiert

• **unabhängig** (autonome Stellung) von Regierungen und EU-Organen

• keine Finanzierung staatlicher Ausgaben

Organe der EZB

• **Europäischer Zentralbankrat (Rat der EZB)** = oberstes Entscheidungsgremium, das i. d. R. zweimal im Monat zusammentritt

   Aufgaben: Leitlinien und Entscheidungen zur Festlegung der Geldpolitik erlassen (u. a.: geldpolitische Ziele und Höhe der Leitzinsen festlegen)

• **Direktorium:**   – Leitung + Verwaltung der EZB

                  – Vorbereitung der Sitzungen des EZB-Rats

                  – Durchführung der Geldpolitik des Euroraums gemäß den Leitlinien und Entscheidungen des EZB-Rats, wobei es hierzu den nationalen Zentralbanken des Euroraums die notwendigen Weisungen erteilt

                  – Führung der laufenden Geschäfte der EZB

• **ZB-Präsidenten aller Euroländer**   – Vgl. Übersicht nächste Seite –

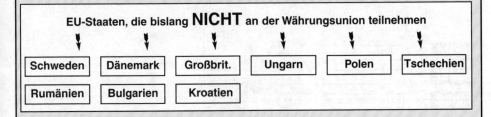

EU-Staaten, die bislang NICHT an der Währungsunion teilnehmen

| Schweden | Dänemark | Großbrit. | Ungarn | Polen | Tschechien |

| Rumänien | Bulgarien | Kroatien |

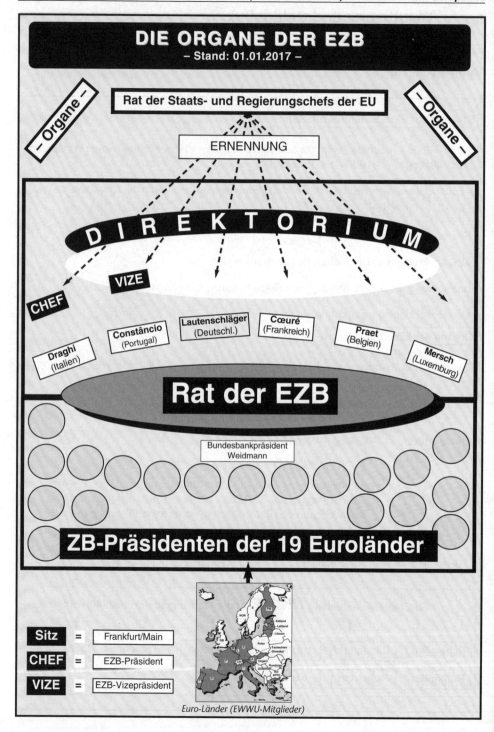

DIE ORGANE DER EZB
– Stand: 01.01.2017 –

– Organe –

Rat der Staats- und Regierungschefs der EU

– Organe –

ERNENNUNG

DIREKTORIUM

VIZE

CHEF

Draghi (Italien)

Constâncio (Portugal)

Lautenschläger (Deutschl.)

Cœuré (Frankreich)

Praet (Belgien)

Mersch (Luxemburg)

Rat der EZB

Bundesbankpräsident Weidmann

ZB-Präsidenten der 19 Euroländer

Sitz	=	Frankfurt/Main
CHEF	=	EZB-Präsident
VIZE	=	EZB-Vizepräsident

Euro-Länder (EWWU-Mitglieder)

DIE BESCHLUSSORGANE DER EZB

EZB-DIREKTORIUM	EZB-RAT	ERWEITERTER EZB-RAT
Präsident	Präsident	Präsident
Vizepräsident	Vizepräsident	Vizepräsident
vier weitere Mitglieder	vier weitere Mitglieder des Direktoriums	Präsidenten der NZBen
	Präsidenten der NZBen des **Euro-Währungs-gebiets** (19)	**aller EU-Mit-gliedstaaten** (28)

Aufgaben

- Vorbereitung der Sitzungen des EZB-Rats
- Ausführung der Geldpolitik gemäß den Leitlinien und Entscheidungen des EZB-Rats + hierzu Weisungserteilung an NZBen
- Führung der laufenden Geschäfte der EZB
- Ausübung bestimmter, vom EZB-Rat übertragener Befugnisse

Aufgaben

- Erlässt Leitlinien und Entscheidungen, die notwendig sind, um die Erfüllung der dem Eurosystem übertragenen Aufgaben zu gewährleisten.
- Festlegung der Geldpolitik

Aufgaben

Auflösung des Erweiterten EZB-Rats, wenn alle EU-Länder den Euro eingeführt haben; keine Verantwortung für geldpolitische Entscheidungen

Mitwirkung bei:

- Koordinierung der Geldpolitik „Nicht-Euro-EU-Staaten" + EZB zwecks Aufrechterhaltung der Preisstabilität
- Erhebung statistischer Daten
- Berichtstätigkeiten der EZB
- Vorarbeit für Wechselkursfestlegung der „Nicht-Euro-EU-Staaten"

QUANTITATIVE EZB-DEFINITION VON PREISSTABILITÄT

Vorrangiges Ziel (vorrangige Aufgabe) der EZB: Gewährleistung der **Preisstabilität**

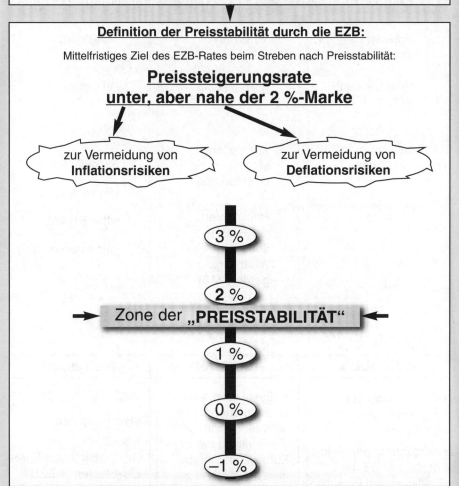

Definition der Preisstabilität durch die EZB:

Mittelfristiges Ziel des EZB-Rates beim Streben nach Preisstabilität:

Preissteigerungsrate
unter, aber nahe der 2 %-Marke

zur Vermeidung von
Inflationsrisiken

zur Vermeidung von
Deflationsrisiken

3 %

2 %

→ Zone der „PREISSTABILITÄT" ←

1 %

0 %

−1 %

Weitere Aufgaben der EZB

- einheitliche **Währungs-(Geld-)Politik:** Leitzinsen festlegen, Geldmenge steuern ...
- **Devisengeschäfte** durchführen
- Verwaltung der **Währungsreserven** der Mitgliedstaaten
- reibungslosen **Zahlungsverkehr** im Euroland organisieren
- **Banknotenausgabe** (Eurogeld)
- Höhe der **Münzausgabe** steuern
- **Überwachung** des Kreditwesens
- **Unterstützung der Wirtschaftspolitik** der Regierungen, sofern keine Gefährdung der Preisstabilität

Aufgaben

1. Was versteht man unter dem Europäischen Zentralbanksystem (ESZB)?

2. Nennen Sie die wesentlichen Aufgaben der Europäischen Zentralbank (EZB).

3. Wie definiert die EZB den quantitativen Begriff der Preisstabilität?

4. Was versteht man unter „Föderalismus" der Europäischen Zentralbank?

5. Die Europäische Zentralbank ist **unabhängig**. Wie ist dies zu verstehen?

6. Nennen Sie die Organe der Europäischen Zentralbank.

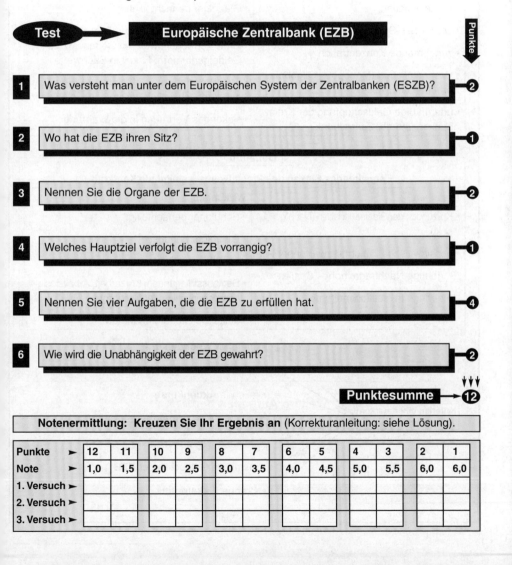

Test ➤ **Europäische Zentralbank (EZB)**   Punkte

1   Was versteht man unter dem Europäischen System der Zentralbanken (ESZB)?   **2**

2   Wo hat die EZB ihren Sitz?   **1**

3   Nennen Sie die Organe der EZB.   **2**

4   Welches Hauptziel verfolgt die EZB vorrangig?   **1**

5   Nennen Sie vier Aufgaben, die die EZB zu erfüllen hat.   **4**

6   Wie wird die Unabhängigkeit der EZB gewahrt?   **2**

Punktesumme ➤ **12**

Notenermittlung: Kreuzen Sie Ihr Ergebnis an (Korrekturanleitung: siehe Lösung).

Punkte ➤	12	11	10	9	8	7	6	5	4	3	2	1
Note ➤	1,0	1,5	2,0	2,5	3,0	3,5	4,0	4,5	5,0	5,5	6,0	6,0
1. Versuch ➤												
2. Versuch ➤												
3. Versuch ➤												

5.2   Inflation und Deflation (Geldwertschwankungen)

Stofftelegramm

Inflation

= anhaltendes Steigen des Preisniveaus = Geldentwertung

Ursachen	Wirkungen
• Nachfrageinflation	• sinkende Kaufkraft
• sinkendes Angebot	• Schuldner begünstigt
• Kosteninflation	• Gläubiger benachteiligt
• Lohn-Preis-Spirale	• Eigentümer von Sachvermögen erhalten ihren Vermögenswert im Gegensatz zu Geldeigentümern: Flucht in Sachwerte
• zunehmende Konzentration	
• Gewinninflation (Monopole, Oligopole erhöhen die Preise)	• Evtl. **Stagflation** (= Inflation bei Stagnation): evtl. Arbeitslosigkeit bei steigenden Preisen
• übermäßige Geldschöpfung der Kreditbanken und der Zentralbank	• sinkendes Vertrauen in die Währung

Deflation

= anhaltendes Sinken des Preisniveaus = steigende Kaufkraft

Ursachen	Wirkungen
• Kürzungen der Staatsausgaben (Nachfr. sinkt)	• Schuldner benachteiligt
	• Gläubiger begünstigt
• pessimistische Zukunftserwartungen:	• Flucht in die Geldwerte
– geringe Nachfrage, hohes Sparen	• Betriebsstilllegungen, Kurzarbeit, Arbeitslosigkeit wegen sinkender Nachfrage
– geringe Investitionsneigung	
	• sinkende Steuereinnahmen

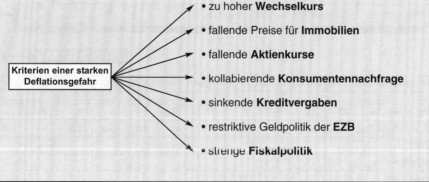

Kriterien einer starken Deflationsgefahr

- • zu hoher **Wechselkurs**
- • fallende Preise für **Immobilien**
- • fallende **Aktienkurse**
- • kollabierende **Konsumentennachfrage**
- • sinkende **Kreditvergaben**
- • restriktive Geldpolitik der **EZB**
- • strenge **Fiskalpolitik**

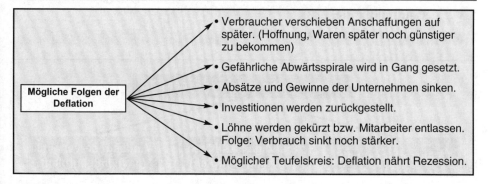

Mögliche Folgen der Deflation

- Verbraucher verschieben Anschaffungen auf später. (Hoffnung, Waren später noch günstiger zu bekommen)
- Gefährliche Abwärtsspirale wird in Gang gesetzt.
- Absätze und Gewinne der Unternehmen sinken.
- Investitionen werden zurückgestellt.
- Löhne werden gekürzt bzw. Mitarbeiter entlassen. Folge: Verbrauch sinkt noch stärker.
- Möglicher Teufelskreis: Deflation nährt Rezession.

Aufgaben (Grundwissen)

1. Was versteht man unter Inflation?

2. Nennen Sie mögliche Ursachen einer Inflation.

3. Erklären Sie den Begriff importierte Inflation.

4. Erklären Sie den Begriff Lohn-Preis-Spirale.

5. Welche Auswirkungen hat die Inflation?

6. a) Was versteht man unter Stagflation?

   b) Warum ist die Stagflation wirtschaftspolitisch schwer zu bekämpfen?

7. Erklären Sie die Begriffe offene und verdeckte Inflation.

8. Unterscheiden Sie schleichende und galoppierende Inflation.

9. Was versteht man unter Deflation?

10. Nennen Sie mögliche Ursachen einer Deflation.

11. Welche Auswirkungen hat die Deflation?

12. a) Wie würden Sie die Geldwertschwankungen in der Bundesrepublik bezeichnen?

    b) Woher rühren Ihrer Ansicht nach diese Schwankungen?

5.3   Geldpolitik der EZB

Stofftelegramm

5.3.1   Offenmarktgeschäfte der EZB

Stofftelegramm

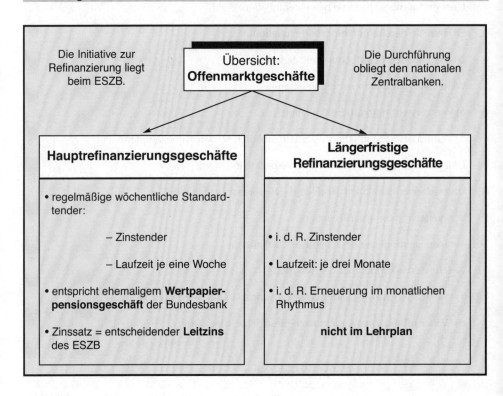

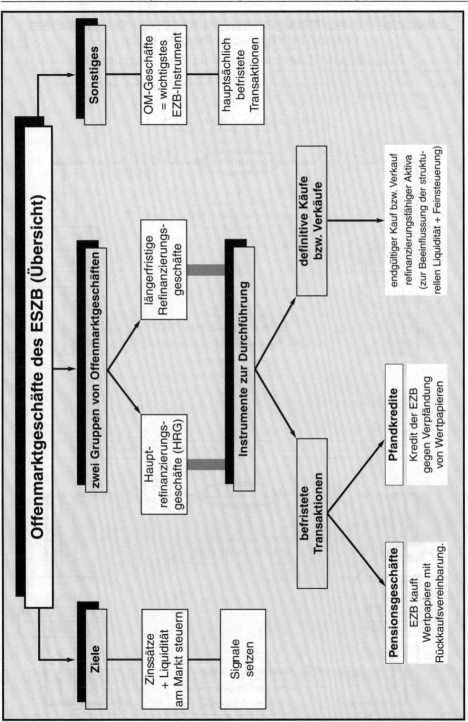

Offenmarktgeschäfte des ESZB (Übersicht)

Sonstiges

OM-Geschäfte = wichtigstes EZB-Instrument

hauptsächlich befristete Transaktionen

zwei Gruppen von Offenmarktgeschäften

längerfristige Refinanzierungsgeschäfte

Hauptrefinanzierungsgeschäfte (HRG)

Instrumente zur Durchführung

definitive Käufe bzw. Verkäufe

endgültiger Kauf bzw. Verkauf refinanzierungsfähiger Aktiva (zur Beeinflussung der strukturellen Liquidität + Feinsteuerung)

befristete Transaktionen

Pfandkredite

Kredit der EZB gegen Verpfändung von Wertpapieren

Pensionsgeschäfte

EZB kauft Wertpapiere mit Rückkaufsvereinbarung.

Ziele

Zinssätze + Liquidität am Markt steuern

Signale setzen

Offenmarktgeschäfte der EZB
(Beispiel: befristete Transaktion als Pensionsgeschäft)

Abkürz.: **ESZB** = Europäisches System der Zentralbanken; **NZB** = nationale Zentralbank; **GP** = Geschäftspartner; **WP** = Wertpapier

Wertpapierkauf durch ESZB

EUR ▷   **Liquidität**   EUR ▷

ESZB

expansive EZB-Politik

**NZB
Euroland A**
Euroland B
Euroland C

**GP
Bank 1**
Bank 2
Bank 3

WP WP WP WP WP WP

**ESZB kauft Wertpapiere
zur Sicherheit mit Rückkaufsvereinbarung.**
(Eigentumsübertragung)
– Zuteilung auf die GP im Tenderverfahren –

Rückkauf durch GP lt. Rückkaufsvereinbarung bei Fälligkeit

◁ EUR   **Liquidität**   ◁ EUR

ESZB

restriktive Wirkung

**NZB
Euroland A**
Euroland B
Euroland C

**GP
Bank 1**
Bank 2
Bank 3

WP WP WP WP WP

**Rückkauf der Wertpapiere
durch die Geschäftspartner**
(Eigentumsrückübertragung)

5.3.2   Wirkungsweise von Offenmarktgeschäften

Stofftelegramm

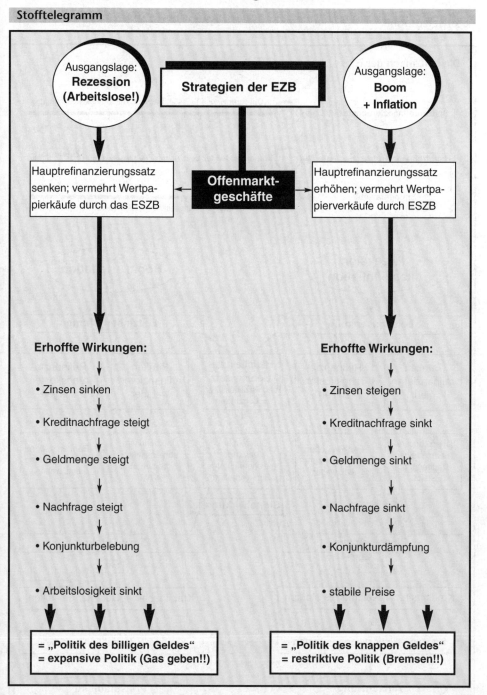

Ausgangslage:
**Rezession
(Arbeitslose!)**

Strategien der EZB

Ausgangslage:
**Boom
+ Inflation**

Hauptrefinanzierungssatz senken; vermehrt Wertpapierkäufe durch das ESZB

**Offenmarkt-
geschäfte**

Hauptrefinanzierungssatz erhöhen; vermehrt Wertpapierverkäufe durch ESZB

Erhoffte Wirkungen:

- Zinsen sinken
- Kreditnachfrage steigt
- Geldmenge steigt
- Nachfrage steigt
- Konjunkturbelebung
- Arbeitslosigkeit sinkt

= „Politik des billigen Geldes"
= expansive Politik (Gas geben!!)

Erhoffte Wirkungen:

- Zinsen steigen
- Kreditnachfrage sinkt
- Geldmenge sinkt
- Nachfrage sinkt
- Konjunkturdämpfung
- stabile Preise

= „Politik des knappen Geldes"
= restriktive Politik (Bremsen!!)

5.3.3 Leitzinspolitik der EZB (Übersicht)

Stofftelegramm

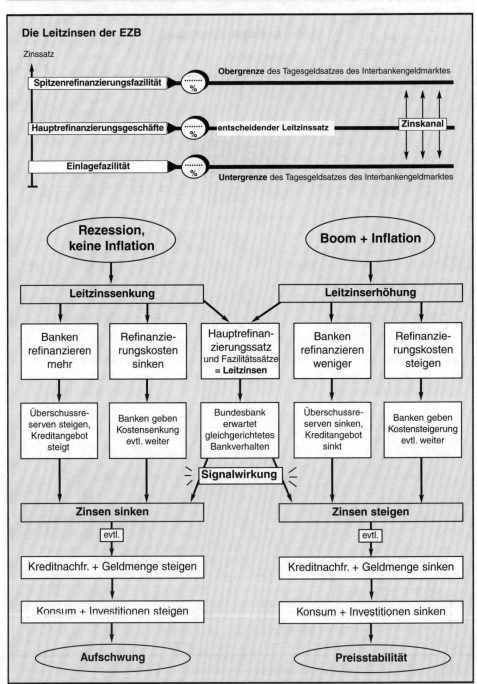

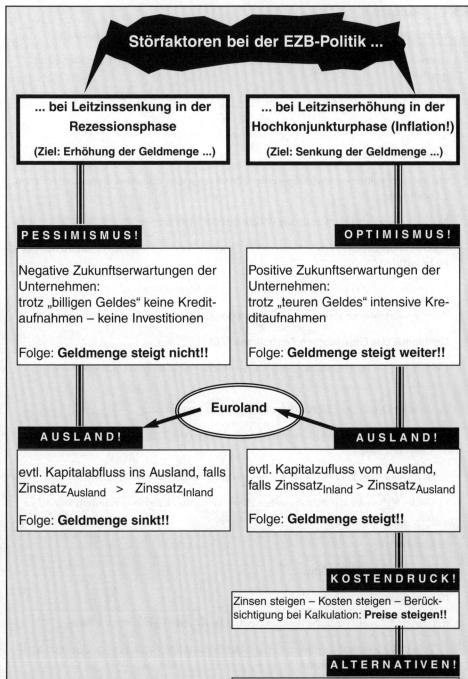

Störfaktoren bei der EZB-Politik ...

... bei Leitzinssenkung in der Rezessionsphase

(Ziel: Erhöhung der Geldmenge ...)

... bei Leitzinserhöhung in der Hochkonjunkturphase (Inflation!)

(Ziel: Senkung der Geldmenge ...)

PESSIMISMUS!

Negative Zukunftserwartungen der Unternehmen:
trotz „billigen Geldes" keine Kreditaufnahmen – keine Investitionen

Folge: **Geldmenge steigt nicht!!**

OPTIMISMUS!

Positive Zukunftserwartungen der Unternehmen:
trotz „teuren Geldes" intensive Kreditaufnahmen

Folge: **Geldmenge steigt weiter!!**

Euroland

AUSLAND!

evtl. Kapitalabfluss ins Ausland, falls $\text{Zinssatz}_{Ausland} > \text{Zinssatz}_{Inland}$

Folge: **Geldmenge sinkt!!**

AUSLAND!

evtl. Kapitalzufluss vom Ausland, falls $\text{Zinssatz}_{Inland} > \text{Zinssatz}_{Ausland}$

Folge: **Geldmenge steigt!!**

KOSTENDRUCK!

Zinsen steigen – Kosten steigen – Berücksichtigung bei Kalkulation: **Preise steigen!!**

ALTERNATIVEN!

Banken versorgen sich anderweitig mit Liquidität (z. B. im Ausland): **Geldmenge steigt!!**

5.3.4 Aufgaben

1. Welche allgemeinen Ziele verfolgt die EZB speziell mit ihren Offenmarktgeschäften?

2. Nennen und beschreiben Sie kurz die Instrumente zur Durchführung von Offenmarktgeschäften.

3. Erklären Sie folgende Begriffe:

   • **Leitzinsen**

   • **Signalwirkung**

4. Welche geldpolitischen Maßnahmen der EZB würden evtl. mithelfen, Boom und Inflation zu **bremsen?**

   Beschreiben Sie stichpunktartig die Wirkungen der Maßnahmen.

5. Welche geldpolitischen Maßnahmen der EZB würden evtl. mithelfen, die **Arbeitslosigkeit zu beseitigen?**

   Beschreiben Sie stichpunktartig die Wirkungen der Maßnahmen.

6. Welche **Störfaktoren** stellen die Erreichung der Ziele einer Leitzinserhöhung infrage?

7. **Geldpolitik der Europäischen Zentralbank (EZB)**

   Die EZB hat auf die derzeitige Konjunkturschwäche mit mehreren Leitzinssenkungen reagiert.

   a) Welches Organ der EZB hat diese Maßnahmen beschlossen?

   b) Im Mittelpunkt der geldpolitischen Möglichkeiten der EZB stehen die Hauptfinanzierungsgeschäfte.

   Beschreiben Sie kurz den Ablauf eines Hauptrefinanzierungsgeschäfts.

   c) Verdeutlichen Sie die Wirkungsweise dieser Leitzinssenkung in mindestens vier Schritten.

8. Beschreiben Sie

   a) eine staatliche Maßnahme,

   b) eine geldpolitische Maßnahme,

   mit denen die wirtschaftliche Position Deutschlands verbessert werden könnte.

   c) Zeigen Sie jeweils ein Problem auf, das durch die staatliche und die geldpolitische Maßnahme entstehen kann.

9.

> ...
>
> Die Mobilität von Waren, Dienstleistungen, Arbeit, Technologie und Kapital innerhalb der gesamten Welt steigert sich beständig: „Globalisierung" – jeden Tag hört man dieses Wort in den Nachrichten, liest es in der Zeitung, spricht darüber ...: „Die Globalisierung, so scheint es, ist ein zweischneidiges Schwert", betont Ernst Ulrich von Weizsäcker, Vorsitzender der Enquete-Kommission Globalisierung der Weltwirtschaft des Deutschen Bundestages. „... die wirtschaftliche Verflechtung hilft zweifellos, den Frieden zu sichern. Sie fördert das wirtschaftliche Wachstum und beschleunigt die Innovation. Für ein exportorientiertes Land wie Deutschland sichert sie Millionen von Arbeitsplätzen".
> ...

Quelle: www.deutsche-bank-kunst.com/art/d/thema-wordsearch04.ph (Stand: 07/2004)

Wenn Ernst Ulrich von Weizsäcker von einem „zweischneidigen Schwert" spricht, sieht er in der Globalisierung auch Risiken.

Beschreiben Sie zwei dieser Risiken.

10. Eine in der Vergangenheit häufig angewandte Strategie zur Belebung der Wirtschaft war, die Zinssätze zu senken. Beschreiben Sie in vier Schritten die möglichen positiven wirtschaftlichen Auswirkungen einer Niedrigzinspolitik.

11. Nicht immer treten die in Aufgabe 10 beschriebenen Wirkungen einer Niedrigzinspolitik ein. Erläutern Sie zwei mögliche Ursachen.

12. Zahlreiche Wirtschaftsexperten fordern von der Europäischen Zentralbank (EZB) eine Geldpolitik, die den konjunkturellen Aufschwung unterstützt.

a)   Unter welcher Voraussetzung wird die EZB dieser Forderung nachkommen?

b)   Die EZB könnte den Konjunkturaufschwung u. a. mithilfe des Hauptfinanzierungsgeschäftes fördern. Beschreiben Sie die Wirkungsweise dieser Maßnahme in mindestens vier Schritten.

Test ➤ Geldpolitische Instrumente der Europäischen Zentralbank (EZB)   Punkte

1   Was ist im Rahmen der Offenmarktpolitik mit einem „offenen Markt" gemeint?   ❶

2   Welches ist das entscheidende Instrument der Offenmarktpolitik?   ❷

3   Welche Größen steuert die EZB mit der Offenmarktpolitik?   ❷

4   Die EZB macht eine expansive Geldpolitik und kauft Wertpapiere am offenen Markt, um die Konjunktur zu beeinflussen. Welche beabsichtigten Wirkungen gehen von dieser Maßnahme aus?   ❼

▼▼▼
Punktesumme ➤ ⑫

Notenermittlung: Kreuzen Sie Ihr Ergebnis an (Korrekturanleitung: siehe Lösung).

Punkte ➤	12	11	10	9	8	7	6	5	4	3	2	1
Note ➤	1,0	1,5	2,0	2,5	3,0	3,5	4,0	4,5	5,0	5,5	6,0	6,0
1. Versuch ➤												
2. Versuch ➤												
3. Versuch ➤												

5.4 Prüfungsaufgaben

Prüfungsaufgaben Winter 2014/2015 (Aufgabe 2, teilweise)

2.3 Die EZB hat die Aufgabe, neben der Wahrung der Geldwertstabilität, die Wirtschaftspolitik in der EU zu unterstützen.

2.3.1 Begründen Sie anhand einer Wirkungskette in mindestens vier Schritten, wie sie dieses Ziel mit der Änderung des Leitzinssatzes erreichen will.

2.3.2 Die EZB sieht trotz der anziehenden Konjunktur in Deutschland durch die Leitzinsänderung keinen Zielkonflikt zu ihrem obersten Ziel. Erläutern Sie diese Aussage.

2.4 Sie haben einen größeren Geldbetrag bei Ihrer Hausbank angespart. Aufgrund der Leitzinssenkungen der EZB hat Ihre Bank den Guthabenzinssatz auf 0,9 % gesenkt. Beurteilen Sie, unter Berücksichtigung der vorliegenden Informationen, die möglichen Entwicklungen Ihres Vermögens für das Jahr 2014.

Prüfungsaufgaben Winter 2014/2015 (Aufgabe 2, teilweise)

Herr Doll beobachtet die Entwicklung des Einzelhandels in Pforzheim mit Sorge. Alteingesessene Einzelhandelsgeschäfte haben in den letzten Jahren geschlossen. In der regionalen Tageszeitung liest er folgenden Artikel:

Das Gespenst der tiefen Preise geht um
„Inflation ist aktuell kein Thema – es droht ein anderes, größeres Risiko.
Die Pforzheimer Zeitung erklärt, warum eine Deflation [...] so gefährlich wäre."

Quelle: Das Gespenst der tiefen Preise geht um, in „Pforzheimer Zeitung" vom 14.02.2014, S. 1, Textkürzungen und -ergänzungen durch die Verfasser

Ihre Kenntnisse als Kaufmann/-frau im Einzelhandel sind wieder gefragt.

2.1 Sie erklären im Rahmen des nächsten Mitarbeitermeetings den Teilnehmern die Begriffe Inflation und Deflation.

2.2 Während des Meetings werden folgende Fragen gestellt:
• Welche Auswirkungen hat eine Deflation?
• Welche Auswirkungen hat eine Inflation?
• Mit welchen Maßnahmen kann einer Inflation entgegengewirkt werden?
Sie beantworten die Fragen.

Prüfungsaufgaben Sommer 2015 (Aufgabe 2, teilweise)

2.4 Nach seiner Rückkehr aus Schweden beunruhigen Herrn Müller aktuelle Vorkommnisse in der europäischen Geldpolitik. Er bittet Sie daher um die Anfertigung einer Zusammenfassung zum Thema Europäische Zentralbank (EZB).

Die Zusammenfassung soll folgende Aspekte beinhalten:
• Hauptaufgabe der EZB
• Beschreibung eines Instrumentes der EZB
• Auswirkungen der aktuellen Zinssenkungen auf das Unternehmen Kletter Hans e. K.

6   Europäische Integration, Globalisierung, Freihandel, Protektionismus, WTO

6.1   Europäische Integration

Stofftelegramm

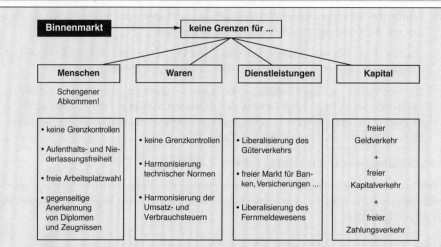

Die Entwicklung zum **Binnenmarkt** führte nicht gleichzeitig zur Angleichung der **Wirtschaftspolitik**.

Maastricht-Vertrag: Verpflichtung der EG-Staaten, ihre nationale Wirtschaftspolitik zu koordinieren. Letzteres ist entscheidend für eine **Wirtschafts- und Währungsunion (WWU)**.

28 Mitgliedsländer der EU (Stand: Januar 2017):

- Deutschland
- Österreich
- Frankreich
- Großbritannien
- Italien
- Estland
- Polen
- Ungarn
- Zypern (griech. Teil)
- Kroatien

- Spanien
- Portugal
- Griechenland
- Belgien
- Niederlande
- Lettland
- Tschechien
- Slowenien
- Rumänien

- Luxemburg
- Schweden
- Finnland
- Dänemark
- Irland
- Litauen
- Slowakei
- Malta
- Bulgarien

Eurostaaten (Stand: Januar 2017):

- Deutschland
- Frankreich
- Italien
- Slowenien (2007)
- Estland (2011)
- Spanien
- Niederlande

- Belgien
- Malta (2008)
- Lettland (2014)
- Österreich
- Finnland
- Portugal
- Zypern (2008)

- Irland
- Luxemburg
- Griechenland (2001)
- Slowakei (2009)
- Litauen (2015)

Übersicht zur Europäischen Integration:

Der Weg zur Europäischen Wirtschafts- und Währungsunion (EWWU = WWU)

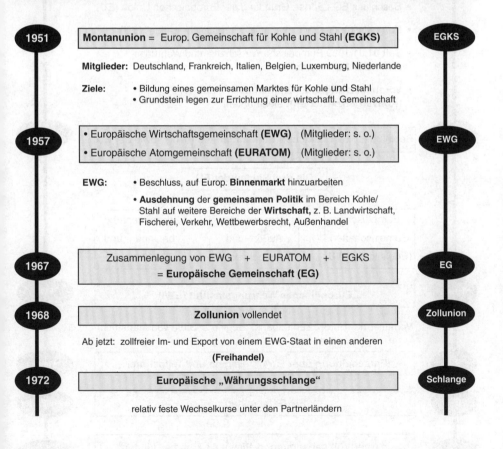

1951

Montanunion = Europ. Gemeinschaft für Kohle und Stahl **(EGKS)**   EGKS

Mitglieder: Deutschland, Frankreich, Italien, Belgien, Luxemburg, Niederlande

Ziele:
- Bildung eines gemeinsamen Marktes für Kohle und Stahl
- Grundstein legen zur Errichtung einer wirtschaftl. Gemeinschaft

1957

- Europäische Wirtschaftsgemeinschaft **(EWG)** (Mitglieder: s. o.)   EWG
- Europäische Atomgemeinschaft **(EURATOM)** (Mitglieder: s. o.)

EWG:
- Beschluss, auf Europ. **Binnenmarkt** hinzuarbeiten
- **Ausdehnung** der **gemeinsamen Politik** im Bereich Kohle/ Stahl auf weitere Bereiche der **Wirtschaft,** z. B. Landwirtschaft, Fischerei, Verkehr, Wettbewerbsrecht, Außenhandel

1967

Zusammenlegung von EWG + EURATOM + EGKS   EG
= **Europäische Gemeinschaft (EG)**

1968

Zollunion vollendet   Zollunion

Ab jetzt: zollfreier Im- und Export von einem EWG-Staat in einen anderen

(Freihandel)

1972

Europäische „Währungsschlange"   Schlange

relativ feste Wechselkurse unter den Partnerländern

1979 | **Europäisches Währungssystem (EWS)** | EWS

relativ feste Wechselkurse unter den Partnerländern ...

erste Direktwahl zum Europäischen Parlament

1987 | **einheitliche Europäische Akte** | Eur. Akte

- Schaffung von Voraussetzungen für Vollendung des Europ. **Binnenmarktes**
- Intensivierung der politischen Zusammenarbeit
- Inzwischen zwölf Mitgliedstaaten

1992 | **Maastrichter Vertrag** | Maastricht

- Beschluss EG-Länder: Gründung der Europäischen Union **(EU)**

- Europäische Gemeinschaften = „Europäische Union" **(EU)**

- **Seit 01.01.1999** Europäische Wirtschafts- und Währungs-union **(EWWU)** – (s. u.)

- **Voraussetzungen** für **Aufnahme** in die EWWU **(Konvergenzkriterien):** siehe unten!

1993 | Beginn des **Europäischen Binnenmarktes (s. o.)** sowie der **EU** | EU

Die drei Säulen der EU

| Europäische Gemeinschaften **(EG)** inkl. **EWWU** | gemeinsame Außen- und Sicherheitspolitik | Zusammenarbeit bei Innen- und Rechtspolitik |

1994 | **Europäisches Währungsinstitut (EWI)** | EWI

Vorläufer der Europ. Zentralbank: Beginn 2. Stufe von Maastricht

1998 | **Entscheidung über EWWU-Beginn und Teilnehmer:** | Wer?

2004 | **EU-Osterweiterung** | neue EU'ler

2016 | In einer **Volksabstimmung** stimmt die Mehrheit für den **Austritt Großbritanniens aus der EU.** | Brexit

Der Stufenplan von Maastricht zur Errichtung der Europ. Währungsunion (WWU)

1. Stufe:
1990–93

- Liberalisierung des Kapitalverkehrs
- Realisierung des Europ. Binnenmarktes

2. Stufe:
1994–98

- Annäherung **(Konvergenz)** in der Wirtschafts-, Finanz- und Geldpolitik
- Jedes Land muss bestimmte Konvergenzkriterien erfüllen zwecks Aufnahme in die WWU:

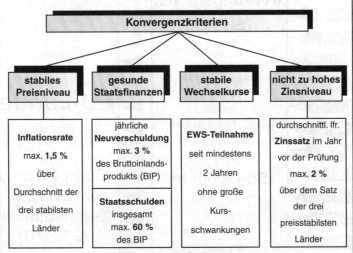

Konvergenzkriterien

stabiles Preisniveau	gesunde Staatsfinanzen	stabile Wechselkurse	nicht zu hohes Zinsniveau
Inflationsrate max. **1,5 %** über Durchschnitt der drei stabilsten Länder	jährliche **Neuverschuldung** max. **3 %** des Bruttoinlands-produkts (BIP) **Staatsschulden** insgesamt max. **60 %** des BIP	**EWS-Teilnahme** seit mindestens 2 Jahren ohne große Kurs-schwankungen	durchschnittl. lfr. **Zinssatz** im Jahr vor der Prüfung max. **2 %** über dem Satz der drei preisstabilsten Länder

- **Europäischer Stabilitäts- und Wachstumspakt:**

  1996 verständigte sich der ECOFIN-Rat (Rat der Wirtschafts- und Finanzminister), einen „Stabilitäts- und Wachstumspakt" zu beschließen.

  Bestimmungen: – Verpflichtung der EU-Mitglieder zu **solider Haushaltspolitik**
  – Mittelfristig: **ausgeglichener Haushalt** bzw. Haushaltsüberschuss
  – **Annäherung** an das Haushaltsziel: jährliche Defizitsenkung um mindestens 0,5 % des Bruttoinlandsprodukts (BIP)
  – Vorlage von **Stabilitäts- und Konvergenzprogrammen**
  – **Frühwarnsystem** soll Defizit > 3 % des BIP verhindern; höhere Defizite nur ausnahmsweise erlaubt (z. B. starker Abschwung)
  – **Sanktionen** bei Verfehlung der Bestimmungen

- Errichtung des **Europäischen Währungsinstituts (EWI)**

- Ausschluss der Finanzierung öffentlicher Haushalte durch Notenbanken

- Überführung der nationalen **Notenbanken** in die **Unabhängigkeit**

- **Entscheidung** über **Beginn** der WWU und die **Teilnehmer**

- Errichtung des **Europäischen Systems der Zentralbanken (ESZB)**

3. Stufe:
1999–02

- **Start** der Währungsunion am **01.01.1999**

- Festlegung der **Wechselkurse** der Teilnehmerwährungen

- einheitliche Geldpolitik durch das Europäische Zentralbanksystem **(ESZB)**

- Noten-, Münzausgabe in **Euro**, seit 2002 Ersatz nationaler Geldzeichen

seit Februar 2014

Einheitlicher Zahlungsverkehr in Europa: SEPA

EU-Länder, Euroland und EWS II

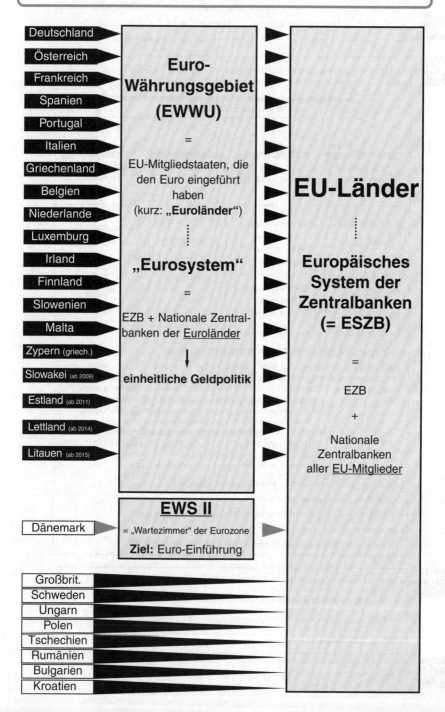

Deutschland
Österreich
Frankreich
Spanien
Portugal
Italien
Griechenland
Belgien
Niederlande
Luxemburg
Irland
Finnland
Slowenien
Malta
Zypern (griech.)
Slowakei (ab 2009)
Estland (ab 2011)
Lettland (ab 2014)
Litauen (ab 2015)

Euro-Währungsgebiet (EWWU)

=

EU-Mitgliedstaaten, die den Euro eingeführt haben
(kurz: „**Euroländer**")

„Eurosystem"

=

EZB + Nationale Zentralbanken der Euroländer

↓

einheitliche Geldpolitik

EU-Länder

Europäisches System der Zentralbanken (= ESZB)

=

EZB

+

Nationale Zentralbanken aller EU-Mitglieder

EWS II

= „Wartezimmer" der Eurozone

Ziel: Euro-Einführung

Dänemark

Großbrit.
Schweden
Ungarn
Polen
Tschechien
Rumänien
Bulgarien
Kroatien

Vorteile einer Europäischen Währungsunion

- Keine **Wechselkursschwankungen** innerhalb der Währungsunion:

  - – Wegfall des Wechselkursrisikos fördert den Außenhandel (mehr Planungssicherheit für die Wirtschaft)
  - – keine Wechselkursspekulationen mehr mit negativen Auswirkungen auf den innergemeinschaftlichen Handel

- **Transaktionskosten** (Währungsumtauschkosten, Versicherungskosten ...) entfallen

- verbesserte Preisvergleiche **(Preistransparenz)** möglich

- **größeres Angebot** von Waren und Dienstleistungen, größere Finanzierungsmöglichkeiten ...

- Belebung des innergemeinschaftlichen Handels ... Folge: evtl. **Wachstumsschub**

- Entstehung eines **starken Währungsblocks** als Gegenstück zu Yen und US-Dollar

- **Stabilität** der Gemeinschaftswährung evtl. höher als durchschnittliche Stabilität der EU-Mitgliedsstaaten

- Verstärkung des **Zusammengehörigkeitsgefühls** durch gemeinsame Währung (europäische Identität = positiv für die Völkerverständigung)

- Einhaltung von **Stabilitätskriterien** (Konvergenzkriterien) führte zu positiven Wirkungen bereits im Vorfeld der Währungsunion, aber auch danach (Sanktionen gegen Länder, die die Stabilitätskriterien nicht erfüllen). Folge: Schaffung einer europäischen **Stabilitätsgemeinschaft**

- Konkurrenzvergrößerung bei Unternehmen und Gewerkschaften führt zu **Preis- und Lohndisziplin**

- Fortsetzung des europäischen **Einigungsprozesses**; Vorarbeiten für politische + soziale Integration

- Verhinderung nationaler Alleingänge und **Rivalitäten** in Europa

- Stärkung der **Wettbewerbsfähigkeit** gegenüber anderen Regionen der Welt

- Strenge + glaubwürdige **Antiinflationspolitik** der **EZB** führt zu Preisstabilität und langfristig niedrigen Zinsen. Die Zinsen sinken zudem aufgrund der wegfallenden Wechselkursgebühren sowie größerer Liquidität eines europäischen Finanzeinheitsmarktes. Folge: Investitionen + Wachstum werden gefördert.

Nachteile (Probleme) einer Europäischen Währungsunion

- Nicht alle EU-Staaten wurden aufgrund mangelnder Konvergenz von Anfang an in die Währungsunion aufgenommen. → Start mit nur kleinerer Gruppierung → Gefahr: Spaltung Europas in „**Ins**" und „**Outs**" (Europa mit mehreren Geschwindigkeiten)

- Währungsunion evtl. **verfrüht** (Währungsunion ohne vorherige Schaffung einer politischen Union)

- Währungsunion evtl. zum **falschen Zeitpunkt:** In Zeiten einer **Konjunkturflaute** (hohe Arbeitslosenzahlen) bewirkt das Anstreben der Konvergenzkriterien eine Verschärfung der Situation. (Der Staat sollte in dieser Phase die Wirtschaft ankurbeln durch erhöhte Staatsinvestitionen, Steuersenkungen ... Das Gegenteil wird zwecks Erfüllung der Konvergenzkriterien momentan getan → man ist also weit entfernt von einer „antizyklischen Fiskalpolitik".) Einige Wirtschaftswissenschaftler sind der Ansicht, die ehemals **schwache Konjunktur** resultiere zu einem Gutteil aus den europaweiten Ausgabenkürzungen zwecks Erfüllung des 3 %-Kriteriums von Maastricht.

  Stichwort: „**Wir sparen ... und machen damit den Aufschwung kaputt.**"

- Billiges **Arbeitskräfteangebot** aus anderen EU-Ländern drückt evtl. Löhne und Gehälter in Deutschland.

- Finanzpolitisches **Fehlverhalten** eines Mitgliedslandes wirkt evtl. negativ auf andere Länder.

6.2   Globalisierung

Stofftelegramm

• Globalisierung = zunehmende **Internationalisierung des** Wettbewerbs

• **Wirkungen:**   – zunehmender Wettbewerbsdruck (ausländische Billiganbieter)

– Verlagerung von Arbeitsplätzen und Produktionsstätten ins kostengünstigere Ausland = Diskussionsthema „**Wirtschaftsstandort Deutschland**"

– zunehmend **multinationale (grenzüberschreitende) Unternehmen**

• **Ursachen:**   – Trend in Richtung Liberalisierung des Welthandels

– technische Innovationen (Produktions-, Verkehrs-, Kommunikationstechnik)

• **Vorteile der Globalisierung:**   – weltweite Konkurrenz → günstige Einkaufspreise

– kostengünstigere Produktion im Ausland

– Förderung der Wirtschaft in Entwicklungsländern

– Kulturaustausch, Verflechtung steigt → Kriegsgefahr sinkt

– wachstumsfördernd → steigender Wohlstand

– steigende Warenvielfalt

– Produktionsfaktoren weltweit effizienter eingesetzt

– Steigerung der weltweiten Produktivität und des Wohlstands der beteiligten Produzenten

– Beschleunigung der technischen Entwicklung

• **Kritik an der Globalisierung:**   – steigende Arbeitslosigkeit in Ländern mit hohem Lohnniveau

– steigender Kostendruck in bisherigen Industrieländern

– sinkender Lebensstandard in bisherigen Industrieländern

– Konzentration auf Märkte und Geschäftsbeziehungen – die Globalisierung von Menschenrechten, ökologischen Standards usw. bleiben evtl. unberücksichtigt.

– zunehmende Umweltzerstörung (Flugzeuge, Fabriken ...)

6.3   Freihandel – Protektionismus

Stofftelegramm

| **Freihandel** | → | völlig unbehinderter internationaler Güteraustausch |

| **Protektionismus** | → | Der internationale Handel wird durch Eingriffe erschwert oder begünstigt. |

Tarifäre Handelshemmnisse

= v. a. **zollpolitische** Maßnahmen
(Import-/Exportzölle)

Nichttarifäre Handelshemmnisse

= sonstige Hemmnisse des freien internationalen
Handels (z. B. Importquote = mengenmäßige
Beschränkung des Imports)

6.4   WTO

Stofftelegramm

WTO = **W**orld **T**rade **O**rganization (Welthandelsorganisation); seit 1995; Sitz: Genf
- Mitglieder: 164 Staaten (Stand: 04/2017)
- Überwachung der Einhaltung der internationalen Handelsregeln
- Schlichtungsinstanz bei Rechtsstreitigkeiten zwischen den Mitgliedsländern

Wesentliche Bereiche: Handel mit Waren, Dienstleistungen, geistigen Eigentumsrechten:

Handel mit Waren | **G**eneral **A**greement on **T**ariffs and **T**rade (**GATT**= Allgemeines
Zoll- und Handelsabkommen)

Ziele des GATT: • Zollabbau

- Meistbegünstigungsklausel zur Verhinderung der Benachteiligung einzelner Länder:
Alle ausgehandelten Zollzugeständnisse, die ein Land seinem Partnerland in einem
sonstigen Handelsvertrag gewährt, gelten sofort und ohne Gegenleistung für alle
anderen GATT-Mitglieder auch.
- Abschaffung der Diskriminierung einzelner Länder
- Abschaffung der Einfuhrkontingente (Einfuhrbeschränkungen)
- Verhinderung von Dumpingmethoden (Warenexporte zu Preisen, die niedriger als die
Inlandspreise sind; Zweck: Verdrängung von Konkurrenz bzw. Verteidigung eigener
Marktanteile)

Handel mit Dienstleistungen | Banken, Versicherungen, Tourismus

Geistige Eigentumsrechte | Patentrechte

6.5   Aufgaben

1. Was versteht man unter einem **Binnenmarkt?**

2. Wodurch unterscheidet sich der **Binnenmarkt** von einer **Wirtschafts-** und **Währungsunion?**

3. Nennen Sie kurz die einzelnen **Stationen** auf dem Weg zur Europäischen Union **(EU).**

4. Welche wesentlichen wirtschaftspolitischen Punkte beinhaltet der **Maastrichter Vertrag?**

5. Welche wesentlichen Inhalte hat der **Drei-Stufen-Plan** von Maastricht?

6. Was versteht man unter „**Konvergenz**"?

7. Nennen Sie die im Maastricht-Vertrag fixierten **Konvergenzkriterien.**

8. „Bedeutender als die einmalige Konvergenz ist die nachhaltige Konvergenz."

   a) Erklären Sie diese Aussage.

   b) Wie wird erreicht, dass sich die EWWU-Staaten um nachhaltige Konvergenz bemühen?

9. Welche wirtschaftspolitischen **Chancen** und **Risiken** könnten aus der Errichtung einer Europäischen Wirtschafts- und Währungsunion **(EWWU)** resultieren?

10. Nennen Sie Vor- und Nachteile einer an **Konvergenzkriterien** orientierten Wirtschafts- und Finanzpolitik des Staates.

11. Erklären Sie die Aussage:

    „Wir sparen für die Konvergenz und machen den Aufschwung kaputt."

12. Nennen Sie kurz die Bestimmungen des **Europäischen Stabilitäts- und Wachstumspakts.**

13. Verfolgen Sie die aktuelle Entwicklung in der **Tagespresse.**

6.6   Prüfungsaufgaben

Prüfungsaufgaben Sommer 2014 (Aufgabe 2, teilweise)

2.4 Herr Gruber schickt Sie zu einer Veranstaltung des örtlichen Gewerbevereins zum Thema „Globalisierung – Handlungsbedarf für den regionalen Handel?" und gibt Ihnen den Auftrag, die wichtigsten Punkte in einem Ergebnisprotokoll festzuhalten.

    Bei Ihrem Ergebnisprotokoll orientieren Sie sich an den Tagesordnungspunkten des Einladungsschreibens.

2.4.1 Was heißt Globalisierung?

2.4.2 Was bedeutet Globalisierung

    • für den Verbraucher,
    • für den Arbeitsmarkt,
    • für den Einzelhandel?

Kompetenzbereich IV:
Entscheidungen im Rahmen einer beruflichen Selbstständigkeit treffen

1   Berufliche Selbstständigkeit

1.1   Anforderungen

Stofftelegramm

Motive für die Selbstständigkeit:
- Unabhängigkeit von einem Arbeitgeber: eigener Chef sein
- Selbstverwirklichung: eigene Ideen umsetzen
- bessere Vereinbarkeit von Familie, Beruf, Freizeit
- zusätzliche Verdienstmöglichkeiten
- Rückkehr ins Arbeitsleben: Alternative zur Arbeitslosigkeit

Anforderungen an die Unternehmerpersönlichkeit:

Kompetenzen eines Unternehmers:
- fachliche Qualifikation
- Marketingkompetenz (Marktkenntnisse, Kundenorientierung)
- kaufmännische Qualitäten (Kalkulation, Buchführung, wirtschaftliches Denken)
- Erfahrung (bei Gründungen achten Kapitalgeber auf die berufliche Erfahrung)

Vor- und Nachteile (Chancen und Risiken):

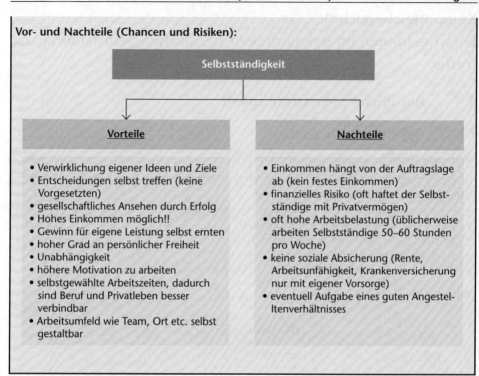

Selbstständigkeit

Vorteile	Nachteile
• Verwirklichung eigener Ideen und Ziele • Entscheidungen selbst treffen (keine Vorgesetzten) • gesellschaftliches Ansehen durch Erfolg • Hohes Einkommen möglich!! • Gewinn für eigene Leistung selbst ernten • hoher Grad an persönlicher Freiheit • Unabhängigkeit • höhere Motivation zu arbeiten • selbstgewählte Arbeitszeiten, dadurch sind Beruf und Privatleben besser verbindbar • Arbeitsumfeld wie Team, Ort etc. selbst gestaltbar	• Einkommen hängt von der Auftragslage ab (kein festes Einkommen) • finanzielles Risiko (oft haftet der Selbstständige mit Privatvermögen) • oft hohe Arbeitsbelastung (üblicherweise arbeiten Selbstständige 50–60 Stunden pro Woche) • keine soziale Absicherung (Rente, Arbeitsunfähigkeit, Krankenversicherung nur mit eigener Vorsorge) • eventuell Aufgabe eines guten Angestelltenverhältnisses

Aufgaben

1. Nennen Sie fünf Motive für den Wunsch nach einer möglichen Selbstständigkeit.

2. Beschreiben Sie die Anforderung an einen Unternehmer/eine Unternehmerin.

3. Welche Kompetenzen muss eine Unternehmerperson mitbringen?

4. Erklären Sie Vor- und Nachteile einer Selbstständigkeit.

1.2   Beratungs- und Förderangebote für Existenzgründungen

1.2.1   Beratung

Stofftelegramm

Anlaufstellen: Handwerkskammern, Industrie- und Handelskammern, Existenzgründungs-initiativen, Verbände, Steuerberater oder Unternehmensberater.

Vor-Gründungsphase: Unterstützung durch die Bundesländer, teilweise Übernahme der Beratungskosten durch den Bund mit dem Gründercoaching Deutschland (www.existenzgruender.de).

Beratungs- und Orientierungsangebote in Baden-Württemberg: Beratungsgutscheine für eine kostengünstige Gründungsberatung durch einen Experten bzw. eine Expertin

Zwei Phasen der Beratung:
- Einstieg durch eine mehrstündige, in der Regel kostenlose Kompaktberatung
- Für mehrtägige Intensivberatungen wird eine stark kostenreduzierte Eigenbeteiligung verlangt.

Ziel:
- Entwicklung eines tragfähigen Geschäftsmodells
- Erstellung eines detaillierten Businessplans (www.gruendung-bw.de).

Aufgaben

1.   Zeigen Sie Beratungsmöglichkeiten für eine Selbstständigkeit in ihrer Wohnumgebung auf.

2.   Was sind Beratungsgutscheine?

1.2.2   Förderung und Finanzhilfen

Stofftelegramm

- **Öffentliche Förderprogramme in Baden-Württemberg für Gründer:** durch Förderbanken (L-Bank, Bürgschaftsbank Baden-Württemberg, Mittelständische Beteiligungsgesellschaft)

- **Bundesweit geförderte Programme:** – Mikrofinanzierungsangebote
  – Darlehensprogramme über Bürgschaften
  – Bereitstellung von Wagniskapital
  – Innovationsförderprogramme

- **Spezielle Förderangebote:** – Gründungsvorhaben im ländlichen Raum
  – Gründung aus der Arbeitslosigkeit
  – innovative, technologieorientierte Vorhaben

Aufgaben

1. Welche öffentlichen Förderprogramme gibt es?

2. Erklären Sie die Begriffe „Mikrofinanzierung", „Darlehen über Bürgschaften" und „Wagniskapital".

1.3   Businessplan

Stofftelegramm

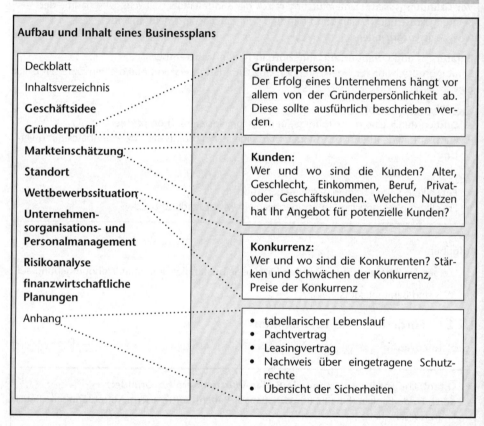

Aufgaben

1. Erklären Sie den Aufbau eines Businessplans.

2. Welche Dokumente sind im Anhang eines Businessplans zu finden?

3. Wer sind die Adressaten eines Businessplans?

1.4   Amtliche Formalitäten für die berufliche Selbstständigkeit

Stofftelegramm

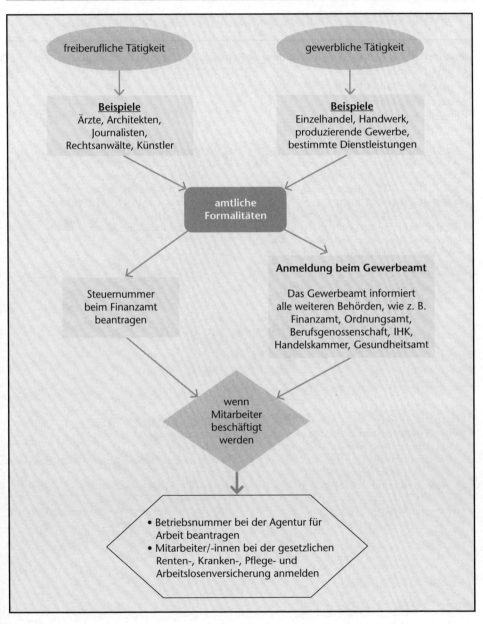

2 Standortfaktoren

2.1 Standortfaktoren und Standortwahl

Stofftelegramm

Standort: Ist der geografische Ort, an dem ein Betrieb z. B. Güter und Dienstleistungen herstellt.

* internationaler Standort
* nationaler Standort
* regionaler Standort
* lokaler Standort

Input-Faktoren
* Grundstücke und Gebäude (Preise, Verfügbarkeit, Genehmigungen)
* Roh-,Hilfs-, Betriebsstoffe (Preise, Verfügbarkeit, Transportkosten)
* Arbeitskräfte (Qualifikation, Verfügbarkeit)
* Energie und Wasser (Verfügbarkeit, Kosten)
* Verkehrsinfrastruktur (Verfügbarkeit, Kosten)
* Informationsinfrastruktur (Verfügbarkeit, Kosten)

Durchlauf-Faktoren (Throughput)
* Lohnniveau der Arbeitskräfte
* Produktivität der Arbeitskräfte
* Gewerkschaften (Streikgefahr)
* soziale Bedingungen (Einstellung der Bevölkerung zur Arbeit)
* Umweltbedingungen (Klima, Boden)

Standortfaktoren
=
örtliche
Produktionsvorteile

Output-Faktoren
* Konkurrenz (Entfernung und Stärke)
* Absatzpotential (Kaufkraft, Kundennähe, Bevölkerungsstruktur)
* Absatzkontakte (Messen, Makler)
* Verkehrsinfrastruktur (Anbindung an Kunden, Transportwege zum Kunden, Transportkosten)

Staatliche Faktoren
* politische Stabilität
* Inflation
* Zölle, Außenhandelsgesetze
* Steuern
* staatliche Fördermaßnahmen (Subventionen)
* Wirtschaftsordnung (Wettbewerbsgesetz)
* Umweltschutzauflagen

Standortentscheidungen zu unterschiedlichen Unternehmensphasen:

Gründungsphase: Neugründung → Errichtung einer neuen Betriebsstätte

Umsatzphase: • Standortexpansion → neue Standorte zum bisherigen dazu (z. B. Kapazitätsprobleme)

• Standortverlagerung → neue Standorte unter Aufgabe des bisherigen (z. B. Verlagerung ins Ausland)

• Standortzentralisation → Zusammenfassung bestehender Standorte (Nutzen von Synergieeffekten)

• Standortdezentralisation → räumliche Verteilung bestehender Standorte (z. B. bei großen Unterschieden im Produktprogramm)

2.2 Nutzwertanalyse

Stofftelegramm

Nutzwertananalyse = Entscheidungsbewertungstabelle, hilft bei der Auswahl von Alternativen.

Beispiel: Ein Unternehmen hat zwei mögliche Standorte für eine neue Produktionsstätte.

Kriterien	Gewichtung	Standort A		Standort B	
		Note	gew. Note	Note	gew. Note
Standort					
• Nähe zur Autobahn	10	7	70	10	100
• Nähe zur Spedition	15	5	75	1	15
• Nähe zum Lager	5	2	10	8	40
Kosten					
• Steuern	3	6	18	6	18
• Bau-/Mietkosten	16	9	144	4	64
• Energie	11	7	77	4	44
Gewinnpotential					
• Konkurrenznähe	7	8	56	5	35
• geringe Arbeitslosenquote	13	7	91	6	78
• hohe Bevölkerungsdichte	20	6	120	8	160
Gesamt	100		661		554

Standort A ist aufgrund der ausgewählten Kriterien und der vorgenommenen Gewichtung der bessere Standort.

Vorteile der Nutzwertanalyse:	• Die Entscheidungsfindung liegt schriftlich vor.
	• transparente Entscheidungen
	• dient als Diskussionsgrundlage
Nachteile der Nutzwertanalyse:	• subjektive Bewertung (z. B. Gewichtung)
	• zeitaufwendig, wenn viele Kriterien notwendig

2.3   Aufgaben

1. a) Definieren Sie den Begriff „Standort".
   b) Nennen Sie fünf Standortfaktoren.

2. Erklären Sie den Begriff „Infrastruktur" und dessen Bedeutung für die Standortwahl eines Betriebes.

3. Ein mittelständisches Unternehmen der Möbelbranche aus dem Schwarzwald fertigte bisher Schlafzimmer. Durch den Aufbau in den neuen Bundesländern glaubt die Geschäftsleitung, dass im Bereich Büromöbel noch erheblicher Bedarf besteht.
   Der derzeitige Standort lässt keine weiteren Industriebauten mehr zu. Der Unternehmensleitung werden passende Objekte in der Nähe von Saarbrücken, in einem Vorort von Prag (Tschechien) und in Pirna, einer Kleinstadt in der Nähe von Dresden, angeboten.
   a) Erläutern Sie vier Standortfaktoren, die bei der Auswahl einer besonderen Prüfung bedürfen.
   b) Gewichten Sie diese Faktoren und ermitteln Sie mit einer Entscheidungsmatrix den geeignetsten Standort für die Büromöbelproduktion. Dabei kann jeder Faktor mit maximal 10 Punkten pro Standort angesetzt werden. Begründen Sie Ihre Gewichtung der einzelnen Standortfaktoren.
   Entscheidungsmatrix:

Faktor ⭨ Ort ➜	Prag	Pirna	Saarbrücken

2.4   Prüfungsaufgaben

Prüfungsaufgaben Winter 2010/2011 (Aufgabe 1, teilweise)

Gefahr für Daimler-Werk Sindelfingen

Dem größten Daimler-Werk in Sindelfingen bei Stuttgart droht der Verlust der C-Klasse. Der Autobauer soll erwägen, die Fertigung des Modells teilweise aus Deutschland abzuziehen und in die USA zu verlagern. [...] Mit der Produktion der C-Klasse in den USA will das Unternehmen dem Bericht zufolge Kostenvorteile nutzen und unabhängiger von Schwankungen des Dollar- Kurses werden. Nach internen Berechnungen betrügen die Lohnkosten in Amerika umgerechnet etwa 30,00 EUR je Stunde, in Sindelfingen dagegen rund 54,00 EUR. Weil auch Frachtkosten und anderes gespart werden könnten, würden die Einsparungen je Auto bei einer US-Produktion auf 1.200,00 EUR bis 1.500,00 EUR je Auto geschätzt. Zusätzlich verspricht man sich von der geplanten Maßnahme mehr Kundennähe.

Quelle: www.handelsblatt.com (Stand: 23.09.2009)

1.1   Nennen Sie vier Gründe aus dem obigen Text, die aus Sicht der Daimler AG für eine Produktionsverlagerung in die USA sprechen.

1.2   Erläutern Sie zwei Folgen, die sich aus dieser Abwanderung für die Region Sindelfingen ergeben würden.

1.3   Beschreiben Sie neben den in Teilaufgabe 1.1 genannten Gründen zwei weitere Argumente, die Unternehmen veranlassen können, Deutschland zu verlassen.

Experten stellen aber inzwischen fest, dass Firmen wieder nach Deutschland zurückkehren. Man spricht von einer Renaissance des Industrie-Standortes. Häufig bescherte der Job-Export ihnen nur Probleme.

Quelle: Spiegel Online (Stand: 22.08.2008)

1.4   Beschreiben Sie zwei Probleme, die deutsche Unternehmen im Ausland haben und die sie zur Rückkehr bewegen.

3   Rechtsformen der Unternehmung

3.1   Kaufmann – Handelsregister – Firma

Stofftelegramm

Kaufmann im Sinne des HGB

• Für wen gilt das **HGB?**   → Für **Kaufleute**

• Wer ist **Kaufmann nach HGB?**

→ jeder Gewerbetreibende mit kaufmänn. Organisation (mit kaufmännischem Geschäftsbetrieb)

→ jeder Gewerbetreibende ohne kfm. Organisation, sofern freiwillig im Handelsregister eingetragen

= **Kannkaufmann** (Er **kann**, muss sich jedoch nicht im Handelsregister eintragen lassen.)

→ jede Kapitalgesellschaft (GmbH, AG) = **Formkaufmann**

→ jeder Land- und Forstwirt, sofern freiwillig im Handelsregister eingetragen = **Kannkaufmann**

• Wer im Handelsregister steht, ist **Kaufmann nach HGB.**

(Bei deklaratorischer Wirkung besteht die Kaufmannseigenschaft evtl. schon vorher.)

• Alle **Kleingewerbetreibende**

= Gewerbetreibende, deren Unternehmen einen in kaufm. Weise eingerichteten Geschäftsbetrieb nicht erfordert;

Kurz: Gewerbetreibende ohne kaufmännische Organisation

können freiwillig die **Kaufmannseigenschaft** erwerben, indem sie sich ins Handelsregister eintragen lassen („**Kannkaufleute**").

• Auch **Kleingewerbetreibende** können eine **OHG bzw. KG** gründen, sofern sie im Handelsregister eingetragen sind.

Vgl. Übersicht nächste Seite!

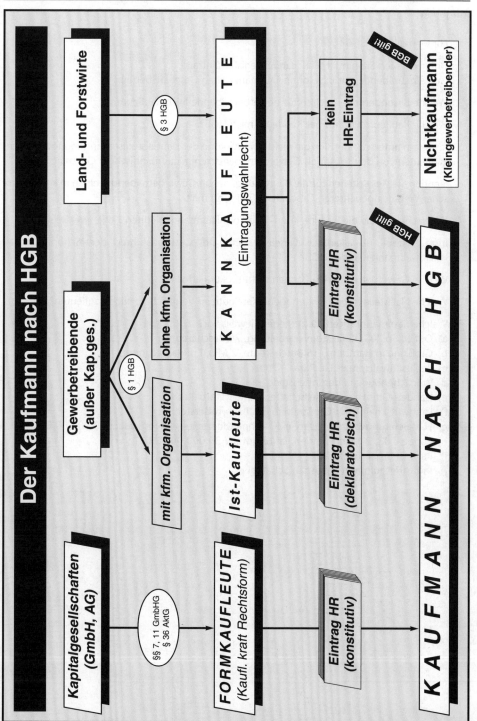

Aufgaben

1. Für wen gilt das HGB?

2. Unterscheiden Sie hinsichtlich Handelsregister-Eintrag:
   Gewerbetreibende mit bzw. ohne kaufmännischen Geschäftsbetrieb.

3. Welche Besonderheiten gelten für gewerbetreibende Nichtkaufleute?

4. Welche Kaufleute sind immer Kaufleute nach HGB?

5. Inwiefern unterscheidet sich die rechtliche Wirkung der Handelsregistereintragung bei Formkaufleuten von den sonstigen Gewerbetreibenden mit kaufmännischem Geschäftsbetrieb?

6. Nennen Sie vier Kriterien für die Beurteilung, ob ein Gewerbetreibender einen in kaufmännischer Weise eingerichteten Geschäftsbetrieb unterhält.

7. Unterscheiden Sie die Begriffe Kann- und Formkaufmann. Nennen Sie je zwei Beispiele.

8. Ingo Schopf ist alleiniger Gesellschafter und Geschäftsführer der Schopf GmbH. Ist er Kaufmann i. S. des HGB?

9. Welche Gewerbetreibenden können nicht Prokura erteilen?

10. Welche Nachteile haben eingetragene Kaufleute im Vergleich zu Nichtkaufleuten?

11. Welche Kaufmannsart(en) liegt (liegen) jeweils vor?
    a) Opf & Co. KG, Kunststoffverarbeitung, 70 Beschäftigte
    b) Großkino in Hamburg, 15 Beschäftigte, 2 Mio. EUR Jahresumsatz
    c) Rechtsanwaltspraxis Dr. Para
    d) Würstchenbude in der Innenstadt
    e) Handels-GmbH, ein Gesellschafter, keine Mitarbeiter
    f) Landwirtschaftlicher Großbetrieb des Bauern Gerster
    g) EDV-Beratungsbetrieb „Daty e. K." ohne Mitarbeiter; Jahresumsatz 70.000,00 EUR
    h) Poppe e. K.; 2-Mann-Betrieb; Jahresumsatz 30.000,00 EUR
    i) Ravensburger Spiele AG
    j) Industriekaufmann Sebastian Schaufel

| Handelsregister | ➤ öfftl. Verzeichnis aller Kaufleute nach HGB des Amtsgerichtsbezirks |

Inhalt: • Firma   • Kapital   • Geschäftssitz   • Geschäftsführer bzw.
      • Inhaber   • Prokura   • Gegenstand d. U.   Vorstandsmitglieder

Öffentlichkeit des Handelsregisters:

• § 9 HGB: Einsicht für jeden

• § 10 HGB: Veröffentlichung aller Eintragungen und Löschungen (letztere erfolgen
           durch rotes Unterstreichen) im Bundesanzeiger und der örtl. Tageszeitung

• § 15 Abs. 2 HGB: öffentlicher Glaube (Eingetragene und bekanntgemachte Tatsachen
                     muss jeder gegen sich gelten lassen.)

Abt. A: Einzelunternehmen und Personengesellschaften

Abt. B: Kapitalgesellschaften

Beginn der rechtlichen Wirkung der Eintragung:

   1. **Deklaratorisch** (rechtsbezeugend): Die Rechtswirkung besteht schon vor Eintrag
                                     im Handelsregister.

                                     Bsp.: Einzeluntern., Personengesellschaften
                                           jeweils mit kaufmänn. Organisation

   2. **Konstitutiv** (rechtserzeugend):   Die Rechtswirkung besteht erst durch die
                                     Eintragung.

                                     Bsp.: Kapitalgesellschaft, Kannkaufmann

| Firma | ➤ Name, unter dem der Kaufmann nach HGB seine Geschäfte betreibt und unterschreibt; er kann unter seiner Firma klagen und verklagt werden (§ 17 HGB). |

           Kurz: Handelsname

Arten: • Personenfirma (Alf Moll)

         • Sachfirma (Software Daten GmbH)

         • Mischfirma (Bau Moll GmbH)

         • Fantasiefirma (Softy OHG)

Firmengrundsätze:

• **Firmenöffentlichkeit:** Handelsregistereintrag → Jeder kann einsehen.

• **Firmenbeständigkeit:** Firmenbeibehaltungswahlrecht bei Inhaberwechsel, wenn bisheriger
                            Inhaber einwilligt; Veräußerung der Firma ohne zugehörigen
                            Geschäftsbetrieb nicht möglich

- **Unterscheidbarkeit:**   (= Firmenausschließlichkeit) Unterscheidbarkeit von anderen Firmen muss bei Neugründungen beachtet werden.

- **Offenlegung der Haftungsverhältnisse:** durch Rechtsformzusätze (z. B.: e. K.; OHG ...)

- **Offenlegung der Gesellschaftsverhältnisse:** durch Rechtsformzusätze

- **Irreführungsverbot:**   Der Firmenname darf nicht über geschäftliche Verhältnisse, die für die Geschäftspartner maßgeblich sind, täuschen.

Aufgaben

1. Erklären Sie den Begriff Handelsregister.

2. Wo kann das Handelsregister eingesehen werden?

3. Nennen Sie acht wesentliche Eintragungen im Handelsregister.

4. Wer darf das Handelsregister einsehen?

5. Wie wird formal eine Handelsregistereintragung gelöscht?

6. Wie werden HR-Eintragungen bzw. -Änderungen bekanntgemacht?

7. Welche Bedeutung hat das Handelsregister?

8. Welche Personenkreise haben ein besonderes Interesse an HR-Eintragungen bzw. -Änderungen? Drei Nennungen mit Begründung.

9. Welche Rechtsformen werden in welchen Abteilungen des Handelsregisters geführt?

10. Erklären Sie den Begriff „öffentlicher Glaube".

11. Erklären Sie anhand je eines Beispiels die unterschiedliche rechtliche Wirkung einer Handelsregistereintragung. Verwenden Sie die üblichen Fachbegriffe.

12. Welche der folgenden Aussagen sind richtig?
    a) Das Handelsregister ist ein öffentliches Verzeichnis aller Kaufleute.
    b) Das Handelsregister unterrichtet u. a. über Kapitalverhältnisse eines Unternehmens.
    c) GmbHs werden in Abteilung A des Handelsregisters geführt.
    d) Prokuristen werden nur in Abteilung B des Handelsregisters geführt.
    e) Alle Eintragungen und Änderungen im Handelsregister werden veröffentlicht.
    f) Deklaratorische Wirkung des Handelsregistereintrags bedeutet, dass die Rechtswirksamkeit mit der Eintragung im Handelsregister eintritt.
    g) Die Löschung einer Handelsregistereintragung erfolgt durch Unterstreichen.
    h) Handelsregistereintragungen kann jeder einsehen, der ein berechtigtes Interesse nachweist.
    i) Das Handelsregister informiert Außenstehende über die Gewinnsituation des Unternehmens.
    j) Anmeldungen zur Eintragung im Handelsregister müssen in notariell beglaubigter Form erfolgen.

13. Erklären Sie den Begriff „Firma".

14. Nennen und beschreiben Sie kurz sechs Firmengrundsätze.

15. Welche Firmenart liegt in folgenden Fällen jeweils vor?
    a) Sportgroßhandel KG   c) Holzapfel OHG   e) Müller e. Kffr.
    b) Schneider-Video-GmbH   d) Biggy AG   f) Schulbuchverlag Anne Pfeff KG

16. Anke Strupp, Inhaberin des Modegeschäfts „Anke Strupp e. Kffr." in Bonn, verkauft das Geschäft an Evi Pfau. Unter welchen Voraussetzungen darf die bisherige Firma beibehalten werden?

17. Franz Maier möchte in Wittenberg/Lutherstadt eine Firma mit der Bezeichnung „Franz Maier e. K." gründen, obwohl bereits eine andere gleichnamige Firma in Wittenberg existiert. Ist dies möglich? Begründung.

18. Die Firma „Schulbuchverlag Pfau GmbH" ändert den Unternehmensgegenstand und verkauft nur noch Videos an Videotheken. Darf die Firma beibehalten werden? Begründung.

Test ➔ **Kaufmann nach HGB**

Punkte

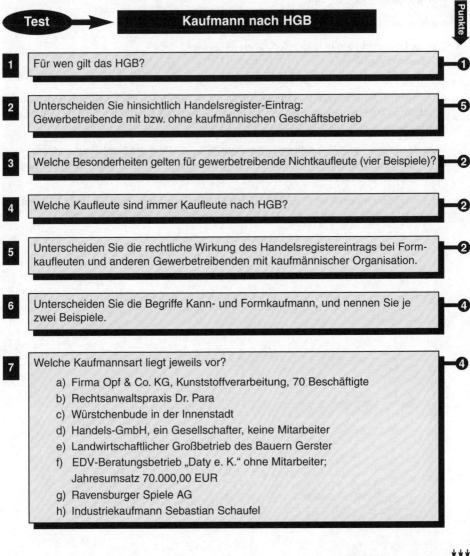

1 Für wen gilt das HGB? — **1**

2 Unterscheiden Sie hinsichtlich Handelsregister-Eintrag: Gewerbetreibende mit bzw. ohne kaufmännischen Geschäftsbetrieb — **5**

3 Welche Besonderheiten gelten für gewerbetreibende Nichtkaufleute (vier Beispiele)? — **2**

4 Welche Kaufleute sind immer Kaufleute nach HGB? — **2**

5 Unterscheiden Sie die rechtliche Wirkung des Handelsregistereintrags bei Formkaufleuten und anderen Gewerbetreibenden mit kaufmännischer Organisation. — **2**

6 Unterscheiden Sie die Begriffe Kann- und Formkaufmann, und nennen Sie je zwei Beispiele. — **4**

7 Welche Kaufmannsart liegt jeweils vor? — **4**

a) Firma Opf & Co. KG, Kunststoffverarbeitung, 70 Beschäftigte
b) Rechtsanwaltspraxis Dr. Para
c) Würstchenbude in der Innenstadt
d) Handels-GmbH, ein Gesellschafter, keine Mitarbeiter
e) Landwirtschaftlicher Großbetrieb des Bauern Gerster
f) EDV-Beratungsbetrieb „Daty e. K." ohne Mitarbeiter; Jahresumsatz 70.000,00 EUR
g) Ravensburger Spiele AG
h) Industriekaufmann Sebastian Schaufel

▼▼▼
Punktesumme ➔ **20**

Notenermittlung: Kreuzen Sie Ihr Ergebnis an (Korrekturanleitung: siehe Lösung).

Punkte:	20	19	18	17	16	15	14	13	12	11	10	9	8	7	6	5	4	3
Note:	1,0	1,3	1,6	1,9	2,2	2,5	2,7	3,0	3,3	3,6	3,9	4,2	4,5	4,8	5,1	5,4	5,7	6,0
1. Versuch:																		
2. Versuch:																		
3. Versuch:																		

Test → **Handelsregister**

Punkte

1 Erklären Sie den Begriff Handelsregister. ② **2**

2 Wo kann das Handelsregister eingesehen werden? **1**

3 Nennen Sie vier wesentliche Eintragungen im Handelsregister. **4**

4 Wer darf das Handelsregister einsehen? **1**

5 Wie werden HR-Eintragungen bzw. -Änderungen bekanntgemacht? **1**

6 Welche Bedeutung hat das Handelsregister? **2**

7 Welche Rechtsformen werden in welchen Abteilungen des Handelsregisters geführt? **3**

8 Erklären Sie den Begriff „öffentlicher Glaube". **2**

9 Erklären Sie anhand je eines Beispiels die unterschiedliche rechtliche Wirkung einer Handelsregistereintragung. Verwenden Sie die üblichen Fachbegriffe. **4**

▼▼▼
Punktesumme → **20**

Notenermittlung: Kreuzen Sie Ihr Ergebnis an (Korrekturanleitung: siehe Lösung).

Punkte:	20	19	18	17	16	15	14	13	12	11	10	9	8	7	6	5	4	3
Note:	1,0	1,3	1,6	1,9	2,2	2,5	2,7	3,0	3,3	3,6	3,9	4,2	4,5	4,8	5,1	5,4	5,7	6,0
1. Versuch:																		
2. Versuch:																		
3. Versuch:																		

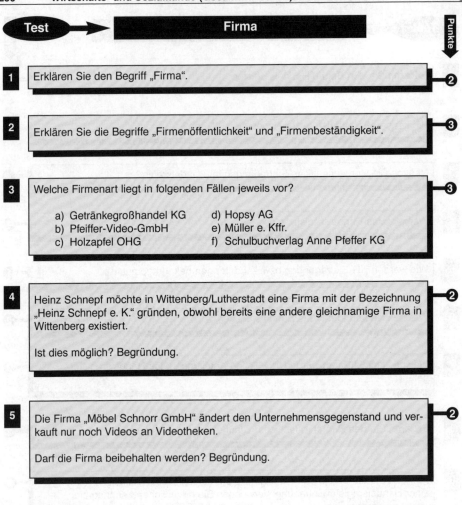

Test ➔ **Firma**

Punkte

1 Erklären Sie den Begriff „Firma". ② 2

2 Erklären Sie die Begriffe „Firmenöffentlichkeit" und „Firmenbeständigkeit". ③ 3

3 Welche Firmenart liegt in folgenden Fällen jeweils vor? ③ 3

    a) Getränkegroßhandel KG   d) Hopsy AG
    b) Pfeiffer-Video-GmbH   e) Müller e. Kffr.
    c) Holzapfel OHG   f) Schulbuchverlag Anne Pfeffer KG

4 Heinz Schnepf möchte in Wittenberg/Lutherstadt eine Firma mit der Bezeichnung „Heinz Schnepf e. K." gründen, obwohl bereits eine andere gleichnamige Firma in Wittenberg existiert. ② 2

Ist dies möglich? Begründung.

5 Die Firma „Möbel Schnorr GmbH" ändert den Unternehmensgegenstand und verkauft nur noch Videos an Videotheken. ② 2

Darf die Firma beibehalten werden? Begründung.

▼▼▼
Punktesumme ➔ ⑫ 12

Notenermittlung: Kreuzen Sie Ihr Ergebnis an (Korrekturanleitung: siehe Lösung).

Punkte ➤	12	11	10	9	8	7	6	5	4	3	2	1
Note ➤	1,0	1,5	2,0	2,5	3,0	3,5	4,0	4,5	5,0	5,5	6,0	6,0
1. Versuch ➤												
2. Versuch ➤												
3. Versuch ➤												

3.2   Übersicht über die wesentlichen Rechtsformen

Stofftelegramm

Einzelunternehmung: ein Vollhafter (Alleinunternehmer)

Personengesellschaften:

- Offene Handelsgesellschaft (OHG):   mindestens 2 Vollhafter

- Kommanditgesellschaft (KG):   mindestens 1 Vollhafter (Komplementär)
                                              mindestens 1 Teilhafter (Kommanditist)

- GmbH & Co. KG: KG, bei der GmbH Vollhafter ist

Kapitalgesellschaften:

- Gesellschaft mit beschränkter Haftung (GmbH): mindestens 1 Teilhafter
- Aktiengesellschaft (AG):   mindestens 1 Teilhafter

3.3   Einzel- oder Gesellschaftsunternehmung

Stofftelegramm

| **Einzelunternehmung** | ➤ Einzelunternehmer = alleiniger Eigentümer |

Firma: Zusatz „e. K." (eingetragener Kaufmann) bzw. „e. Kfm." bzw. „e. Kffr."

Haftung: Privat- und Geschäftsvermögen (= unbeschränkte Haftung)

Vorteile: • schnelle Entscheidungen (keine Abstimmungen)
                 • keine Streitigkeiten in Unternehmensführung
                 • keine Gewinnaufteilung

Nachteile: • keine Risiko-(Haftungs-)teilung
                 • begrenzte Kapitalbeschaffungsmöglichkeiten
                 • einseitige Unternehmenspolitik
                 • evtl. Arbeitsüberlastung

Bedeutung: • häufigste Unternehmensform
                 • geeignet für kleine bis mittelgroße Unternehmen
                 • große Entfaltungsmöglichkeiten des Unternehmers

| Gesellschaft | ➤ mindestens zwei Gesellschafter |

Gründe für Gesellschaftsbildung

- Kapitalvermehrung
- Verteilung der Arbeitslast
- Aufteilung Unternehmerrisiko
- Erhöhung der Kreditwürdigkeit
- Heranziehen von Fachleuten

Nachteile einer Gesellschaft

- weniger Entscheidungsfreiheit (Geschäftsführung und Vertretung in verschiedenen Händen)
- Entscheidungsverzögerungen durch Meinungsverschiedenheiten
- Gewinnaufteilung

Aufgaben (Grundwissen)

1. Knut Säusel eröffnet eine Einzelunternehmung. Wie könnte die Firma lauten?

2. Wie haftet der Einzelunternehmer?

3. Nennen Sie je drei Vor- und Nachteile der Einzelunternehmung.

4. Welche Bedeutung hat die Einzelunternehmung?

5. Nennen Sie Vor- und Nachteile einer Gesellschaftsbildung.

3.4   Die Kommanditgesellschaft (KG)

Stofftelegramm

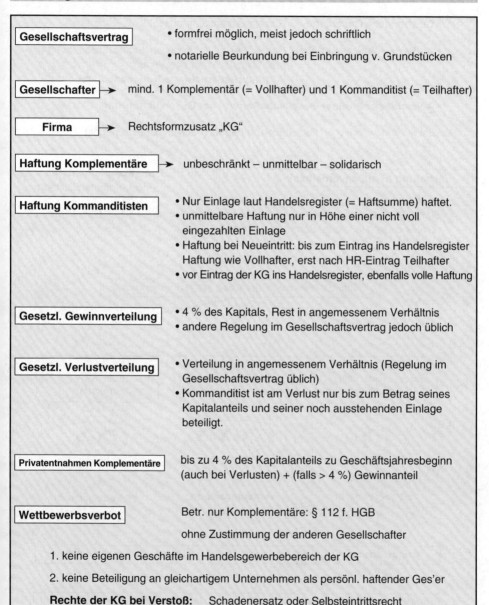

Gesellschaftsvertrag	• formfrei möglich, meist jedoch schriftlich
	• notarielle Beurkundung bei Einbringung v. Grundstücken

Gesellschafter ➤ mind. 1 Komplementär (= Vollhafter) und 1 Kommanditist (= Teilhafter)

Firma ➤ Rechtsformzusatz „KG"

Haftung Komplementäre ➤ unbeschränkt – unmittelbar – solidarisch

Haftung Kommanditisten	• Nur Einlage laut Handelsregister (= Haftsumme) haftet. • unmittelbare Haftung nur in Höhe einer nicht voll eingezahlten Einlage • Haftung bei Neueintritt: bis zum Eintrag ins Handelsregister Haftung wie Vollhafter, erst nach HR-Eintrag Teilhafter • vor Eintrag der KG ins Handelsregister, ebenfalls volle Haftung
Gesetzl. Gewinnverteilung	• 4 % des Kapitals, Rest in angemessenem Verhältnis • andere Regelung im Gesellschaftsvertrag jedoch üblich
Gesetzl. Verlustverteilung	• Verteilung in angemessenem Verhältnis (Regelung im Gesellschaftsvertrag üblich) • Kommanditist ist am Verlust nur bis zum Betrag seines Kapitalanteils und seiner noch ausstehenden Einlage beteiligt.
Privatentnahmen Komplementäre	bis zu 4 % des Kapitalanteils zu Geschäftsjahresbeginn (auch bei Verlusten) + (falls > 4 %) Gewinnanteil
Wettbewerbsverbot	Betr. nur Komplementäre: § 112 f. HGB ohne Zustimmung der anderen Gesellschafter

1. keine eigenen Geschäfte im Handelsgewerbebereich der KG

2. keine Beteiligung an gleichartigem Unternehmen als persönl. haftender Ges'er

Rechte der KG bei Verstoß: Schadenersatz oder Selbsteintrittsrecht
oder Herausgabe der Vergütung oder dgl.

Geschäftsführung (= Innenverhältnis)   § 116 HGB: nur alle **Komplementäre!**
§ 164 HGB: Kommanditisten nicht!

• **Gewöhnliche Geschäfte:**   Einzelgeschäftsführungsbefugnis

• **Außergewöhnl. Geschäfte:**   Gesamtgeschäftsführungsbefugnis (Zustimmung
aller Gesellschafter notwendig);
Widerspruchsrecht des **Kommanditisten**

• **Ausschluss einzelner Gesellschafter von der Geschäftsführung:**

Bei außergewöhnlichen Geschäften ist dennoch Zustimmung notwendig.

Vertretung (= Außenverhältnis)   §§ 125, 126 HGB: alle **Komplementäre!**
(nicht: Kommanditisten!)

Einzelvertretungsbefugnis bei gewöhnlichen und außergewöhnlichen Geschäften
(Zweck dieser Regelung: Schutz des Dritten)

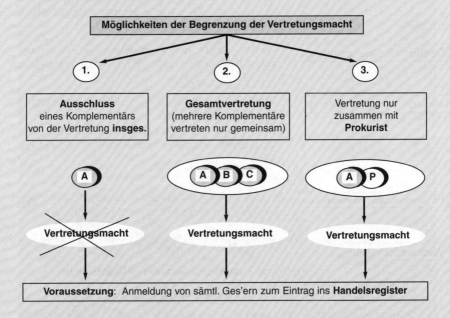

Möglichkeiten der Begrenzung der Vertretungsmacht		
1.	**2.**	**3.**
Ausschluss eines Komplementärs von der Vertretung **insges.**	**Gesamtvertretung** (mehrere Komplementäre vertreten nur gemeinsam)	Vertretung nur zusammen mit **Prokurist**
A	A B C	A P
~~Vertretungsmacht~~	Vertretungsmacht	Vertretungsmacht

Voraussetzung: Anmeldung von sämtl. Ges'ern zum Eintrag ins **Handelsregister**

!!! Nicht wirksam gegenüber Dritten: Beschränkung des Umfangs der Vertretungsmacht !!!

| Beginn der KG | • **Innenverhältnis:** laut Gesellschaftsvertrag |

• **Außenverhältnis:** mit erstem Geschäft (Handelsregistereintrag ist **deklaratorisch.**)
  Ausnahme: Kannkaufleute (KG entsteht erst mit HR-Eintrag = konstitutiv.)

Aufnahme eines neuen Komplementärs N

• N haftet auch für Schulden, die bei seinem Eintritt bereits bestehen. Ein Ausschluss dieser Haftung ist nur im Innenverhältnis möglich (§ 128 HGB).

• Möglichkeit bei **Eintritt in eine bisherige Einzelunternehmung:** N kann die Haftung auch im Außenverhältnis ausschließen durch:

    1. Eintrag im Handelsregister und Bekanntmachung oder
    2. Mitteilung an alle Gläubiger

Ausscheiden eines Komplementärs

• **Kündigungsfrist:** sechs Monate auf Geschäftsjahresende (§ 132 HGB)

• **Haftung:** weitere fünf Jahre für die bei seinem Austritt vorhandenen Verbindlichkeiten der Gesellschaft (§ 159 HGB)

| Wichtiger Vorteil der KG | problemlose Erweiterung der Kapitalbasis durch Aufnahme weiterer Kommanditisten möglich |

Aufgaben

1. Welcher **Form** bedarf der Gesellschaftsvertrag einer KG?

2. Welche der folgenden **Firmen** einer neu zu gründenden KG sind rechtsgültig?
   Begründung. (Hinweis: namentlich genannt sind nur Komplementäre!)
   a) Gerd Feger Nudelfabrik   b) Nufa KG   c) Gerd Feger
   d) Feger & Frosch KG   e) Eddy Frosch KG   f) Feger KG

3. a) Einzelunternehmer Walter Schnorr nimmt den Kommanditisten Schnuff zwecks Gründung einer KG auf. Darf die bisherige **Firma** („Walter Schnorr e. K.") beibehalten werden?
   b) Die KG firmiert mit „Schnorr und Schnuff KG". Darf die **Firma** beibehalten werden, wenn Schnuff wieder ausscheidet? Begründung.
   c) Aus der Firma „Schnorr, Schnuff & Schnauff KG" scheidet Schnuff aus. Darf die **Firma** beibehalten werden?
   d) An der „Schnorr KG" sind drei Gesellschafter beteiligt. Schnorr scheidet aus. Darf die **Firma** beibehalten werden?

4. a) Erläutern Sie kurz die drei für Komplementäre bedeutenden **Haftungsbegriffe.**
   b) Worin unterscheiden sich „Haftung" und „Verlustbeteiligung"?

5. Wie wird der **Gewinn (Verlust)** bei der KG laut Gesetz verteilt?

6. Erklären Sie das gesetzliche **Wettbewerbsverbot** für KG-Gesellschafter und nennen Sie je ein Beispiel.

7. Die ABC-KG (50 Mitarbeiter, jährliche Erlöse 3 Mio. EUR, Bilanzsumme 1 Mio. EUR) hat bezüglich **Vertretung** und **Geschäftsführung** keine gesellschaftsvertraglichen Regelungen getroffen. B unterzeichnet ohne Vorabsprache mit A und C einen äußerst günstigen Kaufvertrag über ein Fließband im Wert von 800.000,00 EUR.
A und C sind nachträglich nicht einverstanden. Rechtslage?

8. Bei der ABC-KG haben die Gesellschafter vereinbart, dass Grundstücksverträge nur gemeinsam abgeschlossen werden dürfen. Der Verkäufer eines Grundstücks weiß dies.
A schließt dennoch – ohne Rücksprache mit den anderen Gesellschaftern – einen notariellen Kaufvertrag ab. Ist dieser gültig?

9. Komplementär A soll von der **Vertretung** ausgeschlossen werden.
a) Unter welcher Voraussetzung ist dies nur rechtswirksam?
b) Welche sonstigen Vertretungsbeschränkungen wären denkbar?
c) Welche Vertretungsbeschränkung ist stets unwirksam?

10. Gesellschaftsvertrag der ABC-KG vom 15.05. mit Beschluss, dass die KG am 20.05. **beginnen** soll. Handelsregistereintrag: 25.06.
A unterschreibt am 30.05. einen Kaufvertrag.
Beurteilen Sie den Sachverhalt im Außen- und Innenverhältnis.

11. a) Der Einzelunternehmer Ott nimmt den Vollhafter Neu und den Kommanditisten Felder auf. **Haftet** Neu auch für die alten Schulden der alten Firma?
b) Welche Möglichkeit hat Neu?
c) Wie wäre die Rechtslage, wenn Neu in eine bestehende KG eingetreten wäre?

12. Komplementär Sauer will **ausscheiden.**   a) Kündigungsfrist?   b) Haftung?

13. Komplementär Streiter fasst am 02.07.01 den Entschluss, aus der Moppel & Sting KG **auszuscheiden.**
a) Wann ist er frühestens aus seinem Vertrag „befreit"? Begründung.
b) 3 Jahre nach seinem Ausscheiden tritt ein Gläubiger der Moppel & Sting KG an Streiter heran und verlangt die Begleichung einer am 14.10.01 entstandenen und noch nicht verjährten Forderung. Muss Streiter zahlen?

14. Die Komplementäre Schinkel und Brosius sind an der Schinkel KG beteiligt. Brosius scheidet aus. Darf die bisherige **Firma** beibehalten werden? Begründung.

15. Nehmen Sie Stellung zur Rechtsgültigkeit der Vorschläge einzelner Gesellschafter der „ABC KG" betr. Ausgestaltung des Gesellschaftsvertrages der neu zu gründenden KG:
<u>Vorschlag A:</u>   „Die Gesellschafter B und C dürfen die KG nur gemeinsam **vertreten.**"
<u>Vorschlag B:</u>   „Die Gesellschafter B und C sind nicht berechtigt, namens der Gesellschaft Grundstücke zu kaufen."

16. Der Gesellschaftsvertrag vom 10.06. setzt den Beginn der „DEF KG" auf den 01.10. fest, die Eintragung ins Handelsregister erfolgt am 15.10.
Am 08.10. schließt Gesellschafter D eigenmächtig einen Kaufvertrag über eine Fertigungsanlage im Wert von 310.000,00 EUR ab, da er von einer geplanten Preiserhöhung erfahren hatte.
Beurteilen Sie exakt die Rechtsgültigkeit dieser Handlung im Innen- und Außenverhältnis. Unterstellen Sie, dass diesbezügliche gesellschaftsvertragliche Regelungen fehlen.

17. Gesellschafter Mau ist an der Mau & Sauer KG beteiligt.

Kapitalanteil Mau 01.01.01:   300.000,00 EUR
Verlustanteil Mau im Jahr 01:   50.000,00 EUR
Privatentnahmen Mau im Jahr 01:   12.000,00 EUR

Sauer ist sauer über die seines Erachtens zu hohen **Privatentnahmen** von Mau. Zu Recht?

18. Der Kaufmann Alfons Storch betreibt seit 20 Jahren eine Einzelunternehmung. Für eine Betriebserweiterung soll in eine KG umgewandelt werden. Als neue Gesellschafter sollen sein Sohn Ewald als Kommanditist und der Mitarbeiter Sepp Eifer als Komplementär aufgenommen werden. Die Firma soll weiterhin die Bezeichnung „Alfons Storch e. Kfm." behalten.

Herr Storch sen. bringt seine Unternehmung (Gebäude, sonst. Anlagevermögen, Umlaufvermögen) im Wert von 1,2 Mio. EUR ein, sein Sohn leistet eine Bareinlage von 200.000,00 EUR und Herr Eifer stellt seine Arbeitskraft zur Verfügung.

Die KG beginnt laut Gesellschaftsvertrag vom 15.12.02 am 01.01.03; Eintragung im Handelsregister am 10.01.03.

a) Welche **Form** muss der Gesellschaftsvertrag dieser KG haben?
b) Kann die bisherige **Firma** beibehalten werden? Begründung.
c) Kann Sepp Eifer ohne Kapitaleinlage Gesellschafter werden?
d) Wann **entsteht** die KG?
e) Ein Gläubiger der KG, Georg Nieselpriem, wendet sich direkt an Eifer und verlangt von ihm die Begleichung seiner im März 02 entstandenen Forderung über 60.000,00 EUR. Muss Eifer zahlen oder kann er Nieselpriem an die KG verweisen? Begründung.

19. Nennen Sie die **Rechte** und **Pflichten** der KG-Gesellschafter.

20. An der Moll & Co. sind die Komplementäre Moll und Stoll sowie die Kommanditisten Filz und Milz beteiligt. Moll kauft ohne Vorabsprache für die Gesellschaft Aktien für 390.000,00 EUR. Prüfen Sie die Rechtslage.

21. Am 13.05. tritt ein Kommanditist in eine bestehende KG **neu** ein. Der Handelsregistereintrag erfolgt am 30.05. Erklären Sie die zwischenzeitliche Situation bezüglich der Haftung.

22. Wann haften **alle** Kommanditisten einer KG ausnahmsweise voll?

23. Ein **Kommanditist** schließt namens der KG einen Kaufvertrag über 100,00 EUR. Ist der Vertrag für die KG bindend? Begründung.

24. Können **Kommanditisten** bei entsprechender Gesellschaftsvertragsgestaltung eine komplementärähnliche „Machtposition" ausüben (Innen- und Außenverhältnis berücksichtigen)?

25. Kommanditkapital des Kommanditisten K: 100.000,00 EUR (Haftsumme)
Davon wurden bereits eingezahlt: 70.000,00 EUR

Gläubiger G wendet sich an K zwecks Einziehung seiner Forderung gegenüber der KG in Höhe von 50.000,00 EUR. Muss K zahlen? Begründung.

26. Wie beeinflusst der **Gewinnanteil** eines Kommanditisten seinen Kapitalanteil?

27. Haftet ein **neuer Kommanditist** auch für alte Schulden der KG?

28. Einzelunternehmer Hans Motte will seine Produktionsanlagen erweitern. Die Finanzierung soll u. a. durch Aufnahme eines Gesellschafters und die Umwandlung in eine KG erfolgen.

Mit Umwandlung der EU in eine KG tritt Fred Rist am 31.01. mit Unterzeichnung des Gesellschaftsvertrags als Kommanditist in das Unternehmen ein. Seine Einlage beträgt 100.000,00 EUR, wovon zunächst nur 50.000,00 EUR eingezahlt werden.

Die Eintragung in das Handelsregister erfolgt am 15.02.

a) Welche **Gründe** mögen Motte bewogen haben, eine KG als Gesellschaftsform zu wählen (drei Gründe)?

b) Wie könnte die **Firma** der KG lauten (zwei Möglichkeiten nennen)?

c) Zu welchem Zeitpunkt **entsteht** die KG im Innen- und Außenverhältnis? Begründung.

d) Die KG kommt vorübergehend in Zahlungsschwierigkeiten. Gläubigerforderungen in Höhe von 120.000,00 EUR sind fällig. Die Verpflichtungen sind vor Eintritt des Gesellschafters Rist in die Unternehmung entstanden.

Beurteilen Sie die **Haftungsgrundlage** des Gesellschafters Rist vor und nach der Handelsregistereintragung.

e) Zwischen dem Komplementär Motte und dem Kommanditisten Rist ergeben sich in der Folgezeit Differenzen. Nehmen Sie zu folgenden Situationen Stellung:

1) Rist widersetzt sich der Absicht von Motte, eine Zweigniederlassung in der Schweiz zu gründen.

2) Rist tritt in ein neu gegründetes Konkurrenzunternehmen am Geschäftssitz der KG als Vollhafter ein.

3) Rist kündigt aus diesem Grund am 30.11. das Gesellschaftsverhältnis zum 31.12. desselben Jahres.

29. Bis zu welcher Höhe ist ein Kommanditist am **Verlust** beteiligt?

Test ➡ **KG I:** • **Gesellschaftsvertrag**   • **Firma**
                        • **Entstehung**   • **Haftung**   Punkte

---

1 Wie viele **Gesellschafter** muss eine KG mindestens haben?   **3**
     Nennen Sie auch die Fachausdrücke für die Gesellschafter.

2 Wie **haften** die Gesellschafter der KG? Kurze Erläuterungen.   **6**

3 Was ist bei der **Firma** der KG zu beachten? Bitte auch mögliche Firmenarten nennen. **3**

4 Wann **entsteht** die KG?   **2**

5 Welcher **Form** bedarf der **Gesellschaftsvertrag** einer KG?   **2**

6 Nennen Sie vier Vorteile der KG gegenüber der OHG.   **4**

▼▼▼
Punktesumme ➡ **20**

Notenermittlung: Kreuzen Sie Ihr Ergebnis an (Korrekturanleitung: siehe Lösung).

Punkte:	20	19	18	17	16	15	14	13	12	11	10	9	8	7	6	5	4	3
Note:	1,0	1,3	1,6	1,9	2,2	2,5	2,7	3,0	3,3	3,6	3,9	4,2	4,5	4,8	5,1	5,4	5,7	6,0
1. Versuch:																		
2. Versuch:																		
3. Versuch:																		

Test ➤ **KG II: Geschäftsführung und Vertretung**

Punkte

1 Unterscheiden Sie allgemein die **Begriffe** Geschäftsführung und Vertretung. **2**

2 Welche **Geschäftsführungs-** und **Vertretungsbefugnisse** haben grundsätzlich die Gesellschafter einer KG? **6**

3 Nennen Sie Möglichkeiten der **Begrenzung der Vertretungsmacht** bei der KG. **3**

4 Unter welcher **Voraussetzung** sind diese Begrenzungen (3) nur rechtswirksam? **1**

5 Welche **Begrenzung** der Vertretungsmacht ist Dritten gegenüber **niemals** wirksam? Nennen Sie ein Beispiel. **2**

6 **Komplementär** A der ABC-KG (20 Beschäftigte) kauft ohne Information der anderen Gesellschafter namens der KG ein Fließband im Wert von 1,2 Mio. EUR. **4**

Beurteilen Sie die Rechtsgültigkeit im **Innen- und Außenverhältnis**, wenn gesellschaftsvertragliche Regelungen fehlen.

7 **Kommanditist** K der ABC-KG unterzeichnet für die KG den Kauf eines Schneidegerätes im Wert von 55,00 EUR. **2**

Ist der Vertrag für die KG bindend? Begründung.

▼▼▼
Punktesumme ➤ **20**

Notenermittlung: Kreuzen Sie Ihr Ergebnis an (Korrekturanleitung: siehe Lösung).

Punkte:	20	19	18	17	16	15	14	13	12	11	10	9	8	7	6	5	4	3
Note:	1,0	1,3	1,6	1,9	2,2	2,5	2,7	3,0	3,3	3,6	3,9	4,2	4,5	4,8	5,1	5,4	5,7	6,0
1. Versuch:																		
2. Versuch:																		
3. Versuch:																		

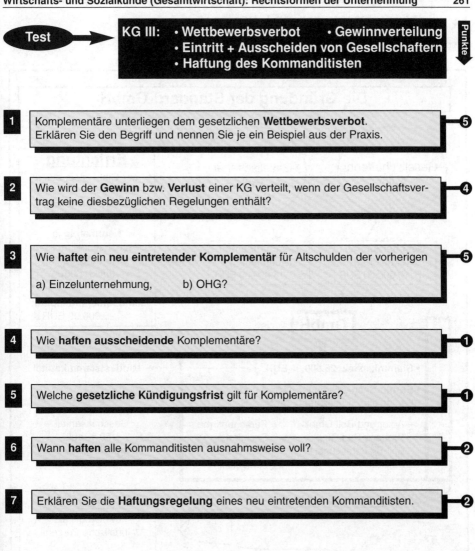

Test ➤ **KG III:** • Wettbewerbsverbot • Gewinnverteilung
• Eintritt + Ausscheiden von Gesellschaftern
• Haftung des Kommanditisten

Punkte

1 Komplementäre unterliegen dem gesetzlichen **Wettbewerbsverbot**.
Erklären Sie den Begriff und nennen Sie je ein Beispiel aus der Praxis. **5**

2 Wie wird der **Gewinn** bzw. **Verlust** einer KG verteilt, wenn der Gesellschaftsvertrag keine diesbezüglichen Regelungen enthält? **4**

3 Wie **haftet** ein **neu eintretender Komplementär** für Altschulden der vorherigen

a) Einzelunternehmung,   b) OHG? **5**

4 Wie **haften ausscheidende** Komplementäre? **1**

5 Welche **gesetzliche Kündigungsfrist** gilt für Komplementäre? **1**

6 Wann **haften** alle Kommanditisten ausnahmsweise voll? **2**

7 Erklären Sie die **Haftungsregelung** eines neu eintretenden Kommanditisten. **2**

▼▼▼
Punktesumme ➤ **20**

Notenermittlung: Kreuzen Sie Ihr Ergebnis an (Korrekturanleitung: siehe Lösung).

Punkte:	20	19	18	17	16	15	14	13	12	11	10	9	8	7	6	5	4	3
Note:	1,0	1,3	1,6	1,9	2,2	2,5	2,7	3,0	3,3	3,6	3,9	4,2	4,5	4,8	5,1	5,4	5,7	6,0
1. Versuch:																		
2. Versuch:																		
3. Versuch:																		

3.5   Die GmbH (einschließlich UG)

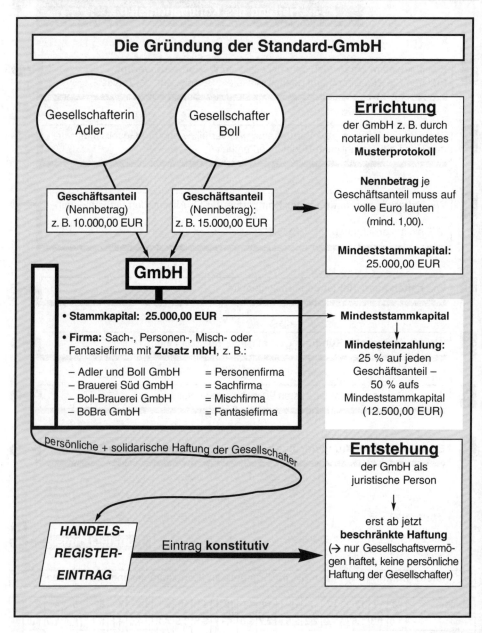

Die Gründung der Standard-GmbH

Gesellschafterin Adler

Gesellschafter Boll

Geschäftsanteil (Nennbetrag) z. B. 10.000,00 EUR

Geschäftsanteil (Nennbetrag): z. B. 15.000,00 EUR

GmbH

Errichtung der GmbH z. B. durch notariell beurkundetes **Musterprotokoll**

Nennbetrag je Geschäftsanteil muss auf volle Euro lauten (mind. 1,00).

Mindeststammkapital: 25.000,00 EUR

- **Stammkapital: 25.000,00 EUR** ⟶ **Mindeststammkapital**

- **Firma:** Sach-, Personen-, Misch- oder Fantasiefirma mit **Zusatz mbH**, z. B.:

  – Adler und Boll GmbH = Personenfirma
  – Brauerei Süd GmbH = Sachfirma
  – Boll-Brauerei GmbH = Mischfirma
  – BoBra GmbH = Fantasiefirma

Mindesteinzahlung: 25 % auf jeden Geschäftsanteil – 50 % aufs Mindeststammkapital (12.500,00 EUR)

persönliche + solidarische Haftung der Gesellschafter

HANDELS-REGISTER-EINTRAG

Eintrag **konstitutiv**

Entstehung der GmbH als juristische Person

erst ab jetzt **beschränkte Haftung** (→ nur Gesellschaftsvermögen haftet, keine persönliche Haftung der Gesellschafter)

Gesellschaftsform

Standard-GmbH

= GmbH mit mindestens 25.000,00 EUR Stammkapital

Im Wesentlichen entspricht die Gründung einer Standard-GmbH der Gründung einer herkömmlichen GmbH.

Unternehmergesellschaft (haftungsbeschränkt) = Mini-GmbH

= GmbH mit einem Stammkapital zwischen 1,00 EUR und 24.999,00 EUR

• **Sachgründung verboten**

• **Firmenzusatz:** Unternehmergesellschaft [bzw. UG (haftungsbeschränkt)]

• **Zwangsthesaurierungspflicht:** Einstellung von jeweils 25 % des Jahresüberschusses in die **gesetzliche Rücklage**, bis Stammkapital durch Kapitalerhöhung aus Gesellschaftsmitteln 25.000,00 EUR beträgt; dann Umfirmierung möglich

Wann Standard-GmbH?

• „GmbH" soll gegründet werden

• genügend Kapital vorhanden

• höheres Stammkapital für Fremdfinanzierung unverzichtbar

• „GmbH" soll Firmenbestandteil sein

Wann Mini-GmbH?

• nicht genügend Kapital für Standardgründung vorhanden

• Kapitalbedarf gering

• genügend persönliche Sicherheiten für Fremdfinanzierung vorhanden

• „GmbH" in Firma uninteressant

Vorteile

• höhere Kreditwürdigkeit →

• leichtere Fremdfinanzierung

Nachteile

• Gründung ist – komplizierter,
– langsamer,
– kostenintensiver.

Vorteile

• Gründung ist – einfacher,
– schneller,
– kostengünstiger.

Nachteile

• geringere Kreditwürdigkeit →

• schwierigere Fremdfinanzierung

Die haftungsbeschränkte Unternehmergesellschaft (UG)

Die Gründung der UG

UG (umgangssprachlich): **Mini-GmbH**

Gesellschafterin
Adler

Gesellschafter
Boll

„Errichtung"
der UG z. B. durch
**notariell
beurkundetes
Musterprotokoll**

Geschäftsanteil
(Nennbetrag): 1,00 EUR

Geschäftsanteil
(Nennbetrag): 1,00 EUR

Mindestnennbetrag
je Geschäftsanteil:
1,00 EUR (volle Euro)

Mindeststammkapital:
1,00 EUR

UG (haftungsbeschränkt)

- **Gezeichnetes Kapital (Stammkapital): 2,00 EUR**
- **Firma:** Sach-, Personen-, Misch- oder Fantasiefirma mit **Zusatz:**

  „Unternehmergesellschaft (haftungsbeschränkt)" oder
  „UG (haftungsbeschränkt)"

  z. B.:   – Adler und Boll UG (haftungsbeschränkt)
            – Brauerei ABO Unternehmergesellschaft (haftungsbeschränkt)

Persönliche + solidarische Haftung der Gesellschafter

„Entstehung" der UG
als juristische Person:

erst ab jetzt

beschränkte Haftung

(nur Gesellschaftsvermögen
haftet – keine persönliche
Haftung der Gesellschafter)

*HANDELS-
REGISTER-
EINTRAG*

Eintrag **konstitutiv**

Die Organe der GmbH

Geschäftsführer	Aufsichtsrat	Gesellschafterversammlung

Vertretung = Außenverh.	**GmbH mit maximal 500 Arbeitnehmern:**	• oberstes Organ mit erheblich mehr Rechten als die vergleichbare Hauptversammlung bei der AG
• alle gewöhnl. + außergewöhnl. Geschäfte	kein Aufsichtsrat notwend.	
• Beschränkungen gegenüber Dritten unwirksam	**GmbH zwischen 501 und 2.000 Arbeitnehmern:**	• Bestellt den Geschäftsführer, sofern die GmbH max. 500 Arbeitn. hat (vgl. Aufsichtsrat!).
• mehrere Geschäftsführer: Gesamtvertretung	• Bildung Aufsichtsrat nach BetrVG	
Geschäftsführung = Innenverhältnis	• Zusammensetzung: $\frac{2}{3}$ Ges'ervertreter $\frac{1}{3}$ Arbeitn.vertreter	• jeder Euro eines Geschäftsanteils = 1 Stimme
Eintritt durch:	• Mindestzahl der Aufsichtsratsmitglieder: 3	(Abweichungen laut Satzung möglich)
Bestellung + **Anstellungsvertrag**	**GmbH > 2.000 Arbeitn.:**	• Zwingende Rechte der Gesellschafter:
	• Bildung Aufsichtsrat nach Mitbest.gesetz	– Satzungsänderungen
Ausscheiden durch:	• Zusammensetzung: $\frac{1}{2}$ Ges'ervertreter $\frac{1}{2}$ Arbeitn.vertreter	– Auflösung der GmbH
Abberufung + **Kündigung**	• AR-Vorsitzender = Gesellschaftervertreter (hat bei Pattsituationen eine **zweite Stimme**)	• Rechte der Gesellschafter, sofern keine andere Satzungsregelung vorliegt: (vgl. § 46 GmbHG)
Haftung: § 43 Abs. 2 GmbHG solidarische Haftung für den entstandenen Schaden bei Verletzung ihrer Obliegenheiten	• Mindestzahl der Aufsichtsratsmitglieder: 12	– Feststellung Jahresabschluss und Gewinnverwendung
	Aufgaben (z. B.):	– Bestellung + Abberufung des Geschäftsführers
Personenkreis: Gesellschafter- oder Fremdgeschäftsführer	Bestellung, Überwachung und Abberufung des Geschäftsführers ...	– Bestellung von Prokuristen und allg. Handlungsbevollmächtigten ....

Aufgaben

1. a) Wann entsteht die GmbH?
    b) Wie ist die Haftung vor und nach Entstehung geregelt?
    c) Welche Organe hat die GmbH?

2. Bei einer GmbH sind am Stammkapital von 50.000,00 EUR die Gesellschafter A mit 20.000,00 EUR, B mit 15.000,00 EUR und C mit 15.000,00 EUR beteiligt.
    a) Wie viele Stimmen haben A, B und C jeweils bei Abstimmungen?
    b) Wie hoch sind die Geschäftsanteile der Gesellschafter?
    c) Besteht die Möglichkeit, dass B Geschäftsführer wird?
    d) Geschäftsführer B kauft eine Fabrikhalle für 150.000,00 EUR, ohne vorher A und C zu fragen. Rechtsgültig? Begründung.
    e) Wie ist d zu beantworten, wenn A und B Geschäftsführer wären?
    f) Geschäftsführer A ernennt den Angestellten D zum Prokuristen. Rechtsgültig? Begründung.
    g) Geschäftsführer A möchte einen Teil des Gewinnes in die Rücklage einstellen. Können B und C dies verhindern? Begründung.
    h) Gesellschafter C vereinbart mit M schriftlich, dass er ihm seinen Geschäftsanteil veräußert. Rechtsgültig? Begründung.

3. Unterscheiden Sie die Begriffe Stammkapital und Geschäftsanteil.

4. a) Die Geschäftsführer einer GmbH sind laut Gesellschaftsvertrag zur Gesamtvertretung befugt. Erklären Sie diesen Begriff und nennen Sie je zwei Gründe für und gegen eine derartige Regelung.
    b) Nach der Ansicht eines Gesellschafters sollte man die GmbH in eine KG umwandeln. Formulieren Sie je drei Argumente für und gegen diesen Vorschlag.

5. a) Erklären Sie den Begriff Musterprotokoll.
    b) Unter welchen Voraussetzungen ist die Gründung mit Musterprotokoll möglich?
    c) Nennen Sie je einen Vor- und Nachteil der Gründung per Musterprotokoll.

6. Wie muss die Firma der
    a) Standard-GmbH,
    b) Mini-GmbH lauten?

7. Welche Einschränkung ist bei der Mini-GmbH hinsichtlich der Gewinnverwendung zu beachten?

8. Nennen Sie je einen Vor- und Nachteil der Mini-GmbH.

Test ➤ **GmbH I**

Punkte ⬇

1 Wann entsteht die GmbH? Kurze Begründung. **2**

2 Erklären Sie die Haftungsregelung **2,5**

a) vor der Eintragung der GmbH ins Handelsregister.

b) nach der Eintragung der GmbH ins Handelsregister.

3 Welche Organe hat die GmbH? **3**

4 Unterscheiden Sie folgende Begriffe: • Stammkapital **4,5**

• Geschäftsanteil

▼▼▼
Punktesumme ➤ **12**

Notenermittlung: Kreuzen Sie Ihr Ergebnis an (Korrekturanleitung: siehe Lösung).

Punkte ➤	12	11	10	9	8	7	6	5	4	3	2	1
Note ➤	1,0	1,5	2,0	2,5	3,0	3,5	4,0	4,5	5,0	5,5	6,0	6,0
1. Versuch ➤												
2. Versuch ➤												
3. Versuch ➤												

Test ➤ **GmbH II**

Punkte

1 Bei einer GmbH sind die Gesellschafter A, B und C am Stammkapital mit 25.000,00 EUR, 20.000,00 EUR und 15.000,00 EUR beteiligt.   **8**

a) Können auch Nicht-Gesellschafter Geschäftsführer werden? Begründung.

b) Geschäftsführer B kauft eine Fertigungsanlage für 500.000,00 EUR, ohne vorher Rücksprache mit A und C zu halten. Ist der Vertrag für die GmbH bindend? Begründung.

c) Wie ist Fall b zu beurteilen, wenn A und B Geschäftsführer wären?

d) Geschäftsführer A ernennt den Angestellten D zum Prokuristen. Rechtsgültig? Begründung.

e) Gesellschafter C vereinbart mit M schriftlich, dass er ihm seinen Geschäftsanteil verkauft. Rechtsgültig? Begründung.

2 Die Geschäftsführer einer GmbH sind laut Gesellschaftsvertrag zur <u>Gesamtvertretung</u> befugt.   **5**

Erklären Sie den unterstrichenen Begriff und nennen Sie je zwei Gründe für und gegen eine derartige Regelung.

3 Was spricht für und was gegen eine Umwandlung der GmbH in eine KG? Nennen Sie je zwei Argumente.   **4**

4 Warum enthalten Gesellschaftsverträge von GmbHs oft harte Bedingungen für ausscheidende Gesellschafter?   **1**

5 Welche Vorschriften gelten für die Firma der „Mini-GmbH"?   **2**

▼▼▼
Punktesumme ➤ **20**

Notenermittlung: Kreuzen Sie Ihr Ergebnis an (Korrekturanleitung: siehe Lösung).																		
Punkte:	20	19	18	17	16	15	14	13	12	11	10	9	8	7	6	5	4	3
Note:	1,0	1,3	1,6	1,9	2,2	2,5	2,7	3,0	3,3	3,6	3,9	4,2	4,5	4,8	5,1	5,4	5,7	6,0
1. Versuch:																		
2. Versuch:																		
3. Versuch:																		

3.6   Die GmbH & Co. KG

Hinweis: Die GmbH & Co. KG ist im Lehrplan nicht erwähnt, sodass die Thematik möglicherweise nicht prüfungsrelevant ist.

Stofftelegramm

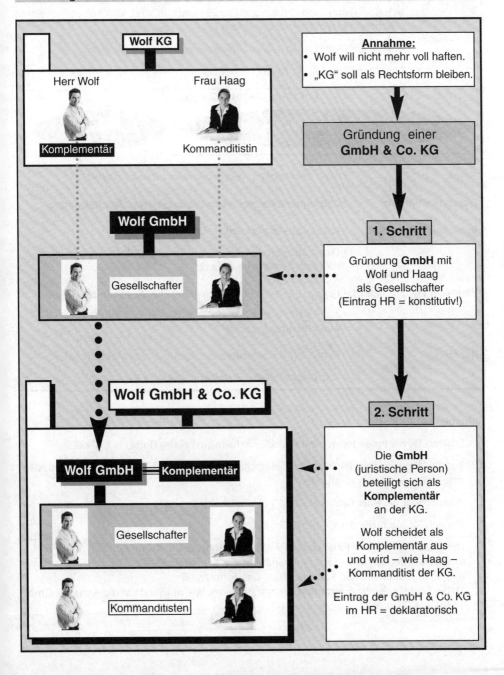

Gründung: • Gründung einer **GmbH**/Eintrag im Handelsregister (Eintrag = konstitutiv)

• Gründung der **GmbH & Co. KG**, bei der sich die GmbH als Komplementär beteiligt; Kommanditisten = natürliche Personen. (I. d. R. sind Kommanditisten gleichzeitig Gesellschafter der GmbH.)

Eintrag der GmbH & Co. KG im Handelsregister = deklaratorisch

Ein-Mann-GmbH & Co. KG möglich; Beispiel:

Ein-Mann-GmbH & Co. KG

Komplementär – GmbH (Ges'er A = Geschäftsführer)   **Kommanditist A**

Firma: Name der GmbH (= Komplementär) + Zusatz „Co. KG"

Geschäftsführung: Komplementär-GmbH, vertreten durch ihren Geschäftsführer

Vorteile i. Vgl. zur KG: • Haftungsbeschränkung (nur GmbH haftet voll!)

• Geschäftsführer als Nachfolger (z. B. Erbfall) leichter zu finden, da keine persönliche Haftung

Vorteile i. Vgl. zur GmbH: • flexiblere Eigenkapitalbeschaffung über Kommanditeinlagen

• evtl. Mitbestimmungsvorteile (bei kleingehaltener GmbH kein Aufsichtsrat notwendig)

Nachteile: • Erstellung von zwei Jahresabschlüssen notwendig (Kosten!)

• evtl. eingeschränkte Kreditwürdigkeit

Aufgaben (Grundwissen)

1. Erklären Sie die Beteiligungs- und Haftungsverhältnisse bei der GmbH & Co. KG.

2. Welche Überlegungen könnten die Gesellschafter einer a) KG, b) GmbH dazu veranlassen, eine GmbH & Co. KG zu gründen?

3. Wem obliegt bei einer GmbH & Co. KG die Geschäftsführung?

4. Nennen Sie Nachteile der GmbH & Co. KG.

5. Der Einzelunternehmer Jörn Schmiedel will eine GmbH & Co. KG gründen.
   a) Ist die Gründung einer Ein-Mann-GmbH & Co. KG möglich?
   b) Wer ist Komplementär, Kommanditist, Geschäftsführer?
   c) Die GmbH soll mit „Sportartikel GmbH" firmieren. Wie müsste dann die Firma der GmbH & Co. KG lauten?

3.7 Prüfungsaufgaben

Hinweis: Bei den Prüfungsaufgaben A, B, C ... handelt es sich vor allem um Auszüge aus früheren Prüfungsaufgaben, die der Abrundung und Vervollständigung des Gesamt-Themenkomplexes dienen.

Prüfungsaufgabe A

Hinweis: Gesetzestexte lagen als Anlage bei.

1. Der **Einzelunternehmer** Klaus Heuer betreibt einen Großhandel mit Wasserbetten in Albstadt-Ebingen. Der gelernte Großhandelskaufmann hat in den letzten Jahren ein gutgehendes Unternehmen aufgebaut. Er verkauft die Wasserbetten an Möbelhäuser und Gesundheitseinrichtungen im süddeutschen Raum. Seine Ware, die er aus Amerika bezieht, wird in einem angemieteten Lager für den Verkauf vorbereitet. Arbeitnehmer beschäftigt Herr Heuer nicht, lediglich sein Bruder hilft ihm gelegentlich aus, wenn es einmal hoch hergeht.

1.1 Begründen Sie, ob Klaus Heuer Kaufmann gemäß HGB ist (vgl. Gesetzestexte).

1.2 Wie ist die Haftung und Geschäftsführung in diesem Unternehmen gesetzlich geregelt?

2. Die Geschäfte von Klaus Heuer laufen so gut, dass er über eine Erweiterung des Unternehmens nachdenkt. Der Vermieter des Lagers hat ihm das Lager zum Kauf angeboten. Für diese Investition benötigt Herr Heuer zusätzliches Kapital. Seine Hausbank würde ihm einen Kredit in der benötigten Höhe (ca. 120.000,00 EUR) zur Verfügung stellen. In einem Gespräch mit seiner Frau und deren Schwester, Frau Kaufhold, wird die Möglichkeit einer Unternehmensbeteiligung diskutiert. Die Schwester regt an, als **Teilhaberin** in das Unternehmen einzusteigen. Da sie selbst als kaufmännische Angestellte beschäftigt ist und ihre Stellung nicht aufgeben möchte, wäre sie bereit, das Kapital in das Unternehmen einzubringen. Eine Mitarbeit käme für sie im Augenblick nicht infrage.

2.1 Welche **Unternehmensformen** kommen hier infrage? Vergleichen Sie in einer Tabelle zwei Unternehmensformen hinsichtlich der Haftung, Geschäftsführung, Kapitaleinlage.

2.2 Entscheiden Sie sich begründet für eine der beiden Unternehmensformen.

3. Herr Heuer beteiligt Frau Kaufhold an seinem Unternehmen und wandelt seine Einzelunternehmung in eine **Kommanditgesellschaft** um. Er wird Komplementär mit einer Kapitaleinlage von 250.000,00 EUR; die Schwägerin wird Kommanditistin mit einer Kapitaleinlage von 120.000,00 EUR.
Die KG beginnt laut Gesellschaftsvertrag vom 15.08.1999 am 01.09.1999. Am 26.09.1999 wird die neue Unternehmung in das Handelsregister eingetragen.

3.1 Am 16.09.1999 kauft Herr Heuer 200 Wasserbetten im Gesamtwert von 90.000,00 EUR im Namen der neuen Unternehmung.
Beurteilen Sie die Rechtsgültigkeit des Kaufvertrages im Innen- und Außenverhältnis.

3.2 Am 30.09.1999 kauft Frau Kaufhold im Namen der KG Büromaterial im Wert von 600,00 EUR. Herr Heuer ist mit dem Kauf nicht einverstanden.
Ist die KG an den Kaufvertrag gebunden? Begründung.

3.3   Im Gesellschaftsvertrag wurde u. a. die Gewinnverteilung geregelt:

> Vom Gewinn erhält Herr Heuer vorweg 5.000,00 EUR für seine Arbeitsleistung im Unternehmen. Jeder Gesellschafter erhält sodann 6 % seiner Kapitaleinlage, bezogen auf die Kapitalhöhe zu Beginn des Geschäftsjahres. Bei einem geringeren Gewinn verringert sich der Prozentsatz entsprechend. Ein möglicher Restgewinn wird im Verhältnis 3:1 auf die Gesellschafter aufgeteilt.

Das Geschäftsjahr wird am 31.08.2000 mit einem Gewinn in Höhe von 48.000,00 EUR abgeschlossen. Berechnen Sie die Gewinnanteile der Gesellschafter sowie die Höhe der Kapitalanteile nach durchgeführter Gewinnverteilung, wenn Heuer zusätzliche Privatentnahmen von 24.000,00 EUR tätigt. (Die Besteuerung mit Einkommensteuer bleibt unberücksichtigt.)

4.   Herr Heuer will sein Unternehmen weiter ausbauen und denkt an die Gründung einer Niederlassung in Frankfurt/Oder, um von dort aus osteuropäische Länder zu beliefern. Aufgrund des ständig steigenden Risikos beschließt er mit Frau Kaufhold die Gründung einer **Gesellschaft mit beschränkter Haftung**. Seine Frau Anke Heuer soll als Gesellschafterin in das Unternehmen aufgenommen werden. Der Gesellschaftsvertrag wird am 10.07.2000 von den Gesellschaftern unterzeichnet.

Auszug aus dem Gesellschaftsvertrag:

> § 1   Die Firma soll unter dem Namen „AQUATERRA Wasserbetten und Schlafsysteme" geführt werden.
>
> § 2   Gegenstand des Unternehmens ist der Handel mit Wasserbetten und sonstigen Schlafsystemen.
>
> § 3   Sitz des Unternehmens ist Frankfurt/Oder.
>
> § 4   Stammkapital: 50.000,00 EUR. Nennwerte der Geschäftsanteile der Gesellschafter sowie Art und Zeitpunkt der Leistung:
>
> - Klaus Heuer 20.000,00 EUR als Bareinlage, davon sind 12.500,00 EUR sofort zu leisten, der Rest bis zum 15.10.2000.
> - Marion Kaufhold 20.000,00 EUR als Bareinlage, davon sind 12.500,00 EUR sofort zu leisten, der Rest bis zum 15.10.2000.
> - Anke Heuer 10.000,00 EUR als Bareinlage, davon sind 2.000,00 EUR sofort zu leisten, der Rest am 02.08.2000.
>
> § 6   Klaus Heuer und Marion Kaufhold werden zu Geschäftsführern bestellt.

4.1   Prüfen Sie, ob der Gesellschaftsvertrag zum Zeitpunkt der Unterzeichnung in folgenden Punkten den gesetzlichen Vorschriften entspricht:
- Firmierung   • Kapitalaufbringung

4.2   Am 06.09.2000 erfolgt der Eintrag in das Handelsregister, die Veröffentlichung der Eintragung zwei Tage später. Klaus Heuer kaufte am 12.08.2000 ohne Rücksprache mit Frau Kaufhold im Namen der GmbH einen Lkw zum Preis von 70.000,00 EUR.

4.2.1   Bei der Auslieferung des Lkw am 20.09.2000 verlangte der Lieferer von Frau Kaufhold die volle Bezahlung des fälligen Kaufpreises. Kann der Verkäufer die Forderung durchsetzen? Begründung.

4.2.2 Könnte der Lieferer seinen Anspruch gegenüber Frau Kaufhold durchsetzen, wenn der Kaufvertrag erst am 28.09.2000 abgeschlossen und die Zahlung sofort fällig gewesen wäre? Begründung.

4.2.3 Könnte der Lieferer seinen Anspruch gegenüber der GmbH durchsetzen, wenn der Kaufvertrag erst am 28.09.2000 abgeschlossen und die Zahlung sofort fällig gewesen wäre? Begründung.

4.3   Zum 20.02.2001 wird die Gesellschafterversammlung angesetzt. Die Tagesordnung enthält folgende Beschlussanträge:

• Frau Helene Peters, Potsdam, wird zur Prokuristin bestellt.

• Der Sitz des Unternehmens wird von Frankfurt/Oder nach Potsdam verlegt.

Frau Marion Kaufhold stimmt gegen beide Tagesordnungspunkte. Die Mitgesellschafter stimmen zu. Welche Wirkung hat jeweils das Stimmverhalten von Frau Kaufhold? Begründung.

Prüfungsaufgabe B

1.   Herr Berg, Gründer der Einzelunternehmung Roland Berg e. K., Sportswear, Straubenhardt, führt diese bisher mit großem Erfolg. Um der steigenden Nachfrage gerecht werden zu können, sind Investitionen in Höhe von 1.000.000,00 EUR erforderlich. Das Finanzierungskonzept sieht vor, dass 400.000,00 EUR im Wege der Selbstfinanzierung aufgebracht werden. Für die noch fehlenden 600.000,00 EUR liegt ein Kreditangebot der Volksbank Straubenhardt vor. Herr Berg überlegt darüber hinaus, ob er seiner Prokuristin, Frau Maren Kahn, eine Teilhaberschaft anbieten soll. Frau Kahn ist grundsätzlich bereit, die Finanzierungslücke zu schließen, möchte aber die Haftung auf ihre Einlage beschränkt wissen.

Nach reiflichen Überlegungen entschließen sich Frau Kahn und Herr Berg dazu, die Einzelunternehmung in eine Kommanditgesellschaft umzuwandeln. Herr Berg bringt sein Einzelunternehmen in die KG ein. Am 13.03. wird der Gesellschaftsvertrag geschlossen (**Anlage 1**). Der Eintrag ins Handelsregister erfolgt am 30.03.

Verwenden Sie zur Lösung den Auszug aus dem HGB (**Anlage 2**).

1.1   Erläutern Sie, weshalb sich Herr Berg letztlich zur Aufnahme einer Gesellschafterin entschlossen und nicht das Angebot seiner Bank angenommen hat (vier Argumente).

1.2   Begründen Sie, ob die bisherige Firma fortgeführt werden kann.

1.3   Am 10.04. erhält Frau Kahn ein Schreiben eines Lieferanten der KG, in dem sie aufgefordert wird, eine längst fällige Rechnung über 200.000,00 EUR bis zum 20.0.4 zu begleichen. Begründen Sie, ob Frau Kahn dieser Zahlungsaufforderung Folge leisten muss.

1.4   Herr Berg hatte in den vergangenen Jahren immer wieder großen Erfolg beim Spekulieren mit Aktien. Aus Informationen des Handelsblattes entnimmt er, dass die Continental AG einen neuartigen Reifen entwickelt hat. Er beabsichtigt, für die KG 10.000 Conti-Aktien zu kaufen. Frau Kahn erfährt zufällig davon und widerspricht diesem Vorhaben. Herr Berg setzt sich darüber hinweg. Nach anfänglichem Kursanstieg kommt es zu Kursverlusten dieser Aktien. Der Gesellschaft entsteht dadurch ein Schaden in Höhe von 60.000,00 EUR. Erläutern Sie die Rechtslage.

1.5 Zum Ende des zweiten Geschäftsjahres weist die GuV-Rechnung einen Gewinn in Höhe von 264.000,00 EUR aus. Verteilen Sie diesen Gewinn entsprechend der Maßgabe des Gesellschaftsvertrages.

Anlage 1

Auszug aus dem Gesellschaftsvertrag
zwischen Roland Berg und Maren Kahn vom 13.03.20..

§ 1 Allgemeine Angaben

1   Die Firma soll unter dem Namen Roland Berg e. K., Sportswear, fortgeführt werden.

2   Beginn der Gesellschaft ist der 13.03.2000.

3   Roland Berg tritt als Komplementär ein. Maren Kahn wird Kommanditistin.

§ 2 Pflichten der Gesellschafter

1   Roland Berg bringt zum Gesellschaftsbeginn sein Einzelunternehmen im Wert von 1.800.000,00 EUR ein.

2   Maren Kahn übernimmt eine Kommanditeinlage in Höhe von 600.000,00 EUR. Zum Gesellschaftsbeginn bringt Frau Kahn 300.000,00 EUR ein. Frau Kahn verpflichtet sich, die ausstehende Einlage zum 31.12. des laufenden Jahres zu leisten.

§ 3 Rechte der Gesellschafter

1   ....

2   ....

3   Gewinnverteilung

3.1   Die Gesellschafter erhalten eine Eigenkapitalverzinsung von 6 % des Anfangskapitals.

3.2   Der verbleibende Restgewinn wird im Verhältnis der zu Beginn des Geschäftsjahres vorhandenen Kapitalanteile verteilt.

4   Verlustverteilung
Die Verteilung des Verlusts erfolgt im Verhältnis der Kapitalanteile.

Anlage 2
HGB-Auszug: §§ 17 bis 24 (Handelsfirma)
                     §§ 123 bis 127 (Rechtsverhältnis der Ges'schafter zu Dritten)
                     §§ 161 bis 172 (Kommanditgesellschaft)

Auf den Abdruck dieser Gesetzestexte wird an dieser Stelle aus Platzgründen verzichtet.

Prüfungsaufgabe C

Vor einigen Jahren hat der Kaufmann Franz Schulze eine Einzelunternehmung für den Vertrieb von Fitnessgeräten unter der Bezeichnung „Franz Schulze e. K." gegründet. Da die Geschäfte sehr gut laufen, möchte Schulze seine Firma vergrößern. Nach seinen Berechnungen würde der Kapitalbedarf für die Erweiterung ca. 500.000,00 EUR betragen. Schulze ist nicht in der Lage, die Finanzierung allein zu bestreiten. Er will deshalb seine Einzelunternehmung in eine Kommanditgesellschaft umwandeln und zu seiner Unterstützung, insbesondere im kaufmännischen Bereich, den Diplom-Kaufmann Werner Bernhuber als Komplementär in die Firma aufnehmen. Als weiterer Gesellschafter kann er Dr. Karl Lengenfeld als Kommanditisten gewinnen.

Am 15.01.2002 wird der Gesellschaftsvertrag geschlossen (**Anlage 1**). Die Handelsregistereintragung erfolgt am 15.02.2002.

1. Erläutern Sie, welche Gründe Herrn Schulze bewogen haben, eine KG als Gesellschaftsform zu wählen (drei Gründe).

2. Welche Form würden Sie für den am 15.03.2002 abgeschlossenen Gesellschaftsvertrag vorschlagen (Begründung)?

3. Bei der Diskussion um die Firmierung schlägt der bisherige Einzelunternehmer vor, als Firmenname „Franz Schulze KG" zu wählen. Bernhuber ist eher für eine Mischfirma, während Dr. Lengenfeld für eine Fantasiefirma plädiert.

3.1 Machen Sie jeweils einen Firmierungsvorschlag im Sinne der beiden Gesellschafter.

3.2 Erklären Sie, warum sich die Gesellschafter schließlich doch auf den Vorschlag von Franz Schulze geeinigt haben.

4. Entwerfen Sie für das Unternehmen die Eintragung im Handelsregister.

5. Kann Werner Bernhuber ohne Kapitaleinlage Gesellschafter werden (Begründung)?

6. Vergleichen Sie die §§ 3, 4 und 6 des Gesellschaftsvertrages (**Anlage 1**) mit den gesetzlichen Regelungen.

Anlage 1

Gesellschaftsvertrag

Franz Schulze, Stuttgarter Straße 7 in 71032 Böblingen,
Diplom-Kaufmann Werner Bernhuber, Calwer Straße in 71032 Böblingen, und
Dr. Karl Lengenfeld, Leonberger Straße in 70111 Stuttgart, schließen folgenden Gesellschaftsvertrag:

§ 1
Firma
Wir errichten eine Kommanditgesellschaft zum Vertrieb von Fitnessgeräten mit Sitz in 71000 Böblingen unter der Firma „Franz Schulze KG".

1. Franz Schulze und Werner Bernhuber sind persönlich haftende Gesellschafter.
2. Dr. Karl Lengenfeld ist Teilhafter der Unternehmung.

§ 2

Einlagen der Gesellschafter
Franz Schulze   1.200.000,00 EUR (in Form des Vermögens der Firma Franz Schulze e. K.)
Dr. Karl Lengenfeld   500.000,00 EUR

§ 3

Gewinn-und-Verlust-Verteilung
Vom erzielten Gewinn erhält jeder Gesellschafter 8 % auf seinen Kapitalanteil. Der Restgewinn wird im Verhältnis 2:2:1 zwischen den Komplementären und dem Kommanditisten aufgeteilt. An einem Verlust nimmt jeder Komplementär zur Hälfte teil.

§ 4

Geschäftsführung und Vertretung
Franz Schulze und Werner Bernhuber sind als persönlich haftende Gesellschafter zur Geschäftsführung verpflichtet. Sie dürfen die Gesellschaft nur gemeinsam vertreten.

§ 5

Beginn und Ende der Gesellschaft
Die Gesellschaft beginnt am 01.02.2002. Sie endet am 31.12.2009. Sie gilt jedes Mal um weitere 3 Jahre als verlängert, wenn nicht ein halbes Jahr vor Ablauf gekündigt wird.

§ 6

Kündigungsfrist
Die Kündigungsfrist für alle Gesellschafter beträgt 12 Monate auf Geschäftsjahresende.

§ 7

Kosten
Die Kosten des Vertrages und seiner Durchführung trägt die Gesellschaft.

Böblingen, 15.01.2002   Drei Unterschriften

7. Am 25.02.2002 kauft Bernhuber eine Verpackungsmaschine für 50.000,00 EUR. Beurteilen Sie die Rechtsgültigkeit dieser Handlung im Innen- und Außenverhältnis.

8. Im Geschäftsjahr 2002 erwirtschaftet die KG einen Gesamtgewinn von 200.000,00 EUR.

8.1 Nehmen Sie die Gewinnverteilung lt. Gewinnverteilungstabelle (**Anlage 2**) vor.

8.2 Wie groß sind die Kapitalanteile der Gesellschafter am Jahresende, wenn die Privatentnahme von Schulze 30.000,00 EUR beträgt?

8.3 Ermitteln Sie die Höhe der Selbstfinanzierung der KG in diesem Geschäftsjahr.

9. Zwischen den Komplementären Schulze/Bernhuber und dem Kommanditisten Dr. Lengenfeld kommt es im Laufe des zweiten Geschäftsjahres zu Problemen.
    Nehmen Sie zu folgenden Situationen Stellung:

9.1 Lengenfeld widersetzt sich der Absicht der Komplementäre, eine Zweigniederlassung in der Schweiz zu gründen.

9.2 Lengenfeld tritt am 01.09. in ein anderes Unternehmen am Geschäftssitz der KG als Vollhafter ein.

9.3 Lengenfeld kündigt aus diesem Grund am 30.09. das Gesellschaftsverhältnis zum 31.12. desselben Jahres.

Anlage 2

Gewinnverteilungstabelle

| Gesell-schafter | Anfangs-kapital | Verzinsung | Rest-gewinn | 8.1 | 8.2 |
				Gewinne insgesamt	Privatent-nahmen	Endkapital
Schulze Bernhuber Lengenfeld						

4   Unternehmensziele und Unternehmensleitbild

4.1   Unternehmensziele

Stofftelegramm

Oberziel erwerbswirtschaftlicher Unternehmen: langfristige **Gewinnmaximierung** (ebenso häufig genanntes Oberziel: „**Überleben des Unternehmens sichern**")

Komplementäre Ziele: Das Anstreben eines Zieles fördert gleichzeitig das Erreichen des anderen Zieles = **Zielharmonie.**

Beispiel: Kostensenkung in Produktion → gleichzeitig Gewinnerhöhung

Konkurrierende Ziele: Das Anstreben eines Zieles beeinträchtigt die Erreichung des anderen Zieles = **Zielkonflikt.**

Beispiel: Umweltschutzinvestitionen ⇔ Gewinnmaximierung

Indifferente Ziele: Das Anstreben des einen Zieles hat keinerlei Wirkungen auf das Erreichen des anderen Zieles = **Zielindifferenz.**

Beispiel: Das Anstreben von höherer Liquidität hat normalerweise nichts zu tun mit dem Anstreben von Mitbestimmungszielen.

Ökonomische Ziele:
- Gewinnmaximierung
- Marktbeherrschung
- Umsatzmaximierung
- hohe Wirtschaftlichkeit
- Kostenminimierung ...

Ökologische Ziele:
- umweltorientierte Unternehmensführung
- von der bisherigen Durchlaufwirtschaft (Einkauf – Produktion – Verkauf – Entsorgung) zur Kreislaufwirtschaft (Recycling, Entsorgung und Vermeidung von Abfällen auf allen Stufen ...)

Soziale Ziele:
- Arbeitsplatzsicherung
- gerechte Entlohnung
- Humanisierung der Arbeit
- Mitbestimmung ...

Zielhierarchie: Oberziel: z. B. Gewinnmaximierung

Unterziele: z. B.
- Vergrößerung des Marktanteils
- Umsatzerhöhung
- Arbeitsplatzerhaltung
- Umweltschutzförderung

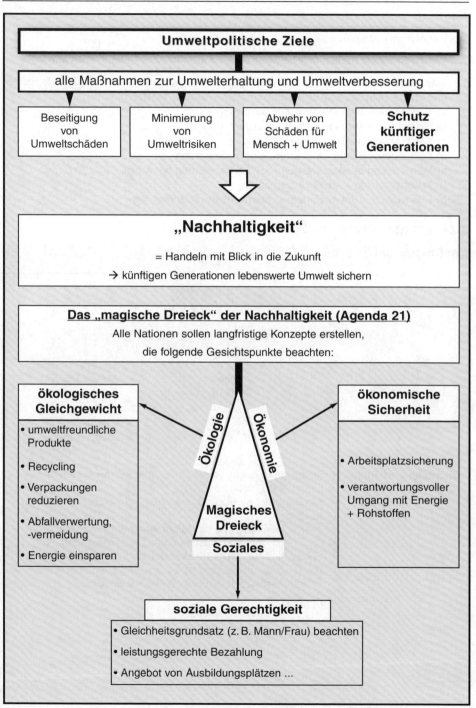

Umweltpolitische Ziele

alle Maßnahmen zur Umwelterhaltung und Umweltverbesserung

| Beseitigung von Umweltschäden | Minimierung von Umweltrisiken | Abwehr von Schäden für Mensch + Umwelt | **Schutz künftiger Generationen** |

„Nachhaltigkeit"

= Handeln mit Blick in die Zukunft

→ künftigen Generationen lebenswerte Umwelt sichern

Das „magische Dreieck" der Nachhaltigkeit (Agenda 21)
Alle Nationen sollen langfristige Konzepte erstellen,
die folgende Gesichtspunkte beachten:

ökologisches Gleichgewicht

- umweltfreundliche Produkte
- Recycling
- Verpackungen reduzieren
- Abfallverwertung, -vermeidung
- Energie einsparen

Ökologie

Ökonomie

Magisches Dreieck

Soziales

ökonomische Sicherheit

- Arbeitsplatzsicherung
- verantwortungsvoller Umgang mit Energie + Rohstoffen

soziale Gerechtigkeit

- Gleichheitsgrundsatz (z. B. Mann/Frau) beachten
- leistungsgerechte Bezahlung
- Angebot von Ausbildungsplätzen ...

Aufgaben

1. Nennen Sie je drei ökonomische, ökologische und soziale Ziele.

2. Welche Oberziele streben üblicherweise erwerbswirtschaftliche Unternehmen an?

3. Entscheiden Sie jeweils, ob es sich um ökonomische, ökologische oder soziale Ziele handelt und ob die Zielpaare konkurrierend, komplementär oder indifferent sind:
   a) Gewinnmaximierung – Umsatzmaximierung
   b) Gewinnmaximierung – Umweltschutzinvestitionen
   c) Gewinnmaximierung – Kostensenkung
   d) Gute Liquiditätslage – Mitbestimmungsverbesserung
   e) Verbesserung der Abfallverwertung – Humanisierung der Arbeit
   f) Rationalisierung – Arbeitsplatzerhaltung
   g) Überleben des Unternehmens sichern – Arbeitsplatzerhaltung

4.2   Unternehmensleitbild

Stofftelegramm

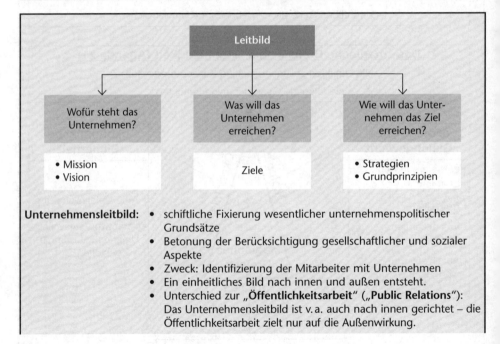

Unternehmensleitbild:
- schiftliche Fixierung wesentlicher unternehmenspolitischer Grundsätze
- Betonung der Berücksichtigung gesellschaftlicher und sozialer Aspekte
- Zweck: Identifizierung der Mitarbeiter mit Unternehmen
- Ein einheitliches Bild nach innen und außen entsteht.
- Unterschied zur „**Öffentlichkeitsarbeit**" („**Public Relations**"): Das Unternehmensleitbild ist v. a. auch nach innen gerichtet – die Öffentlichkeitsarbeit zielt nur auf die Außenwirkung.

Ziele eines Leitbildes:
- Rahmen für das tägliche Handeln im Unternehmen
- Identität mit dem Unternehmen
- Imagepflege
- motivierte Mitarbeiter
- Entscheidungshilfe für die Führungskräfte
- vereinfachte Personalauswahl
- Grundlage für Unternehmensziele und Strategien

Beispiel Unternehmensleitbild:

1. Wir handeln kundenorientiert in allen Unternehmensbereichen.
2. Wie sind besser als die Konkurrenz.
3. Wir schaffen Leistung durch Engagement und Kompetenz.
4. Wir handeln konsequent und verlässlich.
5. Fairness, Respekt und Vertrauen sind der Maßstab unserer Zusammenarbeit.
6. Wir fordern und fördern unsere Mitarbeiter.
7. Wir sichern unseren Erfolg durch ständige Innovation.
8. Wir sind Vordenker und Wegbereiter für innovatives Handeln in unserer Branche.
9. ...
usw.

Aufgaben

1. Was versteht man unter einem Unternehmensleitbild?

2. Aus welchen Gründen werden Unternehmensleitbilder formuliert?

3. Was soll mit einem Unternehmensleitbild erreicht werden?

4.3 Prüfungsaufgaben

Prüfungsaufgaben Winter 2011/2012 (Aufgabe 1)

Sie sind Assistent der Geschäftsleitung in einem mittelständischen Unternehmen des Maschinenbaus. Die wirtschaftliche Lage hat sich dramatisch zugespitzt. Aus diesem Grunde findet heute eine Sitzung des Wirtschaftsausschusses statt, an der auch Sie als Assistent der Geschäftsleitung teilnehmen. Im Mittelpunkt der Tagesordnung steht die geplante Produktionsverlagerung nach China. Geladene Gäste sind u. a. der Betriebsrat und der Bürgermeister. Die Sitzung wird von der Geschäftsleitung geführt.

1.1 Folgende Personen nehmen zu obigem Thema Stellung: Marianne Zukunft (Mitglied der Geschäftsleitung), Franz Beck (Betriebsratsvorsitzender) und Hannes Reinig (Bürgermeister). Um sich auf die Sitzung vorzubereiten, bittet Sie Frau Zukunft, drei Handzettel mit jeweils vier möglichen Argumenten der drei Teilnehmer zu erstellen.

1.2 Frau Zukunft beauftragt Sie, die folgende Grafik **(Anlage 2)** im Hinblick auf die geplante Produktionsverlagerung nach China auszuwerten. Verfassen Sie hierzu eine Notiz an Frau Zukunft, die fünf wichtige Aussagen der Grafik wiedergibt. Berücksichtigen Sie dabei auch den Ausstoß an CO_2 im Verhältnis zum Anteil an der Weltbevölkerung.

1.3 Aufgebracht steht Herr Beck bei Ihnen im Büro und sagt, dass sich die Produktionsverlagerung nicht mit den Unternehmensgrundsätzen vereinbaren lässt. Dazu zitiert er aus dem Leitbild:

„Wir sind ein mittelständisches Unternehmen und fühlen uns für unsere Mitarbeiter an allen Standorten verantwortlich. Dazu gehört umweltgerechtes Handeln ebenso wie soziales und regionales Engagement. Für unsere Kunden bieten wir jederzeit ein optimales Preis-Leistungs-Verhältnis."

Sie beruhigen ihn und versprechen, eine abschließende Stellungnahme abzugeben. Beschreiben Sie in Stichworten die wesentlichen Argumente der Geschäftsleitung in Verbindung mit dem Leitbild des Unternehmens.

Anlage 2

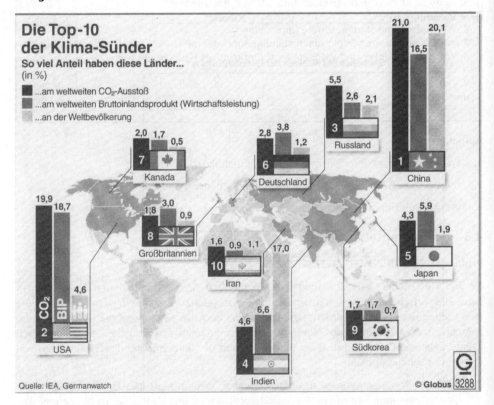

Die Top-10 der Klima-Sünder

So viel Anteil haben diese Länder... (in %)

- ...am weltweiten CO_2-Ausstoß
- ...am weltweiten Bruttoinlandsprodukt (Wirtschaftsleistung)
- ...an der Weltbevölkerung

Kanada: 2,0   1,7   0,5 — 7
Deutschland: 2,8   3,8   1,2 — 6
Russland: 5,5   2,6   2,1 — 3
China: 21,0   20,1   16,5 — 1
USA: 19,9   18,7   4,6 — 2 (CO_2 / BIP)
Großbritannien: 1,8   3,0   0,9 — 8
Iran: 1,6   0,9   1,1 — 10 / 17,0
Japan: 4,3   5,9   1,9 — 5
Indien: 4,6   6,6 — 4
Südkorea: 1,7   1,7   0,7 — 9

Quelle: IEA, Germanwatch   © Globus 3288

Prüfungsaufgaben Sommer 2012 (Aufgabe 2, teilweise)

2.   Nach einigen Jahren Tätigkeit als Abteilungsleiter/-in haben Sie die Gelegenheit, einen Betrieb mit zehn Mitarbeitern zu übernehmen.

Als erste Handlung möchten Sie in einer Betriebsversammlung den Mitarbeitern Ihre Unternehmensziele darlegen. Ihnen ist es wichtig, ein gutes und harmonisches Betriebsklima zu schaffen.

2.1 Zur Vorbereitung der Versammlung formulieren Sie zwei Möglichkeiten, wie Sie ein gutes und harmonisches Betriebsklima schaffen könnten.

2.2 Darüber hinaus stellen Sie drei ökonomische Ziele für Ihren Betrieb auf.

2.3 Zur Erreichung Ihrer Unternehmensziele sollen Ihre Mitarbeiter an der Entwicklung eines Unternehmensleitbildes aktiv beteiligt werden. Welche Vorteile ergeben sich für Ihr Geschäft dadurch?

2.4 Sie machen einen Vorschlag, wie Sie Corporate Identity in Ihrem Betrieb umsetzen wollen.

2.5 Sie formulieren drei Maßnahmen, wie Sie „nachhaltiges Wirtschaften" in Ihrem Unternehmen erreichen könnten.

Prüfungsaufgaben Winter 2012/2013 (Aufgabe 2)

Die TOP-Möbel GmbH ist ein Möbelhaus der mittleren Größe in Waiblingen. Die Geschäfte laufen gut. Aus diesem Grund soll im nahe gelegenen Backnang eine Filiale für Kleinmöbel eröffnet werden. Sie arbeiten als Assistent/-in der Geschäftsleitung bei der TOP-Möbel GmbH.

2.1 Herr Knoll, der Geschäftsführer, hat folgende Angebote für ein Ladenlokal vorliegen:

Angebot 1

> Zu vermieten in Backnang
> Ladenfläche 1.000 m², am Stadtrand im Gewerbegebiet
> Monatsmiete 10.000,00 EUR
> Frei ab Januar 2013

Angebot 2

> Zu vermieten in Backnang (Nähe Fußgängerzone)
> Ladenfläche 600 m²
> Monatsmiete 15.000,00 EUR
> Kurzfristig frei

Sie erhalten den Auftrag, die Angebote zu analysieren:

2.1.1 Sie erstellen eine übersichtliche Auflistung der Vor- und Nachteile der beiden Standorte, die sich aus den Angeboten ergeben.

2.1.2 Sie treffen eine begründete Entscheidung für einen Standort und teilen diese Herrn Knoll in einer E-Mail mit.

2.2 Im Zusammenhang mit der Unternehmensexpansion möchte Herr Knoll auch die Unternehmensziele neu formulieren und ein Unternehmensleitbild entwickeln. Herr Knoll möchte bei der Entwicklung alle Mitarbeiter mit einbeziehen. Dazu soll eine Infoveranstaltung für die Mitarbeiter stattfinden.

Sie erstellen eine Übersicht mit folgenden Inhalten:

2.2.1 Kurzbeschreibung Unternehmensleitbild

2.2.2 Aufgabe eines Unternehmensleitbildes

2.2.3 jeweils zwei Beispiele für ökonomische, soziale und ökologische Unternehmensziele

Prüfungsaufgaben Sommer 2013 (Aufgabe 1, teilweise)

1.3   Die Fun & Sport GmbH besitzt bislang noch kein Leitbild. Nun soll eines erstellt werden, wobei das Team zur Erstellung Ihren Geschäftsführer, zwei Abteilungsleiter, mehrere Angestellte und Sie als Auszubildende/-r beinhaltet.

1.3.1   Erklären Sie, warum es sinnvoll ist, das Team zur Erstellung des Leitbilds mit Personen aus verschiedenen Ebenen des Unternehmens zu besetzen.

1.3.2   Ihre Kollegin Frau Schmid fragt Sie, warum ein Leitbild wichtig für ein Unternehmen ist. Erklären Sie es ihr, indem Sie je ein konkret ausformuliertes ökonomisches, soziales und ökologisches Ziel aufführen und jeweils dazu erklären, warum dieses Ziel wichtig für die Fun & Sport GmbH ist (**Anlage 2**).

Anlage 2

	Konkretisiertes Ziel	Wichtig für Fun & Sport GmbH, weil:
ökonomisch		
sozial		
ökologisch		

Prüfungsaufgaben Winter 2013/2014 (Aufgabe 2)

Nach Abschluss Ihrer Berufsausbildung möchten Sie ein kleines Fachgeschäft für Kaffee-, Tee- und Schokospezialitäten eröffnen, eventuell auch mit Kaffee- und Teeausschank. Es liegen Ihnen bereits drei Angebote für Ladengeschäfte an ganz unterschiedlichen Standorten mit unterschiedlichen Merkmalen vor:

„Dorfladen":   ehemaliger Bäckerladen, viele kostenlose Parkmöglichkeiten, Fläche 80 m², Miete 500,00 EUR, keine Konkurrenz, Kunden: hauptsächlich Bewohner des Dorfes und der näheren Umgebung, ungefähr 9.000 Einwohner.

Stadtrand: Neubau, öffentliche kostenpflichtige Parkplätze in der direkten Umgebung, Fläche 80 m², Miete 1.000,00 EUR, Kunden: nahegelegenes großes neues Wohngebiet sowie in direkter Nachbarschaft ein älteres gewachsenes Wohngebiet, geplant ist in naher Zukunft eine Seniorenwohnanlage in direkter Nachbarschaft, direkte Konkurrenz: einer, er bietet ähnliches Sortiment, in unmittelbarer Nachbarschaft drei Lebensmitteldiscounter.

Innenstadt: Fußgängerzone, Erdgeschoss Altbau, Bushaltestelle direkt daneben, keinerlei Parkmöglichkeiten, reine Ladenfläche 55 m², Miete 1.800,00 EUR, viele Laufkunden, drei Konkurrenten mit ähnlicher Geschäftsidee in der Fußgängerzone verteilt.

2.1   Sie notieren für jeden Standort jeweils zwei Vorteile und zwei Nachteile.

2.2   Sie entscheiden sich begründet für einen Standort.

2.3   Für ein stimmiges Geschäftskonzept beschäftigen Sie sich mit Ihren Unternehmenszielen.

2.3.1   Ein wichtiges Unternehmensziel soll die Nachhaltigkeit sein.
Sie überlegen sich drei konkrete Maßnahmen, mit denen Sie im Geschäftsalltag das Thema Nachhaltigkeit verfolgen können.

2.3.2   Sie notieren vier weitere Unternehmensziele für Ihr Fachgeschäft.

2.4   Durch Ihre Selbstständigkeit hat auch das Thema private Altersvorsorge an Bedeutung gewonnen.
Sie überlegen sich vier Möglichkeiten der privaten Altersvorsorge.

Prüfungsaufgaben Winter 2014/2015 (Aufgabe 2)

Sie arbeiten als Verkaufsleiter/-in bei der Kinderparadies GmbH in Sinsheim, einem der größten Fachgeschäfte für Babyartikel und Spielwaren im Kraichgau. Traditionell steht Ihr Unternehmen für qualitativ hochwertige Produkte, einen erstklassigen Service und zufriedene Mitarbeiter. Seit wenigen Wochen verfügt Ihr Unternehmen über eine neue Geschäftsführung, die das bislang familiengeführte Unternehmen modernisieren und neu ausrichten möchte.

2.1   Eine der ersten Maßnahmen der neuen Geschäftsführung ist die Durchführung eines Wettbewerbs. Die Mitarbeiter können Vorschläge zur Weiterentwicklung und Modernisierung des Unternehmens machen. Sie möchten an diesem Wettbewerb teilnehmen.

2.1.1   Sie schlagen der Geschäftsleitung in einer E-Mail die Entwicklung eines Unternehmensleitbildes vor. Sie gehen dabei auf drei Vorteile eines Leitbildes für die Kinderparadies GmbH ein.

2.1.2. Die Geschäftsleitung ist von Ihrer Idee begeistert und bittet Sie, jeweils ein konkretes ökonomisches, soziales und ökologisches Ziel für das Leitbild der Kinderparadies GmbH zu formulieren.

2.2 Die Neuausrichtung und die Modernisierung des Unternehmens haben sich ausgezahlt und es gibt Pläne für die Eröffnung einer Filiale in einer weiteren Region in Baden-Württemberg.

2.2.1 Ihr Chef beauftragt Sie, eine Liste mit vier wichtigen Faktoren zu erstellen, die bei der Standortauswahl für ein Ladenlokal von Bedeutung sind.

2.2.2 Die Geschäftsführung hat beschlossen, die neue Filiale in Tübingen zu eröffnen. Ihnen liegen drei Angebote für mögliche Verkaufsflächen vor.

Angebot 1:
Innenstadt: Übernahme eines Ladens direkt in der Fußgängerzone. Die Verkaufsfläche beträgt 80 m². Zusätzlich steht ein Lagerraum mit 30 m² zur Verfügung. Der 50 m entfernte Drogeriemarkt bietet ebenfalls ein Spielwarensortiment an. Die Miete beträgt 3.300,00 EUR pro Monat (kalt). Die nächste Parkmöglichkeit liegt 800 m entfernt.

Angebot 2:
In einem demnächst öffnenden Fachmarktzentrum im Randbereich des Stadtzentrums steht noch ein 120 m² großer Verkaufsraum mit weiteren 80 m² Lagerraum zur Verfügung. Die Miete beträgt 4.000,00 EUR pro Monat (kalt). Kostenpflichtige Parkmöglichkeiten stehen im Parkhaus des Fachmarktzentrums zur Verfügung. Eine Bushaltestelle befindet sich unmittelbar vor dem Eingangsbereich des Fachmarktzentrums. Der nächste Konkurrent ist fünf Gehminuten entfernt.

Angebot 3:
150 m² Verkaufsfläche und zusätzlich 100 m² Lagerfläche für 2.500,00 EUR pro Monat (kalt) in einem Gewerbegebiet am Rande der Stadt. In unmittelbarer Umgebung gibt es zwei Lebensmitteldiscounter, einen Baumarkt, ein Recycling-Unternehmen und einen großen Autohändler. Kostenfreie Parkplätze stehen in großer Anzahl zur Verfügung.

Beurteilen Sie die Eignung der drei Ladenlokale als Standort für Ihre Filiale. Erstellen Sie dazu in übersichtlicher Form (Tabelle) eine Entscheidungshilfe für die Standortauswahl anhand von vier Kriterien und geben Sie eine begründete Empfehlung für einen der drei Standorte ab.

1 Junge Menschen in Beruf, Familie und Gesellschaft

1.1 Auszubildende und ihre Lebenswelt

1.1.1 Herausforderung Beruf

Stofftelegramm

GESICHTSPUNKTE FÜR DIE AUSBILDUNGSPLATZ- UND BERUFSWAHL

Persönliche Eignung ◄──► Wirtschaftliche Situation	
• Spaß an praktischen und/oder theoretischen Tätigkeiten	• Angebot an Ausbildungsplätzen regional sehr unterschiedlich, in „Traumberufen" zu gering
• eigene Vorbildung, Fertigkeiten	
• Vorstellung von einem „Traumberuf"	• Verdienstmöglichkeiten in Lehre/danach
• Einfluss von Eltern und Freunden	• Zukunftsaussichten

→ Es bestehen große regionale Unterschiede bei den Lehrstellenangeboten, z. B. für Einzelhandels-, Bank-, Industriekaufleute.
→ Flexibilität und Mobilität bei der Auswahl der Ausbildungsstätte gefordert.
→ Berufsausbildung erfolgt meist im dualen System.

ANFORDERUNGEN VON BETRIEB UND BERUFSSCHULE

FORMEN BERUFLICHER TÄTIGKEIT

Produktionstätigkeiten	Primäre Dienstleistungen	Sekundäre Dienstleistungen
Rohstoffe gewinnen, Güter herstellen, Maschinen, Anlagen steuern und reparieren	allgemeine Dienstleistungen, Transport und Verkaufen, Bürotätigkeiten, Kundenbetreuung, Qualitätskontrolle	Organisation, Management, Ausbilden, Beraten, Informieren, Recht anwenden, Forschung und Entwicklung

Weltweiter Trend bei modernen Gesellschaften:
• weniger Arbeitsplätze in der Produktion
• immer mehr Dienstleistungen (z. B. Service bei teuren Industrieprodukten)

ERWARTUNGEN VON JUGENDLICHEN AM AUSBILDUNGSPLATZ

• Erfüllung des Ausbildungsplans mittels qualifizierter Ausbilder
• Ausbildungsvergütung nach Tarifvertrag
• Bereitstellung aller Arbeitsmittel (i. d. R. kostenlos)
• Bestmöglicher Arbeitsschutz
• Kollegialität
• Sozialleistungen

ZIEL DER AUSBILDUNG: ERWERB VON SCHLÜSSELQUALIFIKATIONEN

Handlungskompetenz

Persönliche Kompetenz

- Lern-/Leistungswille
- Ausdauer, Belastbarkeit
- Gewissenhaftigkeit
- Konzentrationsfähigkeit
- Selbstständigkeit, Initiative und Kreativität
- (Selbst-)Kritikfähigkeit
- Flexibilität
- Qualitätsbewusstsein
- Verantwortungsbereitschaft

Soziale Kompetenz

- Kooperationsbereitschaft und Teamfähigkeit
- Höflichkeit und Freundlichkeit
- Konfliktfähigkeit und Toleranz
- Kunden- und Serviceorientierung

Fachliche Kompetenz
Beherrschung der Kulturtechniken, gute Kenntnisse in Ausbildungsfächern, berufliche Fertigkeiten

Methodenkompetenz
Fähigkeit zur Anwendung von Arbeitstechniken, Informationsbeschaffung und -auswertung, Gestaltung von Problemlösungsprozessen

ERWARTUNGEN IN DER BERUFSSCHULE

Erwartungen *des* Jugendlichen (d. h., das darf er/sie von der Schule erwarten):
- theoretische und praktische Ausbildung (nötige Kenntnisse, Fähigkeiten, Fertigkeiten)
- Hilfe bei der Persönlichkeitsentwicklung und Krisen
- Erziehung zu selbstständigem Denken und Handeln

Erwartungen *an den* Jugendlichen (d. h., das erwarten die meisten Lehrkräfte):
- Einhaltung der Schulordnung
- Lernbereitschaft, um die Prüfungen zu bestehen
- Teilnahme an besonderen schulischen Aktivitäten und der SMV

AUSBILDUNG ALS HERAUSFORDERUNG

- **Berufsbilder mit höheren Anforderungen** (→ Schlüsselqualifikationen) entstehen, manche traditionelle Berufe sterben aus, ohne Berufsausbildung Arbeitslosigkeit wahrscheinlich, Facharbeiter und Spezialisten gesucht
- Wer – wie $\frac{1}{4}$ aller Auszubildenden – eine Berufsausbildung abbricht, muss lernen, Konflikte besser zu lösen und anderweitig eine Qualifikation für die Zukunft zu erhalten.

KONFLIKTE IN BETRIEB UND SCHULE

Ursachen

- **Entwicklungsprozess des Jugendlichen:** Gefühle der Unsicherheit auf dem Weg des Erwachsenwerdens, Ausbruch in Übermut oder Aggression
- **Generationenkonflikt:** Jugendliche unterscheiden sich oft stark in ihrem Benehmen, Erscheinungsbild und ihren Wertvorstellungen von den (älteren) Erwachsenen.
- **Autoritätskonflikt:** Da Jugendliche gegen Ende der Ausbildungszeit möglichst selbstständig arbeiten wollen und sollen, erscheint ihnen die Anpassung an betriebliche und schulische Zwänge (Betriebsordnung, Schulordnung) oft sinnwidrig, insbesondere die Beschäftigung mit Hilfs- und Nebenarbeiten ungerecht.
- **Ausbildungskrisenkonflikt:** Anwendung des erworbenen Wissens nach der Lehre ist ungewiss. (Nur ca. die Hälfte der jungen Ausgebildeten ist in den ersten Jahren nach Berufsabschluss im erlernten Beruf tätig, viele sind nur befristet beschäftigt.)

Lösungsmöglichkeiten

In der Berufsschule:
- Gespräch mit dem Klassenlehrer (zusammen mit Klassensprecher) außerhalb der regulären Unterrichtszeit
- Einbeziehung des Vertrauenslehrers, evtl. mit SMV-Vertretung

Im Betrieb:
- sachliches **Gespräch** mit Kollegen und Ausbilder über die Streitpunkte
- Interessenvertretung durch **Jugendvertretung** und Betriebsrat
- Besprechung mit dem Ausbildungsberater der zuständigen Kammer als **Schlichtungsstelle**
- notfalls bei schweren Verstößen gegen den Ausbildungsvertrag Klage vor dem **Arbeitsgericht!**

BERUFLICHE PERSPEKTIVEN

ERFÜLLUNG IM BERUF AUS MITARBEITERSICHT

Selbstver-
wirklichung

Anerkennungsbedürfnis:
höhere Selbstachtung

Soziales Bedürfnis: Beziehungen zu Kollegen

Sicherheitsbedürfnis: Sozialversicherungsleistungen

Grundbedürfnis: Existenzsicherung (durch Arbeitsverdienst)

ERWARTUNGEN AN DIE MITARBEITER AUS UNTERNEHMERSICHT

- Jeder Mitarbeiter muss so arbeiten, dass seine Leistung beim Kunden höchste Zufriedenheit auslöst.
- Gute Leistungen sind nur bei Team- und Kommunikationsfähigkeit aller möglich.
- Entscheidungen müssen an gute Mitarbeiter delegiert werden können, jeder soll eigenverantwortlich und kreativ für die gemeinsamen Unternehmensziele arbeiten.

LEBENSLANGES LERNEN – FÜR ARBEITSPLATZERHALT UND KARRIERE

- neue Tätigkeitsmerkmale vieler Berufe fordern zunehmend verantwortungsvolle
  geistige Tätigkeit, Fortbildung (z. B. DV ist notwendig zum Erhalt des Arbeitsplatzes)
- Aufstiegsmöglichkeiten in Industrie, bei Banken und im Handel nach Weiterbildung
  (z. B. von der Verkäuferin zur Filialleiterin)
- fachliche Weiterbildungsmöglichkeiten
  – betriebsintern, z. B. Handelsassistentin
  – extern, z. B. Handelsfachwirt, Bankbetriebswirt, Techniker, Meister
- Erweiterung der Allgemeinbildung, Stärkung der Schlüsselqualifikationen:
  Vertiefung der Fremdsprachenkenntnisse, Kennenlernen fremder Kulturen als
  Voraussetzung für erfolgreiche internationale Wirtschaftsbeziehungen im Globalisierungs-
  prozess, Moderations- und Konfliktmanagementtraining

1.1.2 Herausforderung Familienleben

Stofftelegramm

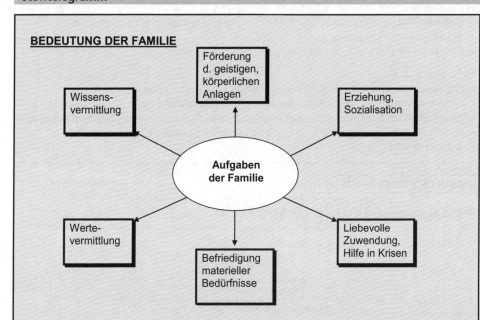

- Die Familie spielt bei der Eingliederung (Sozialisation) der jungen Menschen in die
  Gesellschaft eine zentrale Rolle.
- Verhalten der Eltern prägt Wertvorstellungen der Kinder und Jugendlichen, d. h.
  die Einschätzung und Beurteilung von sittlichen und pragmatischen Werten:
  – „klassische Tugenden" wie Ehrlichkeit, Fleiß, Höflichkeit, Zuverlässigkeit
  Schlüsselqualifikationen wie Gesprächsfähigkeit, Teamfähigkeit, Toleranz,
  Kreativität
- Die Gesellschaft benötigt ausreichend Nachwuchs zum Erhalt des Bevölkerungsbootan-
  des, zur Altersversorgung und für den Erhalt wirtschaftlicher Dynamik.

DIE FAMILIE – RECHTLICHE SITUATION IN DEUTSCHLAND

| Artikel 6 GG | → | Ehe und Familie stehen unter besonderem Schutz des Staates. |

§ 1626 BGB → Kinder haben (bis 18., evtl. 27. Lebensjahr) ein Recht auf
- **Pflege** [körperliches, geistiges, seelisches Wohlergehen (d. h. Sorge um Kleidung, Nahrung, Hygiene, Aufsicht und Bestimmung des Aufenthaltsortes sowie Unterhalt)],
- **Erziehung** zu altersangemessenem selbstständigem und verantwortlichem Handeln,
- Verwaltung des Vermögens nicht geschäftsfähiger Kinder.

Die **elterliche Sorge** wird **von beiden Elternteilen gleichberechtigt** ausgeübt.

Die Eltern können staatliche Einrichtungen wie das **Jugendamt** in Anspruch nehmen, wenn sie Hilfe bei der Ausübung ihrer Pflichten benötigen.
Der **Staat muss** in die Freiheit der elterlichen Erziehung **eingreifen** bei
- Misshandlung (schwerer körperlicher Züchtigung, sexuellem Missbrauch),
- Vernachlässigung des Kindes,
- unverschuldetem Versagen der Eltern (geistiger Unfähigkeit).

STAATLICHE FÖRDERUNG DER FAMILIEN

Finanzielle Hilfen:

- **Mutterschaftsgeld** (Mutterschaftsleistungen der Krankenkassen)
- **Kindergeld**
- **Elterngeld** (einkommensabhängig) für **Elternzeit** (Kinderbetreuung zu Hause)
- Steuerersparnis durch „Erziehungsfreibetrag"
- höherer Betrag bei Arbeitslosengeld I und II im Bedarfsfall, Wohngeld
- Anrechnung der Kindererziehungszeit bei der Rentenversicherung (3 Jahre/Kind)
- BAföG-Darlehen und finanzielle Zuschüsse für (Hoch-)Schüler
- Zuschüsse bei Riester-Renten-Sparplan

Rechtliche Vorteile auf dem Arbeitsmarkt:

- **Elternzeit**: drei Jahre Freistellung für Väter oder Mütter, auch im Wechsel/parallel
- **Sonderurlaub** zur Betreuung kranker Kinder, zehn Tage im Jahr

Beratungsangebote:

- Schwangerschafts- und Familienberatung/Erziehungsberatung
- Schuldnerberatung

Soziale Einrichtungen:

- Kinderhort, Kindertagesstätten, Kindergarten (vermehrt in Ganztagsform)
- Ganztagsschulen
- Sozialstationen/soziale Dienste

DIE EHE

Eheschließung ist eine persönliche, gleichzeitige, öffentliche Erklärung der Verlobten, die Ehe miteinander eingehen zu wollen. Erklärung erfolgt vor einem Standesbeamten/einer Standesbeamtin und zwei Trauzeugen.

Voraussetzungen:

* Partner sind **volljährig** (oder ein mindestens 16-jähriger Partner hat die Zustimmung des gesetzlichen Vertreters, notfalls des Jugendamtes/Vormundschaftsgerichts) **und geschäftsfähig.**
* Partner sind keine Geschwister, nicht in gerader Linie verwandt und nicht bereits mit einem anderen Partner verheiratet.

Die Rechtsstellung der Ehepartner

Das Grundgesetz, **Artikel 3** stellt die Gleichberechtigung fest.
Details regelt das **BGB:**

1) Namensrecht

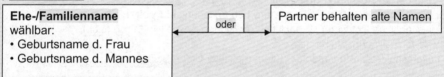

| **Ehe-/Familienname** wählbar:
 • Geburtsname d. Frau
 • Geburtsname d. Mannes | oder | Partner behalten alte Namen |

Nachname der Kinder aus dieser Ehe: nur einer der beiden Namen!

Der Partner, dessen Name nicht Familienname wird, kann seinen Namen dazusetzen, also voranstellen oder hintansetzen (und damit einen Doppelnamen tragen).

2) Berufstätigkeit

Beide dürfen **erwerbstätig** sein und den Haushalt führen.
Jeder kann notwendige Alltagsgeschäfte abschließen (z. B. einkaufen), die auch den Partner zur Zahlung verpflichten.

3) Vermögensverhältnisse

Standardsituation **gesetzliches Güterrecht: Zugewinngemeinschaft.**
Jeder verwaltet und nutzt sein Vermögen selbst, aber bei einer Scheidung (oder neuen Güterstandsvereinbarung) wird das in der Ehe dazu erworbene Vermögen auf die Partner verteilt – ausgenommen davon nur persönliche Schenkungen und Erbschaften.

Bei der Heirat oder während der Ehe kann auch **mit einem notariell beurkundeten Vertrag** wahlweise Folgendes vereinbart werden (→ Vertragliches Güterrecht):

* **Gütertrennung:** Jeder verwaltet sein Vermögen selbst und haftet nur für eigene Schulden.
* **Gütergemeinschaft:** gemeinsame Verwaltung des Vermögens und Halbierung im Falle der Scheidung

DIE EHESCHEIDUNG

- Die Scheidung ist ein gerichtliches Verfahren zur Beendigung der Ehe. Zuständig ist der **Familienrichter** beim **Amtsgericht**.
- **Rechtsanwälte** müssen **Scheidungsantrag** für ihre scheidungswilligen Mandanten stellen (**Anwaltszwang!**).
- Einzig möglicher **Scheidungsgrund** ist die **Zerrüttung**, d. h., die eheliche Lebensgemeinschaft besteht nicht mehr, ihre Wiederherstellung ist nicht zu erwarten. Erkennbar ist dies an der Zeit des **Getrenntlebens** (Expartner sind „von Tisch und Bett getrennt"). Für die Scheidungsmöglichkeit gelten die **Trennungsfristen:**
  - weniger als ein Jahr, wenn die Fortsetzung der Ehe für den Antragsteller unzumutbar ist und eine soziale Härte darstellen würde
  - 1 bis maximal 3 Jahre, wenn beide Ehepartner die Scheidung wollen
  - mindestens 3 Jahre, wenn nur ein Ehepartner die Scheidung will

FOLGEN EINER EHESCHEIDUNG

Gerichtsurteil – Folgen am Ende eines Scheidungsprozesses:
- **Vermögensaufteilung** inkl. Aufteilung des Hausrates, **Zugewinnausgleich** bei Verheirateten mit gesetzlichem Güterstand
- Ein Partner – im Regelfall der Partner, welcher die Kinder versorgt – behält die bisherige Wohnung (Mietwohnung, Eigentumswohnung oder Haus), der andere zieht aus.
- Höhe der **Unterhaltszahlungen** für den **Einkommensschwächeren** wird festgelegt.
- **Versorgungsausgleich** (Aufteilung der in der Ehezeit entstandenen Rentenansprüche)

Zusätzliche Folgen für Ehepaare mit unterhaltsberechtigten Kindern:
- **Unterhaltszahlungen** für vorhandene (sorgeberechtigte) **Kinder**
- Festlegung, ob statt des seit 1998 im Regelfall auch nach der Scheidung geltenden **gemeinsamen Sorgerechts** einem Expartner das **alleinige Sorgerecht** übertragen wird zum Wohle des Kindes (bzw. der Kinder). Außerdem entscheidet das Familiengericht, bei wem das Kind (die Kinder) leben soll/sollen.

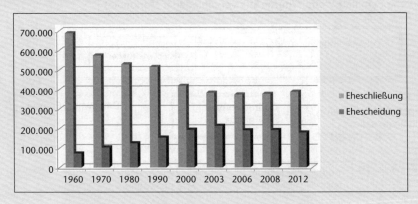

Mehr als ein Drittel aller geschlossenen Ehen wird innerhalb von 25 Jahren geschieden. Die Hälfte der Geschiedenen hat Kinder unter 18 Jahren. Die Zahl der Eheschließungen bleibt ziemlich stabil, Ehescheidungen gibt es etwas weniger.

EHE UND FAMILIE IM WANDEL

Merkmal	Früher (bis ca. 1900)	Heute (= Trend seit 1970er-Jahre)
Ehe als anerkannte Lebensform	selbstverständliches Ziel ohne Alternative	ca. 40 % Singles und nicht eheliche Lebensgemeinschaften
Rollenverteilung	Frau: Mutter und Hausfrau Mann: Absolutes Oberhaupt	Frau: Berufsausbildung üblich, Berufstätigkeit insgesamt 65 %
Kinderzahl	meist 4 Kinder (1965 noch 2,5 Kinder)	meist nur 1 Kind; Durchschnitt: 1,4 Kinder je Frau
Kindererziehung	Kinder wurden autoritär erzogen mit körperlichen Strafen.	zunehmend liberal-partnerschaftliche Erziehung
Ehedauer	Lebenszeit (vor dem 20. Jh. oft nur 15–20 Ehejahre!)	„Erträglichkeit" ist entscheidend. Jede 3. Ehe wird geschieden!
außereheliche sexuelle Beziehungen	Tabu; Frauen wurden schnell als „Huren" missachtet. Uneheliche Kinder waren eine Schande und benachteiligt.	Sex vor und außerhalb der Ehe kaum noch ein Tabu. Nichteheliche Kinder werden akzeptiert und sind rechtlich gleichgestellt.

Gründe für den Verzicht auf ein Kind/mehrere Kinder

- Empfängnisverhütung (v. a. Antibabypille), Geburtenplanung
- Individualisierung, Scheu vor langfristigen Bindungen
- längere Ausbildungszeiten, veränderte Arbeitsverhältnisse (befristet, Teilzeit)
- Gehaltseinbußen, Angst vor Verarmung, Wohnsituation
- Empfindung von Kindern als Last, Konkurrenz oder Störung in Zweierbeziehung
- Erziehungsunsicherheiten wegen gestiegener Ansprüche an Elternrolle
- zunehmendes Zerbrechen von Beziehungen/Ehen
- gesellschaftliche Akzeptanz von Kinderlosigkeit
- zunehmende Unfruchtbarkeit
- Emanzipation mit zunehmender Frauenberufstätigkeit und Karrierestreben

Moderne Familien-Vielfalt (durch Mix verschiedener Merkmale)

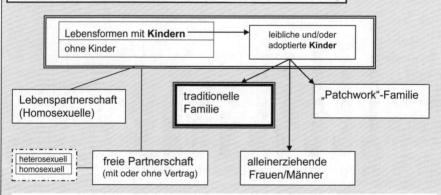

Die Hälfte aller Lebensgemeinschaften ist bzw. bleibt kinderlos, die Zahl der Geburten ist niedrig, betrug 2014 jedoch wieder über 700.000, die Zahl der nichtehelich Geborenen hat sich in sechs Jahrzehnten von 10 % auf 35 % erhöht.

VERSCHIEDENE ZWISCHENMENSCHLICHE BEZIEHUNGEN

ALTERNATIVE LEBENSFORMEN NEBEN DER EHE

Nicht eheliche Lebensgemeinschaft für Frau und Mann

In der Altersgruppe zwischen 25 und 35 leben in der Bundesrepublik etwa 10 % in nicht ehelichen Lebensgemeinschaften.

Die wichtigsten Merkmale:

*   **keine gegenseitigen Verpflichtungen,** wie sie in einer Ehe (lt. BGB) sonst üblich sind
*   **Sorgerecht für Kinder** hat **meist** die **Mutter;** gemeinsames Sorgerecht ist seit 1998 möglich, aber nur mit Zustimmung der Mutter
*   „Kinder, deren Eltern nicht miteinander verheiratet sind", sind seit 1998 rechtlich völlig den ehelichen Kindern gleichgestellt. (Begriff „uneheliches Kind" entfällt!)
*   Für viele Angelegenheiten, z. B. Erbe, Vertretungsrecht, braucht man extra Verträge.

Nachteile:

*   keine Steuervorteile wie Ehegattensplittingtarif bei der Lohn- und Einkommensteuer
*   eingeschränkte Rechtsansprüche des finanziell Schwächeren → i. d. R. keine Rentenansprüche oder Unterhaltszahlungen für den Fall der Trennung oder des Todes eines Partners
*   keine automatische Familienmitversicherung in der gesetzlichen Krankenkasse
*   kein Auskunftsrecht bzw. besonderes Besuchsrecht in Notfällen (z. B. in Krankenhäusern auf der Intensivstation, bei der Geburt eines Kindes)
*   kein Erbrecht; bei Erbschaft vom Expartner hohe Erbschaftsteuer fällig
*   Rechtliche Behandlung bei ALG II/Hartz IV erfolgt aber wie bei einem Ehepaar, d. h., Einkommen und Vermögen des Partners werden angerechnet.

Alleinerziehende Mütter und Väter

*   Die Zahl der „unvollständigen Familien" ist auf ca. 20 % gestiegen.
*   Ursachen: „Flucht" oder Tod des Partners, Scheidung, Scheitern einer nicht ehelichen Beziehung
*   Bedingt durch Sorgepflicht und mangelnde Gelegenheiten zu ausreichender Erwerbstätigkeit sind viele Alleinerziehende, insbesondere Frauen, auf Sozialhilfe angewiesen.

Gleichgeschlechtliche Lebensgemeinschaft

Das „Lebenspartnerschaftsgesetz" für die sogenannte „Homo-Ehe" regelt Namensrecht, Güterstand, Unterhaltpflicht, Sorgerecht, Angehörigenstatus, Erbrecht, Steuerrecht weitgehend wie bei heterosexuellen Ehen. Vertrag wird beim Standesamt oder Notar (wie im jeweiligen Wohnsitz-Bundesland geregelt) geschlossen.

Patchwork-Familien

Diese Familienform entsteht durch Scheidungen, weil ca. die Hälfte aller geschiedenen Mütter und Väter nach einem Jahr wieder einen Partner hat. Es gibt viele Variationen, aber immer ist mindestens ein Elternteil nicht der leibliche Elternteil eines Kindes. Immer mehr Jugendliche (zzt. ca. jeder siebte) wachsen in einer Patchwork-Familie auf. Das Hinzukommen des neuen Elternteils bringt oft Konflikte, da die Erwartungen der bisherigen Familienmitglieder an das neue Mitglied (Stiefvater oder Stiefmutter) sehr unterschiedlich sein können. Versagensängste und Außenseitergefühle können die Stiefeltern belasten. Toleranz und Geduld sind für Konfliktbewältigung wichtige Voraussetzungen. Dieses Familienmodell kann Flexibiliät und Verantwortungsbewusstsein fördern.

DIE „ROLLE DER FRAU" IN UNSERER GESELLSCHAFT

Lebensbereich	Häufige Situation	So könnte es sein
Ehe	Frau ist allein für Haushalt und Kindererziehung zuständig.	Mann und Frau kümmern sich gleich viel um das „Zuhause".
Beruf	Teilzeitjobs, die weniger einbringen, werden v. a. von Frauen ausgeübt.	Männer arbeiten auch in Teilzeit, um ihren Ehefrauen gleichermaßen Erwerbstätigkeit zu ermöglichen.
Gesellschaft	Frauen sind in wirtschaftlichen und politischen Führungspositionen unterrepräsentiert.	Durch vermehrte Berufstätigkeit hätten Frauen auch mehr Karrierechancen.

Modelle der Vereinbarkeit von Beruf und Familie

* Klassisches Ein-Karriere-Modell → Frau übernimmt Familienarbeit, Mann bleibt voll erwerbstätig.

* Umgekehrtes Karriere-Modell → Mann wird Hausmann/Hausvater, Frau macht Karriere.

* Klassisches Teilzeitmodell → Frau kehrt nach Erziehungsurlaub bzw. verlängerter Familienpause teilzeitbeschäftigt ins Berufsleben zurück.

* Zwei-Karrieren-Modell → Frau unterbricht Erwerbstätigkeit nur für die gesetzliche Mutterschutzfrist (6 Wochen vor + 8 Wochen nach der Entbindung), das Kleinkind wird von „Tagesmutter", in einer Kindertagesstätte oder von Verwandten betreut.

* Partnerschaftsmodell → Beide Elternteile reduzieren ihre Berufstätigkeit nach der Geburt eines Kindes oder wechseln sich mit „Elternzeit" (Erziehungsurlaub) in den ersten 3 Jahren und danach mit Teilzeitarbeit phasenweise ab.

Familienfreundliche Unternehmenspolitik

Ziele:

* Mitarbeitern die bessere Vereinbarkeit von Beruf und Privatleben (Work-Life-Balance) ermöglichen
* Alleinerziehenden die Berufstätigkeit besser ermöglichen
* Frauen/Männern mit Kindern (nach Elternzeit) die Rückkehr in den Beruf erleichtern

Wichtigste Maßnahmen:

* flexible Arbeitszeiten, gute Teilzeitangebote
* Betreuungsangebote für die Kinder oder älteren Angehörigen der Mitarbeiter
* alternierende Telearbeit

Voraussetzungen:

* familienfreundliche Arbeitsorganisation mit verlässlichen Terminabsprachen, Flexibilität der Mitarbeiter/-innen, Vertretungsregelungen, geeignete Planung von Arbeitsabläufen
* Verständnis bei Kollegen/-innen und Führungskräften

Bedeutung für Unternehmen:

Personalkosten langfristig nicht höher, wenn gute Mitarbeiter/-innen gewonnen werden können, die Fluktuation sinkt, Motivation und Arbeitszufriedenheit steigen

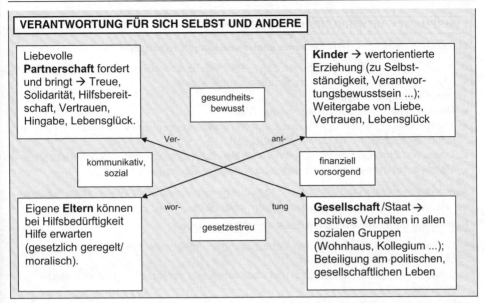

1.1.3   Herausforderung Freizeit

Stofftelegramm

Möglichkeiten sinnvoller Freizeitgestaltung

- Erholung, Entspannung, Wiederherstellung der „Leistungskraft"

- Pflege zwischenmenschlicher Kontakte/Kommunikation

- Befriedigung der sportlichen, musischen, bastlerischen Bedürfnisse (Selbstverwirklichung im Ausüben von Hobbys)

- Erweiterung des geistigen Horizonts/(unterhaltsame) Weiterbildung

- soziales, karitatives oder politisches Engagement (z. B. in Vereinen und Parteien)

Ansprüche an die Freizeitgestaltung

Einflussfaktoren:
- Zeit
- Geld
- Bildung, Erziehung
- Hobbys
- Wohnort
- Geschlecht

Freizeitangebotsalternativen:
- Nicht kommerziell: Privat-Treffs, Freizeitsport, Musikkapelle ...

- Kommerziell: Disco, Kino, PC-Spiele, Kneipe, Fitnessstudio, Konzerte, Urlaubsreise ...

EHRENAMT – MITWIRKUNG UND BEDEUTUNG

Mitwirkungsmöglichkeiten für Jugendliche und junge Erwachsene

Rund ein Viertel der unter 25-Jährigen engagieren sich für andere ihrer Altersklasse, z. B. als

- Klassensprecher, SMV-Vertreter, Schülerzeitungsredakteur,
- Jugendvertreter im Betrieb,
- Mitglied in der Jugendorganisation einer Partei,
- Abgeordnete in Parlamenten sowie speziellen Beratungsgremien für Jugendliche (z. B. in einem Jugendforum oder einem Jugendbeirat),
- Träger von Ehrenämtern in Vereinen/Verbänden (z. B. Übungsleiter in Sportvereinen),
- Mitarbeiter in Institutionen oder locker organisierten Aktionsgemeinschaften.

Außerdem engagieren sich jährlich ca. 30.000 Jugendliche zwischen 17 und 27 im Bundesfreiwilligendienst sozial, ökologisch,integrativ, kulturell etc.

Bedeutung der ehrenamtlichen gesellschaftlichen Arbeit

- Lernfeld für das Organisieren von Veranstaltungen, Abstimmungsregeln, Versammlungsrituale und Interessenkämpfe
- Sprechen vor größerem Publikum und Übernahme von Verantwortung bringt Lebenserfahrung
- Fünf Millionen 16- bis 25-Jährige sind in rund 250 Jugendverbänden organisiert.
- Viele soziale Dienstleistungen in unserer Gesellschaft wären ohne ehrenamtliches Engagement nicht vorhanden, weil nicht bezahlbar (z. B. DLRG, Freiwillige Feuerwehr).

PROBLEMATISCHER UMGANG MIT DER FREIZEIT

Hauptursachen von Fehlverhalten:

Langeweile und Einsamkeit	Rollenunsicherheit (beim Erwachsenwerden)
Leistungsdruck im Alltag	Konflikthäufungen in Schule und Betrieb
Geldmangel (im Vergleich zu Reicheren)	unerträgliche Streitigkeiten zu Hause

Gefährliche/schädliche Verhaltensweisen: ▼

Konsum um jeden Preis als Lebenszweck	übermäßiger Disco- und Partybesuch
Flucht in legale und illegale Drogen	aggressives Verhalten, Vandalismus
Anschluss bei radikalen Gruppen und Sekten	zwanghafter Medienkonsum, Spielsucht

Mögliche Folgen für die Einzelnen: ▼

Abhängigkeit/Psychische Probleme	finanzielle Probleme
Gesundheitsschäden	sozialer Abstieg
schwindende Realitätswahrnehmung	strafrechtliche Konsequenzen

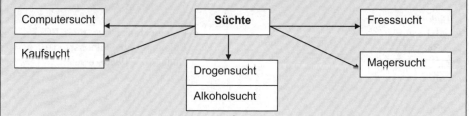

Drogenabhängigkeit zeichnet sich durch mindestens drei dieser Merkmale aus:

* Droge wird häufig in größeren Mengen oder länger als geplant genommen
* Toleranzentwicklung
* hoher Zeitaufwand/Geldaufwand zur Beschaffung
* anhaltender Wunsch oder erfolglose Versuche, den Drogenkonsum zu vermindern
* Vergiftungserscheinungen/Entzug
* Einschränkung beruflicher oder sozialer Aktivitäten

DROGENKONSUM – GESELLSCHAFTSPROBLEM

* **Legale** Alltagsdrogen sind v. a. Alkohol, Nikotin, Aufputschmedikamente, aber auch Schlaf- und Beruhigungsmittel.
  Folgen: Millionen Abhängige, ca. 100.000 Tote jedes Jahr in der BRD allein infolge des Alkohol- und Nikotinkonsums; Gehirn- und Nervenschäden, Leber-, Lungen-, Magen-, Nierenerkrankungen

* **Illegale** Drogen, deren Besitz und Verkauf i. d. R. **strafbar** ist, sind v. a.: **Halluzinogene** wie LSD, Kokain, Crack; Marihuana, Haschisch (nur bei privatem Kleinstmengenverbrauch kann ein Richter auf die Strafverfolgung verzichten); ständig neu zusammengesetzte Designerdrogen wie Ecstasy (XTC) und **Opiate** wie Opium, Morphium, Heroin
  Folgen: Je nach Stärke der Dosen und Dauer der Einnahme: Halluzinationen, Leistungsabfall, Depressionen, Reizbarkeit, Leber-, Magen-, Nieren-, Darmerkrankungen; körperlicher Zerfall, im Extremfall →Tod (1.500–2.000 Tote jährlich in der BRD).

Gründe für die Einnahme illegaler Drogen v. a. bei Jugendlichen

* In der Einstiegsphase: Probieren aus Neugier; Suche nach Anerkennung in der Clique; Flucht aus dem Leistungsdruck in Schule und Betrieb; gestörte Familienbeziehungen; Orientierung an schlechten „Vorbildern"
* In der Abhängigkeitsphase: Angst vor der Auseinandersetzung mit den verdrängten Problemen, Vermeidung der sonst folgenden schmerzhaften Entzugserscheinungen!

HERAUSFORDERUNGEN DER JUGENDPHASE

* Das Erwachsenwerden ist geprägt von Verunsicherungen, Veränderungen und Suchprozessen, Konflikte sind vielfältig: mit der Familie, Mitschülern, Kollegen, Lehrkräften.

* Konfliktfelder sind z. B. Streben nach Autonomie, Gewinn von Statuskämpfen, Anerkennung, Gesehen-Werden, Behauptung des eigenen Glaubens- bzw. Lebensstils.

* Auseinandersetzungen kann es geben zwischen einzelnen und mehreren Jugendlichen sowie zwischen verschiedenen Gruppen, Cliquen oder Ethnien untereinander.

JUGENDKRIMINALITÄT – SYMPTOM FEHLENDER KONFLIKTLÖSUNG

- Jugendkriminalität in Deutschland: ca. 140.000 Tatverdächtige pro Jahr
- Anwachsen der Kinderkriminalität (8–13 Jahre) und der Kriminalitätsrate bei Heranwachsenden (18–20 Jahre) und Jungerwachsenen (bis 24 Jahre)
- **Formen der kriminellen Taten:**
  Diebstahl, Sachbeschädigung, Einbruch, Erpressung, Raub, Verkehrsdelikte, Rauschgiftdelikte, Körperverletzung, fahrlässige Tötung, Totschlag, Mord
- **Ursachen für kriminelles Verhalten von Jugendlichen:**
  – <u>Personengebundene</u> Gründe:
  Egoismus, Mutprobe, Nachahmungstrieb, Geltungssucht, Angeberei, Versagen in Schul- und Berufsausbildung, mangelndes Unrechtsbewusstsein (Gewissen)
  – <u>Familiäre</u> Gründe:
  mangelnde Geborgenheit, mangelnde Erziehungsfähigkeit und -zeit der Eltern bzw. des alleinerziehenden Elternteils, Flucht in Alkohol, Fernsehen, Überbewertung des materiellen Wohlstands, brutale Auseinandersetzungen zu Hause
  – <u>Umweltbedingte</u> Gründe:
  Leistungsdruck und Überforderung, kontaktfeindliche Wohnverhältnisse, fehlende Freizeiteinrichtungen, keine Integration in gesellschaftliche Gruppen (Vereine), Bandenbildung, Verherrlichung von Prestigekonsum in der Werbung und Gewalt in vielen Medien
- **Maßnahmen zur Verringerung der Jugendkriminalität:**
  – In der Familie: positives Vorbild der Eltern, Vermittlung positiver Wertvorstellungen, Zeit füreinander haben, Konfliktlösungen ohne Drohungen und Gewaltausübung
  – Durch den Jugendlichen selbst: sinnvolle Freizeitgestaltung, Distanz zu Jugendgangs
  – Durch den Staat: besseres Freizeitangebot, Einsatz von „Streetworkern", Abschreckung

PSYCHOKULTE UND SEKTEN

- in Deutschland ca. 300 Sekten, Kulte und Sondergemeinschaften; Mitglieder und Sympathisanten ca. 1,5 Millionen

- **Merkmale von Psychokulten/Sekten:**

  – Verkündigung einer absoluten Wahrheit, Versprechung der alleinigen Rettung
  – zentrale Kultfigur, mächtiger Führungsapparat (auch nach dem Tod des Gründers)
  – Unterwerfung gegenüber der Sektenleitung und ihrer „Glaubenslehre"
  – Propagierung eines neuen Lebensstils mit extremem Gemeinschaftsgefühl
  – Einsatz bewusstseinsverändernder Techniken → „Gehirnwäsche"
  – manipulativ angelegte Werbe- und Missionierungsmethoden
  – Abkapselung der Gruppe, Abbruch sozialer Kontakte nach außen
  – Bekämpfung von Kritikern und „Aussteigern"

- Die Suche vieler junger Menschen nach Selbstbewusstsein, Freiheit, Geborgenheit wird von Sekten meist gnadenlos ausgenutzt und führt häufig zu totaler seelischer und finanzieller Abhängigkeit. Die Verbreitung ihrer Lehren erfolgt bei den einzelnen Sekten unterschiedlich, der „Psychoterror" ist am stärksten bei den Psycho-Unternehmen.

- **Einteilung der Sekten:**

  – Psychogruppen (z. B. Scientology-Organisation, Mun-/Vereinigungskirche)
  – christlich-fundamentalistische Sekten (z. B. Zeugen Jehovas, Universelles Leben)
  – fernöstlich-mythologische Sekten (z. B. Transzendentale Meditation, Hare Krishna)

Aufgaben

1. Welche Form beruflicher Tätigkeit gewinnt immer mehr an Bedeutung?

2. Welche Bedeutung haben Flexibilität und Mobilität bei der Suche nach einem Ausbildungsplatz bzw. Arbeitsplatz?

3. Erläutern Sie die Bedeutung von Schlüsselqualifikationen, welche moderne Unternehmen als Handlungskompetenz von ihren Mitarbeitern erwarten.

4. Nennen Sie drei Erwartungen, die Sie als Auszubildender gegenüber Ihrem Betrieb und den Mitarbeitern haben dürfen.

5. Welche Bedeutung hat die Familie noch in unserer Gesellschaft?

6. Nennen Sie sechs Leistungen, mit denen der Staat das Erziehen und den Unterhalt von Kindern unterstützt.

7. Welche Eherechtsbestimmungen sorgen dafür, dass Frau und Mann gleichberechtigt sind?

8. Durch welche Gesetzesänderungen hat sich 1998 die Situation für Kinder, deren Eltern nicht miteinander verheiratet sind, wesentlich verändert?

9. Welche typischen Nachteile haben ungeregelte, nicht eheliche Lebensgemeinschaften?

10. Wozu kann Freizeit sinnvoll genutzt werden? Geben Sie vier grundsätzlich verschiedene Aufgaben der Freizeitgestaltung und je ein Beispiel dazu an.

11. Nennen Sie drei verschiedenartige Ursachen für kriminelles Verhalten Jugendlicher.

12. Wie kann man sich vor Psychokulten und Sekten schützen?

13. Welchen Gewinn hat das ehrenamtliche Engagement für die Jugendlichen selbst und die ganze Gesellschaft?

1.2   Strukturwandel der Gesellschaft

1.2.1   Demografischer Wandel

Stofftelegramm

Wie zeigt sich der demografische Wandel in Deutschland?

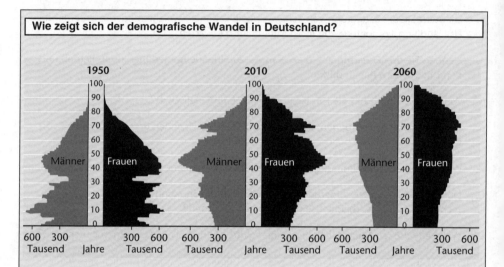

Der Altersaufbau der Bevölkerung hat sich extrem verändert: 1910 glich er einer Pyramide, jedes Jahr wurden ca. 1,5 Mio. Kinder geboren, die Lebenserwartung lag unter 50 Jahren. 100 Jahre später liegt das Durchschnittsalter der Bevölkerung bei ca. 50 Jahren und die Lebenserwartung steigt jedes Jahr weiter an (über die 80 hinaus).

Wahrscheinlich bringen die nächsten Jahrzehnte eine fortgesetzte Alterung der Gesellschaft, das Verhältnis Jüngere (bis 19 Jahre) zu Älteren verschiebt sich zugunsten der Älteren (ab 65):

Aktuell	30 : 34	jeweils bezogen auf 100 Einwohner;
2040 (Prognose)	31 : 58	Annahme: Geburtenrate 1,4 Kinder pro Frau;
2060 (Prognose)	32 : 65	Zuzug (Einwanderung/Migration) 100.000 pro Jahr

Welche Ursachen gibt es für Alterung und erwartbaren Bevölkerungsrückgang?

* **Kriegslücken:** Nach den beiden Weltkriegen wurden weniger Kinder geboren, zudem kamen vor allem Männer als Soldaten ums Leben.
* **Babyboomer:** Besonders geburtenstark waren die Jahrgänge Mitte der 1960er-Jahre. In beiden Teilen Deutschlands werden je Frau durchschnittlich 2,5 Kinder geboren.
* **Geburtenknick:** Seit dem Ende der 1960er Jahre sinkt die Zahl der Geburten, in Ostdeutschland bricht sie nach der Wende deutlich ein.

- **Höheres Alter der Frauen bei Beginn der Mutterschaft:** Das Alter bei der Geburt eines Kindes ist seit Jahrzehnten ziemlich kontinuierlich auf ca. 31 Jahre gestiegen.
- Die Zahl der Frauen im gebärfähigen Alter ist zurückgegangen.

Wie wirken sich Zuwanderung und Geburtenziffern auf die

Bevölkerungsentwicklung aus?

Die Gesamtbevölkerungszahl ist v. a. durch Zuwanderung 2015 auf 82,2 Mio. Einwohner gestiegen, die Zahl der Geburten auf einen neuen Höchststand von 738.000. Aber es gab auch 925.000 Sterbefälle. Die Geburtenziffer hier lebender Frauen mit ausländischem Pass erhöhte sich auf 1,95 Kinder je Frau. Bei einer langfristigen Geburtenziffer von 1,4 würde die Bevölkerungszahl auf etwa 73 Mio. sinken, ohne Zuwanderung sogar auf etwa 65 Millionen. Bei einer Geburtenrate von 1,6 gäbe es im Jahr 2060 etwa 77 Mio. Menschen in Deutschland. Selbst dann gäbe es 9 Mio. weniger Menschen im Alter zwischen 20 und 67 Jahren als heute.

Welche Auswirkungen hat der demografische Wandel auf verschiedene

Gesellschaftsbereiche?

Auswirkungen auf den Arbeitsmarkt generell:

• Erwerbstätigenstruktur

Der Anteil der Erwerbstätigen in allen Altersgruppen ist seit dem Jahr 2000 ständig gestiegen,
bei den 15 bis 64-Jährigen von ca. 65 % auf 74 %,
bei den 60 bis 65-Jährigen von ca. 20 % auf 53 %.
Grund: Bei trendmäßig schrumpfender Bevölkerung und gleichzeitigem Wirtschaftswachstum stehen für die erwerbsfähige Bevölkerung mehr Arbeitsplätze zur Verfügung.

• Fachkräftemangel

Ohne Zuwanderung wird die Zahl der Menschen im erwerbsfähigen Alter (ca. 20–67 Jahre) schon in den nächsten 15 Jahren um mehr als 4 Mio. sinken. Vor allem kleinere Betriebe werden immer mehr Probleme haben, Ausbildungsplätze zu besetzen und Fachkräfte zu gewinnen. Fachkräfte werden auf dem Arbeitsmarkt immer größere Chancen haben (höheres Gehalt, geringere Arbeitslosigkeitsgefahr).

Auswirkungen auf Angebot und Nachfrage:

- Die wohlhabenden Älteren geben i. d. R. nicht weniger Geld aus, aber anders. Die Nachfrage nach bestimmten Immobilien wie altersgerechten Häusern und Eigentumswohnungen, Pflegeheimen sowie generell Konsumgütern mit hohem Bedienungskomfort (z. B. selbstfahrende Autos und Hausroboter) wird steigen. Außerdem erhöht sich der Bedarf im Gesundheitsdienstleistungsbereich. Die ärmeren Rentner werden allerdings ihre Konsumausgaben einschränken, was zu verminderten Einnahmen bei der Umsatzsteuer führen wird.
- Für eine kleinere Kinderzahl sind weniger Kindertagesstätten-, Kindergartenplätze und Schulen nötig.

Auswirkungen auf staatliche Leistungen:

- Eine schrumpfende Zahl von Arbeitnehmern und eine größere Rentnerzahl bedeutet Verminderung der Einnahmen bei den Sozialversicherungen und weniger Lohnsteueraufkommen. Gleichzeitig brauchen Menschen über 60 Jahren meist mehr Leistungen der Kranken- und Pflegeversicherungen.
- Wenn die Integration der Zugewanderten nicht gelingt, erhöhen sich die Ausgaben des Staates für soziale Leistungen (z. B. Hartz IV).

Auswirkungen auf Bundesländer und Regionen:

- Der Trend zum Wohnen in (größeren) Städten wird verstärkt und macht das Wohnen dort weiter teurer.
- Wenn in den ländlichen Räumen Westdeutschlands und v. a. Ostdeutschlands weniger Menschen leben werden, weil sowohl die Jüngeren als auch die Senioren in Ballungsräume ziehen, kann das zu Abwärtsspiralen führen, wenn ein privatwirtschaftliches wie öffentliches Angebot nach dem anderen aus Nachfrage- und Kostengründen wegfällt.

Wie kann den negativen Folgen des demografischen

Wandels begegnet werden?

- familienpolitische Maßnahmen verstärken (z. B. durch mehr Ganztagsschulen, Kita-Plätze)
- Verlängerung der Lebensarbeitszeit
- nachhaltiges Gesundheitsmanagement der Unternehmen sowie Förderung der Vereinbarkeit von Beruf und Familie
- Förderung der Zuwanderung von Fach-Arbeitskräften aus dem Ausland (v. a. außerhalb der EU)
- Förderung der lebenslangen Bildung (v. a. älterer Arbeitskräfte)
- berufliche Integration bislang nicht erwerbstätiger Ausländer
- Modelle für variableren Rentenbeginn mit größerer Flexibilität bei Erwerbstätigkeit in der Rente

1.2.2 Migration

Stofftelegramm

Einzelne Menschen oder Gruppen bewegen sich zu anderen Lebensorten, um dort für längere Zeit oder dauerhaft ihren neuen Lebensmittelpunkt zu finden. Deutschland war seit Mitte der 1970er-Jahre nicht direkt als Einwanderungsland erkennbar, da Zuwanderung und Abwanderung oft ähnlich hoch waren. Seit 2010 überwiegt jedes Jahr die **Zuwanderung (= Immigration)**, 2013 z. B. kamen auf 1,2 Mio. Zuwanderer 800.000 Auswanderer. In Deutschland leben zzt. fast 10 Mio. Menschen mit ausländischem Pass, davon mehr als 4 Mio. aus EU-Staaten. 17 Mio. von 82 Mio. Einwohnern haben einen „Migrationshintergrund" (z. B. waren die Eltern Immigranten). Weltweit gibt es vermutlich 200–300 Mio. Immigranten.

Für Deutschland lassen sich die Einwanderer v. a. in folgende Gruppen unterteilen:

- Bürger der Europäischen Union
- Spätaussiedler (aus deutschen Siedlungsgebieten in Osteuropa wie Polen und Russland)
- Asylsuchende
- Familienangehörige Deutscher und hier lebender Ausländer (Ehepartner, minderjährige Kinder)
- Studenten
- Arbeitsmigranten aus Nicht-EU-Staaten
- Personen, die aus humanitären, politischen oder völkerrechtlichen Gründen ein Aufenthaltsrecht (z. B. Bürgerkriegsflüchtlinge) erhalten
- illegale Einwanderer

Welche Ursachen gibt es für die Immigration?

- Push-Faktoren (die Menschen aus ihrer alten Heimat vertreiben):
  - Krieg, Bürgerkrieg
  - Armut, Unterernährung, wirtschaftliche Perspektivlosigkeit
  - Umweltzerstörungen, Folgen der Klimaerwärmung (z. B. anhaltende Dürreperioden)
  - Unterdrückung (bestimmte ethnische, religiöse, politische Gruppen)
  - Zerstörung der menschlichen Würde (z. B. Folter)
  - Willkürherrschaft der Staatsorgane und korrupten Eliten
  - Unfähigkeit der politischen Entscheidungsträger

- Pull-Faktoren (die Menschen zur neuen Heimat hinziehen):
  - Schutz vor Verfolgung und Demütigung
  - politische Stabilität, Demokratie
  - Region ohne aktuelle oder erwartbare kriegerische Konflikte
  - materieller Wohlstand für viele Bürger
  - Hoffnung auf Arbeitsplatz (angesichts niedriger Arbeitslosenquote)
  - Willkommenskultur
  - bekanntermaßen hohes Sozialleistungsniveau

Welche Phasen der Immigration gab es nach 1945 in Deutschland?

- Mindestens 12 Mio. Deutsche fliehen bei Kriegsende 1945 vor der Sowjetarmee nach Westen oder werden nach Kriegsende vertrieben (z. B. aus Schlesien).
- Fast 4 Mio. DDR-Bürger fliehen von 1952–1989 in die BRD.
  Seit 1989 gab es ca. 2 Mio. Übersiedler von Ost- nach Westdeutschland.
- Von 1955–1973 kamen mehrere Mio. „Gastarbeiter" zur Bewältigung des Wirtschafts-aufschwungs (v. a. aus Italien, Spanien, Griechenland, Jugoslawien und der Türkei).
- Seit Mitte der 1980er-Jahre kamen 5 Mio. Spätaussiedler.
- In den 1990er-Jahren kamen Bürgerkriegsflüchtlinge aus (Ex-)Jugoslawien.

Welche Probleme können durch Immigration entstehen?

Die meisten Immigranten unterscheiden sich von den alteingesessenen Einwohnern in den Merkmalen Muttersprache, Kultur/Traditionen, Mentalität, Religion, Aussehen/ Erscheinung. Probleme und Spannungen zwischen Immigranten und den deutschen Landesbewohnern können entstehen, wenn Letztere sich im eigenen Land nicht mehr heimisch fühlen, weil sie in bestimmten Stadtteilen größerer Städte auf viele Ausländer treffen und Angst vor „Überfremdung" haben oder bei der Suche nach bezahlbaren Wohnungen und nach Arbeitsplätzen neue Konkurrenz fürchten. Die Spannungen können durch tendenziöse Berichte in der Boulevardpresse sowie durch Propaganda populistischer Parteien und Gruppierungen verschärft werden. Schon bisher sind Menschen ausländischer Herkunft doppelt so häufig wie Deutsche erwerbslos und Sozialleistungsempfänger. Zu viele haben keinen Schulabschluss und keine Berufsausbildung.

Welche Aufgaben stellen sich der Gesellschaft und den politischen Entscheidern?

- Beschleunigung der Asylverfahren
- Schaffung von Wohnraum
- medizinische Versorgung (und bei Bedarf psychologische Betreuung)
- Aufbau und Förderung der Deutsch-Kenntnisse für alle Zuwanderer
- Erleichterung der Aufnahme einer Ausbildung bzw. Annahme eines Arbeitsplatzes
- Unterstützung bei allen Maßnahmen zur Steigerung des Qualifikationsniveaus
- Förderung des demokratischen Bewusstseins
- Toleranz vorzuleben und zu fördern, aufeinander zuzugehen
- Verhinderung des Entstehens/Fortbestehens von „Parallelgesellschaften"
- Vermeidung der weiteren Benachteiligung bisher schon armer Familien und Rentner

Welche Chancen bietet die Zuwanderung?

- Verjüngung der Gesellschaft (bzw. Hinausschieben der Alterung)
- Aufgabenbewältigung schafft zusätzliche Nachfrage nach Konsumgütern und Dienstleistungen.
- Erfolgreiche Ausbildung unqualifizierter Zuwanderer kann den Arbeitskräftemangel vermindern (v. a. bei Facharbeitern).
- Erfolgreiche Integration kann das Sozialversicherungssystem stabilisieren, insbesondere die erwartbaren Probleme der Rentenversicherung mindern.
- kulturelle Bereicherung
- Vermehrung von Talenten (z. B. im Sport)

1.2.3   Wirtschaft im Wandel

Stofftelegramm

ASPEKTE DES SOZIALSTAATS

Sozialer Frieden ↔ soziales Elend in Deutschland

- System der sozialen Sicherung im Kaiserreich aufgebaut mit der Krankenversicherung 1883, Unfallversicherung 1884, Alters- und Invalidenversicherung 1889.
    - Ergänzungen: 1927 Arbeitslosenversicherung, 1995 Pflegeversicherung
    - 1957 „Dynamische Rente" mit überproportionalen Rentenzuwächsen in den „Wirtschaftswunderjahren"
    - Seit Mitte der 1990er-Jahre Leistungsabbau, z. B. durch mehrere „Gesundheitsreformgesetze", welche die Krankenkassen entlasten und den Missbrauch von Sozialleistungen eindämmen sollten. Seit 1993 erhalten Asylbewerber Leistungen nach dem Asylbewerbergesetz anstatt Sozialhilfe.
- Deutschland hat im Vergleich mit vielen anderen Industriestaaten nur einen geringen Verlust an Arbeitstagen durch Streiks, was als Zeichen für sozialen Frieden gilt.
- Andererseits leben Hunderttausende auf der Straße und in Notunterkünften. Nach Ansicht des Paritätischen Wohlfahrtsverbandes lebt jeder zehnte Bürger in Armut. Beim Kampf um den „Wohlstandskuchen" scheinen die Nichtorganisierten, Mütter mit Kindern, Arbeitslose und nicht mehr Erwerbsfähige zu unterliegen. Es stellt sich die „Neue Soziale Frage". Die Hilfsbedürftigkeit bei Erwerbsfähigen reicht von einem Anteil von 4 % in Baden-Württemberg bis zu 17 % in ostdeutschen Bundesländern.

SOZIALE SICHERHEIT DES EINZELNEN

Fragen zur Ermittlung der eigenen Absicherung

Wovon lebe ich zurzeit?

- Ausbildungsvergütung
- Elterliche Unterstützung, Kindergeld
- Hinzuverdienst durch Nebenjob ...
- BAföG
- Arbeitslosengeld I, Arbeitslosengeld II (Hartz IV; Sozialhilfe, Wohngeld ...)

Welche Risiken könnten auf mich zukommen?

- Unfälle und Krankheiten
- Verlust der Gesundheit und/oder Erwerbsfähigkeit
- Einschränkung der Unterstützung durch Eltern
- Verlust des Ausbildungsplatzes, Arbeitsplatzes
- Verpflichtung zur Beseitigung von selbst verursachten Schäden
- Verschuldung durch zu hohe Konsumausgaben, Verlust von Wertgegenständen ...

Gegen welche Risiken bin ich gesichert, wogegen muss ich mich absichern?

Schutz durch Pflichtversicherungen	Freiwilliger Risikoschutz (Beispiele)
beruflicher Unfall → Unfallversicherung	private Unfälle → Privatunfallversicherung
Krankheit → Krankenversicherung	wegen Lohnausfall bei längerer Krankheit,
Arbeitslosigkeit → Arbeitslosenversicherung	Krankheit im Ausland, GKV-Leistungskürzungen → Zusatzkrankenversicherung
Altersarmut → Rentenversicherung	zu geringe Rente → Zusatzrentenvers.
Hilflosigkeit → Pflegeversicherung	Schadenverursachung → Haftpflichtvers.
Schadenverursachung durch Kfz am Körper oder Vermögen anderer → Fahrzeug-Haftpflichtversicherung	Schäden am eigenen Fahrzeug → Vollkaskoversicherung

ABSICHERUNG DURCH DEN STAAT

Rechtliche Grundlage des Sozialstaates

- **Grundgesetz**, Artikel 20: BRD ist ein demokratischer und <u>sozialer</u> Bundesstaat.
- **Sozialgesetzbuch** und **Sozialgesetze** (z. B. Mutterschutzgesetz)
- **Bundesverfassungsgerichtsurteil**: Staat hat die Pflicht, für einen **Ausgleich der sozialen Gegensätze** und damit für eine **gerechte Sozialordnung** zu sorgen.

Aufgabenfelder der Sozialpolitik

- **Sozialversicherung** (z. B. Altersrentenversicherung, Arbeitslosenversicherung, seit 1995 auch Pflegeversicherung)
- soziale **Fürsorge** (z. B. Sozialhilfe, Arbeitslosengeld II)
- **Familienförderung** (z. B. Kindergeld, geringere Lohn-/Einkommensteuer)
- Ausbildungsförderung (z. B. BAföG)
- Förderung der **Eigentumsbildung** (z. B. Prämien für vermögenswirksames Sparen)
- **Schutz am Arbeitsplatz** (z. B. Arbeitszeitschutz, Mitbestimmung)

5 Versicherungsarten sind die „Säulen der sozialen Sicherung".

Krankenversicherung	Unfallversicherung	Pflegeversicherung	Arbeitslosenversicherung	Rentenversicherung
Schutz vor überfordernden Krankheitsbehandlungskosten	finanzielle und medizinische Hilfe bei Arbeitsunfällen und „Wegeunfällen"	finanzielle Leistungen für ambulante und stationäre Pflege	finanzielle Unterstützung bei Arbeitslosigkeit; Vermittlung von Arbeitsplätzen	Grundabsicherung im Alter durch Rentenzahlung

Wer finanziert das „soziale Netz"?

- **Arbeitgeber** und **Arbeitnehmer** mit ihren **Sozialversicherungsabgaben**
- **Privatversicherte mit Beiträgen** zu Kranken-, Unfall-, Renten-, Pflegeversicherungen
- **Bund, Länder und Gemeinden** (aus Steuern und Krediten finanziert → ca. 40 %)

PROBLEME DER STAATLICH ORGANISIERTEN RENTENVERSICHERUNG

Der Generationenvertrag (d. h. das „Umlageverfahren") wird infrage gestellt:

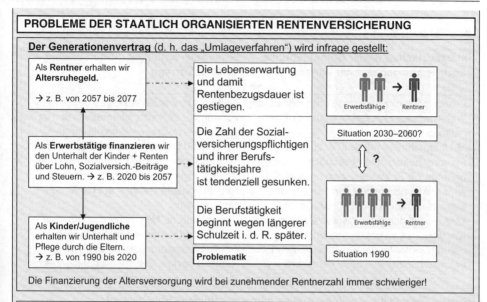

Als **Rentner** erhalten wir **Altersruhegeld.**

→ z. B. von 2057 bis 2077

Als **Erwerbstätige finanzieren** wir den Unterhalt der Kinder + Renten über Lohn, Sozialversich.-Beiträge und Steuern. → z. B. 2020 bis 2057

Als **Kinder/Jugendliche** erhalten wir Unterhalt und Pflege durch die Eltern. → z. B. von 1990 bis 2020

Die Lebenserwartung und damit Rentenbezugsdauer ist gestiegen.

Die Zahl der Sozialversicherungspflichtigen und ihrer Berufstätigkeitsjahre ist tendenziell gesunken.

Die Berufstätigkeit beginnt wegen längerer Schulzeit i. d. R. später.

Problematik

Erwerbsfähige → Rentner

Situation 2030–2060?

⇕ ?

Erwerbsfähige → Rentner

Situation 1990

Die Finanzierung der Altersversorgung wird bei zunehmender Rentnerzahl immer schwieriger!

Diskutierte Lösungsansätze für die Probleme des Rentenversicherungssystems

Fortsetzung der Reform für die jetzige Rentenversicherung ◄—	—► **Alternativ-Modell:** staatliche Grundsicherung + private Absicherung
• „frühzeitige Rente" nur mit Rentenkürzung • Senkung der regulären Rentenansprüche • Kürzung der Hinterbliebenenrenten • verringerte Anrechnung von Ausbildungszeiten • Erhöhung der Lebensarbeitszeit • keine Belastung der Rentenkassen durch versicherungsfremde Leistungen (wie Anrechnung von Kindererziehungszeiten)	• Grundrente/Bürgergeld zur Sicherung des Existenzminimums • Finanzierung dieser Grundsicherung aus Steuermitteln (schon jetzt betragen die Zuschüsse zur Rentenversicherung mindestens 80 Mrd. EUR jährlich) • Versicherungspflicht für zusätzliche private Absicherung und dadurch Aufbau eines privaten Vermögens • freie Wahl des privaten Rentenversicherers • Beteiligung an Unternehmensvermögen

Entwicklung der Rentenpolitik zu Beginn des 21. Jahrhunderts

• 2001 wurde das Altersvermögensgesetz geschaffen und das Rentensystem reformiert: mit einer Mischung einiger der oben genannten Vorschläge → „Riester-Rente": Aufbau einer privaten Altersrente, staatlich gefördert mit Zuschüssen, zu versteuern im Alter
• Grundsicherung auf Sozialhilfeniveau eingeführt
• Rentenanpassung mit „Nachhaltigkeitsfaktor" seit 01.07.2005
• Standardrentenniveau (für „Eckrenten") soll nicht unter 43 % des Nettolohns sinken.
• Anstieg des Beitragssatzes zur Rentenversicherung soll längerfristig auf 22 % begrenzt bleiben.
• Aufbau betrieblicher Altersvorsorgesysteme wird staatlich gefördert und ausgedehnt.
• Altersrente ohne Abschlag ab dem Jahr 2029 i. d. R. erst ab Lebensalter 67, aber Frühverrentung zzt. nach 45 Arbeitsjahren möglich

Konflikt sozialpolitischer Zielvorstellungen/Streitpunkt zwischen den Parteien

Marktwirtschaft ist der Garant für hohe Sozialleistungen und hat Vorrang ◄——►	Soziale Gerechtigkeit, Armutsbekämpfung hat Vorrang
Leistungsfähigkeit der deutschen Wirtschaft, Wirtschaftsstandort Deutschland darf nicht gefährdet werden. → Unternehmen müssen vor zu hohen Personalzusatzkosten geschützt werden, Beiträge zur Sozialversicherung müssten eher sinken als steigen, um EU-weit und weltweit konkurrenzfähig produzieren zu können und damit Arbeitsplätze zu sichern. Nur dann gibt es genug Steuerzahler und Beitragszahler für die Sozialversicherungen. Staat soll Sozialleistungen verringern.	Recht auf menschenwürdiges Leben hat Vorrang vor Wirtschaftsinteressen und ist nur zu verwirklichen, indem die Armut weitgehend beseitigt oder wenigstens die Kluft zwischen Reichen und Armen durch staatlich organisierte Einkommensübertragungen von den Reichen auf die Armen verringert wird. Ohne staatliche Hilfe haben die ärmeren Gesellschaftsschichten keine Chance zur Wohlstandsmehrung, d. h., Staat muss vermehrt soziale Dienstleistungen anbieten.

Soziale Selbsthilfe – millionenfaches bürgerschaftliches Engagement

- Wo der Staat nicht (genug) helfen kann, braucht man die „**Mitmachgesellschaft**" → Selbsthilfe durch **Familie** und **Nachbarschaft**, aber v. a. durch das Ehrenamt in Vereinen, Projekten, Initiativen (wie die Tafel-Läden), bei DRK, Freiwilliger Feuerwehr ...
- 50.000 **Selbsthilfegruppen** (z. B. Müttergruppen, Anonyme Alkoholiker) wollen bestimmte Probleme oder Leiden selbstständig und gemeinsam bewältigen.
- **Verbraucherschutzorganisationen** versuchen durch Veröffentlichungen od. Musterprozesse Bürger vor möglichen materiellen oder gesundheitlichen Schäden beim Konsum von Waren oder Dienstleistungen zu bewahren.

Problematik der Selbsthilfe

Je stärker die Selbsthilfe ist, desto mehr wird der Sozialstaat von der Verantwortung entbunden. Beispielsweise macht die „Mitleidsökonomie" der Tafelläden – die Ausgabe von Sachleistungen, die lange Zeit nur als Nothilfe galt – die Armut akzeptabler und verfestigt sie dadurch.

PRIVATE VORSORGE FÜR DAS 21. JAHRHUNDERT

Offene Frage: Wie sieht die Zukunft des Sozialstaats aus?

- Der Staat sollte zur Finanzierung von Sozialleistungen angesichts von 2 Bio. EUR Gesamtschulden der öffentlichen Haushalte keine weiteren Schulden machen, zumal die Währungsunion von den „Eurostaaten" sparsame Haushaltsführung verlangt. (BRD überschritt trotzdem mehrfach die 3 %-Neuverschuldungsobergrenze!)
- Die Belastung der Bürger mit Steuern und Sozialabgaben verringert den verfügbaren Lohn (die wirkliche Kaufkraft) auf fast die Hälfte. Eine weitere Belastung würde die Arbeitsmotivation zerstören und der Wirtschaftsentwicklung schaden.

- Die Zahl der Sozialhilfeempfänger bleibt auf hohem Niveau und fast 5 Mio. Menschen erhalten Arbeitslosengeld II, die Zahl geflüchteter Menschen steigt.

- Der technische Fortschritt ermöglicht in der medizinischen Behandlung immer neue Behandlungs- und Operationsmethoden, „Apparatemedizin" treibt aber die Kosten im Gesundheitswesen weiter in die Höhe. Das Lebensalter wird weiter zunehmen.

- Wenn der Anteil der über 65-Jährigen wie erwartet bis zum Jahr 2040 auf 30 % steigt, müssten beim jetzigen Rentenversicherungssystem zwei Erwerbstätige einen Rentner finanziell versorgen. „Riester-Rente" und „Rürup-Rente" bringen Zusatzrenten im Alter, gleichen „nachhaltige" (schrumpfende) Rentenerhöhungen aber nur teilweise aus. Weitere Reformen des Sozialversicherungssystems sind notwendig!

Politische Maßnahmen gegen das weitere Absinken des Netto-Rentenniveaus

Das Netto-Rentenniveau vor Steuern ist von ca. 55 % im Jahr 1990 auf aktuell ca. 47,5 % des Durchschnittslohns kontinuierlich gesunken.

Wenn das heutige Sicherungsniveau bleiben soll, müsste der zu zahlende Rentenver-sicherungsbeitrag von heute 18,7 % vom Bruttolohn auf 26,4 % im Jahr 2045 steigen, er soll aber auf 22 % begrenzt bleiben (politisch gewollte „Haltelinie").

Ideen zur Sicherung eines akzeptablen Rentenniveaus bei akzeptabler Beitragsbelastung:

1. Anpassung des Renteneintrittsalters an die steigende Lebenserwartung (Rentner-jahre)
2. Renteneintrittsalter generell flexibler regeln, auch längeres Arbeiten möglich machen
3. Stärkung des Betriebsrentensystems (Teile des Lohns steuer- und abgabenfrei einzahlbar)
4. Rentenanrechnungssystem flexibler machen, z. B. dass bei Wechsel zwischen Festanstellung und Selbstständigkeit der Riester-Rentenanspruch nicht verloren geht
5. Freibeträge für die private Vorsorge in der staatlichen Grundsicherung einführen

Herausforderung für die Generation der heute jungen Erwachsenen:

- Information über aktuelle rentenpolitische Konzepte

- politisches Engagement (innerhalb und außerhalb von Parteien)

Private Vorsorgemöglichkeiten fürs 21. Jahrhundert

- An die Stelle des „Wohlfahrtsstaates" wird voraussichtlich stärker der „aktivierende Sozialstaat" treten, der eine neue Form von sozialer Gerechtigkeit herstellen will, mit Forderung und Förderung von Eigenverantwortung, Leistung und Gemeinsinn.

- Basis des Lebensunterhalts sollte eigenes Einkommen sein. Gute Chancen auf dem Arbeitsmarkt sind abhängig von Ausbildung, Schlüsselqualifikationen sowie großer Mobili-tät und Flexibilität bezüglich der Arbeitsaufgaben.

- Für die große Mehrheit der heutigen und zukünftigen Rentenversicherungsbeitragszahler wird die Altersrente keine zufriedenstellende Höhe erreichen. Deshalb sollte jeder schon in jungen Jahren mit dem Aufbau von Vermögen beginnen, z. B. über staatlich geförderte Vermögensbildung Bausparen, Investmentfonds, Pensionsfonds, direkte Unternehmensbeteiligungen.

- Da es keinen sozialen „Vollkaskoschutz" mehr geben wird, ist Absicherung über private Versicherungen (für Berufsunfähigkeit, Unfall, Zusatzrente ...) nötig. Dazu kann noch der Immobilienbesitz kommen mit dem Ziel kostengünstigeren Wohnens im Alter.

TECHNOLOGISCHER WANDEL

- Wandel der bestehenden Wirtschaftsstrukturen durch technologischen Fortschritt, bedingt v. a. durch Mikroelektronik
- flexible Automatisierung in Produktion und computergestützter Dienstleistung
- Entwicklung und massenhafte Verbreitung neuer Werkstoffe, Produkte, Ideen weltweit
- Verteuerung und/oder umweltpolitische Ächtung einzelner Energieträger

Die Zukunftstechnologien:
- Informations- und Kommunikationstechnologien
- Lasertechnik
- Nano-Technik, neue Werkstoffe
- Biotechnologie mit dem Spezialgebiet Gentechnik

Der Einsatz der Mikroelektronik in der Informationstechnik prägt alle Lebensbereiche:

- Kommunikation →   Satellitenkommunikation, Mobilfunkgeräte, Internet ...
- Handel und Büro →   Verkaufsterminals, Geldausgabeautomaten, Electronic Banking
- Industrie →   Industrieroboter, CIM (Computer Integrated Manufactoring) ...
- Verkehr →   Telematik (Elektron. Steuerung von Verkehrssystemen), Autopilot
- Medizin →   Ultraschall-Diagnosesystem, Teleoperation ...
- Haushalt →   Multimedia-PC, Videospiele, Hausüberwachung ...
- Bildung →   modernste Präsentationstechnik ...

HERAUSFORDERUNGEN DES TECHNOLOGISCHEN WANDELS

NEUE BERUFE/VERÄNDERUNGEN IN DER ARBEITSWELT

- Anforderungen in der Wirtschaft ändern sich ständig.
- Neue Tätigkeitsfelder entstehen im Dienstleistungsbereich (inkl. Handel und Verkehr) für mindestens 30 von 43 Mio. Erwerbstätigen.
- Entwicklung neuer Ausbildungsberufe:
z. B. Fachangestellte für Medien- und Informationsdienste, Fachkräfte für Veranstaltungstechnik, Elektroniker, Kaufleute für audiovisuelle Medien, Mechatroniker, Mikrotechnologen, Mediengestalter

AUSWIRKUNGEN DER NEUEN TECHNOLOGIEN IM BETRIEBLICHEN BEREICH

Verbesserung der Fertigungstechnologien ⟶ Produktivitätssteigerung mit Einsparung an Arbeitszeit

Arbeitsplatzabbau (falls keine Produktionsausweitung/Innovation stattfindet)

Komplexe PC-gestützte Arbeit ⟶ Wegfall von Routinearbeiten, v. a. von Fließbandarbeit

Entwertung traditioneller Arbeitsinhalte, beschleunigte Lernprozesse

Hauptmerkmale der Informationsgesellschaft im Kontrast zur Industriegesellschaft:

Früher	Heute
Hardware im Vordergrund des Wirtschaftens ⟷	Software
Nachfrage vorrangig nach traditionellen Konsumgütern ⟷	Nachfrage v. a. für informationelle Produkte und Dienste
Investitionen v. a. für Maschinen und Bauten ⟷	informationstechnische Systeme
zentrale, hierarchische Führung ⟷	Dezentralisierung, weniger Führungsebenen, mehr Mehrheitsentscheidungen
Informationsmacht der Unternehmensleitung ⟷	intensiver Informationsaustausch auf allen und zw. den Unternehmensebenen
Taylorismus (totale Arbeitsschrittezerlegung, Spezialisierung der Arbeiter auf Handgriffe) ⟷	Lean Production und Gruppenarbeit, Arbeitsintegration, Mitarbeitereinfluss
Muskelkraft und handwerkliche Fähigkeiten sind von großer Bedeutung.	Theoretische und technisch-praktische Kenntnisse sowie soziale und kommunikative Kompetenz sind am wichtigsten.

AUSWIRKUNGEN DER DIGITALISIERUNG AUF DIE GESAMTE ARBEITSWELT

* Die Zahl der Erwerbstätigen ist im Herbst 2016 mit 43,8 Mio. auf einem Höchststand, sozialversichert sind aber nur 31,5 Mio. Beschäftigte und die Zahl der sozialversicherungspflichtigen Jobs wird vermutlich in Zukunft abnehmen.
* Die Digitalisierung dämpft den positiven Beschäftigungstrend und schafft außerdem vermehrt atypische Beschäftigungsverhältnisse (z. B. Zeitarbeit, Beschäftigung für einzelne Projekte).
* In Zeiten des Wirtschaftswachstums wie von 2012 bis 2015 stieg die Beschäftigung in Berufen mit niedrigerer Automatisierbarkeit um ca. 11 %, in den anderen nur um ca. 4 %.
* Mindestens 12 % aller Arbeitnehmer üben Tätigkeiten aus, die automatisiert werden könnten.
* In absehbarer Zeit können Roboter ganze Berufe verschwinden lassen (z. B. durch 3D-Drucker, selbstfahrende Autos/Lkw, Drohnen als Paketzusteller) und Berufstätigkeiten verändern.
* Minicomputer übernehmen zunehmend Aufgaben (z. B. Arbeitsanweisungen per Datenbrille).
* Die „Industrie 4.0" wird neue, eher hochqualifizierte Arbeitsplätze entstehen lassen, aber gering Qualifizierte werden immer weniger Chancen haben. Schon 2016 standen 700.000 offenen Stellen bei den Arbeitsagenturen 2,54 Mio. Arbeitslose gegenüber, Unterbeschäftigte (inkl. Maßnahmen-Teilnehmer) gab es 3,5 Mio., davon ca. 400.000 Flüchtlinge.

ÖKONOMISCHER WANDEL IM VERBUND MIT DEM TECHNOLOGISCHEN WANDEL

- **Unternehmenskonzentration** findet national und multinational statt.
- **Globalisierung**: zur Erschließung neuer Märkte, Behauptung im internationalen Konkurrenzkampf. Arbeit kann – v. a. per Internet – in lohnkostengünstigere Länder verlagert werden oder Entwicklungsarbeit kann gemeinsam von Mitarbeitern in europäischen, amerikanischen und asiatischen Tochterfirmen und Werken rund um die Uhr geleistet werden. Technologisch möglich und ökonomisch optimal erfolgen Zulieferungen für Industriebetriebe „just in time" anstelle teurer Einkaufslagerhaltung.
- Outsourcing: Dienstleistungs- und Fertigungsprozesse werden ausgelagert, um Kosten zu sparen und flexibler auf Nachfrageschwankungen reagieren zu können.
- Einzelfertigung und Produktzusammenstellung nach Kundenwunsch durch computerunterstützte Betriebs- und Ablauforganisation gewinnt immer mehr an Bedeutung.
- Im Gegenzug zum Konzentrationsprozess gibt es durch **Marktöffnungen** neue Konkurrenz:
  - 1998 Liberalisierung des bundesdeutschen Telekommunikationsmarktes
  - 1999 Liberalisierung des Strommarktes
  - 2006 Liberalisierung des Erdgasmarktes
  - 2011 Liberalisierung des Fernbusmarktes

NEUE ARBEITSZEITEN-REGELUNGEN

- flexible Arbeitszeiten mit Kernarbeitszeit auch bei mittelständischen und kleinen Unternehmen
- Großfirmen fahren **Zwei-** oder **Drei-Schicht-Produktion** (Früh-, Spät- und Nachtschicht), um mit möglichst hohen Maschinenlaufzeiten die Stückkosten zu minimieren.
- vermehrt **Nacht- und Wochenendschichten** (rund 30 % aller Berufstätigen)
- Immer mehr Arbeitnehmer müssen ihre Arbeitskraft – zumindest gelegentlich – zeitlich flexibel zur Verfügung stellen (ca. 17 Mio. Erwerbstätige).
- **Arbeitszeitkonten** ermöglichen das Anhäufen von Überstunden bei Hochkonjunktur und das „Abfeiern" bei schlechterer Auftragslage.
- Trend zu **Teilzeit-Arbeitsplätzen** und 400-Euro-Jobs; 450-Euro-Jobs seit 2013
- zunehmende Beschäftigung von „Zeit-Arbeitskräften"
- zunehmende Beschäftigung „freier Mitarbeiter" (deren Arbeitszeit unbegrenzt ist)
- teilweise Verlagerung ins „Homeoffice" der Mitarbeiter

ARBEITSLOSIGKEIT UND GESELLSCHAFT

Internationalisierung/Globalisierung

- Am „Wirtschaftsstandort Deutschland" muss trotz hoher Löhne, Steuern und Sozialabgaben kostengünstig produziert werden – um gegen internationale Konkurrenz zu bestehen.
- Wo dies nicht gelingt, erfolgt eine Verlagerung von Produktionsbereichen – vor allem nach Osteuropa und Fernost (so z. B. bei der Textilindustrie).
- zum Teil Import billiger Arbeitskräfte nach Deutschland (z. B. Erntehelfer, Bauarbeiter, Dienstleistungskräfte im Reinigungs- und Gaststättengewerbe)

Finanzielle und psychosoziale Folgen der Arbeitslosigkeit

- Abhängigkeit von Arbeitsamtbesuchen und -zahlungen (die meist mit Verzug erfolgen)
  → Lebensunterhalt kann nicht selbst verdient werden!
- Lebensgewohnheiten müssen geändert werden (z. B. Verzicht auf liebgewordene kostenintensive Hobbys, da Arbeitslosengeld meist nicht einmal $\frac{2}{3}$ des vorherigen Lohns beträgt).
- Auszug aus schöner, aber teurer Wohnung (weil nicht mehr bezahlbar)

* Wegfall des Kontaktes zu anderen Menschen (z. B. Arbeitskollegen)
* mangelnde soziale Anerkennung, z. T. Missachtung durch Nachbarn und Freunde
* weniger Chancen zur beruflichen Karriere oder gar Selbstverwirklichung
* zunehmende Gereiztheit, Aggressionsbereitschaft und erhöhte familiäre Spannungen
* seelische Schäden (Depression, Selbstzweifel, Selbstmordgefahr)

Folgen für die Wirtschaft, Gesellschaft und Staatsordnung

* Nachfrage nach Gütern sinkt (wegen geringerer Einkommen/Kaufkraft der Arbeitslosen).
* Ausfall von Steuereinnahmen und Sozialversicherungsbeitragszahlungen
* erhöhte Ausgaben der Bundesagentur für Arbeit/Arbeitsämter
* erhöhte Ausgaben der Sozialämter (Kosten belasten die Städte und Gemeinden)
* politische Radikalisierung (Wählerzulauf bei radikalen Parteien ist wahrscheinlich)

Maßnahmen gegen Arbeitslosigkeit

* **Persönliche:** geistige Mobilität > Fortbildung oder Umschulung (Anpassung an den Strukturwandel!) und örtliche Mobilität (d. h. Bereitschaft zum Umzug wegen neuem Arbeitsplatz)
* **Tarifpolitische:** Tarifverträge, die Arbeitszeitverkürzung oder Lohnerhöhungen möglich machen, weil aus Produktivitätsfortschritt und Gewinnen finanzierbar
* **Unternehmerische:** vermehrtes Angebot an Teilzeitarbeitsplätzen („Jobsharing", bei dem sich 2 Mitarbeiter einen Arbeitsplatz teilen), Angebot an Niedriglohn-Jobs f. einfache Arbeiten
* **Staatliche:** „Verschiedene Beschäftigungsprogramme" mit Lohnkostenzuschüssen und Steuervorteile bei Investitionen, Senkung der Lohnnebenkosten (also auch der Sozialversicherungsbeitragssätze)

1.2.4 Ökologische Herausforderungen

Stofftelegramm

Was mutet das reichste Menschheitszehntel der Umwelt auf diesem Globus zu?

Geschätzte Daten: Pro Sekunde blasen wir rund 1.000 Tonnen Treibhausgase in die Luft, lassen den Waldbestand der Erde um 3.000 km² schrumpfen, lassen 1.000 Tonnen Erdreich abtragen oder wegschwemmen; so sterben pro Tag mindestens 10 Tier- oder Pflanzenarten.

Was ist Ökologie?

→ Lehre von der **Umwelt** = Erde (Boden), Wasser, Luft, Lebewesen in ihren vielfältigen Wechselbeziehungen
→ **Umweltgefährdung** und -**verschmutzung** = **Störung des ökologischen Gleichgewichts** mit erkennbaren **Folgen**: Beeinträchtigung der Lebensprozesse bei Menschen, Tieren und Pflanzen durch **Krankheiten** (z. B. „Waldsterben"!) oder **Ausrottung**.

Welche Ursachen gibt es für die Umweltzerstörung?

→ Umwelt ist Grundlage für alle Produktion, aber natürliche Ökokreisläufe werden zerstört durch die Wünsche vieler Menschen nach immer größerem materiellen **Wohlstand**, durch ständiges Streben nach Neuerungen („Wegwerfgesellschaft") und deshalb **Steigerung** der **Güterproduktion** (des Bruttoinlandsprodukts) und des **Energieverbrauchs**.

→ Mengensteigerung bei Produktion und Konsum verhindert durch die **Abgase, Abwässer, Abfälle und Müllablagerungen** (darunter viele giftige, biologisch nicht abbaubare Chemikalien) die Regeneration der Natur.

Welche Umweltverschmutzergruppen gibt es?

- private Haushalte (v. a. Heizungs- und Pkw-Abgase → Luftverschmutzung)
- Industriebetriebe (z. B. Störfälle bei Chemikalienproduktion → Luft- und Wasserbelastung)
- Transportbetriebe (z. B. Öltransport per Schiff und Lkw → Wasser- und Bodenverschmutzung)
- Landwirtschaft (z. B. Überdüngung der Böden wegen Massentierhaltung)
- Kraftwerke (z. B. Kohlekraftwerke ohne neue Filtertechnologie → Luftverschmutzung)
- Mülldeponien (Sickerwässer aus unerkannt gelagertem Giftmüll → Grundwasserschäden)

Gefährdete Umweltfaktoren	Hauptursachen für Umweltschäden und → *Folgen*
• **Ruhe** in der Natur, am Wohn- und Arbeitsort	ständig zunehmender Straßen- und Luftverkehr → *Gesundheitsstörungen durch Lärmbelästigung*
• **Klima** (Atmosphäre)	**Treibhauseffekt** durch Abgase wie CO_2 (durch Verbrennung von Kohle, Öl, Gas [BRD ist fünftgrößter Energieverbraucher in der Welt]), Methan, Ozon, N_2O, FCKW → *Ansteigen des Meeresspiegels, Verschiebung der Klimazonen, Artensterben, Zunahme von Überschwemmungen und Wirbelstürmen, andererseits in südlichen Ländern Ausbreitung der Wüsten → Millionen „Umweltflüchtlinge"*
• **Ozonschicht** in der Stratosphäre	FCKW (Fluorchlorkohlenwasserstoffe), aus Spraydosen, Schaumstoffen, Kühlschränken, Klimaanlagen freigesetzt → *Pflanzenschädigung und Hautkrebs durch UV-Strahlung*
• **Luft**	Belastung durch giftigen Staub und Ruß, Schwefeldioxid, Stickoxide, Kohlenwasserstoffe, Ozon in der Atemluft → *Smog; Atemwegserkrankungen, Krebs und andere Krankheiten*
• **Wasser**	Organische und anorganische Abwässer mit Schwermetallen: Zink, Kupfer, Blei, Quecksilber, Cadmium, Phosphate; Mineralöle; Überwärmung der Gewässer durch Kühlwasser; Sickerwasser aus Mülldeponien; Übersäuerung → *Grund- und Trinkwasserbelastung, Fischsterben, steigende Radioaktivität*
• **Boden**	Bodenvergiftung durch Überdüngung, Herbizide, Pestizide, Schwermetalle und „Sauren Regen"; „Altlasten" aus Giftmüllablagerungen auf ungesicherten Deponien und früheren Fabrikstandorten; Humusvernichtung und Bodenerosion durch Abholzung und Asphaltierung/Betonierung → *Pflanzensterben („Waldsterben")*

Umweltbewusstsein

• Ertragreicher Boden, gesunde Luft und sauberes Trinkwasser sind nicht mehr überall ausreichend verfügbar. Kurzfristige Umweltkatastrophen und langfristige Umweltschädigungen (wie die Klimaerwärmung) nehmen zu.
• Knapper werdende Ressourcen erhöhen den „Gesunde-Umwelt-Wert".
• Die **ökologisch verträgliche,** die Umwelt schonende **Produktion wird** langfristig **zur einzig verantwortbaren Produktionsweise – ökonomisch.**

Entwicklung von
Bruttoinlandsprodukt
und
Lebensqualität
bei
unökologischer
Wirtschaftsweise

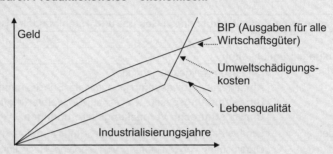

Begründung für ökologisch-ökonomisches Handeln

• *Wirtschaftlich*: Die jährlichen Umweltschäden (nötige „Reparaturen" und Wertverlust an Produkten und Natur) allein in der BRD werden auf 150 Mrd. EUR geschätzt, aber die realen Umweltschutzausgaben liegen bei max. 1,5 % vom Bruttoinlandsprodukt $\cong$ 30 Mrd. EUR p. a.
• *Ethisch*: Ohne wirksame Umweltpolitik ist Überlebensfähigkeit der Menschheit bedroht.

Welche ökologischen Ziele gibt es?

• Erhaltung einer möglichst großen Vielfalt von Pflanzen und Tieren (z. B. durch Biotope, Nationalparks, Verbot giftiger Stoffe)
• Verminderung aller Arten von Umweltbelastung und -verschmutzung
• Verringerung klimaschädlichen Energieverbrauchs (v. a. Reduktion von CO_2)
• Zurückgewinnung neuer Rohstoffe aus Abfallstoffen (Recycling)
• Verminderung und Verhinderung von (Gift-)Müllexport

Mit welchen Maßnahmen kann der Staat die ökologischen Ziele verfolgen?

Wenn Umwelt-Verschmutzer nicht zu identifizieren sind und zur Risikovorsorge wird gehandelt nach dem *Gemeinlastprinzip*:

• Schaffung von **Entsorgungseinrichtungen** (z. B. Recycling-Anlagen)
• **Beseitigung der Schäden** (z. B. Reparatur von öffentlichen Gebäuden, Bau und Verbesserung von Klärwerken zur Trinkwasseraufbereitung, Bodenrekultivierung)
• **Finanzierungsanreize** für umweltschonende Investitionen (Zuschüsse oder Steuerrückerstattung, z. B. für neue Heizungsanlagen, Photovoltaik)
• staatliche (geförderte) Umweltforschung, Informations- und Beratungsleistungen

Wenn Umweltverschmutzer – Unternehmen oder Privatleute – zu identifizieren sind, greift das *Verursacherprinzip*:

• **Gebote** für Unternehmen und Privathaushalte (Vorschriften über Einsatz von Schadstoffbeseitigungstechniken wie Entschwefelungsanlagen, Katalysatoren)
• **Verbote** für stark umweltbelastende Produktionsverfahren, bei Nichtbeachtung **Bußgelder**
• Steuern auf Energieverbrauch (z. B. Mineralölsteuer)

- **Abgabenerhöhung** für Müllproduzenten (z. B. Gebühren für Rücknahme und Verwertung von Kunststoffverpackungen: → Duales System „Der Grüne Punkt")
- **Abgabenzwang** für Schadstoffproduktion oder anfallenden „Sondermüll" (z. B. Abwasserabgabe für Einleitung von Phosphor, Stickstoff)

Seit der UN-Konferenz 1992 in Rio de Janeiro mit der Agenda 21 für das 21. Jahrhundert soll Politik ausgerichtet werden auf „nachhaltige Entwicklung" (= sustainable development):
→ Ressourcenverbrauch nur entsprechend der Leistungsfähigkeit der Natur
→ Umweltschutz soll aber auch wirtschaftlich und sozial verträglich sein.

Wer kann beim Umweltschutz durch Gesetze und Taten handeln?

Handlungsmöglichkeiten

Bund	Bundesumweltgesetzgebung: **Abfall**gesetz, **Abwasser**abgabengesetz, Bundes**immission**sschutzgesetz, **Umwelthaftungs**gesetz, Gesetz zur **Umweltverträglichkeitsprüfung**, **Umweltstrafrecht**, **Verpackungsverordnungen**, **Ökosteuer** ...
Länder	Landesrecht: Landeswassergesetz, Smogverordnung ...
Landkreise	Organisation von Müllabfuhr, Mülldeponien, Recycling ...
Unternehmen	umweltgerechte Produktentwicklung, Energieeffizienz, Öko-Audits ...
Bürger	• **sparsam Energie verbrauchen** (beim Autofahren, Heizen, Waschen ...) • **umweltbewusst einkaufen** (Mehrwegprodukte, Nachfüllpackungen, Produkte mit „Umweltengel", aus Recyclingstoffen, ohne Verpackung ...) • **Hausmüll trennen** in kompostierfähigen Abfall sowie recyclingfähige Wertstoffe (Glas, Metall ...) und Sondermüll • **sich umweltpolitisch** innerhalb und außerhalb von Parteien **engagieren**

Vor welchen Problemen steht die Energie-Politik?

- In den vergangenen Jahrzehnten ist der Verbrauch der fossilen Energieträger Kohle, Erdöl, Erdgas, Uran weltweit (v. a. in China, Indien) immer stärker gestiegen.
- Extreme Preisschwankungen bei Rohöl sind nicht vorherseh- oder kalkulierbar.
- In den vergangenen Jahrzehnten wurde in den Industriestaaten im Hinblick auf Rohstoff- und Energieverbrauch zwar effizienter gewirtschaftet, aber die absoluten jährlichen Umweltbelastungen (und Naturkatastrophen) nahmen – weltweit – zu.
- Die globalen Vorräte an fossiler Energie reichen voraussichtlich nur noch Jahrzehnte: Erdöl 45 Jahre, Erdgas 65 Jahre, Steinkohle 175 Jahre, Uran 50 Jahre.
- Ziele: Primärenergieverbrauch in BRD soll möglichst stetig sinken. Die „Energiewende"-Politik der Regierung soll unabhängiger von Öl- und Gasimporten machen und das Abschalten aller Atomkraftwerke bis 2022 ermöglichen.
- Energieträger-Bedeutung in Deutschland: (ca.-Werte für das Jahr 2013)

Mineralöl	Erdgas	Steinkohle	Braunkohle	Atomenergie	Erneuerbare
34 %	21 %	12 %	13 %	8 %	12 %

- Alternative, erneuerbare Energie (v. a. Solar, Wind) soll weiter ausgebaut werden, um im Jahr 2050 mind. 80 % des Stroms erzeugen zu können. (Wert im Jahr 2016: 31,7 %)

Magisches Energie-Viereck als Aufgabenstellung für Politik und Wirtschaft:

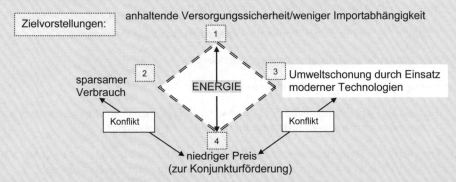

Zielvorstellungen: anhaltende Versorgungssicherheit/weniger Importabhängigkeit

1

sparsamer
Verbrauch

2

ENERGIE

3 Umweltschonung durch Einsatz
moderner Technologien

Konflikt

Konflikt

4
niedriger Preis
(zur Konjunkturförderung)

Welches Klimaschutz-Ziel hat Deutschland für das Jahr 2020?

Einsparung von mindestens 20 % der 2006 ausgestoßenen Treibhausgase, v. a. des CO_2
durch

• Ausbau erneuerbarer Energien für Strom und Wärme
• Energieeinsparung in Gebäuden
• Reduzierung der Abgase im Straßenverkehr
• Ausbau der Kraft-Wärme-Kopplung

Auswirkungen der Umweltschutzpolitik auf Arbeitsplätze in Deutschland

Jobkiller-Wirkung

• Umweltkostenintensive Branchen wie Energieversorgung, Mineralölverarbeitung, Chemische Industrie, Eisenschaffende Industrie stehen vor dem Problem, dass ihre Produktionskosten durch staatlich vorgeschriebene Umweltschutzmaßnahmen/Abgaben (z. B. für Abwasser) höher sind als in den meisten anderen Staaten – v. a. außerhalb der Europäischen Union.
• Wenn die Kosten nicht durch entsprechend höhere Preise beim Verkauf der Produkte aufgefangen werden können, weil der internationale Wettbewerb dies verhindert, droht **Produktionsverlagerung** ins Ausland, weil die Betriebe dort i. d. R. geringeren umwelttechnischen Standard aufweisen und die Produktion weniger kostet, mehr Gewinn bringt.

Jobknüller-Wirkung

• Umweltschonende Produkte werden vermehrt nachgefragt.
• Die Umweltpolitik hat Innovationsprozesse bei der Produktion ausgelöst, sodass die international modernste Technik in den umweltintensiven Branchen angewendet wird.
• Deutsche Hersteller von Umweltschutzgütern exportieren jährlich Technologie (z. B. Windkraft- und Solartechnik) im Wert von zig Mrd. EUR und sind mit rund 20 % Welthandelsanteil an der Weltspitze.
• Durch Umweltschutz sind mind. 1,5 Mio. Arbeitsplätze entstanden, z. B. bei den Herstellern von Umweltschutzgütern wie Katalysatoren, Abwasser- und Abfalltechnik, Messgeräten. Außerdem gibt es Arbeitsplätze im Dienstleistungsbereich, z. B. Photovoltaik-Montagen.
• Zukunftsmarkt Umweltschutz-Technologie: Jährliche Wachstumsraten bis zu 8 % sind möglich.

Aufgaben

1. Was versteht man unter dem Begriff „demografischer Wandel"?

2. Erläutern Sie zwei Ursachen für den demografischen Wandel in Deutschland.

3. Beschreiben Sie zwei negative Folgen dieses Wandels.

4. Nennen Sie die fünf „Säulen der sozialen Sicherung".

5. Nennen Sie vier Leistungen, die der Staat nach dem Fürsorgeprinzip aus Steuermitteln zur Sicherung einer menschenwürdigen Existenz für Bedürftige erbringt.

6. Der ehemalige Bundespräsident Roman Herzog sagte 1995, wir bräuchten eine „Mitmachgesellschaft und keine Zuschauerkulisse." Warum forderte er soziales Engagement?

7. Welche Gedanken sind für den aktivierenden Sozialstaat im Kontrast zur Idee des klassischen Wohlfahrtsstaats typisch?

8. Erklären Sie, was unter dem „Generationenvertrag" verstanden wird.

9. Warum sollte das Rentenversicherungssystem weiter reformiert werden? Nennen Sie drei Gründe.

10. Ökonomen und Politiker fordern zunehmend den „Umbau des Sozialstaates" hin zu vermehrter Eigenvorsorge. Wie würde das Sozialsystem dadurch entlastet?

11. Nennen Sie vier Zukunftstechnologien.

12. Welche Faktoren bestimmen den aktuellen „revolutionären Wandel" in der Wirtschaft?

13. Welche Folgen hat eine anhaltend hohe Arbeitslosenzahl für Staat und Gesellschaft?

14. Nennen Sie typische Merkmale der heutigen Informationsgesellschaft.

15. Welchen auffallenden – für die Arbeitnehmer häufig ungünstigen – Wandel gibt es bei neueren Arbeitsverträgen/Arbeitsverhältnissen?

16. Nehmen Sie Stellung zu der Behauptung „Umweltverschmutzung ist eine Folge der Industrialisierung."

17. Geben Sie je zwei Beispiele, wie Staat, Unternehmen und Bürger zum Umweltschutz beitragen können.

18. Welche Ziele und Zielkonflikte gibt es in der Energie- und Umweltpolitik der nächsten Jahre bzw. Jahrzehnte?

19. Welche Bedeutung kann die „Energieknappheit" für politische Entscheidungen haben?

1.3 Medien und Mediennutzung

1.3.1 Nutzungsverhalten bei digitalen Medien und Printmedien

Stofftelegramm

- Entwicklung und Anwendung der Schriftsprache machte **zeitunabhängige** Kommunikation möglich. Zusätzliche technische Hilfsmittel machen auch **raumunabhängige** Kommunikation möglich (Telekommunikation).
- Die Art des Mediums (wie Papier, Telefon, Faxgerät, Computer) bestimmt den Kommunikationsprozess immer mit.
- Als **neuere Medien** gelten Hardware und Software von digitalem Radio und TV, internetfähigen PCs, Notebooks, Tablets, Smartphones.
- Die Medien-Inhalte richten sich entweder an die Mehrzahl der Menschen (Massenmedien) oder an ausgewählte gesellschaftliche Gruppen.
- Jugendliche und junge Erwachsene sind im Schnitt über 200 Min. täglich online, zu 40 % für Kommunikation, 25 % zur Unterhaltung, 20 % für Spiele und nur zu 15 % für die Informationssuche.
- Die Kommunikation im Internet findet bei der jüngeren Generation zunehmend über die sozialen Netzwerke statt.
- Die klassischen Medien Radio, Fernsehen und Bücher werden von vielen wie früher genutzt. Nur jede/-r Dritte liest regelmäßig Tageszeitung und Bücher.

Wie vielfältig kann das Internet genutzt werden?

- Post (E-Mails) weltweit versenden und empfangen (Text, Bild und Ton), telefonieren
- in Diskussionsforen und Social Networks weltweit mit Gleichgesinnten kommunizieren
- aktuellste Nachrichten holen und selbst verteilen (z. B. twittern)
- Bankkonten führen
- Einkauf und Verkauf von Waren und Dienstleistungen, u. a. bei Auktionen
- Ausbildung und Fortbildung (E-Learning)
- Datenbanken mit aktuellen und historischen Texten, Bildern, Tönen nutzen
- Computerspiele
- Musik hören und downloaden
- Videos sehen und downloaden
- Podcasts hören und downloaden

1.3.2 Chancen und Risiken der Mediennutzung

Stofftelegramm

Chancen	Beurteilung des INTERNETS	Risiken
Zugang zu einer bisher nicht gekannten „unbegrenzten" Informationsfülle	Überflutung mit Daten → Datenmüll	
Jeder Nutzer wählt selbst aus, was für ihn wissenswert/interessant ist. > Autonomie statt Abhängigkeit von Wissensmonopolen	Gefahr des „gläsernen Menschen", über den alle Daten, die in irgendwelchen Computern gespeichert sind, bekannt werden können	
größtmögliche Aktualität bei der Verbreitung von Neuigkeiten und Angeboten	Gefahr des Süchtigwerdens, zwanghaftes „Computerspielen"	
Viele Tätigkeiten können bequem von zu Hause aus oder unterwegs erledigt werden (Banking, Bestellungen, Heimarbeit am PC für die Firma > Telearbeit).	Verlust zwischenmenschlicher Kontakte, Vereinsamungsgefahr	
Interaktivität = Rückfragemöglichkeiten mit „hypertext links" und Zugriff auf Hilfe bietendes Datenmaterial	Verschuldung durch starke Nutzung verschiedenster kostenpflichtiger Angebote	
weltweite Kommunikationspartner	kriminelle Missbrauchsmöglichkeiten	

Missbrauch und Datenschutz

- **Hauptprobleme im Internet:**
  - Computerviren, Betrug und Diebstahl durch Hacking
  - Preisgabe sensibler persönlicher Daten
  - Ausstattung von Facebook, Google u. a. mit imperialer Informationsmacht
  - Fälschung von Informationen und Verbreitung von Lügen, Volksverhetzung
  - mangelnder Schutz der Jugend und Cyber-Mobbing
  - Anstiftung zu Radikalismus und Terrorismus (v. a. über Social Networks)
- **Bundes**datenschutzgesetz und **Landes**datenschutzgesetz wollen den einzelnen **Bürger vor** eventuellen **Nachteilen** durch Datenverarbeitung **schützen**. Datenverarbeitung ist nur zulässig, wenn Datenschutzgesetze sie erlauben bzw. die Betroffenen zustimmen.
- **Datenschutzgesetze regeln**
  - die Zulässigkeit von Datenverarbeitung,
  - die Einräumung von Rechten für die Betroffenen,
  - die Überwachung durch Kontrollinstanzen (wie Datenschutzbeauftragte),
  - die Ahndung von Gesetzesverletzungen (Bußgeldvorschriften und Strafbestimmungen).
  Aber: Deutsches Recht greift nicht bei Missbrauch aus dem Ausland heraus.

Chancen und Gefahren in der zukünftigen „Internetgesellschaft"

- Information ist der wichtigste „Rohstoff" für die Zukunft von Gesellschaft und Wirtschaft.
- Multimediale Serviceangebote werden immer größer, aber auch teurer.
- Über das Internet könnten Volksbefragungen und Volksabstimmungen schnell und preiswert durchgeführt werden.
- „Teledemokratie" könnte den politischen Willensbildungsprozess beschleunigen, die „Volksherrschaft" stärken.

- Veränderung der Lernsituation in Schulen und Hochschulen (E-Learning) mit interaktiven Lernprogrammen, Projekten mit anderen Schulen und das weltweit, meist in englischer Sprache
- Globaler Wissensaustausch macht Welt zum „Global Village".
- Verständnis für fremde Länder und Kulturen könnte wachsen, Bildung wirklich weltumfassend werden.

Aber je individueller die Menschen die neuen Medien nutzen, zum Amüsieren oder zum Weiterbilden, umso mehr gehen **Gemeinschaft und Gemeinsinn verloren:**
- Gefahr einer **Zweiklassengesellschaft**: Medienexperten ◄──► Multimedia-Analphabeten
- → Neue Oberschicht kann Informationen beruflich wie privat gezielt und schnell verarbeiten.
- → Neues Proletariat geht in **Informationsflut** unter, weil es wichtige Informationen von „Daten-Müll" nicht unterscheiden kann.
- → Abnahme der Chancengleichheit in unserer Gesellschaft

1.3.3   Medien und Demokratie

Stofftelegramm

Das **Grundgesetz** betont die **Meinungsfreiheit** als hohen Wert im <u>**Artikel 5:**</u>
- Recht auf
  - **freie Meinungsäußerung,**
  - **ungehinderte Unterrichtung** aus allgemein zugänglichen Quellen
- **Freiheit der Berichterstattung** in Presse, Hörfunk und Film, d. h. **keine Zensur**
- Beschränkung der Meinungsfreiheit nach Art. 5, Abs. 2 nur möglich wegen Verletzung der Grundrechte anderer Menschen (daraus abgeleitet liegt eine Grenze im „Recht der persönlichen Ehre") und Verletzung allgemeiner Gesetze (z. B. Jugendschutzgesetz)

| Welche Arten von Massenmedien lassen sich unterscheiden? |
- private Druckmedien (Zeitungen, Zeitschriften, z. T. Sachbücher)
- private Bild- und Tonmedien (Privatfernsehen, Privathörfunk)
- öffentlich-rechtliche Bild- und Tonmedien (ARD, ZDF, Regionalsender, Phoenix, Arte, 3sat ...)
- Internet als Text-, Bild- und Tonmedium sowohl von privaten (kommerziellen) als auch öffentlich-rechtlichen Anbietern

| Welche Medien eignen sich zur Information über politische Sachverhalte besonders? |
- seriöse Tageszeitungen und Wochenzeitungen
- Wochenzeitschriften mit großem Politikanteil
- Hörfunknachrichten und aktuelle Reportagen, Magazine
- Fernsehnachrichten und -Reportagen, -Dokumentationen, -Magazine

Wie verläuft der Informations- und Meinungsbildungsprozess über die Medien?

Ereignisse, Vorgänge, Erklärungen von Personen, Institutionen auf der ganzen Welt

Filter 1   *Korrespondenten, Reporter wählen aus und geben Information weiter.*

Ausgewählte Informationen über Ereignisse ...

Filter 2   *Nachrichtenagenturen (dpa, ddp, upi, ap, rtr ...) wählen Meldungen aus und bearbeiten sie redaktionell.*

Ausgewählte Informationen

Filter 3   *Redakteure bei Presse, Rundfunk- und Fernsehanstalten wählen je nach verfügbarem Seiten- oder Sendezeitumfang die eingegangenen Meldungen (oft mit Bild und Ton) aus, redigieren sie und bereiten Druck und Sendung vor. Außerdem werden Kommentare verfasst.*

„Rest-Informationen"

Filter 4   *Der Empfänger (Leser, Hörer, Zuschauer) wählt je nach Vorlieben, Vorurteilen oder unvoreingenommen Informationen aus und sucht Meinungsbestätigung oder lässt sich auf Meinungsänderung ein.*

Mit welchen Methoden können die Medien manipulieren?

- Weglassen von wichtigen Informationen (die bei Nachrichtenagenturen vorliegen)
- Hervorhebung oder absichtlich schlechte Platzierung von Meldungen/Nachrichten
- Art und Inhalt der Schlagzeilen
- einseitige Darstellung
- bewusste Nachrichtenfälschung (Verbreitung von Unwahrheiten)

Wie kann man sich vor Manipulation schützen und zum „mündigen Bürger" machen?

- verschiedene Medienangebote nutzen
- kritisches Vergleichen, Beachten unterschiedlicher Darstellungen in Zeitungen, Zeitschriften, Radio- und Fernsehberichten, Internetquellen
- Diskussionen mit anderen Menschen über empfangene Informationen
- Gespräche im Familien- und Freundeskreis
- Besuch politischer Veranstaltungen mit Diskussionsmöglichkeit

Welche Aufgaben haben die Medien bei der politischen Meinungsbildung?

Das Bundesverfassungsgericht hat 1961 die Medien als unentbehrlich für die öffentliche Meinungsbildung charakterisiert.
Die Medien haben dementsprechend folgende Aufgaben:

- objektive **Information** durch Berichterstattung über innen- und weltpolitisch wichtige Tatsachen sowie Entscheidungen von Politikern
- **Mitwirkung an der Meinungsbildung der Bürger** durch Auswahl, Analyse und **Kommentierung** (persönliche Bewertung) von Nachrichten

- Beitrag zum Pluralismus, aber auch zur Integration der Gesellschaft durch bundesweite Verbreitung vielfältiger Angebote, Spiegelung möglichst aller weltanschaulichen und politischen Positionen, die verfassungskonform sind
- **Kritik** und damit **Kontrolle** der Politiker (Volksvertreter) in den Parlamenten und Regierungen (Medien sind somit eine Art „4. Gewalt im Staat", Politiker brauchen eine „gute Presse")

Welche Merkmale sind charakteristisch für die privaten Sendeanstalten?

- Finanzierung nur über **Werbeeinnahmen**
- **keine Kontrolle** durch ein demokratisch gewähltes Gremium (wie z. B. Rundfunkrat), sondern nur lockere Überwachung (Jugendschutz, Werberahmen) durch Landesmedienanstalten
- **keine Verpflichtung zu ausgewogenem** und bildendem **Programm**

Welche Gefahren gibt es für die Möglichkeit zu pluralistischer Meinungsbildung?

- Abhängigkeit der Zeitungen von wichtigen Anzeigenkunden
- Abhängigkeit der Journalisten von kapitalstarken Verlegern
- Einschränkung der Meinungsvielfalt durch
  - Pressekonzentration (Zusammenschluss oder Aufkauf konkurrierender Zeitungen und Zeitschriften) und
  - intermediale Medienkonzentration (wachsende Beteiligung von Zeitungsverlagen an privaten Rundfunk- und Fernsehanstalten)
- Tendenz zu Doppelmonopolen (bei regionaler Zeitung und Lokalfunk)
- Einfluss von Parteipolitikern in Rundfunk-Aufsichtsgremien beim öffentlich-rechtlichen Rundf.
- Abhängigkeit des Privatfunks von Werbeeinnahmen und deshalb Ausdehnung von Unterhaltungssendungen (denn höhere Einschaltquote sichert größere Werbeeinnahmen)

Aufgaben

1. Was versteht man unter „neuen Medien"?

2. Nennen Sie drei persönliche Vorteile, die mit dem Zugang zum Internet verbunden sind.

3. Warum wird Datenschutz in unserer modernen Gesellschaft immer wichtiger?

4. Was versteht man unter öffentlicher Meinung?

5. Wodurch unterscheiden sich Meinungsbildung und Manipulation?

6. Warum ist es oftmals so schwer, sich objektiv und ausreichend zu informieren?

1.4 Prüfungsaufgaben

Prüfungsaufgaben Sommer 2013 (Aufgabe 1)

1. In der **Anlage** geht es um Armutsgefährdung in Deutschland, speziell in Baden-Württemberg.

1.1 Geben Sie anhand des Textes wieder, wer laut Definition der EU als armutsgefährdet gilt.

1.2 Nennen Sie drei verschiedene Personengruppen, die laut Bericht in Baden-Württemberg als besonders armutsgefährdet gelten, und erläutern Sie hierfür jeweils einen Grund.

2. Zeigen Sie je drei negative Folgen von Armutsgefährdung auf:

2.1 für die Betroffenen

2.2 für den Staat bzw. die Gesellschaft

3. „Familienfreundliche Arbeitsplätze und Betreuungsangebote für Kinder [sind] das A und O zur Vorbeugung von Armut."

3.1 Erklären Sie, inwiefern dieser im Text von Katrin Altpeter genannte Vorschlag das Risiko, von Armut betroffen zu werden, verringern kann.

3.2 Erläutern Sie zwei weitere mögliche staatliche Maßnahmen gegen Armutsgefährdung.

4. Im Zusammenhang von Armutsgefährdung wird in Deutschland grundsätzlich von relativer und nicht von absoluter Armut gesprochen, wie dies in einigen anderen Ländern der Fall ist. Begründen Sie, warum dies so ist.

Anlage

Jede siebte Familie im Südwesten ist armutsgefährdet

Von Armut und gesellschaftlicher Ausgrenzung sind Paare mit mehreren Kindern und Alleinerziehende in Baden-Württemberg weit häufiger betroffen als Kinderlose. Das geht aus einer [am 23.04.2012] veröffentlichten Untersuchung des Statistischen Landesamtes hervor, die über die Jahre 2005 bis 2010 die Einkommensverläufe von 4000 Personen analysiert hat. Danach sind 18 Prozent der Alleinerziehenden und zwölf Prozent der Paare mit Kindern dauerhaft – das heißt im Betrachtungszeitraum drei Jahre am Stück – armutsgefährdet. Bei Familien mit drei und mehr Kindern beträgt der Wert sogar 30 Prozent – bei Kinderlosen dagegen gerade einmal vier Prozent.

Familienfreundliche Arbeitsplätze und Betreuungsangebote für Kinder seien „das A und O zur Vorbeugung von Armut", sagte Sozialministerin Katrin Altpeter (SPD). [...] Auch der Familienexperte des Diakonischen Werks Württemberg, Ulrich Fellmeth, forderte Konsequenzen: „Für ein reiches Bundesland wie Baden-Württemberg ist es ein Armutszeugnis, wenn jede siebte Familie von Armut bedroht und betroffen ist." Land und Kommunen müssten gerade Alleinerziehende, Mehrkindfamilien und Familien mit Migrationshintergrund besser unterstützen.

Als armutsgefährdet gilt nach Definition der EU jeder, dessen Einkommen bei weniger als 60 Prozent des mittleren Einkommens liegt. Für einen Ein-Personen-Haushalt liegt die Hürde in Baden-Württemberg bei 895 Euro netto im Monat, bei Alleinerziehenden mit einem Kind unter 14 Jahren bei 1163 Euro und bei einem Paar mit zwei Kindern unter 14 Jahren bei 1880 Euro. [...]

Arm sei aber nicht nur, wer wenig Geld verdient, sagte der Grünen-Sozialexperte Thomas Poreski. Auch schlechte Bildungsabschlüsse und Berufschancen, eine prekäre Wohn- und Gesundheitssituation, mangelhafte soziale und kulturelle Teilhabe seien Indikatoren für Armut. Unter den EU-Werten, die in Baden-Württemberg höher liegen als in anderen Ländern, könnten die Menschen nicht ausreichend am gesellschaftlichen Leben teilnehmen. „Wir reden hier von relativer

Armut. Bei dieser Rechnung werden wir nie null Prozent Armut erreichen", sagte die Präsidentin des Statistischen Landesamtes, Carminia Brenner. [...]

Quelle: Rhein-Neckar-Zeitung, Ausgabe Nr. 95 vom 24.04.2012, Bericht von Roland Muschel, S. 18

Prüfungsaufgaben Sommer 2013 (Aufgabe 2)

1. **Anlage 1** stellt den Energiemix in Deutschland in den Jahren 2010 und 2011 dar.

1.1 Definieren Sie den Begriff „Energiemix".

1.2 Beschreiben Sie mithilfe von **Anlage 1** die Veränderung des Energieverbrauchs in Deutschland von 2010 zu 2011.

1.3 Nennen Sie vier erneuerbare Energiequellen.

1.4 Erläutern Sie zwei Ursachen für den Ausbau der erneuerbaren Energien.

2. In der jüngsten Vergangenheit versuchten mehrere Bundesregierungen mit Maßnahmen bzw. Gesetzen eine Energiepolitikwende einzuleiten.

2.1 Nennen Sie fünf Probleme, die CDU/CSU-Bundestagsfraktionschef Volker Kauder laut **Anlage 2** bei der Energiewende sieht.

2.2 Beschreiben Sie zwei Maßnahmen, die Sie persönlich ergreifen können, um Energie einzusparen.

Anlage 1

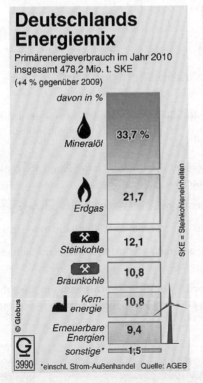

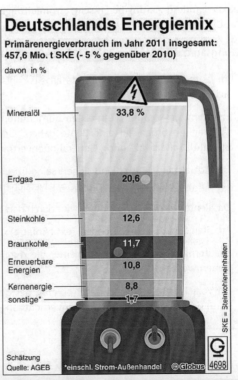

Anlage 2

Energiewende in der Warteschleife

Gmünder Tagespost: Und die Solarförderung?

Volker Kauder: Man kann nicht auf der einen Seite gigantische Mengen Sonnenstrom erzeugen, aber weder ausreichende Speicherkapazitäten noch die notwendigen Stromleitungen haben. Jeder Monat, der jetzt ohne Einigung verstreicht, kostet Geld, das die Stromkunden zu bezahlen haben: drei Milliarden Euro gerechnet auf die nächsten Jahrzehnte! Ich wage die Prognose, dass die Umlage für erneuerbare Energien, die nach Berechnungen der Bundesregierung bei etwa 3,5 Cent pro Kilowattstunde liegen sollte, an die Marke von 5 Cent herankommen wird.

Gmünder Tagespost: Ist die Energiewende so im Verzug, dass sogar die Laufzeiten der Atomkraftwerke verlängert werden müssen, wie Ihr Vize Michael Fuchs warnt?

Volker Kauder: Der Kollege Fuchs hat nicht von einer Laufzeitverlängerung der Atomkraftwerke gesprochen, sondern darauf hingewiesen, dass erneuerbare Energien nicht grundlastfähig sind, also nicht ständig zur Verfügung stehen. Dafür brauchen wir saubere konventionelle Kraftwerke. Bayerns Ministerpräsident Seehofer pocht zum Beispiel auf den Bau neuer Gaskraftwerke. [...]

Gmünder Tagespost: CSU-Chef Seehofer macht viel Druck bei der Energiewende. Welche Rolle spielt denn die baden-württembergische Landesregierung auf diesem Feld?

Volker Kauder: Die Landesregierung in Stuttgart muss sich entscheiden, ob sie bei der Stromversorgung autonom werden oder ob sie auch große Strommengen aus Offshore-Windparks in Norddeutschland beziehen will. Das ist der Strom der Zukunft. Mit Sonne allein wird Baden-Württemberg seinen Strombedarf nicht decken, also muss Windenergie dazukommen. Aber genau da gibt es erhebliche Widerstände gegen Windanlagen in sensiblen Landschaften. Daher muss die Landesregierung bereit sein, Stromleitungen zu bauen. [...]

Quelle: Gmünder Tagespost, Nr. 126 vom 02.06.2012

Prüfungsaufgaben Winter 2013/2014 (Aufgabe 1)

1. Im Jahre 1986 verkündete Bundesarbeits- und Sozialminister Norbert Blüm: „Die Rente ist sicher!"

1.1 Erläutern Sie, warum die meisten Bürgerinnen und Bürger Deutschlands nach der Berufstätigkeit Anspruch auf eine Rente haben. Gehen Sie in diesem Zusammenhang auf die Begriffe „Solidarität" und „Generationenvertrag" ein.

1.2 Der Sozialstaat Deutschland sichert seine Bürger nicht nur im Bereich der Rente ab. Zählen Sie die weiteren vier Säulen der Sozialversicherung auf.

2. Das Rentenversicherungssystem wird durch den demografischen Wandel zusehends gefährdet.

2.1 Arbeiten Sie aus dem folgenden Text **(Anlage)** die Ursachen für den Geburtenmangel heraus.

2.2 Erläutern Sie drei weitere Probleme, die durch den Geburtenmangel voraussichtlich entstehen werden.

3. Ein Vorschlag zur Lösung der Probleme der gesetzlichen Rentenversicherung ist die Erhöhung des Beitragssatzes zur Rentenversicherung. Nehmen Sie zu diesem Vorschlag Stellung.

Anlage

Kinderkriegen so unattraktiv wie nie

[...] Allen Bemühungen der Politik zum Trotz: Kinder zu bekommen wird in Deutschland nach einer neuen Studie immer unattraktiver. Das ergab eine Studie des Bundesinstituts für Bevölkerungsforschung. Laut „Süddeutscher Zeitung" nennt die Untersuchung als Gründe für die sinkende Geburtenrate vor allem die schwierige Vereinbarkeit von Beruf und Elternschaft. Hinzu komme die fehlende gesellschaftliche Anerkennung für berufstätige Mütter hierzulande. Das kulturelle Leitbild von einer „guten Mutter", die zu Hause bei den Kindern zu bleiben habe, sei vor allem in den alten Bundesländern noch so stark verbreitet, dass berufstätige Frauen sich im Zweifel eher gegen als für ein Kind entschieden. [...] Im weltweiten Vergleich habe Deutschland den höchsten Anteil dauerhaft kinderloser Frauen. Knapp ein Viertel der Frauen der Geburtsjahrgänge 1964 bis 1968 hat dem Bericht zufolge bewusst keine Babys geboren. Laut „Süddeutscher Zeitung" führt Norbert Schneider, Direktor des Bundesinstitutes für Bevölkerungsforschung, das darauf zurück, dass gerade in Westdeutschland die Erwerbstätigkeit mit kleinen Kindern als „wenig toleriert" erscheine.

Offenbar sinkt für viele Deutsche auch die Bedeutung von Kindern. Der Studie zufolge haben das Verfolgen beruflicher Interessen, die Pflege von Freundschaften oder Hobbys einen höheren Stellenwert als Kinder. Dem Bericht zufolge lautet das Fazit der Studie: „Kinder stellen nicht mehr für alle Deutschen einen zentralen Lebensbereich dar."

Quelle: ler/dpa/dapd; www.spiegel.de/politik/deutschland/deutschland-studie-untersucht-gruende-fuer-sinkende-geburtenrate-a-873264.html (Stand: 02.01.2012)

Prüfungsaufgaben Winter 2013/2014 (Aufgabe 2)

1. „Höchste Zeit, dass sich was ändert!" – unter diesem Motto steht die aktuelle Kampagne des Bundesumweltministeriums zur Energiewende.

1.1 Erklären Sie den Begriff „Energiewende".

1.2 Beschreiben und erläutern Sie die Karikatur **(Anlage 1)**.

1.3 Wählen Sie aus der Karikatur zwei Pferde aus und erläutern Sie die Befürchtungen der dargestellten Personengruppen.

2. Der Text aus der „tageszeitung" **(Anlage 2)** erklärt in Anlehnung an die Kindersendung „Die Sendung mit der Maus" die Finanzierung regenerativer Energien.

2.1 Nennen Sie die im Text angesprochene Art regenerativer Energie.

2.2 Nennen Sie zwei weitere Beispiele für regenerative Energien.

2.3 Erklären Sie mit eigenen Worten die im Text angesprochene Problematik.

2.4 Führen Sie zwei Vorteile und zwei weitere Nachteile von Windkrafträdern an.

Anlage 1

Altmaier und die Mustangs

Hinweise:
Altmaier ist zum Zeitpunkt des Erscheinens der Karikatur Bundesumweltminister.

Die Mustangs tragen die Beschriftungen:
Länder, Kabinett, Stromanbieter, Wähler

Quelle: Stuttgarter Zeitung vom 27.12.2012, Luff

Anlage 2

Die Geldmaschine

Geldverdienen mit der Maus. Heute: Wie Willi immer reicher wird – und wir alle das bezahlen.
Onkel Willi ist Kapitalist und seine Spezialität ist die sogenannte „Umverteilung von unten nach oben." Die schätzt er ganz besonders. Weil er schon oben ist. [...]
Die sicherste Umverteilung, sagt der Onkel, schafft der Staat. Der melkt die Kleinen und lässt die Großen immer fetter werden. [...]
Drum ist Onkel Willi Fan von Windanlagen. Dort läuft die Umverteilung prima.
Klar, denn die Windrad-„Parks" (er liebt das Wort „Park", weil die Windräder so herrlich in die Landschaft passen) dürfen ihren Strom zum Spitzenpreis verkaufen. Der liegt pro Kilowattstunde rund dreimal so hoch wie der durchschnittliche Strompreis aus anderen Energiequellen (olle Kohle, böses Uran). [...]
Quelle: Paul C. Martin, Die Geldmaschine, in: die tageszeitung vom 27./28.09.2003

Prüfungsaufgaben Sommer 2014 (Aufgabe 1)

1. Zahlreiche persönliche Daten werden von den Nutzern selbst ins Internet gestellt.

1.1 Nennen Sie zwei Beispiele für persönliche Daten, die nicht ins Netz gestellt werden sollten, und begründen Sie, warum Sie dies für unangebracht halten.

1.2   Erklären Sie anhand von zwei Beispielen, warum junge Menschen trotzdem persönliche Daten ins Netz stellen.

2.   Der Computer ist ein sinnvolles Instrument, bringt aber auch neue Gefahren.

2.1   Beschreiben Sie das Schaubild (**Anlage**) und erläutern Sie dessen Aussage.

2.2   Erläutern Sie zwei mögliche Ursachen für die Entwicklung der Anzahl der Computerstraftaten.

2.3   Formulieren Sie zwei Vorschläge, wie man sich als Internetnutzer möglichst wirksam gegen Computerkriminalität schützen kann.

Anlage

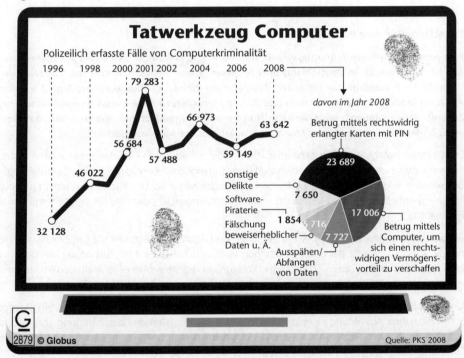

Prüfungsaufgaben Sommer 2014 (Aufgabe 2)

1.   In **Anlage 1** wird eine „europaweite Jugendgarantie" vorgeschlagen.

1.1   Definieren Sie den Begriff „Jugendgarantie".

1.2   Nennen Sie zwei Länder der Europäischen Union, in denen die Arbeitssituation von Jugendlichen besonders prekär ist.

2.   In **Anlage 1** wird von einer „ersten Schwelle" und einer „zweiten Schwelle" gesprochen.

2.1   Erklären Sie die beiden Begriffe.

2.2   „Wir müssen realistisch bleiben – für manche Menschen gibt es keine Nachfrage auf dem Arbeitsmarkt." (**Anlage 1**)
Nehmen Sie Stellung zu der Aussage von BA-Chef Weise.

2.3   Geben Sie wieder, inwiefern er der Umsetzung der Jugendgarantie in Deutschland Chancen einräumt.

3.   Die Geburtenrate in Deutschland ist niedrig.

3.1   Beschreiben und interpretieren Sie die Karikatur (**Anlage 2**).

3.2   Nennen Sie vier weitere Gründe für den Rückgang der Geburtenzahlen.

Anlage 1

BA-Chef Weise: Jugendgarantie ist ein gutes Signal

Presse-Info 058 vom 06.12.2012

Eine europaweite Jugendgarantie, wie sie vom EU-Kommissar Andor aktuell vorgeschlagen worden ist, könnte auch in Deutschland positiv wirken. Diese Meinung vertritt der Vorstandsvorsitzende der Bundesagentur für Arbeit, Frank-Jürgen Weise. „Es wäre ein gutes Signal, wirklich alle Anstrengungen zu unternehmen und jungen Menschen zu zeigen, dass sie optimistisch ihre Zukunft planen können", sagte Weise in Nürnberg. Die Jugendgarantie soll vorsehen, dass kein unter 25-Jähriger länger als vier Monate ohne Arbeit oder Ausbildung bleibt.

Deutschland hat gute Voraussetzungen, dieses Ziel zu erreichen. An der sogenannten ersten Schwelle zwischen Schule und Ausbildung könne Jugendlichen bereits heute eine Garantie gegeben werden, wie sie EU-Kommissar Andor vorschwebe, sagte Weise. „Wir können jedem Jugendlichen ein Angebot machen – entweder einen Ausbildungsplatz oder eine für ihn weiterführende Maßnahme."

An der sogenannten zweiten Schwelle zwischen Ausbildung und Beruf ist die Lage nicht ganz so positiv. Rund 30 Prozent der unter 25-Jährigen sind nach Abschluss ihrer Ausbildung mehr als vier Monate arbeitslos. Das lasse sich vor dem Hintergrund des steigenden Fachkräftebedarfs und mit einer gemeinsamen Anstrengung aller Beteiligten verbessern, gab sich Weise überzeugt.

Grundsätzlich sind in den Arbeitsagenturen alle notwendigen Instrumente vorhanden, um Jugendlichen nach ihrer Ausbildung innerhalb von maximal vier Monaten eine Beschäftigung anzubieten: Vermittlung, Nachqualifizierung, verschiedene Arbeitsmarktprogramme. In den Jobcentern ist das Sofortangebot für Jugendliche schon seit mehreren Jahren gesetzliche Grundlage.

Weise warnte aber davor, die Erwartungen an eine solche gesetzliche Garantie zu überfordern: „Wir müssen realistisch bleiben – für manche Menschen gibt es keine Nachfrage auf dem Arbeitsmarkt. Entscheidend ist, dass auf Basis einer Garantie alle Anstrengungen unternommen werden, um jungen Menschen eine Perspektive zu schaffen. Wenn das nicht gelingt, mag es gute Gründe dafür geben."

Quelle: www.arbeitsagentur.de/nn_27044/zentraler-Content/Pressemeldungen/2012/Presse-12-058, mode=print.html

Anlage 2

Quelle: Badische Zeitung vom 27.12.2012, Stuttmann

Prüfungsaufgaben Winter 2014/2015 (Aufgabe 1)

1.   Die Entwicklung des Internets hat unsere Gesellschaft nachhaltig verändert, sodass wir mittlerweile von der Informationsgesellschaft sprechen.

1.1   Beschreiben Sie drei Auswirkungen, welche die Informationsgesellschaft für das Arbeitsleben mit sich bringt.

1.2   Beschreiben und interpretieren Sie die Karikatur (**Anlage**).

1.3   Nennen Sie drei Vorteile und drei Gefahren bei der privaten Nutzung des Internets.

2.   Laut einem Bericht der Techniker Krankenkasse aus dem Jahr 2011 hat bereits jeder dritte Jugendliche negative Erfahrungen im Internet gemacht. Eine wichtige Rolle hierbei spielt der Begriff „Cybermobbing".

2.1   Erklären Sie den Begriff „Cybermobbing".

2.2   Cybermobbing ist kein Kavaliersdelikt. Nennen Sie vier Folgen von Cybermobbing für das Opfer.

2.3   Erklären Sie, wie sich jeder Einzelne vor Cybermobbing schützen kann (drei Beispiele).

Anlage

© Gerhard Mester, 2012

Quelle: www.deutschlandundeuropa.de/65 13/buergerbeteiligung.pdf#paae=1 &zoom=auto.28,871 (Stand: 14.01.2014)

zugleich auch: Landeszentrale für politische Bildung (Hrsg.): Deutschland & Europa, 65, 2013, S. 47

Prüfungsaufgaben Winter 2014/2015 (Aufgabe 2)

Im Grundgesetz Artikel 3 Absatz 2 steht: „Männer und Frauen sind gleichberechtigt."

1.   Beschreiben und interpretieren Sie die Karikatur (**Anlage 1**).

2.   In der Politik wird über die Einführung einer verbindlichen Frauenquote diskutiert.

2.1   Erklären Sie, welche Regelungen von CDU/CSU und SPD im Rahmen der Koalitionsverhandlungen im November 2013 beschlossen wurden (**Anlage 2**).

2.2   Führen Sie zwei Pro- und zwei Contra-Argumente zu dieser politischen Entscheidung (siehe 2.1) an.

3.   Das Thema Gleichberechtigung wirkt sich auch in der Rentenversicherung aus.

3.1   Beschreiben Sie drei Aussagen des Schaubildes (**Anlage 3**).

3.2   Erläutern Sie zwei Ursachen für die Rentenunterschiede.

3.3   Nennen Sie drei Maßnahmen, die künftig dem dargestellten Problem entgegenwirken können.

Anlage 1

Frauen am Ball

Quelle der Karikatur: home.arcor.de/j.koppermann/bilder/chancengleichheit.jpg

Anlage 2

Union und SPD haben sich in ihren Koalitionsverhandlungen auf eine Frauenquote für Aufsichtsräte geeinigt. Sie betrifft Aufsichtsräte von voll mitbestimmungspflichtigen und börsennotierten Unternehmen, die ab 2016 neu besetzt werden. Sie sollen nach dem Willen der Unterhändler eine Geschlechterquote von mindestens 30 Prozent aufweisen. [...] Nach dem Durchbruch bei der Frauenquote sprach Unions-Unterhändlerin Annette Widmann-Mauz (CDU) von einer „vernünftigen Regelung im Sinne der Frauen". Für Vorstände und obere Managementebenen ist eine sogenannte gesetzliche Flexi-Quote vorgesehen. Die börsennotierten Unternehmen müssten demnach selbst „verbindliche Zielgrößen" für einen höheren Frauenanteil festlegen, teilten beide Unterhändlerinnen mit. Schwesig sprach von einem „wichtigen Signal, um die Aufstiegschancen von Frauen zu verbessern". [...]

Quelle: Tagesspiegel vom 18.11.2013, in: www.tagesspiegel.de/politik/koalitionsverhandlungen-union-und-spd-einigen-sich-auf-frauenquote-in-aufsichtsraeten/9089618.html (Stand: 20.12.2013)

Anlage 3

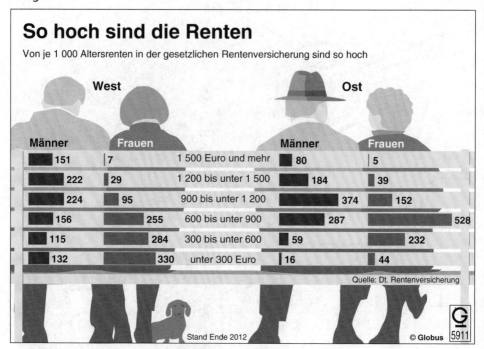

So hoch sind die Renten

Von je 1 000 Altersrenten in der gesetzlichen Rentenversicherung sind so hoch

West　　　　　　　　　　　　Ost

	West				Ost	
	Männer	Frauen			Männer	Frauen
	151	7	1 500 Euro und mehr	80		5
	222	29	1 200 bis unter 1 500	184		39
	224	95	900 bis unter 1 200		374	152
	156	255	600 bis unter 900		287	528
	115	284	300 bis unter 600	59		232
	132	330	unter 300 Euro	16		44

Quelle: Dt. Rentenversicherung

Stand Ende 2012　　　　　　　　© Globus　5911

Prüfungsaufgaben Sommer 2015 (Aufgabe 1)

1. In **Anlage 1** ist die Entwicklung der Haushaltstypen in Deutschland dargestellt.

1.1 Beschreiben Sie drei deutliche Veränderungen.

1.2 Erläutern Sie zwei Ursachen für diese Veränderungen.

2. Stellen Sie anhand von zwei Beispielen dar, inwiefern sich die Formen des Zusammenlebens in den letzten Jahrzehnten verändert haben.

3. Zahlreiche Unternehmen verweisen auf einen zunehmenden Fachkräftemangel in Deutschland.

3.1 Erklären Sie den Begriff Fachkräftemangel.

3.2 Beschreiben und interpretieren Sie die Karikatur **(Anlage 2)**.

3.3 Nennen Sie zwei weitere Ursachen des Fachkräftemangels.

3.4 Beschreiben Sie zwei Folgen des Fachkräftemangels.

Anlage 1

Entwicklung der Haushaltstypen

Ein- und Mehrpersonenhaushalte, in abs. Zahlen u. Anteile an allen Haushalten in Prozent, 1972, 2000, 2011

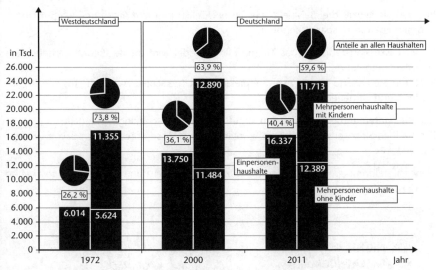

Quelle: Statistisches Bundesamt: Mikrozensus
Lizenz: Creative Commons by-nc-nd/3.0/de
Bundeszentrale für politische Bildung, 2012, www.bpb.de

Anlage 2

Quelle: www.pfohlmann.de/image/galerie/1008022FachkraefteMangel.jpg (Stand: 29.06.2014)

Prüfungsaufgaben Sommer 2015 (Aufgabe 2)

Der Klimawandel beeinflusst den Alltag und die Arbeitswelt.

1.   Beschreiben und interpretieren Sie die Karikatur **(Anlage)**.

2.   Erklären Sie zwei Ursachen für den Klimawandel.

3.   Nennen Sie jeweils drei Beispiele, wie Sie persönlich in Ihrem Alltag und wie Ihr Unternehmen Energie einsparen könnten.

4.   In der Diskussion rund um das Thema Klimawandel wird oft der Begriff „erneuerbare Energien" angeführt.
   Erläutern Sie anhand von je zwei Beispielen den Unterschied zwischen „fossilen Brennstoffen" und „erneuerbarer Energie".

5.   Manche Unternehmen setzen bewusst auf ökologisch nachhaltiges Handeln.
   Beschreiben Sie zwei wirtschaftliche Vorteile, die sich diese Unternehmen davon versprechen.

6.   Nennen Sie drei neue Berufsfelder, die durch den Umwelt- und Klimaschutz geschaffen wurden.

Anlage

Quelle: www.stuttmann-karikaturen.de, Karikatur: „Dem Klimawandel sei Dank" (Stand: 28.10.2014)

Prüfungsaufgaben Winter 2015/2016 (Aufgabe 1)

1. In Deutschland lebten laut dem Armutsbericht des Paritätischen Gesamtverbands vom Dezember 2013 15,2 % der Bevölkerung im Jahr 2012 in Armut.

1.1 Nennen Sie zwei Maßnahmen, mit denen der deutsche Staat versucht, Armut zu vermindern.

1.2 Arme Menschen sind in verschiedenen Bereichen benachteiligt. Erklären Sie anhand jeweils eines Beispiels, wie die Benachteiligung in den Bereichen *kulturelle Erlebnisse* und *soziale Sicherheit* aussehen kann.

2. Besonders die Altersarmut ist ein Phänomen, mit dem sich zunehmend mehr Menschen in Deutschland auseinandersetzen. Erläutern Sie zwei Entwicklungen, welche die Armut im Alter zu einem wachsenden Problem werden lassen.

3. Das deutsche Krankenversicherungswesen ist Gegenstand kontroverser Diskussionen. Beschreiben und interpretieren Sie die Karikatur (**Anlage 1**).

4. Das „Tafelwesen", bei dem Ehrenamtliche Bedürftige kostengünstig mit Lebensmitteln, die beispielsweise von Supermärkten für diesen Zweck gespendet werden, versorgen, nimmt zu.

4.1 Nennen Sie vier Kritikpunkte Stefan Selkes am System der „Tafeln" (**Anlage 2**).

4.2 Erläutern Sie einen positiven Aspekt des „Tafelwesens".

Anlage 1

©SAM www.BILDERGESCHICHTEN.eu

Anlage 2

„Tafeln verfestigen die Armut"

Stefan Selke, 43, ist Professor für Soziologie und gesellschaftlichen Wandel an der Hochschule Furt-
wangen. Er untersucht seit Jahren das deutsche Tafelwesen und hat Hunderte von Ehrenamtlichen und
Tafelbesuchern befragt. [...]

Welt am Sonntag: 1,3 Millionen Menschen in Deutschland beziehen regelmäßig Lebensmittel
von Tafeln. Ein Paradebeispiel bürgerlichen Engagements?

Stefan Selke: Diese Zahl ist nicht wirklich belegbar, sondern eine vage Hochrechnung. Aber abgesehen davon geht es in der öffentlichen Diskussion viel zu oft um das Engagement der Ehrenamtlichen und viel zu selten um die Menschen, denen die Tafeln vermeintlich helfen.

Welt: Wieso vermeintlich?

Selke: Was Tafelnutzer brauchen, sind keine Almosen, sondern Arbeit und Anerkennung. Lebensmittel zu verteilen stellt keine nachhaltige Hilfe dar. Es ändert nichts an der Armut, sondern verfestigt sie im Gegenteil. In einer funktionierenden Gesellschaft sollte jeder in der Lage sein, sich
selbst zu ernähren. Wer das nicht kann, hat zumindest in Deutschland Anspruch auf die Leistungen des Sozialstaats – eine zivilisatorische Errungenschaft. Und nun kommen die Lebensmittel-
tafeln und bauen ein System auf, das sogar zahlreiche Ableger erzeugt: Kindertafeln, Medika-
mententafeln, Tiertafeln, Sporttafeln. Da etabliert sich etwas, das irgendwann nicht mehr
reversibel ist. Dabei besteht langfristig die Gefahr, dass diese milden Gaben im Grunde eine
Aufweichung von Bürgerrechten darstellen.

Welt: Kritiker sagen, Tafeln mindern den Anreiz, sich einen Job zu suchen.

Selke: Um das zu beurteilen, fehlt die Datenbasis. Was die Befragungen meiner Forschungsgrup-
pe aber ergeben haben, ist, dass Menschen die Tafeln sehr intensiv in ihre Alltagsstrukturen und
ihre Lebenswelt einbauen und sich stillschweigend auf das Angebot Tafeln verlassen – ohne dass
diese es aber garantieren könnten. Nach dem Motto: Freitag ist Tafeltag. Da war zum Beispiel
eine Taxiunternehmerin, die nur so lange zur Tafel gehen wollte, bis sie ihre Schulden abbezahlt
hätte. Nach einem halben Jahr sollte damit Schluss sein. Vor diesem Tag, sagte sie, habe sie jetzt
schon Angst. Das zeigt, wie sehr sich Menschen an die Tafel gewöhnen. [...]

Quelle: Fründt, Steffen: „Tafeln verfestigen die Armut", in Welt am Sonntag, veröffentlicht am 09.10.2011 unter:
www.welt.de/print/wams/wirtschaft/article13649588/Tafeln-verfestigen-die-Armut.html

Prüfungsaufgaben Winter 2015/2016 (Aufgabe 2)

1.   Die Staaten und Organisationen subventionieren die Landwirtschaft in unterschiedlicher
Art und Weise.

1.1   Beschreiben Sie die Grafik und erläutern Sie deren Aussagen **(Anlage)**.

1.2   Beurteilen Sie, ob ein Staat grundsätzlich seine Wirtschaft subventionieren soll (ein Pro-
und ein Kontra-Argument).

2.   Eine gesicherte Ernährung der Weltbevölkerung stellt nach wie vor eine Herausforderung dar.

2.1   Der weltweite Fleischkonsum ist in den letzten Jahren gestiegen. Erklären Sie, inwiefern diese Entwicklung ein Problem für die Sicherung der Welternährung darstellt.

2.2   Nennen Sie zwei weitere Ursachen, die für die problematische Welternährungslage verantwortlich sind.

2.3   Eine Lösung könnten gentechnisch veränderte Nahrungsmittel sein. Beschreiben Sie zwei Vor- und zwei Nachteile von genveränderten Nahrungsmitteln.

Anlage

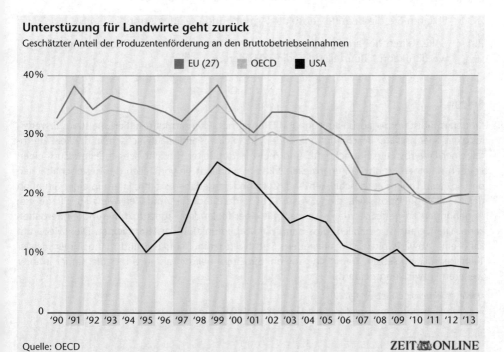

Unterstüzung für Landwirte geht zurück
Geschätzter Anteil der Produzentenförderung an den Bruttobetriebseinnahmen

Quelle: OECD   ZEIT ONLINE

Quelle: vgl. Statista GmbH, veröffentlicht am 14.09.2014 unter: de.statista.com/infografik/2698/geschaetzter-anteil-der-produzentenfoerderung-an-den-bruttobetriebseinnahmen/

Prüfungsaufgaben Sommer 2016 (Aufgabe 1)

1. Eine Besonderheit unseres Sozialstaates ist es, im Falle von Arbeitslosigkeit die Betroffenen vor Armut zu schützen.

1.1 Erklären Sie zwei Unterschiede zwischen Arbeitslosengeld I und Arbeitslosengeld II.

1.2 Nennen Sie die vier weiteren Zweige der Gesetzlichen Sozialversicherung.

2. Die Bekämpfung von Armut ist eine bedeutende gesellschaftliche Herausforderung.

2.1 Erarbeiten Sie vier Nachteile, die sich für Kinder ergeben können, die in Armut aufwachsen (**Anlage 1**).

2.2 Beschreiben und interpretieren Sie die Karikatur (**Anlage 2**).

2.3 Erklären Sie die Begriffe „absolute Armut" und „relative Armut".

2.4 „Alle sollten höhere Steuern zahlen, damit armen Kindern in Deutschland geholfen werden kann." Beurteilen Sie diese Forderung.

Anlage 1

Kinderarmut ist immer auch Familien- und Elternarmut. Elternarmut resultiert meist aus Erwerbslosigkeit oder prekärer Beschäftigung. Kinder, die in einer Familie aufwachsen, in der kein Elternteil einer Erwerbstätigkeit nachgeht, sind meist in doppelter Hinsicht benachteiligt: Zum einen erleben sie einen Mangel an finanziellen Mitteln, wodurch sie von Teilen des gesellschaftlichen und sozialen Lebens ausgeschlossen sind. Zum anderen erleben sie ihre Eltern in einer Situation der Beschäftigungslosigkeit, die – wenn nicht andere tägliche Aufgaben wie z. B. Pflege von Angehörigen ausgeübt werden – schnell mit einer fehlenden Tagesstrukturierung einhergehen kann. Die Gefahr ist erheblich, dass dann die Vorbildfunktion der Eltern leidet. Dies wiederum kann eine Abwärtsspirale von sinkendem Selbstwertgefühl, Sinnkrise und mangelnder sozialer Teilhabe in Gang setzen. Damit sind sowohl die Eltern belastet als auch teils die Kinder in ihrer weiteren Entwicklung gefährdet.

Quelle: Arbeitsmarkt aktuell. Nr. 05/2014.

www.dgb.de/themen/++co++3eae47de-52aa-11e4-9488-52540023ef1a (Stand: 12.06.2015)

Anlage 2

Quelle: www.koufogiorgos.de/140114_lebenslauf.html

Prüfungsaufgaben Sommer 2016 (Aufgabe 2)

Im Zuge der fortschreitenden wirtschaftlichen Globalisierung entstehen Chancen und Risiken.

1. Beschreiben Sie, wie sich der Hähnchenfleischexport aus Deutschland und der EU im Zeitraum von 2000 bis 2014 entwickelt hat **(Anlage)**.

2. Erläutern Sie, welche Überlegungen die europäischen Exporteure zu diesen Geschäften veranlasst haben **(Anlage)**.

3. Beschreiben Sie, welche Kritikpunkte der Artikel an den Exporten aus ökonomischer Sicht anführt **(Anlage)**.

4. Benennen Sie drei Möglichkeiten, wie sich ein betroffener westafrikanischer Staat gegen diese Importe wehren könnte.

5. Beurteilen Sie mit jeweils drei Argumenten (Pro und Kontra), ob die im Artikel beschriebenen Geschäfte zu rechtfertigen sind.

6. Erklären Sie, ganz abgesehen vom vorliegenden Hähnchenfleischfall, jeweils zwei Chancen und Risiken, die sich aus der wirtschaftlichen Globalisierung für deutsche Unternehmen ergeben.

Anlage
Export: Billigfleisch für Afrika

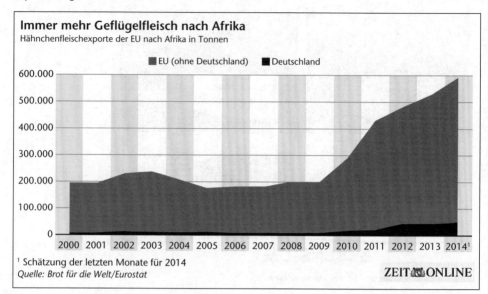

Immer mehr Geflügelfleisch nach Afrika
Hähnchenfleischexporte der EU nach Afrika in Tonnen

■ EU (ohne Deutschland)　　■ Deutschland

600.000
500.000
400.000
300.000
200.000
100.000
0

2000 2001 2002 2003 2004 2005 2006 2007 2008 2009 2010 2011 2012 2013 2014[1]

[1] Schätzung der letzten Monate für 2014
Quelle: Brot für die Welt/Eurostat

ZEIT▨ONLINE

Europäisches Hähnchenfleisch ist in Westafrika so billig, dass die einheimischen Landwirte pleitegehen. Neue Handelsabkommen könnten den Druck verschärfen.

Seit Jahren gibt es Kritik an den billigen Hähnchenfleisch-Exporten der EU nach Afrika. In der Regel sind das Reste aus der heimischen Produktion, die bei den europäischen Kunden, die am liebsten mageres Brustfleisch mögen, nicht so gut ankommen. Die Folge der besonderen Vorliebe der Europäer ist nicht nur, dass Zuchthühner heutzutage oft bizarre Proportionen aufweisen – mit imposanten Brüsten und mageren Beinen – sondern auch, dass große Mengen völlig einwandfreier Hähnchenschenkel in Europa quasi unverkäuflich sind. Gewiefte Händler suchen andere Abnehmer und finden sie in Afrika.

Das Problem: Europas Reste werden dort so billig verkauft, dass die einheimischen Bauern nicht mehr mithalten können und pleitegehen. Das wird schon lange kritisiert. [...]

Nach Angaben der Hilfsorganisation Brot für die Welt ist Westafrika am stärksten von den EU-Billigausfuhren betroffen. Die Bauern dort hätten Produktionskosten von etwa 1,80 Euro je Kilo. Europäisches Hähnchenfleisch aber koste nur die Hälfte. Gerade hat die EU ein Handelsabkommen mit Westafrika unterzeichnet – Brot für die Welt fürchtet, dass der Druck auf die Bauern nun noch mehr zunimmt. „Seit Jahresbeginn dürfen die Staaten (dort) nur noch einen Zoll von höchstens 35 Prozent erheben. Auch das reicht nicht, um die einheimische Geflügelproduktion zu erhalten", erklärt die Organisation.

Quelle: www.zeit.de/wirtschaft/2015-01/exporte-gefluegel-afrika (Stand: 03.07.2015)

Prüfungsaufgaben Winter 2016/2017 (Aufgabe 1)

1.   Unsere Wirtschaft befindet sich im ständigen Wandel. Dies hat Auswirkungen auf die Gesellschaft und den Arbeitsmarkt.

1.1   Beschreiben Sie das Liniendiagramm und geben Sie dessen Kernaussage wieder (**Anlage 1**).

1.2   Erläutern Sie zwei mögliche Ursachen der dargestellten Entwicklung.

1.3   Erklären Sie, welche Bedeutung diese Entwicklungen für Arbeitnehmer/-innen haben (zwei Aspekte).

2.   Die Selbstverwirklichung wird in unserer heutigen Gesellschaft zunehmend wichtiger. Deshalb nehmen Arbeitnehmer/-innen zunehmend ein Sabbatical (**Anlage 2**).

2.1   Definieren Sie den Begriff Sabbatical.

2.2   Geben Sie drei der im Artikel genannten Gründe wieder, warum Arbeitnehmer/-innen und Unternehmen das Sabbatical positiv bewerten.

2.3   Erläutern Sie je einen möglichen Nachteil des Sabbaticals für Arbeitnehmer/-innen bzw. für das Unternehmen.

Anlage 1

Qualifikationsspezifische Arbeitslosenquoten in Deutschland 1975 bis 2013
Männer und Frauen, in Prozent

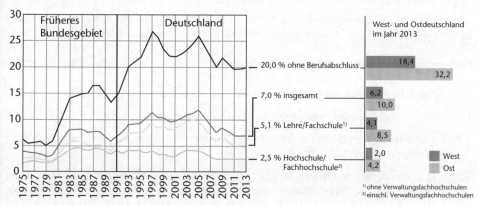

Anmerkung: Arbeitslose in Prozent aller zivilen Erwerbspersonen (ohne Auszubildende) gleicher Qualifikation; Erwerbstätige ohne Angabe zum Berufsabschluss nach Mikrozensus je Altersklasse proportional verteilt; bis 2004 Erwerbstätige im April; ab 2005 Erwerbstätige im Jahresdurchschnitt.

Quelle: Schulz, Frank: Arbeitsmarktstudie: Techniker und Meister weniger arbeitslos als Akademiker, veröffentlicht am 16.06.2015 unter: www.fmm-magazin.de/arbeitsmarktstudie-techniker-und-meister-weniger-arbeitslos-als-akademiker-finanzen-mm_kat52_id7992.html

Anlage 2
Sabbatical ist nicht gleich ein Karriereknick

[...] Der Jahreswechsel ist die Zeit der guten Vorsätze. Ganz oben auf der Hitliste steht in jedem Jahr der Wunsch nach weniger Stress. Stattdessen: Weltreise, Hausbau, soziales Engagement oder mehr Zeit mit den Liebsten. Aus diesem Wunsch wird immer öfter eine mehrmonatige Auszeit vom Job. Der Ausstieg aus dem Alltag, häufig Sabbatical genannt, ist mittlerweile selbstverständlich geworden – für Arbeitgeber und Arbeitnehmer. Und wird immer beliebter. 2016 wollten 63 Prozent der Deutschen mehr für ein stressfreieres Leben tun, wie aus einer repräsentativen Forsa-Umfrage für die Krankenkasse DAK hervorgeht. Barbara Stäbler wollte mehr von der Welt sehen, als sie dem Alltag im September 2014 für ein Jahr „Lebewohl" sagt. [...] „Ich wollte mich mal wieder erden", sagt Stäbler. Die Motivation für die Auszeit: die Welt sehen, Natur erleben, soziales Engagement. Selbstverwirklichung. [...]

Die Nachfrage nach Sabbaticals bis zu einem Jahr habe sich seit dem Geschäftsjahr 2012/2013 (30. September) auf rund 1000 verdoppelt, sagt Siemens-Sprecher Michael Friedrich. [...]

Für die Unternehmen bedeutet diese Kultur der Flexibilität zwar mehr Verwaltungsaufwand, aber oft auch einen Gewinn. Die Angestellten seien „in der Zeit, in der sie da sind, womöglich motivierter und tatkräftiger", sagt Jochen Frey von BMW. Allianz-Personalleiterin Aichmüller sagt, die Kollegen kämen „mit großer Motivation" aus dem Sabbatical. Und Katharina Heuer glaubt: „Kompetenzentwicklung findet nicht nur im Job statt" – sondern eben auch im Atlas-Gebirge.

Einen Sabbatical-Kater, hat es so etwas beim Wiedereinstieg gegeben? Nein, sagt Barbara Stäbler. Kein Kater, nur ein paar Wochen der Einarbeitung. „Manchmal ist es mir nach einem zweiwöchigen Urlaub schwerer gefallen, wieder anzufangen."

Quelle: Handelsblatt GmbH: Auszeit vom Job, veröffentlicht am 05.01.2016 unter: www.handelsblatt.com/untemehmen/beruf-und-buero/buero-special/auszeit-vom-job-sabbatical-ist-nicht-gleich-ein-karriereknick/12785958.html

Prüfungsaufgaben Winter 2016/2017 (Aufgabe 2)

1. Das Schaubild zeigt die Veränderungen der Bevölkerungsstruktur Deutschlands (**Anlage 1**).

1.1 Beschreiben Sie zwei Aspekte des jeweiligen Bevölkerungsdiagramms.

1.2 Erläutern Sie je eine Ursache für eine Auffälligkeit der dargestellten Bevölkerungsstruktur in den Jahren 1950 und 2000.

1.3 In einem Artikel der Zeitschrift „Die Zeit" vom 14.10.2014 sieht der Chefvolkswirt der Deutschen Bank, David Folkerts-Landau, „in der Zuwanderung das entscheidende Instrument gegen die Folgen des demographischen Wandels".

Bewerten Sie diese Einschätzung im Zusammenhang mit den Schlussfolgerungen, die sich aus **Anlage 1** im Jahre 2050 ergeben.

2. Der gesellschaftliche Strukturwandel hat auch Auswirkungen auf das Rollenverständnis der Geschlechter.

2.1 Beschreiben und interpretieren Sie die Karikatur (**Anlage 2**).

2.2 Nehmen Sie kritisch Stellung zu der Aussage, Frauen in Deutschland seien selbst schuld daran, dass ihr durchschnittlicher Stundenlohn deutlich geringer ist als bei Männern.

Anlage 1

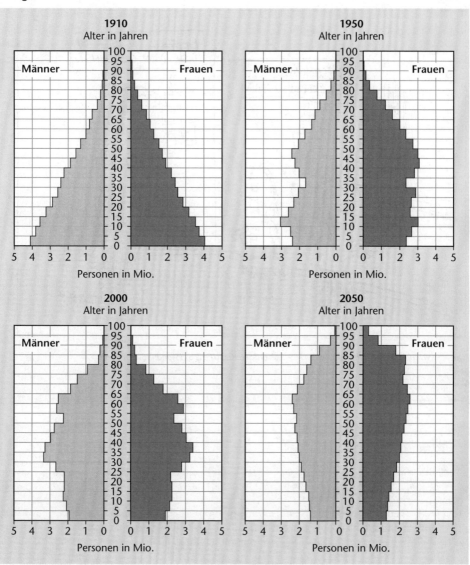

Quelle: media.diercke.net/omeda/800_11E_10.jpg (Stand: 18.01.2016)

Anlage 2

Quelle: www.bpb.de/cache/images/9/134709-3x2-article620.gif?OEFE6, (Stand: 03.01.2016)

2 Demokratie in Deutschland

2.1 Partizipation und politischer Entscheidungsprozess

2.1.1 Junge Menschen und Politik

Stofftelegramm

JUGEND – BEGRIFF

JUGENDVERSTÄNDNIS IN DER GESELLSCHAFT

* Sozialgruppe Jugend = Lebensaltersgruppe zwischen Kindheit und Erwachsensein, Phasen der Pubertät und Ablösung von der Herkunftsfamilie
* Jugend als eigene Lebensphase ohne Arbeitszwang, jahrhundertelang Privileg des Bürgertums im Gegensatz zur Arbeiterschaft
* Hauptzweck heute: Hineinwachsen in das Leben als Erwachsener, Aufbau einer stabilen Persönlichkeit, Qualifizieren für erfolgreiche Berufstätigkeit, Erwerb umfassender sozialer Kompetenzen

---

JUNGE MENSCHEN – SELBSTVERSTÄNDNIS UND ENGAGEMENT

WERTE UND LEBENSEINSTELLUNG

* Zielorientierung, Flexibilität, Einsatzbereitschaft
* Wunsch nach Mitbestimmung, aber nur, wenn Ziele des Engagements selbst festgelegt werden können
* Hohe Werte: Zivilcourage und Ehrlichkeit
* Hang zur Individualisierung
* Verpflichtungen sollten möglichst gleichzeitig auch Spaß machen
* Als unverzichtbar für ein Leben in Deutschland gelten:
  - demokratische Wahlen
  - Meinungsfreiheit
  - soziale Marktwirtschaft

Einstellungen Jugendlicher zum Politik-Betrieb

* **Politikinteresse** → maximal 40 % (im Vergleich aller Altersgruppen gering)
* **Wahlbeteiligung** → Die jungen Erstwähler (18 bis 25) wählen am seltensten. Ihr Glaube an gute Interessenvertretung und Veränderungen durch Wahlen scheint gering.

Engagementmöglichkeiten für politisch Interessierte, die genutzt werden:

* Parteimitglied, Delegierte(r)
* Jugendgemeinderat
* Gemeinderat
* Landtagsabgeordnete(r)
* Bundestagsabgeordnete(r)

2.1.2　　Leben im pluralistischen Staat

Stofftelegramm

| Welche Arten von Massenmedien lassen sich unterscheiden? |

- Bürger, die etwas in der Gesellschaft verändern (oder für sie Gutes erhalten) wollen, schließen sich **Interessengemeinschaften** an.
- **Viele verschiedenartige Interessengruppen** konkurrieren miteinander und versuchen, in der Gesellschaft (Öffentlichkeit) und bei der Gesetzgebung (als „Lobby") **Einfluss** zu **erlangen.**
- **Parteien, Verbände, Vereine, Bürgerinitiativen, Kirchen** u. a. nutzen für die Information der Bürger eine Vielzahl von **Massenmedien.**

| Welche Ursachen gibt es für Konflikte in unserer Gesellschaft? |

- **Vorurteile:** negative, fehlerhafte, gefühlsgesteuerte Verallgemeinerungen über Gruppen von Menschen (z. B. Ausländer, Arbeitslose)
- **Interessengegensätze** verschiedener Gruppen (z. B. zwischen Arbeitgebern und Arbeitnehmern über Tariflohnerhöhung und Wochenarbeitszeiten)
- unterschiedliche religiöse oder gesellschaftspolitische **Wertvorstellungen** (z. B. bei gesellschaftlichen Werten: Leistung, Freizeitverhalten, Sexualmoral, Alkoholkonsum ...)

| Welche Gefahren drohen Minderheiten bei Gesellschaftskonflikten? |

- Erleiden von Abneigung, Hass, Benachteiligungen in Beruf (z. B. Teilzeit statt Vollzeit) und Privatleben (z. B. bei der Wohnungssuche)
- Erleiden von Vermögensschäden durch Sachbeschädigung
- im Extremfall Körperverletzung oder Mord

| Unter welchen Bedingungen ist eine friedliche Lösung von Konflikten möglich? |

- Beachtung der Grundrechte (z. B. Freiheit der Meinungsäußerung und -verbreitung)
- Toleranz gegenüber anderen Meinungen
- Bereitschaft zum Kompromiss
- Verantwortungsbewusstsein der Konfliktbeteiligten und Entscheidungen treffenden Politiker für das Gemeinwohl (Nutzen für möglichst viele Bürger)
- Respektierung von Mehrheitsbeschlüssen
- Zumutbarkeit der Entscheidungen für Minderheiten ohne Lobby

| Welche Leistungen muss der Staat für das Gelingen pluralistischen Lebens erbringen? |

- Die Staatsorgane müssen **verhindern,** dass private **Gewalt** zu einem **Mittel der Konfliktlösung** wird.
- Der demokratische Rechtsstaat hat das legale Gewaltmonopol, er braucht **zeitgemäßes Gesetzesrecht** (beschlossen von **Bundestag, Bundesrat** und **Landtagen**) und **Richterrecht (Rechtsprechung oberster Gerichte),** das von den allermeisten Bürgern als „**gerecht**" empfunden und beachtet wird.
- **Grundrechte** müssen im Bewusstsein verankert sein, sodass die Gefährdung einzelner Grundrechte – für einzelne Betroffene, aber auch für große gesellschaftliche Gruppen – zu öffentlichen Diskussionen führt und eine zentrale Rolle bei politischen Auseinandersetzungen spielt.

2.1.3 Entscheidungswege in der deutschen Demokratie

Stofftelegramm

Politische Organe, für die wir unsere Repräsentanten wählen können:

Gemeindeebene	Kreisebene	Landesebene	Bundesebene	Europaebene
Gemeinderat, Bürgermeister	Kreistag	Landtag	Bundestag	Europäisches Parlament

Circa 60 Millionen Bürger (für Bundestag und Europaparlament) sind wahlberechtigt. Bei Kommunalwahlen sind auch EU-Bürger der anderen Staaten wahlberechtigt.

Die deutschen Staatsorgane in der Übersicht:

GG, Artikel 20: Staatliche Gewaltenteilung ist unantastbar! → Die Macht/Gewalt muss auf einzelne Staatsorgane aufgeteilt sein. Das Recht zur Machtausübung kommt vom wahlberechtigten Volk.

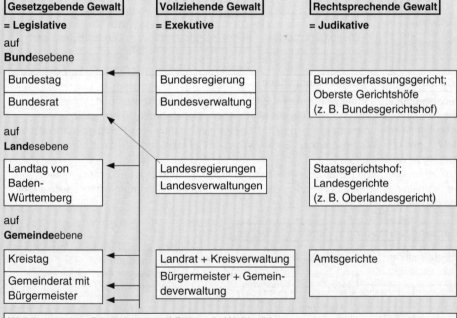

Gesetzgebende Gewalt	**Vollziehende Gewalt**	**Rechtsprechende Gewalt**
= Legislative	= Exekutive	= Judikative

auf
Bundesebene

Bundestag / Bundesrat	Bundesregierung / Bundesverwaltung	Bundesverfassungsgericht; Oberste Gerichtshöfe (z. B. Bundesgerichtshof)

auf
Landesebene

Landtag von Baden-Württemberg	Landesregierungen / Landesverwaltungen	Staatsgerichtshof; Landesgerichte (z. B. Oberlandesgericht)

auf
Gemeindeebene

Kreistag / Gemeinderat mit Bürgermeister	Landrat + Kreisverwaltung / Bürgermeister + Gemeindeverwaltung	Amtsgerichte

Wahlberechtigte Bürgerinnen und Bürger (= Wahlvolk)

Die Staatsgewalt geht vom Volk aus durch **Wahlen** zu den gesetzgebenden Organen.
Durch den föderativen Staatsaufbau besteht in der Bundesrepublik **doppelte Gewaltenteilung:** • **horizontal** (Legislative, Exekutive, Judikative),
• **vertikal** (Bund, Länder, eingeschränkt auch die Gemeinden).

Die **Judikative** hat besondere Bedeutung in der Parteiendemokratie, da die jeweils amtierende Regierung durch Parlamentsmehrheit (von einer Partei oder einer Koalition) gewählt wird und am Machterhalt interessiert ist, sodass wirkliche und öffentlichkeitswirksame **Regierungskontrolle** meist nur **durch** die **Minderheit im Parlament = Opposition** erfolgt.

Modell der Abhängigkeiten und gegenseitigen Kontrolle der deutschen Staatsorgane

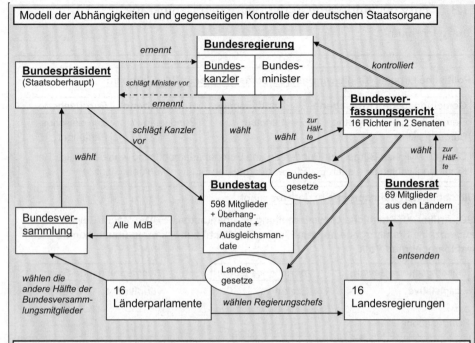

Entscheidungen auf Gemeindeebene

Rechtsgrundlage: Grundgesetz, Artikel 28: „... In den Ländern, Kreisen und Gemeinden muss das Volk eine Vertretung haben, die aus allgemeinen, unmittelbaren, freien, gleichen und geheimen Wahlen hervorgegangen ist ... Den Gemeinden muss das Recht gewährleistet sein, alle Angelegenheiten der örtlichen Gemeinschaft im Rahmen der Gesetze in eigener Verantwortung zu regeln ..."

Die Gemeinden haben zwar im Rahmen der Selbstverwaltung eigene Zuständigkeiten, gehören aber zur Ebene der Länder. Die Landtage bestimmen die Kommunalverfassungen und die Gemeindegrenzen.

Gemeindeverfassung in Baden-Württemberg

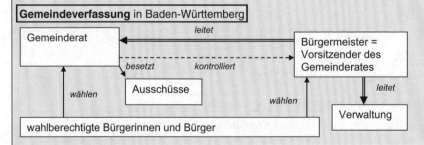

Haushalt einer Gemeinde

Ausgabenseite	Einnahmenseite
Verwaltung, Soziales, öffentliche Ordnung, Schulen, Gesundheit und Sport, Bauwesen, öffentliche Einrichtungen, Wirtschaftsförderung	Steuern (z. B. Grundsteuer), Gebühren (z. B. Müllabfuhr, Kanalisation), Erschließungsbeiträge (Straßen), Zuschüsse von Bund und Ländern (z. B. für Schulbau)

Entscheidungen auf Länderebene – **Landtag** von Baden-Württemberg

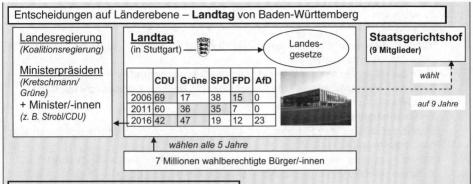

Landesregierung
(Koalitionsregierung)

Ministerpräsident
*(Kretschmann/
Grüne)*
+ Minister/-innen
(z. B. Strobl/CDU)

Landtag
(in Stuttgart)

Landes-
gesetze

Staatsgerichtshof
(9 Mitglieder)

wählt

auf 9 Jahre

	CDU	Grüne	SPD	FPD	AfD
2006	69	17	38	15	0
2011	60	36	35	7	0
2016	42	47	19	12	23

wählen alle 5 Jahre

7 Millionen wahlberechtigte Bürger/-innen

Gemeindeverfassung in Baden-Württemberg

- Mit der absoluten Abgeordnetenmehrheit (50 % + mindestens 1 Stimme) wird der Ministerpräsident gewählt.
- Zwei Drittel der Abgeordneten können die Verfassung ändern.
- Die Mehrheit der Abgeordneten kann Gesetze beschließen.
- Ein Viertel der Abgeordneten kann verlangen, dass ein Untersuchungsausschuss eingesetzt wird.

Wie wird der Landtag gewählt?

Zur Wahl der (mindestens) 120 Landtagsabgeordneten hat der Wähler **nur eine Stimme,** die aber **doppelt gezählt** wird, und zwar in zwei Verfahren:

1. Mehrheitswahl

2. Verhältniswahl

Aus jedem der 70 Wahlkreise des Landes kommt der Kandidat mit der höchsten Stimmenzahl in den Landtag (**Erstauszählung**).

Aus der Gesamtzahl der Stimmen für eine Partei (**Zweitauszählung**) wird errechnet, wie viele Sitze jede Partei insgesamt im Landtag erhält. Davon werden erhaltene Direktmandate abgezogen und die restlichen Sitze an die übrigen Parteikandidaten mit den absolut höchsten Stimmenzahlen vergeben.

Da eine Partei (wie z. B. 2016 die Grünen) die meisten Wahlkreise (46) direkt gewinnen kann und damit mehr Sitze (**Überhangmandate**) erhält, als ihr nach dem prozentualen Ergebnis der Zweitauszählung zustünden, erhalten die anderen Parteien entsprechende **Ausgleichsmandate**, sodass die Abgeordnetenzahl i. d. R. weit mehr als 120 beträgt, zzt. 143 Mandate!

Entscheidungen auf Bundesebene – der **Deutsche Bundestag** (seit 1999 Sitz in Berlin)

Bedeutung des Bundestages

→ **höchstes Verfassungsorgan** mit Befugnis, andere oberste Bundesorgane zu bestellen
→ **wichtigstes Organ** der **Legislative** (weil höchste Instanz auf der deutschen Gesetzgebungsebene!)

Wahltermin	CDU/CSU	FDP	SPD	Grüne	Die Linke	Sonstige	Σ Mandate
2005 →	226	61	222	51	54	0	614
2009 →	239	93	146	68	76	0	622
2013 →	311	0	193	63	64	0	631
2017 →							

Regierungskoalitionen (Regierungswechsel) ergeben sich durch (neue) Abgeordneten-Mehrheiten! Zum Bundestagswahlsystem vgl. Seite 361.

Welche Aufgaben hat der Bundestag?

* Wahlfunktionen:
  - **Wahl** des **Bundeskanzlers** (+ indirekte Mitwirkung bei der Auswahl der Regierungsmitglieder)
  - **Wahl** des **Wehrbeauftragten**
  - **Wahl** der Hälfte der Mitglieder des **Bundesverfassungsgerichts**
  - Mitwirkung bei der **Wahl des Bundespräsidenten** über die **Bundesversammlung**
* **Gesetzgebung**sfunktionen:
  - Ge**setzesinitiative**
  - **Beschlussfassung** über Bundesgesetze, evtl. Einberufung des Vermittlungsausschusses
* **Regierungskontrolle**:
  - Herbeirufung eines Regierungsmitglieds vor das Bundestagsplenum (= Zitierrecht)
    Verlangen von Regierungsauskünften, Untersuchungsausschüsse
  - **Genehmigung** des **Bundeshaushalts** nach vorheriger Beratung, Rechnungskontrolle
    Konstruktives Misstrauensvotum gegenüber dem Bundeskanzler
* **Ratifizierung** völkerrechtlicher Verträge (= verbindliche Zustimmung zu Verträgen, welche
  die Regierung mit anderen Staaten geschlossen hat)

Welche Rolle spielen die Fraktionen im Bundestag?

Fraktionen sind i. d. R. **Vereinigungen von Abgeordneten derselben Partei.** Im Bundestag
gab es in der Legislaturperiode 2009–2013 **Fraktionen** von **CDU/CSU** sowie **SPD,
Bündnis 90/Die Grünen, FDP und „Die Linke"** (vgl. Seite 362).
(PDS/Linke Liste hatte von 2002 bis 2005 wegen zu geringer Abgeordnetenzahl, nämlich
weniger als 5 % aller Mandate, nur Gruppenstatus.)
* Fraktionen **entscheiden über Bildung von Regierungskoalitionen.**
* Initiativen im Bundestag (z. B. **Gesetzentwürfe**) oder Stimmrecht in Ausschüssen sind
  abhängig vom Fraktionsstatus.
* Abgeordnete können sich auf bestimmte Politikfelder spezialisieren und in **Arbeitskreisen**
  Entscheidungen der Fraktion bei aktuellen Gesetzgebungsverfahren vorbereiten.
* Fraktionen entscheiden, wer für sie im Parlament debattiert.
* **Fraktionen legen vor wichtigen Entscheidungen** (bis auf wenige Ausnahmen) **das
  Abstimmungsverhalten ihrer Mitglieder fest** (d. h., es herrscht „**Fraktionszwang!**"). Das
  funktioniert trotz der Gewissensfreiheit der Abgeordneten (nach Art. 38 GG), weil sowohl
  Regierungs- als auch Oppositionsfraktionen ihre Einigkeit und damit Handlungsfähigkeit
  demonstrieren wollen. Außerdem verdanken Abgeordnete ihr Mandat der Kandidatur für
  eine Partei und erhoffen meist eine Wiederempfehlung ihrer Fraktion bei der nächsten Wahl.

Welche Rechtsposition haben die Abgeordneten des Deutschen Bundestags?

Abgeordnete sind Vertreter des ganzen Volkes.
Sie sind nur ihrem Gewissen unterworfen,

an <u>keinen Wählerauftrag</u>   = haben **kein**   = sie sind an **keine** Parteianweisung
<u>gebunden</u>   **imperatives Mandat**   gebunden

Wähler können Abgeordnete   Abgeordnete können aus
nicht absetzen, wenn diese nicht   ihrer Partei austreten, aber
wunschgemäß abstimmen.   trotzdem ihr Mandat behalten, aber

                    Abgeordnete halten sich meist an <u>Fraktionsdisziplin.</u>

Sonderrechte der Abgeordneten
* Zweck: Parlament soll funktionsfähig bleiben.
  - Immunität = Schutz vor Strafverfolgung, Unverletzlichkeit der persönlichen Freiheit
    (Aufhebung der Immunität ist jedoch mit Parlamentsmehrheitsbeschluss möglich)
  - Indemnität = keine Bestrafbarkeit für beleidigende Äußerungen im Parlament

| Für welche Gesetze ist der Bundestag in unserem Bundesstaat zuständig? |

Grundgesetz, Art. 20 → Bundesrepublik ist ein **Bundesstaat.**

Grundgesetz, Art. 30 → **Staatliche Aufgabenerfüllung ist Sache der Länder,** sofern das Grundgesetz keine andere Regelung kennt.

Merkmale des Bundesstaates
- Teilung der Staatsgewalt zwischen Bund und Gliedstaaten
- Beteiligung der Gliedstaaten an der Willensbildung des Bundes
- Souveränität liegt beim Bund

Verteilung der Gesetzgebungsbefugnisse (nach der Föderalismusreform 2006):

BUND	LÄNDER
Ausschließliche Gesetzgebung für:	*Ausschließliche* Gesetzgebung für:
• auswärtige Angelegenheiten	• Kultur
• Verteidigung, Terrorismusabwehr	• Polizeiwesen (aber nicht Bundeskriminalamt!)
• Staatsangehörigkeit, Passwesen	• Bildungswesen
• Währungs- und Geldwesen	• Gesundheitswesen
• Zölle und Außenhandel	• Gaststättenrecht
• Bundesbahn und Luftverkehr	• Ladenschluss
• Post- und Fernmeldewesen	• Versammlungsrecht
• Atomenergie	• Strafvollzug
• Bundeskriminalamt	

Konkurrierende Gesetzgebung bei
- Strafrecht,
- Ausländerrecht,
- Umweltschutz ...

Bundesrecht bricht Landesrecht.

Vor der Föderalismusreform waren ca. 60 %, jetzt sind maximal 40 % der Bundesgesetze im Bundesrat zustimmungspflichtig. Die Zustimmung ist nur noch erforderlich, wenn die Länder in den Gesetzen zu Leistungen gegenüber Dritten verpflichtet werden. Gesamtziel der Reform: weniger Blockademöglichkeit bei der Gesetzgebung!

Bundestag ist demnach zuständig für,
- ausschließliche Bundesgesetzgebung,
- konkurrierende Gesetzgebung.

| BEURTEILUNG DES FÖDERALISMUS |

Vorteile	Nachteile
Machtverteilung (vertikale Gewaltenteilung)	uneinheitliche Lebensverhältnisse z. B. bei Wohlstand und Infrastruktur
Demokratiestärkung durch zusätzliche Wahlen, mehr Möglichkeiten für politisches Engagement der Bürger	Zuständigkeitsstreit zwischen Bund und Ländern bei Entscheidungen und deren Finanzierung (z. B. Kindergärten ab 3. Lebensjahr)
Führungsalternativen (durch überzeugendes Handeln auf Länderebene Chancen für Partei- und Kanzlerkandidaten-Profilierung)	zeitraubende Entscheidungsprozesse mit Blockade-Möglichkeiten (Situation durch Reform von 2006 allerdings verbessert!)
Bürgernähe (Ansprechpartner in politischen Gremien und Behörden sind leichter erreichbar und meist vertrauter)	16-fache Regierung und Verwaltung bringen durch vervielfachte Behörden und politische Ämter auch ein Vielfaches an Kosten.
Interessenausgleich (Schutz vor extremen politischen Entscheidungen)	

Wie ist die Macht in den Bundesländern und im **Bundesrat** verteilt? (Stand: Juni 2017)

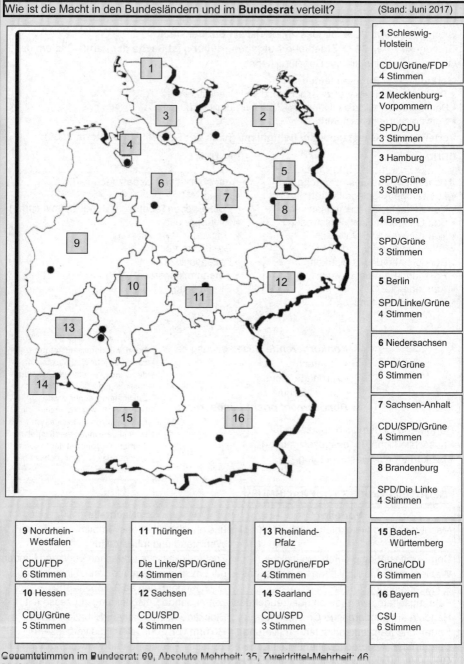

1 Schleswig-Holstein

CDU/Grüne/FDP
4 Stimmen

2 Mecklenburg-Vorpommern

SPD/CDU
3 Stimmen

3 Hamburg

SPD/Grüne
3 Stimmen

4 Bremen

SPD/Grüne
3 Stimmen

5 Berlin

SPD/Linke/Grüne
4 Stimmen

6 Niedersachsen

SPD/Grüne
6 Stimmen

7 Sachsen-Anhalt

CDU/SPD/Grüne
4 Stimmen

8 Brandenburg

SPD/Die Linke
4 Stimmen

9 Nordrhein-Westfalen	**11** Thüringen	**13** Rheinland-Pfalz	**15** Baden-Württemberg
CDU/FDP 6 Stimmen	Die Linke/SPD/Grüne 4 Stimmen	SPD/Grüne/FDP 4 Stimmen	Grüne/CDU 6 Stimmen
10 Hessen	**12** Sachsen	**14** Saarland	**16** Bayern
CDU/Grüne 5 Stimmen	CDU/SPD 4 Stimmen	CDU/SPD 3 Stimmen	CSU 6 Stimmen

Gesamtstimmen im Bundesrat: 69, Absolute Mehrheit: 35, Zweidrittel-Mehrheit: 46
Die Stimmen eines Landes können nur einheitlich abgegeben werden. Beschlüsse werden stets mit der Stimmenmehrheit gefasst. Enthaltungen, die wegen den verschiedenartigen Koalitionen in den Ländern immer wieder angewandt werden, können daher wie Gegenstimmen wirken.

Wie ist die Macht in den Bundesländern und im Bundesrat verteilt?

Einspruchsgesetze	Zustimmungsgesetze, des Bundesrates	kommen nur mit Zustimmung zustande:
Bundestag kann sie allein verabschieden bzw. Einspruch des Bundesrates überstimmen in einer nochmaligen „3. Lesung".	**Föderative Gesetze** betreffen Bund-Länder-angelegenheiten (z. B. USt.-Verteilung), neben einer Bundestags-mehrheit ist noch eine **Stimmenmehrheit** im **Bundesrat** nötig (35 Stim.)	**Verfassungsändernde Gesetze** müssen **Bundestag und Bundes-rat** jeweils mit **Zweidrittel-Mehrheit** der Mitglieder beschlie-ßen, wobei Bundesländerprinzip und GG-Artikel 1 + 20 unantastbar (= nicht änderungsfähig) sind!

Auf welchem Weg kommt ein Bundesgesetz zustande?

- **Gesetzentwurf** (meistens durch Bundesregierung, aber auch von Bundestag oder Bundesrat)
- **1. Lesung** im **Bundestag** (Begründung und Aussprache oder Überweisung an Fachaus-schüsse wie z. B. Verteidigungsausschuss)
- **2. + 3. Lesung** = Abstimmung (Zustimmung mit einfacher oder qualifizierter Mehrheit)
- **Beteiligung des Bundesrates** (evtl. Einberufung des Vermittlungsausschusses, der Konflikte zwischen Bundestag und Bundesrat lösen soll, meist über einen Kompromiss)
- Unterschrift von **Bundeskanzler** und zuständigem Minister
- **Ausfertigung** durch **Bundespräsidenten** (wenn nach seiner persönlichen Prüfung das Gesetz verfassungsgemäß ist)
- Verkündigung im **Bundesgesetzblatt**

Welche Rolle übernimmt die Opposition im Bundestag und bei der Gesetzgebung?

Abgeordnete der Partei(en), die in der **Minderheitsposition** sind (= Oppositionsfraktionen),
- **kritisieren Fehler** und Unzulänglichkeiten **der Regierung,**
- versuchen (über die Ausschüsse) Gesetzgebung zu beeinflussen,
- entwerfen alternative Handlungskonzepte (= **Gesetzentwürfe!**),
- **verhindern Machtmissbrauch der Regierung,**
- **demonstrieren ihre Bereitschaft zur Regierungsübernahme** (z. B. vor Wahlen).

Wie kann der Bundestag die Regierung kontrollieren?

Plenum des Parlaments (= Vollversammlung des Bundestags)

In der 18. Legislaturperiode 2013–2017:

Regierungsfraktionen	Oppositionsfraktionen
CDU/CSU + SPD („Große Koalition")	Bündnis 90/Die Grünen + Die Linke (PDS)

Ständig einsetzbare **Kontrollmittel** des Parlaments (v. a. der Opposition)				
Zitierrecht	Fragestunde	Aktuelle Stunde	Große Anfrage	Kleine Anfrage

Die ständigen Kontrollmittel zwingen die Regierung, in bestimmten Politikbereichen
- Auskünfte über ihre Handlungen und eventuelle Unterlassungen zu geben,
- ihre Entscheidungen zu begründen und öffentlich zur Diskussion zu stellen.

Weitere **außergewöhnliche Kontrollmittel** sind:

- **Untersuchungsausschüsse** (Antrag durch $\frac{1}{4}$ der Abgeordneten = MdBs)
- Verweigerung des vom Bundeskanzler geforderten Vertrauens (bei einer Vertrauensfrage)
- **konstruktives Misstrauensvotum** (Kanzlerwahl mit Mehrheit der MdBs)
- **Verfassungsklage** (Klage gegen Bundesregierung wegen verfassungswidrigen Handelns, Antrag durch ein Drittel der MdBs möglich)

Der Bundesrat – die „Länderkammer"

Welche Rolle spielt der Bundesrat als „2. Kammer"?

- **Mitwirkung der Bundesländer bei Gesetzgebung** und Verwaltung **des Bundes**
- politisches Gegengewicht zu Bundestag und. Bundesregierung
- **Bundesratspräsident** (jeweils **Regierungschef** eines **Bundeslandes** – mit jährlichem Wechsel) ist **Stellvertreter des Bundespräsidenten.**

Welche Hauptfunktionen hat der Bundesrat bei der Gesetzgebung?

- **Gesetzentwürfe** in den Bundestag einbringen (wenn Länder Veränderungen wollen)
- **Stellungnahme zu allen Gesetzentwürfen der Bundesregierung abgeben**
- **Beschluss über vom Bundestag** mit der 3. Lesung **verabschiedete Gesetze (= G.-entwürfe)**
- **Zustimmung zu Rechtsverordnungen** und **Verwaltungsvorschriften**
- Arbeit im **Vermittlungsausschuss** (gemeinsames Organ von Bundestag + Bundesrat, welche jeweils 16 Mitglieder in diesen Ausschuss entsenden)

Wie setzt sich der Bundesrat zusammen?   (Vgl. Karte auf Seite 356.)

69 Stimmen für die **Mitglieder** aus 16 Landesregierungen: Ministerpräsidenten und Minister der Länder (Bürgermeister und Senatoren bei den Stadtstaaten Berlin, Bremen, Hamburg)

- Stimmenverteilung ist (unproportional!) bevölkerungsgrößenabhängig: Zurzeit gibt es je
- 3 Stimmen für **Bremen, Hamburg, Mecklenburg-Vorpommern, Saarland,**
- 4 Stimmen für **Berlin, Brandenburg, Rheinland-Pfalz, Sachsen, Sachsen-Anhalt, Thüringen, Schleswig-Holstein,**
- 5 Stimmen für **Hessen,**
- 6 Stimmen für **Baden-Württemberg, Bayern, Niedersachsen, Nordrhein-Westfalen.**

Wie werden die Stimmen im Bundesrat abgegeben?

Stimmen eines Landes können nur einheitlich, entsprechend den Beschlüssen der einzelnen Landesregierungen **abgegeben werden,** die Bundesratsmitglieder haben also ein „imperatives Mandat". → Baden-Württemberg kann also einem Gesetz mit 6 Stimmen (von insgesamt 69) entweder zustimmen oder es ablehnen oder sich der Stimme enthalten. Probleme für die bundespolitische Entscheidungsfähigkeit entstehen, wenn die jeweiligen Oppositionsparteien des Bundestages gleichzeitig im Bundesrat über eine Stimmenmehrheit verfügen. → Gefahr, dass Parteiinteressen insbesondere in Wahlkampfzeiten über Länder-interessen gestellt werden: sogenannte „Blockade-Politik" im Bundesrat zur Bekämpfung der politisch anders orientierten Bundesregierung (1994–1998 gegen Kohl, 2003–2005 gegen Schröder)

Die Bundesregierung – unsere politische Führung

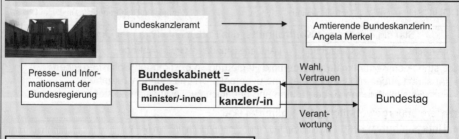

Welche Hauptaufgaben hat die Bundesregierung?

- politischen Willen der Bundestagsmehrheit in Taten/Entscheidungen umsetzen (Exekutive!)
- gesellschaftliche Verhältnisse und auswärtige Beziehungen gestalten (Führung!)
- Verantwortung für die Ausführung von Gesetzen durch die Bundesbehörden

Wie kommt eine neue Regierung ins Amt?

1) Kanzlerkandidatenbenennung durch Parteien bereits vor einer Bundestagswahl
2) Wahlergebnis bringt eine absolute Mehrheit für eine Partei oder für eine Koalition.
3) **Bundespräsident** führt Gespräche mit Parteien und **schlägt** daraufhin **dem Bundestag einen aussichtsreichen (= mehrheitsfähigen) Kanzlerkandidaten vor.**
4) **Wahl durch den Bundestag mit absoluter Mehrheit** (sonst Wahlwiederholungen, bei Scheitern Auflösung des Bundestags durch den Bundespräsidenten innerhalb drei Wochen)
5) **Eidesleistung des gewählten Kanzlers vor dem Bundestag**
6) **Kanzler schlägt** dem Bundespräsidenten **Minister zur Ernennung vor** (meist nach Vereinbarungen zwischen den koalitionswilligen Fraktionen über Regierungsprogramm und Ministerposten).

Nach welchen Prinzipien ist die Regierungsarbeit aufgeteilt?

* **Kanzlerprinzip: Bundeskanzler bestimmt die Richtlinien der Politik** und trägt Verantwortung gegenüber dem Parlament (Parlament kann ihn stürzen mit konstruktivem Misstrauensvotum).
* **Ressortprinzip:** Innerhalb der Richtlinien handeln Minister selbstständig.
* **Kollegialprinzip:** gemeinsame Beratung von Gesetzentwürfen und bei schwerwiegenden Meinungsverschiedenheiten zwischen Ministerien

Woran ist die Regierungsarbeit erkennbar?

* Einbringung von **Gesetzesvorlagen** in den Bundestag (→ **Gesetzesinitiative)**
* Erlass von **Rechtsverordnungen** (die gesetzähnliche Wirkung haben)
* Erlass von Verwaltungsvorschriften, **Ausführung von Bundesgesetzen**
* **Abschluss und Durchführung von Verträgen mit anderen Staaten** (z. B. auch Ministerratstätigkeit in der Europäischen Union)

Welche verschiedenen Wege gibt es zu einem Regierungswechsel?

1) Bundestagswahl ergibt eine Mehrheit (nötig mindestens 50 % + 1 Sitz) für bisherige Opposition. → Bsp.: 2009 bleibt CDU Regierungspartei, Merkel (CDU) bleibt Kanzlerin einer Koalition aus einer bisherigen Regierungspartei und einer bisherigen Oppositionspartei (FDP), da CDU/CSU + FDP 332 von 622 Mandaten = 53,4 % erhielten. (Vgl. Seite 353)

2) Konstruktives Misstrauensvotum:
Bundestag ─► Aussprache des Misstrauens an ──────► bisherigen Bundeskanzler
durch die gleichzeitige Wahl des ──────► neuen Bundeskanzlers
mit absoluter Mehrheit
(Beispiel: Kohl/CDU wurde durch dieses Verfahren im Oktober 1982 Nachfolger von Schmidt/SPD als Kanzler.)

3) Scheitern eines Bundeskanzlers an der von ihm gestellten Vertrauensfrage:
Bundeskanzler──stellt Antrag────an──────► Bundestag
ihm das Vertrauen   stimmt nicht mit absoluter
auszusprechen   Mehrheit zu
und wählt
neuen Bundeskanzler ◄─   oder
der Bundestag wird selbst
auf Kanzlervorschlag   durch den Bundespräsidenten aufgelöst und
Bundestagsneuwahl angesetzt (spätestens nach 60 Tagen)
Anwendung der **Vertrauensfrage** in der Geschichte der BRD:
1972 durch Bundeskanzler **Brandt** (nach Übertritt von SPD-Abgeordneten zu anderen Parteien besaßen die Regierungsparteien keine Mehrheit im Bundestag mehr, Zweck der Vertrauensfrage war eine Bundestagsneuwahl)
1982 durch Bundeskanzler **Schmidt** (Parlament sprach ihm das Vertrauen aus, er konnte trotz Krise weiterregieren)
1982 durch Bundeskanzler **Kohl** (Ziel: Niederlage bei Abstimmung, Parlamentsauflösung wegen angestrebter Bundestagsneuwahl 1983, um die 1982 durch *konstruktives Misstrauensvotum* erreichte Regierungsübernahme nachträglich vom Volk mit einem Wahlsieg bestätigen zu lassen)
2001 durch Bundeskanzler **Schröder** (um rot-grüne Mehrheit für Bundeswehr-Anti-Terror-Auslandseinsatz zu sichern)
2005 durch Bundeskanzler **Schröder** (Ziel: Niederlage bei Abstimmung, Parlamentsauflösung, Bundestagsneuwahlen)

2.1.4　Beteiligungsmöglichkeiten in einer repräsentativen Demokratie

Stofftelegramm

Politische Willensäußerung durch Beteiligung an Wahlen

Welchen Nutzen hat die Beteiligung an demokratischen Wahlen?

- Vertretung der unterschiedlichen Interessen bei der Wahlbevölkerung durch die Wahlpro-gramme der Parteien und Auswahl der Personen, die politisch handeln sollen
- Entscheidung über die zukünftige Regierungspartei (od. Regierungskoalition) und die Opposition
- Kontrolle der bisher Regierenden („Wahltag ist Zahltag")

Welche Arten des Wahlrechts stehen dem Staatsbürger zur Verfügung?

Das staatsbürgerliche Grundrecht gibt es in zwei Formen:

| **aktives Wahlrecht** | **passives Wahlrecht** |
| **= man darf wählen** | **= man ist wählbar** |

Wichtigste Voraussetzungen für das Wahlrecht:

- deutsche Staatsangehörigkeit
- **18. Lebensjahr vollendet**

- deutsche Staatsangehörigkeit
- **18. Lebensjahr vollendet**

Welche Wahlrechtsgrundsätze gehören zu den demokratischen Wahlen in Deutschland?

Die Wahlen müssen nach Artikel 38 GG sein:

- **allgemein**, d. h., alle (wahlberechtigten) Bürger dürfen wählen, nicht nur bestimmte Personengruppen (z. B. Männer),
- **unmittelbar**, d. h., Wähler bestimmen **direkt** über ihre Stimmzettel, wer ein Mandat erhält,
- **frei**, d. h., Bürger wählen (oder verzichten auf die Ausübung des Wahlrechts) ohne staatliche Beeinflussung bei ihrer Entscheidung,
- **gleich**, d. h., jede abgegebene Wählerstimme hat gleichen Zählwert,
- **geheim**, d. h., welche Partei und Kandidaten der einzelne Bürger gewählt hat, bleibt geheim.

Welche Wahlsysteme werden in Demokratien praktiziert?

Mehrheitswahl	**Verhältniswahl**
Persönlichkeitswahl: In jedem Wahl-kreis ist der Kandidat gewählt, der – je nach Regelung – die einfache oder absolute Mehrheit der Stimmen erhalten hat. Alle anderen Stimmen bleiben wirkungslos.	**Parteilistenwahl:** Nach dem Verhältnis der auf die einzelnen Parteilisten abgegebenen Stimmen (%-Sätze) werden die Parlaments-sitze verteilt. (Zur genauen Sitzberechnung werden Rundungs-Verfahren angewandt.)

─────── **Vorteile** ───────

• meist klare Mehrheiten für eine Partei und deshalb schnelle Regierungsbildung • Bürgernähe der Abgeordneten	• alle abgegebenen Stimmen wirken sich aus und deshalb gerechte Sitzverteilung • Regierungskoalitionen sorgen für kontinuierliche Politik.

Nachteile

- Begünstigung großer Parteien, da Wählerstimmen für kleinere Parteien „verloren" gehen
- Kandidaten müssen Wähler mit Äußerlichkeiten beeinflussen, um Stimmenmehrheiten zu erzielen.
- neue Parteien fast chancenlos

- mögliche Aufspaltung des Parlaments in viele kleine Parteien (Parteienzersplitterung)
- schwierige Regierungsbildung meist mittels einer kleineren Partei oder mehreren
- Kandidaten brauchen keinen Wählerkontakt.

Zur Landtagswahl in Baden-Württemberg wird eine modifizierte Mehrheitswahl angewandt.

Bei der Bundestagswahl gilt eine modifizierte Verhältniswahl mit 2 Stimmen.

Zur Europawahl wird in Deutschland die Verhältniswahl angewandt.

Das Wahlsystem für Bundestagswahlen

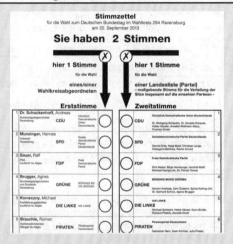

Seit der Bundestagswahl 2002 gibt es **598 Mandate** (= Abgeordneten-Sitze) als Regelfall.

Die Mandate werden unter die Wahlsieger wie folgt verteilt:

Jede(r) Wähler(in) hat 2 Stimmen:

Erststimme	**Zweit**stimme
für eine(n) **Wahlkreisbewerber(in)**	für die **Liste einer Partei** und die dort Aufgelisteten
In den **299** Wahlkreisen ist als **Direktkandidat** gewählt, wer die meisten Erststimmen erhält. (→ relative *Mehrheitswahl*)	Nach der Anzahl erhaltener Zweitstimmen werden 598 Sitze (Mandate) auf die Parteien proportional verteilt. (→ *Verhältniswahl*) **Jede Partei** zieht von der so ermittelten Gesamtzahl der gewonnenen Sitze die Direktmandate ab, die restlichen **299** Sitze bekommen die weiteren **Kandidaten auf den Landeslisten.**

Über die Gesamtzahl der Mandate für eine Partei entscheiden folglich die Zweitstimmen.

Überhangmandate gab es bis zur Wahl 2009, wenn eine Partei in einem Bundesland mehr Direktmandate erhält, als ihr nach dem Anteil an Zweitstimmen insgesamt zustünden. Seit der Wahlrechtsänderung 2013 wird der Vorteil, den Parteien durch hohe Erststimmenanteile erzielen, durch Ausgleichsmandate beseitigt.

→ 2009: 24 Überhangmandate, sodass der 17. Deutsche Bundestag 622 Abgeordnete hat.

→ 2013: 4 Überhang- und 29 (unechte) Ausgleichsmandate, sodass der 8. Deutsche Bundestag 631 Abgeordnete hat.

Jeder der Kandidaten brauchte vor Beginn des Wahlkampfes für seine Kandidatur die relative Mehrheit in einer Mitglieder- oder Delegiertenversammlung einer Partei im Wahlkreis oder für die günstige Platzierung auf der Landesliste einer Partei die Mehrheit bei Landesdelegiertenkonferenz oder gar Landesparteitag.

Bei den Wahlen können sich auch parteiunabhängige Kandidatinnen und Kandidaten bewerben, wenn sie 200 Unterschriften von Wahlberechtigten zur Unterstützung ihrer Kandidatur dem Wahlprüfungsausschuss vorlegen können. Ihre Wahlchancen sind aber minimal.

| Wer darf das aktive Wahlrecht bei der Bundestagswahl ausüben? |

• Wahlberechtigte: volljährige Bürger mit deutschem Pass
• Von rund 82 Mio. Einwohnern waren 2013 ca. 62 Mio. wahlberechtigt, davon ca. 32 Mio. Frauen und ca. 3,3 Mio. erstmals wahlberechtigte junge Erwachsene.

| Wie viele Bürger nutzen ihr Wahlrecht seit Bestehen der Bundesrepublik? |

Wahlbeteiligung in % bei den **Bundestagswahlen**

Jahr	1949	1953	1972	1976	1980	1983	1987	1990	1994	1998	2002	2005	2009	2013
Zweitstimmen in %	78,5	86,0	91,1	90,7	88,6	89,1	84,3	77,8	79,1	82,3	79,1	77,7	**70,8**	71,5

• Wahlbeteiligung ist nach 1983 gesunken, 2009 am niedrigsten in der BRD-Geschichte
• Wahlbeteiligung bei **Landtagswahlen** in den 1980er-Jahren noch bei Ø 77 %, nach 2000 Ø 65 % → Wahlbeteiligung ist auch bei Landtagswahlen tendenziell gesunken!

| Welche Bedeutung hat die 5 %-Klausel? |

Parteien, die weniger als 5 % der Zweitstimmen erreicht haben, erhalten keine Mandate aus der Auszählung von Zweitstimmen = Listenmandate!
Von dieser 5 %-Klausel gibt es eine Ausnahme: Eine Partei, die mindestens drei Direktmandate erzielt, erhält Mandate gemäß Zweitstimmen-%-Anteil, z. B. 1994 PDS mit 4,4 % → 30 Mandate. Da die Linke/PDS im Jahr 2002 nur 2 Direktmandate gewann, gab es keinen weiteren Sitz. Viele sonstige kleinere Parteien erzielten bis zur Wahl 2009 zusammen meist bis zu 10 % aller abgegebenen gültigen Zweitstimmen, erhalten dafür aber keine Mandate.
So ergab sich die **Sitzverteilung** nach den letzten vier Bundestagswahlen:

	CDU/CSU	SPD	Bd.90/ Grüne	FDP	PDS/Linke	Σ Mandate
2002	248	251	55	47	2	603
Zweitstimmen	*38,5 %*	*38,5 %*	*8,6 %*	*7,4 %*	*4,0 %*	
2005	226	222	51	61	54	614
Zweitstimmen	*35,2 %*	*34,2 %*	*7,4 %*	*9,8 %*	*8,7 %*	
2009	239	146	68	93	76	622
Zweitstimmen	*33,8 %*	*23,0 %*	*10,7 %*	*14,6 %*	*11,9 %*	
2013	311	193	63	0	64	631
Zweitstimmen	*41,5 %*	*25,7 %*	*8,4 %*	*4,8 %*	*8,6 %*	

Welche Vorteile bietet das Zwei-Stimmen-Bundestagswahlverfahren?

- Die Bedeutung der Erststimmen sorgt für nötigen **Kandidatenkontakt zum Wahlkreis.**
- Zweitstimmenanrechnung sorgt für **gerechte Sitzverteilung.**
- **5 %-Sperrklausel wirkt einer Parteienzersplitterung entgegen** (max. 5 Parteien im BT).
- **Stimmensplitting** kann vom Wähler bewusst eingesetzt werden, um Koalitionsregierungen zu unterstützen oder erst zu ermöglichen, z. B. bei Wahlen von 1983–1998 sowie 2009 Erststimme für CDU-Wahlkreisbewerber (in Bayern CSU), Zweitstimme für FDP-Liste.

Welche Nachteile hat die 5 %-Klausel?

- Chancengleichheit für kleinere Parteien ist nicht gewährleistet.
- Das Wahlverhalten wird zulasten der kleinen Parteien beeinflusst, wenn potenzielle Wähler nicht an einen 5 %-Erfolg glauben.
- Wenn so viele Wählerstimmen wie 2013 nicht berücksichtigt werden, entspricht die Sitzverteilung nicht mehr dem Wählerwillen. (Schon bei einer 3 %-Klausel wären die konservativen Parteien in der Mehrheit.)

Warum sind Wahlkämpfe nötig?

Wahlkampf ist Kampf der Parteien um Wählerstimmen mit drei vorrangigen Zielen:
- eigene Stammwählerschaft zu mobilisieren, d. h. zur Stimmabgabe zu bewegen
- Wechselwähler zu gewinnen
- „Stammwählerschaft" des politischen Gegners zu verunsichern (→ dort mehr Nichtwähler)

Wahlkampf ist wegen gesunkener Wahlbeteiligung (Richtung 70 %) und geringerer Stimmenkonzentration auf die „Volksparteien" CDU/CSU + SPD (bei der Bundestagswahl 2009 zusammen unter 57 %!) in den vergangenen 20 Jahren für Parteien noch wichtiger geworden.

Wie viele Nicht-Wähler und „Vergeblich-Wähler" gab es bei der Bundestagswahl 2013?

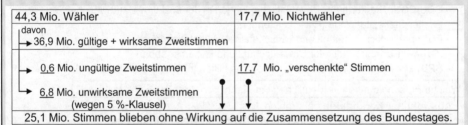

44,3 Mio. Wähler	17,7 Mio. Nichtwähler
davon ⤷ 36,9 Mio. gültige + wirksame Zweitstimmen	
⤷ 0,6 Mio. ungültige Zweitstimmen	17,7 Mio. „verschenkte" Stimmen
⤷ 6,8 Mio. unwirksame Zweitstimmen (wegen 5 %-Klausel)	
25,1 Mio. Stimmen blieben ohne Wirkung auf die Zusammensetzung des Bundestages.	

Welche Motive können Nichtwähler haben?

- allgemeine Unzufriedenheit mit den etablierten Parteien (→ „Parteienverdrossenheit")
- politische Interesselosigkeit (oder gar „Ahnungslosigkeit")
- Bequemlichkeit
- Unzufriedenheit mit Wahlverfahren (Namen, Listen statt konkreter Programmpunkte-Wahl)
- Überzeugung, dass Wahlen nichts verändern (z. B. an Wirtschaftslage)
- unzureichende Übereinstimmung mit den aktuellen Parteiprogrammen (denn man ist nicht mit allen wichtigen politischen Forderungen der „Stamm-Partei" oder irgendeiner anderen Partei einverstanden)
- Glaube, dass der Wahlsieger im Voraus feststeht
- Protest (z. B. Ablehnung der Wahlkampfkostenerstattung)

Politische Willensäußerung durch Mitarbeit in Parteien

Welche zentrale **Rolle** übernehmen **Parteien** in unserer Demokratie?

Eine repräsentative parlamentarische Demokratie kann ohne Parteien nicht funktionieren. Parteien sind **politische Vereinigungen**, deren Mitglieder aufgrund **gleichgerichteter politischer Ideen und Interessen** Einfluss auf öffentliche Meinung und Staatsgestaltung anstreben. Ihre besondere Bedeutung ergibt sich aus dem Grundgesetz Artikel 21 sowie Parteiengesetz und Bundesverfassungsgerichtsurteilen.

Aufgaben der Parteien nach dem Parteiengesetz:

- **Einflussnahme** auf Gestaltung der **öffentlichen Meinung**
- politische Bildung anregen und vertiefen
- **aktive politische Teilnahme der Bürger fördern**
- Beteiligung mit Kandidaten an politischen **Wahlen**
- **Einflussnahme auf politische Entwicklung in Parlament und Regierung**
- Sorge für lebendige Verbindung zwischen Volk und Staatsorganen

Welche **Funktionen** haben die Parteien in der BRD wahrgenommen?

- Parteien haben **Programme** und beschließen (bei Parlamentsmehrheiten!) Gesetze → Angebot zur Orientierung und von **alternativen Handlungsmöglichkeiten!**
- Parteien **bündeln** die vielfältigen **Interessen,** sodass sie politisch wirksam werden.
- Parteien haben eine **Elitebildungsfunktion** (innerhalb der Parteien und für Wahlen).
- Parteien ermöglichen den Bürgern eine Teilnahme an der **politischen Willensbildung** und lassen über die Beteiligung an Wahlen dem Volk die Auswahl, wer berechtigt sein soll, den Staat bzw. die einzelnen Bundesländer zu regieren. Auf den Internetseiten der Parteien kann sich der politisch Interessierte schnell mit gewünschten Informationen versorgen. Der Wähler kann sich z. B. an Programmschwerpunkten der etablierten Parteien orientieren:
  - **CDU/CSU:** Stärkung der Privatentscheidungen in der sozialen Marktwirtschaft, erst an zweiter Stelle staatliche (Hilfs-)Leistungen
  - **FDP:** persönliche Freiheit und wirtschaftliche Selbstständigkeit
  - **„Grüne"** Parteien: radikaler Umweltschutz und Rüstungsabbau
  - **SPD:** soziale Gerechtigkeit durch staatliche Hilfen innerhalb der sozialen Marktwirtschaft

Welche Entscheidungen verdeutlichen die **Macht** der Parteien in Deutschland?

- **Auswahl der Kandidaten** bei Wahlen
- **Bildung von (Koalitions-)Regierungen, Wahl der Regierungschefs**
- Verteilung hoher politischer Ämter (je nach Wahlergebnis)
- **Umsetzung von Parteiprogrammen in praktische Politik**
- Wahl des Bundespräsidenten und der Bundesrichter
- Wahl von Rundfunkratsmitgliedern

Wie wird die **Demokratieförderung** durch die Parteien in Deutschland erreicht?

- Gesetzliche Sicherung:
  - **Parteien müssen nach GG, Art. 21 demokratisch aufgebaut sein:** demokratische Wahlen von Orts-, Kreis-, Landes- und Bundesvorstand
  - **Parteien, die** durch Programm oder Mitgliederverhalten die freiheitlich demokratische Grundordnung gefährden, sind **verfassungswidrig** und **können** auf Antrag (z. B. der Bundesregierung) **vom Bundesverfassungsgericht verboten werden.**
- Freiwillige Maßnahmen der Parteien zur Stärkung der innerparteilichen Demokratie:
  - Mitgliederbefragung zur Wahl des geeignetsten Kanzlerkandidaten aus der eigenen Partei
  - offene Mitgliederversammlungen zur Auswahl der Wahlkreiskandidaten
  - Mitgliederentscheide über Gesetzesvorhaben

Wie finanzieren die Parteien ihre Ausgaben?

* Parteien brauchen für die Erfüllung ihrer gesetzlich vorgeschriebenen Aufgaben (politische Bildungsarbeit, Wahlkampf) Geldmittel.
* **Einnahmequellen** sind: **Mitgliederbeiträge,** Vermögenserträge, Kredite, **Spenden** und **Staatsmittel:** 1,00 EUR für die ersten 4 Mio. Stimmen einer Partei bei Bundestags-, Landtags- und Europawahlen ab 2016, 0,70 EUR für weitere Wählerstimmen. Außerdem gibt es Zuschüsse in Höhe von 0,38 EUR je 1,00 EUR auf alle Privatspenden (Höhe max. 3.300,00 EUR pro Jahr und Person). Da die Spender Steuern sparen, bedeutet dieser Teil eine indirekte staatliche Finanzierung. Die Obergrenze direkter Staatszuschüsse legt der Bundestag fest, zzt. 159 Mio. EUR.

Zweck der staatlichen Mitfinanzierung: (maximal erlaubt 50 % staatlicher Anteil): Mögliche Einflussnahme finanz- und spendenstarker Interessengruppen auf politische Entscheidung, v. a. auf Gesetzgebung soll verhindert werden.	Nachteile der staatlichen Förderung: Verschwendung von Steuergeldern, Benachteiligung von Parteineugründungen beim Wahlkampf (denn Staatsmittel gibt es erst ab Stimmenanteil von 0,5 % bei letzter Bundestagswahl oder Europawahl, 1 % bei Landtagswahl)

Politische Willensäußerung durch Mitgliedschaft und Mitarbeit in Verbänden

Welche Rolle spielen Verbände in unserer Demokratie?

* Verbände gehören nach Art. 9 GG zur demokratischen Gesellschaft. Ein Verband ist eine **Interessengruppe,** deren Mitglieder **gleiche Ziele** haben und diese in der Öffentlichkeit bekannt machen und vertreten. Verbände organisieren die Interessensvertretung.
* Vom Bundestag werden ca. 1.500 Interessengruppen registriert, die als **Lobby Einfluss auf das staatliche Handeln nehmen wollen** zum Nutzen ihrer Mitglieder.

Welche Arten von Verbänden sind in Deutschland aktiv?

Nach Bereichen des öffentlichen Lebens lassen sich unterscheiden:

* **ökonomische** Verbände (z. B. Bundesverband der Deutschen Industrie – BDI, Deutscher Gewerkschaftsbund – DGB)
* **soziale** Verbände (z. B. Wohlfahrtsverbände, Kriegsopferverband)
* **kulturelle** Verbände (z. B. Sportverbände, Kirchen, Automobilclubs)
* **ökologische** Verbände (z. B. Bund für Umwelt und Naturschutz)
* **politische** Verbände (z. B. staatsbürgerliche Vereinigungen)

Die Mitgliedschaft ist oft abhängig von bestimmten Voraussetzungen, z. B. Berufszugehörigkeit. Die Finanzierung erfolgt über die **Mitgliedsbeiträge,** z. T. auch Spenden.

Wie nehmen die Verbände Einfluss auf den politischen Willensbildungsprozess?

* **Meinung** der Verbandsmitglieder wird **öffentlich gemacht** durch **Pressekonferenzen** für die Massenmedien, **Kundgebungen** und **Demonstrationen**, Anzeigenkampagnen sowie Verbandszeitschriften
* **Information von Parlamentsmitgliedern und Verwaltungsorganen**, um Abhilfe für Probleme der Gruppenmitglieder zu erreichen
* **Stellungnahme im Anhörungsverfahren (Hearing) bei der Gesetzgebung**
* Bestreben, **Mitglieder in wichtige Parteifunktionen** und **Abgeordnetenpositionen** zu bringen
* Aufforderung an die Mitglieder, nur bestimmte Parteien zu wählen, welche die Verbandsinteressen vertreten („**Stimmenpakete**")
* Unterstützung bestimmter Parteien mit **Großspenden** (für Wahlkampf)

Die Verbände sind umso erfolgreicher, je mehr Mitglieder sie vertreten (z. B. ADAC 19 Mio., DGB 6 Mio. Mitglieder) und je unentbehrlicher als Informationslieferant sie durch ihr Fachwissen sind für die politischen Entscheider im Parlament und in der Verwaltung.

Gefährden Verbände die Demokratie?

- Verbände können so großen **Druck auf Verwaltung, Parlament und Regierung** ausüben, dass Parteien und Politiker in Abhängigkeit geraten.
- Wer eine starke **Lobby** hat, kann seine Gruppen-Sonderinteressen im Gesetzgebungs-verfahren leichter durchsetzen und **schadet** damit **dem Gemeinwohl.**
- Benachteiligung von Minderheiten, sozialen Randgruppen und Bürgern ohne Lobby kann zu gesellschaftlichen Spannungen, politischem Radikalismus und in besonderen Situationen zu größeren Unruhen führen.

Politische Willensäußerung durch **Bürgerinitiativen**

Welche typischen Merkmale weisen Bürgerinitiativen auf?

- **Vereinigung von Bürgern** (formlos oder in Vereinsform)
- **spontane Entstehung,** meist wegen örtlich begrenzter Probleme
- **Selbsthilfeaktionen,** meist gegen eine unerwünschte staatliche Planung, Entscheidung (z. B. Straßenbau) oder aber Tatenlosigkeit von Behörden
- **Beeinflussung der öffentlichen Meinung** und möglicherweise der Willensbildung bei Politikern und anderen Entscheidungsträgern

Auf welchen Problemfeldern werden örtliche Bürgerinitiativen besonders häufig aktiv?

- **Umweltschutz**   (z. B. Bau eines Atomkraftwerks, einer Mülldeponie)
- Stadtentwicklung   (z. B. Bebauungsplan für einen Ortsteil)
- **Verkehr**   (z. B. Bau einer Umgehungsstraße)
- Jugendfragen   (z. B. Planung eines Jugendzentrums)

Die Aktivitäten werden medienwirksam begleitet durch

- Zeitungsanzeigen, Flugblätter, Demonstrationen,
- Briefe an Stadtratsfraktionen, Ausschüsse; Anträge an Stadtverwaltung; Unterschriftslisten.

Welche gesellschaftlichen Vorteile bringt die Arbeit der Bürgerinitiativen?

- **Probleme** mehrerer oder vieler Bürger, welche die Verwaltung nicht sieht oder wahrhaben will, werden **öffentlich gemacht.**
- **Vorgehensweise von Behörden wird kontrolliert.**
- Bürger haben Gelegenheit, vor Ort an einem demokratischen Willensbildungs- und Entscheidungsprozess mitzuwirken.
- **Einüben demokratischer Spielregeln** statt gewalttätiger Konfliktlösung
- „Mitarbeit" bei staatlichen Planungen sorgt für größere Akzeptanz der Entscheidungen bei den Bürgern.

Welche gesellschaftlichen Nachteile bringt die Arbeit der Bürgerinitiativen?

- Ziel ist oft nur das **Wohl eines relativ kleinen Personenkreises,** aber nicht das Gemein-wohl der großen Mehrheit.
- **Verzögerung oder Verhinderung überregional wichtiger Vorhaben** (z. B. Autobahn)
- Einflussmöglichkeiten für politische Extremisten
- Gefahr der **Frustration,** wenn Bürgerinitiativen ohne Erfolg bleiben (Folgen: politische Resignation, Wut auf vorhandene Staatsordnung)

Politische Willensäußerung durch **Demonstrationen**

- **Rechtsgrundlagen:**
  - Art. 5 GG: Freie Meinungsäußerung + Art. 8 GG: Versammlungsfreiheit
  - Gesetz über befriedete Bezirke für Verfassungsorgane (Bundestag, Bundesrat, Bundes-verfassungsgericht)

- **Demonstrationsformen:**
  - **Kundgebungen, Versammlungen** auf öffentlichen Plätzen und in Gebäuden
  - **Demonstrations-Märsche** (auch mit Fahrzeugen wie Traktoren oder Lkws)
- **Einschränkungen des Demonstrationsrechts:**
  nur **Verbot gewalttätiger und nötigender Demonstrationen** gemäß Strafgesetzbuch, Gesetz über Versammlungen und Aufzüge, Straßenverkehrsordnung, Strafrecht (z. B. ein Paragraf zum Schutz der Würde von Opfern des Nationalsozialismus)

| Welche Ziele werden mit Demonstrationen verfolgt? |

- Aufmerksamkeit vor Ort und in den Medien erreichen
- **Öffentlichkeit auf** reale oder vermutete **Gefahren hinweisen** (z. B. Umweltgefährdungen)
- **Öffentlichkeit auf soziale Missstände hinweisen** (z. B. baldige Massenentlassungen, Schließungen von Firmen oder Bundeswehrstandorten)
- **Protest gegen politische Entscheidungen** (z. B. Landwirte gegen oder für „Milchquoten")
- Bekanntmachung der eigenen Forderungen (öffentlicher Druck auf Abgeordnete)

| Politische Willensäußerung durch **Leserbriefe und offene Briefe** |

- **Veröffentlichungsart**
  - Viele Zeitungen und Zeitschriften haben extra eine Rubrik „Leserbriefe" eingerichtet.
  - Die Veröffentlichung von Leserbriefen ist allerdings nicht erzwingbar.
  - Kritische Briefe an Politiker werden gleichzeitig als Anzeigen oder Leserbriefe veröffentlicht.
  - Im Internet richten immer mehr Programmanbieter „Feedback-Ecken" ein.
- **Anlässe:**
  - Unzufriedenheit einzelner Bürger mit aktuellen politischen Entscheidungen oder Planungen
  - längerfristig ungelöste Probleme (z. B. Gesundheitsreform, Rentenfinanzierung)
  - aktuelle Berichte in den Massenmedien
- **Ziele:**
  - **Beeinflussung der öffentlichen Meinung** durch Bekanntgabe wichtiger **Informationen** sowie **Bewertung** des Verhaltens und der Entscheidungen **von bestimmten Personen oder Gruppen** und Einrichtungen (z. B. Behörden oder Wirtschaftsverbände)
  - Anregung zu öffentlichem **Meinungsaustausch**
  - **Beseitigung bekannt gewordener Missstände** aufgrund des öffentlichen Drucks

| Politische Willensäußerung durch **Petitionen** |

Art. 17 GG garantiert jedem Bürger das Recht, sich mit Bitten oder Beschwerden an Behörden oder die Parlamente zu wenden (z. B. auch über das Onlineportal des Bundestages).

| Politische Willensäußerung durch **Abstimmungen des Volkes (Volksentscheide)** |

- **Rechtsgrundlagen:**
  - Art. 20 Abs. 2 GG: „Alle Staatsgewalt geht vom Volke aus. Sie wird vom Volke in Wahlen und Abstimmungen [...] ausgeübt."
  - Verfassungen der Länder, z. B. Art. 60 der Landesverfassung Baden-Württemberg: „Bei der Volksabstimmung entscheidet die Mehrheit der abgegebenen gültigen Stimmen. Das Gesetz ist beschlossen, wenn mindestens ein Drittel der Stimmberechtigten zustimmt."
  - Gemeindeordnung der Länder, z. B. für B.-W.: Bürgerentscheide in B.-W. sind gültig, wenn mindestens 25 % aller Wahlberechtigten abstimmen.
- **Zweck:**
  Sachentscheidungen der gewählten Organe (z. B. Gemeinderat, Landtag)
  - verändern oder verhindern,
  - herbeiführen.

- **Reihenfolge der Willensäußerungen:**
  - Volksinitiative: Vorschlag an gewählte Organe zur Entscheidung bzw. Gesetzgebung
  - Volksbegehren: Zur Herbeiführung eines Volksentscheids wird die Zustimmung einer bestimmte Zahl von Wahlberechtigten benötigt (Quorum 1).
  - Volksentscheid: Abstimmungsberechtigte entscheiden über den Sachverhalt des Volksbegehrens bzw. eine Gesetzesänderung (Quorum 2 muss erfüllt sein.).

- **Beispiel für eine Abstimmung aus Baden-Württemberg:**
  - Landesregierung und Landtag von Baden-Württemberg lassen 2011 das Volk über einen Gesetzesvorschlag zum Ausstieg des Landes aus der Projektfinanzierung des Tiefbahnhofs Stuttgart 21 abstimmen.
  - Wahlbeteiligung 3,68 Mio. = 48,3 % (zum Vgl.: Landtagswahl 2011, 66,3 %)
  - Für den Ausstieg stimmten 1,5 Mio. statt der nötigen 2,5 Mio. Bürger.
  - Die Landesregierung muss seither die Umsetzung des Projekts (kritisch) begleiten.
  - Erkenntnis: Die Protestbewegung gegen Stuttgart 21 (bis 2011) hat offensichtlich nicht den Mehrheitswillen der Bürger repräsentiert.

- **Volksentscheidungen auf Bundesebene:**
  - Das Grundgesetz erlaubt seit 1949 bzw. 1990 nur Volksabstimmungen für die Neugliederung des Bundesgebietes.
  - Eine große Mehrheit der Bürger und der Parteien befürwortet eine Änderung des GG.
  - 2002 fand sich zwar eine einfache, aber keine Zweidrittelmehrheit im Bundestag dafür.

- **Argumente pro Volksentscheid, auch auf Bundesebene:**
  - Im Gegensatz zur Stimmabgabe bei Wahlen alle vier oder fünf Jahre kann bei Sachthemen die Meinung differenziert zum Ausdruck gebracht werden.
  - Die Vorbereitung führt zu besserer Information und aufklärend wirkenden Diskussionen.
  - Langfristig wirkende Entscheidungen brauchen eine breitere Willensbasis als eine Bundestagsmehrheit.
  - Bürger identifizieren sich stärker mit Staat und Politik, wenn sie etwas direkt bewegen können. Politik- und Parteienverdrossenheit kann dadurch abgebaut werden.
  - Die Akzeptanz politischer Entscheidungen steigt.

- **Argumente kontra Volksentscheid, auch auf Bundesebene:**
  - Volksentscheide sind verglichen mit repräsentativen Entscheidungen zeitaufwendiger und mit höheren Kosten verbunden.
  - Demagogiegefahr: Stimmungsmache gegen Minderheiten ist grundsätzlich möglich.
  - Komplexe Themen überfordern evtl. die breite Mehrheit aufgrund des hohen Informationsaufwands.
  - Die Beteiligung an Abstimmungen variiert nach Bildung, Alter und sozialer Integration, ist also genauso wenig repräsentativ wie die Zusammensetzung der Parlamente.
  - Einfache Ja/Nein-Abstimmungen, von Regierungsseite initiiert, führen häufig entweder zu „Abstrafungen" der Regierenden anstelle der notwendigen Sachentscheidung oder sie sind reine Akklamationsveranstaltungen.

- **Voraussetzungen für sinnvolle Volksentscheide:**
  - Die Verfassungsgemäßheit wird vorab vom höchsten zuständigen Gericht geprüft.
  - ausreichende Fristen für das Sammeln der Unterschriften zum Volksbegehren
  - ausgewogene, sachliche Informationen sowie Bewertung der Pro- und Kontra-Seiten
  - Im „Abstimmungswahlkampf" können Parteien, Verbände, Bürgerinitiativen u. a. sich positionieren und für ihre Position werben.
  - Die Kommunikation zwischen Gewählten und Wählerschaft wird gefördert und es können statt einfacher Ja/Nein-Entscheidungen auch Alternativ-Vorlagen entstehen.
  - Die „direkte Demokratie" ergänzt die Parlamentsarbeit, da Volksentscheide, die auf ein Volksbegehren folgen, nur bei besonders wichtigen Themen und relativ selten eingesetzt werden.

2.1.5   Freiheitlich-demokratische Grundordnung

Stofftelegramm

Welche Prinzipien sind unverzichtbar für die **freiheitlich-demokratische Grundordnung?**

Demokratie
- Volkssouveränität mit freien Wahlen und Abstimmungen
- Mehrparteiensystem
- Chancengleichheit für alle demokratischen Parteien
- Opposition in den Parlamenten als Korrektiv zur Regierung

Rechtsstaat
- Schutz der Grundrechte
- Bindung des Gesetzgebers an die Verfassung und Bindung der Verwaltung an die Gesetze
- Unabhängigkeit der Gerichte
- Verantwortlichkeit der Regierung gegenüber dem Parlament
- Verpflichtung auf den Sozialstaat

Gewaltenteilung
- Exekutive (Regierung)
- Legislative (Parlament)   →   Herrschaftskontrolle
- Judikative (Rechtsprechung)   →   Herrschaftskontrolle

Föderalstaat
- BRD besteht aus Bundesländern, deren Gebiet und Anzahl nur durch Volksabstimmung geändert werden kann.
- Länder wirken an Bundesgesetzgebung mit.

- Bei verfassungsändernden Gesetzen muss der **Wortlaut** des **Grundgesetzes** ausdrücklich geändert oder ergänzt werden (→ Veränderungen müssen sichtbar werden).
- Voraussetzung: **Zweidrittelmehrheit** der **Bundestags-** und **Bundesrat**smitglieder → **Nicht geändert** werden dürfen: Gliederung der Bundesrepublik in Länder, grundsätzliche **Mitwirkung der Länder** bei der Bundesgesetzgebung, die in **Art. 1** und **20 GG** festgelegten Grundsätze

Warum ist 1990 die **Präambel** (die Zielangabe) des Grundgesetzes geändert worden?

- 23.05.1949: nur Geltung für die westdeutschen Länder inkl. West-Berlin = „alte" BRD
- 03.10.1990: jetzt Geltung für das gesamte deutsche Volk in 16 Bundesländern, nachdem die Einheit Deutschlands als wiederhergestellt/vollendet gilt

Aufgaben

1. Nennen Sie drei Arten von Interessengruppen, die typisch für unsere pluralistische Gesellschaft sind, und geben Sie für jede Art den Namen einer (Ihnen bekannten) einzelnen Gruppe an.

2. Nennen Sie vier Möglichkeiten, wie Bürger ihren politischen Willen äußern können.

3. Nennen Sie drei wichtige Aufgaben, welche die Parteien wahrnehmen.

4. Welches sind die wichtigsten „Quellen", aus denen die Parteien ihre Arbeit finanzieren?

5. Welchen Zweck hat die 1953 eingeführte Fünf-Prozent-Klausel?

6. Beschreiben Sie vier Möglichkeiten, wie Sie als Wähler Ihre Wahlentscheidung vorbereiten können.

7. Welches Wahlsystem gilt für die Bundestagswahlen, und welche Nachteile der Mehrheitswahl werden dadurch vermieden?

8. Welche staatliche Einrichtung entscheidet über das Verbot einer Partei?

9. Zeigen Sie an vier Merkmalen, wie sich Bürgerinitiativen von Parteien unterscheiden.

10. Warum engagieren sich mehr Bürger in Bürgerinitiativen als in Parteien?

11. Zählen Sie vier Methoden auf, mit denen Verbände versuchen, politischen Einfluss zu gewinnen.

12. Warum sind für das Funktionieren eines demokratischen Staates mehrere Parteien nötig?

13. Welche politischen Grundrichtungen sind zurzeit in den meisten europäischen Nationalstaaten und im Europa-Parlament vertreten?

14. Geben Sie drei Voraussetzungen für die Durchführung öffentlicher Demonstrationen an.

15. Welchen Zweck hat die staatliche Gewaltenteilung?

16. Was versteht man unter horizontaler und was unter vertikaler Gewaltenteilung?

17. Nennen Sie die drei grundlegenden Funktionen des Bundestages.

18. Ist ein Bundestag ohne eine Opposition denkbar?

19. Welche Rolle spielen Fraktionen und Arbeitskreise bei der Gesetzgebung?

20. Warum ist das Plenum bei Bundestagsdebatten oft schlecht besetzt?

21. Was versteht man unter dem „imperativen Mandat"?

22. Welchen Konflikt kann es für Bundestagsabgeordnete bei Abstimmungen geben?

23. Im Bundestag und Bundesrat gibt es das „Zitierrecht". Was bedeutet es und welchem Zweck dient es?

24. Der Bundesrat wird manchmal als „Länderparlament" bezeichnet. Ist diese Bezeichnung gerechtfertigt?

25. Welche Bedeutung haben Änderungen der Mehrheitsverhältnisse im Bundesrat?

26. Warum darf der Bundesrat bei EU-Vorhaben ein größeres Mitspracherecht beanspruchen?

27. In den 14 Jahren der Weimarer Republik gab es insgesamt 20 Regierungen, in der Bundesrepublik dagegen genau so viele in 68 Jahren. Worauf ist die politische Stabilität seit 1949 zurückzuführen?

28. Woran kann man erkennen, dass die BRD ein föderativer Staat ist?

29. Beschreiben Sie die gegenseitige Machtkontrolle der Bundesorgane.

30. Formulieren Sie je zwei Argumente, die für und gegen Volksentscheide sprechen.

2.2 Entwicklung der Demokratie in Deutschland und ihre Gefährdungen

2.2.1 Vorgeschichte der Teilung Deutschlands

Stofftelegramm

VORGESCHICHTE: NATIONALSOZIALISTISCHE DIKTATUR

Belastungen der Weimarer Republik (1919–1933) als Fundament des NS-Staates
- Kapitulation nach 4 Jahren Krieg, Ende des „imperialen" Kaiserreichs (1871–1918)
- Demütigung durch Friedensvertrag von Versailles
- Anfälligkeit der demokratischen **Weimarer Verfassung** für diktatorischen Missbrauch:

Verfassungsregelung	Auswirkung
Reichspräsident mit zu viel **Macht:**	
Wahl für 7 Jahre durch das Volk	Monarchist und Militarist Hindenburg 1925 und 1932 gewählt (als nationale Symbolfigur: „Ersatzkaiser")
eigenmächtige Ernennung und Entlassung des Reichskanzlers	Kanzlerschaft von Launen und Ratgebern des Reichspräsidenten abhängig
eigenes Recht der **Parlamentsauflösung**	häufige Auflösung des Reichstages Lahmlegung der Parlamentsarbeit
Ausrufung des Ausnahmezustands → **Notverordnungsrecht**	Regierung ohne parlamentarische Kontrolle Außerkraftsetzung von Grundrechten
Oberbefehl über Reichswehr	Zusammenarbeit mit dem Militär gegen Parlament und Regierung
Reichstag und **Reichsregierung**	
reines **Verhältniswahl**system	Parteienzersplitterung (bis zu 39 Parteien) verhindert stabile Koalitionen; Regierungen ohne Parlamentsmehrheit
einfaches Misstrauensvotum	häufiger Sturz von Ministern und Kanzlern → 20 Regierungen in 14 Jahren
Grundrechtsveränderung	
Verfassungsänderung leicht möglich	demokratische Verfassung stückweise beseitigbar, Übergang zur Diktatur unauffällig (1933 Hitlers Ermächtigungsgesetz!)
Verbot von Organisationen nur bei Verstoß gegen Strafgesetze möglich	Bekämpfung der Demokratie durch die Rechtsextremen und Linksextremen

Die nationalsozialistische Diktatur – Hitlers „III. Reich" 1933–1945

Wie schnell errichtete Hitler die **NS-Diktatur?**

Hitlers Ziele waren:
- Ausschaltung konkurrierender politischer Meinungen, Parteien und Staatsorgane
- Gleichschaltung durch **totale Erfassung** der privaten, beruflichen und politischen Lebensbereiche **aller Menschen**

Diese **Gleichschaltung** führte er konsequent nach dem 30.01.1933 als Reichskanzler durch:

1933

- **„Reichstagsbrandverordnung"**: **Grundrechte** werden **beseitigt**, NSDAP kann willkürlich gegen jeden politischen Gegner vorgehen und die bevorstehende Reichstagswahl zu ihren Gunsten beeinflussen.

- **„Gesetz zur Gleichschaltung der Länder** mit dem Reich": Anstelle der gewählten Regierungen treten „Reichsstatthalter". Bald darauf **Beseitigung der Länderparlamente!**

- **„Ermächtigungsgesetz"**: Reichsregierung, d. h. **Hitler,** wird **ermächtigt, Gesetze ohne Zustimmung des Parlaments** (Reichstags) zu erlassen, **Gewaltenteilung** in Exekutive (= ausführende Gewalt) und Legislative (= gesetzgebende Gewalt) ist damit **aufgehoben;** Gesetze können außerdem von der Reichsverfassung abweichen.

- **Verbot von Gewerkschaften**, Zusammenfassung von Berufsgruppen in NS-Berufsverbänden (z. B. „Arbeitsfront", Bauern im „Reichsnährstand")

- **Verbot** der Arbeiterparteien **KPD** und **SPD**, anschließend erfolgt unter massiver Drohung **„Selbstauflösung"** der übrigen **Konkurrenzparteien.**

- **„Gesetz gegen die Neubildung von Parteien"** → Einparteienherrschaft

- „Gesetz zur Sicherung der Einheit von Partei und Staat" → **NSDAP** wird **Staatsorgan!**

1934

- „Gesetz über die Maßnahmen der **Staatsnotwehr"**: **Ermordung politischer Gegner** (und auch bisheriger „Kameraden" wie SA-Führer Ernst Röhm und langjähriger Freunde) **wird nachträglich für rechtmäßig erklärt** – wegen angeblicher „Röhm-Putsch"-Gefahr.

- „Gesetz über das Staatsoberhaupt": **Befugnisse des Reichspräsidenten gehen** mit dem Tod Hindenburgs **auf Hitler über**, er wird damit auch **Oberbefehlshaber** der Reichswehr.

- **Vereidigung der Wehrmacht auf Hitler persönlich** mit der Verpflichtung, Hitler bedingungslosen Gehorsam zu leisten

- Die Gerichte müssen sich bei Urteilen an „Anordnungen des Führers" orientieren, ein „Volksgerichtshof" wird politisches Sondergericht.

 In $1\frac{1}{2}$ Jahren hat Hitler die Demokratie der Weimarer Republik vernichtet!

Deutschland am Ende – 1945, Chance zum Neubeginn

Wie sah das Ende des II. Weltkrieges für Deutschland aus?

- **Deutschlands Städte** sind durch Bomben der Alliierten **zerstört.**
- Truppen von **USA, GB** und **F besetzen** von Westen aus, die **UdSSR** von Osten aus Deutschland. (Die Rote Armee hatte bei ihrem Vormarsch Ostdeutschland und Polen militärisch besetzt und unter sowjetische Verwaltung genommen. Schon 1943 hatten sich die Alliierten darauf geeinigt, dass <u>Stalins</u> Beanspruchung ostpolnischer Gebiete durch eine „Westverschiebung Polens" auf Kosten Deutschlands ausgeglichen werden sollte.)
- Bedingungslose **Kapitulation der deutschen Wehrmacht am 08.05.1945** und damit auch **Ende der deutschen Staatsgewalt:**
  - **totale Macht für** Militärregierungen (Oberbefehlshaber) der vier Besatzungsmächte
  - „Alliierter Kontrollrat" für die Kontrolle ganz Deutschlands
  - „Alliierte Kommandantur" für die Verwaltung von Groß-Berlin

Welche Beschlüsse fasste die **Potsdamer Konferenz** im Sommer 1945?

- **Hauptziel der Siegermächte:**
  - Sicherung des Weltfriedens durch langfristige Entmachtung Deutschlands
  - Dauerhafte Beseitigung der nationalsozialistischen Ideologie

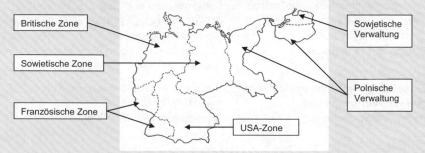

- **Vereinbarungen:**
  - Gebietsabtretungen: Ostpreußen + Königsberg an UdSSR; Ostdeutschland bis zur Oder-Neiße-Linie an Polen (eigenmächtige Besetzung von UdSSR/Stalin im Voraus durchgeführt)
  - Ausweisung der Deutschen aus Polen, Tschechoslowakei, Ungarn
  - Dezentralisierung = Bestätigung der Aufteilung Deutschlands in <u>vier</u> Besatzungszonen (auch extra für Berlin) mit getrennter Regierungsgewalt sowie Dezentralisierung der Wirtschaft
  - Demilitarisierung = Vernichtung bzw. Abtransport aller deutschen Kriegswaffen
  - Denazifizierung = Beseitigung aller nationalsozialistischen Organisationen, Aufklärung von NS-Verbrechen, Verurteilung der Kriegsverbrecher
  - Demontage = Abbau von Industrieanlagen als Reparationen für Kriegsschäden: UdSSR v. a. aus der Sowjetischen Besatzungszone („SBZ")
  - Demokratisierung = Wiederaufbau deutscher Selbstverwaltungsorgane (zuerst Behörden) auf demokratischer Grundlage mit demokratischen Parteien (nach sowjetischer Vorstellung allerdings → Führung durch eine kommunistische Partei)

Vor welchen **Problemen** standen die Deutschen seit dem Frühjahr 1945?

- Mindestens 6 Mio. Wohnungen waren zerstört, aber **12 Mio. Vertriebene und Flüchtlinge** aus den „abgetretenen" Ost-Gebieten mussten untergebracht werden.
- Großteil der Industrieanlagen und des Transportwesens war zerstört.
- **Millionen Deutsche waren vom Hungertod und/oder Erfrieren bedroht.**
- **Schwarzmarkt** mit „Zigarettenwährung" statt **wertloser Reichsmark**

Welche verschiedenartigen Ziele hatten die 4 **Besatzungsmächte?**

- **Frankreich:** v. a. zukünftige Sicherheit vor deutscher Bedrohung, Zerstückelung Deutschlands, deshalb auch Abtrennung des Saarlands (wegen Kohle und Stahlindustrie)
- **England:** Stopp des sowjetischen Expansionsdrangs, keine wirtschaftliche Vernichtung Deutschlands
- **USA:** erst Morgenthau-Plan zur Umwandlung Dtlds. in ein Agrarland, ab 1946 aber Plan zum wirtschaftlichen Wiederaufbau Deutschlands, und zwar als Prellbock gegen das sowjetische Expansionsstreben (Aufbau von „Satellitenstaaten" in Osteuropa und Südosteuropa)
- **UdSSR:** Ausplünderung der SBZ, Erweiterung ihres Einflussbereichs

2.2.2   Besatzungspolitik 1945–1949, Entstehung von BRD und DDR

Stofftelegramm

Westliche Besatzungszonen	Ostzone (SBZ)
1945	
• Zulassung antifaschistischer Parteien zur Demokratisierung in ganz Deutschland:	
SPD, CDU, CSU, KPD	KPD, SPD, CDU, LDPD (in einer „antifaschistischen Einheitsfront"!)
• Bildung von **11 Ländern**	Bildung von **5 Ländern** unter kommunistischer Zentralverwaltung!
• **Einsetzung von Ministerpräsidenten ohne NS-Vergangenheit** Beginn der Pressefreiheit	Sowjetische Militäradministration plant SBZ nach UdSSR-Vorbild. → **Einsetzung von KPD-Funktionären**
1946	
• erste demokratische **Wahlen zu Gemeindeparlamenten**	„Zwangsvereinigung" KPD und SPD zur **SED** (Sozialistische Einheitspartei Deutschlands)
• Ausarbeitung von Länderverfassungen	Gemeinde- und Landtagswahlen
• **Beendigung der Demontagen in der amerikanischen Zone**	**radikale Demontagen, Enteignung** und Verteilung **von Großgrundbesitz, Verstaatlichung** (v. a. **VEB**)
1947	
• **Marshall**(= US-Außenminister)**plan** zum Wiederaufbau (Güter und Geld), **Care**-Pakete	sowjetisch gesteuerte „Volkskongressbewegung" zur Sicherung der SED-Vorherrschaft und Verdrängung parlamentarischer Organe
• wirtschaftliche Vereinigung von US-Zone und britischer Zone zur **Bizone**	Propagierung der marxistisch-leninistischen Ideologie über Presse und Rundfunk
• **Bizonen-Organe: Gesetzgebungs- und Verwaltungsbefugnisse**	
• **Wirtschaftsrat** baut **Marktwirtschaft** auf.	Vorbereitung einer **zentralen Wirtschaftsplanung**

1948	
• **Währungsreform** (100 Reichsmark = 6,50 Deutsche **M**ark, 40 DM „Kopfgeld") in den **Westzonen**, 4 Tage später als Reaktion auf Währungsreform in der SBZ auch in **West-Berlin**	Sowjets verweigern Mitarbeit im Alliierten Kontrollrat, dann **Währungsreform** mit dem Versuch, die **Ost-Mark auch in West-Berlin** einzuführen.
• West-Alliierte bevollmächtigen die Ministerpräsidenten in der **Trizone** (Beitritt der französ. Zone, 06.07.1948) zur **Ausarbeitung einer Verfassung** durch einen „**Parlamentarischen Rat**" aus 65 Landtagsabgeordneten (Vorsitz: Konrad Adenauer, CDU), der das **Grundgesetz** am 08.05.1949 mit 53 : 12 Stimmen verabschiedet.	**Blockade der Land- und Wasserwege nach West-Berlin** Spaltung der Berliner Stadtverwaltung **SED wird stalinistisch-kommunistische Partei** mit absolutem **Führungsanspruch**. „**Volksrat**" nimmt einstimmig einen Verfassungsentwurf an.

1949	
Westdeutschland → BRD	Ostdeutschland → DDR
• 12.05.: Militärgouverneure genehmigen das ausgearbeitete „Grundgesetz". • 23.05.: **Grundgesetz** als „provisorische Verfassung" tritt in Kraft (= **Gründung der BRD**). • 14.08.1949: **Wahlen zum Deutschen Bundestag**	12.05.: Ende der Blockade West-Berlins durch die sowjetische Militärverwaltung 07.10.1949: „Provisorische Volkskammer" nimmt **DDR-Verfassung** an.

2.2.3   Zeit des Kalten Krieges in Deutschland

Stofftelegramm

Berlinblockade 1948/49 – Beginn der Westintegration Westdeutschlands

• <u>Politische Ausgangslage</u>
  – Berlin, im Mai 1945 von der Sowjetarmee erobert, wurde (im Ausgleich für eine Erweiterung der SBZ auf das Gebiet der späteren DDR) in einen **sowjetischen, amerikanischen, britischen und französischen Sektor aufgeteilt** → „4-Mächte-Status von Berlin".
  – Berlin ist Brennpunkt des entstehenden Ost-West-Konfliktes wegen des unmittelbaren Aufeinanderprallens von **sowjetisch-kommunistischer und westlich-demokratisch-kapitalistischer Ideologie**.
  – **Sowjets wollen Entstehung eines selbstständigen westdeutschen Staates verhindern**, auf den sie keinen Einfluss mehr hätten.
  – Seit Jahresanfang sowjetische Behinderung des Güter- und Personenverkehrs zwischen West-Zonen Deutschlands (Trizone) und West-Berlin.

• Konfliktverschärfung und Blockade-Beginn
  – **18.06.1948: Währungsreform in den Westzonen** ohne Zustimmung der Sowjets (deren Vertreter im Alliierten Kontrollrat die Mitarbeit durch Nichtanwesenheit verweigerte)
  – 19.06. **Blockade des Straßenverkehrs nach West-Berlin** durch sowjetisches Militär
  – 23.06. **Abschaltung der Stromlieferungen nach** West-Berlin durch Sowjets
  – 24.06. (06:00 Uhr morgens) **Blockade des Zugverkehrs** nach West-Berlin

- 24.06. **Währungsreform (DM-Ost)** von sowjetischer Militärverwaltung für alle vier Sektoren angeordnet, **Einstellung von Lebensmittellieferungen** aus Ostzone in Westsektoren, Ziel: **West-Berlin „auszuhungern"** und **Westmächte aus Berlin zu vertreiben**
- 01.07. **Sowjets beenden Viermächteverwaltung von Berlin.**
- 08.07. Blockade der Wasserwege nach West-Berlin

- **Reaktionen: Gegenblockade und Luftbrücke**
  - Gegenblockade: Westmächte verhindern Kohle- und Stahllieferungen, die bis dahin als Reparationen aus den Westzonen an die UdSSR gingen.
  - Bewaffnete Gegenwehr würde nun Krieg zwischen den Großmächten bedeuten.
  - USA und GB organisieren eine **„Luftbrücke"** zur Versorgung von 2,2 Mio. West-Berlinern (v. a. mit Lebensmitteln und Kohle): Ab Juli 1948 gibt es **250.000 Landungen der Versorgungsflugzeuge = „Rosinenbomber"** auf drei „Luftkorridoren" (wie 1945 vereinbart).

- **Ergebnisse dieses ersten Kalten Kriegs**
  - Verhältnis zwischen West-Berliner Bevölkerung und westlichen Besatzungssoldaten bzw. Einstellung zu den westlichen Siegermächten wird freundschaftlich.
  - **Verwaltung Gesamt-Berlins** (Alliierte Kommandantur, Magistrat) **zerbricht.**
  - **Aufbau eines Weststaates** durch West-Alliierte vorangetrieben: 11 Tage nach Ende der Blockade, am 23.05.1949, wird die **Bundesrepublik** Deutschland gegründet.

Arbeiteraufstand in der DDR – 17.06.1953

- **Ausgangslage**
  - 1952: Ulbricht verkündet „Aufbau des Sozialismus".
  - **Verschlechterte wirtschaftliche Situation der Bevölkerung**: Unterversorgung (z. B. Fett, Fleisch, Zucker rationiert), hohe Preise
  - SED-Führungsbeschluss zur **Erhöhung der Arbeitsnormen (= Lohnkürzung)** führt zum Streik und Demonstrationsmarsch von 10.000 Bauarbeitern am 16.06.1953 in Ost-Berlin.
  - Verbreitung dieser Nachricht über RIAS/West in Ost- und West-Dtld.

- **Arbeiteraufstand am 17.06.1953**
  - Ausbreitung von Massendemonstrationen: Ca. 370.000 Beteiligte in 270 Städten verlangen zuerst **Rücknahme der Arbeitsnormenerhöhungen**, dann folgen politische Forderungen: freie Wahlen wie in Westdeutschland, **Rücktritt der SED-Regierung, Abschaffung der Zonengrenzsicherung** (1.390 km Metallgitter-, Grenzsperrzäune mit Stacheldrahtbewehrung), damit auch indirekt die **Wiedervereinigung** Deutschlands.
  - Kasernierte Volkspolizei knüppelt Demonstranten nieder, daraufhin Straßenschlachten, Befreiung politischer Gefangener, SED erscheint hilflos.

- **Niederschlagung**
  - Verhängung des **Ausnahmezustands** in Ost-Berlin (und über 160 Kreisen) durch sowjetische Besatzungsmacht
  - **Sowjet-Panzer** fahren zu den Streikzentren, **schießen** auf versammelte und flüchtende Arbeiter: mindestens 25 Tote und 378 Verletzte.
  - **Volkspolizei und Staatssicherheitsdienst verhaften mindestens 1.000 Arbeiter.**
  - vermutlich 20 Erschießungen nach Todesurteilen durch sowjetische Militärtribunale

- **Folgen des missglückten Aufstands**
  - DDR-Bevölkerung erkannte, dass gegen den Willen der UdSSR keine politischen Veränderungen möglich waren.
  - Anpassung an DDR-Sozialismus oder verbotene, gefährliche Flucht als Alternative
  - kurzfristige Zugeständnisse der SED-Führung; langfristig Stärkung der stalinistischen Position des SED-Generalsekretärs Ulbricht
  - CDU-Bundeskanzler Adenauer lehnt jeden Kontakt mit SED-Regime ab.
  - Von **1954 bis 1990 war der 17.06. als „Tag der deutschen Einheit" in der Bundesrepublik und West-Berlin nationaler Feiertag** (als Gedenktag).
  - Die Bundesregierung mit Kanzler Adenauer verstärkt durch **Eintritt der BRD in die NATO** und Aufbau der **Bundeswehr** ab 1955 die Spaltung Deutschlands für viele Jahre.

Mauerbau quer durch Berlin ab 13.08.1961

- **Ausgangslage**
  - **Seit 1955** nutzten **1,5 Mio. Flüchtlinge** das „Schlupfloch" Berlin.
  - Rücksichtslose Kollektivierung der Landwirtschaft und ständig fortgesetzte Verstaatlichung von Handel und Gewerbe führten zu neuen **Versorgungskrisen**.
  - **Zugang nach West-Berlin** („Schaufenster des westlichen Wohlstands") war eine ständige **ideologische Bedrohung für das SED-Regime**.
  - **Anfang August 1961 fliehen über 47.000 Menschen** („Abstimmung mit den Füßen"): **Massenabwanderung von Arbeitskräften bedroht die wirtschaftliche Existenz der DDR**.

- **Ausgangslage**
  - US-Präsident **Kennedy** hatte Ende Juli 1961 drei Fakten als **unantastbar** für Berlin-Status erklärt: Stationierung westlicher Truppen im Westsektor, freier Zugang nach West-Berlin, **politische Freiheit der West-Berliner**.
  - 05.08.1961: **sowjetische Zustimmung (Warschauer Pakt) zur völligen Abgrenzung des Ost-Sektors**
  - Nacht vom 12. auf 13.08.1961: Einheiten der Nationalen Volksarmee (NVA) errichten auf **Anweisungen Honeckers** entlang der innerstädtischen Sektorengrenze Straßensperren, **Stacheldrahtverhaue, Stein- und Betonwälle**.
  - U-Bahn- und S-Bahnverkehr von Ost- nach West-Berlin wird eingestellt.
  - Westmächte reagieren nur mit Protesterklärung.

- **Ausgangslage**
  - Ulbrichts Begründung des Mauerbaus als *antifaschistischer Schutzwall* war für die Mehrheit der DDR-Bevölkerung eine klare Lüge.
  - Mauerbau ermöglichte durch erzwungenes Dableiben von Arbeitskräften eine **wirtschaftliche Stabilisierung** der DDR und eine längerfristige Erhöhung des Lebensstandards.
  - DDR-Bürger mussten mit SED-Diktatur leben lernen, suchten innerhalb des Systems den eigenen Vorteil; wenige leisteten Widerstand.
  - **Mauer** schien Spaltung Deutschlands zu zementieren, war aber auch ein **weltweit sichtbares Zeichen für brutale Verhinderung der deutschen Einheit**.

• Abgrenzungspolitik der DDR nach dem Mauerbau
– Ausbau der Grenzbefestigungen, Todesstreifen, Schießbefehl
– West-Berliner Senat musste sich für jeden begrenzten Besuch von West-Berlinern im
  Osten um **Passierscheinabkommen** bemühen (ab Weihnachten 1963).
– **Zwangsumtausch** von DM (seit 1964) pro Person/Tag, steigender Zwangsumtauschbetrag
– **schikanöse Grenzabfertigung** (bis zu 18 Stunden Wartezeit)
– Reisen in den Westen waren für DDR-Bürger i. d. R. erst ab dem Rentenalter möglich.

2.2.4   Der Ost-West-Konflikt in Europa nach 1945

Stofftelegramm

• Ursachen

Die westlichen Siegermächte **USA, GB** und **Frankreich** einerseits, die **UdSSR** andererseits
hatten **verschiedene politische und wirtschaftliche Interessen** an der Nachkriegsentwick-
lung **in Europa.**

• Positionskonflikt zwischen Ost und West bezüglich Deutschland

USA:	UdSSR:
– Demokratisierung	– Errichtung einer Volksdemokratie
– Aufbau e. westdeutschen Bundesstaates	– Kontrolle über ganz Deutschland
– wirtschaftliche Überlebensfähigkeit durch wirtschaftliche Starthilfe	– radikale Schwächung durch Demontagen bzw. Reparationen
– Vorläufigkeit der Oder-Neiße-Grenze	– Endgültigkeit der Oder-Neiße-Grenze

• Entwicklung des Ost-West-Konflikts in Europa
– **UdSSR sichert sich ab 1946 Einfluss in Osteuropa** durch Einsetzung kommunisti-
  scher Einheitsregierungen und Truppenstationierung in der SBZ, Polen, Tschechoslowa-
  kei, Ungarn, Rumänien, Bulgarien.
  → Niederschlagung des Arbeiteraufstands am 17.06.1953 in der DDR durch UdSSR
  → Niederschlagung des Ungarnaufstands 1956 durch UdSSR
– **USA reagieren mit „Eindämmungspolitik":** Marshallplanhilfe ab 1947 zum Aufbau der
  kriegszerstörten Wirtschaft, Unterstützung von Regierungen, welche die kommunistischen
  Aufstände im Inland bekämpfen („Truman-Doktrin"), Hilfe nur **für westliche Staaten** realisiert.
– UdSSR verbietet den zwangsverbündeten Regierungen die Annahme der Marshallplan-
  hilfe, **unterstützt weltweit** Regierungsstürze zum **Aufbau sozialistisch-kommunisti-
  scher Regierungen** (z. B. „Bürgerkrieg" in Griechenland 1947–1949 mit Unterstützung
  der Kommunisten durch UdSSR).
– USA betreiben Antikommunismus, unterstützen weltweit Stalin-Gegner.
– **UdSSR sperrt Juni 1948 bis Mai 1949 alle Land- und Wasserwege zwischen den
  Westsektoren Berlins und der Trizone** (aus der 1949 die BRD wird), ganz Berlin soll
  nach Stalins und Ulbrichts Willen zur SBZ gehören.
– USA, Kanada und WEU-Staaten planen nach Blockadebeginn nordatlantisches **Verteidigungsbündnis (NATO) zur Verhinderung der kommunistischen Machtausdehnung.**

Militärbündnisse der Supermächte – Abschreckungspolitik

NORDATLANTIKPAKT-ORGANISATION (NATO)

• **Gründung 1949** durch Kanada, USA sowie Belgien, Dänemark, Frankreich, Großbritannien, Island, Italien, Luxemburg, Niederlande, Norwegen, Portugal
• **Ziele:** Verpflichtung zu gegenseitigem Beistand bei bewaffnetem Angriff auf einen oder
  mehrere Mitgliedstaaten; wirtschaftlich-politische Zusammenarbeit

- **Sicherheitsstrategie** 1949–1967 **Kriegsverhinderung durch abschreckende Wirkung** der **atomaren Massenvernichtungswaffen**, Doppel-Strategie seit 1967:

gesicherte Verteidigungsfähigkeit durch ⎫ ⎧ **Abbau von Spannungen,**
militärische Stärke, + Aufbau fester Beziehungen zwischen
Kriegsverhinderung durch Abschreckung ⎭ ⎩ Ost-Block und West-Mächten (v. a. USA)

| WARSCHAUER PAKT |

- **Gründung 1955** durch UdSSR mit DDR, Bulgarien, ČSSR, Polen, Ungarn, Rumänien, Albanien (Mitglied bis 1968) als **Reaktion auf Wiederbewaffnung der BRD und deren NATO-Beitritt 1955**

- **Ziel:** Verteidigungsbündnis gegen einen (aus UdSSR-Sicht) denkbaren Angriff von **NATO-Staaten**

- **Strategie** bis Ende der 1980er-Jahre: absolute Sicherheit vor Angriff auf das eigene Staatsgebiet durch **außergewöhnliche konventionelle Militärstärke (v. a. Panzer)**, „**Vorwärtsverteidigung**" und „**Präventivschlag**" mit stärksten Atomwaffen

| Wie funktionierte die Abschreckungspolitik? |

- Möglicher Angreifer soll davor **zurückschrecken**, Territorium militärisch zu erobern, weil das angegriffene Land militärisch stark ist und ein Angriff mehr Schaden als Nutzen brächte.
- „**Gegenschlag**" muss **glaubwürdig angedroht werden.**
- Glaubwürdigkeitsproblem hat bei beiden Militärblöcken zur ständigen Ausweitung der (Atom-)Waffenarsenale und technischen Verbesserungen („**Rüstungsspirale**" beim „**Gleichgewicht des Schreckens**") geführt – aber „heißer Krieg" blieb in Europa aus.

2.2.5 Westintegration und Wirtschaftswunder

Stofftelegramm

Streit um die Gestaltung der Bonner Deutschlandpolitik ab 1949:

▼ Gegensätzliche Positionen ▼

Vorrang für das Wiedervereinigungsgebot der Präambel des Grundgesetzes mit dem Ziel → neutrales wiedervereinigtes Deutschland als Brücke zwischen Ost und West	Politik der Stärke zur Bewahrung der politischen Freiheit, d. h. einer repräsentativen Demokratie nach westlichen Vorbildern, bei Inkaufnahme der Teilung Deutschlands → langfristig Wiedervereinigung über Anziehungskraft der wirtschaftlich erstarkten Bundesrepublik
Souveränität über Neutralität zu erreichen	Souveränität Deutschlands nur über eine Einbindung in ein **westliches Wirtschaftssystem und Militärbündnis** zu erreichen
Kriegsmüdigkeit, mehrheitliche Ablehnung von Waffen und Militär	Verkörperung des Freiheitswillens nur über Wiederbewaffnung, eigenen Verteidigungsbeitrag → Bundeswehr, NATO
	Position von **Adenauer** ▲ (Bundeskanzler 1949–1963) setzte sich durch!

Wirtschaftswunderjahre in Westdeutschland 1950–1965

Daten zum **„Wirtschaftswunder"**:

Wirtschaftswachstum	1950 → 16,4 %	1955 → 11,8 %	1960 → 8 %	Durchschnitt: → 9 %
durchschnittliche Jahresnettolöhne und Kaufkraft (DM)	1949 → 2.365,00 → 2.365,00		1969 → 9.495,00 → 6.744,00	*Zum Vergleich:* 1989 *Nettolohn* → *26.763,00* *Kaufkraft* → *9.089,00*

• **Ursachen des Wirtschaftsaufschwungs:**
  – Fleiß und Aufbauwillen bei Arbeitnehmern und Unternehmern, Marshallplanhilfe, System der sozialen Marktwirtschaft, Gewerkschaften mit maßvoller Tarifpolitik und wenig Streiks
  – Fortschrittsglaube, erstaunliche Leistungen der Wissenschaft und Technik
  – Unterbewertung der DM, Exportboom durch Koreakrieg

• **Ungelöste Probleme:**
  – beträchtliche soziale Unterschiede, z. B. 1955 bereits 350.000 Pkws für Wohlhabende, aber unzureichende Wohnraumversorgung für die Mehrheit
  – soziales Netz schwach ausgeprägt

2.2.6 Ende der 1960er-Jahre – Umbruchzeit und Reformbewegungen

Stofftelegramm

• Politischer Wandel in Bonn:
  – Rücktritt der Regierung Erhard (CDU) am 30.11.1966 (Folge der ersten Wirtschaftskrise)
  – Beginn einer **Großen Koalition** (Kanzler Kiesinger, Vizekanzler Brandt) aus CDU/CSU und SPD. Im Bundestag stehen der Regierungskoalition, unterstützt von 447 Abgeordneten, nur 49 Abgeordnete der FDP als parlamentarische Opposition gegenüber.
• Studentenbewegung – APO (Außerparlamentarische Opposition)
  Antriebskräfte für die öffentlichkeitswirksamen und provokativen Protestformen (Blockade von Lehrveranstaltungen, Sit-ins, Massendemonstrationen, „Besetzungen" von Gebäuden) waren vor allem:
  – Unbehagen am politischen und gesellschaftlichen System der Ära Adenauer und Erhard wurde erstmals und lautstark öffentlich in Demonstrationen geäußert: Kritik richtete sich gegen die Leistungs- und Konsumverehrung der „Wiederaufbaugeneration", die sich nach den Erfahrungen der NS-Zeit und der Entnazifizierung überwiegend unpolitisch verhielt.
  – Das Fehlen einer wirkungsvollen parlamentarischen Opposition 1966 bis 1969 wurde von der politisch stärker engagierten Jugend nicht nur als Funktionsverlust des Parlaments erfasst, sondern als Beweis für Unrechtsherrschaft interpretiert. Hinzu kam die Wut über die NS-Vergangenheit vieler Prominenter in Politik (z. B. Kiesinger) und Wirtschaft.
  – Angst vor einer Stärkung der Staatsmacht durch die umstrittenen Notstandsgesetze
  – Ohnmachtsgefühl gegenüber dem Axel-Springer-Presseimperium mit seiner einseitigen studentenfeindlichen Berichterstattung
  – Bürgerrechtsbewegung in den USA
  – Sympathie der Jugendlichen für die leidende vietnamesische Zivilbevölkerung und Wut auf die verlogen erscheinende USA-Kriegspolitik („Kampf für demokratische Werte")
  – Hoffnung auf einen freiheitlichen Sozialismus nach dem Experiment „Prager Frühling" 1968
  – Notwendigkeit einer Reform der Hochschulen (in Bezug auf Lehrinhalte und Mitbestimmung)

Welche – meist noch heute wirksamen – Folgen hatte die Protestbewegung?

- **Freiheitliche Veränderung der Alltagskultur:**
  – Kleidung und Frisuren der Jugendlichen werden unangepasster, vielfältiger.
  – Neue Wohnformen wie Kommunen und Wohngemeinschaften entstehen.
  – Antiautoritäre Erziehungsformen werden erprobt, die Ehe als Lebensform infrage gestellt.
- **Verbreiterung des politischen Engagements:**
  – Reformen demokratisieren das Leben an Universitäten und Schulen.
  – Bildung von Bürgerinitiativen
  – Entstehung der Partei „Die Grünen" aus der Bürgerinitiativen-Bewegung
  – Friedensbewegung (mit Auswirkung auf kirchliche Basisgruppen in der DDR)
- Erstmals **SPD in Regierungsverantwortung:** Ära der sozialliberalen Koalition (bis 1982) beginnt mit Bundeskanzler Brandt (SPD) und Außenminister Scheel (FDP), Regierungsmotto „Mehr Demokratie wagen" führt zu **innenpolitischen Reformen:**
  – Volljährigkeit ab 18. Lebensjahr (auch das aktive Wahlalter von 21 auf 18 herabgesetzt)
  – Ehe- und Familienrecht (z. B. Rolle der Frau, Zerrüttungsprinzip bei Scheidung)
  – Strafrecht (z. B. Reform des § 218)
  – soziale Sicherung (z. B. Rentenreformgesetz zur flexiblen Altersrente, Hausfrauenrente)
  – Mitbestimmungsregelungen (neues Betriebsverfassungsgesetz 1972 und Mitbestimmung auf Unternehmensebene 1976 – nach jahrelanger Kompromisssuche zw. allen Bundestagsfraktionen)
- Beginn einer außenpolitischen Reformpolitik → **Neue Deutschland- und Ost-Politik:** Aussöhnung mit den Staaten Osteuropas als Ergänzung zu Adenauers Westintegration mit der Hoffnung auf Entspannung und „Wandel (der DDR) durch Annäherung":

  Moskauer Vertrag (mit der UdSSR) und **Warschauer Vertrag** (mit Polen) 1970
  – Gewaltverzichtserklärung/Friedliche Regelung aller Streitfragen
  – Anerkennung der osteuropäischen Staatsgrenzen als unverletzlich
  – Anerkennung der Oder-Neiße-Linie als West-Grenze Polens

2.2.7 Der Weg zur Wiedervereinigung 1971–1990

Stofftelegramm

Neue Berlin-Politik der Supermächte – Entspannungspolitik von USA und UdSSR

- **Viermächteabkommen über Berlin 1971**
  – **Bestätigung der entstandenen Bindungen West-Berlins an die BRD** durch die vier Besatzungsmächte (ehemaligen Siegermächte) in Berlin
  – **Fortbestand der 4-Mächte-Verantwortung** (gültig bis 02.10.1990)
  – **Verpflichtung zur Beseitigung von Spannungen, Gewaltverzicht**
  – **UdSSR sichert unbehinderten Zugang nach West-Berlin**, klare Regelung für schnellere Grenzabfertigung.
- **Folgevereinbarungen zwischen BRD und DDR**
  Transitabkommen und **Verkehrsabkommen erleichtern deutsch-deutsche Kontakte**, z. B. West-Berliner können (unabhängig von Verwandtschaft) nach Ost-Berlin und in DDR reisen.

Grundlagenvertrag zwischen BRD und DDR 1972

- **Zielkonflikte:**
  – DDR: **völkerrechtliche Anerkennung eines eigenen (sozialistischen) Staates** und damit **Bestätigung der deutschen Teilung = Erledigung der deutschen Frage**
  – BRD: Normalisierung der Beziehungen, um über zwischenmenschliche Kontakte ein **weiteres Auseinanderleben der deutschen Nation** zu **verhindern**; Konfliktherd in Europas Mitte soll ungefährlicher werden.

- **Hauptinhalte:**
  - Entwicklung **gutnachbarlicher Beziehungen** auf Grundlage der **Gleichberechtigung**
  - **Unverletzlichkeit der Grenzen, Gewaltverzicht**
  - **Internationale Vertretung nur für jeweils eigenes Staatsgebiet**
  - **„Ständige Vertretungen"** (statt Botschaften) in Bonn und Ost-Berlin zur Förderung der Beziehungen und Interessenvertretung für die jeweils eigenen Staatsbürger
  - Förderung der Zusammenarbeit und Abrüstung in Europa

- **Wichtige Nebeninhalte in Zusatzdokumenten:**
  - **Arbeitsmöglichkeiten für westliche Journalisten**: Berichterstattung live aus der DDR
  - **„Brief zur deutschen Einheit"** betont Selbstbestimmungsrecht aller Deutschen und verhindert völkerrechtliche Anerkennung der DDR durch die BRD.
  - Verbesserungen im Reiseverkehr

- **Folgen des deutsch-deutschen Grundlagenvertrages:**
  - DDR konnte sich aus internationaler Isolierung lösen, **völkerrechtliche Anerkennung** erfolgt **durch über 130 Staaten**; 1973 werden **DDR** und **BRD** in die **UNO** aufgenommen.
  - **Reiseverkehr nahm** (v. a. in die DDR) trotz wiederkehrender Schikanen **zu**.
  - Vielzahl weiterer Abkommen (z. B. Telefonverkehr, Sport, Kultur) **förderte Kontakte und Zusammenarbeit**.
  - **Berichte westdeutscher Korrespondenten aus der DDR informierten** DDR-Bürger **über** (bisher verschwiegene) **Missstände** in ihrem Staat (z. B. Umweltverschmutzung).

Reformprozesse in Osteuropa – Annäherung der Supermächte

- **Auswirkungen der KSZE-Schlussakte von Helsinki 1975**
  - **„Korb 3"** verpflichtete Unterzeichnerstaaten zur Achtung der Menschenrechte und Grundfreiheiten.
  - In **Osteuropa** entstanden **„Helsinki-Gruppen"**, die trotz Verfolgung immer wieder Rechte wie Reise- und Informationsfreiheit einforderten.
  - Ende der 1980er-Jahre größere **Oppositionsbewegung**, v. a. in **Polen** und **Ungarn**

- **Verbesserung des USA-UdSSR-Verhältnisses ab 1985**
  - gemeinsames Interesse an Abrüstungsverträgen
  - **Gorbatschow** (neuer KPdSU- und Staatschef) erhoffte sich wirtschaftliche Hilfe vom Westen, v. a. von den USA zur Bewältigung der schweren Krise in der UdSSR.
  - **Aufhebung der „Breschnew-Doktrin"**, nach der Reformprozesse im „Ostblock" von der UdSSR notfalls gewaltsam verhindert werden konnten (wie 1956 in Ungarn, 1968 in ČSSR).

Was waren die Hauptziele von **Gorbatschows Reformpolitik?**

Perestroika +	**Glasnost**
= **Umbau von Wirtschaft und Gesellschaft**	= **Offenheit, Durchschaubarkeit**
• Verringerung der Funktionärsmacht bei Behörden und Abbau der zentralen Wirtschaftsplanung, Beginn von Marktwirtschaft	• Enttabuisierung, freie Diskussionen in Öffentlichkeit, Medien und Staatsorganen
	• Kritik und Selbstkritik
= **Versuch der Demokratisierung des sozialistischen Gesellschaftssystems**	

Friedliche Revolution in der DDR

- **40 Jahre Unzufriedenheit der DDR-Bürger: Hauptgründe der Revolution**
  - Nichterfüllung der kommunistischen Verheißungen: statt Freiheit und Wohlstand für die Arbeiterklasse **Parteidiktatur mit Privilegien für die Funktionärsklasse (= Verrat an** sozialistischer **Gleichheitsidee)**

- **Versagen der Planwirtschaft:** schlechte Versorgungslage, bei vielen Gütern Warteschlangen, längere Arbeitszeiten bei geringerem Lohn als in Westdeutschland, geringe internationale Wettbewerbsfähigkeit, Zerfall der Bausubstanz, Mangel an Umweltschutzinvestitionen
- **Einschränkung wichtigster Grundrechte:** eingeschränkte Freizügigkeit selbst innerhalb der DDR, **fehlende Reisefreiheit** (außer in einige Ostblock-Staaten), **fehlende Meinungs- und Versammlungsfreiheit**
- **Allmachtanspruch des SED-Staatsapparats** mit ständiger Überwachung von Millionen Bürgern durch **„Stasi"-Spitzel** und **Behördenwillkür**, Unterdrückung jeglicher Opposition

| 1989 | Revolutionärer Wandel |

März:	• Demonstrationen von Ausreisewilligen, daraufhin Verhaftungen
Mai:	• erster **Abbau von Grenzsicherungsanlagen** zwischen **Ungarn** und **Österreich**
	• **Kommunalwahl:** öffentliche Auszählung entlarvt **Wahlergebnisfälschung**
Juli:	• **Tausende DDR-Bürger flüchten sich in die BRD-Botschaften in Budapest, Prag, Warschau** und in die **„Ständige Vertretung" in Ost-Berlin.**
Aug.:	• Beginn von Oppositionspartei-Neugründungen, z. B. SDP (SPD)
Sept.:	• **Öffnung der ungarischen Grenze nach Westen für alle DDR-Bürger**
	• Täglich flüchten Tausende über Österreich in die BRD.
	• **Demonstrationen gegen die SED** in Leipzig; Volkspolizei prügelt und verhaftet
Okt.:	• **Gefahr einer Bürgerkriegssituation** (Bürger gegen Volkspolizei und Soldaten)
	• **ständiges Anwachsen der Proteste** und **Demonstrantenzahlen**
	• **SED setzt Honecker als Parteichef und Staatsoberhaupt ab.**
Nov.:	• **größte Demonstration in der DDR-Geschichte (fast 1 Mio. Bürger in Ost-Berlin)**
	• **SED-Politbüro tritt geschlossen zurück.**
09.11.:	• **DDR öffnet ihre Grenzen nach West-Berlin und zur Bundesrepublik.**
	• Fall der Mauer; „Volksfest" auf der Mauer am Brandenburger Tor
Dez.:	• **Volkskammer streicht SED-Führungsrolle aus der DDR-Verfassung.**
	• Mehrzahl der Parteien will die Wiederherstellung der staatlichen Einheit.
	• **„Runder Tisch"** aus **Vertretern** der (nicht demokratisch gewählten) **Volkskammer** und (noch nicht wählbaren) **Opposition berät wichtige Maßnahmen für den Demokratisierungsprozess** in der DDR und **vereinbart Volkskammerwahlen** für den 18.03.1990.

| Erste Schritte zur deutschen Einheit |

• **Erste freie Wahlen in der DDR am 18.03.1990**

- **Positionen vor der Wahl:**
  Allianz für Deutschland (mit CDU, DSU, DA): schnelle Einheit (nach GG Art. 23 Beitritt zur BRD wie 1957 das Saarland nach dortiger Volksabstimmung) *Bund Freier Demokraten* (darin **FDP**): Position weitgehend wie CDU
  SPD: Vereinigung erst nach Schaffung einer gesamtdeutschen Verfassung
  PDS (*SED-Nachfolgepartei*): Staatenbund, Bewahrung der „sozialistischen Errungenschaften"
- Wahlbeteiligung: 93,4 %, 10 Parteien erhalten Sitze in Volkskammer
- Ergebnisse: CDU 40,6 %, SPD 21,8 %, PDS 16,3 %, DSU 6,3 %, BFD 5,3 %
- <u>Wahlanalyse:</u> **SED hat gegen den Willen der Bevölkerungsmehrheit regiert,** eigenes DDR-Nationalbewusstsein kaum vorhanden, **Mehrheit für schnellen Beitritt zur BRD**

• <u>Letzte Regierung der DDR</u> (ab 12.04.1990)
- Bildung einer **großen Koalition** aus **CDU**, DSU, DA, BFD, **SPD**, um zielstrebig den Demokratisierungsprozess voranzutreiben und die deutsche Einheit herzustellen

- **Ziele der Regierung** des Ministerpräsidenten **de Maizière** (CDU): Währungs-, Wirtschafts- und Sozialgemeinschaft mit der BRD, dazu Umstellung der Planwirtschaft auf eine **soziale Marktwirtschaft** mit ökologischer Verantwortung, **Sicherung der sozialen Rechte, Schaffung** eines **gesamteuropäischen Sicherheitssystem**s, völkerrechtlich verbindliche Anerkennung der Grenze zu Polen (Oder-Neiße-Linie), Wiederherstellung der **Länder**hoheit in der DDR und **Beitritt zum deutschen Bundesstaat**

Staatsvertrag zur Wirtschafts-, Währungs- und Sozialunion ab 01.07.1990

- **Zweck der Währungsunion**
  - **Einheitliches Währungsgebiet** mit **DM** ab Juli 1990 (Dt. Bundesbank als Währungshüter!), **Umtausch**kurse **DM : DDR-Mark 1 : 1** für Löhne, Renten, Mieten, kleinere Bankguthaben, 1 : 2 für höhere Guthaben und **Schulden** von DDR-Bürgern und Betrieben
  - Währungsreform für **Wirtschaftsaufschwung** (wie 1948 in West-Zonen) durch erhöhte Kaufkraft → Stopp des Übersiedlungsdrangs

- **Zweck der Wirtschaftsunion**
  - **Einführung der** sozialen **Marktwirtschaft** mit **Privateigentum** an Unternehmen, Gewerbefreiheit, weitgehend **freie Preisbildung**; Schaffung konkurrenzfähiger Klein- und Mittelbetriebe mit modernen Arbeitsplätzen; **freie Wahl des Arbeitsplatzes**; Anpassung an EG-Agrarmarkt
  - **Treuhandanstalt** unter Aufsicht des Bundesfinanzministers sorgt durch **Verkauf** der (staatlichen) **VEB-Betriebe an Privatunternehmer** sowie **Sanierung**/zeitweilige Verwaltung bis 1994 für möglichst viele überlebensfähige Betriebe im marktwirtschaftlichen Wettbewerb.

- **Zweck der Sozialunion**
  - Aufbau eines Systems der **Sozialversicherung** (z. B. Arbeitslosenversicherung) und **sozialen Fürsorge** (z. B. Sozialhilfe, Wohngeld) wie in der BRD
  - neu entstehende Arbeitsämter sollen auch der Arbeitsförderung dienen
  - Anpassung der Arbeitsrechtsordnung (z. B. Streikrecht, Mitbestimmung)

Ratifizierung des Vertrags am 21./22.06.90 durch **Volkskammer, Bundestag** und **Bundesrat**

Außenpolitische Probleme auf dem Weg zur Wiedervereinigung

- **Ängste im Ausland vor der Wiedervereinigung Deutschlands**

  - **Frankreich, Großbritannien befürchten:**
  Deutschland mit 80 Mio. Einwohnern übernimmt **politische und wirtschaftliche Vorherr- schaft in Europa,** hat zu große Vorteile bei der Erschließung der neuen osteuropäischen Märkte.
  - **UdSSR, Polen:** Aus Angst vor einem 3. Weltkrieg mit Deutschland im 20. Jahrhundert war nach 1955 die DDR wichtigster Partner der Russen im **Warschauer Pakt;** NATO-Truppen mit Atomwaffen an der Grenze zu Polen schienen deshalb äußerst bedrohlich.

- **Weitere außenpolitische Probleme:**

  - **GG-Präambel von 1949** könnte weitere Deutsche im Reichsgebiet von 1937 zu BRD-Beitrittswünschen veranlassen.
  - **vertragliche (wirtschaftliche und militärische) Bindungen der DDR an die UdSSR**
  - **Besatzungsrechte** für Gesamtdeutschland nach Potsdamer Abkommen (1945) und für Berlin nach **Viermächteabkommen** (1970)
  - Westmächte sind für, **UdSSR gegen eine NATO-Mitgliedschaft Gesamtdeutschlands.**

- **Problemlösung durch Verhandlungen zwischen BRD und UdSSR**

  – ständige Gespräche über den Weg zur Wiedervereinigung, die Rolle der Bundeswehr in einer veränderten NATO und Vorteile der Einheit für die UdSSR

  – **Vereinbarungen** zwischen Kohl und Gorbatschow im Kaukasus, Juli 1990:

• **UdSSR** akzeptiert **volle deutsche Souveränität** und **NATO-Mitgliedschaft**. • Truppenabzug aus dem Gebiet der **DDR bis Ende 1994**	• **BRD** leistet **Finanzhilfe** für geplanten sowjetischen Truppenabzug. • Bundeswehr wird auf 370.000 Mann bis Ende 1994 reduziert.

  + Vorbereitung eines Vertrages über Partnerschaft und Zusammenarbeit

- **Problemlösung durch „2 + 4"-Konferenzen** ab Mai 1990

  Teilnehmer: Außenminister und Regierungschefs von:

2 deutschen Staaten: BRD, DDR	4 Siegermächten des II. Weltkrieges: UdSSR, USA, F, GB

Volle Souveränität **NATO-Mitgliedschaft** **Verzicht auf ABC-Waffen**	**Vertrag über die abschließende Regelung in Bezug auf Deutschland** 12.09.1990	Deutschland hat **endgültig keine weiteren Gebietsansprüche** im Osten. Oder-Neiße-Linie = Ostgrenze der BRD

Einigungsvertrag – Vertrag zur Wiedervereinigung von West- und Ostdeutschland

| 1990 |

- **Zustandekommen des Einigungsvertrages**
  – ab 06.07. Verhandlungen zwischen BRD und DDR über **gemeinsam geltendes Recht** (z. B. Strafrecht, Verwaltungsrecht, Umweltschutz) ab dem Tag der Vereinigung
  – 23.08. **Volkskammer beschließt** mit 294 (von 400) Stimmen den **Beitritt** zur BRD.
  – 31.08. Unterzeichnung des Vertrags durch zuständige Regierungsmitglieder
  – 20.09. **Volkskammer** und **Bundestag** stimmen zu.
  – 21.09. **Bundesrat** stimmt zu (einstimmig).

- **Besondere Inhalte:**

  – **Beitritt der DDR zur Bundesrepublik Deutschland am 03.10.1990**

  – **Neue Bundesländer: Brandenburg, Mecklenburg-Vorpommern, Sachsen, Sachsen-Anhalt, Thüringen** (außerdem Gesamt-Berlin statt West-Berlin)

  – **GG-Präambel**-Änderung: Deutschlands Einheit vollendet

  – **einheitliches Rechtssystem** (Übergangsregelungen bis Ende 1992)

– **Berlin** ist neue **Hauptstadt** der Bundesrepublik Deutschland.

– Neuregelung der Stimmenverteilung im **Bundesrat:** 19 Stimmen mehr

– **03.10.** als **„Tag der Deutschen Einheit"** neuer jährlicher Nationalfeiertagstermin

2.2.8   Auswirkungen der Wiedervereinigung

Stofftelegramm

| 1990 bis heute |

| Welche **Folgen** für das **Staatswesen** und die **Staatsfinanzen** hat die deutsche Einheit? |

• Negativ:

– **Staatshaushalt** wird wegen Investitionen in den **Ausbau der Infrastruktur** (z. B. Verkehrsnetz) und **Umweltsanierung in Ost-D. belastet.** → Transfer über 1.400 Mrd. EUR
  → Anwachsen der gesamten Staatsschulden (von Bund und Ländern) auf Rekordwerte
– **Steuer-** und **Gebührenerhöhungen,** z. B. Solidaritätszuschlag (zzt. 5,5 %) zur Lohnsteuer als Folge der Finanzierungsprobleme
– **Sozialversicherungssystem** für Übergangszeit v. a. durch den Verlust von ca.
  3 Millionen Arbeitsplätzen in Ost-Deutschland **belastet:** → **Beitragserhöhungen** oder Leistungskürzungen sind nötig (daraufhin Parteien-**Streit um „Solidarpakt").**
– **Justiz** braucht viele Jahre zur Bewältigung von SED-Unrechtsentscheidungen (bis 2005).

• Positiv:

– **Wegfall der militärischen Konfrontation auf deutschem Gebiet,** neue **Sicherheit**
– **Souveränität** (Aufhebung aller seit 1945 geltenden Besatzungsrechte)
– **Bevölkerungs- und Staatsgebietsvergrößerung** verändern außenpolitische Rolle, z. B.
  Deutschland als Mittler zwischen Ost und West, gewachsene politische Bedeutung
  → Verantwortung in EG/EU, OSZE, WEU, NATO und UNO

| Welche **Folgen** hat die Einheit für die **Volkswirtschaft** der BRD? |

• Negativ:

– **In Ost-D.** Verlust von 3 Mio. Arbeitsplätzen, Währungsreform zerstörte bisherige gesicherte Exportmöglichkeiten in Staatshandelsländer (UdSSR, Polen ...).
– Konjunkturbelebung durch Investitionen in Ostdeutschland wird teilweise durch unklare Eigentumsverhältnisse an Grundstücken und Gebäuden verhindert.
– nach Vereinigungsboom auch Konjunktureinbruch in Westdeutschland, in ganz Deutschland höhere Arbeitslosigkeit (Folgewirkung bis 2005)

• Positiv:

– **Westdeutsche Unternehmen** haben seit der Währungsreform **höhere Umsätze** und **Gewinne** durch den **neu entstandenen Absatzmarkt.**
– Großer **Bedarf an Privatinvestitionen** (Hausbau, Handwerk, Industrie, Dienstleistung) bietet langfristig große Chancen für (auch ökologisch sinnvolles) Wirtschaftswachstum.

Welche Belastungen brachte die Einheit für die Gesellschaft?

- **„Mauer in den Köpfen"** (Vorurteile von „Ossis" und „Wessis") kann verhindern, dass sich die Deutschen wieder wirklich als eine Nation verstehen und **politische Radikalisierung** (Links- oder Rechtsextremismus innerhalb des Parteienspektrums und außerparlamentarisch) begünstigen.
- **SED-Karrieristen und Mitläufer in Verwaltungen und Betrieben** verhindern (als „Wende-hälse"/„Seilschaften") demokratische, marktwirtschaftliche Erneuerung Ost-Deutschlands.
- Offenlegung der Akten des Staatssicherheitsdienstes der DDR („**STASI**") zeigte die millionenfach betriebene Bespitzelung und Denunziation, oft unter Beteiligung von Verwandten und Bekannten → Zerbrechen vieler Beziehungen und anhaltendes Misstrauen.
- Die Aufarbeitung der DDR-Vergangenheit kann – je nach persönlicher Vergangenheit – als überflüssig und bei strafrechtlicher Verfolgung ungerecht („Siegerjustiz") erscheinen oder aber gar nicht sorgfältig genug sein, um alle Verantwortlichen für das Unrecht in der DDR moralisch bzw. juristisch zu belangen.

2.2.9 Gefährdungen für die Demokratie

Stofftelegramm

Es gibt zzt. zwar keine konkrete Gefahr für die freiheitlich-demokratische Ordnung der BRD, aber mehrere Gefährdungen, deren Ausbreitung wahrgenommen und eingedämmt werden muss.

Verlust des Vertrauens in Staat und Politiker

- **Politikverdrossenheit**
  Politikverdrossenheit (Unzufriedenheit mit Politikern und/oder Parteien) ist seit Jahren deutlich erkennbar: Desinteresse an politischen Vorgängen, Rückgang des politischen Engagements (Zahl aller Parteimitglieder hat sich seit 1990 halbiert) und der Wahlbeteiligung, andererseits Aufkommen von Protestbewegungen und Parteien (wie Pegida, AfD).

  Hauptgründe:

  – Politische Prozesse sind sehr differenziert, vielschichtig und für die meisten damit unüberschaubar geworden, v. a. in Verbindung mit der EU, was zu resignativer Haltung führen kann.

  – Die Ergebnisse der politischen Diskussion werden nicht mehr akzeptiert, da sie als „von oben" verordnet erscheinen.

  – Skandalöse Praktiken (wie Parteispenden- und Korruptionsaffären) zerstören das Ansehen von Politikern besonders, weil von ihnen Vorbildfunktion und Ehrenhaftigkeit erwartet wird.

  – mangelnder Erfolg der Politik bei der Bekämpfung der organisierten Kriminalität

- **Soziale Ungleichheit**
  – Seit der deutschen Wiedervereinigung hat das Armutsrisiko zugenommen, die Gewinne sind stärker gestiegen als die Löhne, die Löhne und Einkommen haben sich auseinander entwickelt. Auch die Vermögen sind sehr ungleich verteilt, die oberen 10 % besitzen ca. 60 %. Ohne entsprechende politische Maßnahmen droht eine weitere Zunahme der Ungleichheit.

– Mit Zunahme prekärer Arbeitsverhältnisse ist vermehrt mit Altersarmut zu rechnen.

– Die wachsende Ungleichheit bedroht den sozialen Zusammenhalt, mindert die Beteiligung der Ärmeren am politischen Prozess, fördert andererseits die Verbreitung demokratie- und menschenfeindlicher Ideologien.

– Mangelnde Integration in Gesellschaft und Wirtschaft kann die Probleme verstärken.

Islamismus, Terrorismus und dessen Abwehr

• Der „Islamismus", dessen Vertreter im Namen des Islam die Errichtung einer religiös legitimierten Gesellschafts- und Staatsordnung anstreben und die Normen und Regeln des modernen demokratischen Verfassungsstaates bekämpfen, erscheint in den Medien als ständige Bedrohung und fördert dadurch Ausländerfeindlichkeit bzw. „Rassismus", wodurch soziale Spannungen verstärkt werden.

• Der Staat kann in Überreaktion auf Verdächtigungen sowie nach Terrorakten verschiedene Freiheitsrechte zugunsten der Überwachung abbauen und damit dem Wesen der Demokratie schaden.

Rechtsextremismus

• **Parteien:**
DVU, REP, NPD (Ein Parteienverbot ist nur durch das Bundesverfassungsgericht möglich, wie z. B. 1952 auf die Sozialistische Reichspartei/SRP oder 1956 auf die KPD angewandt.)

• **Neonazistische Kameradschaften und Freundeskreise, Skinhead-Gruppen**
Lockere Personenzusammenschlüsse traten anstelle verbotener Organisationen.

• **Beispiele für seit 1992 verbotene rechtsextreme Organisationen:**
„Nationalistische Front", „Deutsche Alternative", „Wiking Jugend", „Freiheitliche Deutsche Arbeiterpartei", „Nationale Liste", „Verein Skinheads Allgäu e. V."
(Bei Vereinigungen ist ein Verbot durch Innenminister der Länder oder des Bundes möglich!)

Ideologische Kennzeichen rechtsextremer Gruppen und Parteien	Politische Ziele und Aktivitäten der rechtsextremen Szene
Nationalismus (Verherrlichung der eigenen Nation/Chauvinismus)	militärisch und politisch starkes Deutschland gegen Völkergemeinschaften
Ausländerfeindlichkeit (Hass auf Ausländer)	Ausweisung aller Ausländer (Asylanten und Gastarbeiter)
Rassismus (Glaube an Herrenrasse); Antisemitismus	Demütigung und Verfolgung von Juden und Schwarzen
Demokratiebekämpfung (Hass auf Andersdenkende, Verleumdung demokratischer Institutionen und Repräsentanten)	Suche nach einem neuen „Führer", Aufhebung des NS-Verbots, Beseitigung allgemeingültiger Grundrechte
Gewaltbereitschaft	Sachbeschädigung (z. B. Friedhof- und Kirchenschändung), Einschüchterung oder Tötung der gehassten Opfer

Welche äußeren Kennzeichen sind typisch für Rechtsextreme?

• NS-Symbole auf Fahnen, Jacken, Stickern, Flugblättern, in Zeitschriften und Internetseiten
• Parolen (wie „Deutschland den Deutschen!", „Rotfront verrecke!")

- uniformierte Kleidung (z. B. Arbeits-/Springerstiefel, Lederjacken)
- militärische Grußzeremonien
- kollektiver Alkoholkonsum mit Randaliererei, Gewalttätigkeiten

Welche Ursachen kann es für den neuen Rechtsradikalismus geben?

- modisches Mitläufertum bei orientierungslosen Jugendlichen und jungen Erwachsenen
- Verlust von verbindenden Werten in unserer Gesellschaft (Leistung und Konsum reichen nicht!)
- Existenzangst wegen schlechter Chancen auf dem Arbeitsmarkt bzw. Arbeitslosigkeit
- rechtsradikale Propaganda (auch von Musikgruppen und im Internet)

Welche Methoden und Kommunikationsmittel werden von Rechtsextremen eingesetzt?

- Demonstrationen, Flugblattaktionen, Aufkleber/-näher, Wahlkampfparolen, Gewalttaten
- Organisation von Treffen und Aktionen über Mobiltelefone, außerdem verstärkte Nutzung des Internets und von Mailboxen zum Informationsaustausch unter Mitgliedern sowie zur Propaganda und damit auch Erweiterung des Sympathisantenkreises

Sonstige verfassungsfeindliche Gruppierungen

- Linksextremismus: marxistisch-leninistische und autonom-anarchistische Gruppen
- extremistische Gruppen bestimmter ausländischer Organisationen
- Scientology-Organisation

Aufgaben

1. In welcher Situation befand sich die deutsche Bevölkerung im Frühjahr 1945?

2. Welche Bedeutung hat das Potsdamer Abkommen für die Grenzen Deutschlands bis heute gehabt?

3. Welches waren die grundlegenden Ursachen für die Spaltung Deutschlands nach 1945?

4. Wie und warum kam es zur Entstehung der SED (heutige Linke) in der SBZ?

5. Warum änderten die USA ab 1946 ihre Besatzungspolitik?

6. Beschreiben Sie in Kurzform die Entstehung der DDR.

7. Warum heißt die BRD-Verfassung seit 1949 Grundgesetz statt Verfassung?

8. Warum waren die Startbedingungen für den Wirtschaftsaufbau in Westdeutschland wesentlich günstiger als in Ostdeutschland?

9. Warum war ausgerechnet Berlin oftmals Austragungsort des Ost-West-Konfliktes?

10. Seit SED-Generalsekretär Ulbricht wurde in der DDR die Mauer als „antifaschistischer Schutzwall" bezeichnet. Was sollte dieses Schlagwort der Bevölkerung einreden?

11. Was waren die wirklichen Gründe für den Bau der Mauer quer durch Berlin?

12. Welche Botschaft formulierte 1985 der damalige Bundespräsident Richard von Weizsäcker mit dem Satz: „Die Deutsche Frage ist so lange offen, wie das Brandenburger Tor zugemauert ist."?

13. Erläutern Sie Adenauers Politik der „Westintegration".

14. Warum wurde Mitte der 1950er-Jahre die Wehrpflicht ins Grundgesetz aufgenommen?

15. Welches waren die entscheidenden Ursachen des Ost-West-Konflikts?

16. Was verbirgt sich hinter dem westdeutschen Begriff „Wirtschaftswunder"?

17. Nennen Sie vier Ursachen für das Entstehen der APO.

18. Geben Sie drei Beispiele für bis heute anhaltende Nachwirkungen der Studentenbewegung.

19. Nennen Sie sechs wichtige Ereignisse aus den Jahren 1989 und 1990, die zur deutschen Einheit geführt haben.

20. War die Währungsreform in der DDR 1990 vergleichbar mit der 1949 in den Westzonen?

21. Warum verlangte die Vereinigung Deutschlands der UdSSR die meisten Zugeständnisse ab?

22. Welche vorteilhaften und nachteiligen Auswirkungen hat die deutsche Einigung mit sich gebracht?

23. Mit welchem Ereignis sind 45 Jahre deutsche Teilung beendet worden?

24. Wie änderte sich die Zusammensetzung von Bundestag und Bundesrat durch die Vereinigung der beiden deutschen Staaten?

25. Nennen Sie drei an Hitler orientierte ideologische Kennzeichen der Rechtsextremen.

26. Unterscheiden Sie mittels fünf Merkmalen eine Demokratie von einer Diktatur.

2.3   Grund- und Menschenrechte

2.3.1   Grund- und Menschenrechte im Grundgesetz

Stofftelegramm

- **Menschenrechte** sind angeborene, unveräußerliche Rechte, die jedem Menschen unabhängig von staatlicher Verleihung zustehen (auch in UN-Charta von 1948 festgelegt).
- **Grundrechte** sind in unserer Verfassung verbürgte fundamentale Rechte mit folgenden besonderen Merkmalen:
  - Sie sind **unantastbar** durch den Staat (Einschränkungen sind nur im Interesse der Allgemeinheit möglich).
  - Sie **dürfen in ihrem Wesensgehalt nicht** durch Gesetze **geändert werden**.
  - **Gegen die Verletzung** der persönlichen Grundrechte **kann** bei ordentlichen Gerichten **geklagt werden** (bis zur **Verfassungsbeschwerde** vor dem Bundesverfassungsgericht).

Mit welchen Grundrechten schützt uns das **Grundgesetz** vor staatlichem Machtmissbrauch?

Zentrales Grundrecht Menschenwürde im Artikel 1:
„Die Würde des Menschen ist unantastbar. Sie zu achten und zu schützen ist Verpflichtung aller staatlichen Gewalt."

Freiheitsrechte	Gleichheitsrechte
• freie Entfaltung der Persönlichkeit (Art. 2) • Freiheit der Person (Art. 2) • Glaubens- und Gewissensfreiheit (Art. 4) • Meinungs-, Informations- und Pressefreiheit • Freiheit von Kunst, Wissenschaft, Forschung und Lehre (Art. 5) • Petitionsrecht (Art. 17)	• Gleichheit aller Menschen vor dem Gesetz (Art. 3) • Gleichberechtigung von Mann und Frau • Chancengleichheit
Unverletzlichkeitsrechte	**Sozialrechte**
• Recht auf Leben und körperliche Unversehrtheit (Art. 2) • Unverletzlichkeit des Brief-, Post- und Fernmeldegeheimnisses (Art. 10) • Unverletzlichkeit der Wohnung (Art. 13) • Gewährleistung von privatem Eigentum und Erbrecht (Art. 14)	• Schutz von Ehe und Familie, Erziehungsrecht der Eltern (Art. 6) • Versammlungsfreiheit (Art. 8) • Vereinigungsfreiheit (zum Zusammenschluss in Interessengruppen) (Art. 9) • Asylrecht (Art. 16a)

Einige Grundrechte sind **Bürgerrechte,** die als demokratisch-**politische Rechte** nur für deutsche Staatsbürger (Art. 33) und nur in Deutschland gelten. → Versammlungs- und Demonstrationsfreiheit, Freizügigkeit (Art. 11), freie Berufswahl (Art. 12), freie Wahl der Ausbildungsstätte und des Arbeitsplatzes

Grundrechtsähnliche Rechte: Wahlrecht (Art. 38), Freiheit der Parteiengründung (Art. 21), Gewährleistung rechtsstaatlicher Gerichtsverfahren, Widerstandsrecht bei Gefahr für die freiheitlich-demokratische Grundordnung

Welche **Grenzen** gibt es für den Anspruch jedes Einzelnen auf seine Grundrechte?

• gleichwertige Rechtsansprüche anderer Menschen
• verfassungsmäßige Ordnung (v. a. der Zusammenhang aller Rechtsnormen im Grundgesetz)
• „Sittengesetz" (anerkannte Wert- und Moralvorstellungen)

2.3.2   Menschenrechtsschutz durch die UNO

Stofftelegramm

1948 wurde die „Allgemeine Erklärung der Menschenrechte" mit ihren 30 Artikeln durch die UN-Generalversammlung verabschiedet. Sie geben den (demokratischen) Mitgliedsstaaten Orientierung, die konkrete gesetzliche Fixierung und Handhabung ist aber Aufgabe der UN-Mitgliedsstaaten.
Bindende Menschenrechte in allen Staaten, welche die Verträge ratifiziert haben, gibt es durch die UN-Verträge von 1976:
• **bürgerliche und politische Rechte,** wie Recht auf Leben, Verbot der Folter, Religions- und Meinungsfreiheit (**„Zivilpakt"**, Menschenrechte der ersten Generation)
• **wirtschaftliche, soziale und kulturelle Rechte,** z. B. auf Arbeit, Nahrung, Gesundheit, Bildung (**„Sozialpakt"**, Menschenrechte der zweiten Generation)
Neuer ist die Vorstellung von Idealen wie Recht auf Entwicklung, lebenswerte Umwelt, Frieden, Selbstbestimmung (**„Menschenrechte der dritten Generation"**).

Neben den Pakten von 1976 existiert eine Vielzahl von Konventionen, die den Schutz einzelner Menschenrechte eingehend regeln, so etwa die **Genfer Flüchtlingskonvention**, die **UN-Kinderrechtskonvention**, die **UN-Antifolterkonvention** und das **Übereinkommen zur Beseitigung jeder Form von Diskriminierung der Frau.**
Diese Verträge werden von unabhängigen Ausschüssen überwacht, den sogenannten „Vertragsorganen", denen die Staaten Rechenschaft ablegen müssen.
Gegen unrechtmäßig handelnde Staaten können Untersuchungen eingeleitet und Beschwerden vorgebracht werden. Am wirkungsvollsten sind meist politischer Druck sowie Kritik und Protest vor der Weltöffentlichkeit.
Seit 2006 gibt es den **Menschenrechtsrat** der UN (drei Tagungen pro Jahr, zehn Wochen) mit den Aufgaben:

• Berichterstattung über Menschenrechtssituation in den UN-Mitgliedsstaaten
• Unterstützung der UN-Mitglieder bei der Umsetzung ihrer Rechtsverpflichtungen
• Verurteilung von Menschenrechtsverletzungen

Das größte Hindernis für weltweiten Menschenrechtsschutz sind die völkerrechtlichen Prinzipien der Souveränität der Nationalstaaten und das Verbot der Einmischung in „innere Angelegenheiten".

2.3.3   Menschenrechtsverletzungen

Stofftelegramm

• Die einzelnen Menschenrechte werden von den Staaten sehr unterschiedlich bewertet und genauso die Verletzungen.
• Staaten, in denen es nie Menschenrechtsverletzungen gibt, sind sehr selten. Diktatorisch regierte Staaten kennen keine echte Gewaltenteilung und freien Wahlen, verletzen zwangsläufig die Menschenrechte.
• Menschenrechtsverletzungen sind Verbrechen des Staates an seinen Bürgern, die im Auftrage, mit Billigung bzw. Duldung oder im Schutz von Regierungen begangen werden.
• **Arten:** Kriegsverbrechen, Verletzungen des humanitären Völkerrechts, Todesstrafe (z. B. auch wegen Ehebruchs), Oppositionelle werden „politische Gefangene", willkürliche Einschränkungen der Meinungsfreiheit, unfaire Gerichtsverfahren, Folter und Misshandlung durch Staatsorgane, Genitalverstümmelung, Bestrafung gleichgeschlechtlicher Beziehungen
• Fakten für 2015/2016 zu 160 untersuchten Staaten (nach Amnesty International):
  – Folter und Misshandlung in 76 % der Staaten
  – fehlende Meinungs- und Pressefreiheit: 70 %
  – unfaire Gerichtsverfahren: 55 %
  – Menschenrechtsverstöße durch bewaffnete Gruppen: 22 %
  – Kriegsverbrechen/Verstöße gegen das humanitäre Völkerrecht: 12 %

2.3.4 Menschenrechtsorganisationen

Stofftelegramm

- Bekannte Organisationen:
  - Kinderhilfswerk der UN (UNICEF)
  - Nichtregierungsorganisationen (NGOs): Amnesty International, Human Rights Watch, Terre des Femmes, Reporter ohne Grenzen, Pro Asyl
  - alle in der Dritten Welt humanitäre Hilfe leistenden Organisationen, z. B. Brot für die Welt, Welthungerhilfe, Adveniat, Ärzte ohne Grenzen
- Methoden der öffentlichkeitswirksamen Arbeit der NGOs:
  Unterschriftenaktionen, Protestbriefe (auch elektronisch), Mahnwachen, weltweite Informationen per Facebook etc., um die verantwortlichen Behörden an den Pranger zu stellen und Opfern zu helfen
- Direkte Unterstützung der Opfer:
  - Rechtshilfe
  - materielle Leistungen (soziale Fürsorge)
- Grenzen der Leistungsfähigkeit:
  - NGOs werden in vielen Staaten geheimdienstlich überwacht und müssen deshalb aufpassen, dass die Hilfsbedürftigen nicht zusätzlich gefährdet werden.
  - NGOs werden von finanzieller Unterstützung aus dem Ausland abgeschnitten oder gar ganz verboten, weil sie angeblich Handlanger des politischen (ideologischen) Gegners seien.

2.3.5 Bundesverfassungsgericht

- Die Richterinnen und Richter am BVG sind **nur an das Grundgesetz gebunden,** sie unterstehen keiner Dienstaufsicht.
- Die aktuelle Auslegung des Grundgesetzes unter sich wandelnden gesellschaftlichen Verhältnissen, aber getreu den Zielen der „Verfassungsväter" im Parlamentarischen Rat führte zu der Bezeichnung des BVG als **Hüter der Verfassung.**
- BVG ist oberstes Bundesgericht mit hervorgehobener Stellung vor den anderen Bundesgerichten Bundesgerichtshof, Bundesfinanzhof, Bundesverwaltungsgericht, Bundesarbeitsgericht, Bundessozialgericht.
- **Entscheidungen binden alle Verfassungsorgane** von Bund und Ländern.

Wie werden die Richter am Bundesverfassungsgericht in Karlsruhe gewählt?

Präsident/-in	Präsident/-in	Vizepräsident/-in
gleichzeitig Vorsitzende/-r eines Senats	und Vize-Pr. werden im Wechsel von	gleichzeitig Vorsitzende/-r eines Senats
Erster Senat "Grundrechte-Senat" mit 8 Richtern	Bundestag und Bundesrat gewählt.	**Zweiter Senat** mit 8 Richtern

wählt mit ⅔-Mehrheit   je 4 Richter   je 4 Richter   wählt mit ⅔-Mehrheit

Bundestag "Wahlmännerausschuss" (12 Abgeordnete nach Verhältniswahl bestimmt)	**Bundesrat**

- Voraussetzungen für **Wählbarkeit** als Richter am Bundesverfassungsgericht: 40. Lebensjahr, Wählbarkeit zum Bundestag, Befähigung zum Richteramt (je 3 Richter im I. und II. Senat müssen mindestens 3 Jahre an einem obersten Bundesgericht tätig gewesen sein)
- **Wahl erfolgt für 12 Jahre,** maximal bis zum 68. Lebensjahr (Wiederwahl ist nicht möglich)

Wofür ist das Bundesverfassungsgericht zuständig?

Auslegung des Grundgesetzes, insbesondere von Grundrechten
Das Gericht wird nie von selbst tätig, sondern muss von einer Person oder Institution wegen Zweifeln an der Verfassungsmäßigkeit einer Handlung angerufen werden.
Das Gericht wird tätig bei

- **Verfassungsbeschwerden** für jedermann, der sich in einem seiner Grundrechte durch Staatsorgane/Behörden verletzt fühlt, egal ob Verwaltungsakt, Gerichtsentscheidung oder gar ein Gesetz. Verfassungsbeschwerde kann allerdings erst „eingelegt" werden, wenn der Rechtsweg erschöpft ist → alle Instanzen des zuständigen Gerichts angerufen wurden.
- **Normenkontrollverfahren:**
  - Konkrete Normenkontrolle: Ein Gericht ist bei der Verhandlung eines konkreten Falles der Überzeugung, dass ein anzuwendendes Gesetz nicht mit dem GG vereinbar ist.
  - Abstrakte Normenkontrolle: Entscheidungen über **Vereinbarkeit von Bundes- und Landesgesetzen mit dem GG** auf Antrag der Bundesregierung oder einer Landesregierung oder $\frac{1}{3}$ der Bundestagsabgeordneten, Rechtsstreitigkeiten zwischen Staatsorganen (z. B. Bundesregierung und Landesregierung) (Politik-Problem: Bei schwierigen Entscheidungen → „Gang nach Karlsruhe")
- **Verwirkung von Grundrechten**
- **Verbot von Parteien** bei Verfassungswidrigkeit
- Beschwerden zu Bundestagswahlangelegenheiten

2.3.6   Europäischer Gerichtshof für Menschenrechte

Stofftelegramm

Zu den Kernbereichen der Arbeit des 1949 gegründeten **Europarats** zählte von Beginn an der Schutz der Menschenrechte. 1950 verabschiedete er dazu die weitgehende **Europäische Menschenrechtskonvention.**
Der 1959 gegründete **Europäische Gerichtshof für Menschenrechte** (EGMR) in Straßburg ist ein wichtiges Organ des Europarats (neben Ministerkomitee und der Parlamentarischen Versammlung) und für die 47 Mitgliedsstaaten zuständig.
Er fällt immer wieder wegweisende Entscheidungen im Bereich der Menschenrechte. Der EGMR ist die letzte mögliche Rechtsschutzinstanz, wenn der innerstaatliche Rechtsweg vollständig durchlaufen ist. Wer als Bürger oder nicht-staatliche Organisation bis zum Bundesverfassungsgericht alle Rechtsmittel ausgeschöpft hat, aber nicht Recht bekam, kann Beschwerde beim EGMR einreichen.
Jährlich werden mehrere Tausend Urteile gefällt, aber das mehr als Zehnfache davon an Beschwerden wird als unbegründet abgewiesen. Bis zu einem Urteil dauert es wegen der Klageflut meist mehrere Jahre.

Aufgaben

1. Wodurch unterscheiden sich die Grundrechtsartikel von anderen Gesetzen?

2. Welchen Schutz gibt es in der BRD vor staatlichem Machtmissbrauch?

3. Wann ist die Würde des Menschen verletzt?

4. Zeigen Sie an einem Beispiel, dass die freiheitlichen Grundrechte nicht grenzenlos sind, sondern Schranken im Wohl der Allgemeinheit oder der Freiheit anderer haben.

5. Welche Tatbestände und Entwicklungen gefährden das Grundrecht auf Informationsfreiheit?

6. Kann es Staaten erlaubt sein, Menschenrechte einzuschränken?

7. Warum wird das Bundesverfassungsgericht als „Hüter der Verfassung" bezeichnet?

8. Wie wird die richterliche Unabhängigkeit der Verfassungsrichter/-innen gewährleistet, obwohl die meisten vor ihrer Wahl einer parteipolitischen Richtung zugeordnet werden können?

2.4 Prüfungsaufgaben

Prüfungsaufgaben Sommer 2013 (Aufgabe 3)

1. Der Zweite Weltkrieg endete 1945 mit der bedingungslosen Kapitulation Deutschlands. Im Potsdamer Abkommen wurde die Aufteilung in Besatzungszonen endgültig besiegelt.

1.1 Beschreiben und interpretieren Sie die Karikatur (**Anlage 1**).

1.2 Ordnen Sie die Karikatur zeitlich ein, indem Sie erläutern, welche Ereignisse unmittelbar davor und danach in der deutsch-deutschen Geschichte von Bedeutung waren (je ein Ereignis).

2. Die Fotos in **Anlage 2** stellen Meilensteine der deutsch-deutschen Geschichte dar.

2.1 Ordnen Sie den Fotos (**Anlage 2**) die entsprechenden Daten zu.

2.2 Wählen Sie zwei Ereignisse aus Teilaufgabe 2.1 aus und erläutern Sie diese näher.

3. Die Entwicklung der deutsch-deutschen Geschichte hat mehrfach gezeigt, dass die Demokratie in Deutschland gewissen Risiken ausgesetzt sein kann.

3.1 Erläutern Sie anhand eines konkreten Beispiels, wie eine solche Gefährdung aussehen könnte und welche Vorkehrungen die Verfasserinnen und Verfasser des Grundgesetzes getroffen haben, um dem entgegenzuwirken.

3.2 Nehmen Sie Stellung zum folgenden Zitat des Grünen-Politikers Boris Palmer.
„[...] Es scheint sich der Irrglaube durchzusetzen, dass die Piraten die Faszination für die Demokratie und den politischen Prozess belebten und ihretwegen die Politik endlich experimentierfreudig und innovativ sei. Doch das Gegenteil ist richtig: Die Piraterie erneuert unsere Demokratie nicht, sie bedroht sie in ihren Grundfesten."

Quelle: www.zeit.de/2012/22/P-Piratenpartei

Anlage 1

„Ostzone – Westzonen: Die deutschen siamesischen Zwillinge"
Ernst Maria Lang
Ohne Ort
1948

Anlage 2

Bild-nummer	Bild	Passendes Datum	Daten (unsortiert)
1	Quelle: www.20min.ch/interaktiv/Deutschland		17.06.1953
2	Quelle: © Stiftung Haus der Geschichte der Bundesrepublik Deutschland		Mai 1955

Bild-nummer	Bild	Passendes Datum	Daten (unsortiert)
3	*Quelle: www.spiegel.de/img/0,1020,403231,00.jpg*		13.08.1961
4	*Quelle: www.dhm.de/gifs/ausstellungen/bildzeug/s78.jpg*		07.12.1970
5	*Quelle: © Stiftung Haus der Geschichte der Bundesrepublik Deutschland*		10.11.1989

Bild-nummer	Bild	Passendes Datum	Daten (unsortiert)
6	 Quelle: © Stiftung Haus der Geschichte der Bundesrepublik Deutschland		März 1990

Prüfungsaufgaben Sommer 2013 (Aufgabe 4)

1. Das Grundgesetz der Bundesrepublik Deutschland wurde am 23.05.1949 verkündet. Ergänzen Sie die fehlenden Begriffe im Schaubild (**Anlage 1**).

2. Bei der Punktevergabe zum Eurovision Song Contest 2012 nutzte die deutsche Moderatorin Anke Engelke die Gelegenheit für deutliche Kritik am Gastgeberland Aserbaidschan und sagte live im Fernsehen: „Heute Abend konnte niemand für sein eigenes Land abstimmen. Aber es ist gut, abstimmen zu können. Und es ist gut, eine Wahl zu haben."

2.1 Erläutern Sie die Grundsätze für Bundestagswahlen in Deutschland.

2.2 Die Wahlbeteiligung bei Bundestagswahlen sank in den vergangenen zehn Jahren von 82 % auf 71 %. Beurteilen Sie diese Entwicklung.

3. In jüngster Zeit häufen sich die Debatten um eine Absenkung des Wahlalters auf 16 Jahre. Nehmen Sie dazu Stellung.

4. Beschreiben und erklären Sie die Karikatur (**Anlage 2**).

Anlage 1

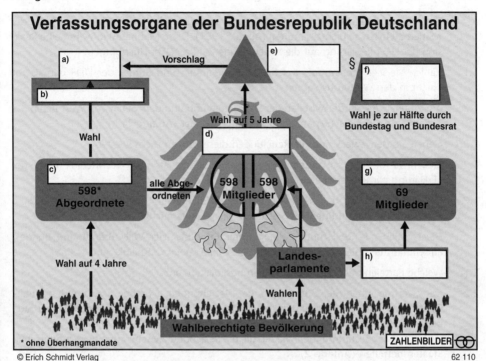

Anlage 2

Quelle: www.toonpool.com/user/362/files/eimer_184135.jpg

Prüfungsaufgaben Winter 2013/2014 (Aufgabe 3)

1.   Der Ausbau der innerdeutschen Grenze zu einer unüberwindlichen „Todeszone" und der Mauerbau fallen zeitlich zusammen (August 1961). Diese Maßnahmen waren eine Reaktion der DDR-Regierung auf die zunehmende Zahl an DDR-Flüchtlingen.

1.1   Zählen Sie vier Motive auf, welche die Bürgerinnen und Bürger der DDR damals zur Flucht in den Westen bewegten.

1.2   Am 24.09.1964 wurde zwischen der DDR-Regierung und dem Senat von West-Berlin das sogenannte „Passierscheinabkommen" unterzeichnet (**Anlage 1**).

1.2.1   Geben Sie den Zweck und die Regelungen dieses Abkommens wieder.

1.2.2   Stellen Sie die deutschlandpolitische Haltung des Senats von West-Berlin, die in der „Erklärung zur Passierscheinfrage" deutlich wird, dar.

1.2.3   In **Anlage 1** ist von der „Billigung unserer Schutzmächte" die Rede. Zählen Sie diese Schutzmächte auf und nennen Sie zudem die „Schutzmacht" von Ostberlin.

2.   Die sozialliberale Regierungskoalition unter Bundeskanzler Willy Brandt und Bundesaußenminister Walter Scheel leitete ab 1969 eine „neue Ostpolitik" ein.

2.1   Welche Parteien gehörten dieser Regierungskoalition an?

2.2   Der „Vertrag über die Grundlagen der Beziehungen zwischen der Bundesrepublik Deutschland und der Deutschen Demokratischen Republik" (auch „Grundlagenvertrag" genannt) wurde 1972 geschlossen.
        Geben Sie vier Bestimmungen wieder, die die Beziehung zwischen den beiden deutschen Staaten betreffen (**Anlage 2**).

2.3   Nennen Sie zwei weitere Staaten, mit denen Anfang der 1970er-Jahre von der Bundesregierung Ostverträge abgeschlossen wurden.

Anlage 1

Erklärung zur Passierscheinfrage

Am 24. September 1964 wurde eine Übereinkunft über Erleichterungen im innerstädtischen Personenverkehr erzielt. Die Bundesregierung hat ihr zugestimmt. Die Billigung unserer Schutzmächte liegt vor. Die erweiterte Übereinkunft bedeutet: Für ein Jahr sind in begrenztem Umfang Besuche möglich. Leider nur von West- nach Ostberlin, und leider nur für Verwandte.

Diese Übereinkunft wurde ungeachtet der unterschiedlichen politischen und rechtlichen Standpunkte getroffen. Sie hat also mit einer Anerkennung der Herrschaftsverhältnisse im anderen Teil unserer Stadt nichts zu tun.

Es ist einwandfrei festgelegt: Die Passierscheinstellen unterstehen dem Senat von Berlin. Dort arbeiten unsere Beamten in gleicher Zahl wie Bedienstete aus Ostberlin. Diese üben hier keinerlei Hoheitsbefugnisse aus. [...]

Die Zustimmung zur Passierscheinübereinkunft bedeutet: Wir wollen den Menschen in beiden Teilen der gespaltenen Stadt helfen.

Wir wissen, daß diese technische Übereinkunft den freien Personenverkehr in Berlin nicht ersetzen kann. Unsere Ziele bleiben unverändert: Freizügigkeit, Selbstbestimmung, Wiedervereinigung.

Der Senat von Berlin
Berlin, den 24. September 1964

Quelle: www.hdg.de/lemo/html/dokumente/KontinuitaetUndWandel_ErklaerungZurPassierscheinfrage/index.html

Anlage 2

Vertrag über die Grundlagen der Beziehungen zwischen der Bundesrepublik Deutschland und der Deutschen Demokratischen Republik, 21. Dezember 1972 (Auszug):

Artikel 1: Die Bundesrepublik Deutschland und die Deutsche Demokratische Republik entwickeln normale gutnachbarliche Beziehungen zueinander auf der Grundlage der Gleichberechtigung. [...]

Artikel 3: Entsprechend der Charta der Vereinten Nationen werden die Bundesrepublik Deutschland und die Deutsche Demokratische Republik ihre Streitfragen ausschließlich mit friedlichen Mitteln lösen und sich der Drohung mit Gewalt oder der Anwendung von Gewalt enthalten. Sie bekräftigen die Unverletzlichkeit der zwischen ihnen bestehenden Grenze jetzt und in der Zukunft und verpflichten sich zur uneingeschränkten Achtung ihrer territorialen Integrität. [...]

Artikel 6: Die Bundesrepublik Deutschland und die Deutsche Demokratische Republik gehen von dem Grundsatz aus, daß die Hoheitsgewalt jedes der beiden Staaten sich auf sein Staatsgebiet beschränkt. Sie respektieren die Unabhängigkeit und Selbständigkeit jedes der beiden Staaten in seinen inneren und äußeren Angelegenheiten.

Artikel 7: Die Bundesrepublik Deutschland und die Deutsche Demokratische Republik [...] werden Abkommen schließen, um auf der Grundlage dieses Vertrages und zum beiderseitigen Vorteil die Zusammenarbeit auf dem Gebiet der Wirtschaft, der Wissenschaft und Technik, des Verkehrs, des Rechtsverkehrs, des Post-und Fernmeldewesens, des Gesundheitswesens, der Kultur, des Sports, des Umweltschutzes und auf anderen Gebieten zu entwickeln und zu fördern. Einzelheiten sind in dem Zusatzprotokoll geregelt.

Artikel 8: Die Bundesrepublik Deutschland und die Deutsche Demokratische Republik werden ständige Vertretungen austauschen. Sie werden am Sitz der jeweiligen Regierung errichtet. [...]

Quelle: Bulletin des Presse- und Informationsamtes der Bundesregierung vom 08.11.1972, Nr. 155, S. 1842–1844.

Prüfungsaufgaben Winter 2013/2014 (Aufgabe 4)

1. Die Gegner der Gemeinschaftsschule hatten sich in Bad Saulgau für einen Bürgerentscheid ausgesprochen (**Anlage 1**).

1.1 Erläutern Sie, ob in Bad Saulgau die Gemeinschaftsschule eingeführt werden darf.

1.2 Erklären Sie, welche Auswirkungen eine Senkung des Quorums auf 20 % auf Bürgerentscheide allgemein hätte.

1.3 Kann die direkte Bürgerbeteiligung ein Mittel gegen Politikverdrossenheit sein? Führen Sie drei Argumente an.

1.4 Beschreiben und erläutern Sie die Karikatur zum Thema „Plebiszit" (**Anlage 2**).

2. Im September 2013 fanden Bundestagswahlen statt.

2.1 Jede/r Wahlberechtigte hat bei Bundestagswahlen zwei Stimmen. Erklären Sie die Bedeutung beider Stimmen.

2.2 Bei jungen Menschen ist die Zahl der „Nichtwähler" besonders hoch. Nennen Sie hierfür zwei Gründe.

Anlage 1

Nach Scheitern in Bad Saulgau: CDU will Bürgerentscheid vereinfachen [...]

24.01.2013, 12:23 Uhr | dapd

Im Streit um eine Senkung der Hürden für die Bürgerbeteiligung in Baden-Württemberg geht die CDU jetzt in die Offensive: „Für uns ist bei Volksentscheiden auf Landesebene wie bei Bürgerentscheiden auf kommunaler Ebene eine Senkung der Quoren auf jeweils 20 Prozent denkbar", sagte CDU-Landtagsfraktionschef Peter Hauk der Ulmer „Südwest Presse" (Dienstagausgabe).

Am Sonntag war in Bad Saulgau ein Bürgerentscheid über die Einführung einer Gemeinschaftsschule gescheitert, weil das notwendige Beteiligungsquorum von 25 Prozent nicht erreicht wurde. In der oberschwäbischen Kurstadt hatten sich 20,5 Prozent der Stimmberechtigten gegen die Einführung der neuen Schulart ausgesprochen, 10,6 Prozent waren dafür.

Quelle: regionales.t-online.de/nach-scheitern-in-bad-saulgau-cdu-will-buergerentscheid-vereinfachen/id61792354/index

(Quorum: Mindestanteil an den Stimmberechtigten, um einen Bürgerentscheid zu gewinnen)

Anlage 2

Quelle: Politik & Unterricht, Heft 3/4 2005, S. 44

Prüfungsaufgaben Sommer 2014 (Aufgabe 3)

1.   Am 27.11.2011 fand im Land Baden-Württemberg erstmalig eine Volksabstimmung über eine Gesetzesvorlage der Landesregierung (Kündigungsgesetz zum Bahnprojekt Stuttgart 21) statt.

1.1   Geben Sie anhand des Artikels (**Anlage**) wieder, weshalb die Durchführung der Volksabstimmung als Erfolg angesehen werden kann.

1.2 Erklären Sie, warum sich laut Text ein Jahr nach der Abstimmung Enttäuschungen häufen.

2. Die Einführung von Volksabstimmungen auf Bundesebene ist umstritten.
Nennen Sie je drei Gründe

2.1 für Volksabstimmungen,

2.2 gegen Volksabstimmungen.

3. Die Bundesrepublik Deutschland ist eine repräsentative Demokratie. Die Bürger und Bürgerinnen wählen alle vier Jahre Abgeordnete in den Bundestag.
Nennen Sie zwei Aufgaben des Bundestages.

4. Die Abgeordneten des Bundestages sind laut Artikel 38 Abs. 1 GG „Vertreter des ganzen Volkes, an Aufträge und Weisungen nicht gebunden und nur ihrem Gewissen unterworfen."
Erläutern Sie das Zitat.

Anlage

Abstimmen ist nicht genug

Es ist gut, sich das Ergebnis der Volksabstimmung von vor einem Jahr in Erinnerung zu rufen: 58,8 Prozent sprachen sich gegen den Ausstieg des Landes aus dem Projekt aus. [...] Immerhin 48,8 Prozent der Baden-Württemberger nutzten das Experiment Volksabstimmung und gaben ihr somit auch ein Gewicht. Diese Beteiligung darf man als sehr respektabel bezeichnen, schließlich stand nicht die Zukunft des Landes, sondern der Bau eines Bahnhofs zur Diskussion. Das Ergebnis kann man also nur als eindeutig bezeichnen.
Und doch macht sich ein Jahr später Ernüchterung breit, denn viele Erwartungen erfüllten sich nicht. Aktuell muss man den Eindruck gewinnen, die Abstimmung habe primär dazu gedient, eine unauflösbare Differenz innerhalb der Koalition aus dem Weg zu räumen, indem das Volk zum Schiedsrichter erkoren wurde. [...] Die Ernüchterung hat mehrere Gründe. Zum einen hat ein Teil der Stuttgart-21-Gegner das Abstimmungsergebnis nie wirklich akzeptiert. Sie wähnen sich nach wie vor auf der richtigen, der besseren Seite und leiten daraus Rechte ab. [...]

Wasser auf die Mühlen der Skeptiker spült nach wie vor die unglückliche Konstellation des Entscheides. Denn abgestimmt wurde über ein Kündigungsgesetz, und dessen Basis war die Kostenobergrenze. Das öffnet heute den Behauptungsmächtigen Tür und Tor. Denn ob der Kostenrahmen hält oder gesprengt wird, wird man mit letzter Gewissheit erst nach Vorliegen aller Rechnungen wissen. [...]
Und zuletzt hat die Bahn noch immer nicht richtig verstanden, dass eine absolut transparente und ehrliche Informationspolitik die beste Prävention gegen Gerüchte ist. Sie tut so, als verliefe der Bau nach Plan – dabei fehlen noch mehrere Baugenehmigungen. [...]

Quelle: Badische Zeitung vom 27.11.2012, Leitartikel von Franz Schmider, S. 4

Prüfungsaufgaben Sommer 2014 (Aufgabe 4)

1. Die Teilnahme an Bundestagswahlen ist eine Form der politischen Partizipation.

1.1 Bei der Bundestagswahl hat jede Wählerin/jeder Wähler zwei Stimmen. Begründen Sie, welche die bedeutendere ist.

1.2 Die 5 %-Sperrklausel steht auf dem Prüfstand. Nehmen Sie mit jeweils zwei Argumenten Stellung zur Beibehaltung oder Absenkung dieser Klausel.

1.3   Erläutern Sie eine Möglichkeit, wie eine Partei, welche die 5 %-Sperrklausel nicht erfüllt, es dennoch schafft, entsprechend ihres Zweitstimmenanteils in den Bundestag einzuziehen.

2.   Die Gründung einer Bürgerinitiative oder einer Partei stellt eine weitere Möglichkeit der politischen Partizipation dar.
Fassen Sie zusammen, welche Bedeutung Bundespräsident Gauck den Parteien und den Bürgerinitiativen jeweils zuweist (**Anlage 1**).

3.   Die Bundesrepublik Deutschland ist ein föderal organisierter Staat.

3.1   Beschreiben und interpretieren Sie die Karikatur (**Anlage 2**).

3.2   Erklären Sie je einen Vorteil und einen Nachteil des Föderalismus.

Anlage 1

Die „Badische Zeitung" berichtet am 24.05.2013 über den Festakt zum 150-jährigen Bestehen der SPD in Leipzig:

Der Bundespräsident [Gauck] buchstabiert die historische Mission der SPD als das Bestreben, „Emanzipation durch Bildung" zu erreichen. Dieser Ansatz sei vor 150 Jahren revolutionär gewesen, modern sei er auch heute noch. [...] Die SPD habe von allen Parteien den „tiefgreifendsten inneren Wandel durchlebt". Sie sei damit ein Muster für „die sich ständig verbessernde Demokratie"[...]. Das Wort Wutbürger nimmt der Präsident nicht in den Mund, aber er spricht über sie. Die Parteien dürften sich vor ihnen nicht fürchten. Bürgerinitiativen und neue soziale Bewegungen seien „eine wichtige Ergänzung, aber kein Ersatz für die repräsentative Demokratie". Sie würden Partikularinteressen vertreten, so Gauck. Die Parteien hingegen müssten das große Ganze im Blick behalten. Dadurch gelinge es ihnen manchmal sogar, den eigenen Anhängern Zumutungen abzuverlangen, die den Notwendigkeiten der Zeit und den Interessen des Landes gehorchten.

Anlage 2: „Der Finanzausgleich ist wieder da"

Quelle: Informationen zur politischen Bildung Nr. 318/2013, S. 33

Prüfungsaufgaben Winter 2014/2015 (Aufgabe 3)

1. Verbände ermöglichen eine Teilnahme an der politischen Willensbildung. Nennen Sie zwei Verbände aus dem Bereich Wirtschaft (neben dem DGB) und zwei Verbände aus dem Bereich Umwelt.

2. Im Jahr 2013 äußerte sich die stellvertretende DGB-Vorsitzende Elke Hannack in einem Interview mit Simone M. Neumann über die „Eckpfeiler" einer modernen Gleichstellungspolitik – einer Politik, die Frauen und Männern gleiche Rechte einräumt (**Anlage**).

2.1 Arbeiten Sie die im Text genannten Ziele des DGB zum Thema „Moderne Gleichstellungspolitik" heraus.

2.2 Beschreiben Sie drei Methoden, die sich für den DGB eignen, um die politischen Entscheidungsträger beim Thema „Moderne Gleichstellungspolitik" im eigenen Sinne zu beeinflussen.

3. Stellen Sie einerseits den positiven Beitrag der Verbände zur Demokratie dar und zeigen Sie andererseits auf, inwiefern die Arbeit der Verbände einer Demokratie schaden kann (jeweils zwei Argumente).

4. Nennen Sie jeweils zwei Merkmale von Verbänden, Bürgerinitiativen und Parteien.

5. Nennen Sie zwei weitere Möglichkeiten der politischen Einflussnahme.

Anlage

Simone M. Neumann: Welches sind die Eckpfeiler für eine moderne Gleichstellungspolitik?
Elke Hannack: Eine moderne Gleichstellungspolitik muss sich am Leitbild von Erwerbstätigen mit Fürsorgeaufgaben orientieren. Die Stichwörter sind: eine bessere Vereinbarkeit von Beruf und Familie und bedarfsgerechte Betreuungsmöglichkeiten für Kinder und Pflegebedürftige. [...] Und wir wollen mehr Frauen in Führungsfunktionen auf allen Ebenen der Wirtschaft. Die betrieblichen Akteure müssen mit klaren Fristen und mit wirkungsvollen Sanktionen verpflichtet werden, dieses Ziel in ihren Unternehmen umzusetzen. Das geht nur durch gesetzliche Vorgaben. Eine gerechte Besteuerung ist ein weiterer Eckpfeiler. [...]

Simone M. Neumann: Was muss die neue Bundesregierung in dieser Hinsicht zuerst tun?
Elke Hannack: Schwarz-Gelb hat versäumt, die Lebens- und Arbeitsbedingungen von Männern und Frauen zu gestalten und den Weg zu ebnen in eine sozial abgesicherte und geschlechtergerechte Zukunft – und dies trotz einer Kanzlerin an ihrer Spitze. Die neue Regierung muss rasch die Weichen richtig stellen. Sie muss einen flächendeckenden gesetzlichen Mindestlohn von 8,50 Euro je Stunde einführen. Sie muss die Mini-Jobs reformieren. Sie muss für eine bessere Vereinbarkeit von Beruf und Familie sorgen. Und faire Aufstiegschancen für weibliche Führungskräfte von der Schichtführerin bis zur Aufsichtsrätin schaffen. Die Vorschläge der Gewerkschaftsfrauen zielen ab auf eine neue Ordnung am Arbeitsmarkt, in der die politischen und institutionellen Rahmenbedingungen so gestaltet sind, dass auch Frauen die Chance auf eine selbstbestimmte Erwerbsbiographie haben.
Quelle: www.dgb.de/service/stellungnahmen/arbeit (Stand: 02.01.2014)

Prüfungsaufgaben Winter 2014/2015 (Aufgabe 4)

1.   Am 22.09.2013 fanden Bundestagswahlen statt. Die Sondierungsgespräche führten zur Bildung einer Großen Koalition.

1.1   Erläutern Sie den Begriff „Große Koalition".

1.2   Beschreiben und interpretieren Sie die Karikatur (Anlage).

1.3   Erläutern Sie zwei Argumente, die für eine Große Koalition sprechen.

2.   Im gegenwärtigen Bundestag haben 631 Abgeordnete einen Sitz. Die Mindestzahl beträgt 598 Abgeordnete.

2.1   Erklären Sie, wie sich die Mindestzahl aus dem Wahlsystem ableiten lässt.

2.2   Erläutern Sie, wie die Differenz von 33 Sitzen zustande gekommen ist.

2.3   Die FDP ist im Bundestag nicht mehr vertreten. Erklären Sie aus dem Wahlsystem heraus, warum dies der Fall ist.

2.4   Nennen Sie vier weitere Parteien, die ebenfalls nicht im Bundestag vertreten sind.

Anlage

Anmerkung:

Der Text in der Gedankenwolke lautet:

„OK ... Um eine gewisse AUSGEWOGEN-HEIT zu suggerieren, werde ich mich heftig erschrecken, wenn sie ‚BUH' machen."

Quelle: charlyandfriends.blogspot.de/2013/10/die-ubergroe-koalition.html

Prüfungsaufgaben Sommer 2015 (Aufgabe 3)

1.   Ein wesentliches Merkmal des Staatsaufbaus der Bundesrepublik Deutschland ist die Gewaltenteilung.

1.1   Erläutern Sie den Begriff „horizontale Gewaltenteilung".

1.2   Beschreiben und interpretieren Sie die Karikatur (Anlage).

1.3   Begründen Sie die Notwendigkeit einer staatlichen Gewaltenteilung in einem Bundesstaat wie Deutschland.

2. In der Gesetzgebung spiegelt sich die Gewaltenteilung wider.

2.1 Zählen Sie die vier Staatsorgane auf, die am Gesetzgebungsverfahren auf Bundesebene beteiligt sind.

2.2 Erklären Sie in diesem Zusammenhang den Unterschied zwischen einem Zustimmungsgesetz und einem Einspruchsgesetz.

2.3 In der Schweiz können die Bürgerinnen und Bürger über einige Gesetzesentwürfe direkt abstimmen. Erörtern Sie mit einem Pro- und einem Kontra-Argument, ob eine solche Möglichkeit auch in Deutschland für Bundesgesetze eingeführt werden sollte.

Anlage

Quelle: Walter Hanel, Karikaturensammlung, Stiftung Haus der Geschichte der BRD

Prüfungsaufgaben Sommer 2015 (Aufgabe 4)

1. Die Massenmedien sind im Grundgesetz Artikel 5, Absatz 1 und 2 wie folgt verankert:

(1) Jeder hat das Recht, seine Meinung in Wort, Schrift und Bild frei zu äußern und zu verbreiten und sich aus allgemein zugänglichen Quellen ungehindert zu unterrichten. Die Pressefreiheit und die Freiheit der Berichterstattung durch Rundfunk und Film werden gewährleistet. Eine Zensur findet nicht statt.
(2) Diese Rechte finden ihre Schranken in den Vorschriften der allgemeinen Gesetze, den gesetzlichen Bestimmungen zum Schutze der Jugend und in dem Recht der persönlichen Ehre.

1.1   Nennen Sie zwei Aufgaben der Massenmedien.

1.2   In Absatz 2 wird erwähnt, dass die Freiheiten aus Absatz 1 unter anderem beim Schutz der Jugend eine Einschränkung erfahren. Erläutern Sie kurz, wie und warum der Schutz der Jugend zum Beispiel im Bereich „Filme" umgesetzt wird.

2.   Das jüngste Mitglied der Massenmedien ist das Internet.

2.1   Fassen Sie in eigenen Worten zusammen, vor welchen Herausforderungen der heutige Internetnutzer steht, wenn er dem Anspruch eines „informierten Bürgers" gerecht werden will **(Anlage)**.

2.2   Geben Sie zwei Tipps, wie interessierte Bürgerinnen und Bürger bei der Suche nach wichtigen Informationen die Herausforderungen der Internetnutzung (siehe 2.1) meistern können.

2.3   *„Als Informationsquelle für ernsthafte politische Informationen ist das Internet problematisch. Eigentlich sollte hier zum Schutz der Bürger zumindest im Bereich der politischen Informationen eine Kontrolle durch staatliche Stellen stattfinden."*
Nehmen Sie zu dieser Forderung Stellung und begründen Sie Ihre Meinung.

3.   Die Massenmedien werden auch als „vierte Gewalt im Staat" bezeichnet. Erklären Sie den Begriff „vierte Gewalt" und erläutern Sie diese Funktion der Medien anhand eines Beispiels.

Anlage

Digitale Wissenskluft

Voraussetzung für jede funktionsfähige Demokratie ist der informierte Bürger. [...] Im Internet sind Informationen jederzeit weltweit verfügbar [...]. Neben Web-Seiten mit politischen Institutionen im Internet haben sich mittlerweile auch spezielle politische Informationsportale etabliert.

Trotz der großen Fortschritte in den letzten Jahren bleibt ein Informationsungleichgewicht. Immer noch dringen zahlreiche Informationen aus Sitzungs- und Büroräumen nicht nach außen. [...] Es obliegt dem Engagement jedes Einzelnen: Prinzipiell muss er sich eigenständig darum bemühen, die für ihn interessanten Informationen zusammenzutragen. [...]

Das vielfältige Informationsangebot und die Möglichkeiten zur eigenen Information und Produktion bedeuten daher tendenziell nur eine Pluralisierung des Angebots. Es steigt aber zugleich die Menge von Inhalten und folglich drohen auch wertvolle Nachrichten im „Informationsmüll" unterzugehen. Ein Mehr an Informationsquantität bedeutet nicht zwingend ein Mehr an Informationsqualität. [...] Auf diese Art entwickeln sich „digitale Wissensklüfte": Die Gesellschaft teilt sich auf in Infoelite und Datendeppen.

Quelle: Gloe, Markus: Mehr Demokratie durch die Neuen Medien?
In: Politische Bildung 4/2003

Worterklärung: Pluralisierung = hier: Vervielfältigung

Prüfungsaufgaben Winter 2015/2016 (Aufgabe 3)

1. Die Jahre 1945 bis 1949 sind in der deutschen Geschichte vom Ende des Zweiten Weltkrieges, aber auch von der Gründung zweier deutscher Staaten geprägt.

1.1 Nursena, die ihrem jüngeren Nachbarn Finn bei einem Referat über die deutsche Nachkriegszeit hilft, bemerkt sofort, dass sich im Text acht Fehler eingeschlichen haben. Helfen Sie den beiden, indem Sie diese acht Fehler nennen und verbessern (**Anlage**).

1.2 Nennen Sie zwei Unterschiede der Wirtschaftssysteme beider deutscher Staaten.

1.3 Beschreiben Sie zwei geschichtliche Ereignisse, welche die Unzufriedenheit der Bürgerinnen und Bürger der DDR nach 1949 verdeutlichen.

2. Eine Demokratie wie die Bundesrepublik Deutschland ist Gefährdungen ausgesetzt.

2.1 Nennen Sie zwei innenpolitische Gefährdungen, denen die Bundesrepublik Deutschland ausgesetzt ist.

2.2 Erläutern Sie zwei Möglichkeiten, wie sich die deutsche Demokratie gegen Feinde schützen kann.

Anlage

Nachkriegsdeutschland

Der Zweite Weltkrieg endete am 8. Mai 1945 mit einer teilweisen Niederlage Deutschlands. Im Potsdamer Abkommen legten die Alliierten am 2. August 1945 die Grundsätze zur zukünftigen geografischen und politischen Neuordnung Deutschlands fest. So wurde die Aufteilung Deutschlands in eine amerikanische, britische, italienische und sowjetische Besatzungszone endgültig besiegelt. Ebenso wurde der Abbau von Industrieanlagen, die Zulassung demokratischer Parteien, die Zerschlagung von Großkonzernen und das Verbot von Waffen und Waffenproduktion festgeschrieben. Die Einigkeit der Anti-Hitler-Koalition bröckelte bei den Fragen um Reparaturzahlungen, die Endgültigkeit der Rhein-Neckar-Grenze und den unterschiedlichen Vorstellungen über die politische und wirtschaftliche Ausgestaltung der Besatzungszonen. US-Präsident Harry Truman verfolgte die Eindämmungspolitik gegen Nationalsozialismus und Faschismus. Der Marshallplan war das Wiederaufbauprogramm der USA, Kredite und Hilfsleistungen sollten dem wirtschaftlichen Aufbau dienen. Die Sowjetunion lehnte dies ab. 1947 schlossen sich die amerikanische und die britische Besatzungszone zur Bizone zusammen. Später wurde sie um Österreich erweitert. Die westlichen Besatzungsmächte führten am 20. Juni 1948 in ihren Besatzungszonen und den Westsektoren Berlins die Deutsche Mark ein. Die Reaktion der Sowjetunion war eine Blockade aller Land- und Wasserverkehrswege nach Westberlin, um die Westmächte dazu zu zwingen, ihren Anspruch auf Berlin aufzugeben. Die Alliierten entschieden sich, die Westsektoren Berlins mittels der Errichtung eines Kanalsystems mit allen lebensnotwendigen Gütern zu versorgen. Der Deutsche Bundestag arbeitete das Grundgesetz aus, welches am 23.05.1949 in Kraft trat. Kurz darauf, am 07.10.1949, wurde die DDR gegründet und die Teilung Deutschlands war vollzogen.

Quelle: Autorentext

Prüfungsaufgaben Winter 2015/2016 (Aufgabe 4)

1.   Der NSA-Skandal erregt nach wie vor die Gemüter.

1.1   Arbeiten Sie aus dem Text (**Anlage 1**) die Ziele der NSA heraus und mit welchen Maß-
      nahmen sie versucht, diese zu erreichen.

1.2   Beschreiben Sie die Karikatur und erläutern Sie deren Aussage (**Anlage 2**).

1.3   Nennen Sie das Grundrecht, auf das die Karikatur anspielt.

1.4   Nennen Sie vier weitere Grundrechte.

2.   Das Grundgesetz gilt als Verfassung der Bundesrepublik.

2.1   Die Grundrechte bilden die Basis unserer Verfassung. Erklären Sie, in welchem Maße die
      Grundrechtsartikel geändert werden können.

2.2   Beschreiben Sie, wie Grundgesetzartikel geändert werden können.

3.   Das Bundesverfassungsgericht wird auch als „Hüter der Verfassung" bezeichnet. Erklären
      Sie diese Aussage anhand von zwei Aufgaben des Bundesverfassungsgerichts.

Anlage 1

Im Juni 2013 begannen der britische Guardian und die amerikanische Washington Post, geheime
Dokumente zu veröffentlichen, die sie vom früheren NSA-Mitarbeiter Edward Snowden bekommen hatten. Die Dokumente enthüllen ein weltweites Netz von Spionagesystemen. Sie zeigen,
dass [unter anderem] die amerikanische National Security Agency (NSA) [...] jede Form elektroni-
scher Kommunikation überwachen [will]. Weltweit hörte die NSA offenbar die Telefongespräche
von 35 Regierungschefs ab. In Deutschland soll die NSA das Mobiltelefon der Bundeskanzlerin [...]
überwacht haben. Seit mindestens sieben Jahren sammelt sie die Telefonverbindungen aller Ame-
rikaner. [...] Auch die Internetkommunikation von Privatnutzern in aller Welt wird überwacht: Die
NSA verschafft sich Zugriff auf die Nutzerdaten und -inhalte bei großen US-Anbietern – entweder
mehr oder weniger gezielt und per Gerichtsbeschluss im Rahmen des Prism-Programms oder
heimlich im Rahmen des Muscular-Programms. Offenbar waren bis vor kurzem die Weltbank und
der IWF durch die NSA überwacht. „Man braucht den Heuhaufen, um darin die Nadel zu finden",
beschreibt NSA-Direktor Keith Alexander das Prinzip. Die NSA argumentiert, sie analysiere diese
großen Datenmengen, um Terroristen und Waffenhändlern auf die Schliche zu kommen. Die NSA
spioniert aber auch Unternehmen und Spitzenpolitiker aus. Es geht den Amerikanern also nicht
nur um die Terrorbekämpfung, sondern auch um die eigenen politischen und wirtschaftlichen
Interessen. Zu wissen, wer wann mit wem kommuniziert, hilft der NSA, Verbindungen von Verdächtigen zu entdecken. Deshalb sammelt und analysiert sie Verbindungsdaten – von Telefonge-
sprächen, SMS, E-Mails oder Chats innerhalb und außerhalb der USA. Auch hat die NSA Hunderte
Millionen Kontaktdaten aus den Adressbüchern von E-Mail-Konten in aller Welt abgesaugt. [...]

Quelle: Nach Beuth, Patrick: Alles Wichtige zum NSA-Skandal, in Zeit Online, veröffentlicht am 28.10.2013 unter: www.
zeit.de/digital/datenschutz/2013-10/hintergrund-nsa-skandal

Anlage 2

Quelle: www.stuttmann-karikaturen.de/ergebnis/4989

Prüfungsaufgaben Sommer 2016 (Aufgabe 3)

1. In demokratischen Parlamenten gibt es sowohl Koalitions- als auch Oppositionsparteien.

1.1 Erklären Sie, welche Aufgaben diese jeweils haben.

1.2 Nennen Sie die Parteien der Regierungskoalition und die Oppositionsparteien des aktuellen Deutschen Bundestages.

2. Im Artikel 38 Abs. 1 des Grundgesetzes steht, dass Abgeordnete nur ihrem Gewissen unterworfen sind. Beschreiben und interpretieren Sie in diesem Zusammenhang die Karikatur (**Anlage**).

3. Der Bundeskanzler/die Bundeskanzlerin wird auf vier Jahre gewählt. Während dieser Amtszeit gibt es laut Grundgesetz zwei Möglichkeiten das Amt zu verlieren. Erläutern Sie diese Möglichkeiten.

4. Der Bundeskanzler/die Bundeskanzlerin wird vom Bundespräsidenten/der Bundespräsidentin ernannt. Nennen Sie drei weitere Aufgaben des Bundespräsidenten/der Bundespräsidentin.

5. Es gibt eine Institution, die für die Wahl des Bundespräsidenten/der Bundespräsidentin zuständig ist.

5.1 Geben Sie diese Institution an und erklären Sie ihre Zusammensetzung.

5.2 Nennen Sie den Namen des aktuellen Bundespräsidenten.

Anlage

Quelle: de.toonpool.com/cartoons/Freie%20Meinung_165893 (Stand: 06.07.2015)

Prüfungsaufgaben Sommer 2016 (Aufgabe 4)

1.   Von 1949 bis zur Wiedervereinigung 1990 gab es zwei deutsche Staaten. Beschreiben Sie zwei Merkmale des politischen Systems der DDR.

2.   Der Staatsratsvorsitzende Erich Honecker hielt zum 40. Jahrestag der DDR eine Festansprache.

2.1   Fassen Sie zusammen, wie Erich Honecker die Lage der DDR zu deren 40. Geburtstag am 07.10.1989 bewertet (**Anlage**).

2.2   Honecker geht in seiner Rede auf die Grundlagen des Wohlstands der DDR ein. Geben Sie seine Aussage hierzu in eigenen Worten wieder.

2.3   Setzen Sie sich kritisch mit zwei Aspekten der Rede Honeckers auseinander.

3.   Die ökonomische Bilanz nach 25 Jahren Wiedervereinigung fällt gemischt aus. Beschreiben Sie vier wirtschaftliche Probleme, die es in den ersten Folgejahren nach der Wiedervereinigung in den neuen Bundesländern gegeben hat.

Anlage
Festansprache zum 40. Jahrestag der DDR

Erich Honecker

[...] Unsere Republik gehört heute zu den zehn leistungsfähigsten Industrienationen der Welt, zu den knapp zwei Dutzend Ländern mit dem höchsten Lebensstandard. Und vergessen wir dabei nicht, dass der Wohlstand hierzulande weder aus der Erde sprudelt noch auf Kosten anderer erreicht wurde. Die DDR ist das Werk von Millionen, von mehreren Generationen, die in harter

Arbeit ihren Arbeiter- und Bauern-Staat aufgebaut haben, einen Staat mit moderner Industrie und Landwirtschaft, mit einem sozialistischen Bildungswesen, mit aufblühender Wissenschaft und Kultur. Schließlich ist die DDR eine Weltnation im Sport. Mit unseren Händen und Köpfen haben wir das zuwege gebracht, unter Führung der Partei der Arbeiterklasse. Nichts, aber auch gar nichts wurde uns geschenkt oder ist uns in den Schoß gefallen. Zudem waren hier nicht nur mehr Trümmer wegzuräumen als westlich der Elbe und Werra, sondern auch noch die Steine, die uns von dort in den Weg gelegt wurden. Heute ist die DDR ein Vorposten des Friedens und des Sozialismus in Europa. Dies zu keiner Zeit zu verkennen, bewahrt uns, sollte aber auch unsere Feinde vor Fehleinschätzungen bewahren. [...]

Quelle: www.glasnost.de/db/DokZeit/89honecker.html (ursprüngliche Quelle: Neues Deutschland vom 09.10.1989)

Prüfungsaufgaben Winter 2016/2017 (Aufgabe 3)

1. In **Anlage 1** ist eine Übersicht der bisherigen Bundeskanzler/-innen und deren Amtszeit abgebildet. Diese Übersicht weist Lücken auf. Ordnen Sie dem jeweiligen Buchstaben (a) bis (d) den richtigen Bundeskanzler zu und notieren Sie diesen auf Ihrem eigenen Lösungs-blatt: Helmut Kohl, Konrad Adenauer, Willy Brandt, Ludwig Erhard.

2. Wählen Sie eines der angeführten Ereignisse aus und erklären Sie dessen Ursache bzw. Anlass und Folgen:
   • Berlinblockade 1948/1949
   • Arbeiteraufstand in der DDR 1953
   • Mauerbau in Berlin 1961

3. Beschreiben Sie drei Sachverhalte, die das „Wirtschaftswunder" in Westdeutschland begüns-tigten.

4. Am Ende der friedlichen Revolution in der DDR stand die Wiedervereinigung der beiden seit 1949 getrennten Staaten.

4.1 Nennen Sie drei Ursachen der friedlichen Revolution in der DDR.

4.2 Beschreiben und interpretieren Sie die Karikatur aus dem Jahre 1990 (**Anlage 2**).

4.3 Die Wiedervereinigung erfolgte durch den Beitritt der DDR zur BRD. Das Grundgesetz sah ebenfalls die Möglichkeit vor, eine neue gemeinsame Verfassung zu erarbeiten, welche vom deutschen Volk in freier Entscheidung hätte beschlossen werden müssen. Beurteilen Sie die Aussage, dass der gewählte Weg des Beitritts eine verpasste Chance gewesen sei.

Anlage 1

Amtszeit	Bundeskanzler/-in
1949–1963	(a)
1963–1966	(b)
1966–1969	Kurt Georg Kiesinger
1969–1974	(c)
1974–1982	Helmut Schmidt
1982–1998	(d)
1998–2005	Gerhard Schröder
2005–	Angela Merkel

Anlage 2

Hinweis: Die Person rechts mit der Jackenärmel- aufschrift „DDR" stellt Lothar de Maizière dar, der zum Zeitpunkt des Erscheinens der Karikatur DDR-Ministerpräsident war.

Quelle: www.hdg.de/karikatur/view/karikaturen.html

Prüfungsaufgaben Winter 2016/2017 (Aufgabe 4)

1.   Grundrechte und Terrorbekämpfung

1.1   Nennen Sie vier Grundrechte, die im Grundgesetz der Bundesrepublik Deutschland verankert sind.

1.2   Die sogenannte Antiterrordatei wurde in Teilen vom Bundesverfassungsgericht als grundgesetzwidrig betrachtet **(Anlage 1)**.

1.2.1   Beschreiben Sie, welche Ziele die Bundesregierung mit der Antiterrordatei verfolgt.

1.2.2   Arbeiten Sie die Aspekte der Antiterrordatei heraus, welche das Bundesverfassungsgericht als verfassungswidrig einstuft.

1.3   Beschreiben und interpretieren Sie die Karikatur **(Anlage 2)**.

2.   Neben Parlamentswahlen gibt es weitere Möglichkeiten, politische Prozesse zu beeinflussen.

2.1   Nennen Sie drei Möglichkeiten, sich politisch zu engagieren.

2.2   Erläutern Sie drei mögliche Gründe, die Menschen davon abhalten, sich politisch zu engagieren.

Anlage 1

Bundesverfassungsgericht: Antiterrordatei verstößt gegen die Verfassung
von Kai Biermann, 24. April 2013
Das Bundesverfassungsgericht in Karlsruhe hat Teile der sogenannten Antiterrordatei als einen Verstoß gegen die Verfassung beurteilt. [...] Es handelt sich um eine Datei, in der Polizei und Geheimdienste Daten von Menschen speichern, die sie verdächtigen, Terroranschläge zu planen oder Terroristen zu unterstützen. [...] Die Datei gibt es seit Ende 2006, [...] in ihr sind „annähernd konstant" die Daten von 18.000 Menschen erfasst. Bundeskriminalamt, Landeskriminalämter

und alle Geheimdienste können in der Datei nach Verdächtigen suchen und dort Hinweise und Daten einstellen. [...] Aufgebaut wurde die Datei, um eine bessere Zusammenarbeit der Behörden möglich zu machen. Ermittler und Politik halten sie deswegen für ein wichtiges Instrument ihrer Arbeit. Auch das Bundesverfassungsgericht sah die Notwendigkeit einer solchen Zusammenarbeit und stoppte die Verwendung der Datei nicht vollständig. [...] Allerdings rügte das Verfassungsgericht die Bundesregierung indirekt. [...]

Die enge Zusammenarbeit von Polizei und Geheimdiensten ist eines der beiden Probleme, denn sie verstößt gegen das Trennungsgebot des Grundgesetzes. Das fordert, dass Geheimdienste keine Polizeiarbeit machen dürfen und Polizisten nicht allein auf Basis von geheimdienstlichen Informationen tätig werden. [...] Das zweite Problem sind die sogenannten Kontaktpersonen. Denn in der Datei stehen nicht nur Verdächtige, sondern auch Menschen, die mit ihnen in irgendeiner Weise Kontakt haben oder hatten, ohne selbst verdächtig zu sein – Unschuldige also. Immerhin 18,5 Prozent, also 3.300 Menschen, fallen in diese Kategorie. [...] Schließlich kritisierte der Erste Senat, dass die Datei für Betroffene in keiner Weise transparent ist und dass sie von niemandem kontrolliert wird. Wenn jemand darin aufgenommen wird, was für denjenigen erhebliche Nachteile hat, kann er sich kaum dagegen wehren. [...]

Quelle: Biermann, Kai: Antiterrordatei verstößt gegen Verfassung, veröffentlicht am 24.04.2013 unter: www.zeit.de/

digital/datenschutz/2013-04/antiterrordatei-verfassungsgericht-urteil

Anlage 2

Quelle: www.politikundunterricht.de/2_3_06/d7.htm

3   Internationale Zusammenarbeit

3.1   Europa im 20. und 21. Jahrhundert

3.1.1   Freiheiten und Einheit in der Europäischen Union

Stofftelegramm

Freizügigkeit/Reisefreiheit
- drei Monate völlige Freizügigkeit, i. d. R. keine Grenzkontrollen und Formalitäten (Schengener Abkommen) (Vgl. Seite 423)
- Wohnsitzwechsel in anderes EU-Land möglich, wenn der Lebensunterhalt selbst bestritten werden kann und eine ausreichende Krankenversicherung vorhanden ist

Gemeinsame Rechte und politische Teilhabe
- Europäische Staatsbürgerschaft/Europapass
- Wahlen zum Europäischen Parlament, Klagemöglichkeit beim Eur. Gerichtshof
- EU-Führerschein, Europaflagge am Autokennzeichen, Eur. Krankenversicherungskarte

Gemeinsame Währung
- EUR zum Barzahlen beim Einkaufen in Deutschland und in 18 weiteren EU-Staaten
- Internationale Börsenkursnotierungen, Devisenreserven

Gemeinsamer Markt für EU-Kraftfahrzeuge
In der EU produzierte Fahrzeuge erhalten eine EU-Kfz-Betriebserlaubnis, die „EG-Typengenehmigung", die von allen Zulassungsstellen in der EU anerkannt wird.

Gemeinsamer Markt für Lebensmittel
- festgelegte Produktqualitätsmerkmale innerhalb der EU
- Verbraucherschutz auf Einzelstaatenstandard
- europäische Kochkunst und Küchentradition

Europäische Kultur
- gemeinsame abendländische Geschichte
- europäische Musik, europäische Filme, Festivals

Bildung, Ausbildung, Berufstätigkeit
- freie Wahl des Arbeitsplatzes
- Schüler- und Studentenaustausch, Förderprogramme „Sokrates", „Erasmus"
- gegenseitige Anerkennung der Berufsausbildungsabschlüsse und Hochschulzeugnisse (Bachelor, Master)

3.1.2 Motive und Etappen des europäischen Einigungsprozesses

Stofftelegramm

ZIELE DER INTEGRATIONSBESTREBUNGEN NACH 1945 IN EUROPA

- **Wiederaufbau des zerstörten Europa** mit gemeinsamer Hilfe
- **Abbau nationalistischer Bestrebungen**
- **Friedenserhaltung** und Schutz vor künftigen europäischen Kriegen
- **Verhinderung weiterer kommunistischer Machtausdehnung**
- **Entwicklung einer selbstständigen wirtschaftlich-politischen Rolle** neben den beiden Großmächten USA und UdSSR

Zusammenschluss westeuropäischer Staaten mit gemeinsamen Organisationen

- 1949 **Europarat** (mit Ministerkomitee und Parlamentarischer Versammlung)
- 1951 Europäische Gemeinschaft für Kohle und Stahl (**Montanunion,** Vertrag für 50 Jahre)
- 1957 Gründung der **Europäischen Wirtschaftsgemeinschaft** (EWG) und **Euratom** durch **Belgien, BRD, Frankreich, Italien, Luxemburg, Niederlande**
- 1967 Einsetzung der gemeinsamen **Organe** der Gemeinschaften: (Minister-)Rat und Kommission
- 1968 **Zollunion** erreicht (keine Zölle mehr zwischen EG-Staaten!)
- 1972 Beschluss über außenpolitische Zusammenarbeit (EPZ)/1999 entsteht daraus GASP.
- 1973 Beitritt von **Dänemark, Großbritannien, Irland**
- 1979 Europäisches Währungssystem, **erste Direktwahl** für Europäisches **Parlament**
- 1981 Beitritt von **Griechenland**
- 1986 Beitritt von **Portugal** und **Spanien** („12er-Gemeinschaft")
- 1990 Vergrößerung der EG durch Vereinigung Deutschlands (Ostdeutschland kommt dazu.)
- 1992 **Vertrag von Maastricht** über die Errichtung der **Europäischen Union** (**EU**)
- 1993 **EU-Binnenmarkt**
- 1995 Beitritt von **Finnland, Österreich, Schweden** zur EU (→ „15er-Gemeinschaft")
- 1998 Aufnahme von **Beitrittsverhandlungen** mit 5 osteuropäischen Staaten und Zypern
- 1999 Start der **Währungsunion** mit 11 **Euro**ländern
  Europäischer Rat beschließt Beitrittsverhandlungen mit weiteren 5 osteuropäischen Staaten und Malta; Türkei erhält Status als Beitrittskandidat.
- 2001 „**Vertrag von Nizza**" zur EU-Zukunft (ersetzt Amsterdamer Vertrag, in Kraft ab 2003)
- 2002 **Eurobargeld** als gesetzliches Zahlungsmittel in anfangs 12 EU-Staaten
- 2003 Vorstellung der vom EU-Konvent erarbeiteten „EU-Verfassung", Annahme gescheitert
- 2004 Aufnahme der **10 neuen Mitgliedstaaten** Estland, Lettland, Litauen, Polen, Ungarn, Tschechische Republik, Slowakische Republik, Slowenien, Malta, Zypern; Einigung der EU-Staats- und Regierungschefs auf Vertrag für zukünftige „EU-Verfassung"
- 2005 16 EU-Staaten stimmen per Parlamentsbeschluss oder Referendum dem Entwurf einer „EU-Verfassung" zu; Ablehnung in Frankreich und Niederlande in Volksabstimmungen; (Okt.) Aufnahme der Verhandlungen mit Türkei und Kroatien über Mitgliedschaft; (Dez.) Mazedonien offizieller Beitrittskandidat
- 2007 Beitritt von Bulgarien und Rumänien → 27 EU-Staaten
  EU-Gipfel beschließt Regierungskonferenz zur Erarbeitung eines „EU-Vertrags"
- 2009 Wahl des EU-Parlaments in 27 EU-Staaten
- 2009 Inkrafttreten des Lissabon-Vertrages „über die Arbeitsweise der Europäischen Union"
- 2013 EU-Beitritt von Kroatien
- 2014 Beitritt von Lettland zur Eurowährungsunion als 18. Staat
- 2014 Wahlen zum Europäischen Parlament in 28 Staaten
- 2015 Beitritt von Litauen zur Eurowährungsunion als 19. Staat

---

Wirtschaftliche Ziele und Vorteile seit Beginn der EWG 1957

- **Förderung der Wirtschaftsbeziehungen** (Handelsausweitung) und **Erhöhung des Lebensstandards** sowie Förderung der zwischenstaatlichen Beziehungen durch:
  - **Errichtung eines „Gemeinsamen Marktes"**
  - **Abschaffung der Zölle zwischen den Mitgliedsstaaten** einerseits und gemeinsamer Außenzoll gegenüber Drittländern (Zollunion) andererseits
  - schrittweise **Annäherung der Wirtschaftspolitik** (später Wirtschafts- und Währungsunion)
- **Angebotsfülle** auf fast allen Gebieten, insbesondere bei Agrarprodukten
- **günstige Preise für Produkte aus anderen EU-Staaten**
- **großer Absatzmarkt** für unsere Industrie (60 % des gesamten deutschen Exports geht in die anderen 27 EU-Staaten); Exportüberschuss **sichert** ca. 500.000 **Arbeitsplätze in der BRD**
- **Freizügigkeit** für EU-Bürger innerhalb der EU-Staaten (= freie Wahl des Aufenthaltsortes, aber für Arbeitnehmer aus Bulgarien und Rumänien erst seit 2014)
- **Niederlassungsfreiheit** für Unternehmer, Handwerker, Dienstleistungsberufe

3.1.3   Gestaltung europäischen Rechts durch die EU-Organe

Stofftelegramm

Europäischer Rat   **(Sondertagungen der Staats- und Regierungschefs)**

Einrichtung seit 1975, tagt 2- bis 3-mal jährlich („Gipfeltreffen"), legt politische Leitlinien zur europäischen Einigung fest, beschließt gemeinsame Standpunkte zu internationalen Fragen.

Rat der Europäischen Union   **Ministerrat**

- Tagung der Außenminister und/oder zuständigen Fachminister (in neun verschiedenen Zusammensetzungen), in der Praxis abhängig von Entscheidungen der nationalen Regierungen bzw. des Europäischen Rats (Der Vorsitz im Rat wechselt halbjährlich.)
- Funktion: **„Gesetzgeber der EU"** (LEGISLATIVE!)
  - **Verordnungen** gelten in allen EU-Staaten als Gesetze, stehen über nationalem Recht.
  - **Richtlinien** verpflichten die EU-Staaten, entsprechende nationale Gesetze zu erlassen.
  - **Entscheidungen** regeln Einzelfälle verbindlich (z. B. für einen Staat, ein Unternehmen).

Kommission

- Gremium in **Brüssel** aus 28 unabhängigen Kommissaren, die von den 28 Nationalstaaten (offiziell vom Außenminister-Rat) ernannt und vom Europaparlament bestätigt werden.
- Als **„Motor der EU"** macht die Kommission **Vorschläge für Verordnungen und Richtlinien** an den Ministerrat und übergibt sie dem Europa-Parlament zur Beratung.
- **Ausführung** der Ministerratsentscheidungen (EXEKUTIVE!), z. B. Durchführungsverordnung
- Überwachung der Einhaltung von EU-Verträgen in der Praxis (u. a. auch Entgegennahme von Firmen- und Bürgerbeschwerden)

Europäisches Parlament

751 Abgeordnete bei der „Europawahl" 2014 gewählt, davon 96 aus Deutschland (Wahlperiode 5 Jahre), Vollversammlung (= Plenarversammlung) ist stets in **Straßburg,** sonstige Arbeit in **Brüssel**; Sitzgruppierung länderübergreifend nach politischen Fraktionen, z. B. volksparteilich/christdemokratisch oder sozialdemokratisch (vgl. S. 420)

Hauptaufgaben:

- **Beratung und Verabschiedung des EU-Haushalts** (Mitentscheidung über Ausgabenseite)
- **Stellungnahme** zu Vorschlägen der Kommission
- **Anfragen an Kommission und Ministerrat (= Kontrolle)**
- volle Beteiligung an der Gesetzgebung in Teilbereichen (verstärkt seit Lissabon-Vertrag)

Außerdem hat das **Parlament** folgende Rechte:

- **Wahl des Kommissionspräsidenten** (der allerdings vom EU-Rat vorgeschlagen wird)
- Untersuchungsausschüsse zur Klärung von Verstößen gegen das EU-Gemeinschaftsrecht
- Überprüfung von Kommissionskandidaten, Misstrauensantrag gegenüber der Kommission
- Zustimmungsrecht für weitere EU-Beitrittsverträge
- **Bürgerbeauftragter** ist zuständig für das Petitionsrecht bei Missständen in EU-Institutionen.

Europäischer Gerichtshof

- **Verfassungs- und Rechtsschutzorgan mit 28 Richtern in Luxemburg**
- **Zuständigkeit für alle EU-Organe**, **Mitgliedstaaten** und betroffene Personen (durch EU-Rechtsakte), z. B. bei
  - Klagen der Kommission gegen einzelne EU-Staaten oder EU-Staaten gegeneinander,
  - Klagen von EU-Bürgern gegen EU-Organe oder den eigenen Nationalstaat
- → **Entscheidungen des Gerichtshofs sind unanfechtbar und von Nationalstaaten zu beachten,** das EU-Recht ist auch von den nationalen Gerichten durchzusetzen.

3.1.4 Machtverteilung und Zusammenarbeit in der EU (nach dem Vertrag von Lissabon 2009)

Stofftelegramm

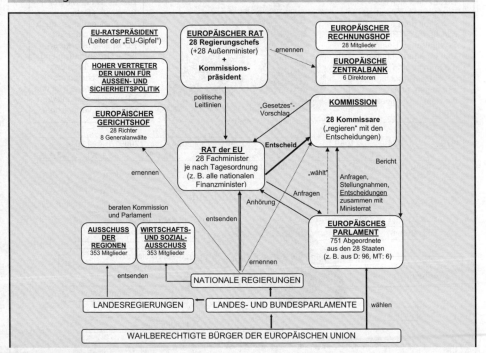

Stimmen und Sitze in den EU-Organen, Bedeutung der Mitgliedstaaten (ab EP-Wahl 2014)

EU-Mitglieder (beispielhaft für unterschiedliche Größe)	Internat. Abkür-zung	Einwohner in Mio.	% der EU-Bevölke-rung	Sitze im **Europa-parlament**	%-Anteil an Sitzen im Europa-parlament	Stimmen im **Ministerrat**	Stimmen in der **Kommis-sion**
Deutschland	DE	81,8	16,1	96	12,8	29	1
Frankreich	FR	64,7	12,5	74	9,9	29	1
Großbritannien	UK/GB	62,0	12,2	73	9,7	29	1
Italien	IT	60,3	11,9	73	9,7	29	1
Spanien	ES	46,0	9,0	54	7,2	27	1
Polen	PL	38,2	7,5	51	6,8	27	1
Österreich	AT	8,4	1,7	18	2,4	10	1
Bulgarien	BG	7,6	1,5	17	2,3	10	1
Lettland	LV	2,2	0,4	8	1,0	4	1
Slowenien	SL	2,0	0,4	8	1,0	4	1
Luxemburg	LU	0,5	0,09	6	0,8	4	1
Malta	MT	0,4	0,08	6	0,8	3	1

Wie viele Stimmen und Mandate die einzelnen Nationen in den EU-Organen (z. B. im Ministerrat) haben, ist ein Kompromiss zwischen Gerechtigkeit und Einflussmöglichkeit. Die bevölkerungsmäßig **kleineren Staaten** sind im Verhältnis **stärker vertreten**, um nicht bedeutungslos zu werden.

Das EP teilt sich die Funktion der „Gesetzge-bung" mit dem Ministerrat (= Rat der Europäischen Union). Das EP kann nicht wie die Kommission eigene „Gesetzesvorschläge" einbringen, aber doch die Kommission dazu drängen.

Europaparlament in Straßburg

Das EP kennt wie der Bundestag Debatten und Abstimmungen nach 3 Lesungen. Aber die EU ist eine **überstaat-liche Organisation** und der Ministerrat ist das letzte Entscheidungs-gremium. Deshalb ist das EP nur teilweise mit dem Bundestag vergleichbar.

1979	1984	1989	1994	1999	2004	2009	2014
62 %	61 %	58,5 %	56,8 %	49,8 %	**45,5 %**	**43,1 %**	**43,1 %**

Wahlbeteiligung für das EP sank 30 Jahre lang stetig und bleibt niedrig.

Fraktionen im Europaparlament:

Liberale
Grüne
Konservative Europäische Volkspartei
Sozialdemokraten und Sozialisten
EU-Skeptiker Konservative, Reformisten
Nationalkonservative
Linke
751 Sitze
Fraktionslose

Zur Fraktionsbildung sind mindestens 25 Abgeordnete aus sieben EU-Staaten nötig.

Europäische Zentralbank (EZB) in *Frankfurt (am Main)*

- unabhängiges Organ mit Zuständigkeit für die Geldpolitik in den 19 „Euro"-Staaten (2015)
- Aufgaben: einheitliche Währungspolitik mit dem Oberziel Preisstabilität; Eurogeld in Umlauf bringen; Zahlungsverkehr in der EU organisieren; Devisenreserven verwalten

Rat der EZB

Direktorium mit 6 Mitgliedern: EZB-Präsident, Vizepräsident und 4 weitere Mitglieder (Amtszeit zwischen 5 und 8 Jahren)	Zentralbank-Präsidenten der 19 Euroländer: AT, BE, CY, DE, EE, ES, FI, FR, GR, IE, IT, LT, LU, LV, MT, NL, PT; SI, SK

Sonstige ORGANE:

- Der Europäische **Rechnungshof** überprüft die Ausführung des Haushaltsplans der Europäischen Gemeinschaft, kontrolliert die Ausgaben insbesondere auf mögliche Verschwendung und Missbrauch der Gelder.
- Die **Europäische Investitionsbank** hat die Aufgabe, auf finanziellem Gebiet zu einer ausgewogenen Entwicklung der Gemeinschaft beizutragen.
- Der Europäische Gerichtshof wird ergänzt durch ein **Gericht erster Instanz** (28 Richter, die von den nationalen Regierungen im Einvernehmen auf 6 Jahre ernannt werden), das z. B. tätig wird bei Schadenersatzklagen gegen die EU, Untätigkeitsklagen gegen die Kommission.
- Vermittlungsausschuss (zur Kompromisssuche zwischen Ministerrat und Europaparlament)

Wie ist das Staatssystem der EU einzuordnen?

Die Europäische Union ist kein Bundesstaat, sondern ein Staatenbund. 1993 war mit der Ratifizierung der „Maastrichter Verträge" die EU entstanden. Die Rechtsgrundlage der EU besteht v. a. aus dem EU-Vertrag 1992 und dem EG-Vertrag (mit Veränderungen seit 1957) sowie den Veränderungen mehrerer Folgeverträge bis hin zum Vertrag von Lissabon 2009.

Säulen des „Europäischen Hauses" nach **Maastrichter, Amsterdamer und Nizza-Vertrag**

Erste Säule: Europäische Gemeinschaft	Zweite Säule: Gemeinsame Außen- und Sicherheitspolitik	Dritte Säule: Zusammenarbeit in der Innen- und Rechtspolitik
Ausgangsbereiche: • Zollunion, Binnenmarkt • Agrarpolitik • Strukturpolitik Neues Gemeinschaftsrecht: • Wirtschafts- und Währungsunion • Unionsbürgerschaft • Bildung und Kultur • Verbraucherschutz • Forschung, Umwelt • Industriepolitik • Sozialpolitik ...	Außenpolitische Kooperation im Hinblick auf: • Friedenserhaltung • Demokratie • Hilfe für Drittstaaten Kooperation in der Sicherheitspolitik: • Rüstungswirtschaft und Abrüstung • Planung Europäischer Sicherheitsordnung, evtl. gestützt auf WEU	Ziel: Gemeinsame Entscheidungen in der Asyl-, Flüchtlings-, Einwanderungs- und Visapolitik Kooperation bei der Bekämpfung organisierter Kriminalität; Koordinierung von Polizei- und Justizbehörden bleibt Angelegenheit der Mitgliedstaaten
weitgehend übernational unter Mitwirkung des Europäischen Parlaments	grundsätzliche Entscheidungen nur einstimmig im Europäischen Rat	Europäischer Rat oder einzelne nationale Regierungen

Die **Europäische Union** ist ein Verbund von selbstständigen Staaten, die aber durch Verträge mehr oder weniger aneinandergekoppelt sind:
Im Politikbereich der 1. Säule handeln wir Europäer, als ob wir ein einziger Staat wären. Im 2. Bereich muss sich jeder Einzelstaat an gemeinsam gefasste Beschlüsse halten, bleibt aber für sich allein in der Umsetzung (durch nationale Gesetze) verantwortlich. In den restlichen Politikbereichen entscheidet weiterhin jeder Staat selbst, sucht höchstens freiwillig nach Koordinierung mit anderen EU-Staaten. So sind auch nach dem Vertrag von Amsterdam 1997 (in Kraft seit 1999) – einer Weiterentwicklung des Maastrichter Vertrags durch die 15 Staats- und Regierungschefs der EU-Mitgliedstaaten – die Einzelstaaten für die Beschäftigungspolitik zuständig. Seit dem Vertrag von Nizza 2003 und insbesondere dem Vertrag von **Lissabon** 2009 gilt: Zunahme verbindlicher Mehrheitsentscheidungen (mit qualifizierter Mehrheit) im Rat der EU und gestärkte Antrags- und Klagebefugnisse im EU-Parlament, Vetorecht der Staaten stark eingeschränkt, europäische Volksabstimmungen!

Der **Maastrichter Vertrag** zur Errichtung der EUROPÄISCHEN UNION (1992/1993)

- Ziele: **vollständige Wirtschafts- und Währungsunion**, gemeinsame Außen- und Sicherheitspolitik, verstärkte Zusammenarbeit in der Innen- und Rechtspolitik und dabei Erweiterung der EU-Kompetenzen, Schaffung der Unionsbürgerschaft
- EU-Staaten, die der Währungsunion beitreten wollen, müssen am EWS II teilnehmen, d. h. **bestimmte finanzpolitische Merkmale erfüllen:**

Stabiles Preisniveau	Gesunde Staatsfinanzen	Stabile Wechselkurse	Verantwortbares Zinsniveau
Inflationsrate höchstens 1,5 % über dem Durchschnitt der drei preisstabilsten Länder	Neuverschuldung höchstens 3 %, Staatsschulden höchstens 60 % des Bruttoinlandsprodukts	EWS-Teilnahme seit zwei Jahren ohne große Wechselkursschwankungen (maximal +/−15 %)	langfristige Zinssätze höchstens 2 %-Punkte über dem Durchschnitt der Preisstabilsten

Konflikt: Sogar Gründer-Staaten (wie DE, FR, IT) überschritten die Neuverschuldungsmarke. Die Finanzminister der Eurostaaten beschlossen 2005 Reform zur Lockerung des Stabilitätspaktes! Die Weltfinanzkrise 2008/09 führte zu anhaltend extremer Staatsverschuldung vieler „Eurostaaten" (im Durchschnitt 91 % des BIP) und theoretischer Zahlungsunfähigkeit von Griechenland, Portugal und Irland, die nur mit EZB-Hilfsfonds und Bürgschaften von wirtschaftlich starken Staaten wie Deutschland verhindert wird.
Die EZB-Politik des „billigen Geldes" zur Abwertung des Euro wird in Nordeuropa (inkl. DE) auch als gefährliche, unerlaubte Wirtschaftspolitik bewertet.

3.1.5 Streitfelder der EU-Politik

Stofftelegramm

Binnenmarkt und Währungsunion

Streitfall **Europäische Agrarpolitik**

- **Ziele laut EWG-Vertrag (von 1957):**
  - **Produktivitätssteigerung** in der Landwirtschaft
  - Erhöhung des Lebensstandards (Pro-Kopf-Einkommens) in der Landwirtschaft
  - **Stabilisierung** von Angebot und Nachfrage auf dem **Agrarmarkt**
  - Sicherstellung der Versorgung bei angemessenen **Verbraucherpreisen**
- **Methoden der „Agrarmarktordnung":**
  - **Preisgarantie** beim **Aufkauf der Überschüsse** an landwirtschaftlichen Produkten
  - **Außenschutz** (**Zölle** für Agrar-Importe aus Nicht-EU-Staaten) für ca. 25 % aller Produkte

– Subventionen für Erzeuger und Verarbeiter landwirtschaftlicher Produkte
– Garantiepreis- und Mengenbegrenzung (z. B. Milch**quoten**) seit 1984
• **Merkmale der europäischen Landwirtschaft:**
– Entscheidungen über **Preise** und **Produktionsmengen** werden von EU-**Kommission** und **Ministerrat** getroffen.
– Nationale Regierungen können nicht mehr selbstständig entscheiden.
– **Finanziert** wird die **Preisstützungs- und Lagerhaltungspolitik** aus dem **Gemeinschafts- haushalt der EU** (z. B. über die Zolleinnahmen und USt.-Anteile aus den Nationalstaaten).
• **Negative Folgen der langjährig praktizierten EU-Agrarpolitik:**
– Sicherung oder Erhöhung der Agrarpreise führte zu Massentierhaltung, Monokulturen und **Überproduktion** (Zucker, Fleisch, Milch, Getreide, Wein ... → „Butterberge", „Milchseen").
– **Aufkauf, Lagerung und Beseitigung der Überschüsse** (inkl. Vernichtung, Schenkung an bedürftige Drittstaaten) kosteten bis zu 10 Milliarden EUR jährlich.
– Dritte-Welt-Staaten vernachlässigen eigene Agrar-Produktion.
– Die **EU brauchte wegen der hohen Agrar-Ausgaben** (fast $\frac{1}{2}$ des EU-Haushalts) **immer mehr Geld** (d. h. auch Steuereinnahmen aus den Mitgliedstaaten). Die Deckelung der Agrarausgaben seit 2003 führt zu regelmäßigem Streit zwischen EU-Organen untereinander und zwischen den Mitgliedstaaten.
– Subventionspolitik führte mehrfach zu „Handelskriegen" mit den USA.

Streitfall **EU-Haushalt – Höhe und Finanzierung**

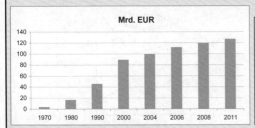

Mrd. EUR

Verteilung der EU-HH-Zahlungen 2013:
• Agrarpolitik 43,2 %
• Strukturpolitik/Kohäsion 35,5 %
• Wettbewerbsfähigkeit 8,9 %
• Verwaltung und Sonstiges 6,5 %
• Außen-/Sicherheitspolitik 4,8 %
• Unionsbürgerschaft, Recht 1,1 %

BRD hat an EU-Wirtschaftsleistung (= BIP) Anteil von 30 % und an der EU-Finanzierung von ca. 22 % → „wirtschaftlicher Riese" in Europa. BRD ist mit ca. 12 Mrd. EUR größter „Nettozahler" → zahlt mehr in den EU-Haushalt, als es Subventionen erhält.
EU-Finanzplan 2014–2020 Vorschlag der Kommission: 1.047 Mrd. EUR. Reduzierungswünsche von einzelnen Mitgliedstaaten wie BRD und GB und Streit um die Frage der Finanzierung, z. B. beim USt.-Anteil, führten zum Absenken auf 960 Mrd. EUR.

Streitfall **Abkommen von Schengen (Luxemburg 1985/Erweiterungsabkommen 2007)**

Inzwischen haben sich 22 EU-Staaten + Island, Norwegen, Schweiz, Liechtenstein bezüglich des „Grenzen- und Staatsschutzes" auf praktische Regelungen geeinigt:
• Einreise: keine Personenkontrollen an den EU-Binnengrenzen (nur Stichproben bei Kriminalitätsverdacht, z. B. Steuerhinterziehung, Drogenschmuggel oder illegale Einwanderung), aber seit 2013 Grenzkontrollen wegen Flüchtlingsströmen
• Polizeiliche Zusammenarbeit (Europol): gemeinsames Computer-Fahndungs- und Informationssystem SIS; Verfolgung von Straftätern über die Binnengrenzen hinweg
Probleme
• Behinderung bei der praktischen Arbeit, z. T. inkompatible Computersysteme
• Angleichung der Visumspolitik nur angestrebt
• Asylverfahren innerhalb Europas durch nur einen betroffenen EU-Staat bleibt eine Vision – zeitweilige Aussetzung des Abkommens durch einzelne Staaten in den letzten Jahren

EU-Staaten nach drei „Südost-Erweiterungen" 2004 bis 2013

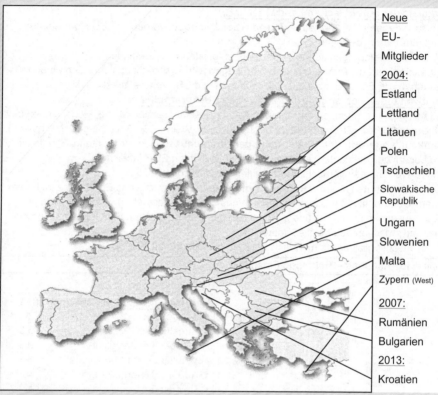

Neue

EU-

Mitglieder

2004:

Estland

Lettland

Litauen

Polen

Tschechien

Slowakische
Republik

Ungarn

Slowenien

Malta

Zypern (West)

2007:

Rumänien

Bulgarien

2013:

Kroatien

Belgien
Deutschland
Estland
Finnland
Frankreich
Griechenland
Irland
Italien
Lettland (2014)
Litauen (2015)
Luxemburg
Malta
Niederlande
Österreich
Portugal
Slowakei
Slowenien
Spanien
Zypern

EU-Alt-Mitglieder
ohne Eurowährung

↓

Dänemark
Großbritannien
Schweden

Gemeinsames Symbol
aller EU-Staaten:

12 goldene Sterne im Kreis
auf blauem Grund

Kopenhagener Beitrittskriterien (1993)

a) <u>Politische</u> Voraussetzungen:
 • stabile Demokratie
 • Menschenrechte in Verfassung
 garantiert

b) <u>Wirtschaftliche</u> Voraussetzungen:
 • Marktwirtschaft
 • Wirtschaftliche Leistungsfähigkeit
 muss dem Wettbewerb des Binnenmarktes gewachsen sein.

c) <u>Gemeinschaftsrechtliche</u> Voraussetz.:
 EU-Recht (Verträge, Verordnungen)
 muss in das nationale Recht
 übernommen werden (können).

3.1.6   Perspektiven der EU: Gestaltung und Probleme

Stofftelegramm

DER EUROPAGEDANKE

- **Leitmotive** unverändert: **politische Stabilität** auf dem Kontinent und **Friedenssicherung**
- Glaube an Europas Zukunft ist abhängig von wirkungsvoller Zusammenarbeit zwischen den EU-Staaten und EU-Organen und bürgernaher Politik, welche die Vorteile der EU den Bürgern einsichtig machen kann.

Seit dem Vertrag von Amsterdam 1997 sind die Rechte des einzelnen EU-Bürgers gestärkt:
- Schutz der Grundrechte: Jeder, der sich durch EU-Institutionen beeinträchtigt fühlt, kann vor dem Europäischen Gerichtshof klagen.
- Unionsbürgerschaft: Die Staatsangehörigen jedes Mitgliedstaates sind „**Unionsbürger**".
- Petitionsrecht: Beschwerderecht beim Bürgerbeauftragten des Europäischen Parlaments
- Freizügigkeit in allen Ländern der EU (Aufenthaltsrecht kaum eingeschränkt)
- Wahlrecht: bei Europa- und Kommunalwahlen für alle EU-Bürger in jedem EU-Land

---

In welcher Form kann sich Europa **weiterentwickeln**?

- **Vertiefung**

Der Währungsunion müsste theoretisch die Verwirklichung der politischen Union folgen (ähnlich dem USA-Modell), da nationale Finanz- und Beschäftigungspolitik nicht mehr frei von Entscheidungen der EZB-Geldpolitik betrieben werden kann.
Die Entscheidungswege und Machtverhältnisse müssen reformiert werden, aber wie (weit), das ist umstritten, genauso wie eine gemeinsame Wirtschafts- und Finanzpolitik.

Übertragung vieler Politikbereiche auf die EU ◄───	───► Interessen der Einzelstaaten
Aufwertung des Europäischen Parlaments, weil nur so eine demokratische Kontrolle der EU-Regierung (Kommission + Rat) möglich ist	Bewahrung der Rechte der einzelnen Parlamente, im Föderalstaat BRD also von Bundestag und Länderparlamenten
„gerechtere" Stimmenverteilung im Ministerrat und mehr Mehrheitsentscheidungen statt Zwang zur Einstimmigkeit	Interessenwahrnehmung kleinerer Staaten und der jeweiligen Minderheit bei Abstimmungen

- **Erweiterung**

EWG/EU war nie eine „Festung Europa", hat fast alle beitrittswilligen Staaten integriert.
Der Zusammenbruch des Kommunismus in Osteuropa und das Ende des Ost-West-Konflikts brachte zwangsläufig den Wunsch der Ostblockstaaten nach Aufnahme in das „Kern-Europa". Beitrittsanträge wurden seit 1990 von 17 Staaten gestellt. Die erste große Osterweiterung ist die größte Herausforderung in der Geschichte Europas wegen der Fülle der **Probleme:**
– Aufnahme von 11 Staaten aus dem früheren Ostblock bis 2013 (siehe Karte Seite 424)
– Die Vorstellungen über Ziele, Fortschritte und Ausgestaltung der EU wurden vielfältiger.
– Das Verständnis von Demokratie und Marktwirtschaft im Westen, welche die wichtigsten Aufnahmevoraussetzungen darstellen, hat nur kurze Tradition in Osteuropa.

– Die Neumitglieder Osteuropas erwarten große finanzielle Hilfe aus den Strukturfonds der EU. Der Europäische Rechnungshof geht von 30 Mrd. EUR Zusatzkosten jährlich aus. Allein Polen hat laut EU-Haushalt bis 2013 rund 70 Mrd. EUR Strukturhilfen erhalten.
Einige der neuen – wie auch der potenziellen – Mitgliedstaaten haben nämlich die typischen Probleme der hilfsbedürftigen Regionen: großer Landwirtschaftssektor, niedriges Bruttoinlandsprodukt, hohe offizielle oder verdeckte Arbeitslosigkeit.
Ohne die Deckelung der bisherigen Agrarpreisunterstützung würde das Finanzierungssystem des Agrarhaushaltes und damit der ganzen EU zusammenbrechen.

Wie ist das Beitrittsverfahren geregelt?

Antrag des Bewerberstaates → Beitrittsverhandlungen → Beitrittsakte (Unterzeichnung durch Mitgliedstaaten und Bewerber)

Ratifizierungsprozess:

EU	Bewerberstaaten	bisherige EU-Mitglieder
• Rat (einstimmig)	• Parlament	• Parlamente
• Parlament (mehrheitlich)	• Referendum	• Referenden

Wie steht es um einen „**Vertrag über eine Verfassung für Europa**"?

- EU-Gipfel im Juni 2007 beschließt, dass eine Regierungskonferenz bis Jahresende einen neuen EU-Vertrag erarbeitet. Denn die Einigung der 25 Regierungschefs im Juni 2004 auf eine „EU-Verfassung" scheiterte hinterher an Volksabstimmungen in F und NL.
- Hauptziele seit 2004: Stärkung der politischen Union, um gemeinsam wirtschaftspolitisch, außen- und sicherheitspolitisch agieren zu können; Verbesserung des Abstimmungs- und Beschlussverfahrens, klarere Verteilung der Zuständigkeiten
- Planungen seit 2007/Ziel: Vertrag von Lissabon
  - Einführung eines hauptamtlichen EU-Ratspräsidenten und eines „EU-Außenministers"
  - Stärkung der Rechte des EU-Parlaments
  - Blockaden sollten zukünftig mit Abstimmung nach neuem Mehrheitsprinzip weitgehend vermieden werden; weniger Veto-Möglichkeiten bei Ratsabstimmungen
  - Verkleinerung der Kommissionsmitgliederzahl auf $\frac{2}{3}$ der Mitgliedstaaten
  - Der Lissabon-Vertrag trat im Dezember 2009 in Kraft. Es ist keine „Verfassung", sondern ein „Vertrag über die Arbeitsweise der Europäischen Union", der die bisherigen Verträge einbezieht und um Neuregelungen ergänzt. Auswirkungen hat er seit 2014.

WIRTSCHAFTLICHES UND POLITISCHES GEWICHT EUROPAS

- Die Europäische Union hat größtes weltwirtschaftliches Gewicht: (Daten gerundet, z. T. geschätzt)

Staaten	Bevölkerung in Mio.	Anteil am Welt-BIP (kaufkraftbereinigt)	Anteil am Weltexport	Staatl. Entwicklungshilfe
EU-28	509	17 %	ohne Binnenhandel: 15 %	53 Mrd. USD
USA	320	16 %	14 %	23 Mrd. USD

- **Die 7 % der Weltbevölkerung in der EU leben im wichtigsten Wirtschaftsraum der Welt.**
  D, F, GB, IT sind neben USA, Kanada, Japan an den Weltwirtschaftsgipfeltreffen der G-7-Staaten beteiligt. Die EU ist zusätzlich zu den Nationalstaaten D, F, GB, IT als Staatenbündnis bei den Treffen vertreten. Die G-8 (inkl. Russland) sind dominierender Teil der G-20-Staatengruppe.
- EU als stabilisierender Faktor in Europa (aber auch Konkurrent für Russland)
- Zusammenarbeit mit Europarat, OSZE, NATO, UNO kann weltpolitische Rolle stärken: bei Verhinderung militärischer Konflikte, Friedenssicherung, Bekämpfung der internationalen Kriminalität, Bekämpfung von Rassismus und Fremdenfeindlichkeit; Armutsminderung auf anderen Kontinenten, z. B. durch Entscheidung für Schuldenerlass in Höhe von zig Mrd. EUR für die ärmsten Entwicklungsländer – beschlossen auf EU-, G-8-, G-20-Gipfeltreffen.

ZUKUNFT FÜR EUROPA?!

Vor welchen anhaltenden politischen Problemen/offenen Fragen steht die EU?

* Regierungen der Nationalstaaten wollen Machtverlust verhindern und haben sehr verschiedene Interessen, wie die Eurofinanz- und flüchtlingskrise zeigen.
* **Europäisches Parlament bräuchte mehr Rechte**, um die entscheidende gesetzgebende Gewalt (= Legislative) in Europa werden zu können, z. B. mit echtem Gesetzesinitiativrecht.
* **Bevölkerung in den Nationalstaaten müsste** davon **überzeugt werden können**, dass EU-Erweiterung und EU-Machtzuwachs auch für die Bürger selbst von **Nutzen** ist. (EU-Parlament-Wahlbeteiligung auf niedrigstem Niveau deutet eher auf Enttäuschung hin, die bis zu Abstimmung über den Austritt [Bsp. „Brexit"] führen kann.)
* Wie weit darf die Souveränität eines Nationalstaates überhaupt eingeschränkt werden, ohne nationale Verfassungen wie das Grundgesetz der BRD zu brechen? (Zuständigkeit des Bundesverfassungsgerichts oder des Europäischen Gerichtshofs umstritten!)
* Wie sollte der Euro stabilisiert, der Stabilitätspakt wirkungsvoll reformiert werden? Wie weit sollten alle EU-Bürger für zu hohe Schulden anderer Staaten haften?
* Ist es möglich, die **unterschiedlichen Steuer- und Sozialsysteme, Wirtschaftspolitiken und Arbeitsmarktbedingungen** zu harmonisieren, evtl. mithilfe einer gemeinsamen „Wirtschaftsregierung"?
* Ist ein starker Abbau der Agrarsubventionen durchsetzbar?
* Wo sind die (geografischen und finanziellen) Grenzen für die **Aufnahme weiterer Staaten** über die Beitrittskandidaten Albanien, Mazedonien, Montenegro, Serbien, Türkei hinaus?

Aufgaben

1. Welche Motive für den Prozess der europäischen Einigung haben seit 1945 bis heute ihre Gültigkeit?

2. Welche Staaten haben mit der Gründung der Montanunion 1951/1952 den Anstoß zur Entwicklung eines europäischen Binnenmarktes gegeben?

3. Nennen Sie die Staaten, die seit 1957 in die EU aufgenommen wurden.

4. Welche Vorteile bringen uns Europäern als Reisende und Arbeitskräfte der Binnenmarkt und das Schengener Abkommen?

5. Nennen Sie die fünf wichtigsten Organe der EU und je eine ihrer Hauptaufgaben.

6. Warum kann man sagen, dass die EU-Agrarpolitik einem Teufelskreis gleicht?

7. Wodurch unterscheidet sich die Währungsunion vom EWS?

8. Wovon ist es abhängig, ob die Währungsunion erfolgreich sein wird, das heißt der Euro so stabil sein wird wie die DM von 1949 bis 1999?

9. Zeigen Sie im Vergleich zum Bundestag, dass dem Europäischen Parlament bisher selbstverständliche demokratische Rechte fehlen.

10. Welches sind die größten Hindernisse für ein vollständiges „Zusammenwachsen" europäischer Staaten zu einem „Vereinigten Europa"?

11. Welche negativen und positiven wirtschaftlichen und gesellschaftlichen Konsequenzen können die EU-Erweiterungen für die früheren EU-15 und die 13 Beitrittsländer haben?

3.2   Globalisierung

3.2.1   Globalisierungserfahrungen

Stofftelegramm

Was besagt der Begriff Globalisierung?

Zu Beginn des 3. Jahrtausends ist das Leben auf diesem Globus geprägt von weltweitem Austausch von Informationen, Gütern und Dienstleistungen. Betroffene Lebensbereiche:

Wirtschaft ("Weltbinnenmarkt"):
- Der Welthandel ist in 10 Jahren real um 75 % gestiegen.
- Alle an irgendeinem Ort der Welt produzierten Güter oder Informationen sind innerhalb kürzester Zeit – Bezahlung vorausgesetzt – an vielen anderen Orten für Firmen und Privatleute verfügbar, v. a. mittels Satelliten, Internet, Telefonen, Fernsehen, Flugzeug.
- Globalisierung = internationale Verflechtung der Finanzmärkte (z. B. 24 h Finanzgeschäfte an den "Welt-Börsen"), internationaler Unternehmenswettbewerb um Marktanteile und Know-how, Standortwettbewerb um Kapital (Direktinvestitionen von Firmen)
- Globale Fusionen von europäischen, chinesischen, japanischen und amerikanischen Firmen sind üblich geworden.
- Weltweite Arbeitsteilung kann den "Wohlstand der Nationen" mehren.
- Gefahr, dass durch gegenseitige Unterbietung von Sozial- und Umweltstandards die Wohlfahrt der Arbeitnehmer nicht nur in den "reichen Ländern" stark beeinträchtigt wird. Deutsche Unternehmen und Arbeitnehmer haben neue Konkurrenten mit Dumpinglöhnen und -preisen: südostasiatische und lateinamerikanische Schwellenländer sowie Staaten in Mittel- und Osteuropa ("Emerging Markets").
- Die Strategie transnationaler "global handelnder" Konzerne, Arbeitskräfte dort "einzukaufen", wo sie am billigsten sind, Produktionsstätten dorthin zu verlagern, wo die Umweltstandards und die Steuerbelastung am niedrigsten sind, und möglichst auch am Firmen-Stammsitz keine oder wenig Steuern zu bezahlen, zeigt die Grenzen nationalstaatlicher Politik.

Eine **globale Wirtschafts- und Sozial-Politik** kann nur in Ansätzen entwickelt werden. Firmen wie VW versuchen inzwischen allerdings, Mindeststandards für alle über den Globus verteilten Werke zu setzen und einzuhalten und haben insofern Vorbildcharakter für andere "Global Players". Nichtregierungsorganisationen (NGOs) gewinnen zunehmend an Einfluss und finden bei WTO-Gipfeln und auch in den (westlichen) Medien zunehmend Beachtung. Die Bedeutung der ILO (International Labor Organisation, UNO-Sonderorganisation) müsste gestärkt werden.

Kommunikation ("Vernetzte Welt"):
weltumspannende Information über Nachrichtenagenturen und E-Mail-Austausch, z. B. von Globalisierungsgegnern wie der NGO "attac"

Gesellschaft und Kultur ("Globales Dorf"):
Lebensweisen, Kleidung, Musikstile, Sprachen werden weltweit angeglichen, standardisiert.

Sicherheit ("Weltrisikogemeinschaft"):
Krisen, Kriege, Seuchen, Umweltzerstörung haben häufig weltweite Ursachen und Auswirkungen (z. B. Wassermangel, CO_2-Ausstoß, Streit um Rohölquellen und -transportwege).

3.2.2 Chancen und Gefahren der Globalisierung

Stofftelegramm

URSACHEN:
- technischer Fortschritt, v. a. bei der Informationstechnik
- Abbau von Zöllen und anderen Handelsschranken durch GATT, WTO, TPP
- Entstehung gemeinsamer Märkte wie EWG, NAFTA, Mercosur, ASEAN
- schnellere und billigere Transportmittel
- weitgehend freier Kapitalverkehr
- Ende des Ost-West-Konfliktes und des kommunistischen „Ostblocks"

MERKMALE:
- internationale Arbeitsteilung
- Wettbewerb von Staaten und Regionen um Direktinvestitionen (Firmenansiedlung) multinationaler Konzerne (= Standortwettbewerb)
- weltweite Integration der Finanzmärkte
- Welthandelsvolumen steigt stark (und stärker als die Weltproduktion!).
- sinkender Einfluss von Staaten auf die Wirtschafts- und Gesellschaftspolitik

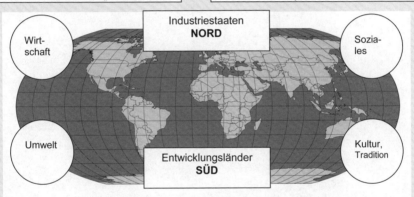

Wirt-schaft • Industriestaaten **NORD** • Soziales • Umwelt • Entwicklungsländer **SÜD** • Kultur, Tradition

CHANCEN:
- Unternehmen können weltweit produzieren, investieren, einkaufen, dort, wo es für sie am günstigsten ist, und deshalb auf dem Weltmarkt preisgünstig Produkte anbieten.
- größeres Warenangebot
- freier Welthandel, erweiterte Exportchancen
- steigende Einkommen für Unternehmer und Arbeitnehmer in bestimmten Branchen und Weltregionen
- steigendes Weltsozialprodukt

GEFAHREN:
- Verlust von Arbeitsplätzen in den „Hochlohn-Staaten" durch die internationale Konkurrenz
- Abbau des „sozialen Netzes" (von Sozialstaatsleistungen)
- Produktion an Standorten ohne Umweltschutzvorschriften
- Auslösung von Wirtschaftskrisen durch Spekulationen an den Aktien- und Devisenbörsen
- Ohnmacht der Politik gegenüber den „Global Players" an Investitions- und Finanzmärkten
- Verlust der kulturellen Vielfalt
- Förderung des Terrorismus
- globale Krankheitsverbreitung

Aufgaben

1. Erläutern Sie den Begriff „Globalisierung" in zwei verschiedenen Zusammenhängen.

2. Definieren Sie „wirtschaftliche Globalisierung".

3. Definieren Sie „kulturelle Globalisierung".

4. Wie hat sich Globalisierung auf die Kommunikationsmöglichkeiten ausgewirkt?

5. Globalisierung kann aus deutscher Sicht sowohl positiv als auch negativ gesehen werden. Erläutern Sie hierfür je ein Beispiel.

6. Nennen Sie vier ehemalige südostasiatische Entwicklungsländer, welche zu Gewinnern der Globalisierung wurden.

3.3 Friedenssicherung und Entwicklungszusammenarbeit

3.3.1 Problematik der Friedenssicherung

Stofftelegramm

* **Krieg und Frieden zu Beginn des 21. Jahrhunderts**
  Realität: weltweit jährlich ca. 45 Kriege und schwere „Bürgerkriege"

* **Frieden – Vorstellungen von Friedensrealität und Zielen**

Höchstes Friedensziel: ein Leben in einer Weltgesellschaft mit sozialer Gerechtigkeit, ohne jede strukturelle Gewalt, keit, mit gewaltfreier Konfliktregelung im privaten und gesellschaftlichen Leben und mit einer Natur im ökologischen Gleichgewicht

**Idealzustand
„Positiver Frieden"**
Abwesenheit aller
Gewaltauslöser

Friedensprozess „Dynamischer Frieden"
Abbau von sozialer Ungerechtigkeit,
struktureller Gewalt

Frieden als Nichtkrieg – „Negativer Frieden"
keine direkte personelle Gewalt durch Krieg od. Bürgerkrieg
Situation des Waffenstillstands

Welches sind die häufigsten **Ursachen** für **Kriege?**

* **Wirtschaftsinteressen**

  – wirtschaftliche **Kontrolle über wichtige Rohstoffe/Energieträger**
    (z. B. Öl im Krieg Irak gegen Kuwait, z. T. auch im UNO-Golfkrieg
    und im „USA-GB-Anti-Irak-Krieg" 2003)
  – **Sicherung ökonomisch wichtiger Verkehrswege** (z. B. Suez-Kanal-Krieg)
  – **Rüstungsverkäufe** (v. a. der Großmächte) in „Spannungsgebiete", gegenseitige
    Aufrüstung
    (z. B. Iran ↔ Irak, Indien ↔ Pakistan)
  – extreme soziale Unterschiede zwischen den korrupten Eliten in den Metropolen und der
    armen Landbevölkerung

* **Militärstrategie + Machtpolitik**

  – **Besetzung von strategisch wichtigen Gebieten**
    (z. B. China ↔ Tibet, Israel ↔ Syrien [Golan],
    Großbritannien ↔ Argentinien [um die Falkland-Inseln])
  – **Ausdehnung des Herrschaftsbereichs** (z. B. UdSSR ↔ Afghanistan)

- **Totalitäre Ideologie + Religion**

  – **Ausbreitung einer politischen Weltanschauung**
  (z. B. Vordringen der kommunistischen Ideologie in Korea, Vietnam,
  andererseits Abwehrversuch durch demokratisch-kapitalistische Staaten, v. a. USA)
  – **missionarische Ausbreitung einer Religion/Religionsgruppe** (z. B. politisierter Islam:
  Taliban, Untergrundkämpfer in Pakistan, Ausbreitung eines sunnitischen „Islamischen
  Staates" von Syrien über Irak, Libanon u. a.)

- **Gebietsansprüche**

  – **Volksgruppen** (mit gleicher Sprache, Kultur, Tradition) **wehren sich gegen kolonialzeit-
  liche/imperialistische Grenzziehungen** (z. B. im Kosovo, Tschad, Bergkarabach) oder
  kulturelle bzw. wirtschaftliche Benachteiligung.
  – **Völker leiten aus verschiedenen Traditionen (z. B. religiösen) und Schicksalen** (z. B.
  Zwangsvertreibung, Kolonialmachtsentscheidung) ihr **Besiedelungsrecht ab** (z. B. Israel
  ↔ Palästina, Iran ↔ Irak, Irak ↔ Kuwait, Kroatien ↔ Serbien).

- **Wahnvorstellungen/Feindbilder**

  – **Diktatoren,** deren Macht im eigenen Staat nicht begrenzt ist, suchen weitere **Selbstbe-
  stätigung in der Niederwerfung anderer Völker.**
  – Verherrlichung der Leistungen und kämpferischen Natur der eigenen Nation (**Nationalis-
  mus**), Verächtlichmachung anderer Völker und Ethnien („Rassen") (**Rassismus**)
  – Schuldzuweisung für eigenes (wirtschaftliches) Elend an fremde Staaten („Sündenböcke"!),
  Propagandadarstellung von **Nachbarvölkern → bedrohliche Feinde**

3.3.2   Politische und militärische Friedenssicherung

Stofftelegramm

- **Beiträge zur Friedenssicherung durch sicherheitspolitische Verträge (Beispiele):**
  1967   Weltraumvertrag: Verbot der dortigen Stationierung von Atomwaffen
  1987   **INF: Beseitigung aller landgestützten Mittelstreckenraketen von USA** (Pershing
         II, Marschflugkörper) **und UdSSR** (v. a. SS-20-Raketen)
  1990   **KSE: Höchstgrenzen für konventionelle Waffensysteme in Europa**/KSZE-Staaten
  1991/1993 **START:** Verringerung der strategischen Atomwaffen von USA und Russland
  1996   **Atomwaffenteststoppvertrag**
  1997   **Antichemiewaffenvertrag** (Verbot von Produktion, Lagerung, Weitergabe und
         Verwendung von Chemiewaffen)
  1999   **KSE-II:** weitere Reduzierung konventioneller Waffensysteme in Europa
  2002   NATO-Russland-Rat
  2003/2011 neue **START**-Abkommen zur Reduzierung der strategischen Nuklearwaffen

- **KSZE-PROZESS als Grundlage einer neuen Sicherheitsordnung in Europa**
  Konferenz über Sicherheit und Zusammenarbeit in Europa (1973–75)
  – Schlussakte von Helsinki 1975 legte 10 Prinzipien für das friedliche Zusammenleben der
  Staaten fest (Beginn vertrauensbildender Maßnahmen, z. B. Militärbeobachter-Austausch).
  – KSZE-Vereinbarungen und Folgekonferenzen 1977–89 waren „Motor der Annäherung".

– November **1990: KSZE-Konferenz** (darin **NATO** und **Warschauer Pakt**) erklärt **Ende des Kalten Krieges.**

– April **1991: Auflösung des Warschauer Paktes,** stattdessen Streben nach sicherheitspolitischer Zusammenarbeit durch neue KSZE-Einrichtungen

– **KSZE soll zur Festigung rechtsstaatlich-demokratischer Verhältnisse und Aufbau marktwirtschaftlicher Strukturen in Ost-Europa beitragen.**

– Seit 1991 **Kooperation in Partnerschaftsräten zwischen den NATO-Staaten und ehemaligen Warschauer-Pakt-Staaten,** z. B. 22 Oststaaten von Albanien bis Weißrussland, Hauptziele → demokratischen Wandel im Osten stabilisieren und gemeinsame Sicherheitspolitik fördern.

– **OSZE (seit 1995 Organisation für Sicherheit und Zusammenarbeit in Europa) mit zzt. 57 Staaten; ganz Europa, USA und Kanada** mit Hauptaufgaben: Einsatz für Menschenrechte, Sicherheitspolitik, Rüstungskontrolle, Krisenbewältigung in Europa

• **Konfliktveränderungen in Europa**

– 1989: Revolutionen in Osteuropa, **Ende des Kommunismus in Europa**

– 1990: **Überwindung der Teilung Deutschlands,** Ende des Kalten Kriegs

– 1991: Auflösung des Warschauer Paktes und **Auseinanderbrechen der Sowjetunion** in 18 unabhängige Republiken, dann wieder Teilzusammenschluss von 15 Staaten in **G**emeinschaft **U**nabhängiger **S**taaten (= GUS), Golfkrieg (USA u. a. Staaten im Auftrag der UNO gegen Irak) nach UNO-Beschluss

– **seit 1991 zunehmender Nationalismus in Ost- und Südosteuropa,** Nahost/Mittelost, Nordafrika, **verstärkt von islamischem Fundamentalismus, Bürgerkriege** und Teilstaaten-Kriege (z. B. Serbien ↔ Kroatien; Serbien ↔ Kosovo) wie im ehemaligen Jugoslawien

– seit 1997 Sicherheitsabkommen zwischen Russland und der NATO

– **1999:** Neue NATO-Mitglieder: Polen, Tschechische Republik, Ungarn (nun 19 Mitglieder)

– 2002: Mit dem neuen **NATO-Russland-Rat** (aber keine Tagung seit Ukraine-Konflikt) wurde Russland zum gleichberechtigten Partner, z. B. bei der Rüstungskontrolle und der Terrorismusbekämpfung. Über den „Bündnisfall" und die Nato-Erweiterung entscheiden aber die NATO-Mitglieder einzeln.

Russland sieht jede NATO-Osterweiterung als Bedrohung und Gefahr für die euroatlantische Sicherheit an. Das Verhältnis zwischen Russland und der EU ist zusätzlich durch die EU-Wirtschaftssanktionen gegen Russland aufgrund der Krim-Annektion stark belastet.

– 2004/2009: Der europäische Teil der NATO vergrößert sich nach Osten:

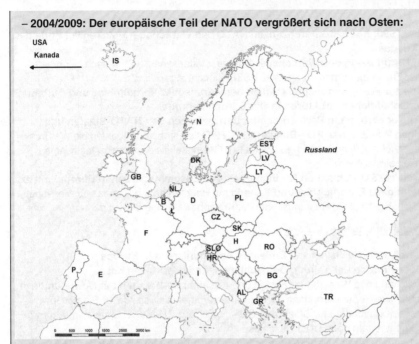

28 NATO-Mitglieder: Entwicklung in 60 Jahren

seit 1949		seit 1952	seit 1955	seit 1982	seit 1999	seit 2004	seit 2009
Belgien	Kanada	Griechenland	Deutschland	Spanien	Polen	Bulgarien	Albanien
Dänemark	Luxemburg	Türkei	(BRD)		Tschechien	Estland	Kroatien
Frankreich	Niederlande				Ungarn	Litauen	
Großbritannien	Norwegen					Lettland	
Island	Portugal					Rumänien	
Italien	USA					Slowakei	
						Slowenien	

Der Nordatlantikrat mit Generalsekretär tagt jede Woche.

- **Änderung der NATO-Sicherheitspolitik**
  - **Sicherheitspolitische und wirtschaftliche Kooperation mit Osteuropa vorrangig**
  - Weiterentwicklung der Konflikt- und Kriegsverhütung
  - **Risikovorsorge** (auch gegen Hochtechnologie-Aufrüstung der „Dritten Welt") mit schnell verlegbaren und sofort einsetzbaren multinationalen Truppen (Bundeswehr daran beteiligt mit speziellen **Krisenreaktionskräften**; seit 1993 deutsch-französisches „Eurokorps")
  - Bereitschaft zur **Übernahme von UNO-** (und OSZE-)**Aufträgen** (z. B. in „Ex-Jugoslawien")
  - Grundprinzip Abschreckung jeder Aggressionsdrohung und Bereitschaft zur Abwehr jedes Angriffs auf das NATO-Gebiet bleibt, aber auch Raketenabwehrsystem mit Russland möglich
  - Vorbereitung auf Abwehr des weltweiten Terrorismus (seit den Ereignissen des 11.09.2001)

Welche Rolle spielen die **Vereinten Nationen** (**UNO**) bei der Friedenssicherung?

- Gründung der UNO **1945**, Sitz **New York**
- jährlicher Gesamthaushalt ca. 3 Mrd. USD, finanziert aus Mitgliedsländerbeiträgen

- Bekannteste Organe:
  - **Internationaler Gerichtshof** in Den Haag
  - Sekretariat mit **UN-Generalsekretär** António Guterres
  - jährliche **Generalversammlung** (193 Staaten, gleichberechtigt mit je 1 Stimme: Nordamerika 2, Süd- und Mittelamerika 33, Europa 41, Afrika 54, Asien 48, Ozeanien 15)
  - **Sicherheitsrat**

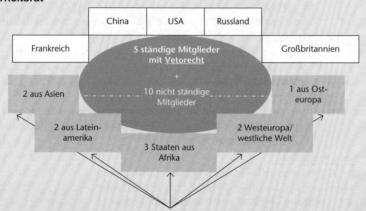

- **Maßnahmen des Sicherheitsrats** (mit 15 Staaten als Mitgliedern):
  Untersuchung internationaler Streitigkeiten, Empfehlungen zur friedlichen Beilegung; Feststellung, ob eine Bedrohung des Friedens oder eine Angriffshandlung vorliegt (wie z. B. Irak gegen Kuwait); **Beschluss** gewaltloser Bestrafungsmaßnahmen (wirtschaftlicher Sanktionen) oder **militärischer Zwangsmaßnahmen** (mittels **UN-Friedenstruppen**, die von den UN-Mitgliedsländern zur Verfügung gestellt werden → „Blauhelme")
- **Zustandekommen von Beschlüssen**: Resolutionen brauchen ein Mehrheit von 9 von 15 einschließlich der Stimmen aller 5 permanenten Mitglieder (→ Vetorecht führt oft zur Lähmung des Rats). Abstimmungen sind öffentlich (Handzeichen).

| Vor welchen organisatorischen und globalen **Problemen** steht die UNO? |

- Behauptungsfähigkeit gegenüber militärischen Weltmächten wie den USA
- Reformierung des Sicherheitsrates (Erweiterung um Mitglieder wie Japan, Deutschland und Aufhebung des Vetorechts) und der Kriterien für ein Eingreifen der UNO
- Erhöhung der Handlungsfähigkeit (statt Versagen wie z. B. in Syrien, Ruanda, Sudan)
- Schutz der globalen Umwelt, Friedenserhaltung oder -schaffung, v. a. bei absehbaren Konflikten um wichtige Rohstoffe (wie Erdöl) oder Lebensgrundlagen (v. a. Trinkwasser)
- Eindämmung ethnischer und/oder religiöser Konflikte und Flüchtlingsbewegungen (60 Mio. zzt.)
- Kampf gegen den Terrorismus in vielen Teilen der Welt und die unkontrollierte Verbreitung von atomaren und chemischen Massenvernichtungswaffen
- Armutsbekämpfung

| **Bundeswehr** – Beiträge zur Friedenssicherung |

- **Präambel** des Grundgesetzes (GG): Bundesrepublik Deutschland hat das Ziel, „dem Frieden der Welt zu dienen".
- **Art. 12a GG:** **Wehrpflicht** und Ersatzdienst
- Art. 24 GG: Beitritt zu einem kollektiven Sicherheitssystem (z. B. NATO, UNO, EU)
- Art. 26 GG: **Führung eines Angriffskrieges verfassungswidrig**
- Art. 87a GG: Streitkräfte nur zur **Verteidigung**

Klassische militärische Aufgaben:

- im **Frieden:** Friedenssicherung durch <u>Abschreckung</u>, seit 1991 auch durch militärische Kooperation mit Osteuropastaaten (inkl. technisch. Hilfe bei Abrüstung)
- im **Spannungsfall** und in Krisenzeiten: Sicherung der Handlungsfreiheit von Bundestag und Bundesregierung, Schaffung von Verhandlungsspielraum
- im **Verteidigungsfall:** Schutz der Bundesrepublik und/oder anderer NATO-Staaten **gemeinsam mit den NATO-Verbündeten** durch Zurückschlagung/ Vernichtung angreifender Streitkräfte bis zur Beendigung des Krieges

Nichtmilitärische Aufgaben:

- im **Frieden:** Hilfe bei Naturkatastrophen (im In- oder Ausland) und besonders schweren Unglücksfällen, Unterstützung humanitärer Aktionen weltweit
- im **Spannungs- und Verteidigungsfall:** Schutz ziviler Objekte, Unterstützung polizeilicher Maßnahmen
- bei **Notstand** innerhalb der BRD (Gefahr für freiheitlich demokratische Grundordnung): Unterstützung der Polizei und des Bundesgrenzschutzes bei der Bekämpfung organisierter und militärisch bewaffneter Aufständischer

Erweiterte neue Aufgaben:

- **Einsatz im Rahmen der UNO-Friedenstruppen („Blauhelme"),** Konflikteindämmung in Spannungsgebieten (z. B. Südosteuropa) durch polizeiartige Anwesenheit, **Kontrolle von Waffenstillstandsabkommen**
- **Militärische Zwangsmaßnahmen** nach UN-Sicherheitsratsbeschluss: „friedensschaffende Maßnahmen" = UNO-Kampfeinsätze, evtl. auch **NATO-Einsätze** „out of area" wie beim Eingriff in den Serbien-Kosovo-Krieg 1999, **EU-Einsätze** seit 2003, Mitwirkung am Aufbau spezieller EU-Kampfverbände seit 2005 (13 EU Battlegroups mit je 1.500 Soldaten)

Abhängigkeit der Bundeswehr vom Rechtsstaat = Primat der Politik

Verteidigungsausschuss   **Bundestag** *beschließt*   **GG-Änderung** (mit $\frac{2}{3}$ Mehrheit
<u>des Bundestages</u>   auch im **Bundesrat**) zu Fragen
kontrolliert   *wählt*   der Wehrpflicht (1956 beschlossen)
                                                        sowie <u>Gesetze zur Dauer des</u>

Verteidigungsminister *ist verantwortlich*   <u>Wehr- und Ersatzdienstes</u>
(ein Zivilist) *hat Befehlsgewalt*
über   *gibt jährlich Rechenschaftsbericht über Bundeswehr*
<u>Bundeswehr</u>-Soldaten   **Bundeswehrbeauftragte(r)**
                       schützt die Rechte
                       der Soldaten

Als Hilfsorgan des Bundestages darf der **Wehrbeauftragte** selbstständig Untersuchungen einleiten, wenn Verletzungen der Grundrechte der Soldaten oder der Grundsätze über die innere Führung der Bundeswehr vorliegen. Die Bundeswehr ist letztlich immer vom **Parlament** abhängig, weil Umfang und Ausstattung der Streitkräfte vom Bundeshaushalt, also den zufließenden Geldern abhängen.

Wer entscheidet über den **Einsatz der Bundeswehr**?

- **UNO-Einsatzfall:** **Bundesregierung** nur mit **Zustimmung** des **Bundestages** (mit einfacher Mehrheit)
- <u>**NATO-Bündnisfall**</u>, d. h. bewaffneter **Angriff auf einen NATO-Bündnispartner:** <u>NATO-RAT</u> muss einstimmig Verteidigungsfall feststellen, nötig ist also auch die deutsche Zustimmung durch die <u>**BUNDESREGIERUNG**</u>, die danach über die Art des Beistands und des Bundeswehreinsatzes entscheiden kann.

- **Verteidigungsfall**:
  - Voraussetzung: **BRD wird mit Waffengewalt** (voraussichtlich) **angegriffen**.
  - Ablauf:

BUNDESREGIERUNG
beantragt Feststellung des Verteidigungsfalls ⟶ **GESETZGEBENDE BUNDESORGANE**
Bundestag mit $\frac{2}{3}$-Mehrheit + **Bundesrat**
(notfalls der Gemeinsame Ausschuss)

Befehlsgewalt geht auf **Bundeskanzler**
über (Verteidigungskrieg) ⟶ **Bundestag** kann Verteidigungsfall für
beendet erklären

Ende der Kampfhandlungen zur Verteidigung
durch Befehl des Bundeskanzlers an die Generäle

Beispiele für Auslandseinsätze der Bundeswehr

seit 1992	Ex-Jugosla-wien	Beteiligung an Friedenstruppen IFOR und SFOR in Bosnien, an **KFOR**-Truppen im Kosovo (seit 1999)
seit 2004		**EUFOR** (7.000 EU-Soldaten in Bosnien-Herzegowina, Übernahme des bisherigen SFOR-Kommandos der NATO)
2001/2002 –2014	Afghanistan	Beteiligung an Afghanistan-Schutztruppe, seit Febr. 2003 von BRD + NL geführte **ISAF, seit 2015 Ausbildungsmission.**
seit 2006	Libanon	Beteiligung an UNIFIL, Auftrag: Absicherung der seeseitigen Grenze
seit 2008	vor Somalia	Beteiligung an EU-Einsatz **ATALANTA** gegen Piraten vor der Küste am Horn von Afrika

Was bedeutet **Wehrpflicht?**

Bestimmungen des Art. 12a GG und des Wehrpflichtgesetzes seit 1956
Grundsätzliche **Verpflichtung volljähriger (tauglicher) deutscher Männer** zum Dienst bei den Streitkräften (Frauen dürfen nicht zum Dienst mit der Waffe zwangsverpflichtet werden!)

Welche Argumente gibt es für und gegen die **Wehrpflicht?**

- **Bisherige Argumente für die Wehrpflicht:**
  - Soldat = „**Staatsbürger in Uniform**", ständige Verbindung zwischen Volk und Soldaten, kein „Staat im Staat" (wie z. B. im Kaiserreich)
  - Schutzbedürfnis des demokratischen Staates wird durch **Lastenverteilung auf möglichst viele Bürger mit Verteidigungswillen** am besten erfüllt.
  - Bundeswehr braucht bestimmte **Mindeststärke**, die durch Anwerbung von Freiwilligen allein nicht erreicht wird, und findet fähige Zeitsoldaten unter den Wehrdienstleistenden.

- **Argumente für die Aussetzung der Wehrpflicht (seit 01.07.2011):**
  - Zunehmende Wehrungerechtigkeit: Nur noch ca. 20 % der Wehrpflichtigen leisteten Dienst. Wer 23 Jahre alt war, verheiratet oder nur bedingt tauglich (T3), war befreit.
  - Auslandseinsätze werden immer wichtiger, Soldaten müssen dafür professionell ausgebildet sein.

- **Bedeutungsschwund der Wehrdienstleistenden in der Bundeswehr**

	Ende 20. Jhd.	2005–2010	2011	2015
Grundwehrdienstleistende	130.000			
Freiwillig Wehrdienst Leistende	–	60.000	25.000	9.000
Berufs- und Zeitsoldaten	200.000	190.000	188.000	169.000

Bis 2010 wurden die ca. 250.000 Soldaten in drei Kategorien eingesetzt: 35.000 Eingreifkräfte, 70.000 Stabilisierungskräfte, 145.000 Unterstützungskräfte. Neuausrichtung: 185.000 Soldaten inkl. 10–15.000 freiwillig Wehrdienstleistende. 10.000 Soldaten sollen zeitgleich durchhaltefähig im Ausland eingesetzt werden können.

- **Wehrdienstdauer**
  - von einstmals (z. B. 1970) 18 Monaten Grundwehrdienst seit 01.07.2010 reduziert auf sechs Monate
  - unbefristeter Wehrdienst im Verteidigungsfall (= Kriegsdienst)
- **Freiwillige**
Seit 2011 gibt es einen freiwilligen Wehrdienst mit sechs Monaten Probezeit und maximal 23 Monaten Dauer für Männer und Frauen. Für alle Freiwilligen, Berufs- und Zeitsoldaten ist ein Einsatz bei internationalen Friedensmissionen als Eingreifkräfte oder Stabilisierungskräfte außerhalb des NATO-Gebiets möglich und wahrscheinlich.

- **Pflichten des Soldaten:**
  - Grundpflicht: Bereitschaft, **Recht und Freiheit des deutsches Volkes tapfer zu verteidigen**
  - Pflicht zum **Eintreten für die freiheitlich demokratische Grundordnung**
  - **Gehorsamspflicht** (ausgenommen aber: Menschenwürdeverletzung, Privatzweck, Straftat)
- **Rechte des Soldaten:**
  - **Grundsätzlich gleiche Rechte wie jeder Staatsbürger, Einschränkung** ist jedoch wegen dienstlicher Erfordernisse möglich (z. B. bei der Meinungs- und Versammlungsfreiheit), statt völliger Freizügigkeit → Kasernierung während der Dienstzeit und beim Wachdienst
  - **Beschwerderecht** bei jedem Vorgesetzten (Überprüfung von Rechtsverletzungen durch unabhängige Gerichte gesichert)
  - **Petition an die (den) Wehrbeauftragte(n)**

Wie war der Friedensdienst der **Kriegsdienstverweigerer** in Deutschland bisher geregelt?

- **Bestimmungen der Art. 4 und 12 GG**
  - **Niemand** darf gegen sein Gewissen **zum Kriegsdienst** (= **Wehrdienst** laut BVerfG) mit der Waffe **gezwungen** werden. (Jährlich wurden ca. 170.000 Verweigerer anerkannt!)
  - **Wer nach der Musterung den Kriegsdienst verweigert**, weil ihm sein **Gewissen ausnahmslos das Töten eines Menschen verbietet**, hat einen (zivilen) **Ersatzdienst** zu leisten.
- **Anerkennungsverfahren (für ungediente Wehrpflichtige)**
  - Antrag an das **Bundesamt für Zivildienst** mit **persönlicher schriftlicher Darlegung des Verweigerungsgrundes** und Lebenslauf, polizeilichem Führungszeugnis
  - bei Zweifeln an der Gewissensbegründung Verfahren vor einem Prüfungsausschuss beim Kreiswehrersatzamt
- **Aufgabenbereiche für anerkannte Kriegsdienstverweigerer**
  - **sozialer Ersatzdienst**, z. B. in **Krankenhäusern,** Alten-/Pflegeheimen
  - sonstige dem Allgemeinwohl dienende Dienste, z. B. im Naturschutz

3.3.3 Globale Probleme

Stofftelegramm

- Auf der Welt leben ca. 7,3 Mrd. Menschen, davon in den **„Entwicklungsländern"** (3./4. Welt) ca. 80 % = 5,8 Mrd. Menschen. In diesen ärmeren Staaten nimmt die Bevölkerung jährlich um 70 bis 80 Mio. zu. 60 % der Weltbevölkerung sind Asiaten, 15 % Afrikaner.
- **Hauptmaßstab** für die Einteilung eines Staates als Entwicklungsland ist seit den 1950er-Jahren das **Bruttosozialprodukt** (BSP pro Kopf der Bevölkerung), neuerdings ergänzt durch den Grad der Säuglingssterblichkeit und Bildungschancen.
- $\frac{1}{5}$ der Menschheit in der **Ersten Welt** – den relativ reichen westlichen Industriestaaten – und der **Zweiten Welt** verfügen über ca. 83 % des Welteinkommens!
- Die meisten Entwicklungsländer befinden sich auf der **Südhalbkugel**.
- **Besonders arme Staaten** ohne vermarktbare Energieträger/Bodenschätze bezeichnet man als **Vierte Welt**, die Entwicklungsländer mit vermarktbaren Rohstoffvorkommen als **Dritte Welt** (allerdings inklusive einiger wohlhabender OPEC-Staaten wie Saudi-Arabien, Kuwait), die im **Norden** gelegenen teilindustrialisierten Osteuropastaaten (bis Ende d. Ost-West-Konflikts) als **Zweite Welt,** die relativ reichen westlichen Industriestaaten als **Erste Welt**.
- Beispiele für bekannte „Entwicklungsländer" (von über 140) auf verschiedenen Kontinenten:
  Europa: Serbien, Türkei
  Afrika: Äthiopien, Eritrea ... → alle Länder außer Republik Südafrika! (siehe Landkarte)
  Asien: Afghanistan, Indien ...
  Amerika: Brasilien, Haiti (→ alle Länder außer USA und Kanada!), wobei es in Asien und Amerika ca. 20–30 **Schwellenländer** gibt – wirtschaftlich gesehen schon Industrieländer wie z. B. China, Brasilien, Korea, Indonesien, Singapur, die auf dem Weltmarkt mit USA und Europa konkurrieren und jährliche Wirtschaftswachstumsraten zwischen 6 % und 10 % haben!
- Mit dem **Nord-Süd-Konflikt** ist v. a. der Kampf um eine Verringerung des Nord-Süd-Wohlstandsgefälles und vorhandener Ausbeutungssituationen gemeint.

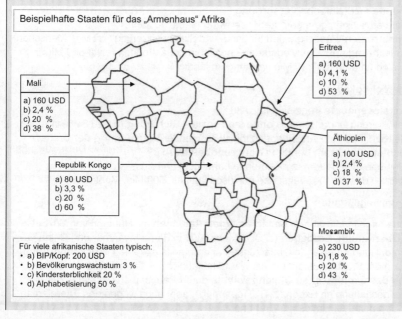

Beispielhafte Staaten für das „Armenhaus" Afrika

Eritrea
a) 160 USD
b) 4,1 %
c) 10 %
d) 53 %

Mali
a) 160 USD
b) 2,4 %
c) 20 %
d) 38 %

Äthiopien
a) 100 USD
b) 2,4 %
c) 18 %
d) 37 %

Republik Kongo
a) 80 USD
b) 3,3 %
c) 20 %
d) 60 %

Mosambik
a) 230 USD
b) 1,8 %
c) 20 %
d) 43 %

Für viele afrikanische Staaten typisch:
- a) BIP/Kopf: 200 USD
- b) Bevölkerungswachstum 3 %
- c) Kindersterblichkeit 20 %
- d) Alphabetisierung 50 %

| Welches sind die **Hauptprobleme** der **Entwicklungsländer?** |

- **geringe wirtschaftliche Leistungsfähigkeit**

  – extrem **niedriges Pro-Kopf-Einkommen** (ca. 1 Mrd. Menschen leben mit einem
  Pro-Kopf- Einkommen von täglich maximal 1 USD in Südasien 37 %, in Afrika bis zu
  50 % der Menschen)
  – großer **Mangel an Kapital und technischem Know-how**
  – geringe Spar- und Investitionsrate
  – **hohe Inflationsrate** (mehr als 1.000 % Inflation für bestimmte Produkte sind möglich!)
  – **hohe Verschuldung im Ausland** (bei Industriestaaten, Privatbanken und Weltbank)
  – **Export von Monokulturen/Rohstoffen** wie Kaffee oder Kupfer oder wenig verarbeiteten
  Produkten (Folge ehemaliger Kolonialpolitik!) kann wegen der längerfristig zu niedrigen
  Preise nicht helfen, die Auslandsverschuldung abzubauen.

- **schlechtes Bildungssystem**

  – **fehlende oder unzureichende Schulpflicht,** wenig organisierte Berufsausbildung
  – **Mangel an gutem Ausbildungsgerät und fachkundigen Ausbildern**

- **Bevölkerungswachstum**

  – **Vermehrungsrate 1,8 %–3,5 % jährlich** (Verdoppelung der Bevölkerung durchschnittlich
  in ca. 35 Jahren) wegen Mangel an Kenntnis und Möglichkeiten der Familienplanung, aus
  Tradition und zur Altersabsicherung (wegen fehlender Sozialversicherung)
  – Bevölkerung der 49 ärmsten Länder könnte sich auf 1,8 Mrd. Menschen im Jahr 2050
  fast verdreifachen.
  – Anteil der Armen in den armen Ländern wird größer (jährlich bis zu 80 Mio. weltweit).

- **schlechte Gesundheitslage**

  – **unzureichende medizinische Versorgung**
  – hohe Kindersterblichkeit, geringere Lebenserwartung (ca. 50 Jahre)
  – **Mangel an nutzbaren Wasserquellen** für Land- und Slumbevölkerung (1,2 Mrd. Menschen)
  – **Mangel an Nahrungsmitteln,** wiederkehrende Hungerkatastrophen (etwa 800 Mio.
  Menschen sind unterernährt, 40 Mio. verhungern jährlich)

- **soziale Ungerechtigkeit**

  – **hohe Arbeitslosenquote** (regional bis zu 80 %)
  – Erwerbsbevölkerung ist größtenteils **ohne** jede **soziale Sicherung** (bis zu 84 % in Afrika).
  – wachsende Kluft innerhalb eines Landes mit zunehmender **Verelendung der breiten
  Unterschichten, Reichtum bei den Großgrundbesitzern**
  – Verdrängung von Kleinbauern, zunehmende Landflucht und Ausweitung der Slums
  (Unregierbarkeit der ca. 150 Weltstädte mit insgesamt ca. 500 Mio. Menschen)

- **schwierige Umweltsituation**

  – geografische Lage in **klimatisch benachteiligten Regionen** mit Häufung von **Wirbel-
  stürmen, Überflutung, Erdbeben** (z. B. im Jahr 2008 in Birma/Myanmar und China oa.
  180.000 Tote, Hunderttausende Obdachlose), andererseits extremen **Trockenperioden**
  (Ausdehnung der Wüstengebiete um ca. 6 Mio. ha jährlich) → Vernichtung der Ernten
  – **Zerstörung des ökologischen Gleichgewichts** durch Raubbau an der Natur zur
  Devisenerwirtschaftung im Export (z. B. Tropenholz), aber auch wegen des Energieman-
  gels (statt Strom und Öl gibt es nur Brennholz)

- **militärische Konflikte**

  - Überproportional **hohe Ausgaben der (oft diktatorischen) Regierung für (modernste) Waffen**, weil sich viele Regierungen nur mithilfe des Militärs an der Macht halten können.
  - Zunehmende soziale und politische (ideologisch, religiös oder stammesmäßig bedingt) Spannungen, die zu „**Bürgerkriegen**" führen und die Entwicklung des Landes verhindern (z. B. Folgen im Kongo mindestens 4 Mio. Tote, im Sudan min. 2 Mio. Tote).

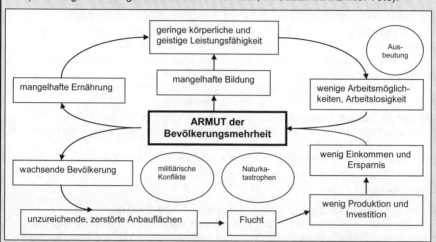

Welche vielfältigen **Ursachen** gibt es für die schwierige Lage der Südhalbkugel?

- **Bedingungen der Natur:**

  - **Rohstoffmangel** macht importabhängig, verhindert Deviseneinnahmen.
  - **ungünstiges Klima** (anhaltende Trockenperioden, Grundwassermangel, geringere Bodenfruchtbarkeit, leistungsbremsende Temperaturen)
  - **empfindliche Ökosysteme** (z. B. Prozess der „Verwüstung" der Sahel-Zone)
  - **Häufung von Naturkatastrophen** (z. B. Überschwemmung, Vulkanausbruch)

- **innerstaatliche Ursachen:**

  - **ständiger starker Bevölkerungszuwachs** (z. B. in Kenia Bevölkerung verachtfacht in 70 Jahren auf 45 Mio. Einwohner)
  - **traditionelle Wert- und Verhaltensmuster** (z. B. in Afrika weit verbreitete Ansicht, dass der Wert einer Frau von ihrer Fruchtbarkeit abhängt)
  - **Extrem ungerechte Verteilung von Besitz, Einkommen und Macht** (z. B. besitzt eine kleine Oberschicht den Großteil des nutzbaren Landes) **führt zu häufigen Spannungen**, z. T. zu Aufständen oder Bürgerkriegen.
  - **Oberschichten leben auf Kosten des Volkes**, sorgen für den Import von Luxusgütern und schaffen damit Devisenprobleme (**Verschuldung!**).
  - enge Verflechtung der Regierung mit der wirtschaftlichen Oberschicht (**„Vetternwirtschaft", Korruption**) und Militärführung
  - **Misswirtschaft, Fehlplanung, fehlendes Verantwortungsgefühl**
  - **Versagen bei der Agrarpolitik** (= Nahrungsmittelanbau, Agrarreformen)
  - **Umweltzerstörung** und Rohstoffplünderung aus privater Profitgier
  - Mentalität des „Treibenlassens" (Ergebenheit in „Schicksal")

- **Kolonialismus:**
  - **willkürliche Grenzziehungen** der Kolonialmächte (quer durch uralte Stammesgebiete)
  - **Zerstörung einheimischer Wirtschaftssysteme** (z. B. Anbau traditioneller Nahrungsmittel)
  - **Errichtung wirtschaftlicher Abhängigkeit** durch **Rohstoffausbeutung** und Anbau von **Monokulturen** für den Export in die Kolonialstaaten
  - Verhinderung des Aufbaus einer verarbeitenden Industrie

- **Beherrschung des Weltwirtschaftssystems durch die Wirtschaftsmächte:**
  - Entwicklungsländer sind meist Rohstofflieferanten und oft **abhängig vom Export weniger Produkte** (z. B. Uganda: Kaffee bringt 95 % der Exporterlöse).
  - **Preisverfall** bei vielen **Rohstoffen** (in den 1980er-Jahren bei Kaffeebohnen und Baumwolle auf das niedrigste Niveau seit dem 2. Weltkrieg).
  - Einfuhrpreise für Industriegüter steigen dagegen jährlich (→ Preisverhältnis Rohstoffe zu Industriegütern = **Terms of trade** hat sich **verschlechtert**).
  - **Welthandel ist kein System freier Marktwirtschaft**, denn westliche Industriestaaten geben jährlich ca. 200 Mrd. USD für Stützung ihrer Landwirtschaft aus (5-mal so viel wie für die Entwicklungshilfe).
  - **Zölle und technische Handelsschranken** behindern den Warenexport in die Industriestaaten (120 ärmste Entwicklungsländer haben nur einen Anteil von 3 % am Weltexport).

- **Schuldenkrise:**
  - Kredite bei der UN-Weltbank betragen insgesamt ca. 400 Mrd. USD.
  - Viele **Entwicklungsländer** sind **nicht in der Lage, vereinbarte Zinsen und Tilgungsraten zu zahlen** (jährliche Rückzahlungspflicht evtl. 3-mal so hoch wie Entwicklungshilfe!), weil sie seit ca. 20 Jahren großzügig erscheinende **Kreditangebote europäischer und nordamerikanischer Banken annahmen und auch für unproduktive Staatsausgaben und Luxusgüterimporte verwendeten**, obwohl damit **keine Devisen für** die Kreditrückzahlung und die **gestiegenen Zinsen erwirtschaftet** werden konnten.
  - Nun fehlt das Geld für lebenswichtige Einfuhren wie Nahrungsmittel, Erdöl, Maschinen, Fahrzeuge, Ersatzteile.
  - Devisenspekulationen trieben 1997–1998 selbst asiatische „Tigerstaaten" Malaysia, Südkorea, Singapur, Taiwan in eine schwere Wirtschaftskrise (Währungsverfall über 40 %).

- **Militarisierung der Entwicklungsländer:**
  - Industriestaaten der Ersten und Zweiten Welt **beliefern** die Regierungen der **Dritten Welt** mit fast allen von Machthabern **gewünschten Waffen** (für mindestens 20 Mrd. USD jährlich) und steigern damit Bereitschaft zur Kriegführung und Auslandsverschuldung.
  - über **160 bewaffnete Konflikte und Kriege** seit 1945 in der Dritten/Vierten Welt
  - **An fast jedem dritten zwischenstaatlichen Krieg** (z. B. Korea-Krieg, Vietnam-Krieg, Falkland-Krieg, Irak-Iran-Krieg, Golf-Krieg) waren **Industriestaaten beteiligt**, allerdings seit Ende des Ost-West-Konflikts eher selten.
  - Industriestaaten wirken indirekt über Vermittlung rüstungstechnischen Know-hows mit.
  - Dauerbelastung der Entwicklungsländer – mit gewalttätigem Hintergrund: **innerstaatliche Konflikte**: Regierungssturz (z. B. Äthiopien), **Beseitigung von Fremdherrschaft** (z. B. Afghanistan – anschließend aber weiterer Krieg zwischen den Clans), **Unabhängigkeit für Volksgruppen** (z. B. in Jugoslawien, Türkei, Sri Lanka), **Religionsausbreitung** (z. B. Armenien, Indien), **Kampf um die Vorherrschaft zwischen verschiedenen Stammesführern** oder Volksgruppen in der Vorbereitung auf mögliche Regierungsübernahme (z. B. Afghanistan, vielfach in Afrika)
  - **Millionen von Flüchtlingen (Asylanten) aus Nachbarstaaten** behindern zusätzlich die wirtschaftliche Entwicklung (z. B. aus dem Sudan, aus Burundi in die Nachbarstaaten).

3.3.4 Chancen der Entwicklungszusammenarbeit

Stofftelegramm

Welche internationalen Aktivitäten tragen zur Problemlösung bei?

• **Abbau der Schuldenkrise** durch Hilfe der Weltbank/UNO, G-8- und EU-Staaten
  - **Schuldenerlass** für die ärmsten, zahlungsunfähigen Länder
  - **Senkung der Kreditzinssätze**, Ausdehnung der Laufzeiten
  - **Kreditvergabe nur projektgebunden und abhängig von militärischer Abrüstung**
  - Förderung freiwilliger privater Kredite und Direktinvestitionen

• **Internationale Zusammenarbeit** der G-8- und G-20-Staaten, UNO-Staaten
  - Bekämpfung von Weltwirtschaftskrisen durch abgestimmtes Verhalten
  - Verpflichtungen wie die Vereinbarung der Millenniumsziele, z. B. zur Armutsbekämpfung
    Ziel: Halbierung der Zahl der Armen, Verringerung der Kindersterblichkeit um zwei Drittel ...

• **Veränderung der Weltwirtschaftsordnung** (angeregt von UN-Organisationen, z. B. WTO)
  - Abbau von Handelshindernissen (Zöllen, Normen) in den hoch entwickelten Staaten →
    bessere Öffnung dieser Märkte für Produkte der Entwicklungsländer und Förderung von
    Landwirtschaftsprojekten
  - Bezahlung gerechterer Preise an Rohstoffbörsen (Beseitigung der Übermacht multinatio-
    naler Konzerne, auch „Multis" genannt)

• **Unterstützung von Nichtregierungsorganisationen** (Non Governmental Organizations)
  - NGOs sind im Prinzip Bürgerinitiativen auf internationaler Ebene (z. B. „Ärzte ohne Grenzen",
    „Greenpeace", „amnesty international", die sich als Lobbyisten fürs „Überleben", d. h. für
    Menschenrechte, Umwelt, ... verstehen. Hilfe durch NGOs ist meist schneller, oft effektiver.
  - 1.500 NGOs sind bei der UNO registriert. Ihre Arbeit müsste aber globaler bekannt werden.

• **Verhaltensänderung der Konsumenten im „reichen Norden"**
  - Verbraucher sollten vermehrt Dritte-Welt-Projekte fördern (durch entsprechenden Einkauf!).
  - Wenn wir unseren Fleischkonsum reduzieren, muss weniger Getreide verfüttert werden
    und kann dafür menschlichen Hunger stillen. (Denn fast 40 % der Weltgetreideernte
    werden als Viehfutter zur Fleischerzeugung eingesetzt.)

Aufgaben

1. Zeigen Sie an einem Beispiel (z. B. Jugoslawien), dass der Ausbruch eines Krieges meist auf
   mehrere Ursachen zurückzuführen ist.

2. Warum wurde der Warschauer Pakt aufgelöst?

3. Nennen Sie drei bedeutsame Abrüstungsverhandlungen, die erfolgreich abgeschlossen
   wurden.

4. Welche Risiken bedrohen voraussichtlich noch viele Jahre den Weltfrieden?

5. Welche Veränderungen haben sich für die NATO und die Bundeswehr aus der neuen
   weltpolitischen Lage ergeben?

6. Warum ist rein militärische Friedenssicherung völlig unzureichend?

7. Welches sind die Hauptaufgaben der Bundeswehr seit 1956 gewesen?

8. Worin zeigt sich die Abhängigkeit der Bundeswehr von den demokratischen Entscheidungsträgern Parlament und Regierung?

9. Welche neuen globalen Aufgabenbereiche hat die Bundeswehr erhalten?

10. Wodurch unterscheiden sich der bisherige Wehrdienst und der Ersatzdienst?

11. Welche Aufgaben hat die/der Wehrbeauftragte?

12. Welche Gründe sprechen für die Schaffung einer Berufsarmee ähnlich der anderer NATO-Staaten wie Belgien, Frankreich, Großbritannien, Irland, Niederlande, Spanien?

13. Welche Gründe sprachen bisher für die Wehrpflichtarmee anstelle einer Berufsarmee?

14. Wodurch war die Wehrungerechtigkeit der letzten Jahre gekennzeichnet?

15. Ein früherer Verteidigungsminister sagte sinngemäß, die Freiheit Deutschlands werde am Hindukusch verteidigt. Nehmen Sie dazu Stellung.

16. Welche Probleme schaffte die 2011 erfolgte Aussetzung der Wehrpflicht?

17. Nennen Sie vier NATO-Einsätze mit Beteiligung der Bundeswehr.

18. Was versteht man unter dem Nord-Süd-Konflikt?

19. Nennen Sie fünf wesentliche innerstaatliche Faktoren für wirtschaftliche Unterentwicklung und erläutern Sie daran den „Teufelskreis der Armut".

20. Inwiefern sind Industriestaaten für die Armut auf der Südhalbkugel mitverantwortlich?

21. Das Konzept der Entwicklung durch Finanzhilfen und Industrialisierung wird nach über 30 Jahren Anwendung zunehmend in Zweifel gezogen. Welches sind die Gründe dafür?

22. Welche Vorteile einerseits, Gefahren andererseits kann das Ende des Ost-West-Konfliktes für die Entwicklungsländer zur Folge haben?

23. Warum können auch wir Bundesbürger kein Interesse an einer Verschärfung des Nord-Süd-Konfliktes haben?

24. Warum kann Nahrungsmittelhilfe (z. B. aus EU-Überschüssen) unter Umständen mehr schaden als nützen?

25. Nennen Sie sechs nicht staatliche Entwicklungshilfe-Organisationen.

26. Warum wird die Zusammensetzung des UN-Sicherheitsrates häufig kritisiert?

27. Welche Ursachen gibt es für die unfreiwillige Migration von weltweit mindestens 50 Millionen Menschen?

28. Welche Staaten gehören zur G-8-Gruppe? Welche weltpolitische Bedeutung haben G-8 und G-20?

29. Zeigen Sie an zwei Beispielen Erfolg und Misserfolg bei den von den UN für 2015 angestrebten Millenniumszielen.

3.4 Prüfungsaufgaben

Prüfungsaufgaben Sommer 2013 (Aufgabe 5)

1. Globalisierung beinhaltet sowohl positive als auch negative Aspekte.

1.1 Erklären Sie anhand von zwei Beispielen, wie Globalisierung und Umweltzerstörung zusammenhängen.

1.2 Zeigen Sie am Beispiel der weltweiten Freizügigkeit, dass damit gleichzeitig Vor- und Nachteile der Globalisierung verbunden sein können.

1.3 Beurteilen Sie, ob eine entsprechende Umfrage in einem schwarzafrikanischen Land zu ähnlichen Ergebnissen wie in der **Anlage** dargestellt, führen würde.

2. „Global denken – lokal handeln!" – Auf diese Formel wurden die Ergebnisse der UN- Konferenz über Umwelt und Entwicklung 1992 in Rio gebracht.

2.1 Erläutern Sie, wie diese Formel zu verstehen ist.

2.2 Führen Sie drei Beispiele für lokales Handeln an, die diesem Leitgedanken entsprechen.

2.3 Beurteilen Sie, ob diese Formel in den zurückliegenden zwei Jahrzehnten erfolgreich umgesetzt werden konnte.

Anlage

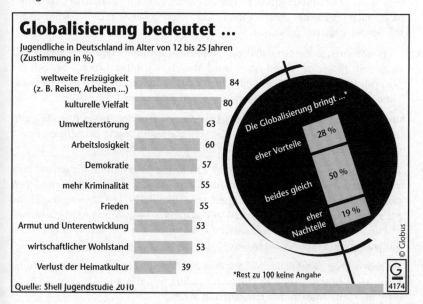

Globalisierung bedeutet ...

Jugendliche in Deutschland im Alter von 12 bis 25 Jahren
(Zustimmung in %)

weltweite Freizügigkeit (z. B. Reisen, Arbeiten ...)	84
kulturelle Vielfalt	80
Umweltzerstörung	63
Arbeitslosigkeit	60
Demokratie	57
mehr Kriminalität	55
Frieden	55
Armut und Unterentwicklung	53
wirtschaftlicher Wohlstand	53
Verlust der Heimatkultur	39

Die Globalisierung bringt ...*

eher Vorteile 28 %
beides gleich 50 %
eher Nachteile 19 %

© Globus

*Rest zu 100 keine Angabe

Quelle: Shell Jugendstudie 2010

4174

Prüfungsaufgaben Sommer 2013 (Aufgabe 6)

Als sich im Dezember 2010 der tunesische Gemüsehändler Mohamed Bouazizi aus Verzweiflung über die wirtschaftliche Lage selbst verbrannte, ahnte niemand, dass dies der Auftakt einer beispiellosen Revolutionswelle in der arabischen Welt sein würde.

1. Der Erfolg der „Jasmin Revolution" in Tunesien ermutigte die Völker anderer arabischer Länder, sich gegen ihre Obrigkeiten aufzulehnen. Nennen Sie vier weitere Länder.

2. Die Proteste wurden im Wesentlichen von der Jugend getragen, die in den arabischen Ländern über ein Drittel der Bevölkerung ausmacht. Beschreiben Sie vier Beweggründe für diese Proteste.

3. In Libyen intervenierte der Westen militärisch, in Syrien tut er es nicht. Der stellvertretende UN-Generalsekretär Jan Eliasson begründet in einem Interview dieses unterschiedliche Verhalten. Legen Sie seine Argumente dar (**Anlage**).

4. Eine Resolution des UN-Sicherheitsrates scheiterte im Dezember 2011 am Einspruch von China und Russland. Beschreiben Sie die Zusammensetzung und die Regeln zur Beschlussfassung im Sicherheitsrat.

5. Welchen Problemen sieht sich die UNO bei der Ausübung ihrer Funktion als internationaler Wahrer von Frieden und Menschenrechten ausgesetzt (vier Nennungen)?

Anlage

Die Zeit: Vor fast genau einem Jahr verabschiedete der UN-Sicherheitsrat Resolution 1973, welche die Militärintervention in Libyen ermöglichte und sich dabei zum ersten Mal auf das Prinzip der „Responsibility to Protect" berief. War Libyen wirklich ein Fall für die Schutzverantwortung?

Jan Eliasson: Ganz eindeutig, ja. Als Gaddafi die oppositionelle Zivilbevölkerung als Ratten und Ungeziefer bezeichnete und dann beim Marsch seiner Truppen auf Bengasi die Jagd von Haus zu Haus ankündigte, da war das in meinen Augen ein „Srebrenica-Moment". Da musste die Staatengemeinschaft eingreifen.

Die Zeit: Aber kann man die Intervention ein Jahr danach als Erfolg bezeichnen? Es gibt Racheaktionen gegen die Gaddafi-Anhänger, die Entwaffnung der Milizen findet nicht statt, der Osten des Landes droht mit einer Abspaltung [...].

Jan Eliasson: Niemand konnte davon ausgehen, dass eine solche Intervention umgehend eine stabile Phase nach sich zieht. Libyen durchläuft jetzt eine extrem schwierige Übergangszeit. Ich behaupte nicht, zu wissen, wie die ausgeht. Die libysche Regierung hat sich auf die Entsendung einer UN-Peacekeeping-Mission vor Ort nicht eingelassen. Dafür ist jetzt eine politische UN-Mission vor Ort und versucht, beim Aufbau von Institutionen zu helfen.

Die Zeit: Sie gelten als maßgeblicher Mitgestalter des Prinzips der Schutzverantwortung. Wenn Sie die Intervention in Libyen für richtig halten, warum fordern Sie dann nicht auch ein militärisches Eingreifen in Syrien?

Jan Eliasson: Weil ich, erstens, fürchte, dass dies die Lage verschlimmern könnte. Weil man, zweitens, für ein militärisches Eingreifen keine Resolution im UN-Sicherheitsrat bekommt. Und weil ich immer noch Spielraum für diplomatische Vermittlung sehe.

Quelle: Die Zeit, Nr.13 vom 22.03.2012

Prüfungsaufgaben Winter 2013/2014 (Aufgabe 5)

1. Die Europäische Union erhielt 2012 den Friedensnobelpreis.

1.1 Fassen Sie drei Gründe zusammen, die das Nobelpreiskomitee veranlasste, der Europäischen Union den Friedensnobelpreis zu verleihen **(Anlage 1)**.

1.2 Beschreiben und interpretieren Sie die Karikatur **(Anlage 2)**.

1.3 Erläutern Sie – neben der Friedenssicherung – drei weitere Vorteile, die sich durch eine Mitgliedschaft in der Europäischen Union für die Mitgliedstaaten und ihre Bürgerinnen und Bürger ergeben.

2. Auch in der Europäischen Union kann man eine Gewaltenteilung erkennen.

2.1 Nennen Sie die drei Gewalten sowie die dazugehörigen EU-Organe.

2.2 Wählen Sie zwei Organe aus und beschreiben Sie deren Zusammensetzung.

Anlage 1

Die Begründung des Nobelkomitees im Wortlaut:
„Das Norwegische Nobelkomitee hat entschieden, dass der Friedensnobelpreis 2012 an die Europäische Union (EU) vergeben wird. Die Union und ihre Vorgänger haben über sechs Jahrzehnte zur Förderung von Frieden und Versöhnung beigetragen. Seit 1945 ist diese Versöhnung Wirklichkeit geworden.
Das furchtbare Leiden im Zweiten Weltkrieg zeigte die Notwendigkeit eines neuen Europa. Über 70 Jahre hatten Deutschland und Frankreich drei Kriege ausgefochten. Heute ist Krieg zwischen Deutschland und Frankreich undenkbar. Das zeigt, wie historische Feinde durch gut ausgerichtete Anstrengungen und den Aufbau gegenseitigen Vertrauens enge Partner werden können. In den 80er-Jahren sind Griechenland, Spanien und Portugal der EU beigetreten. Die Einführung der Demokratie war Voraussetzung für ihre Mitgliedschaft.
Der Fall der Berliner Mauer machte den Beitritt möglich für mehrere zentral- und osteuropäische Staaten. Dadurch wurde eine neue Ära der europäischen Geschichte eingeleitet. Die Teilung zwischen Ost und West ist in weiten Teilen beendet. Die Demokratie wurde gestärkt. Viele ethnisch bedingte Konflikte wurden gelöst. Die Aufnahme von Kroatien als Mitglied im nächsten Jahr, die Einleitung von Aufnahmeverhandlungen mit Montenegro und die Erteilung des Kandidatenstatus an Serbien wird den Prozess der Aussöhnung auf dem Balkan voranbringen. ...

Quelle: www.tagesschau.de/ausland/friedensnobelpreis-eu100.html (Stand: 28.01.2013)

Anlage 2

Quelle: www.stuttmann-karikaturen.de/archiv3.php?id=4635

Prüfungsaufgaben Winter 2013/2014 (Aufgabe 6)

1.   Die UNO wurde im Jahr 1945 gegründet.

1.1 Nennen Sie drei Hauptaufgaben der UNO.

1.2 Der Sicherheitsrat besteht aus 15 Mitgliedern – darunter sind fünf ständige Mitglieder. Zählen Sie diese auf und beschreiben Sie deren Sonderstellung.

1.3 Beschreiben und interpretieren Sie die Karikatur und berücksichtigen Sie dabei die Entscheidungsproblematik im Sicherheitsrat **(Anlage)**.

2.   Die Bundeswehr ist an zahlreichen Auslandseinsätzen beteiligt.

2.1 Nennen Sie das Organ in Deutschland, das über einen Einsatz entscheidet.

2.2 Die Bundeswehr beteiligt sich, unter dem Befehl der NATO, aktuell an einem Einsatz an der türkisch-syrischen Grenze. Dieser Einsatz wird unterschiedlich bewertet. Nehmen Sie zu diesem Bundeswehreinsatz Stellung (zwei Argumente).

3.   2011 wurde die Wehrpflicht in der Bundesrepublik Deutschland ausgesetzt. Nennen Sie zwei Gründe für diese Entscheidung und zwei Nachteile dieser Entscheidung.

Anlage

VON DER UN NICHTS NEUES, KARIKATUR: Schoenfeld

Quelle: Badische Neueste Nachrichten vom 10.09.2012, S. 2

Prüfungsaufgaben Sommer 2014 (Aufgabe 5)

1.   Von der Montanunion zur Europäischen Union war es ein weiter Weg, der über 40 Jahre währen sollte.

1.1   Ordnen Sie den sechs Ereignissen in der Tabelle (**Anlage 1**) jeweils eine der folgenden Jahreszahlen zu:
1957 – 1979 – 1993 – 2004 – 2002 – 2009

1.2   Erläutern Sie zwei Motive, die nach 1945 die Idee eines gemeinsamen Europas vorangetrieben haben.

2.   Mitgliedschaft in der EU

2.1   Erklären Sie zwei Aufnahmekriterien, die EU Beitrittsländer erfüllen müssen.

2.2   Beschreiben und interpretieren Sie die Karikatur (**Anlage 2**).

2.3   Geben Sie wieder, inwiefern die EU vom Beitritt Kroatiens profitieren kann (**Anlage 3**).

2.4   Nennen Sie zwei Staaten, mit denen momentan Beitrittsgespräche zur EU geführt werden.

Anlage 1

erste Direktwahl zum Europaparlament	
Ost-Erweiterung der EU	
Unterzeichnung der Römischen Verträge	
Der Euro wird amtliches Bar-Zahlungsmittel in zwölf EU-Ländern.	
Inkrafttreten des Vertrags von Lissabon	
Inkrafttreten des Europäischen Binnenmarktes	

Anlage 2

Zeichnung: Horst Haitzinger

Quelle: Schwäbisches Tagblatt vom 01.07.2013

Anlage 3

Aus Kroatien Impulse für ganz Europa?

Dass Kroatien EU-Mitglied wird, stößt nicht überall auf Begeisterung. Kritiker halten das Land wirtschaftlich noch nicht für fit genug. Nach Ansicht vieler Kroaten profitieren aber auch die anderen EU-Staaten – insbesondere Deutschland – von dem Beitritt.

Ist Kroatien reif für den EU-Beitritt, oder ist es das nächste Sorgenkind? Zahlt der deutsche Steuerzahler am Ende wieder drauf? Wer in Zagreb solche Fragen stellt, erntet ungläubige Blicke.

Sandra Svaljek, eine der führenden Wirtschaftswissenschaftlerinnen des Landes, ist empört: „Die jetzigen EU-Länder können vom Beitritt viel mehr profitieren als Kroatien selbst", sagt sie und nennt ein Beispiel. „Kroatien muss europäische Umweltstandards erfüllen. Das erfordert große Investitionen, etwa im Bereich von Abwässern und Kläranlagen. Uns fehlt die entsprechende Technologie."

Dies bedeutet nach ihren Worten, dass das Land auf andere EU-Länder – etwa deutsche und andere Unternehmen – angewiesen ist, „die uns hier versorgen und hier Geld verdienen können. Die EU wird sicher von diesem Erweiterungsschritt profitieren."

Svaljek gibt zu, dass auch Kroatien in der Krise steckt. Seit fünf Jahren gibt es kein Wachstum mehr, die Arbeitslosigkeit liegt bei 20 Prozent. Doch die Reformen seien auf gutem Weg, meint auch Andrej Plenkovic, der künftig für die konservative Partei HDZ im EU-Parlament sitzt: „Nach 20 Jahren eines langen Reformprozesses kommen wir als stabiles Land in die EU, mit ziemlich gut ausgebildeten Arbeitskräften. Und wir sind ein mediterranes Land. Die wunderbare Adriaküste ist nicht nur für Touristen, sie ist auch kulturell ein Wert, den wir einbringen."

Quelle: Ralf Borchard, ARD-Hörfunkstudio Südosteuropa (Stand: 29.06.2013)

Prüfungsaufgaben Sommer 2014 (Aufgabe 6)

1.   Viele Unternehmen verlegen ihre Produktion aus den Industriestaaten in Entwicklungsländer.

1.1   Erläutern Sie drei Gründe, die Unternehmen dazu bewegen, ihre Produktion ins Ausland zu verlagern.

1.2   Im Jahr 2013 kam es zur Unterzeichnung des sogenannten „Bangladesch-Abkommens" **(Anlage 1)**.

1.2.1   Legen Sie die Ziele des Bangladesch-Abkommens dar.

1.2.2   Beschreiben Sie die im Text genannten Maßnahmen im Rahmen des Bangladesch-Abkommens.

1.2.3   Stellen Sie dar, welche Chancen und Probleme der Autor im Hinblick auf die Wirksamkeit des Abkommens sieht.

2.   Die Situation der Bevölkerung von Entwicklungsstaaten wird oft als „Teufelskreis der Armut" beschrieben.

2.1   Setzen Sie die in **Anlage 2** genannten Begriffe sinnvoll in das Schaubild ein.

2.2   Nennen Sie vier konkrete Maßnahmen, die im Rahmen einer nachhaltigen Bekämpfung von Armut durchgeführt werden.

2.3   Die Vereinten Nationen versuchen kontinuierlich, die Situation der Bevölkerung in den Entwicklungsländern zu verbessern. Erläutern Sie einen möglichen Grund für das Scheitern verschiedener Initiativen.

Anlage 1

Sichere Textilfabriken

[...] Die Initiatoren sprechen von einem historischen Wendepunkt: 32 führende Handelskonzerne der Textilbranche haben bislang das sogenannte Bangladesch-Abkommen unterzeichnet. Es soll den Brandschutz und die Sicherheit in den Textilfabriken des Landes mit ihren vier Millionen Beschäftigten erhöhen.

Fünf Jahre lang sind die Konzerne an die Verpflichtung gebunden, die unter anderem Kontrollen durch unabhängige Fachleute und für die Mitarbeiter umfassende Trainingsprogramme vorsieht sowie das Recht, bei Verstößen gegen das Abkommen die Arbeit niederlegen zu dürfen. [...]

Noch vor wenigen Wochen hatten lediglich der deutsche Tchibo-Konzern und PVH aus den USA mit den Marken Tommy Hilfiger und Calvin Klein das Abkommen unterschrieben – das maßgeblich von der Nichtregierungsorganisation Clean Clothes Campaign (CCC) – zu deutsch: Kampagne für saubere Kleidung – vorangetrieben wurde. [...]

Doch dann stürzte am 24. April in der Nähe der Hauptstadt Dhaka ein Fabrikdach ein. Mehr als 1.100 Menschen starben. Plötzlich schlossen sich die meisten der internationalen Textilriesen dem Vertrag an [...].

Den entscheidenden Unterschied zu bisherigen Arbeitsschutz-Initiativen sieht Berndt Hinzmann von der CCC im sogenannten Multistakeholder-Ansatz: Mit örtlichen und internationalen Gewerkschaften, der internationalen Arbeitsorganisation (ILO), der UNO, der angesehenen deutschen Gesellschaft für Internationale Zusammenarbeit (GIZ) und den Textilunternehmen selbst arbeiteten nun viele verschiedene Akteure zusammen. Weil auch die Branchenriesen mitmachten, wachse zudem der Einfluss auf die Politik in Bangladesch.

Allerdings fehlen einige wichtige Konzerne auf der Unterzeichnerliste – etwa die US-Unternehmen Gap und Wal-Mart. Und auch namhafte deutsche Textilunternehmen haben nicht unterschrieben. [...]

CCC-Sprecher Hinzmann sieht gerade die Transparenz als entscheidende Voraussetzung für den Erfolg des nun geschlossenen Abkommens – und den öffentlichen Druck seitens der Medien. Dem schließt sich auch der TV-Journalist Christoph Lütgert an: „Es ist unsere Aufgabe, uns notfalls in die Fabriken einzuschmuggeln und die Versprechen zu prüfen". [...]

Quelle: www.spiegel.de/wirtschaft/unternehmen/warum-deutsche-textilkonzerne-nicht-dem-bangladesch-abkommen-beitreten-a-900539.html (Stand: 13.06.2013)

Anlage 2

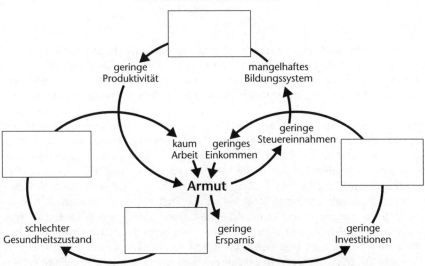

Teufelskreise der Armut

Begriffe:

geringe Produktion	geringere Leistungsfähigkeit	mangelhafte Ausbildung	mangelhafte Ernährung

Quelle: www.bpb.de/izpb/9049/entwicklungsdefizite-und-moegliche-ursachen?type=galerie&show=image&k=4
(Stand: 13.06.2013)

Prüfungsaufgaben Winter 2014/2015 (Aufgabe 5)

Die Europäische Union bietet ihren Mitgliedsstaaten und deren Bürgerinnen und Bürgern zahlreiche Vorzüge.

1. Der Text (**Anlage**) weist sechs inhaltliche Fehler auf. Notieren Sie die Fehler und erklären Sie, weshalb der entsprechende Inhalt falsch ist.

2. Beschreiben Sie je eine Voraussetzung aus den Bereichen Politik, Wirtschaft und Verwaltung, die ein Staat erfüllen muss, um Mitglied in der Europäischen Union zu werden.

3. Im Mai 2014 fanden die Wahlen zum Europäischen Parlament statt.

3.1 Nennen Sie den Sitz des Europäischen Parlaments sowie einen weiteren Standort.

3.2 Erklären Sie, weshalb das Europäische Parlament von allen europäischen Organen über die größte demokratische Legitimation verfügt.

3.3 Die Rechte des Europäischen Parlaments haben über die Jahre hinweg stetig zugenommen, sodass es mittlerweile vier Funktionen wahrnehmen kann.
Nennen und erläutern Sie diese.

3.4 Seit den ersten Europawahlen 1979 unterliegt die Wahlbeteiligung einem Abwärtstrend. Nennen Sie zwei mögliche Gründe, warum die Bürgerinnen und Bürger nicht zur Wahl gehen.

Anlage

Der deutsche Janis Mayer zieht nach Leeds in Großbritannien und möchte dort zukünftig leben. Bereits an seinem ersten Abend in der „neuen Heimat" geht er in einen Pub und probiert vier Sorten britisches Bier. Am Ende des Abends beläuft sich die Rechnung auf 30,00 EUR, woraufhin er sich lautstark über britische Abzocker aufregt. Es nützt ihm jedoch nichts, der Wirt besteht auf Zahlung.

Frustriert geht er in sein Hotel zurück und beschließt noch vor dem Einschlafen, dass er sich gleich am nächsten Morgen auf Arbeitssuche machen möchte, da das Leben auf der Insel offensichtlich teurer als erwartet ist. Bereits um 9:00 Uhr steht er vor dem für ihn zuständigen Mitarbeiter in der entsprechenden Behörde und erhält nach kurzer Wartezeit eine auf zwei Jahre befristete Arbeitsgenehmigung für den Großraum Leeds. Er hat bei seiner Suche nach Arbeit Glück – ein Maschinenbauunternehmen stellt ihn als Bürokraft ein, da er Deutsch als Muttersprache spricht. Voller Energie nimmt er die Arbeit auf. Doch bereits sein erster Kunde, eine baden-württembergische Fabrik, erweist sich als harte Nuss, denn diese ist verärgert über den Umstand, dass sie als deutsches Unternehmen für Importe aus Großbritannien ganze 5 % höhere Einfuhrzölle zahlen soll als für Waren, die sie aus Frankreich importiert. Schließlich kommt Janis der Metallfabrik Etterdingen entgegen und gewährt ihr einen Preisnachlass von 3 %, was seinen Chef veranlasst, seine Eigenmächtigkeit im Gewähren von Rabatten zu bremsen. Er setzt ihm für zukünftige Deals eine Grenze von 2 %.

Die Jahre gehen ins Land und Janis fühlt sich mehr und mehr mit seiner neuen Heimat verbunden, weshalb er, als die ersten Wahlen in seinem neuen Wohnort anstehen, sämtliche Informationen über die Kandidaten verschlingt. Doch dann muss er zu seiner Enttäuschung erfahren, dass er zwar das Europäische Parlament wählen darf, als Ausländer jedoch nicht das Recht hat über Leeds' Bürgermeister zu entscheiden.

Weitere vier Jahre später steht er vor dem Nichts. Seine britische Freundin serviert ihn ab und sein Arbeitgeber meldet Konkurs an. Janis steht auf der Straße. Und dann bekommt auch noch die Ausländerbehörde davon Wind und teilt ihm mit, dass er, wenn er nicht innerhalb von sechs Monaten eine neue Arbeitsstelle nachweisen kann, Großbritannien verlassen muss. Frustriert packt er gleich seine Koffer. Er entscheidet sich für Norwegen und fliegt voller Optimismus nach Bergen. Dort will er umgehend eine Arbeit aufnehmen, doch erhält er keine Aufenthaltsgenehmigung von den Skandinaviern, woraufhin er mit Hinweis auf sein Recht, als EU-Bürger in jedem beliebigen anderen EU-Staat zu leben, erfolgreich Widerspruch einlegt. An einem schönen Fjord trinkt er schließlich ein Glas Sekt auf die Zukunft.

Prüfungsaufgaben Winter 2014/2015 (Aufgabe 6)

1. Ein Entwicklungsland ist nach allgemeinem Verständnis ein Land, das hinsichtlich seiner wirtschaftlichen, sozialen und politischen Entwicklung einen relativ niedrigen Stand aufweist. Dabei handelt es sich um einen Sammelbegriff für Länder, die nach allgemeinem Sprachgebrauch als „arm" gelten.

1.1 Erläutern Sie drei konkrete Ursachen für die Armut in Entwicklungsländern.

1.2 Beschreiben Sie den Nord-Süd-Konflikt anhand von zwei weiteren Merkmalen.

1.3 Nachhaltige Entwicklung gilt als Voraussetzung für Fortschritt in allen Ländern. Erläutern Sie anhand von zwei Beispielen, was man unter nachhaltiger Entwicklung versteht.

2. Das „Unwort des Jahres 2013" lautet „Sozialtourismus". Das gab die Jury unter dem Vorsitz der Sprachwissenschaftlerin Nina Janich am Dienstag in Darmstadt bekannt.

2.1 Beschreiben und interpretieren Sie die Karikatur über den bayerischen Ministerpräsidenten Horst Seehofer **(Anlage 1)**.

2.2 Erklären Sie die Begriffe „Armutszuwanderung" und „Sozialtourismus" in eigenen Worten **(Anlage 2)**.

Anlage 1

Quelle: Tomicek-Karikaturen, 02.01.2014

Anlage 2

„Sozialtourismus" ist das Unwort des Jahres

Das „Unwort des Jahres 2013" lautet „Sozialtourismus". Das gab die Jury unter dem Vorsitz der Sprachwissenschaftlerin Nina Janich am Dienstag in Darmstadt bekannt. Mit dem Schlagwort „wurde von einigen Politikern und Medien gezielt Stimmung gegen unerwünschte Zuwanderer, insbesondere aus Osteuropa, gemacht" begründete die Jury ihre Entscheidung.

Janich erklärte: „Dies diskriminiert Menschen, die aus purer Not in Deutschland eine bessere Zukunft suchen, und verschleiert ihr prinzipielles Recht hierzu." In der Begründung der Jury hieß es außerdem: „Das Grundwort ‚Tourismus' suggeriert in Verdrehung der offenkundigen Tatsachen eine dem Vergnügen und der Erholung dienende Reisetätigkeit". Das Wort „Sozial" reduziere die damit gemeinte Zuwanderung auf das Ziel, vom deutschen Sozialsystem zu profitieren.

Der Ausdruck reihe sich ein in ein Netz weiterer Unwörter, die diese Stimmung befördern, sagte Janich, wie etwa „Armutszuwanderung". Mit dem Begriff „Armutszuwanderung" bezeichnet die CSU gering qualifizierte Migranten, die nach Einschätzung der Partei in Deutschland vor allem Sozialleistungen in Anspruch nehmen wollen, aber kaum Chancen auf dem Arbeitsmarkt haben.

Quelle: Süddeutsche Zeitung vom 14.01.2014

Prüfungsaufgaben Sommer 2015 (Aufgabe 5)

1. In **Anlage 1** geht es um den Zustand der Europäischen Union (EU) unmittelbar vor der Wahl zum Europäischen Parlament im Mai 2014.

1.1 Nennen Sie zwei Argumente, die der Autor für seine These „Mehr Europa war nie" anführt.

1.2 Nennen Sie ein Argument, das der Autor für seine These „Aber auch noch nie weniger [Europa]" anführt.

1.3 „Mehr oder weniger Europa?" Nehmen Sie zu dieser Frage Stellung und begründen Sie Ihre Meinung.

2. Vom 22. bis 25.05.2014 fanden in den 28 Mitgliedsstaaten der EU die Wahlen zum Europäischen Parlament statt.

2.1 Nennen Sie das Jahr, in dem die nächsten Wahlen zum Europäischen Parlament stattfinden.

2.2 Das Schaubild **(Anlage 2)** zeigt das Ergebnis der Wahlen zum Europäischen Parlament (2014) in Deutschland.
Beschreiben Sie auf der Basis des Schaubildes das Abschneiden der sogenannten etablierten Parteien CDU, CSU, SPD, Grüne, FDP und Die Linke.

2.3 Nach mehreren Klagen hat das Bundesverfassungsgericht für die Europawahl 2014 in Deutschland die existierende Sperrklausel in Form einer Fünf- bzw. Dreiprozenthürde aufgehoben.

2.3.1 Erklären Sie, wie sich dieser Umstand im Wahlergebnis niederschlägt. Nehmen Sie Bezug auf das Schaubild.

2.3.2 Nennen Sie zwei Gründe, warum das Bundesverfassungsgericht diese Entscheidung getroffen haben könnte.

2.3.3 Erklären Sie den Sinn einer Fünf- bzw. Dreiprozenthürde.

Anlage 1

Die EU vor der Wahl

So geht Europa kaputt *von Christopher Ziedlel, Brüssel*

So viel und zugleich so wenig Europa hat es noch nie gegeben. Und es ist ziemlich gefährlich, dass diese beiden Europas kaum Berührungspunkte haben.

Das eine wächst weiter zusammen und bekommt dafür internationale Anerkennung und Aufmerksamkeit. US-Präsident Barack Obama und Chinas Staatschef Xi Jinping besuchten kürzlich zum ersten Mal die Institutionen der Europäischen Union in Brüssel – nicht von ungefähr. Von außen muss sie inzwischen wie eine Art Staat wirken, der seine Währung verteidigt, härtere Regeln für Banken verabschiedet, Freihandelsgespräche mit Amerika aufgenommen hat und zuletzt sogar halbwegs einheitlich gegenüber der Ukraine und Russland aufgetreten ist. Mehr Europa war nie.

Aber auch noch nie weniger. In Reimform hat ein Leser dieser Zeitung kürzlich seine Sicht auf die Europäische Union gepackt: „Ich und Du zahlen für den Unfug der EU." Mit seinem Unmut steht er nicht allein, wie Blicke in Internetforen oder auf Umfragen wenige Wochen vor der Europawahl zeigen. Viele Bürger wollen Parteien wählen, die die EU oder den Euro ablehnen und die Nationalstaaten wieder zur alleinigen Entscheidungsinstanz machen wollen. Alle schöpfen aus einem großen Reservoir an Ärger, Skepsis, gar Verachtung angesichts einer EU, die Milliardenhilfen für andere Länder und deren Banken beschließt, härteste Sparmaßnahmen durchsetzt oder heftig umstrittene Gesetze verabschiedet.
[...]

Quelle: m.stuttgarter-zeitung.de/inhalt.die-eu-vor-der-wahl-so-geht-europa-kaputt.1eb47de2-3414-475a-bbcc-84af0e4ce658.html (Stand: 11.05.2014)

Anlage 2

Europawahl 2014 – endgültiges Wahlergebnis für Deutschland

Stimmenanteile der Parteien, Veränderungen gegenüber der Europawahl 2009, Sitzverteilung

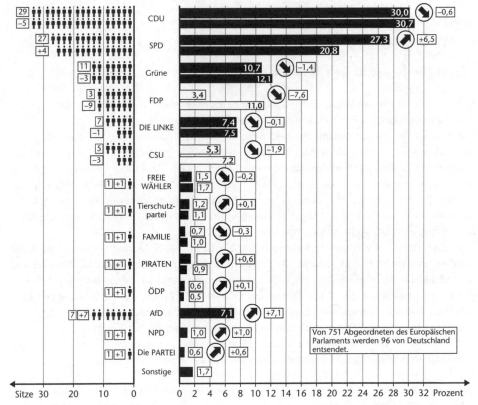

Quelle: www.bpb.de/nachschlagen/zahlen-und-fakten/europawahl/187552/wahlergebnis-in-deutschland-2014 (Stand: 08.07.2014)

Prüfungsaufgaben Sommer 2015 (Aufgabe 6)

1.   Weltweit steigt die Zahl der Flüchtlinge.

1.1   Nennen Sie vier Gründe, warum Menschen ihr Heimatland verlassen.

1.2   Beschreiben und interpretieren Sie die Karikatur **(Anlage 1)**.

2.   Die Europäische Agentur für operative Zusammenarbeit an den Außengrenzen der Mitgliedsstaaten der Europäischen Union „Frontex" wurde im Oktober 2004 errichtet.

2.1   Erklären Sie den Begriff „Push-back-Aktionen" **(Anlage 2)**.

2.2   Fassen Sie die Bestimmungen der im Text erwähnten EU-Verordnung zusammen.

2.3   Nennen Sie zwei Staaten, aus denen derzeit die größten Flüchtlingsströme in die EU drängen.

2.4   „Die Einwanderungspolitik der EU steht in der Kritik, da sie vor allem auf Abschottung setzt." Nehmen Sie Stellung zu dieser Aussage und begründen Sie Ihre Meinung.

Anlage 1

Quelle: www.paolo-calleri.de/paolo-calleri7karikaturenseiten2013/nobelboot farbig calleri.html (Stand: 28.10.2014)

Anlage 2

Frontex soll Flüchtlinge retten müssen

Die Mitarbeiter der EU-Grenzschutzagentur Frontex sollen künftig verpflichtet werden, in Seenot geratene Bootsflüchtlinge zu retten. Dies sieht eine neue Verordnung vor, die der Innenausschuss des Europaparlaments in Brüssel verabschiedet hat. Die Neuregelung für Frontex-Einsätze an den Außengrenzen der EU soll neue Flüchtlingsdramen im Mittelmeer verhindern helfen. Die Verordnung soll vor allem sogenannte „push-back-Aktionen" auf hoher See unterbinden - also das Zurückdrängen von oft völlig überladenen Flüchtlingsbooten in Richtung Afrika oder die Türkei. Grenzpolizisten der EU-Staaten sowie Frontex-Mitarbeiter werden zudem verpflichtet, Flüchtlingen bei Bedarf Zugang zu medizinischer Versorgung, Übersetzungsdiensten und Rechtsberatung zu gewähren. [...]

Frontex muss demzufolge künftig jährlich in einem Bericht darlegen, wie die Vorschriften konkret angewandt werden. Zudem muss die Grenzschutzagentur auch Details über etwaige Zwischenfälle auflisten.

Mit der Neuregelung reagiert die EU auf jüngste Flüchtlingsdramen vor der italienischen Insel Lampedusa und der spanischen Exklave[1] in Marokko, Ceuta. Vor der marokkanischen Küste waren Anfang Februar neun Menschen bei dem Versuch ertrunken, die Exklave und damit EU-Territorium zu erreichen. Im Oktober waren vor Lampedusa mehr als 360 afrikanische Flüchtlinge ertrunken. Seit diesem Drama steht die Einwanderungspolitik der EU verstärkt in der Kritik, da sie vor allem auf Abschottung setzt.

Quelle: www.sueddeutsche.de/politik/eu-grenzschutzagentur-frontex-soll-fluechtlinge-retten-muessen-1.1894542 (Stand: 20.02.2014)

Prüfungsaufgaben Winter 2015/2016 (Aufgabe 5)

1. Für Konrad Adenauer, den ersten Bundeskanzler, war das Zusammenwachsen (West-) Europas eine zentrale außenpolitische Zielgröße.

1.1 Nennen Sie drei Gründe, die Anfang der 50er Jahre des vorigen Jahrhunderts für diese Zielsetzung der bundesdeutschen Außenpolitik sprachen.

1.2 Am 25.03.1957 wurden mit der Unterzeichnung der Römischen Verträge zwei europäische Organisationen gegründet, die Europäische Wirtschaftsgemeinschaft (EWG) und die Europäische Atomgemeinschaft (Euratom).

1.2.1 Erklären Sie jeweils das zentrale Ziel dieser beiden Organisationen.

1.2.2 Im Laufe der Zeit ist die Mitgliederzahl der heutigen Europäischen Union kontinuierlich gewachsen. Wie viele Länder haben die Römischen Verträge unterzeichnet und wie viele Mitgliedsstaaten hat die EU derzeit?

1.2.3 In den Jahren 1999 bzw. 2002 kam es innerhalb der EU zur Währungsunion. Erklären Sie diesen Begriff.

2. Institutionen der Europäischen Union

2.1 Der Rat der Europäischen Union setzt sich aus den jeweiligen Fachministern und Fachministerinnen aller Mitgliedsstaaten zusammen. Erläutern Sie dessen Funktion.

2.2 Erläutern Sie, inwiefern, bezogen auf das Europäische Parlament, im Laufe der Geschichte der heutigen EU das Demokratiedefizit abgebaut wurde.

2.3 Nennen Sie das Exekutivorgan der EU.

3. Umweltfragen in der Europäischen Union

3.1 Im März 2007 haben die Staats- und Regierungschefs der EU-Mitgliedsstaaten den „3x20-Beschluss" getroffen. Nennen Sie die Zielsetzungen dieses Beschlusses **(Anlage)**.

3.2 Formulieren Sie für jedes dieser drei Ziele eine Umsetzungsmöglichkeit.

---

[1] *Exklave: Gebiet eines Staates, das in fremdem Staatsgebiet liegt.*

Anlage

Umwelt und Klima

3 x 20 bis 2020: Die 3 x 20-Beschlüsse des Gipfels 2007

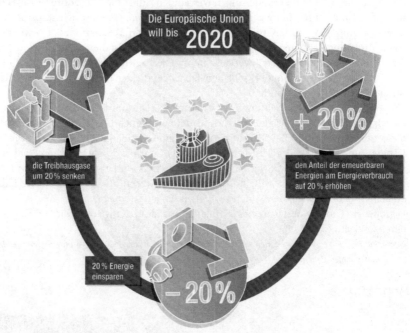

Quelle: Bundeszentrale für politische Bildung, 2009, www.bpb.de

Prüfungsaufgaben Winter 2015/2016 (Aufgabe 6)

1. Sicherheit und Frieden können nicht durch einen Staat allein garantiert werden. Voraussetzung ist, dass Staaten bereit sind, Probleme gemeinsam zu lösen.
1.1 Nennen Sie zwei internationale Organisationen der Friedenssicherung.
1.2 Erläutern Sie zwei Instrumente zur Friedenssicherung, die den Organisationen zur Verfügung stehen.

2. Trotz zahlreicher Organisationen zur Friedenssicherung kommt es immer wieder zu bewaffneten Konflikten. Nennen und erklären Sie drei Ursachen für bewaffnete Konflikte im 21. Jahrhundert.

3. Zu den bewaffneten Konflikten 2014 gehörte unter anderem die „Krim-Krise" bzw. die „Ukraine-Krise". Zur Beilegung des Konflikts wurden Russland Sanktionen auferlegt.
3.1 Nennen Sie vier „Faustregeln", die bei der Festlegung von Sanktionen im genannten Konflikt verfolgt werden sollten (**Anlage 1**).
3.2 Beschreiben und interpretieren Sie die Karikatur (**Anlage 2**).

Anlage 1

Faustregeln für Sanktionen

[...] Sanktionen erzielen am ehesten die gewünschte Wirkung, wenn sie mit klar definierten Forderungen nach Verhaltensänderungen verbunden sind, die die Führung eines Landes auch umsetzen kann, ohne ihre eigene Existenz zu gefährden. Genauso wichtig sind klare Aussagen dazu, was nötig ist, um Sanktionen wieder aufzuheben. [...] Sanktionen, die weitreichende politische Änderungen in einem Staat verlangen, verfehlen meist dieses Ziel. Die Aussicht, dass Strafmaßnahmen nur aufgehoben werden, wenn gleichzeitig die Führungselite abtritt oder ihre Herrschaftsinstrumente aufgibt, gibt den Entscheidern der meist autoritären Systeme keinerlei Anreiz, ihre Politik zu verändern.

Umfassende Wirtschaftssanktionen haben immer auch unbeabsichtigte Wirkungen. Sie können die wirtschaftliche und soziale Entwicklung der betroffenen Länder um Jahre zurückwerfen, treffen oft die schwächsten Bevölkerungsgruppen und schaffen gleichzeitig Gewinner. [...]

Handels- und Finanzsanktionen verursachen nicht nur bei den betroffenen Staaten Kosten, sondern auch bei denen, die sie verhängen. [...] Allerdings wird ein Staat, den man mit Sanktionen belegt, in der Regel bereit sein, höhere Kosten zu tragen als die andere Seite [...]. Sanktionen brauchen schon deshalb den sprichwörtlichen langen Atem.

Je größer ein Land ist und je mehr Nachbarn es hat, desto schwieriger wird es, Handelssanktionen durchzusetzen. [...]

Quelle: Perthes, Volker: Wie Sanktionen sinnvoll wirken, veröffentlicht am 19.03.2014 unter: www.sueddeutsche.de/
politik/massnahmen-gegen-russland-wie-sanktionen-sinnvoll-wirken-11916559

Anlage 2

Quelle: Badische Zeitung vom 19.03.2014 (Haitzinger)

Prüfungsaufgaben Sommer 2016 (Aufgabe 5)

1. Die fortschreitende Globalisierung wirkt sich besonders auf Wirtschaft und Gesellschaft aus. Bei den weltweiten Beziehungen der unterschiedlichen Staaten spielt der Nord-Süd-Gegensatz eine wesentliche Rolle.

1.1 Nennen Sie je zwei wirtschaftliche und gesellschaftspolitische Kennzeichen von Entwicklungsländern.

1.2 Beschreiben Sie drei zielorientierte Maßnahmen, wie Industrieländer dabei helfen können, eine Leistungssteigerung in der Landwirtschaft der Entwicklungsländer zu erreichen.

2. Die Statistik zeigt die Armut in verschiedenen Entwicklungsländern in der Welt. Stellen Sie die zentralen Aussagen der Statistik dar (**Anlage 1**).

3. Sauberes Trinkwasser ist in vielen Entwicklungsländern für die Mehrheit der Menschen ein knappes Gut. Führen Sie je eine Chance und ein Risiko einer Privatisierung der Trinkwasserversorgung auf.

4. Die Karikatur illustriert den Nord-Süd-Gegensatz (**Anlage 2**).

4.1 Beschreiben und interpretieren Sie die Karikatur (**Anlage 2**).

4.2 Nennen Sie zwei mögliche Inhalte, die in fairen Handelsabkommen zwischen Entwicklungsländern und Industrieländern vereinbart werden sollten.

Anlage 1

Quelle: www.rogerfedererfoundation.org/de/wissenswertes/infografiken/Armut

Anlage 2

Sie verhandeln noch!

Prüfungsaufgaben Sommer 2016 (Aufgabe 6)

1.   Nach dem Zweiten Weltkrieg begannen einige westeuropäische Staaten zu kooperieren.

1.1   Nennen Sie drei wichtige Motive dieser Staaten für den Beginn der Zusammenarbeit.

1.2   Nennen Sie die Gründungsstaaten der Europäischen Gemeinschaft für Kohle und Stahl.

2.   Regelungen der Europäischen Union werden in der Öffentlichkeit oft kritisiert.

2.1   Erklären Sie drei Vorteile, die Ihnen die EU als Privatperson bringt.

2.2   Erklären Sie drei Vorteile, welche die EU den Unternehmen bringt.

3.   In einigen EU-Staaten sind in den letzten Jahren europakritische Parteien entstanden, die mit ihrer Politik eine breite Masse von Wählern und Wählerinnen ansprechen.

3.1   Geben Sie die Kritik, die europäische Protestparteien gegen die EU-Politik anführen, wieder (**Anlage**).

3.2   Arbeiten Sie die Befürchtungen, die in dem Text angesichts der Protestbewegung zum Ausdruck kommen, heraus (**Anlage**).

3.3   Führen Sie drei Gründe an, warum die europakritische Bewegung auch förderlich für die Entwicklung der EU sein könnte.

Anlage
Eurokrise: Es wird kritisch in Europa
von Nadine Oberhuber

Schon der Name klingt wie eine Drohung: „Wir können", so haben sich die Europakritiker in Spanien genannt. „Podemos" heißt die linke Protestpartei und sie tritt mit guten Aussichten zur Parlamentswahl an. [...] Und nicht nur in Spanien wollen Europagegner dem Volk ganz neue Antworten geben: nationale.

In Spanien, Portugal, Italien, Frankreich und sogar Deutschland haben sich Parteien gebildet, die den Wählern entgegenschmettern, die Europäische Union bekomme die aktuellen Probleme nicht in den Griff, vor allem die Staatsverschuldung, die Währungskrise und das schwache Wirtschaftswachstum. Es sind Parteien, die europakritisch bis antieuropäisch auftreten, die auf Hilfspakete und koordinierte Sparpolitik pfeifen und sich stattdessen betont nationalkonservativ geben, entweder auf der linken oder der rechten Seite des Parteienspektrums. Sie propagieren die Abkehr von der EU und betonen nationale Interessen.

[...]

Zuletzt warnte Ex-Außenminister Joschka Fischer wenige Tage vor der Wahl in Griechenland vor einem neuen Nationalismus in Europa. „Die Solidarität der Europäer untereinander ist in Gefahr", sagte bis zuletzt auch Winfried Hassemer, der 2014 verstorbene ehemalige Vizepräsident des Bundesverfassungsgerichts: „Die Krise hat den Reichtum Europas auf die ökonomische Idee reduziert", das habe die Differenzen verschärft. Im Norden herrsche das Bild von den „Raffkes im Süden", während sich die Mittelmeeranrainer gegen die „Kontrolleure und Invasoren im Norden" wehrten.

Ungewöhnlich deutlich wird auch der niederländische Intellektuelle Geert Mak in seinem Buch: Was, wenn Europa scheitert? Er kommt zu dem Schluss: „Was wir erleben, ist keine gewöhnliche Krise. Es ist ein Übergang, ein Übergang in eine andere historische Phase, eine Krise, die die Grundlagen unserer westlichen Gesellschaften berührt." Europa sehe sich mit zunehmenden Spannungen zwischen Nord und Süd konfrontiert, mit skeptischen Bürgern und einem Mangel an Führungswillen unter den etablierten Kräften. Diese Mischung könne irgendwann explodieren, sagt Mak.

[...]

Quelle: www.zeit.de/wirtschaft/2015-01/euro-krise-europa-griechenland

Prüfungsaufgaben Winter 2016/2017 (Aufgabe 5)

1.   Die World Trade Organization (WTO) wurde 1995 gegründet.

1.1   Nennen Sie das Hauptziel der WTO.

1.2   Nennen Sie vier bedeutende Exportländer.

2.   In den Medien fällt derzeit besonders häufig der Begriff „TTIP" (Transatlantic Trade and Investment Partnership).

2.1   Erklären Sie das Ziel von TTIP **(Anlage 1)**.

2.2   Beschreiben und interpretieren Sie die Karikatur **(Anlage 2)**.

2.3 Arbeiten Sie weitere Bedenken gegen TTIP heraus **(Anlage 1)**.

2.4 Erläutern Sie drei Chancen, wie die EU von TTIP profitieren kann.

Anlage 1

Europa und die USA feilschen weiter über das Abkommen, das die weltgrößte Freihandelszone mit 800 Millionen Bürgern schaffen soll. Gerade betonten die Chefunterhändler beider Seiten, sie wollten das ganze unbedingt vorantreiben. Nun aber wird klar, dass es beim größten EU-Mitglied Deutschland mehr Skepsis gibt als bekannt – das geht aus einem internen Vermerk der Bundesregierung hervor [...]. In dem Papier listen Mitarbeiter von Umweltministerin Barbara Hendricks (SPD) auf, was sie bedenklich finden. [...] Das [beinhaltet] unter anderem die Zulassung diverser Chemikalien, Pflanzenschutzmittel und Nahrungszusätze. Außerdem denken die Autoren an den Verkauf von Genpflanzen ohne Kennzeichnung, der „in den USA uneingeschränkt möglich ist, in der EU jedoch nicht." Gleiches gelte für die Behandlung von Tieren mit Wachstums- hormonen. Generell könne der geplante Abbau von Handelsschranken dem Weltklima schaden, wenn etwa Fabriken von Europa nach Amerika verlagert würden, um die Kosten für die hierzulande vorgeschriebenen CO_2-Zertifikate zu sparen. [...] Sehr kritisch sieht das Umweltministerium auch den umstrittenen Schutz von Investoren, denen ein Klagerecht vor speziellen Schiedsgerichten eingeräumt werden soll. NGOs befürchten, Konzerne könnten Milliarden erklagen und Umwelt- oder Gesundheitsstandards kippen.

Quelle: Hagelüken, Alexander: Internes Papier zeigt Berlins Skepsis zum Freihandelsabkommen, veröffentlicht am
27.02.2014 unter: www.sueddeutsche.de/wirtschaft/bedenken-gegen-ttip-internes-papier-zeigt-berlins-skepsis-zum-frei-
handelsabkommen-1.1899697

Anlage 2

TTIP = TRANSATLANTIC TRADE AND INVESTMENT PARTNERSHIP

Quelle: sandervenema.ch/wp-content/uploads/2015/07/ttip-2.jpg

Prüfungsaufgaben Winter 2016/2017 (Aufgabe 6)

1. Im Jahr 2015 kamen ungefähr eine Million Flüchtlinge nach Deutschland. Die Migrationsmotive werden in sogenannte Push- und Pull-Faktoren aufgeteilt. Erklären Sie diese beiden Begriffe anhand von je zwei Beispielen.

2. Die deutsche Gesellschaft ist hinsichtlich der ankommenden Flüchtlinge gespalten. Einerseits lehnen Deutsche die Aufnahme von weiteren Flüchtlingen ab, andererseits setzen sie sich für die Aufnahme von Flüchtlingen ein.

2.1 Erläutern Sie zwei Argumente, die für die Aufnahme von Flüchtlingen in Deutschland sprechen.

2.2 Nennen Sie drei Herausforderungen, die der deutsche Staat in Bezug auf die Flüchtlingebewältigen muss.

3. Die aktuelle Flüchtlingspolitik stellt eine gesamteuropäische Herausforderung dar (**Anlage 1**).

3.1 Die sogenannte Dublin-Verordnung ist umstritten. Erklären Sie deren Inhalt.

3.2 Beschreiben Sie die Vorteile, welche die Außerkraftsetzung des Verfahrens bietet.

4. Beschreiben und interpretieren Sie die Karikatur (**Anlage 2**).

Anlage 1

Dublin-Verfahren ausgesetzt: Syrien-Flüchtlinge dürfen in Deutschland bleiben

[...] Syrische Flüchtlinge, die in Deutschland Asyl beantragt haben, sollen künftig nicht mehr in jene EU-Länder überstellt werden, in denen sie zuerst registriert worden sind. [...]
Ohnehin schicken die deutschen Behörden Asylbewerber aller Nationalitäten in bestimmte Länder gar nicht mehr zurück, so etwa nach Griechenland. Auch Überstellungen nach Ungarn sind wegen der dortigen Bedingungen für Flüchtlinge umstritten. Grundsätzlich steht es jedem EU-Mitgliedstaat frei, Asylverfahren, die in anderen Ländern begonnen wurden, zu übernehmen.
Die sogenannte Dublin-Verordnung soll regeln, dass ein Asylverfahren nur in einem europäischen Staat stattfindet. Mitglieder sind alle EU-Staaten sowie Norwegen, Island, die Schweiz und Liechtenstein. Grundsätzlich gilt, dass der Asylantrag dort gestellt und bearbeitet werden muss, wo ein Flüchtling erstmals den Boden eines Mitgliedstaates betritt. Landet ein Asylbewerber auf einem Flughafen in der Bundesrepublik, wäre dies Deutschland. Dieses Szenario ist in der Realität äußerst selten – die meisten Flüchtlinge haben kein Visum, das sie für eine legale Einreise mit dem Flugzeug brauchten. Der große Teil der Asylbewerber, die in die EU kommen, reist über das Mittelmeer – von der Türkei nach Griechenland oder von Nordafrika nach Italien – diese Länder müssten also einen Großteil der Flüchtlinge allein aufnehmen.
Doch die Mittelmeerländer sind mit der Zahl der Flüchtlinge überfordert. Italien und Griechenland wird zudem vorgeworfen, dass sie deshalb zumindest teilweise auf eine Registrierung der Neuankömmlinge verzichten. Da die meisten Flüchtlinge ohnehin nach Nordeuropa wollen, werden sie einfach weitergeleitet. Mit der Aussetzung des Dublin-Verfahrens würde Deutschland die Erstaufnahmestaaten entlasten. Hintergrund dürfte aber auch eine Entlastung der hiesigen Behörden sein, die bei Flüchtlingen aus Syrien nun auf aufwendige Prüfverfahren verzichten können.

Quelle: Spiegel Online: Syrien-Flüchtlinge dürfen in Deutschland bleiben, veröffentlicht am 25.08.2015 unter: www.spiegel.de/politik/deutschland/syrien-fluechtlinge-deutschland-setzt-dublin-verfahren-aus-a-1049639.html

Anlage 2

Quelle: www.rhein-zeitung.de/bilder/karikaturen-galerie_galerie,-karikaturen-juni-2015-_costart,6_mediagalid,36621.
html (Stand: 20.12.2015)

Deutsch

Vorabinformation:
Mit Beginn des Schuljahres 2016/17 trat ein neuer Bildungsplan für die Berufsschule in Kraft. Die ersten Prüfungen nach den darin enthaltenen Änderungen in Kompetenzbereiche finden im Mai 2018 statt. Genaue Informationen lagen zum Zeitpunkt der Manuskripterstellung noch nicht vor.

Stofftelegramme und Aufgaben zum neuen Lehrplan finden Sie kostenlos unter BuchPlusWeb. Wie Sie das Zusatzmaterial herunterladen können, erfahren Sie auf der Umschlaginnenseite.

1 Aufgabentyp 1: Inhaltsangabe und Interpretation (Den Inhalt eines literarischen Textes wiedergeben und eine Zusatzaufgabe bearbeiten)

1.1 Begriffe

(A) Inhaltsangabe
kurze, wertungsfreie Information über den wesentlichen Inhalt (z. B. Personen, Handlung, Ort, Zeit ...) eines Textes, Filmes etc., eine Textbeschreibung

(B) Zusatzfragen
Fragen, deren Antwort man durch eine Interpretation erhält. Das heißt, man wird aufgefordert zu einer Textauslegung mit dem Ziel, durch Deutung von Mehrdeutigem und Hintergründigem ein genaueres Verständnis zu erlangen. In der Regel gibt die Frage eine bestimmte Richtung bzw. einzelne Aspekte zur Interpretation vor (z. B. Charakter, Beziehung, Konfliktbewältigung ...).

1.2 Vorgehen

(A) Inhaltsangabe

Textbearbeitung
(immer ein literarischer Text, z. B. Erzählung, Kurzgeschichte, Fabel, Anekdote)

Sinnabschnitt – Unterstreichungsmethode
a) Text gründlich lesen
b) beim wiederholten Lesen Text in Abschnitte einteilen (z. B. Handlungsabschnitt, Sinnabschnitt, Personenwechsel ...)
c) pro Abschnitt (nicht Absatz) 1–3 Worte als Gedächtnisstütze unterstreichen *oder* pro Abschnitt eine Überschrift formulieren
d) das Wesentliche vom Nebensächlichen trennen
e) unsachliche Formulierungen sachlich ausdrücken (versachlichen)

Textzusammenfassung (Hauptteil)

---

f) mithilfe der unterstrichenen Stichpunkte (einer Stichwortsammlung) in überwiegend eigenen Worten kurz das Wesentliche wiedergeben
oder
g) die formulierten Überschriften pro (Sinn-)Abschnitt zusammenfügen, überarbeiten, evtl. knapp ergänzen

Alternative: **W-Fragen-Methode**

Die wichtigsten Fragen zum Text in Stichworten beantworten. Daraus eine Zusammenfassung formulieren (z. B. Wer? Wo? Wann? Was? Wie? Warum? …).

Einleitung

Ziel: Sie soll zum Hauptteil hinführen, nützliche Informationen geben, soll Neugierde/Interesse beim Leser wecken.

Inhalt: Verfasser, Titel, Textsorte, Quelle, Kernsatz (Zusammenfassung des Hauptproblems/ der Kerninformation in einem Satz)

Schluss

Ziel: Er soll ein abruptes/offenes Ende verhindern, soll abrunden.

Inhalt: Aussageabsicht des Autors, Wichtigkeit/Bedeutung des Textes bzw. Themas, eigene Meinung zum Text (sprachliche und inhaltliche Qualität)

Schreibweise/Stil

• möglichst eigene Worte verwenden
• sachlich ausdrücken (keine Wertung)
• im Präsens schreiben, Vergangenes im Perfekt
	• Wiedergabe von direkter Rede in indirekter
	  – vgl. 1.6 Ergänzung 2, Konjunktiv
	• ausnahmsweise verwendete wörtliche Textstellen kennzeichnen
	  – vgl. 1.5 Ergänzung 1, Zitieren

(B) Zusatzfrage

Analyse der Frage

• spontane Eindrücke, Fragen zum Text, erstes Verständnis der Aufgabe auf separatem Blatt notieren
• Schlüsselwörter markieren/unterstreichen

z. B. Aufgabe: Charakterisieren Sie die   Beziehung der beiden Personen.

                     Schlüsselwort für   Schlüsselwort für den
                     Arbeitsanweisung   Inhalt der Interpretation

z. B. Zusatzfrage: Wie ließe sich das Verhalten des Mannes interpretieren?

Spontane Ideen: Welche Verhaltensweisen sind gemeint (aktive Handlungen o. Reaktionen o. unbewusstes Benehmen ...)? Warum hat er das alles getan? Wie hat er es getan? In welchen Situationen? Gegenüber welchen Personen? usw.

Stoffsammlung

a) Notizen zu Schlüsselwörtern (Begriffsdefinition o. Brainstorming)
b) die in der Frage angesprochenen Bereiche „zerlegen", z. B. Beziehung d. Personen
  → lässt sich deuten aus Verhalten bei Begegnungen, mitgeteilten Gedanken usw.
c) im Text Verschlüsselungen (Chiffren) suchen, anstreichen
d) diese durch Randbemerkungen o. auf separatem Blatt entschlüsseln

→ **Textstelle (als Beleg) und zugehörige Deutung/Auslegung gehören zusammen!**

Stil/Schreibweise

• Vgl. Schreibweise unter 1.2.
• Aufbau: Reißverschlussprinzip, d. h. jeweils Textbeleg* und Deutung zusammen

  *Zeilenangabe in Klammern dahinter erforderlich

1.3   Fehler

(A) Inhaltsangabe

• unsachlich, wertend
• zu lang (nahezu vollständige Textwiedergabe → Nacherzählung)
• Zitate ohne Kennzeichnung
• falsche Zeitform (nicht Gegenwart)
• wörtliche Rede statt indirekte Wiedergabe (Konjunktiv)
• bei Icherzähler (im literarischen Text) auch Inhaltsangabe im Ichstil

(B) Zusatzfrage

• Deutung ohne Textbelege (subjektive Fehlinterpretation „aus dem Bauch heraus")
• keine Quellenangabe (z. B. Zeilennummer)
• Fragestellung nicht genügend beachtet (ungenaue Antwort)

1.4　　Beispiele

(A) Inhaltsangabe

Text

Kurt Tucholsky: Interview mit sich selbst

Inhaltsangabe
(kurze Zusammenfassung pro
Sinnabschnitt)

1　„Herr Panter lassen bitten!", sagte der Diener.
Ich trat näher.
Die hohe Tür zum Arbeitszimmer des Meisters öffnete sich, der
Diener schlug die Portiere zurück – ich ging hinein, die Tür
5　schloss sich hinter mir.⌐

Ein Diener geleitet den
Icherzähler in das Arbeitszim-
mer des Herrn Panter.

Da saß der Meister massig am Schreibtisch: ein fast dick zu
nennender Mann, er trug ein gepflegtes Cäsarenprofil zur Schau,
an dem nur die Doppelkinne etwas störten. Borstig stachen die
Haare in die Luft, in den blanken Knopfaugen lag wohlig-
10　zufriedenes Behagen. Er erhob sich.
„Ich begrüße Sie, junger Mann", sagte er zu mir. „Nehmen Sie
Platz und erörtern Sie mir Ihren merkwürdigen Brief!" Befan-
gen setzte ich mich.

Der „Meister" begrüßt seinen
Gast und bietet ihm einen Platz
an. Er spricht den jungen Mann
auf dessen Brief an, in dem er um
Rat gebeten hatte.

„Sie fragen mich da", sagte der Meister und legte seine dicke
15　Hand mit den blankpolierten Nagelschildchen so, dass ich sie
sehen musste, „ob ich Ihnen einen Rat für Ihre Zukunft zu geben
vermag. Sie fügen hinzu, Sie seien von dem hohen Streben nach
einem Ideal durchdrungen. Sie stießen sich am Leben, das Ihnen
kantig erscheine – das war Ihr Wort –, und Sie wollten sich bei
20　mir Rats holen. Nun, junger Mann, der kann Ihnen werden!"
Ich verbeugte mich dankend.⌐
„Zunächst", sprach der Meister, „was sind Sie von Beruf?"
„Ich bin gar nichts", sagte ich und schämte mich.
„Hm-", machte der Meister und wiegte bedenklich das Haupt.
25　„Wozu brauchen Sie da noch Rat? Nun immerhin ... ich bin zu
Ihrer Verfügung."

„Meister", sagte ich und fasste mir ein Herz, „lehren Sie mich,
wie man zu Erfolg kommt. Wie haben Sie Erfolg gehabt?
Diesen Erfolg?" Und ich wies auf das komfortabel hergerichtete
30　Gemach: Bücher mit goldverzierten Pergamentrücken standen in
wuchtigen Regalen, eine bronzene Stehlampe strahlte behaglich
gedämpftes Licht aus, und der breit ausladende Aschenbecher, der
vor mir stand, war aus schwarzgeädertem Marmor. „Woher das
alles?", sagte ich fragend.⌐
35　Der Meister lächelte seltsam.

Der junge Mann, der selbst ohne
Beruf ist, fragt Herrn Panter nach
seinem Erfolgsrezept. Er meint
damit auch die luxuriöse
Ausstattung des Arbeitszimmers.

„Erfolg? Sie wollen wissen, wie ich Erfolg gehabt habe, junger
Mann? Junger, junger Brausekopf! Nun: ich habe mich gebeugt."
usw.

usw.

Beispiel (B) Zusatzfrage (vgl. Analyse der Frage unter 1.2)

1.5 Ergänzung 1: Zitieren

1.5.1 Begriffe

<u>Zitieren (Definition):</u>
Übernahme und Kennzeichnung fremder (schriftlicher oder mündlicher) Aussagen in den eigenen Text

1.5.2 Vorgehen

Regeln	Äußere Kennzeichen
Grundsätzlich: vollständig und wörtlich (originalgetreu) wiedergeben	Anführungszeichen an Anfang und Ende
Abweichend davon: • Auslassung/Kürzung • Ergänzung • Fehler im Original	• [...] oder (...) • [*ergänztes Wort*, d. V.] • übernehmen und mit (!) versehen
Quellenangabe: bei wörtlicher und bei sinngemäßer Wiedergabe!	
Zitat aus Einzeltext: Zeilenangabe	• in Klammern hinter dem Zitat
Zitat aus Buch: Name, Vorname: Titel, Verlag, Erscheinungsort, Jahr, Seite	• als Fußnote auf der Seite oder • Anmerkung am Textende oder • Klammer im Text

1.5.3 Beispiele

z. B. Kürzung

Original: Aufgrund der Witterung, die durch ausgedehnte Tiefdruckgebiete geprägt war, gab es erhebliche Ernteausfälle.

Zitat: „Aufgrund der Witterung (...) gab es erhebliche Ernteausfälle."

z. B. Ergänzung

Original: Für diese saisonalen Einbußen sollten sie Vorsorge treffen.

Zitat: „Für diese saisonalen Einbußen sollten sie [die Landwirte, d. V.*] Vorsorge treffen."

*d. V. = der Verfasser

z. B. Quellenangabe Buchzitat

Müller, Harald: Der Prüfling. Die Geschichte von Fleiß und Lohn, Kaufmann Verlag, Hameln 1997, Seite 12.

1.6   Ergänzung 2: Indirekte Rede/Konjunktiv

Regel	Beispiel	Einschränkung
Konjunktiv I → verwenden	Sie sagte, sie habe Zeit. → Wir sagten, wir **haben** Zeit. →	Konj. I oft <u>nur</u> in der 3. <u>Person</u> Singular (er, sie, es) deutlich zu unterscheiden, andere Personen: Indikativ (Wirklichkeitsform) nicht zu unterscheiden von Konj. I
dann Konjunktiv II →	Wir <u>hätten</u> Zeit. Wir <u>sängen</u>. Ich **meinte**. Sie **kauften**. → wir flögen →	aber: oft Konj. II nicht zu unterscheiden vom **Präteritum (Vergangenheit)** oder Konj. II wirkt altmodisch
dann Konditional →	Ich <u>würde</u> meinen. Sie <u>würden</u> kaufen.	
Aufforderungssätze: Konj. mit „sollen" bilden →	Er sagte, sie <u>solle</u> ihm <u>helfen</u>.	
Fragesätze: Konj. mit „ob" bilden →	Er fragte, <u>ob</u> sie ihm böse <u>sei</u>.	
wörtliche Rede → indirekte Rede → grundsätzlich mit Konjunktiv bzw. Konditional bilden	„Ich komme gleich", sagte er. Er sagte, er komme gleich. Er sagte, <u>dass</u> er <u>kommt</u>. →	Leitet man die indirekte Rede mit einer Konjunktion (Bindewort) ein, kann auch der Indikativ stehen.

2 Aufgabentyp 2/1: Kreatives Schreiben (Variante A: Weitererzählen, Variante B: Umschreiben)

2.1 Begriff

(A) Erzählen

Eine Erzählung verfassen/schreiben, d. h. einen epischen Text, den ein Autor mit der Absicht schreibt, Leser zu unterhalten, zu belehren oder aufzuklären. Unter gezieltem Einsatz der Sprache wird tatsächliches (reales) oder erfundenes (fiktives) Geschehen erzählt. Erzählungen sind länger als Anekdoten und Kurzgeschichten, aber kürzer als Romane.

(B) Textsorte

Umschreiben eines Textes von einer Textsorte in eine andere! Innerhalb der literarischen Texte (= fiktionale/erdachte Texte) werden drei Gruppen unterschieden: lyrische Texte (z. B. Gedichte, Balladen), epische Texte (z. B. Kurzgeschichten, Fabeln, Romane), dramatische Texte (z. B. Schauspiel, Komödie, Tragödie).

2.2 Vorgehen

Themenanalyse

a) Vorlage (literarischen Text) gründlich lesen

b) Aufgabenstellung lesen

c) Schlüsselwörter finden, die hinweisen auf → Inhalt und → Arbeitsrichtung

d) vorgegebene Fakten festhalten, die laut Thema eine Rolle spielen, oder dem Ausgangstext die vorgegebenen Erzählbausteine entnehmen (vgl. Erzählplan)

Stoffsammlung/Erzählplan

Zusammenwirken der Erzähl-Bausteine

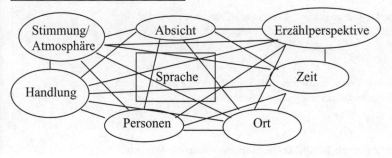

Erzählplan

Welche Wirkung/Aussage soll die Erzählung beim Leser vermitteln?
→ **Absicht**

In welcher Stimmung gelingt dies am besten?
→ **Atmosphäre**

Wer soll handeln/etwas erleben/zu Wort kommen/betrachtet werden ...?
→ **Personen*** (Aussehen, Charakter, Verhalten, Umfeld, Beweggründe, Sprachebene ...)
*Handlungsträger müssen nicht Menschen sein

Wie sollen die Personen aktiv werden? Treten außerdem Ereignisse ein? ...
→ **Handlung** (äußere + innere Vorgänge möglich)

Wo soll die Erzählung spielen?
→ **Ort(e)** (abgestimmt auf Absicht, Atmosphäre, Personen)

Wann soll sich alles abspielen?
→ **Zeit(en)** (dargestellte Zeitspanne festlegen, zeitliche Reihenfolge des Geschehens einhalten oder vorgreifen oder zurückblenden, ausdehnen oder raffen)

Aus welcher Sicht soll erzählt werden?
→ **Erzählperspektive ****

**Mögliche Erzählperspektiven:

A: Icherzähler/personaler Erzähler (beteiligte Person)

= „fingierte Wahrheitsaussagen", keine inneren Vorgänge dritter Personen, begrenzt auf Gedanken und Gefühle der „Ichperson", subjektive Sicht!

B: auktorialer Erzähler

= „allwissender Autor", der wertet, sich einmischt, den Leser evtl. anredet, die Innenperspektive der Personen kennt; Innensicht!

C: neutraler Erzähler

= anscheinend neutrale Wirklichkeitsschilderung, nur äußere Vorgänge, direkte Rede; Außensicht!

2.3 Aufbau

<u>Überschrift</u> (passend, neugierig machend, andeutend ...)

Anfang — Interesse/Erwartungen wecken

Erzählung
Hinführung

Ereignisse auswählen, ordnen
Schwerpunkte setzen*
„Knaller" andeuten, herausarbeiten

Höhepunkt

überraschende Pointe, Wende
vgl. Methoden

Schluss

vergnüglich, nachdenklich ... beenden

*Was soll dominieren? Handlung (Action), szenische
Darstellung, Beschreibung, Stimmung oder Reflexionen ...

2.4 Sprache/Stil

Ziele

Abwechslung, Farbigkeit, Anschaulichkeit, Spannung, Genauigkeit, Lebendigkeit,
Denkanregung, Unterhaltung, Belehrung ...

Methoden

- **Detaillieren** (= ins Detail gehen, in Einzelheiten zergliedern)

Was?		Warum?		Wie?	
Was?	Personen, Dinge, Ereignisse in Nahaufnahme darstellen	**Warum?**	Leser einbezogen, identifiziert sich	**Wie?**	Metaphern, Vergleiche, treffende Adjektive, ausführlich schildern

• **Dramatisieren** (= übertreibend als schlimm darstellen, erregend, mitreißend, spannend)

Was?	Spannung erzeugen	Warum?	Leser langweilt sich nicht, liest weiter.	Wie?	Wechsel der Zeitform, Aktionsreichtum (leichter) o. innere Vorgänge (schwerer), äußere Erscheinungen starker Gefühle, Höhepunkt gegen Schluss, Sinne ansprechen, zuerst kleinere Ereignisse, rhetorische Fragen

• **Personalisieren**

Was?	Geschehen aus der Perspektive der Figur („Innenleben" eröffnet)	Warum?	Leser gewinnt Einblick in Gefühle, Denken und Blickwinkel der Figur.	Wie?	Nicht ausgesprochene Gedanken („erlebte Rede", „innerer Monolog"), innere Vorgänge/Gefühle mitteilen

Weitere Gestaltungsmittel

• rhetorische Fragen stellen	• handlungskräftige Verben
• Überraschungen/Unerwartetes einbauen	• urteilende, schmückende, beschreibende Adjektive
• wörtliche Rede	• eher kurze Sätze
• Symbole einbauen, „sprechen" lassen	• Frage- und Ausrufesätze
• Hauptwörter wechseln	• abweichen von Satzbauregeln

Zeitform
• grundsätzlich Vergangenheit (es sei denn, der Ausgangstext ist im Präsens geschrieben)
• evtl. Erlebnisse in Gegenwart
• evtl. Übergang zu Gegenwart beim Hauptereignis → steigert Spannung

2.5   Probleme/Fehler

• vorgegebene Inhalte nicht berücksichtigt	• Abbruch nach der Pointe (kein Schluss)
• keine eindeutige Erzählperspektive	• langweilig
• vorhersehbare Pointe bzw. keine Hinführung zum Höhepunkt	• unbegründete Sprünge zwischen den Zeitformen
• wenig individuelle produktive Leistung	• Merkmale der Textsorte nicht beachtet
• nicht originell + kreativ	• nicht genügend in Personen/Handlungen eingefühlt

2.6 Beispiele

Themenanalyse

Text: *Heike ging seit vielen Wochen nur noch ungern ins Büro. Sie war verzweifelt über die ständigen Misserfolge und Blamagen. Langsam gelangte sie zu der Erkenntnis, dass jemand „an ihrem Stuhl sägt". Da waren ihre Termine verschoben oder abgesagt worden, Bestellungen verschwanden oder Zahlen stimmten nicht mehr. Was nützte ihr aber ein Verdacht? Heike dachte ernsthaft an Kündigung. ...*

Aufgabe: Erzählen Sie die begonnene Geschichte zu Ende.

Vorgegebene Inhalte festhalten:

Personen	→	Heike, Mobbingopfer
Ort	→	Büro, Firma
Handlung	→	Mobbing, Bürotätigkeiten (Termine, Bestellungen ...)

Erzählplan

- **Aussageabsicht:** nicht unterkriegen lassen, kämpfen, eine Lösung finden
- **Stimmung/Atmosphäre:** Übergang, Wechsel ...
  verzweifelt → wütend → beherrscht, taktisch → befreit, froh
- **Personen:** Heike, ihre Freundin, der Chef, zwei Kolleginnen   **usw.**

Methoden

- **Detaillieren*:**
  Heike stützte sich aufs Waschbecken und starrte in den Spiegel. „Oh je, wer ist das?" Aus den verquollenen Augenschlitzen musterte sie ihre Haut. An einen schrumpeligen weißen Luftballon erinnert, entdeckte sie auch auf den Lippen keine nennenswerte Farbe. Schmale Linien ohne jeden Schwung begrenzten ihren Mund. „Lächeln!", fauchte Heike gegen das Glas. ...

- **Dramatisieren*:**
  „Heute oder nie!", ertönte ihr Schlachtruf in der Tiefgarage. Heike warf sich in ihr Auto, drehte den Zündschlüssel und ließ den Motor aufheulen. Mit quietschenden Reifen umrundete sie die Pfeiler vom untersten hinauf in den ersten Keller, schaltete in den zweiten Gang, beschleunigte auf der kurzen Geraden. Das Radio dröhnte laut, sodass das Herz der jungen Frau im Rhythmus der Musik zu schlagen begann. Sie schlug den Takt erst mit einer, dann mit beiden Händen auf den Lenker, auf die Schenkel, auf das Armaturenbrett. Schon oben! „Was blendet da? Ist der wahnsinnig?"...

- **Personalisieren*:**
  Heike saß in der ersten Reihe und wartete auf ihren Auftritt vor der gesamten Belegschaft. „Ich bin doch komplett übergeschnappt. Wie konnte ich mich nur dazu anstiften lassen. Die Müller wollte ich fertigmachen, aber nicht das Mobbing-Problem der ganzen Firma lösen. Schön hat er sich das ausgedacht, mein lieber Chef. Steht selbst da vorn, verkündet frohe Botschaften und Dankesworte, und ich soll alles aussprechen, worüber bisher jeder geschwiegen hat. Gerüchte, Verdächtigungen, Vertrauliches, geheime Beobachtungen ... Ich kann das nicht! Keiner wird zu mir halten. Wahrscheinlich kommt nicht einmal eine Diskussion zustande ..." Ihre Hände wurden feucht und zitterten. ...

*Die drei Methoden lassen sich nicht trennen. Oft werden sie gleichzeitig angewendet.

3 Aufgabentyp 2/2: Kreatives Schreiben (Variante A: Privater Brief o. E-Mail, Variante B: Tagebucheintrag)

3.1 Begriffe

(A) Privater Brief/E-Mail

Schreiben, das einem Adressaten Fakten, Beobachtungen, Erlebnisse, Gedanken, Meinungen usw. mitteilt. Im gesamten Text herrscht die subjektive Sichtweise des Schreibers vor, die Interessen von Absender und Empfänger stehen im Mittelpunkt.

Briefe können mit einem 4-Augen-Gespräch verglichen werden, der Austausch findet allerdings mit zeitlicher Verschiebung statt.

(B) Tagebucheintrag

Schriftliche Mitteilung des Verfassers an sich selbst; oft regelmäßige/chronologische Eintragung in ein Tagebuch; die persönlichste Form des Schreibens, da grundsätzlich nicht Einblicke von anderen Personen erwartet werden bzw. erwünscht sind. Erlebnis- und Ereignisschilderungen werden i. d. R. knapper ausfallen als Äußerungen zu Wünschen, Hoffnungen, Ängsten oder Gedanken zur eigenen Person und anderen Menschen.

3.2 Vorgehen

Themenanalyse

- Wozu fordert die Aufgabe auf?
- Welche Figur stellt das „Ich" dar? Den Briefschreiber?
- Welche Ausgangssituation finde ich vor (literarischer Text o. geschilderte Situation)?

Vorüberlegungen

(A) Privater Brief

- Warum schreibe ich den Brief? (Welchen Anlass gibt die Aufgabenstellung vor?)
- Was ist dem Schreiben vorausgegangen? (Welches Wissen kann ich vom Empfänger erwarten, worüber muss ich ihn noch informieren, damit er meinen Ausführungen folgen kann? ...)
- Welche Beziehung besteht zwischen mir und dem Empfänger? (Will ich ihm meine Gedanken und Gefühle offen mitteilen oder ein bestimmtes Bild von mir erzeugen/bewahren? Kennt und versteht er mich oder muss ich viel erklären? ...)

(B) Tagebucheintrag

- Planung entfällt grundsätzlich, da spontan und Privatsache
- Ausnahme: Prüfung/Klassenarbeit → dann vgl. Aufgabentyp 2/1 Erzählen + 2/2 Brief

3.3 Schreibweise/Stil

- kurze, klare Sätze (sind besser verständlich)
- freundliche Zurückhaltung eher als mutig-draufgängerischer Stil (Die Reaktion des Empfängers kann nicht direkt beobachtet und beeinflusst werden. Er liest den Text u. U. mehrmals, was die Wirkung verstärken kann.)
- Fragen an den Leser (regen an zum Nachdenken und Antworten)
- „Brücken bauen" (Beim Schreiben merken, wo der Leser Gefühls- oder Verständnisprobleme haben könnte, eine sprachliche Hilfe einbauen: abschwächen, erklären ...)
- passender Gruß/Abschluss (Tschüs ..., Bis bald ..., Viele Grüße ... In Liebe ... – der Empfänger wird die Bedeutung der gewählten Worte wahrnehmen)
- ausdrucksstarke Wörter (erhöhen das Lesevergnügen und die Vorstellungskraft)
- Absätze (erlauben Gedankenpausen, ordnen den Inhalt zu Blöcken, erhöhen die Übersichtlichkeit)
- Ausrufesätze (machen Gefühle und Appelle deutlich)
- angemessene Anrede (Liebe/-r ..., Hallo ... – hängt vom Verhältnis und der Absicht ab)
- Alte Regel: Man fängt nie mit „Ich" an.
- gut lesbare Handschrift (maschinengeschriebene Briefe werden oft als förmlich, kalt und wenig persönlich empfunden. Eine unsaubere Schrift erschwert das Lesen bzw. mindert das Vergnügen, wirkt u. U. nachlässig oder gleichgültig.)

3.4 Aufbau

(vgl. privater Geschäftsbrief) oft sind drei Abschnitte sinnvoll:

A Einleitung	(Vorangegangenes, Grund für den Brief)
B Hauptteil	(gegenwärtige Situation aus Sicht des Schreibers, vergangenes Geschehen und innerer Monolog, d. h. Gedanken und Gefühle)
C Schluss	(in die Zukunft/an den Leser gerichtete Fragen, Bitten, Aufforderungen ...)

3.5 Probleme/Fehler

(A) Privater Brief/E-Mail

Grundsätzlich gibt es keine Vorschriften für private Briefe. Folglich kann man auch keine Fehler machen. Der Schreiber hat jedoch ein Interesse daran, dass das, was er ausdrücken möchte, auch so verstanden wird. Er will außerdem keinen unbeabsichtigten Eindruck erwecken. In der Regel möchte man mit dem Brief eine Antwort bewirken oder z. B. die Erfüllung einer Bitte.

Deshalb sind eine Kontrolle des Geschriebenen und ein Perspektivenwechsel wichtig (sich in die Person des Lesers hineinversetzen).

Wenn als Schreibanlass ein literarischer Text vorliegt, wird erwartet, dass der Briefschreiber (das Ich) sich in die Figur einfühlt, ihre Gedanken und Handlungen versteht.

- Anrede/Gruß unpassend (zu vertraulich/zu nüchtern)
- ungeordnete Gedanken
- unvermittelter Anfang ohne Einleitung/ohne Bezug zum Vorangegangenen

- für den Leser uninteressante Fakten/Details/Gefühle/zu langatmig ...
- zu große Offenheit, die den Leser verunsichern, überfordern, abstoßen ... könnte
- unverschämte/überzogene Bitten/Forderungen, die der Leser nicht erfüllen kann oder will
- keine Absätze
- durchgängig subjektive Schilderung, kein Einbeziehen des Lesers

(B) Tagebucheintrag

Entfällt i. d. R., da kein Empfänger berücksichtigt werden muss, aber Themenstellung beachten (Prüfung!):
- nicht genügend in die Personen/Handlungen des Vorlagetextes eingefühlt
- kaum eine individuelle produktive Leistung
- wenig originell und kreativ

3.6   Beispiel

Schülertext zur Erzählung „Masken" von Max von der Grün *(Inhalt: Renate und Erich treffen sich nach 15 Jahren zufällig in Köln auf dem Bahnhof wieder. Sie gehen in ein Lokal und erzählen sich von ihrem Leben. Die Frau und der Mann lügen, was ihre berufliche Stellung angeht. Keiner von beiden hat den Mut, die wahren Gedanken und Gefühle zu gestehen, obwohl in beiden das Gleiche vorgeht. So trennen sich Renate und Erich an diesem Tag wieder auf dem Bahnhof.)* Lieber Erich! Sicher bist Du verwundert darüber, so schnell einen Brief von mir zu erhalten. Dies war nicht vereinbart, und wir hatten ja nicht einmal unsere Adressen getauscht. Aber gleich nachdem mein Zug abgefahren war, plagten mich Vorwürfe, weil ich dich so nicht hätte verlassen dürfen. Also rief ich Deine Mutter an. Sie wohnt ja zum Glück noch dort, wo ich euch früher immer besuchte. Sie war so freundlich, mir Deine neue Adresse zu geben, sodass ich meinem Herzen etwas Luft machen kann. Es war so schön, Dich wiederzusehen. Wir haben uns so angeregt unterhalten, gelacht, uns beobachtet und sind dann einfach wieder auseinandergegangen! Was war falsch gelaufen? Für meinen Teil glaube ich die Antwort zu wissen. Ich war nicht ehrlich zu Dir, was meine berufliche Laufbahn angeht. Das Geständnis fällt mir sehr schwer, aber nichts ist wahr. Ich bin immer noch die kleine Verkäuferin, wie damals! Natürlich bin ich schuld an diesem Komplott, denn damals, bei unserer Trennung, wollte ich hoch hinaus.	**Einleitung:** Warum schreibe ich? Was hat mich dazu bewegt? Was ist bisher vorgefallen? **Hauptteil:** Was möchte ich sagen/ ausdrücken? Welche offenen Fragen sollen beantwortet werden? Sind Erklärungen nötig, damit man mich versteht?

Und Du warst mir als einfacher Schlosser nicht gut genug. Ich war auch noch so arrogant, Dir dies alles ins Gesicht zu schreien. Wie dumm von mir! Entschuldige bitte! Unverheiratet und kinderlos bin ich tatsächlich. Dass ich in all den Jahren keine Familie gegründet habe, hängt sicher auch damit zusammen, dass ich jeden Mann mit Dir verglich. Und auch jetzt spüre ich wieder, was ich all die Jahre für Dich empfunden habe: Du gefällst mir wie kein anderer. Ich habe Dich sehr gern!	
Ich musste Dir einfach schreiben, was ich Dir eigentlich hätte sagen sollen, im Lokal oder spätestens bei der Abfahrt. Meine Unehrlichkeit bereue ich zutiefst.	Überleitung/ Zusammenfassung
Was auch immer Du jetzt über mich und mein Geständnis denkst: Bitte schreibe es mir oder rufe mich an! Es wäre sehr schlimm für mich, wenn Du gar nicht reagierst.	Schluss: Bitte; begründete Aufforderung
Herzliche Grüße Deine Renate	angemessener Gruß

4 Aufgabentyp 3: Privater Geschäftsbrief

4.1 Begriff

Privater Geschäftsbrief

Schreiben von Privatpersonen an ein Unternehmen oder eine Behörde. Es wird vom Empfänger erwartet, dass bestimmte Normen für äußere **Form** (DIN 5008), inhaltliche und sprachliche **Gestaltung** eingehalten werden.

Da der Absender mit dem Brief bestimmte Ziele erreichen will (Informationen, Hilfe, Gewährung von Rechtsansprüchen ...), akzeptiert er die Regeln und ist sich des „Visitenkarten-Charakters" eines solchen halbprivaten Schreibens bewusst.

Ein Brief bietet folgende **Vorteile** (gegenüber mündlichen oder telefonischen Gesprächen): Beweisfunktion, keine Gleichzeitigkeit für Sender und Empfänger notwendig, Nachlesen und Transport möglich, Zeit für Formulierungen/überlegte Argumentation, Konzentration auf die Sache, da zwischenmenschliche Einflüsse weitgehend entfallen.

4.2 Vorgehen

Brieftext

Aufbau (drei Abschnitte)

Einleitung – *Vergangenheit*

Was ist bisher gewesen?
(die Sachlage darstellen, Informationen geben für eine gemeinsame
Ausgangslage von Absender und Empfänger, Grund des Briefes)

Hauptteil – *Gegenwart*

Wie stellt sich der Fall für mich (Absender) momentan dar?
(Stellung nehmen, Bewertung der Situation aus eigener Sicht)

Schluss – *Zukunft*

Was erwarte ich (Absender) zukünftig vom Empfänger?
(bitten, auffordern ... zu handeln, etwas mitzuteilen ...)

Schreibweise (Stil)

• kurze, vollständige Sätze	• weniger Substantive, eher Verben
• logische Bezüge der Sätze/Satzteile zueinander	• sachlich, aber persönlich
• keine überflüssigen Floskeln	• wenn angemessen, auch humorvoll
• klarer, deutlicher Ausdruck	• höflich, natürlich
• Positives auch positiv formulieren	• nicht passiv ausdrücken, sondern aktiv
• treffende Worte (evtl. Fachbegriffe, aussagekräftige Adjektive)	• sauber, fehlerfrei
	• Konjunktiv vermeiden
• konkrete Angaben machen, nicht unbestimmte Ausdrücke (z. B. Zeiten)	• Ansprechpartner nennen
• blaue Unterschrift	• Absätze nicht zu lang (der erste Absatz sollte der kürzeste sein, nie mehr als 7 Zeilen pro Absatz)
• Wichtiges hervorheben (fett, unterstrichen, aber maximal eine halbe Zeile lang)	• (am PC) Schrift wählen, die zum Image des Unternehmens passt
• mit Vor- und Nachnamen unterschreiben (schafft Vertrauen)	• (am PC) lesbare Schrift, i. d. R. 12-Punkt

Schreibanlass/Betreff-/Bezug-Zeile

Warum? Der Empfänger (z. B. Sachbearbeiter, Sekretärin ...) soll schnell erkennen, wer für die Angelegenheit zuständig ist, wie dringlich sie ist, zu welcher Akte sie gehört usw., ohne den ganzen Brief lesen zu müssen.

Was? Das Anliegen des Briefes ist in einer Wortgruppe/einem kurzen Satz zusammenzufassen. Man muss Daten auflisten, die eine Zuordnung des Briefes zu einem bestimmten Geschäftsvorgang ermöglichen (letztes Schreiben, Geschäftszeichen, Kundennummer ...).

Wie? Zwischen Adresse und Anrede (ca. auf der Hälfte des Blattes) erscheint die sogenannte Betreffzeile. Die Worte „Bezug" oder „Betreff" werden heute nicht mehr verwendet. Dafür ist es erlaubt und erwünscht, diese 1 bis 2 Zeilen durch Fettdruck, größere Buchstaben und/oder Unterstreichen besonders zu markieren.

Hinweis: In der Prüfung wird eine Situation vorgegeben, d. h. ausführlich beschrieben. Man erfährt also Namen, Adressen, Vorkommnisse usw. Wenn nötig, werden der Aufgabe auch fiktive Unterlagen beigelegt. Damit ist der Schreibanlass vorgegeben. Die Prüfungsleistung besteht im Ordnen der Fakten, in der sprachlichen Gestaltung (Ausdruck, Rechtschreibung, Grammatik ...) und in der Argumentationsstärke (vgl. 4.3 Fehler).

Anrede

---

* höflich, angemessen, situationsgerecht!

* Möglich: z. B. **Lieber Herr ..., Verehrte Frau ..., Guten Tag Herr ..., Hallo Frau ...**

* Üblich: **Sehr geehrte Frau ..., Sehr geehrter Herr ...,**
                    (wenn man den Namen bereits kennt oder extra in Erfahrung gebracht hat
                    → oft vorteilhaft!);
                    sonst:
                    Sehr geehrte Damen und Herren,

Grußformel

---

* höflich, abhängig vom Verhältnis zum Empfänger und vom Anliegen (Situation)
* Möglich: z. B. Hochachtungsvoll ...; Herzlichst ...; Liebe Grüße ...
* Üblich: Mit freundlichen Grüßen; Mit freundlichem Gruß (niemals „MfG" abkürzen!)

Anlagen

Was?	Hinweis auf weitere Schriftstücke, Kopien, Waren ..., die dem Brief beigefügt werden
Warum?	ermöglicht Absender und Empfänger Kontrolle und Nachweis der Vollständigkeit
Wie?	a) einzeln aufgelistet, z. B. Anlagen: Zeugnis (Duplikat) Lebenslauf
	b) beziffert: z. B. zwei Anlagen
Wo?	unter oder neben der Grußformel

4.3   Fehler

• äußere Form nicht DIN-gerecht (erschwert Sachbearbeitung + Absender blamiert sich evtl.)	• Betreffzeile zu lang/nicht aussagekräftig
• Wort „Betreff" o. „Bezug" vor der Betreffzeile	• Formulierungen unangemessen (→ vgl. Aufgabentyp 2/2, Privater Brief)
• inhaltliche Vorgaben nicht genügend berücksichtigt	• keine adressatengerechte Argumentation, d. h. überzeugende Begründungen und Belege, die beim Empfänger das bewirken, was wir (Absender) erreichen wollen (vgl. Aufgabentyp 5)

4.4   Äußere Form, Anordnung (DIN 5008) — Beispiel/Musterbrief

*
*
*
*

1) Elke Raich
Braugasse 5
88131 Lindau
*
*
*
*

3) Sportwelt Klein
Schillerweg 12
88239 Wangen im Allgäu
*
*
*
*
*   *2)* Lindau, 10.03.2017
*
*

4) **Mängel des Tennisschlägers – Marke xy/Reklamation**
*
*

5) Sehr geehrte Damen und Herren,
*

am 2. März dieses Jahres kaufte ich bei Ihnen einen Tennisschläger der Marke xy
6) für ... EUR. Gleich am darauffolgenden Wochenende probierte ich ihn aus.
*

Schon nach kurzer Spieldauer bemerkte ich jedoch, dass die Bespannung sich
gelockert hatte. Ob ein Material- oder Verarbeitungsfehler vorliegt, kann ich nicht
feststellen.
*

Da ich in Zukunft nicht mehr nach Wangen kommen werde, möchte ich vom Kauf zurücktreten
und bitte Sie, mir den Kaufpreis und die Ausgaben für die Rücksendung
des Schlägers zu erstatten.
*

7) Mit freundlichen Grüßen
*

*   *Elke Raich*
*

Elke Raich

8) **Anlagen**
Tennisschläger
Kopie des Kassenbeleges

Erklärungen

1 vollständige Adresse des Absenders
2 Absendeort und -datum
3 vollständige Adresse d. Empfängers
4 kurzer, deutlicher Betreff
* (Anlass des Briefes in Kurzform)*
5 situationsgerechte Anrede
6 sinnvoll gegliederte Texteinteilung
* (Abschnitte, Einrückungen)*
7 situationsgerechte Grußformel
8 Auflistung aller Anlagen
* (auch neben d. Grußformel möglich)*

* *Leerzeilen*

5 Aufgabentyp 4: Schaubild

5.1 Begriffe

- **beschreiben:**
  darstellen mit Worten, erklären

- **auswerten:**
  aufbereiten, vorliegende Zahlen/Angaben vergleichen, bewerten ...

- **kommentieren:**
  erläutern, auslegen, kritisch Stellung nehmen

- **Schaubild:**
  Diagramm, Mindmap, Tabelle; zeichnerische Darstellung, bei der wichtige Begriffe und Zahlen in Beziehung zueinander gesetzt werden, wobei ihre Größenverhältnisse durch ein geeignetes Gestaltungsmittel zum Ausdruck kommen sollen (Grafik = Zeichnung) Dabei kommt es auf Anschaulichkeit und Überschaubarkeit an.

Grundformen der Diagramme z. B.

Säulen-/Stabdiagramm Balkendiagramm	Kreisdiagramm	Kurvendiagramm
verschieden lange Strecken oder Rechtecke senkrecht o. waagerecht nebeneinander gestellt; eignet sich für **Vergleiche**	Kreis eingeteilt in Sektoren*** unterschiedlicher Größe; eignet sich zur Darstellung von **Anteilen an einem gemeinsamen Ganzen**	Linien/Kurven durch verbundene Punkte im Koordinatensystem*, Abhängigkeit der Daten** von 2 Einflussgrößen wird verdeutlicht; eignet sich zur Darstellung von **Entwicklungen**

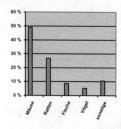 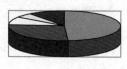 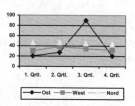

*   Koordinatenachsen = Zahlengeraden

**   Daten = Koordinaten, Zahlen, die die Lage eines Punktes im Raum bestimmen
(Abszisse + Ordinate) = Ergebnis statistischer Erhebungen

*** Sektoren = Gebiet, Abschnitt, Bezirk

5.2 Vorgehen

Einleitung

Titel, Quelle, Erscheinungsdatum, Thematik/Intention (Absicht) des Schaubildes
→ vgl. Aufgabentyp 1: 1.2 Inhaltsangabe, Einleitung

Hauptteil/Beschreibung

Denkmuster/Aufbau:

**Vom Allgemeinen zum Speziellen
Vom Gesamtbild zur Detailinformation**

a) Beschreiben der Darstellungsform + der Gestaltungsmittel des Schaubildes:
Gruppe? Formen? Farben? Symbole? Besonderheiten? ...

b) Nennen der Bereiche/Begriffe, die in Beziehung zueinander gesetzt wurden (z. B.
Benennung und Einteilung der Zahlengeraden o. der Sektoren), Anordnung, Aufbau

c) Zuordnen der Zahlen, die genaue Informationen liefern (z. B. Koordinatenpaar eines
Punktes zwischen Zahlengeraden, Prozentsatz im Sektor eines Kreises ...)

d) Vergleichen der Größenverhältnisse, Inhalte der Einzeldarstellungen

e) Ableiten einzelner Aussagen, Auswertung, Schlussfolgerungen

Schluss

* Zusammenfassung der Einzelaussagen (e) und der Vergleiche (d) zu einem
Gesamteindruck/Ergebnis; **wesentliche Aussagen erläutern (z. B. auffällige
Veränderungsprozesse/Gegenüberstellungen)**

* dabei Bezug zur Thematik herstellen (vgl. Benennung/Titel/Unterschrift des
Schaubildes), Ausblick geben, Vorschläge zur Lösung des angesprochenen
Problems, **Schlussfolgerungen ziehen**

* kurze subjektive (persönliche) Einschätzung, Bewertung:
Wie ist die Darstellung gelungen?
  – klar, überschaubar?
  – informativ, interessant?
  – sinnvolle, geeignete Form?
* Bedeutung des Themas einschätzen

5.3   Schreibweise/Stil

- dem Zweck angepasst
- sachlich, informativ
- Fachbezeichnungen

- Zeit: Gegenwart (Präsens)
- treffende Ausdrücke (Adjektive, Verben)
- nur wesentliche Informationen

5.4   Fehler

- falscher Aufbau (mit Details beginnen erschwert Nachvollziehbarkeit)
- ungenaue Ausdrücke (z. B. „Dreiecke", „Tortenstücke" im Kreis anstatt „Sektoren" wäre falsch und missverständlich)
- unvollständige Beschreibung (nicht alle Balken/Säulen erwähnt)
- wesentliche Inhalte fehlen (Gegenstandsteile bzw. Tätigkeitsabschnitte)
- keine sinnvolle Gliederung
- Substantive, Adjektive, Verben nicht konkret/treffend
- unsachliche, wertende Sprache
- Prozentangaben mit absoluten Einheiten verwechselt („von je 100 Befragten ...")

5.5   Beispiel

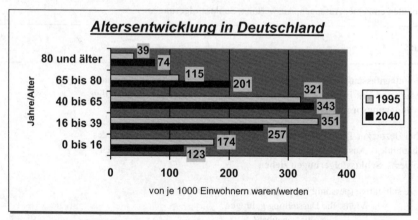

Quelle: Statistisches Bundesamt

Beschreibung des Schaubildes

Die vorliegende Grafik wurde in der Zeitschrift .../Ausgabe ... vom ... abgedruckt. Sie trägt den Titel „Altersentwicklung in Deutschland" und soll verdeutlichen, wie sich der Anteil der Altersgruppen in der Bevölkerung von 1995 bis 2040 verschieben wird. Als Quelle der dargestellten Zahlen wird das Statistische Bundesamt genannt.

In dem Balkendiagramm sind fünf Rechteckpaare waagerecht auf gepunktetem Hintergrund dargestellt. Der helle Balken soll jeweils die Altersstruktur der Bevölkerung im Jahre 1995 verdeutlichen. Der dunkle Balken veranschaulicht die prognostizierten Daten für das Jahr 2040. Auf der waagerechten Achse des Koordinatensystems ist die Zahl der Einwohner von je 1.000 abzulesen. Sie ist in die vier Abschnitte 0–100, 100–200, 200–300, 300–400 eingeteilt. Die senkrechte Achse gibt das Alter der Bevölkerung an, welches in fünf Gruppen zusammengefasst wurde (0–16, 16–39, 40–65, 65–80, 80 und älter). Zusätzlich steht rechts neben jedem Balken die genaue Zahl der Einwohner je 1.000, die es in der jeweiligen Altersgruppe gab bzw. voraussichtlich geben wird.

Wertet der Betrachter die Darstellung aus, kann er ablesen, dass es 1995 von 1.000 Einwohnern 174 Kinder und Jugendliche (0–16 Jahre) gab, 2040 sollen es nur 123 sein. Auch die nächste Altersgruppe, die man junge Erwachsene nennen könnte, ist 1995 wesentlich größer (351) als 2040 (257). Dann, bei den 40- bis 65-Jährigen, ändert sich die Bevölkerungsentwicklung: 1995 gab es 321 (von 1.000) in diesem Alter, 2040 sollen es 343 sein. Der Unterschied wird bei den 65- bis 80-Jährigen noch größer. Waren es 1995 noch 115 ältere Menschen (von 1.000), sollen es 2040 schon 201 sein. Die letzte Gruppe (80 Jahre und älter) setzt diesen Trend fort. Auf 1.000 Einwohner kamen 1995 39 alte Menschen, für 2040 wird eine Zahl von 74 erwartet.

Neben der genauen Statistik von 1995 und der Vorhersage für das Jahr 2040 ist der Grafik eine Aussage über die zukünftige Entwicklung zu entnehmen. Kinder und junge Menschen wird es anteilig immer weniger geben. Ab einem Alter von 40 Jahren, der scheinbaren Lebensmitte, soll es mehr Menschen geben als heute. Betrachtet man nur die hellen Balken, kann man z. B. ablesen, dass 1995 672 Erwerbstätige (16 bis 65 Jahre) 328 Kindern und Rentnern gegenüberstehen. Die gleichen Gruppen für 2040 zusammengerechnet, erhält man ein Verhältnis von 600 zu 398.

Die Darstellungsform ist für dieses Zahlenmaterial geeignet, denn das Balkendiagramm wirkt überschaubar und verständlich. Man muss der Legende lediglich die Zuordnung der Balkenfarben entnehmen, alle anderen Informationen sind in der Grafik enthalten, die trotzdem nicht überladen wirkt.

Eine Auswertung solcher Statistiken und Prognosen ist für viele Bereiche unserer Gesellschaft wichtig. Politiker können z. B. Maßnahmen im Bereich der Familienförderung, Sozialversicherung/ Rentenpolitik oder Schulwesen beschließen. Die Wirtschaft richtet ihre Produktion, den Handel, die Werbung auf spezielle Zielgruppen aus. In Forschung und Medizin ergeben sich neue Betätigungsfelder, weil die Menschen immer älter werden und ihre Gruppe im Verhältnis zu jüngeren an Bedeutung gewinnt.

Mir persönlich ist vor ein paar Jahren bei der Einführung der Pflegeversicherung das Problem der sich wandelnden Altersstruktur bewusst geworden. Ich finde es beängstigend, dass Paare bei uns immer weniger Kinder bekommen. Alt werden und dabei aktiv und gesund bleiben möchte ich natürlich auch.

6   Aufgabentyp 5: Stellungnahme

6.1   Begriff

Stellung nehmen

Zu einem vorgegebenen Thema die eigene Meinung überzeugend zum Ausdruck bringen, indem man sich zu den Problemen logisch, sachlich und anschaulich äußert. Der eigene Standpunkt sollte dargelegt (These), stichhaltig begründet (Argumente) und durch Belege (Beispiele, Beweise) gestützt werden.

6.2   Vorgehen

Themenanalyse

Im Thema Schlüsselwörter finden, die hinweisen auf:	Thema groß auf ein Blatt schreiben
1. geforderte Tätigkeit, z. B. begründen, darstellen	Schlüsselwörter/Leitbegriffe unterstreichen bzw. einkreisen
2. Inhalt der geforderten Argumentation, z. B. Partnerschaft, politische Aktivität	
3. Gliederung des Aufsatzes → dialektisch (kontrovers, diskutierend), d. h., es gibt Pro und Kontra, z. B. ja/nein, für/gegen, Vorteile/Nachteile	mit Farben arbeiten Teilfragen stellen
→ linear (erläuternd), d. h., es wird in eine Richtung argumentiert, z. B. warum ... nicht, welche Gründe ...	

Stoffsammlung

a) möglichst das Problem aus verschiedenen Richtungen betrachten
b) gute **Argumente finden**

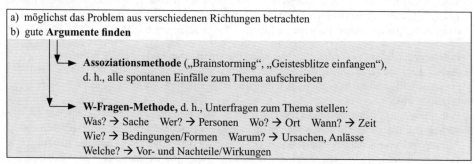

      Assoziationsmethode („Brainstorming", „Geistesblitze einfangen"),
      d. h., alle spontanen Einfälle zum Thema aufschreiben

      W-Fragen-Methode, d. h., Unterfragen zum Thema stellen:
      Was? → Sache   Wer? → Personen   Wo? → Ort   Wann? → Zeit
      Wie? → Bedingungen/Formen   Warum? → Ursachen, Anlässe
      Welche? → Vor- und Nachteile/Wirkungen

c) jede Begründung mit Belegen stützen, z. B. konkretes, anschauliches Beispiel

d) bei dialektischem Thema Pro und Kontra unterscheiden (Tabelle anlegen)

e) die einzelnen Argumente nach ihrer Wichtigkeit/Bedeutsamkeit ordnen (z. B. farbig durchnummerieren)
→ steigern, d. h. Wichtigstes zum Schluss

f) möglichst auch Unterthesen und Folgerungen finden

g) Stoffsammlung ordnen und ergänzen

6.3 Allgemeines Argumentationsschema/Aufbau eines Argumentes

Behauptung (These)	Begründung (Argument)	Beleg (Beispiel o. Beweis)	Folgerung	→ *Vollständigkeit sollte angestrebt werden, die Reihenfolge ist nicht zwingend, Folgerung meist erst am Schluss des Aufsatzes möglich*
Das ist so ... Das ist das Problem ...	weil, da, denn ...	wie, z. B., beispielsweise ...	daher, folglich, somit, also ...	→ *geeignete Bindewörter*

6.4 Einleitung

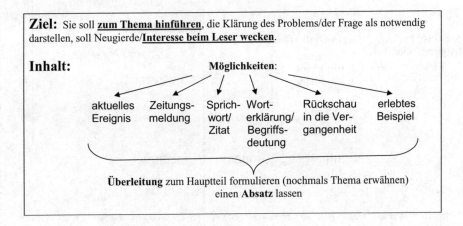

Ziel: Sie soll <u>zum Thema hinführen</u>, die Klärung des Problems/der Frage als notwendig darstellen, soll Neugierde/<u>Interesse beim Leser wecken</u>.

Inhalt: **Möglichkeiten:**

aktuelles Ereignis   Zeitungs-meldung   Sprich-wort/ Zitat   Wort-erklärung/ Begriffs-deutung   Rückschau in die Ver-gangenheit   erlebtes Beispiel

Überleitung zum Hauptteil formulieren (nochmals Thema erwähnen)
einen **Absatz** lassen

6.5   Hauptteil

6.5.1   Lineares Thema

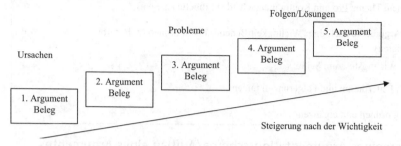

6.5.2   Dialektisches (kontroverses) Thema

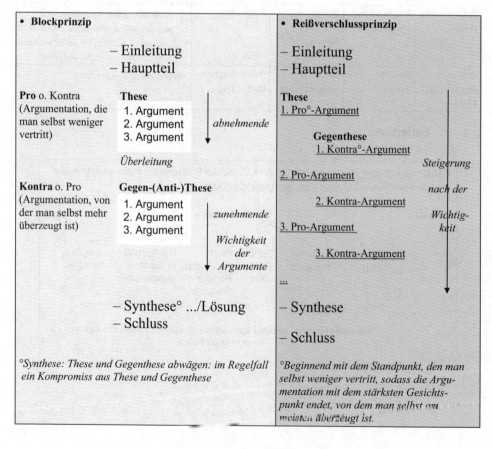

6.5.3   Stellungnahme aufgrund eines Meinungstextes

Textanalyse

a) Inhalt/Struktur/Argumentationsschritte herausfinden
  • Meinung/These?
  • Begründungen?
  • Belege/Beispiele?
  • Ursachen/Folgen?
  • Maßnahmen/Vorschläge?
b) sprachliche Besonderheiten erkennen, z. B. rhetorische Fragen (Fragen, auf die keine Antwort erwartet wird), Ironie (das Gegenteil des Gemeinten gesagt), Übertreibung, Metaphern (Sprachbilder), Fremdwörter, Sprachebene, direkte Anrede des Lesers, Wir-Form

Texterschließung

  • gründlich lesen
  • unterstreichen/einkreisen (farbig)
  • Randnotizen
  • Pfeile, die Zusammenhänge zeigen
  • Sinnabschnitte einteilen

Stellungnahme

  • Bezug nehmen auf den Text. Möglich sind: – Zustimmung | ganz oder zu einzelnen
    – Widerspruch | Textabschnitten/
    – Ergänzungen | Argumentationsteilen

  • d. h., einzelne Aussagen/Gedankenschritte nacheinander, einzeln bewerten
    → vgl. Block- und Reißverschlussprinzip

  • eigene Überlegungen darlegen + begründen + stützen

  • eigene Lösungsentwürfe

6.6   Schluss

Ziel: Er soll ein abruptes/offenes Ende verhindern, abrunden.

Inhalt: Möglichkeiten

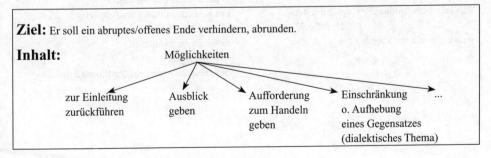

zur Einleitung   Ausblick   Aufforderung   Einschränkung   ...
zurückführen   geben   zum Handeln   o. Aufhebung
                                    geben   eines Gegensatzes
                                                       (dialektisches Thema)

6.7 Schreibweise

• Überzeugung des Lesers durch Anordnung + Steigerung + Vollständigkeit der Argumente • Argumente verknüpfen, an These (Antithese) anschließen, darauf hinweisen, überleiten	• bei neuen Gedanken Absätze machen • Formulierung sachlich, im Hauptteil nicht wertende Sprache (z. B. abfällige o. bildhafte Ausdrücke) • Zeit: Präsens (Gegenwart) • „roten Faden" halten

6.8 Fehler

• Standpunkt nicht klar formuliert • Argumente (Begründungen) nicht überzeugend, unlogisch ... • Beispiele/Belege fehlen oder sind nicht geeignet, das jeweilige Argument zu stützen	• wertende/beeinflussende Sprache • falsche Zeitform • Thema verfehlt, Aufgabenstellung nicht erkannt • Einleitung bzw. Schluss fehlt o. zu kurz

6.9 Beispiele

Themenanalyse

Thema (Schlüsselwörter unterstrichen)	Notizen
Viele **Verbraucher** sind überschuldet. ⟶	*Inhalt/Problem*
Worin liegen Ihrer Meinung nach die **Gründe** dafür? ⟶	*lineare/erläuternde Argumentation*
Was könnte **unternommen** werden, um dieser Entwicklung entgegenzuwirken? ⟶	*Lösungsvorschläge*

Stoffsammlung, z. B. W-Fragen-Methode

Wer ist überschuldet?	Verbraucher (Familien, Singles, Jugendliche, Frauen, Männer ...)
Was für Schulden?	• Haus-/Wohnungsbau (langfristige Darlehen) • Möbel, Geräte, Auto (Ratenkauf) • allgemeine Lebenskosten, mit Schulden übermäßig belastet sein
Was ist Überschuldung? → vgl. Einleitung (Begriffserklärung) **Wann** entsteht das Problem?	• erster eigener Haushalt • Arbeitslosigkeit • mit zunehmender Zahl der Ratenkäufe

Wie überschuldet man sich?	• vermeintlich günstige Kreditangebote von Banken, Einzelhandel, Geldverleihern
	• falsche Berechnung von Einkommen, Zins- und Tilgungsraten (Unwissenheit ...)
	• unvorhergesehene Kosten oder Einkommenseinbußen
Warum macht man Schulden?	• laufende Einkünfte reichen nicht aus
|	• Kreditkauf erscheint wirtschaftlich günstiger als Barkauf
|	
Gründe = Thema = Schwerpunkt	• Anschaffungen aus Prestigegründen (andere als Maßstab, nicht das Einkommen)
usw.	• Notlage (Unfall ohne ausreichenden Versicherungsschutz, misslungene Unternehmensgründung)
zuletzt nummerieren (ordnen) nach der Wichtigkeit	

Ein Argument

Besonders für junge Familien besteht die Gefahr einer Überschuldung,	*Behauptung*
<u>denn</u> auf sie kommen bei der Haushaltsgründung und Kindererziehung	*Begründung*
unvermeidbare Ausgaben zu. <u>Zum Beispiel</u> brauchen Paare, die eine Familie	*Beleg*
gründen, oft eine größere Wohnung, ein anderes oder zusätzliches Auto,	*(Beispiel)*
weitere Möbel und mehr Geld für Kleidung und Lebensmittel.	
Gerade wegen der Kinder, für die viele Anschaffungen gemacht werden	
müssen, kann meist nur noch der Mann arbeiten gehen und verdienen. <u>Folglich</u>	*Folgerung*
gelingt es den Familien kaum, von ihrem Einkommen größere Summen zu	
sparen, und sie entschließen sich, teure Gegenstände in Raten bzw. mit einem	*(zurück zur*
Darlehen zu bezahlen. Überschätzen sie hierbei ihre finanzielle Belastbarkeit,	*Behauptung)*
kommt es zu einer Überschuldung.	

7   Aufgabentyp 6: Visualisierung

7.1   Begriffe

- **Sachtext:**
  Text, der möglichst **wahr** und **objektiv** gestaltet ist, der Rechtschreib-, Grammatik- und Form-**Regeln** der Sprache einhält, der eine bestimmte Absicht verfolgt (berichten, beschreiben ...), **ohne** direkte **Beeinflussung**/Wertung.
  Dagegen literarischer Text/fiktionaler Text:
  hat erdachte Elemente, ist oft subjektiv, nutzt relative Regelfreiheit, verfolgt verschiedene Ziele (unterhalten, belehren, beeinflussen ...)

- **Strukturbild:**
  Die Aussage eines Textes bildlich darstellen, in ein Bild aus Worten umsetzen, sodass die **wichtigsten Begriffe** hervorgehoben, in **Beziehung** zueinander gesetzt, anders dargestellt werden (z. B. Größen/Zahlen als Säule) und **Strukturen**/Zusammenhänge verdeutlicht werden. (Mindmap, Diagramm, Tabelle ...)
  Ziele: Inhalte leichter erfassen und einprägen durch optische Signale (Symbole, Pfeile, Rahmen ...), reduzieren auf das Wesentliche

- **Visualisieren**
  optisch darstellen, grafisch gestalten

7.2   Vorgehen (Schaubild/Visualisierung)

a)   Text ganz lesen (→ Überblick erhalten, Zusammenhänge ermitteln)

b)   beim 2./3. Lesen den Text bearbeiten

Hilfsmittel:
- Stift + Lineal zum Unterstreichen
- und/oder Textmarker zum Anstreichen
- und/oder Stift für Randnotizen, Pfeile usw.
- mehrere Konzeptblätter

c)   angestrichene/unterstrichene Begriffe und Zahlen auf separates Blatt schreiben

d)   • überlegen, was zusammengehört, auf einer Ebene steht usw.
      • markieren (mit gleicher Farbe anstreichen/einkreisen/einrahmen, nummerieren ...), dadurch Gruppen bilden

e)   • ordnen der Begriffe in eine Rangfolge (Über-, Unter-, Nebenordnung)
      • logische Abhängigkeit verdeutlichen (Pfeile ...)
      • evtl. Beschriftung
      • Hervorhebung (Rahmen, Kreise ,,,)
      • Symbole verwenden
        → **geeignete Darstellungsform finden, z. B. Mindmap, Flussdiagramm, Tabelle**
      • von oben nach unten und von links nach rechts aufbauen!

f)   Schaubild sauber auf ein leeres Blatt zeichnen/schreiben

7.3 Beispiel

Prüfungsaufgaben Sommer 2000

(Text:) **Arnd Bäucker: Die Wut der Vandalen**

Erst kamen Telefonhäuschen dran, dann S-Bahn-Sitze, Briefkästen, Geräte auf Kinderspielplätzen.
Spuren der Zerstörung ziehen sich durch Deutschland, von mit Glassplittern
übersäten Fußgängerüberwegen bis hin zu zerkratztem Autolack. Die Vandalen sind
unter uns: zerstörungswütige Zeitgenossen, die sich vor allem an öffentlichem Eigentum,
5 aber auch an Privatbesitz austoben. [...] Etwa jede zehnte registrierte Straftat in
Deutschland fällt unter die Rubrik „Sachbeschädigung". Die Kosten in Millionenhöhe
können nur geschätzt werden; unzweifelhaft gibt es eine hohe Dunkelziffer. Die Täter
sind meist jung und eher männlich. [...] Mitunter stehen die Polizeibeamten vor Menschen
aus sogenannten „guten Häusern". Die bei Zerstörungsdelikten rasch keimende
10 Vermutung, hier tobten Asoziale und andere Angehörige von Unterschichten ihre Aggressivität
aus, geht oft fehl. Die fehlende körperliche Herausforderung in der technisierten
Umwelt von heute oder die Langeweile übersättigter Jungtäter werden als Erklärung
bemüht. Wenn dem so ist, dann läuft einiges in der Gesellschaft schief. [...]
Die modernen Vandalen schlagen auf das ein, was am verwundbarsten ist, was nicht
15 oder nur schlecht geschützt wird. Das ist das öffentliche Eigentum, und somit sind die
Opfer zuerst jene, die auf öffentliches Eigentum angewiesen sind: Bahnfahrer, die vor
aufgeschlitzten Sitzen stehen, Kinder, die von Scherbensplittern im Sand bedroht
werden, der Bürger ohne Handy, der hoffte, an der unbrauchbar gemachten Telefonzelle
anrufen zu können. Opfer sind eher die Schwächeren. Das ist der Grund, warum Vandalismus
20 und seine Folgen nicht geduldet werden dürfen. Der andere liegt in seiner psychologischen
Wirkung. Es herrscht eine andere Stimmung, es ist ein anderes Land, wenn
Menschen an bestimmte Plätze nur noch mit dem ältesten Fahrrad fahren, weil ihnen
dort schon mehrmals die Reifen zerschnitten worden sind. Das Sicherheitsgefühl verändert
sich. Das Grundvertrauen, sich in einer Gesellschaft gleich berechenbarer Menschen
25 zu bewegen, schwindet. Die Folgen sind zunächst nicht äußerlich sichtbar, doch Ärger
und Angst wachsen in den Seelen wie Messer.
Kann dem Vandalismus Einhalt geboten werden? Im Vorfeld vielleicht mit sensibler
Jugendarbeit. Wie heilsam harte Strafen dann für die Täter sind, darüber gehen die Meinungen
auseinander. In Leipzig hat man überführte Zerstörer schon die Straßenbahn
30 gründlich säubern lassen – vielleicht ist das ein Weg, um so etwas wie ein „Wertebewusstsein"
wachsen zu lassen. Es ist allerdings zu vermuten, dass in dieser Umbruchzeit
Vandalismus weiter ein Problem bleibt. Man muss sich ihm stellen. Vandalismus gibt
einen Blick in sonst verdeckte Untiefen der scheinbar geordneten Welt frei. Dass viele
Menschen Lust an blinder Zerstörung haben, ist eine oft verdrängte Realität.

Quelle: Stuttgarter Nachrichten vom 15.11.1999

Aufgabe: Veranschaulichen Sie die Struktur des Textes in Form eines Strukturbildes, in dem die wichtigsten Informationen klar und übersichtlich grafisch angeordnet sind. (Beispiel:)

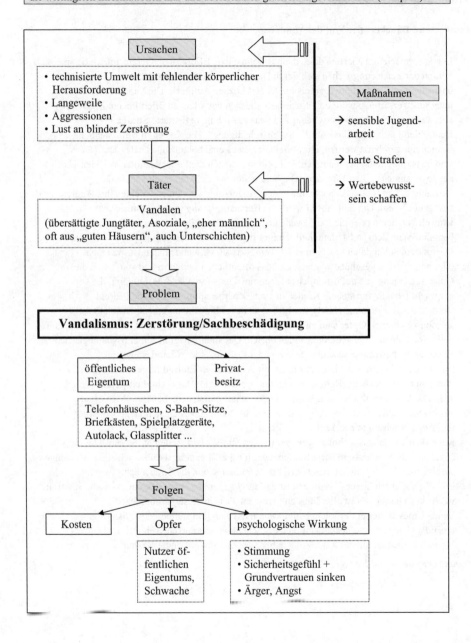

Zusatzaufgabe: Wie beurteilen Sie die Wirkung harter Strafen bei Vandalismus? (Beispiel:)

Ob man Vandalen mit harten Strafen von zukünftigen Taten abbringen kann, ist sicherlich schon ausprobiert worden. Vermutlich fallen die Ergebnisse sehr unterschiedlich aus, denn man hat es doch auch hier immer mit Einzelschicksalen und individuellen Problemen zu tun. Ich habe im Schaubild die Maßnahmen zur Bekämpfung dieser Kriminalität bewusst nach oben geschrieben. Hat man die Ursachen oder Motive des Täters erkannt, kann man an dem Punkt einwirken, um die Zerstörungswut einzudämmen, z. B. mit einer Therapie. Das klingt vernünftig und unrealistisch zugleich, denn so einen Aufwand kann sich auch unsere Gesellschaft kaum leisten.

Bei den Ursachen anzusetzen würde bedeuten, für Jugendliche körperliche Herausforderungen zu schaffen, etwas gegen Langeweile anzubieten oder zum Abbau von Aggressionen. Ich habe schon von Boxclubs und Jugendhäusern in Großstädten gehört, die sich dieses Ziel setzen. Dort fängt man vielleicht auch Jugendliche auf, die schon hart bestraft worden sind, sich dadurch aber nicht grundlegend geändert haben. Möglicherweise bekommen manche Täter durch eine harte Strafe weitere Aggressionen und Rachegefühle. Man sollte dieser Lösung also skeptisch gegenüberstehen.

In jedem Bereich von Erziehung gibt es Strafen, und manchmal wirken sie tatsächlich abschreckend, wie z. B. ein drohender Gefängnisaufenthalt. Oder sie bringen einen zum Nachdenken, wie z. B. ein zeitweiliger Führerscheinentzug. Idealerweise ist die Strafe eine „gute Tat", die wirklich einer Wiedergutmachung entspricht, z. B. gemeinnützige Arbeiten. Versuchen muss man es immer wieder, denn die Folgen des Vandalismus betreffen viele unschuldige Mitmenschen und verändern unsere Gesellschaft negativ.

7.4   Fehler

• Bild nicht anschaulich, nicht logisch, unstrukturiert	• dem Text zu viele Details (Unwesentliches) entnommen
• unübersichtliche Darstellung	• wichtige Informationen aus dem Text fehlen
• Darstellung im Schaubild verfälscht die vorgegebene Textaussage	• eigene „Ideen" hinzugefügt (z. B. Ursachen, Lösungen)
• Oberbegriffe/Rangordnung fehlerhaft	
• bildhafte, zweideutige, unpräzise Ausdrücke mit „Nebenwirkung"	• keine sinnvolle Verwendung von Pfeilen, Rahmen, Farben, Gestaltungsmitteln …
• ganze Sätze, zu viel Text	• wertende, dramatisierende, emotionale Worte

8   Prüfungsaufgaben

Hinweis:

Auf den Abdruck der umfangreichen **Texte** wurde aus Platzgründen verzichtet. Im Folgenden sind daher meist lediglich die Aufgaben bzw. Fragestellungen aufgeführt.

Seit Winter 2002/03 gibt es sechs Aufgabentypen. Der Prüfling erhält den vollständigen Aufgabensatz und bearbeitet ein Thema. Mit Beginn des Schuljahres 2016/2017 trat ein neuer Deutsch-Bildungsplan für die Berufsschule in Kraft. Die ersten Prüfungen nach den darin enthaltenen Änderungen in Kompetenzbereiche finden im Mai 2018 statt. Als Schreibformen bieten sich laut Bildungsplan folgende Möglichkeiten: Protokoll, Bericht, Dokumentation, Zusammenfassung, Geschäftsbrief, Bewerbung, Visualisierung, Schaubildanalyse, Stellungnahme, Charakterisierung, Interpretation. Genaue Informationen lagen zum Zeitpunkt der Manuskripterstellung noch nicht vor.

Stofftelegramme und Aufgaben zum neuen Lehrplan finden Sie kostenlos unter BuchPlus-Web. Wie Sie das Zusatzmaterial herunterladen können, erfahren Sie auf der Umschlaginnenseite.

Aufgabentyp 1: Inhaltsangabe und Interpretation. Den Inhalt eines literarischen Textes wiedergeben (vgl. Seite 469 ff.)

Prüfungsaufgaben Sommer 2013

• Verfassen Sie eine Inhaltsangabe (Text: „Versuchskaninchen" von Germaine Adelt).
• Welche Probleme werden in dem Text angesprochen?

Prüfungsaufgaben Winter 2013/2014

• Verfassen Sie eine Inhaltsangabe (Text: „Justiz" von Ferdinand von Schirach).
• Welche Probleme spricht der Text an?

Prüfungsaufgaben Sommer 2014

• Verfassen Sie eine Inhaltsangabe (Text: „Der Schritt zurück" von Anette Rauert).
• Beureilen Sie die Entscheidung des Jungen.

Prüfungsaufgaben Winter 2014/2015

• Geben Sie den Inhalt des Textes wieder (Text: „Schön" von Janina Diamanti).
• Beurteilen Sie das Verhalten der Friseurin.

Prüfungsaufgaben Sommer 2015

• Verfassen Sie eine Inhaltsangabe (Text: „Weidmanns Nachtgespräche" von Martin Suter, siehe unten).
• Welche Probleme spricht der Text an?

Martin Suter: Weidmanns Nachtgespräche

Regula Weidmann liest beim Licht der Nachttischlampe ein leidenschaftliches Leben, die Biographie von Frida Kahlo. Die Art der Lektüre verbietet ihr, sich schlafend zu stellen und die Frage zu überhören. Sie antwortet ohne aufzuschauen. „Hm?"

„Wie du mich findest."

Jetzt schaut Regula Weidmann von ihrem Buch auf. Kurt liegt mit offenen Augen auf dem Rük- 5 ken, knapp außerhalb des Lichtkegels ihrer Lampe. Er sollte das Nasenhaarscherchen, das ich ihm geschenkt habe, öfter benützen, denkt sie. Sie versucht Zeit zu gewinnen. „Wie meinst du das?"

„So, wie ich es sage. Wie findest du mich?"

Regula Weidmann lässt das Buch auf die Bettdecke sinken.

„Warum fragst du das?" 10

„Einfach so. Es interessiert mich halt. Also: Wie findest du mich?"

„Du bist mein Mann."

Einen Moment scheint er sich mit der Antwort zufriedenzugeben. Aber gerade als Regula ihr Buch wieder hochnimmt, sagt er: „Ich meine, objektiv."

„Wir sind seit achtzehn Jahren verheiratet, da ist es schwer, objektiv zu sein." 15

„Versuch es."

Sie lässt das Buch wieder sinken und überlegt.

„Musst du da so lange überlegen?", fragt Weidmann nach ein paar Sekunden. Er klingt etwas beleidigt.

„Du meinst so als Mensch? Ganz allgemein?" 20

„Nein, nicht als Mensch. Als Mann."

Regula Weidmann schließt das Buch, behält aber einen Finger als Buchzeichen zwischen den Seiten. „Du meinst, so vom Aussehen?"

„Auch, ja."

„Auch?" 25

„Und was so dazugehört: Ausstrahlung, Anziehungskraft, so Sachen."

Weidmann dreht den Kopf zur Seite und schaut seine Frau an. Sein Gesicht liegt jetzt knapp innerhalb des Lichtkegels. Keine günstige Beleuchtung.

Regula Weidmann legt Frida Kahlo aufs Nachttischchen und dreht sich zu Kurt. Vielleicht ist jetzt der Moment, das Gespräch zu führen, das sie schon so lange führen will. Über die letzten paar 30 Jahre, die letzten vier, fünf – auch, seien wir ehrlich: acht Jahre. Seit „Mitglied des Direktoriums", genaugenommen. Als die Abende mit „Privatbewirtungen" zu Hause begannen. Stundenlang ovolactovegetarisch[1]) Kochen für Gattinnen von Männern mit Einfluss auf niedrige Entscheidungen. Und später Damenprogramme mit Zoo- und Museumsbesuchen in Gesellschaft von Gattinnen von Männern mit Einfluss auf höhere Entscheidungen. Kurt, dem die Karriere immer wichtiger 35 wurde und sie immer gleichgültiger. Vielleicht ist jetzt der Moment, über all das zu reden.

„Ich bin froh, dass du das fragst", beginnt sie behutsam. „Ich wollte auch schon lange darüber reden." „Die Frage lässt mich nicht mehr los", gesteht Weidmann erleichtert. „Seit neue Untersuchungen bewiesen haben, dass attraktive Männer bessere Karrierechancen besitzen. Sei bitte ganz ehrlich." Regula Weidmann greift sich ihr Buch vom Nachttisch. „Du bist sehr attraktiv, 40 Kurt. Ganz ehrlich."

Quelle: Suter, Martin: „Beziehungsstress – Geschichten aus der Business Class", Diogenes Verlag, Zürich 2003, S. 18 ff.

---

[1] *ovolactovegetarisch: Bei einer ovolactovegetarischen Ernährungsweise wird auf Fleisch sowie Fisch verzichtet.*

Prüfungsaufgaben Winter 2015/2016

- Verfassen Sie eine Inhaltsangabe (Text: „Höhener und das Drogenproblem" von Marin Suter).
- Charakterisieren Sie das Verhalten der Familienmitglieder untereinander.

Prüfungsaufgaben Sommer 2016

- Verfassen Sie eine Inhaltsangabe (Text: „Mehmet" von Rafik Schami).
- Beurteilen Sie das Verhalten von Ramona.

Mehmet
Es war alles vorbereitet: das Bier kaltgestellt, die Wurst- und Käseplatten hübsch mit Salzstangen
und Zwiebelringen garniert – der Diaprojektor im Wohnzimmer schon seit Stunden aufgebaut,
die Urlaubsbilder nach Reisestationen schon lange geordnet; es sollte ein gemütlicher Abend
werden. Obwohl Heinz den Ablauf der Diashow schon x-mal geprobt hatte, war er sehr unsicher.
5 Viertel nach acht war es soweit, die ersten Gäste kamen.
Um neun Uhr hielt Heinz die Spannung nicht mehr aus, und er versuchte geschickt, auf seine
Urlaubsdias aufmerksam zu machen – wie das immer so ist, konnte er auch gleich beginnen. Das
erste Bild zeigte die ganze Familie auf dem Frankfurter Flughafen, das zweite „über den Wolken"
war auf den Kopf gestellt; Heinz entschuldigte sich sofort. Das dritte, „Ankunft Flughafen Istan-
10 bul", Tochter Ramona und Sohn Jens in Großaufnahme. Die Gastgeberin erklärte sofort, dass
Ramona ausgerechnet heute bei einem Architekten eingeladen sei, sie ließe sich entschuldigen.
Die weitere Vorführung der Bilder war wie bei jeder Urlaubsvorführung. Überbelichtet, angeblich
lustige Szenen, die auch nach vielen Erklärungen die Gäste langweilten.
Spannend waren allerdings die Erzählungen über die „einfachen gastfreundlichen Menschen" in
15 der Türkei, die sie überall getroffen hatten. Müllers, die auch schon mal in der Türkei waren,
konnten dies immer wieder bestätigen. Es war ein fast gelungener Abend.
„Guten Abend", sagte Ramona. „Entschuldigung, dass wir so spät kommen, aber ich musste noch
auf Mehmet warten, sein Chef ließ ihn mal wieder das ganze Lager alleine aufräumen." Mehmet
zog verlegen die Schulter hoch, lächelte und sagte: „Ich Chef sagen, heute ich Bilder von Türkei
20 gucken, er nix wollen, er sagen viel Arbeit, Bilder egal."
In dem halbdunklen Zimmer konnte niemand sehen, wie Heinz und seine Frau die Gesichtsfarbe
wechselten und die Luft anhielten. Es herrschte eine grauenhafte Stille. „Aber du wolltest doch
zu Herrn Schneider gehen, Ramona???", sagte die Mutter. „Ich? Zu Herrn Schneider? – Ach ja,
stimmt. Aber die Feier ist verschoben worden. Habe ich euch doch gesagt. Oder nicht???"
25 Nun versuchten die Gäste, diese peinliche Situation zu überbrücken. „Das ist aber schön, dass du
doch gekommen bist. Setz dich doch, Ramona." Mehmet merkte sofort, dass er übersehen wurde,
setzte sich aber trotzdem. Heinz versuchte, sich zu beherrschen, und ging in die Küche. Ganz
plötzlich fiel Herrn Müller ein, dass die Kinder nicht zu Hause sind und der arme Hund bestimmt
dringend raus musste; auch die anderen Gäste hatten plötzlich einen armen Hund und eine
30 kranke Großmutter. Ramona ahnte, was nun kommen würde, nahm den verdutzten Mehmet an
die Hand, zog ihn zur Tür und sagte: „Bitte, bitte, geh jetzt ganz schnell, ich werde dir morgen
alles erklären."
„Was los, warum morgen, nix heute??"
Aus der Küche wurde die Stimme des Vaters immer lauter, verzweifelt drehte Ramona sich um
35 und sagte ganz leise: „Bitte, gehe jetzt, bitte geh!"

Nun könnte man diese Begebenheit unseres langweiligen Alltags mit einem traurigen Ende
erwürgen, dann würde diese erbärmliche Geschichte so enden: Mehmet starrte wie betäubt die

geschlossene Tür an. Obwohl es draußen warm war, durchlief ihn eine eisige Kälte, er zitterte am ganzen Körper. Anatolien war plötzlich ganz nahe. In seinem Dorf haben die Leute noch nie einen Gast rausgeschmissen. 40

Oder, um dem Leser endlich meine Version zu erzählen: Mehmet geht hinaus, pinkelt in den Briefkasten von Heinz, atmet erleichtert auf, und beschließt für sein Leben, nie eine Frau zur Freundin zu nehmen, die sich seiner schämt und mit ihm am ersten Abend Dias anschauen will.

Quelle: Schami, Rafik: Die Sehnsucht fährt schwarz. Geschichten aus der Fremde, München, 1988, S. 75–78

Die Rechtschreibung entspricht dem Original.

Prüfungsaufgaben Winter 2016/2017

* Verfassen Sie eine Inhaltsangabe (Text: „Das Auto" von Lily Brett).
* Warum bezeichnet die Erzählerin den Tag am Ende als „den schönsten Tag seit Jahren"? Inwiefern teilen Sie diese Meinung?

Lily Brett: Das Auto

Im Sommer, als ich nach Monaten zum erstenmal wieder in Shelter Island war, gab mein Auto auf dem Supermarkt-Parkplatz den Geist auf.

Shelter Island ist ein ruhiger Flecken, zwei Stunden Fahrzeit von Manhattan entfernt. Jedes Jahr verbringe ich einen Teil des Sommers dort. Der Puls der Insel spiegelt sich im Polizeibericht, der einmal wöchentlich im *Shelter Island Reporter* veröffentlicht wird. 5

Letzte Woche meldete der Polizeibericht drei verschiedene Unfälle, bei denen ein Wildtier von einem Automobil angefahren worden war. Und es wurde berichtet, daß jemand sich über Hundegebell beschwert hatte und daß ein Arbeiter der Telefongesellschaft von einem Truthahn angefallen worden war. „Der Besitzer des Aggressors konnte den Vogel einfangen. Schadenersatz wurde nicht geltend gemacht", schloß der Bericht. 10

Daß mein Auto den Geist aufgab, ärgerte mich maßlos. Ich hatte mich auf Ruhe und Einsamkeit gefreut. Immer wieder drehte ich den Zündschlüssel in der Hoffnung, den Wagen doch noch zu starten. Der Motor gab keinen Mucks von sich. Meine Bemühungen waren aussichtslos.

Ich mag mein Auto nur, wenn es funktioniert. Jedes wärmere Gefühl, das ich einmal für diesen Wagen empfunden haben mag, hat sich rapide abgekühlt, seit er begonnen hat auseinanderzu- 15 fallen. Es ist ein Lincoln Continental, Baujahr 1986. Er soll viele Dinge können. Er soll einem die Außentemperatur und die Fahrtrichtung mitteilen können. Aber die Temperatur, die die Elektronik des Wagens meldet, paßt nie zum Wetter. Und der Orientierungssinn dieses Autos ist mehr als fragwürdig. Ich bin schon im Kreis gefahren, bis mir schwindlig wurde, um zu sehen, ob der Wagen angeben konnte, daß wir nach Süden oder Südwesten fuhren. Er konnte es nicht. Als er 20 auf dem Supermarkt-Parkplatz den Geist aufgab, war ich erbost. Das war der letzte Tropfen. Ich starrte das Auto zornig an. Nichts geschah. Ein Auto einzuschüchtern ist ähnlich schwer, wie die eigenen erwachsenen Kinder einzuschüchtern. Ich stieg aus und trat gegen einen der Reifen. Es brachte mir keine Erleichterung. Ich versuchte mich zu beruhigen. Mich daran zu erinnern, daß ich hergekommen war, um Ruhe zu finden. Um gewöhnliche Dinge zu tun. Zum Beispiel einen 25 Automechaniker anzurufen und auf ihn zu warten.

„Wagen defekt?", fragte ein Mann, der an mir vorbeikam. Ich nickte finster. „Ich glaube, die Batterie ist leer", sagte ich. Er ging zu seinem Wagen, um ein Starthilfekabel zu holen. Als er fünf Minuten später wiederkam, hatten mittlerweile drei Leute angeboten, einen Automechaniker für mich zu holen. Aber das Starthilfekabel genügte. Der Wagen sprang an. Ich fuhr rückwärts aus 30 meiner Parklücke. Ich hatte gerade genug Zeit, ein Gefühl des Triumphs zu empfinden, bevor der

Wagen stehenblieb. Ich befand mich noch immer auf dem Parkplatz. Ich stieg aus. Die allgemeine
Meinung auf dem Parkplatz war die, daß ich eine neue Batterie benötigte. Die Stimmung rings
um mein streikendes Auto war munter und ausgelassen. Ich merkte, daß es mir Spaß machte.
35 Alle waren so fröhlich und so hilfsbereit. Auf diesem Supermarkt-Parkplatz herrschte eine bessere
Stimmung als bei den meisten Essenseinladungen. Eine Stunde nachdem mein Auto zum erstenmal den Geist aufgegeben hatte, besaß ich einige neue Freunde. Schließlich bekamen wir den
Wagen wieder in Gang.
Ich fuhr in die Werkstatt. Unterwegs blieb er drei weitere Male stehen. Jedesmal hielten Leute
40 neben mir an und boten ihre Hilfe an. Alle waren hilfsbereit. Männer und Frauen beugten sich
über den Motor. Als die neue Batterie eingebaut war, war es später Nachmittag. Ich war nicht am
Strand gewesen, wo ich zu sitzen pflege und wachsamen Auges nach Kriebelmücken und Stech-
mücken Ausschau halte, weil ich Insektenstiche nicht vertrage. Ich hatte nicht im Teich
geschwommen und dabei versucht, nicht an die bissige Schildkröte zu denken, die dort lebt. Ich
45 hatte den schönsten Tag seit Jahren auf dem Land verbracht.

Quelle: Aus „Geschichten, die glücklich machen", herausgegeben von Clara Paul, Insel Taschenbuch 4296, 6. Auflage.
Inselverlag Berlin 2015, Seite 168–170

Anmerkung: Die Rechtschreibung des Textes entspricht dem Originaltext und nicht der Rechts-
schreibregelung, die seit 2007 für alle Schulen verbindlich ist.

Aufgabentyp 2/1: Kreatives Schreiben (vgl. Seite 475 ff.)

Prüfungsaufgaben Sommer 2015

Erzählen Sie die nachfolgende Geschichte weiter.

Stimmen

Noch bevor Ebling zu Hause war, läutete sein Mobiltelefon. Jahrelang hatte er sich geweigert,
eines zu kaufen, denn er war Techniker und vertraute der Sache nicht. Wieso fand niemand etwas
dabei, sich eine Quelle aggressiver Strahlung an den Kopf zu halten? Aber Ebling hatte eine Frau,
zwei Kinder und eine Handvoll Arbeitskollegen, und ständig hatte sich jemand über seine Uner-
5 reichbarkeit beschwert. So hatte er endlich nachgegeben, ein Gerät erworben und gleich vom
Verkäufer aktivieren lassen. Wider Willen war er beeindruckt: Schlechthin perfekt war es, wohl-
geformt, glatt und elegant. Und jetzt, unversehens, läutete es. Zögernd hob er ab.
Eine Frau verlangte einen gewissen Raff, Ralf oder Rauff, er verstand den Namen nicht.
Ein Irrtum, sagte er, verwählt. Sie entschuldigte sich und legte auf.
10 Am Abend dann der nächste Anruf. «Ralf!» rief ein heiserer Mann. «Was ist, wie läuft es, du blöde
Sau?» «Verwählt!» Ebling saß aufrecht im Bett. Es war schon zehn Uhr vorbei, und seine Frau
betrachtete ihn vorwurfsvoll.
Der Mann entschuldigte sich, und Ebling schaltete das Gerät aus.
Am nächsten Morgen warteten drei Nachrichten. Er hörte sie in der S-Bahn auf dem Weg zur
15 Arbeit. Eine Frau bat kichernd um Rückruf. Ein Mann brüllte, daß er sofort herüberkommen solle,
man werde nicht mehr lange auf ihn warten; im Hintergrund hörte man Gläserklirren und
Musik. Und dann wieder die Frau: «Ralf, wo bist du denn?»
Ebling seufzte und rief den Kundendienst an.
Seltsam, sagte eine Frau mit gelangweilter Stimme. So etwas könne überhaupt nicht passieren.
20 Niemand kriege eine Nummer, die schon ein anderer habe. Da gebe es jede Menge Sicherungen.

«Es ist aber passiert!»

Nein, sagte die Frau. Das sei gar nicht möglich.

«Und was tun Sie jetzt?»

Wisse sie auch nicht, sagte sie. So etwas sei nämlich gar nicht möglich.

Ebling öffnete den Mund und schloß ihn wieder. Er wußte, daß jemand anderer sich nun sehr 25
erregt hätte – aber so etwas lag ihm nicht, er war nicht begabt darin. Er drückte die Auflegetaste.
Sekunden später läutete es wieder. «Ralf?» fragte ein Mann.

«Nein.»

«Was?»

«Diese Nummer ist ... Sie wurde aus Versehen ... Sie haben sich verwählt.»   30

«Das ist Ralfs Nummer!»

Ebling legte auf und steckte das Telefon in die Jackentasche.

Quelle: Kehlmann, Daniel: Ruhm. Ein Roman in neun Geschichten, Rowohlt, Reinbek bei Hamburg 2009, S. 7–9

Die Rechtschreibung entspricht dem Originaltext.

Prüfungsaufgaben Winter 2015/2016

• Erzählen Sie die nachfolgende Geschichte weiter.
• Finden Sie eine passende Überschrift.

Man muss alles mal probieren, dachte ich und so verabredete ich mich mit einem Mann aus dem
Internet. Nun weiß ich schon, dass die meisten, die sich dort herumtreiben, nur das Abenteuer
suchen. Ich suchte jedoch nach vier Jahren Singledasein eine neue Beziehung. Ich kannte sein
Gesicht von einem Minibild, auf dem man nur erkennen konnte, dass das angegebene Alter
stimmte, er noch Haare auf dem Kopf hatte und ein glatt rasiertes Gesicht.   5
Zuerst einmal dachte ich darüber nach, wie ich mich präsentieren wollte. Natürlich kein tiefer
Ausschnitt, aber schon, da Sommer war, meine gute Figur hervorheben. Schminke wie immer
dezent und Lippenstift, denn ich möchte ja nicht gleich am ersten Tag abgeschleckt werden.
Als Treff hatte er den Nachbarort vorgeschlagen und ich hegte sofort den Verdacht, dass auch er
sich etwas dabei gedacht hatte, denn gegenüber unserem Treffpunkt war ein Café und bestimmt 10
würde er dort sitzen und erst mal schauen, wie ich aussehe.

Hella S.: Blind Date, veröffentlicht am 28.10.2012 unter: www.e-stories.de/view-kurzgeschichten.phtml?35123

Prüfungsaufgaben Sommer 2016

Erzählen Sie die Geschichte weiter (Text: „Die wahre Geschichte" von Gabriele Scheuermann).

Gabriele Scheuermann: Die wahre Geschichte

Wie ich ihn kennenlernte, weiß ich schon nicht mehr genau. Oder doch. Egal. Ich erinnere mich
daran, dass ich ihn albern fand. Affig irgendwie und großkotzig. Außerdem liegt mir nichts an
blonden Männern – wenn sie zu allem Überfluss auch noch blauäugig sind, werde ich Weltmeister im Nichtbeachten. Ab und zu sang er ein Lied mit – laut! Ich vergaß ihn schnell. Klar, dass
er Tage später ein Hupkonzert veranstaltete, als er mich auf der Straße sah. ...   5

Quelle: Hotz, Karl und Krischker, Gerhard C. (Hrsg.): Wie war der Himmel so blau. Geschichten aus unserer Zeit, Bd. 4,
Bamberg, C. C. Buchners Verlag, 2008, S. 81

Aufgabentyp 2/2: Kreatives Schreiben (vgl. Seite 480 ff.)

Prüfungsaufgaben Sommer 2011

- Setzen Sie die Geschichte fort (Text: „Taxi" von Karen Duve).

oder

- Die Icherzählerin zieht sich in ihr Zimmer zurück und vertraut ihre Gedanken und Gefühle ihrem Tagebuch an. Schreiben Sie diesen Tagebucheintrag (Text s. o.).

Prüfungsaufgaben Winter 2011/2012

(Text: Unfall. Feuerwehr befreit jungen Mann von zwei Magneten. Bericht aus Der Westen)

- Schildern Sie die Ereignisse aus der Sicht der Frau.

oder

- Schildern Sie die Ereignisse aus der Sicht eines beteiligten Feuerwehrmannes.

Prüfungsaufgaben Sommer 2013

- Erzählen Sie die Geschichte weiter (Text: „Über Liebe, Geschichten und Bruchstücke" von Botho Strauß).

oder

- Die Frau geht nach Hause, zieht sich in ihr Zimmer zurück und vertraut ihre Gedanken und Gefühle ihrem Tagebuch an.
  Schreiben Sie diesen Tagebucheintrag (Textausschnitt wie oben).

Prüfungsaufgaben Sommer 2015

Schreiben Sie einen inneren Monolog aus der Sicht von Ralf, der sich wundert, dass sein Handy seit Tagen nicht mehr geklingelt hat (Text siehe Aufgabentyp 2/1, Prüfungsaufgaben Sommer 2015).

Prüfungsaufgaben Winter 2016/2017

- Schreiben Sie einen Antwortbrief an P. (Spitzname Polar) nach Italien.

oder

- Schreiben Sie (im Namen Polars) einen weiteren, ausführlichen Brief nach Hause. (Text: siehe Anlage)

Anlage

Ein Zettel auf dem Küchentisch

Geschrieben am 20. Juni

Bin „Zigaretten holen".
Polar

Erste Postkarte

Abgestempelt am 20. Juni in München, Deutschland

Mach Dir keine Sorgen, es geht mir gut. 30 Grad im Schatten und ein kaltes Bier vor der Nase. Pflanzerlsemmeln sind nicht vegetarisch. Bleib, wo Du bist.

Versuche etwas herauszufinden.

Polar

P.S. Mein Telefon bleibt erstmal aus.

Die Karte zeigt den Marienplatz, bevölkert mit in Trachten gekleideten Männern. Es wehen bayrische Fahnen.

Erster Brief

Abgestempelt am 28. Juni auf Ischia, Provinz Neapel, Italien, geschrieben auf der Rückseite des Restauranttischunterlagenpapiers „Da Giovanni"

Es ist Neumond, und ich sitze auf der Terrasse mit eiskaltem Weißwein. Habe hier für ein paar Tage ein Zimmer gemietet. Das Wetter ist herrlich. Das Meer ist tiefblau. Und, um die Standardauskünfte zu vervollständigen: Das Essen ist hervorragend. Alles fällt von mir ab, wie Laub von einem Baum im Herbst oder der Schwanz der Eidechse. (...) Einfaches kann so gut sein. Hört sich an wie ein Kalenderspruch und vielleicht ist es auch nicht nur kulinarisch gemeint. Hier sind die Zitronen groß wie Bauarbeiterfäuste.

Riech mal,

Polar

P.S. Ich weiß, ich schulde Dir alles. Eine Erklärung. Eine Antwort. Ein Leben vielleicht.

Dem Brief beigefügt: ein Blatt von einem Zitronenbaum, ein Rosmarinzweig, einige Salbeiblätter.

Zweiter Brief

Abgestempelt am 3. Juli in Ischia, Provinz Neapel, Italien

Mein Herz,

ich fuhr gewundene Straßen an der Küste entlang, die sich immer weiter in die Höhe schraubten, dem Monte Epomeo entgegen. Am Straßenrand sah ich, auch in den letzten Tagen schon und überall auf der Insel, Plakate mit Todes-, Geburts- und Hochzeitsanzeigen, oftmals auch mit einem Foto des Verstorbenen oder des Babys oder zwei Ringen als Symbol ...

Ich dachte an uns und war auf einmal sehr traurig. Mache ich hier gerade alles kaputt? (...)

Dein P.

Quelle: Auszug aus: Karen Köhler, „Polarkreis", in: Wir haben Raketen geangelt, Erzählungen, Carl Hanser Verlag, München 2014

Aufgabentyp 3: Privater Geschäftsbrief (vgl. Seite 484 ff.)

Prüfungsaufgaben Winter 2012/2013

Situation: Ihr unmittelbarer Vorgesetzter schikaniert Sie. Er gibt Ihnen immer kurz vor Ende der Arbeitszeit noch eine Aufgabe, die Sie weit darüber hinaus in Anspruch nimmt. Außerdem erschwert er Ihnen die Arbeit, indem er Neuerungen einführt, ohne Sie zu informieren.

Aufgabe: Schreiben Sie einen Beschwerdebrief an den Betriebsrat. Belegen Sie Ihre Beschwerde mit der Schilderung von Beispielsituationen. Bedenken Sie dabei, dass Sie sich in der Ausbildung befinden und auch weiterhin mit Ihrem Vorgesetzten zusammenarbeiten müssen. Machen Sie Lösungsvorschläge und bitten Sie den Betriebsrat um Unterstützung. Beachten Sie die formalen Anforderungen an einen privaten Geschäftsbrief.

Prüfungsaufgaben Sommer 2013

Situation: Nach heftigen Beschwerden von Bürgern, Anwohnern und Geschäftsleuten wegen nicht mehr tolerierbarer Vorkommnisse wie Geschrei und laute Musik, Verschmutzung, Sachbeschädigung, Schlägereien, Belästigung von Passanten, Alkohol- und Drogenkonsum in der Fußgängerzone und auf dem angrenzenden Marktplatz schlägt die Stadtverwaltung vor, die betroffenen Bereiche lückenlos mit Videokameras zu überwachen. Der Stadtrat soll in seiner nächsten Sitzung in zwei Wochen über diesen Vorschlag entscheiden.

Nachdem die Lokalzeitung davon berichtet hatte, wurde auch in Ihrer Klasse sehr kontrovers über diese Maßnahme diskutiert. Hervorgehoben wurden dabei die freie Persönlichkeitsentfaltung, der Datenschutz, die Sicherheit, Sauberkeit, eine lebendige Einkaufsatmosphäre und die Innenstadt als beliebter Aufenthaltsort von jungen Leuten. Bei der anschließenden Abstimmung hat sich eine Mehrheit gegen die Installation von Kameras ausgesprochen. Sie wurden danach von Ihren Mitschülern beauftragt, in einem Brief an den Bürgermeister die Meinung Ihrer Klasse darzulegen und gleichzeitig einige konstruktive Vorschläge für eine andere Lösung der Probleme zu unterbreiten.

Aufgabe:
- Verfassen Sie den Brief an Ihren Bürgermeister.
- Beachten Sie dabei die formalen Vorschriften für den privaten Geschäftsbrief.

Prüfungsaufgaben Winter 2013/2014

Situation: In Ihrem Unternehmen wird eine Stelle in Ihrem Ausbildungsberuf frei. Sie beenden demnächst Ihre Ausbildung und interessieren sich für diese Stelle.

Aufgabe: Teilen Sie der Geschäftsleitung mit, dass Sie die richtige Fachkraft für diese Stelle sind. Stellen Sie dabei ihr gewissenhaftes und zuverlässiges Arbeiten und Ihre Informatikkenntnisse in den Vordergrund. Erklären Sie Ihre Bereitschaft zum Besuch von Fortbildungsseminaren. Weisen Sie auf weitere Stärken Ihrer Person hin, um für diese Stelle in Erwägung gezogen zu werden. Greifen Sie dabei auch Ihr außerbetriebliches Engagement auf. Beachten Sie bei Ihrem Schreiben die Anforderungen an einen privaten Geschäftsbrief.

Prüfungsaufgaben Sommer 2014

Situation: Sie sind Auszubildender der Handelskette MMM in der Kreisstadt W. Für ihre Auszubildenden aus verschiedenen deutschen und europäischen Filialen bietet die Firma ein zehntägiges Fortbildungsseminar zum Thema „Marketing" an, das auf der Insel Mallorca stattfinden soll. Als Sprecher für Ihre Gruppe sind Sie bei der Schulleitung vorstellig geworden, um für diesen Zeitraum eine Unterrichtsbefreiung zu erlangen. Nach Rücksprache mit den Klassenlehrern hat der Schulleiter eine Teilnahme mit der Begründung abgelehnt, dass eine dem Lehrplan angemessene Prüfungsvorbereitung durch diesen weiteren Unterrichtsausfall nicht mehr möglich sei. Außerdem schien ihm Mallorca eher als Ferieninsel und weniger als Ort ernsthaften Lernens geeignet zu sein.

Aufgabe: Verfassen Sie nun ein Schreiben, in dem Sie versuchen, den Schulleiter umzustimmen. Gehen Sie dabei kritisch auf die von ihm vorgetragenen Argumente ein, machen Sie den Nutzen dieser Fortbildung für Ihre Ausbildung sowie Ihre weitere berufliche Entwicklung deutlich.

Prüfungsaufgaben Winter 2014/2015

Situation: Sie möchten sich ehrenamtlich engagieren.

Aufgabe: Schreiben Sie einen Brief an das ortsansässige Tierheim. Machen Sie dazu Angaben zu Ihrer Person und heben Sie Ihre Fähigkeiten und Fertigkeiten hervor, die im Umgang mit Tieren wichtig sind. Geben Sie an, welche Tätigkeiten Sie besonders interessieren. Fragen Sie außerdem an, in welchen Bereichen Ihre Mitarbeit gebraucht wird und erlaubt ist.

Arbeitshinweis: Fehlende Angaben und Inhalte sind sinnvoll zu ergänzen. Beachten Sie die Form des privaten Geschäftsbriefes.

Prüfungsaufgaben Sommer 2015

Situation: Sie sind Mitglied einer Schülerband und möchten eine Wohltätigkeitsveranstaltung für das Projekt „Musiker für Straßenkinder" durchführen. Dazu benötigen Sie einen geeigneten Veranstaltungsraum.

Aufgabe: Schreiben Sie einen Brief an den Bürgermeister, in dem Sie Ihre Band und das soziale Projekt vorstellen, das Sie unterstützen möchten. Bitten Sie um geeignete Räumlichkeiten der Stadt. Fragen Sie nach, ob eine Bewirtung möglich ist und ob es besondere Sicherheitsvorschriften gibt. Machen Sie eigene Vorschläge, um eine reibungslose Vorbereitung und Durchführung der Veranstaltung zu gewährleisten. Laden Sie den Bürgermeister und den Gemeinderat zu dieser Veranstaltung ein.

Fehlende Angaben zu Ort, Zeit und Personen sollten sinnvoll ergänzt werden.

Prüfungsaufgaben Winter 2015/2016

Situation: Aus dem Amtsblatt Ihrer Gemeinde erfahren Sie, dass der Gemeinderat plant, noch in diesem Jahr in 500 Metern Entfernung von der Ortsrandgrenze sechs Windräder errichten zu lassen. Diese sind in der Lage, jährlich ca. 3.400 Haushalte der Gemeinde mit Strom zu versorgen.

In der Gemeinde wird dieses Vorhaben diskutiert. Befürworter beziehen sich dabei vor allem auf den notwendigen Ausbau erneuerbarer Energien und die gemeindeeigene Stromversorgung. Gegner befürchten unter anderem Probleme für die Tierwelt und kritisieren den Eingriff in die Landschaft.

Aufgabe: Verfassen Sie einen den formalen Anforderungen entsprechenden und sprachlich angemessenen Geschäftsbrief an den Bürgermeister, in dem Sie entweder

a) die Errichtung einer solchen Anlage fordern.

oder

b) die Errichtung einer solchen Anlage ablehnen.

Begründen Sie Ihre Forderung. Fehlende Angaben sind sinnvoll zu ergänzen.

Prüfungsaufgaben Sommer 2016

Situation: Sie sind Auszubildendenvertreter Ihrer Firma und denken darüber nach, wie Sie und die anderen Auszubildenden den zahlreichen Flüchtlingen helfen können, die zurzeit nach Deutschland kommen.

Aufgabe: Schreiben Sie einen privaten Geschäftsbrief an Ihren Chef, in dem Sie Vorschläge machen, wie Ihr Ausbildungsbetrieb den Flüchtlingen helfen kann.

Gehen Sie auch auf daraus entstehende Vorteile für den Betrieb ein.

Prüfungsaufgaben Winter 2016/2017

Situation: In Ihrer Berufsschule wurden Sie über das Projekt „Mit Euro Trainee 4 Wochen nach London!" informiert. (Anlage mit näheren Informationen lag vor, entfällt hier aus Platzgründen)

Sie befinden sich im 2. Ausbildungsjahr Ihrer 3-jährigen Berufsausbildung und haben großes Interesse, vier Wochen in London zu verbringen. Sie benötigen hierzu aber die Genehmigung Ihres Ausbildungsbetriebes und der zuständigen Berufsschule.

Aufgabe: Schreiben Sie einen privaten Geschäftsbrief an Ihren Ausbildungsbetrieb und bitten Sie darin Ihre Ausbildungsleitung um die Genehmigung. Erläutern Sie in diesem Brief Ihre Beweggründe für das Auslandspraktikum. Das Schreiben soll auch als Grundlage für die Berufsschule dienen Fehlende Angaben können sinnvoll ergänzt werden.

Beachten Sie die Formvorschriften des privaten Geschäftsbriefes.

Aufgabentyp 4: Schaubild (vgl. Seite 488 ff.)

Prüfungsaufgaben Sommer 2013

• Beschreiben Sie Form und Inhalt des Schaubildes (Anlage: Balken- und Säulendiagramm „Globalisierung bedeutet …", Quelle: Globus-Grafik 4174).

• Bringt Ihnen die Globalisierung eher Vorteile oder Nachteile? Erläutern Sie.

Prüfungsaufgaben Winter 2013/2014

• Beschreiben Sie Form und Inhalt des Schaubildes (Anlage: Balken- und Kreisdiagramme „Wege zum Job – wie Unternehmen offene Stellen besetzen", Quelle: Globus-Grafik 3044).

• Beurteilen Sie, welche Konsequenzen die Informationen des Schaubildes für Ihre eigenen Bewerbungen haben.

Prüfungsaufgaben Sommer 2014

• Beschreiben Sie Form und Inhalt des Schaubildes (Anlage: Kurven-, Säulen-, Balkendiagramm „Vorhang auf! Kinofakten in Deutschland", Quelle: Globus-Grafik 5503).

• Erläutern Sie mögliche Ursachen für die im Schaubild dargestellten Entwicklungen.

Prüfungsaufgaben Winter 2014/2015

• Beschreiben Sie Form und Inhalt des Schaubildes. (Anlage: Balkendiagramme „Jugendliche – Opfer im Cybermobbing", Quelle: Globus-Grafik 4528)

• Wie kann man sich vor Cybermobbing schützen?

Prüfungsaufgaben Sommer 2015

- Beschreiben Sie Form und Inhalt des Schaubilds (Anlage: Kreis- und Balkendiagramm „Smartphones schon für Kinder?", Quelle: Globus-Grafik 5644).

- Beschreiben Sie mögliche Probleme, die die Nutzung von Smartphones im Kindesalter mit sich bringen kann.

Anlage

Prüfungsaufgaben Winter 2015/2016

- Beschreiben Sie Form und Inhalt des Schaubildes. (Anlage: Kreis- und Balkendiagramm „Wenn die Lehrstelle nicht passt", Quelle: Globus-Grafik 5993).

- Wie kann man Ihrer Meinung nach der im Schaubild angesprochenen Problematik entgegenwirken?

Anlage

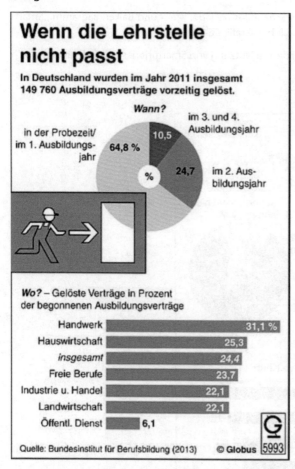

Wenn die Lehrstelle nicht passt

In Deutschland wurden im Jahr 2011 insgesamt 149 760 Ausbildungsverträge vorzeitig gelöst.

Wann?

in der Probezeit/ im 1. Ausbildungsjahr 64,8 %

10,5 im 3. und 4. Ausbildungsjahr

24,7 im 2. Ausbildungsjahr

%

Wo? – Gelöste Verträge in Prozent der begonnenen Ausbildungsverträge

Handwerk	31,1 %
Hauswirtschaft	25,3
insgesamt	24,4
Freie Berufe	23,7
Industrie u. Handel	22,1
Landwirtschaft	22,1
Öffentl. Dienst	6,1

Quelle: Bundesinstitut für Berufsbildung (2013)   © Globus 5993

Prüfungsaufgaben Sommer 2016

- Beschreiben Sie Form und Inhalt des Schaubildes **(Anlage)**.
- Welche Medien sind für Sie wichtig? Begründen Sie Ihre Meinung.

Anlage

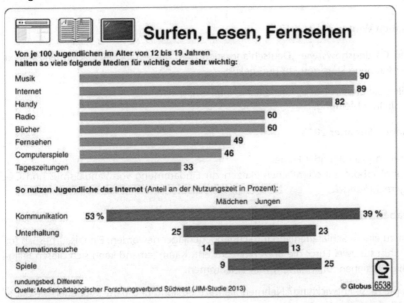

Prüfungsaufgaben Winter 2016/2017

- Beschreiben Sie Form und Inhalt des Schaubildes (**Anlage**).
- Warum kaufen Eltern ihren Kindern Markenartikel? Erläutern Sie die Gründe der Eltern.

Anlage

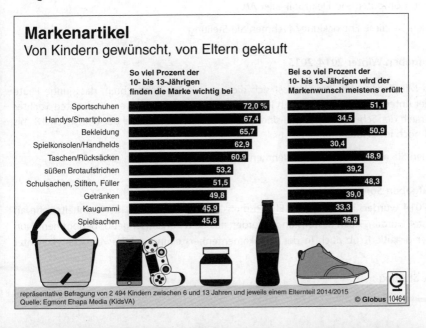

Aufgabentyp 5: Stellungnahme (vgl. Seite 492 ff.)

Prüfungsaufgaben Winter 2012/2013

In sogenannten Castingshows wie „Deutschland sucht den Superstar" oder „Germany's Next Topmodel" werden neue Stars gesucht und gekürt.

• Wie beurteilen Sie diese Art der „Talentsuche" im Fernsehen?
• Begründen Sie Ihre Meinung.

Prüfungsaufgaben Sommer 2013

Nehmen Sie Stellung zu folgender Frage:
Halten Sie Alkoholverbote auf öffentlichen Plätzen zur Eindämmung von Vandalismus und Gewalttaten für gerechtfertigt?

Prüfungsaufgaben Winter 2013/2014

Deutschland ist zu einem Schlaraffenland für Schnäppchenjäger geworden: Ein Friseurbesuch für elf Euro, das T-Shirt für zwei Euro, die Brezel für 29 Cent. Kaum jemand kann sich diesen Billigangeboten völlig entziehen, unabhängig vom Einkommen.

Wie beurteilen Sie diese Entwicklung? Nehmen Sie dazu Stellung und berücksichtigen Sie dabei auch die dadurch entstehenden Probleme.

Prüfungsaufgaben Sommer 2014

Kaum einer geht zum Shoppen noch vor die Tür. Es gibt kaum etwas, was nicht im Onlinehandel erhältlich ist, er boomt wie nie zuvor. Aber nicht nur digitale Güter wie Flug- und Bahntickets, Reisen und Eintrittskarten werden auf diesem Weg erworben, am meisten bestellt werden Kleidung, Bücher, Computer und Elektronik aller Art.

Wie beurteilen Sie diese Entwicklung? Nehmen Sie Stellung.

Prüfungsaufgaben Winter 2014/2015

In fast allen Mitgliedsstaaten der EU lässt sich die Entwicklung beobachten, dass junge Leute immer länger unter dem elterlichen Dach logieren. Während vor 30 Jahren die meisten Töchter und Söhne nach der Schule ausgezogen sind, wohnen heute zwei Drittel der deutschen 18- bis 24-Jährigen noch im „Hotel Mama".

Wie beurteilen Sie diese Entwicklung? Nehmen Sie Stellung.

Prüfungsaufgaben Sommer 2015

Im Januar 2014 wurden innerhalb der EU Kosmetikprodukte verboten, deren Inhaltsstoffe an Tieren getestet wurden. Auch Restbestände wurden aus dem Verkaufsangebot genommen. Nun wird darüber diskutiert, ob auch in der Medikamentenherstellung auf Tierversuche verzichtet werden soll.

Nehmen Sie Stellung.

Prüfungsaufgaben Winter 2015/2016

Immer mehr Frauen heutzutage lassen sich mit dem Kinderkriegen Zeit, da sie z. B. ihre berufliche Karriere nicht unterbrechen möchten oder den richtigen Partner noch nicht gefunden haben. Deshalb greifen sie zunehmend auf die Methode des sogenannten „Social Freezing" zurück. Hierbei werden die Eizellen eingefroren, die es den Frauen ermöglichen, auch im höheren Alter noch gesunde Kinder zu bekommen. „Social Freezing" wird auch von Unternehmen wie Facebook und Apple unterstützt, welche ihren Mitarbeiterinnen die Kosten für das Einfrieren von Eizellen bezahlen.

* Wie beurteilen Sie diesen Trend?
* Begründen Sie Ihre Meinung.

Prüfungsaufgaben Sommer 2016

Immer wieder streben auch deutsche Großstädte eine Bewerbung für die Olympischen Spiele an. Doch die Austragung solcher großen Turniere ist oft umstritten. Die Diskussionen darüber spalten meist ganze Länder. Erst vor Kurzem hatte sich die Stadt München für die Austragung der Olympischen Winterspiele 2022 beworben. Trotz guter Erfahrungen mit sportlichen Großereignissen, wie der Fußball-Weltmeisterschaft 2006 in Deutschland, entschieden sich die Bürger in München gegen die Austragung des Turniers in ihrer Stadt. Die Bewerbung wurde daraufhin zurückgenommen.

Sollten solche sportlichen Großereignisse weiterhin in Deutschland stattfinden?
Nehmen Sie Stellung.

Prüfungsaufgaben Winter 2016/2017

Parship, FriendScout24, ElitePartner – Onlinedating boomt. Immer mehr Menschen durchforsten regelmäßig das Netz auf der Suche nach neuen Kontakten.

Wie beurteilen Sie diese Entwicklung? Nehmen Sie kritisch Stellung.

Aufgabentyp 6: Visualisierung (vgl. Seite 498 ff.)

Prüfungsaufgaben Winter 2013/2014

* Visualisieren Sie den vorliegenden Text (Anlage: „E-Books sind viel besser als ihr Ruf", Quelle: Jan Bruns, www.welt.de/23.10.2012).
* E-Book oder Buch in gedruckter Form? Was ist Ihnen persönlich lieber? Begründen Sie Ihre Meinung.

Prüfungsaufgaben Sommer 2014

* Visualisieren Sie den Text „Das Schulsystem in Deutschland" (Quelle: www.siemens.de).
* In letzter Zeit wird darüber diskutiert, das bestehende dreigliedrige Schulsystem (Hauptschule, Realschule, Gymnasium) durch ein zweigliedriges Schulsystem (Gemeinschaftsschule, Gymnasium) zu ersetzen. Was halten Sie von diesem Vorhaben? Begründen Sie Ihre Meinung.

Prüfungsaufgaben Winter 2014/2015

- Visualisieren Sie den vorgelegten Text (Anlage: „Der Bus ist da!" von Thomas Paulsen, Quelle: ADAC Motorwelt 11/2013).
- Wird sich Ihrer Meinung nach der Fernbus als Verkehrsmittel durchsetzen? Begründen Sie Ihre Meinung.

Prüfungsaufgaben Sommer 2015

- Stellen Sie den Text „Weiß holt auf, Rot fällt zurück" vom 04.01.2014 aus der Augsburger Allgemeinen Zeitung grafisch dar (Text/Anlage nachfolgend abgedruckt).
- Welche Kriterien sind für Sie beim Autokauf wichtig?

Anlage

Weiß holt auf, Rot fällt zurück
Beliebteste Autofarbe ist weiterhin Schwarz

Autofahrer sehen nicht mehr rot: Anders als vor zwei Jahrzehnten spielt die Farbe kaum noch eine Rolle. Dagegen wird Weiß immer beliebter: Beim Neuwagenkauf ist der Anteil weißer Wagen kontinuierlich gestiegen. Hatten im Jahr 2006 weniger als zwei Prozent aller Pkw-Neuzulassungen in Deutschland eine weiße Lackierung, waren es 2009 schon zehn und 2013 dann 17,9 Prozent.

5 Als Lackfarbe am meisten gefragt war 2013 allerdings Schwarz (28,4 Prozent), gefolgt von Silber/Grau (27,0 Prozent), teilt der Verband der Automobilindustrie (VDA) mit, der die Pkw-Neuzulassungen nach der Farbe anhand aktueller Zahlen des Kraftfahrt-Bundesamtes (KBA) analysiert hat. Rot kam 2013 dagegen nur noch auf einen Anteil von 6,3 Prozent.

Dabei sah das vor zwei Jahrzehnten völlig anders aus: So lag der Wert 1991 bei 28,4 Prozent – Autos 10 in Rot waren beliebter als alle anderen. Danach ging es bergab. Genau andersherum ist es bei den Neuzulassungen von Autos in Weiß: 2006 lag ihr Anteil bei mickrigen 1,6 Prozent – ein Tiefpunkt. Seitdem ist die Lackvariante aber immer beliebter geworden.

Auf dem absteigenden Ast ist die Farbe Blau: In den 1990er Jahren bis Anfang des vergangenen Jahrzehnts hatte sie noch einen Anteil von bis zu 25 Prozent. Das war der zweite Platz hinter 15 Silber/Grau. Aber auch das ist Geschichte: 2012 ging der Anteil auf 8,2 Prozent zurück, 2013 lag er bei 8,5 Prozent.

Bei der Farbwahl spielt das Geschlecht der Käufer in der Regel keine entscheidende Rolle, wie die KBA-Daten zeigen: Bei den drei beliebtesten Farben entscheiden Frauen ähnlich wie Männer und bestellen bevorzugt Neuwagen in Schwarz (23,7 Prozent), Silber/Grau (21,9 Prozent) und eben 20 Weiß (20,1 Prozent). (dpa)

Quelle: Augsburger Allgemeine Zeitung vom 04.01.2014

Prüfungsaufgaben Winter 2015/2016

- Visualisieren Sie den Text „Alles beim Alten?" (Anlage nachfolgend abgedruckt).
- Halten Sie es für sinnvoll, klassische Männerberufe für Frauen attraktiver zu machen? Nehmen Sie Stellung.

Anlage

Alles beim Alten?
Frauenförderung: Der Arbeitsmarkt zeigt leichte Änderungen

Seit vielen Jahren versuchen Politik und auch Unternehmen mehr Frauen in den Arbeitsmarkt zu bekommen. Methoden gibt es viele, von Informationstagen für Schülerinnen bis zum Konzept der Quote bei Führungskräften. Das Resultat: Zwar ist die Quote der Erwerbstätigen in Deutschland für Frauen und Männer hoch, die Verteilung innerhalb der Berufe jedoch oft einseitig. Der jüngste Arbeitsmarktreport der Bundesagentur für Arbeit unterfüttert die Beobachtung mit Zahlen: 5 82,1 Prozent der Männer zwischen 15 und 65 Jahren sind erwerbstätig. Bei Frauen liegt die Quote erfahrungsgemäß niedriger, mit 71,6 Prozent im gleichen Alter jedoch auf einem erfreulich hohen Niveau – zumindest im internationalen Vergleich.

Berufsbilder noch immer stark getrennt

Ein anderes Bild zeigt sich, wenn die verschiedenen Berufe zur Betrachtung hinzugezogen werden. 10 Wenn von Berufsbildern die Rede ist, kommt schnell der Begriff „klassischer Beruf" auf den Tisch. Gemeint sind Arbeitsfelder, die hauptsächlich von einem der Geschlechter gewählt werden. Dies relativiert die hohe Erwerbsquote, die für beide Geschlechter in Deutschland vorherrscht. Eine aktuelle Studie des Instituts für Arbeitsmarkt- und Berufsforschung beschäftigt sich mit dem Vergleich der Geschlechtertrennung in den Berufen zwischen 1976 und 2010. Das Fazit: „Klassische 15 Männerberufe" von damals sind dies auch heute noch. So ist die Anzahl der Frauen in den Berufsbildern Elektroinstallateur oder Lagerarbeiter heute ebenso verschwindend gering wie vor vier Jahrzehnten.

Den größten Sprung verzeichnen „Bürofachkräfte mit Abitur/Hochschulabschluss": Hier stieg der Frauenanteil von 42 auf 60 Prozent an. Es folgen Groß- und Einzelhandelskaufleute ([32 Prozent], 20 plus zwölf Prozent) und Bürofachkräfte mit Ausbildung (plus zehn Prozent, [auf 72 Prozent]). Bei Metallverarbeitern [1976: 31 Prozent und 2010: 19 Prozent], Kunststoffverarbeitern [1974: 38,6 Prozent, 2010: 21,5 Prozent] und Köchen [1976: 72 Prozent und 2010: 52 Prozent] zeigt sich hingegen das genaue Gegenteil: In all diesen Berufen war der Frauenanteil 1976 signifikant höher. Der Anteil der Kunststoffverarbeiterinnen hat sich sogar halbiert und beträgt nur noch 20 Prozent 25 innerhalb des Berufs. Immerhin: Im Bereich der Unternehmer und Geschäftsführer stieg der Frauenanteil um acht auf 22 Prozent. [...]

Anteil der Akademikerinnen steigt

Auch wenn die einzelnen Berufe noch eine sehr starke Geschlechtertrennung aufweisen, stieg vor allem im Bereich der Arbeitsplätze mit akademischem Hintergrund der Anteil der Frauen. Lag 30 dieser 1976 noch bei 15 Prozent, sind es nun rund 30 Prozent. Im Feld der hohen Qualifikationen beträgt der Zuwachs rund zehn Prozent. Auch in Berufen, die eine mittlere Qualifikation voraussetzen, legten die Frauen zu: Das Plus fällt mit sieben Prozent jedoch deutlich geringer aus als bei akademischen Berufen. In Berufsfeldern mit niedriger Qualifikation sank der Frauenanteil um vier Prozent. 35

Die Studie kommt zu folgendem Schluss: Frauen konnten besonders in Wachstumsbranchen wie dem Dienstleistungssektor ihren Anteil erhöhen. Allerdings liege dies an der höheren Nachfrage der Unternehmen nach Arbeitskräften im Allgemeinen.

Quelle: Stephan, Marius: Alles beim Alten?, veröffentlicht am 10.10.2014 unter: www.swp.de/regiobusiness/magazin/ schwerpunkt/art1169209,2838921

Prüfungsaufgaben Sommer 2016

• Visualisieren Sie die wesentlichen Aussagen des Textes „Gedopt im Büro" **(Anlage).**
• Sollte das Thema „Umgang mit Stress und Leistungsdruck" verstärkt Bestandteil des Berufs-schulunterrichts sein?
• Nehmen Sie Stellung aufgrund Ihrer eigenen Erfahrungen.

Anlage
Gedopt im Büro

Immer mehr Menschen putschen sich mit Medikamenten auf
Berlin – Stress und Leistungsdruck treiben immer mehr Menschen zum Doping am Arbeitsplatz. Bis zu fünf Millionen Beschäftigte putschen sich nach Schätzungen der Krankenkasse DAK manchmal mit verschreibungspflichtigen Medikamenten auf. Regelmäßig dopen sich den Zahlen nach knapp eine Million Berufstätige. Das geht aus dem Gesundheitsreport 2015 der DAK-
5 Gesundheit hervor, der am Dienstag in Berlin vorgestellt wurde.
Nach Angaben der Krankenkasse lag die Zahl der Berufstätigen, die eigentlich gesund waren, aber trotzdem leistungssteigernde Mittel oder Stimmungsaufheller für das sogenannte Hirndoping einnahmen, bei knapp drei Millionen. Das entspricht einer Steigerung in den vergangenen sechs Jahren um zwei Prozentpunkte auf 6,7 Prozent der Beschäftigten. Die Kasse geht jedoch von einer
10 Dunkelziffer von bis zu zwölf Prozent oder rund fünf Millionen Beschäftigten aus, die schon einmal derartige Substanzen missbräuchlich eingenommen haben.

Ritalin soll die Konzentration verbessern und wach halten
Auslöser für den Griff zur Pille sind meist hoher Leistungsdruck sowie Stress und Überlastung. Vier von zehn Dopern gaben laut Studie an, bei konkreten Anlässen wie Präsentationen oder
15 wichtigen Verhandlungen Medikamente zu schlucken. Männer versuchten damit vor allem, ihre beruflichen Ziele noch besser zu erreichen. Auch wollen sie nach der Arbeit noch Energie für Freizeit und Privates haben. Frauen nehmen solche Medikamente am ehesten zur Stimmungsauf-hellung und um Ängste abzubauen. Am häufigsten greifen Beschäftigte zu Medikamenten gegen Angst, Nervosität und Unruhe (60,6 Prozent) sowie zu Mitteln gegen Depressionen (34 Prozent).
20 Etwa jeder achte Doper schluckt Tabletten gegen starke Tagesmüdigkeit.
Mehr als jeder Zehnte erhofft sich von Betablockern, die vom Arzt eigentlich bei Bluthochdruck oder Herzerkrankungen verschrieben werden, Hilfe gegen Stress, Nervosität und Lampenfieber. Zu den eingesetzten Mitteln zählt auch der Wirkstoff Methylphenidat, besser bekannt als Ritalin. Metylphenidat wird vor allem zur Behandlung von ADHS verwendet. Gesunde nehmen die Pil-
25 len, um Wachheit und Konzentration zu verbessern.

Quelle: Deutsche Presseagentur. Gedopt im Büro, in: Süddeutsche Zeitung, Nr. 64 vom 18.03.2015, S. 10

Prüfungsaufgaben Winter 2016/2017

• Visualisieren Sie den Text „Wenn der Job den Schlaf raubt" **(Anlage).**
• Beurteilen Sie die im Text genannten Lösungsmöglichkeiten und ergänzen Sie eigene Vor-schläge.

Anlage

Wenn der Job den Schlaf raubt
Viele Menschen bringen den Stress von der Arbeit mit nach Hause – und kämpfen dann mit
Schlafstörungen.

Verena Wolff, DPA

Lange Zeit graute Sara Mey (Name geändert) vor der Nacht. Vor jener Zeit, die eigentlich die
erholsamste ist. „Ich konnte immer gut schlafen und war meistens am Abend so geschafft, dass
mir die Augen zufielen, sobald ich im Bett lag." Doch eines Tages war alles anders. Sie ging ins
Bett, las ein paar Seiten, machte das Licht aus – und blieb wach. „Das war eine schreckliche Zeit.
Ich hatte bald Angst davor, schlafen zu gehen." Schlief sie doch ein, wachte sie in der Nacht 5
mehrfach auf. „Ich war gerädert und konnte mich kaum noch auf das Unternehmen konzentrie-
ren, das ich erst kurz zuvor gegründet hatte." [...]
Sara Mey ist kein Einzelfall. Viele Menschen nehmen ihre Probleme von der Arbeit mit nach
Hause – und mit ins Bett. „Durch die ständige Erreichbarkeit und Reizüberflutung verstärken sich
die stressbedingten Schlafstörungen", sagt Felicitas von Elverfeldt. Sie ist Diplom-Psychologin in 10
Frankfurt am Main und arbeitet als Coach für Führungskräfte. Vielen Beschäftigten fehle ein
Gegengewicht zur Arbeit und Zeit, sich nach dem Feierabend emotional vom Job zu distanzieren.
„Das geht vor allem empfindsamen Menschen so", sagt sie. Tendenziell neigten Frauen eher dazu
als Männer, sich Sorgen zu machen und zu grübeln.
Jeder vierte Erwachsene leidet unter Schlafstörungen, wie eine Untersuchung des Robert-Koch- 15
Instituts 2012 ergeben hat. Fast jede dritte Frau und mehr als jeder fünfte Mann berichtet dabei
von Schlafstörungen mindestens dreimal pro Woche. Egal, ob man fünf, sieben oder neun Stunden Ruhe pro Nacht braucht: „Erholsames Schlafen ist die Grundvoraussetzung für Gesundheit,
Leistungsfähigkeit und Wohlbefinden", erklärt Jürgen Zulley. Er ist Schlafforscher und emeritier-
ter Professor für Biologische Psychologie an der Universität Regensburg. „Man kann viele Belas- 20
tungen ertragen, wenn man zwischendurch wieder zur Ruhe kommt." Doch genau das ist
offenbar das Problem für viele Menschen, die den Stress von der Arbeit mitbringen. „Die Gedanken, die wir als problematisch erleben, schieben sich immer wieder nach vorne", sagt er. [...]
Die körperliche Arbeit hat abgenommen. Gleichzeitig steigen die psychischen Belastungen. Viele
Erwerbstätige sind weniger körperlich erschöpft, sondern psychisch hoch beansprucht und kom- 25
men auf Hochtouren laufend nach Hause. Erholung und Muße stellen sich nicht von allein ein.
„Es klingt paradox, doch man muss sich auf etwas konzentrieren, um zur Ruhe zu kommen",
erklärt Zulley. Wer tagsüber den ganzen Tag sitzt, dem kann es helfen, sich abends einfach mal
auszupowern. Kurz vor dem Schlafen sind dann eher meditative Momente angesagt. Das kann
ruhige Musik sein, die Konzentration auf die eigene Atmung oder eine schöne Fantasiegeschichte. 30
Auch kann es helfen, die Benutzung von Smartphone und Computer ab 20 Uhr einzustellen und
nach dieser Uhrzeit auch keine Konfliktgespräche in der Familie mehr zu führen. „Das muss man
mit der Familie absprechen", sagt Zulley.
Quelle: Ulmer Wochenblatt vom 14.05.2014

1 Prüfungsaufgaben Wirtschafts- und Sozialkunde Sommer 2017

Aufgabe 1: In Ausbildung und Beruf orientieren

Die Keller GmbH ist ein sehr erfolgreiches mittelständisches Unternehmen mit 150 Arbeitnehmern in Stuttgart, das Werkzeuge für die Möbelindustrie fertigt. Das Unternehmen ist Mitglied im Arbeitgeberverband. Arbeitnehmer, die Mitglied der Gewerkschaft sind, werden durch die Industriegewerkschaft Metall vertreten.

Sie sind kaufmännische/-r Auszubildende/-r bei der Keller GmbH und Mitglied der Jugend- und Auszubildendenvertretung (JAV). In der JAV-Sitzung werden die aktuellen Tarifverhandlungen thematisiert.

1.1 Der Entgelttarifvertrag lief am 28. Februar 2017 aus und wird aktuell neu verhandelt. Die Gewerkschaft fordert 6 % Entgelterhöhung. Der Arbeitgeberverband lehnt dies ab. Beschreiben Sie anhand von zwei Argumenten, wie die Gewerkschaft eine 6%ige Entgelterhöhung rechtfertigen kann.

1.2 Die von kurzen Warnstreiks begleiteten Verhandlungen führten bis Ende April zu keiner Annäherung der Tarifvertragsparteien. Auch im Schlichtungsverfahren konnte keine Einigung erzielt werden. Der Auszubildende Giuseppe Monza fragt Sie: „Können nicht einfach alle Mitarbeiter die Arbeit sofort niederlegen? Dies erhöht doch den Druck auf die Arbeitgeber."

- Nehmen Sie zu dieser Äußerung Stellung.
- Skizzieren Sie in diesem Zusammenhang den weiteren Ablauf der Tarifverhandlungen mit Arbeitskampfmaßnahmen bis zum Abschluss des Tarifvertrages in strukturierter Weise.

1.3 Die Auszubildende Sabrina Wohlfahrt ist der Meinung, dass die Entgelterhöhung für sie nicht gilt, weil sie kein Gewerkschaftsmitglied ist.

1.3.1 Begründen Sie mithilfe von Sabrinas Ausbildungsvertrag **(Anlage 1)**, ob sie von der Entgelterhöhung profitieren wird.

1.3.2 Sabrina beschwert sich, dass ihr Urlaubsanspruch in den Jahren 2017 und 2018 geringer ist als im Jahr 2016.
Prüfen Sie, ob Sabrinas Beschwerde berechtigt ist. Gehen Sie davon aus, dass sich der geltende Tarifvertrag an den gesetzlichen Urlaubsregelungen orientiert **(Anlage 2)**.

Aufgabe 2: Markt und Preis

Die XPed Sport GmbH stellt Produkte für den Bereich „Outdoor-Sport" her. Vor Kurzem gelang die Entwicklung eines völlig neuartigen Zeltstoffs für Trekking-Zelte. Zunächst sollen Einmannzelte für den Freizeitsport mit diesem Zeltstoff ausgestattet werden. Es ist davon auszugehen, dass andere Hersteller frühestens in einem Jahr vergleichbare Produkte auf den Markt bringen können.

Sie sind Mitglied einer Arbeitsgruppe, die sich unter anderem mit der Preisfestsetzung für die neuen Einmannzelte beschäftigt.

Folgende Informationen liegen Ihnen vor:

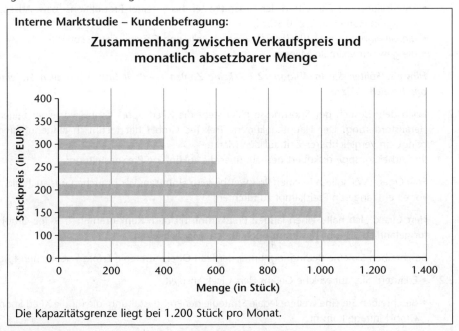

Interne Marktstudie – Kundenbefragung:

Zusammenhang zwischen Verkaufspreis und monatlich absetzbarer Menge

Die Kapazitätsgrenze liegt bei 1.200 Stück pro Monat.

Informationen aus der Kosten- und Leistungsrechnung:
- Monatliche Fixkosten: 50.000,00 EUR
- Variable Kosten pro Stück: 100,00 EUR

2.1   In Ihrer Arbeitsgruppe wird über folgende Vorschläge zur Preisfestsetzung diskutiert:

Herr Gunter: „Ich empfehle, den Verkaufspreis so anzusetzen, dass ein höchstmöglicher Gewinn erwirtschaftet wird."

Frau Doll: „Ich schlage vor, den Verkaufspreis so festzulegen, dass eine möglichst große Absatzmenge erzielt wird, auch wenn nur noch ein geringerer Gewinn übrig bleibt."

2.1.1   Die Diskussion zeigt, dass die XPed Sport GmbH bei der Preisfestsetzung für die neuen Zelte einen großen Gestaltungsspielraum hat.

Erläutern Sie in diesem Zusammenhang die besondere Marktstellung der XPed Sport GmbH.

2.1.2   Ermitteln Sie mithilfe der Tabelle in **Anlage 3**, zu welcher Preisfestsetzung der Vorschlag von Herrn Gunter führen würde.

2.1.3   Führen Sie zwei Argumente an, die für den Vorschlag von Frau Doll sprechen.

2.1.4   Ihre Arbeitsgruppe hat sich nach eingehender Diskussion für den gewinnmaximalen Preis entschieden. Sie erhalten den Auftrag, das Ergebnis in der nächsten Abteilungsleitersitzung vorzustellen.

Stellen Sie Ihre Tabellenwerte hierzu in **Anlage 4** grafisch dar. Berücksichtigen Sie dabei folgende Angaben und ergänzen Sie Ihre Abbildung entsprechend:

• Entwicklung der Erlöse und der Gesamtkosten bis zu einer Produktions- bzw. Absatzmenge in Höhe von 1.200 Stück,
• die Gewinnzone einschließlich Gewinnschwelle und Gewinngrenze sowie
• die gewinnmaximale Menge.

Hinweis: Sollten Sie in Aufgabe 2.1.2 keine Zahlen ermittelt haben, erstellen Sie eine anschauliche Skizze.

2.2   Nach dem Besuch der Sportmesse ISPO steht die XPed Sport GmbH vor einer neuen Herausforderung. Der Hauptkonkurrent Trek-Tec GmbH hat technisch aufgeholt und bringt ein vergleichbares Zelt auf den Markt.
Ihre Arbeitsgruppe diskutiert deshalb über die zukünftige Preisgestaltung:

Frau Öger: „Wir sollten in einen Preiswettbewerb eintreten. Wir brauchen uns auch nicht vor einem längeren Preiskampf zu fürchten!"

Herr Cicek: „Ich halte einen langen Preiskampf mit dem Konkurrenten Trek-Tec GmbH für gefährlich. Es gibt bestimmt noch andere Möglichkeiten."

2.2.1   Beschreiben Sie eine Bedingung, unter der Frau Ögers Strategie Erfolg verspechend ist.

2.2.2   • Erläutern Sie, auf welche Gefahr Herr Cicek anspielt.

• Beschreiben Sie eine weitere legale Strategie der Preisgestaltung, die für die XPed Sport GmbH infrage kommt.

Anlage 1

Berufsausbildungsvertrag
(§§ 10, 11 Berufsbildungsgesetz – BBiG)

IHK Stuttgart

Zwischen dem Ausbildenden (Ausbildungsbetrieb)

und der / dem Auszubildenden   männlich ☐   weiblich ☒

KNR	Firmenident-Nr.	Tel.-Nr.
206	256656	0711-172556-0

Anschrift des Ausbildenden
Keller GmbH

Straße, Hausnummer
Seyfferstr. 199

PLZ	Ort
70193	Stuttgart

E-Mail-Adresse des Ausbildenden
mailto@keller-gmbh.com

Verantwortlicher Ausbilder
Herr / Frau   geb. am
Herr Günther Flaig   18.05.1962

Name	Vorname
Wohlfahrt	Sabrina

Straße, Hausnummer.
Entengraben 12

PLZ	Ort
73732	Esslingen

Geburtsdatum	Geburtsort
22.04.1998	Neuhausen

Staatsangehörigkeit	Gesetzliche Vertreter[1)
deutsch	Eltern

Namen, Vornamen der gesetzlichen Vertreter
Wohlfahrt, Paul und Wohlfahrt, Anna

Straße, Hausnummer
Entengraben 12

PLZ	Ort
73732	Esslingen

Wird nachstehender Vertrag zur Ausbildung im Ausbildungsberuf mit der Fachrichtung/dem Schwerpunkt   **Industriekauffrau**

nach Maßgabe der Ausbildungsordnung[2)] geschlossen.

Änderungen des wesentlichen Vertragsinhaltes sind vom Ausbildenden unverzüglich zur Eintragung in das Verzeichnis der Berufsausbildungsverhältnisse bei der Industrie- und Handelskammer anzuzeigen.

A Die Ausbildungszeit beträgt nach der Ausbildungsordnung **36** Monate.

Die vorausgegangene Berufsausbildung/Vorbildung:
Mittlere Reife

wird mit [ ] Monaten angerechnet, bzw. es wird eine entsprechende Verkürzung beantragt.

Das Berufsausbildungsverhältnis
beginnt am **01.09.2015**   endet am **31.08.2018**

B Die Probezeit (§ 1 Nr. 2) beträgt **4** Monate.[5)]

C Die Ausbildung findet vorbehaltlich der Regelungen nach D (§ 3. Nr. 12) in
Stuttgart

und den mit dem Betriebssitz für die Ausbildung üblicherweise zusammenhängenden Bau-, Montage- und sonstigen Arbeitsstellen statt.

D Ausbildungsmaßnahmen außerhalb der Ausbildungsstätte (§ 3 Nr. 12) (mit Zeitraumangabe)

10.01.2016-27.02.2016 SAP-Schulung im Ausbildungszentrum Karlsruhe

E Der Ausbildende zahlt dem Auszubildenden eine angemessene Vergütung (§ 5); diese beträgt zur Zeit monatlich brutto

EUR	880,00	940,00	1020,00	
im	ersten	zweiten	dritten	vierten

Ausbildungsjahr.

Die beigefügten Angaben zur sachlichen und zeitlichen Gliederung des Ausbildungsablaufs (Ausbildungsplan) sind Bestandteil dieses Vertrages.

F Die regelmäßige tägliche Ausbildungszeit (§ 6 Nr. 1) beträgt **8,0** Std.[4)]

G Der Ausbildende gewährt dem Auszubildenden Urlaub nach den geltenden Bestimmungen. Es besteht ein Urlaubsanspruch

Im Jahr	2015	2016	2017	2018
Werktage	9	25	24	24
Arbeitstage				

H Sonstige Hinweise auf anzuwendende Tarifverträge und Betriebsvereinbarungen

Es gelten der Tarifvertrag sowie die Betriebsvereinbarungen.

J Die beigefügten Vereinbarungen sind Gegenstand dieses Vertrages und werden anerkannt

Stuttgart , den 20.4.2015

Der Ausbildende:

[Unterschrift]   Stempel und Unterschrift

[Stempel: Keller GmbH Seyfferstr. 199 70193 Stuttgart]

Der Auszubildende:

Sabrina Wohlfahrt
Vor- und Familienname

Die gesetzlichen Vertreter des Auszubildenden:

[Unterschriften]
Vater und Mutter/Vormund

[1)] Vertragsberechtigt sind beide Eltern gemeinsam, soweit nicht die Vertretungsbefugnis nur einem Elternteil zusteht. Ist ein Vormund bestellt, so bedarf dieser zum Abschluss des Ausbildungsvertrages der Genehmigung des Vormundschaftsgerichtes.
[2)] Solange die Ausbildungsordnung nicht erlassen ist, sind gem. § 104 Abs. 1 BBiG die bisherigen Ordnungsmittel anzuwenden.

[3)] Die Probezeit muss mindestens einen Monat und darf höchstens vier Monate betragen.
[4)] Das Jugendarbeitsschutzgesetz sowie für das Ausbildungsverhältnis geltende tarifvertragliche Regelungen und Betriebsvereinbarungen sind zu beachten.

Anlage 2

Jugendarbeitsschutzgesetz

§ 17 Sonntagsruhe

(1) An Sonntagen dürfen Jugendliche nicht beschäftigt werden.

(2) Zulässig ist die Beschäftigung Jugendlicher an Sonntagen nur

1. in Krankenanstalten sowie in Alten-, Pflege- und Kinderheimen,
2. in der Landwirtschaft und Tierhaltung mit Arbeiten, die auch an Sonn- und Feiertagen naturnotwendig vorgenommen werden müssen,
3. im Familienhaushalt, wenn der Jugendliche in die häusliche Gemeinschaft aufgenommen ist,
4. im Schaustellergewerbe,
5. bei Musikaufführungen, Theatervorstellungen und anderen Aufführungen sowie bei Direktsendungen im Rundfunk (Hörfunk und Fernsehen),
6. beim Sport,
7. im ärztlichen Notdienst,
8. im Gaststättengewerbe.

Jeder zweite Sonntag soll, mindestens zwei Sonntage im Monat müssen beschäftigungsfrei bleiben.

(3) Werden Jugendliche am Sonntag beschäftigt, ist ihnen die Fünf-Tage-Woche (§ 15) durch Freistellung an einem anderen berufsschulfreien Arbeitstag derselben Woche sicherzustellen. In Betrieben mit einem Betriebsruhetag in der Woche kann die Freistellung auch an diesem Tag erfolgen, wenn die Jugendlichen an diesem Tag keinen Berufsschulunterricht haben.

§ 18 Feiertagsruhe

(1) Am 24. und 31. Dezember nach 14 Uhr und an gesetzlichen Feiertagen dürfen Jugendliche nicht beschäftigt werden.

(2) Zulässig ist die Beschäftigung Jugendlicher an gesetzlichen Feiertagen in den Fällen des § 17 Abs. 2, ausgenommen am 25. Dezember, am 1. Januar, am ersten Osterfeiertag und am 1. Mai.

(3) Für die Beschäftigung an einem gesetzlichen Feiertag, der auf einen Werktag fällt, ist der Jugendliche an einem anderen berufsschulfreien Arbeitstag derselben oder der folgenden Woche freizustellen. In Betrieben mit einem Betriebsruhetag in der Woche kann die Freistellung auch an diesem Tag erfolgen, wenn die Jugendlichen an diesem Tag keinen Berufsschulunterricht haben.

§ 19 Urlaub

(1) Der Arbeitgeber hat Jugendlichen für jedes Kalenderjahr einen bezahlten Erholungsurlaub zu gewähren.

(2) Der Urlaub beträgt jährlich

1. mindestens 30 Werktage, wenn der Jugendliche zu Beginn des Kalenderjahrs noch nicht 16 Jahre alt ist,
2. mindestens 27 Werktage, wenn der Jugendliche zu Beginn des Kalenderjahrs noch nicht 17 Jahre alt ist,
3. mindestens 25 Werktage, wenn der Jugendliche zu Beginn des Kalenderjahrs noch nicht 18 Jahre alt ist.

Jugendliche, die im Bergbau unter Tage beschäftigt werden, erhalten in jeder Altersgruppe einen zusätzlichen Urlaub von drei Werktagen.

(3) Der Urlaub soll Berufsschülern in der Zeit der Berufsschulferien gegeben werden. Soweit er nicht in den Berufsschulferien gegeben wird, ist für jeden Berufsschultag, an dem die Berufsschule während des Urlaubs besucht wird, ein weiterer Urlaubstag zu gewähren.

(4) Im übrigen gelten für den Urlaub der Jugendlichen § 3 Abs. 2, §§ 4 bis 12 und § 13 Abs. 3 des Bundesurlaubsgesetzes. Der Auftraggeber oder Zwischenmeister hat jedoch abweichend von § 12 Nr. 1 des Bundesurlaubsgesetzes den jugendlichen Heimarbeitern für jedes Kalenderjahr einen bezahlten Erholungsurlaub entsprechend Absatz 2 zu gewähren; das Urlaubsentgelt der jugendlichen Heimarbeiter beträgt bei einem Urlaub von 30 Werktagen 11,6 vom Hundert, bei einem Urlaub von 27 Werktagen 10,3 vom Hundert und bei einem Urlaub von 25 Werktagen 9,5 vom Hundert.

Mindesturlaubsgesetz für Arbeitnehmer (Bundesurlaubsgesetz)

§ 2 Geltungsbereich
Arbeitnehmer im Sinne des Gesetzes sind Arbeiter und Angestellte sowie die zu ihrer Berufsausbildung Beschäftigten. Als Arbeitnehmer gelten auch Personen, die wegen ihrer wirtschaftlichen Unselbständigkeit als arbeitnehmerähnliche Personen anzusehen sind; für den Bereich der Heimarbeit gilt § 12.

§ 3 Dauer des Urlaubs
(1) Der Urlaub beträgt jährlich mindestens 24 Werktage.
(2) Als Werktage gelten alle Kalendertage, die nicht Sonn- oder gesetzliche Feiertage sind.

§ 4 Wartezeit
Der volle Urlaubsanspruch wird erstmalig nach sechsmonatigem Bestehen des Arbeitsverhältnisses erworben.

§ 5 Teilurlaub
(1) Anspruch auf ein Zwölftel des Jahresurlaubs für jeden vollen Monat des Bestehens des Arbeitsverhältnisses hat der Arbeitnehmer
a) für Zeiten eines Kalenderjahrs, für die er wegen Nichterfüllung der Wartezeit in diesem Kalenderjahr keinen vollen Urlaubsanspruch erwirbt;
b) wenn er vor erfüllter Wartezeit aus dem Arbeitsverhältnis ausscheidet;
c) wenn er nach erfüllter Wartezeit in der ersten Hälfte eines Kalenderjahrs aus dem Arbeitsverhältnis ausscheidet.
(2) Bruchteile von Urlaubstagen, die mindestens einen halben Tag ergeben, sind auf volle Urlaubstage aufzurunden.
(3) Hat der Arbeitnehmer im Falle des Absatzes 1 Buchstabe c bereits Urlaub über den ihm zustehenden Umfang hinaus erhalten, so kann das dafür gezahlte Urlaubsentgelt nicht zurückgefordert werden.

Anlage 3

Preis (EUR)	Absetzbare Menge (Stück)	Erlös (EUR)	Gesamtkosten (EUR)	Gewinn (EUR)
400,00	0	0	50 000,-	-50 000,-
350,00	200	70 000,-	70 000,-	± 0
300,00	400	120 000,-	90 000,-	+30 000,-
250,00	600	150 000,-	110 000,-	+ 40 000,-
200,00	800	160 000,-	130 000,-	+30 000,-
150,00	1000	150 000,-	150 000,-	± 0
100,00	1200	120 000,-	170 000,-	-50 000,-

Fix 50 000,- € insg.
Var. 100,- €/Stk

Anlage 4

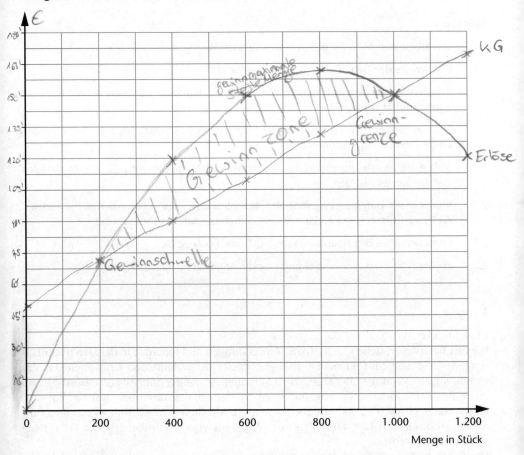

2   Prüfungsaufgaben Gemeinschaftskunde Sommer 2017

Aufgabe 1

1.   Die Arbeitswelt befindet sich in einem stetigen Wandel.

1.1   Erklären Sie den Begriff „Informationsgesellschaft".

1.2   Arbeiten Sie aus dem Text heraus, wie sich das Unternehmen SAP seit seinem Bestehen entwickelt hat **(Anlage 1)**.

1.3   Erklären Sie vor dem Hintergrund der Informationsgesellschaft, weshalb SAP eine derartige Entwicklung vollzogen hat.

1.4   Stellen Sie an zwei Beispielen dar, welche Anforderungen an Arbeitskräfte im digitalen Zeitalter gestellt werden.

2.   Immer mehr Unternehmen verlagern ihren Standort ganz oder teilweise ins Ausland. Andererseits investieren ausländische Unternehmen auch in Deutschland.

2.1   Formulieren Sie drei Hauptaussagen der Grafik **(Anlage 2)**.

2.2   Erläutern Sie zwei mögliche Gründe für die Angaben zu Baden-Württemberg.

Anlage 1

Über die SAP AG

1 Die drei Buchstaben stehen für Systeme, Anwendungen und Produkte in der Datenverarbeitung. 1972 setzten fünf ehemalige IBM-Mitarbeiter in Walldorf den Grundstein für das Unternehmen. 35 Jahre später arbeiten 10 Millionen Anwender mit SAP-Software, die heute mehr als 41.000 Mitarbeiter programmieren, vertreiben, einführen und warten. Vor fünf
5 Jahren waren es noch 12.000 Mitarbeiter weniger. Mit diesem Wachstum ist aus dem führenden Anbieter von ERP[1]-Lösungen der Weltmeister im Gesamtbereich der E-Business-Software geworden.

Der Gesamtumsatz SAPs erhöhte sich 2006 um 10 Prozent gegenüber dem Vorjahr auf 9,4 Milliarden Euro. Das Durchschnittsalter der Mitarbeiter, von denen rund 30 Prozent
10 Frauen sind, liegt bei 37 Jahren. Die durchschnittliche Firmenzugehörigkeit beläuft sich auf 5,3 Jahre.

Quelle: www.business-wissen.de/artikel/sap-global-player-im-softwaremarkt (Zugriff am 24.10.2016)

---

[1] *ERP ist ein Unternehmens-Informationssystem, womit alle geschäftsrelevanten Bereiche eines Unternehmens im Zusammenhang betrachtet werden können.*

Anlage 2

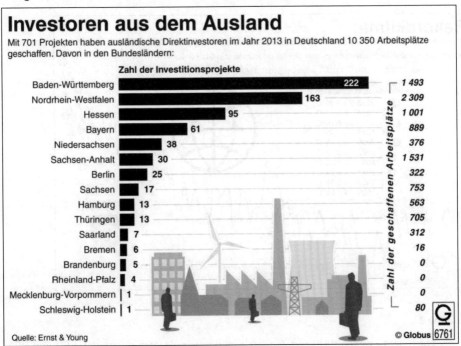

Investoren aus dem Ausland

Mit 701 Projekten haben ausländische Direktinvestoren im Jahr 2013 in Deutschland 10 350 Arbeitsplätze geschaffen. Davon in den Bundesländern:

Zahl der Investitionsprojekte

Bundesland	Zahl der Investitionsprojekte	Zahl der geschaffenen Arbeitsplätze
Baden-Württemberg	222	1 493
Nordrhein-Westfalen	163	2 309
Hessen	95	1 001
Bayern	61	889
Niedersachsen	38	376
Sachsen-Anhalt	30	1 531
Berlin	25	322
Sachsen	17	753
Hamburg	13	563
Thüringen	13	705
Saarland	7	312
Bremen	6	16
Brandenburg	5	0
Rheinland-Pfalz	4	0
Mecklenburg-Vorpommern	1	0
Schleswig-Holstein	1	80

Quelle: Ernst & Young

© Globus 6761

Aufgabe 2

1. Seit Jahren wird über die weltweite Klimaveränderung diskutiert.

1.1 Arbeiten Sie vier wesentliche Aussagen des Schaubildes heraus **(Anlage)**.

1.2 Nennen Sie drei mögliche Ursachen für den in der Grafik dargestellten Sachverhalt.

1.3 Beschreiben Sie drei Auswirkungen der Klimaveränderung.

2. Bund und Länder ergreifen Maßnahmen zum Klimaschutz. Erläutern Sie zwei staatliche umweltpolitische Maßnahmen.

3. Prüfen Sie, inwiefern umweltbewusstes Verhalten und wirtschaftliche Interessen im Widerspruch stehen.

Anlage

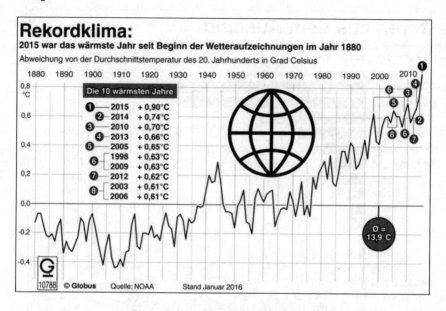

Rekordklima:
2015 war das wärmste Jahr seit Beginn der Wetteraufzeichnungen im Jahr 1880

Abweichung von der Durchschnittstemperatur des 20. Jahrhunderts in Grad Celsius

Die 10 wärmsten Jahre

❶	2015	+ 0,90°C
❷	2014	+ 0,74°C
❸	2010	+ 0,70°C
❹	2013	+ 0,66°C
❺	2005	+ 0,65°C
❻	1998	+ 0,63°C
	2009	+ 0,63°C
❼	2012	+ 0,62°C
❽	2003	+ 0,61°C
	2006	+ 0,61°C

O = 13,9°C

10788   © Globus   Quelle: NOAA   Stand Januar 2016

Aufgabe 3

1.   Nach dem Zweiten Weltkrieg wurden zwei deutsche Staaten gegründet: BRD und DDR. Im Jahre 1989 kam es in der DDR zu den sogenannten Montagsdemonstrationen. Dabei konnte man auf den mitgeführten Transparenten zunächst häufig die Parole „Wir sind das Volk!" lesen. Im Frühjahr 1990 änderte sich diese zu „Wir sind ein Volk!".

1.1   Erklären Sie, welche politischen Forderungen sich mit den jeweiligen Parolen verbanden.

1.2   Erläutern Sie drei weitere Ursachen, warum zahlreiche Bürger/-innen der DDR mit ihrem Staat unzufrieden waren.

2.   Eine der bedeutendsten Leistungen Gesamtdeutschlands seit der Wiedervereinigung besteht im Aufbau Ost **(Anlage 1)**.

2.1   Erklären Sie in eigenen Worten den Begriff „Aufbau Ost".

2.2   Stellen Sie dar, welche Fortschritte in den sogenannten neuen Bundesländern erzielt wurden und welche Probleme trotz dessen bestehen **(Anlage 1)**.

2.3   Beschreiben und interpretieren Sie die Karikatur **(Anlage 2)**.

Anlage 1

Abwanderung aus Ostdeutschland gestoppt

Die Wende nach der Wende [...]

Im Interview mit tagesschau.de nennt Demografie-Forscher Reiner Klingholz Gewinner und Verlierer [des Aufbau Osts].

tagesschau.de: Ostdeutschland ist zwischen 2008 und 2013 vom Ab- zum Zuwanderungsland geworden, aber das vor allem zugunsten der Städte. Für wen sind die ostdeutschen Städte besonders attraktiv?

Reiner Klingholz: Ostdeutschland musste sehr lange eine arbeitsmarktbedingte Abwanderung in Richtung Westen hinnehmen. Das ist vorbei. Inzwischen bleibt sogar ein leichter Zuwanderungsüberschuss im Osten, der sich allerdings auf nur 15 Prozent der Gemeinden konzentriert. Wir sprechen von den neuen Leuchttürmen im Osten, die nicht nur für Studierende oder Jobsuchende attraktiv sind, sondern für Menschen aller Altersgruppen und aller Bevölkerungsschichten. Neben Berlin sind das Leipzig, Dresden oder Erfurt. Die vielbeschworenen blühenden Landschaften existieren also, aber eben in den Städten. Dass die Städte sich herausgeputzt haben, zahlt sich aus.

tagesschau.de: Wie nachhaltig ist der Trend zur Zuwanderung, wenn er sich hauptsächlich auf einige Städte konzentriert?

Klingholz: Selbst wenn zurzeit nur ein kleiner Anteil der Gemeinden profitiert, handelt es sich trotzdem um einen Riesenfortschritt. Es gab Zeiten, in denen mussten wir in praktisch allen ostdeutschen Gemeinden Abwanderung verzeichnen. Auch heute ist es noch so, dass fast überall im Osten die Bevölkerung insgesamt schrumpft, zum einen, weil Menschen abwandern, zum anderen, weil mehr Menschen sterben als geboren werden.

tagesschau.de: Inwieweit verändert das Plus an Zuwanderung die Städte?

Klingholz: Vor allem haben sich die Städte verändert, was die Zuwanderung überhaupt ermöglicht hat. Wir sehen jetzt die Effekte der Städtebauförderung und des Aufbaus Ost, nicht zuletzt in Form von neuen Arbeitsplätzen. [...]

Quelle: www.tagesschau.de/inland/bevoelkerung-ostdeutschland-101.html (Zugriff am 06.07.2016)

Anlage 2

Quelle: www.stuttmann-karikaturen.de/ergebnis/4408, erschienen im Jahr 2012 (Zugriff am 06.07.2016)

Aufgabe 4

1. Der Journalist Peter Limbourg, Autor des Artikels aus **Anlage 1**, sieht die Pressefreiheit derzeit in vielen Ländern der Welt bedroht.

1.1 Arbeiten Sie aus dem Text heraus, welche drei Personengruppen nach Aussage des Verfassers die Freiheit der Presse bedrohen **(Anlage 1)**.

1.2 Geben Sie für jede Personengruppe die im Artikel genannten Gründe für diese Bedrohung wieder.

2. In Deutschland gilt das Prinzip der Gewaltenteilung. Massenmedien werden häufig als „vierte Gewalt" bezeichnet.

2.1 Nennen Sie die klassischen drei Gewalten und erklären Sie den Sinn dieser Gewaltenteilung in der Bundesrepublik Deutschland.

2.2 Begründen Sie anhand von zwei Angaben, warum die Pressefreiheit für eine Demokratie unverzichtbar ist.

3. Am 07.01.2015 erfolgte ein Attentat religiöser Fundamentalisten auf die Redaktion der französischen Satirezeitschrift Charlie Hebdo. Beschreiben und interpretieren Sie in diesem Zusammenhang die Karikatur **(Anlage 2)**.

Anlage 1

Welttag der Pressefreiheit: Pressefreiheit ist ein universelles Menschenrecht

Ein Gastbeitrag von Peter Limbourg, 3. Mai 2016, 16:45 Uhr

[...] „Pressefreiheit ist ein großes Übel, sie stört das gute Verhältnis zwischen Regierung und Volk, sät Zwietracht unter den Menschen und führt dazu, dass nur skandalisiert und nicht informiert wird." So in etwa lautet die gängige Antwort der zahlreichen [autoritären Machthaber, ...] religiösen Extremisten und Militärmachthaber rund um den Globus, wenn Demokraten für die freie Presse eintreten.

Doch nicht nur Diktatoren sehen das so – auch Menschen, die hierzulande auf die Straßen gehen oder die sozialen Medien mit Hasskommentaren füllen, vertreten ähnliche Ansichten. Wer das Wort „Lügenpresse" ernsthaft im Munde führt, ist eigentlich ein Gegner der freien Presse. Es geht diesen Menschen nicht um DIE Wahrheit, die angeblich von Journalisten verschwiegen oder verdreht wird – es geht um die EIGENE Wahrheit, nach dem Motto: Wer die Welt nicht wie ich sieht, lügt. [...]

Doch die Pressefreiheit wird nicht nur von außen bedroht, auch in den Redaktionen wird gelegentlich Munition gegen sie geliefert. Journalisten, die nicht richtig recherchieren, die ungeprüft von anderen abschreiben, jeden harmlosen Vorgang skandalisieren oder aus jeder staatsanwaltlichen Ermittlung gleich ein Urteil fällen – auch sie liefern die Argumente für die Feinde der Freiheit. [...]

Die große Mehrheit der deutschen Journalisten schafft es auch unter schwierigen Rahmenbedingungen, sorgfältig und wahrhaftig zu arbeiten. Weltweit aber ist die Lage dramatisch. Gefälligkeitsjournalismus und Selbstzensur sind auf dem Vormarsch. Kritischen Medienhäusern wird die wirtschaftliche Basis entzogen. Staatliche Eingriffe, Verhaftungen, Einschüchterungen und körperliche Übergriffe bis hin zum Mord sind leider keine Ausnahme. Es trifft Blogger in Bangladesch, Reporter in Russland oder Kommentatoren auf Kuba. Die Liste der unfreien Länder lässt sich ohne Problem fortsetzen. Natürlich ist Pressefreiheit anstrengend und wie bei allen Freiheiten gibt es gelegentlich Missbrauch. Aber sie ist ein universelles Menschenrecht – kein Luxus. [...]

Quelle: www.zeit.de/gesellschaft/zeitgeschehen/2016-05/welttag-pressefreiheit-limbourg (Zugriff am 25.10.2016)

Anlage 2

Quelle: www.zeit.de/gesellschaft/zeitgeschehen/2016-05/welttag-pressefreiheit-limbourg (Zugriff am 08.10.2016)

Aufgabe 5

1.   In einer Volksabstimmung hat das britische Volk dafür votiert, aus der Europäischen Union (EU) auszutreten (auch bekannt als Brexit).

1.1   Arbeiten Sie aus dem Text heraus, welche wirtschaftlichen Auswirkungen im Rahmen des Brexit für Großbritannien und die EU befürchtet werden **(Anlage)**.

1.2   Erläutern Sie über den Text hinaus zwei Argumente, die für eine Mitgliedschaft in der EU sprechen.

2.   Der Beginn des europäischen Einigungsprozesses begann wenige Jahre nach dem Zweiten Weltkrieg. Erläutern Sie vor diesem Hintergrund zwei Gründe für die Kooperation einiger europäischer Staaten.

3.   Beurteilen Sie anhand von zwei aktuellen Beispielen (abgesehen vom Brexit), inwiefern die EU die Mitgliedsstaaten eher vereint oder trennt.

Anlage

Mögliche wirtschaftliche Folgen des Brexit

Marcus Theurer

[...] Wenn die Briten der EU wirklich den Rücken kehren sollten, hätte dies wohl auch wirtschaftliche Konsequenzen, an die bisher die wenigsten denken. Schließlich ist das Vereinigte Königreich die zweitgrößte Volkswirtschaft im europäischen Staatenbund nach Deutschland und knapp vor Frankreich. Zu befürchten ist deshalb, dass der Brexit nicht nur ein europolitisches Erdbeben, sondern auch ein schwerer wirtschaftlicher Rückschlag für Europa wäre. Bisher haben die Briten freien Zugang zum EU-Binnenmarkt. Nach dem Austritt drohen ihnen dagegen Zölle und andere Handelshemmnisse. Weniger Handel zwischen dem Vereinigten Königreich und dem europäischen Kontinent könnte weniger Wohlstand bedeuten – und zwar auf beiden Seiten des Ärmelkanals.

Wirtschaftliche Beziehungen auf dem Prüfstand

Die Zahlen sprechen für sich: Europa ist der mit Abstand wichtigste Handelspartner Großbritanniens. Mehr als 40 Prozent der britischen Exporte an Waren und Dienstleistungen gehen in die anderen EU-Staaten. Niemand profitiert davon so stark wie die Banken im Londoner Finanzviertel: Mehr als ein Drittel des gesamten Großkundengeschäfts im Finanzsektor der EU wird heute in Großbritannien abgewickelt und damit mehr als in Deutschland, Frankreich und Italien zusammen. Auf dem europäischen Binnenmarkt werden eben nicht nur Güter, sondern auch Finanzdienstleistungen „made in Britain" im großen Stil gehandelt. Deshalb fürchten die Londoner Banker den Brexit. Aber auch andere EU-Staaten würden unter dem Austritt Großbritanniens wohl leiden, denn mehr als die Hälfte der britischen Importe stammen aus dem EU-Raum. Deshalb fürchtet beispielsweise auch die deutsche Autoindustrie den Brexit: Für Audi, BMW und Mercedes zählen die Briten bisher zu den besten Kunden. Doch Zollschranken könnten nach dem Brexit das Geschäft belasten.

Quelle: www.bpb.de/internationales/europa/brexit/228809/wirtschaftliche-folgen (Zugriff am 25.10.2016)

Aufgabe 6

1. Der Begriff „Globalisierung" beschreibt einen Prozess der weltweiten Verflechtung und Vernetzung.

1.1 Nennen Sie sechs Bereiche, in denen diese globale Vernetzung erfolgt.

1.2 Erörtern Sie je zwei Vor- und Nachteile für einen dieser Bereiche.

2. Beschreiben und interpretieren Sie die Karikatur **(Anlage 1)**.

3. Die Nichtregierungsorganisation Attac äußert sich auf ihrer Website zum Thema Globalisierung.
   Arbeiten Sie aus dem Text vier Kritikpunkte heraus, welche Attac gegen die Globalisierung anführt **(Anlage 2)**.

4. Formulieren Sie zwei konkrete Vorschläge, wie Sie als Verbraucher/-in die negativen Auswirkungen der Globalisierung verringern können.

Anlage 1

Quelle: www.bpb.de/lernen/grafstat/134789/treibhauseffekt-b2 (Zugriff am 25.10.2016)

Anlage 2

[...] Globalisierung bringe Wohlstand für alle – dieses [...] Versprechen hat sich nicht erfüllt. Im Gegenteil: Die Kluft zwischen Arm und Reich wird immer größer, sowohl innerhalb der Gesellschaften als auch zwischen Nord und Süd. [...]
Die gegenwärtige Globalisierung orientiert sich einseitig an mächtigen Wirtschaftsinteressen. Die Politik treibt die Liberalisierung der Märkte im Interesse der großen Konzerne voran – eine Globalisierung von Menschenrechten und von sozialen, ökologischen oder demokratischen Standards steht dagegen nicht auf der Agenda. [...] Der Glaube, der Markt könne es besser und solle dem Staat möglichst viel aus den Händen nehmen, ist mittlerweile tief in den Köpfen verankert. [...] Als Konsequenz dieser Politik konzentriert sich der gesellschaftliche Reichtum in den Händen von immer weniger Menschen – und zirkuliert in Form von Kapital auf der Jagd nach Rendite in immer schnellerem Tempo um die Welt. Längst übersteigen die Vermögensansprüche an den Finanzmärkten um ein Vielfaches das, was weltweit an Waren und Dienstleistungen erwirtschaftet werden kann. Immer hektischer suchen die Besitzenden auf den Finanzmärkten nach immer neuen Anlagemöglichkeiten. Regierungen, die mit Umwelt- oder Sozialstandards tatsächlich ernst machen wollen, wird offen mit massenhafter Kapitalflucht gedroht. Eine weitere Konsequenz der neoliberalen Globalisierung ist die beschleunigte Jagd nach Rohstoffen, zu deren Sicherung reiche Industriestaaten zunehmend militärische Planungen und kriegerische Interventionen beschließen. In immer mehr Ländern führt dies zu politischer Destabilisierung und Terrorismus, was in Industriestaaten wiederum zur Rechtfertigung von Aufrüstung, Militarisierung und zur Aushöhlung demokratischer Rechte benutzt wird. Es droht eine Abwärtsspirale der Zerstörung und der Entdemokratisierung.

Quelle: www.attac.de/themen/globalisierung (Zugriff am 25.10.2016)

3   Prüfungsaufgaben Deutsch Sommer 2017

Aufgabentyp 1: Inhaltsangabe

- Verfassen Sie eine Inhaltsangabe **(Anlage 1)**.
- Beurteilen Sie das Handeln der jungen Frau und der anderen Betroffenen.

Aufgabentyp 2: Kreatives Schreiben

Schildern Sie in einem Brief aus der Sicht eines/-r der Jugendlichen den Ablauf des Geschehens und gehen Sie dabei auf die Gefühle, Gedanken und Beweggründe des/-r Jugendlichen ein **(Anlage 2)**.

Aufgabentyp 3: Privater Geschäftsbrief

Situation

Sie sind Beauftragte/-r für Gesundheit und Prävention bei dem Dienstleister „Copy&Paste GmbH" in Stuttgart. Immer wieder äußern einige Mitarbeiter und Mitarbeiterinnen Ihnen gegenüber den Wunsch nach einem firmeninternen Fitnessraum mit Duschgelegenheiten. Diese werden zudem schon lange von den zahlreichen Mitarbeitern, die mit dem Fahrrad zur Arbeit kommen, gefordert. Nachdem nun für einen bisher vermieteten Gebäudeanbau keine geeignete Nutzung gefunden wurde, sehen Sie die Chance, die Geschäftsleitung für das gesundheitsfördernde Vorhaben zu gewinnen.

Aufgabe

Schreiben Sie einen privaten Geschäftsbrief, in dem Sie die Vorteile Ihres Vorschlags begründen. Ergänzen Sie dazu notwendige, fehlende Angaben sinnvoll und beachten Sie die formalen Richtlinien des privaten Geschäftsbriefs.

Aufgabentyp 4: Schaubild

- Beschreiben Sie das abgebildete Schaubild **(Anlage 3)**.
- Wie könnte Ihrer Meinung nach die Verschwendung von Lebensmitteln eingedämmt werden?

Aufgabentyp 5: Stellungnahme

> #hotpantsverbot: Schülerinnen werden zwangsbekleidet
>
> Hotpants und viel Haut im Sommer: Das war Lehrern einer Realschule im Schwarzwald zu heiß. Sie verboten „aufreizende Kleidung" und verordneten T-Shirts in Übergrößen.

Quelle: www.spiegel.de/forum/schulspiegel/hotpantsverbot-schuelerinnen-werden-zwangsbekleidet-thread-319908-9. html, abgerufen am 24.03.2016

- Nehmen Sie zu dieser Maßnahme Stellung.
- Begründen Sie Ihre Meinung unter Berücksichtigung des Schulklimas und aller am Schulleben Beteiligten.

Aufgabentyp 6: Visualisierung

- Stellen Sie den Inhalt des Textes grafisch dar (**Anlage 4**).
- Ist Schimmel Ihrer Ansicht nach ein Grund für Mietminderung? Nehmen Sie Stellung.

Anlage 1

Axel Hacke: Das Beste aus meinem Leben

Abends wollten Paola und ich ins Theater gehen. Vorher traf ich Bruno, meinen alten Freund, in einem großen Straßencafé. Wir saßen an einem Tisch in der letzten Reihe, gleich an der Hauswand. Das Café liegt an einem kleinen Platz, der gesäumt ist von einem breiten Trottoir[1] und blühenden Kastanien. Auf den Bänken zwischen den Kastanien dämmerten Clochards[2], die sich im Supermarkt nebenan mit Dosenbier versorgt hatten.   5

Es war später Nachmittag. Bruno und ich hatten die Arbeit hinter uns und zwei Gläser Bier vor uns, als sich auf den Bänken vorne an der Straße ein riesiger Mann erhob. Er hatte nur ein Bein, ging an Krücken und war sehr betrunken. Langsam, die Krücken setzend, zwischen ihnen schwankend, überquerte er die unsichtbare Grenze zwischen den Bänken und den Cafétischen und ließ sich in einen Sitz in der ersten Tischreihe fallen. Er lehnte die Krücken schräg an seinen Sessel, 10 streckte das Bein quer über das Trottoir und begann sofort in seinem Suff laut und undeutlich zu reden. Nein: er redete nicht, er gab ein Geräusch von sich, eine Mischung aus Lallen und Grölen, ein Gelöle oder Gegralle, das rau und rollend aus der Kehle kam, sehr laut, sehr unverständlich. Dazu ruderte er mit den Armen, als diskutiere er mit Unsichtbaren.

Der Mann war ein Hüne, zwei Meter groß. Er trug schmuddelige Jeans. Das leere Hosenbein war 15 mit einer Sicherheitsnadel an eine Hosentasche gesteckt. Seine Haare waren lang, grau, lockig und wallten auf die Schultern. Das linke Auge war unter einer schwarzen Klappe verborgen. Ein Kellner trat auf den ungeschlachten Kerl zu. Er bekam nichts zu hören als Gebrüll und entfernte sich. Der Besitzer des Cafés trat vor die Tür. Er ging zu dem Mann. Man sah seinen ausgestreckten Arm, der zu den Clochard-Bänken wies, hörte das rollende Brüllen des Einbeinigen, sah ihn wild 20 gestikulieren.

Der Cafétier[3] rang die Hände, ratlos, was zu tun sei mit dem kaputten Riesen. Hinauswerfen mit vereinten Kellnerkräften? Dann stürzt er noch und liegt hilflos am Boden zwischen den Tischen. Oder er wehrt sich und schlägt jemand nieder. Der Cafétier ging ins Haus, kehrte zurück, stand unschlüssig herum. Die Kellner eilten achselzuckend zwischen den Tischen hin und her, taten 25 ihre Arbeit. Einige Gäste zahlten, die anderen verfolgten gebannt das Schauspiel.

Doch dann erhob sich schließlich an einem der vielen Tische des Cafés eine junge, sehr klein gewachsene Frau und steuerte auf den in seinem Sessel liegenden, herumfuchtelnden Mann zu. Unmittelbar vor ihm blieb sie stehen und schrie ihn an: „Und nun ist Schluss! Du haust jetzt hier ab!" Zum ersten Mal seit einer Viertelstunde war es still. Der Riese starrte die junge Frau an. Sie 30 war höchstens 1,60 Meter groß. „Du bist krank, und du tust mir leid", rief sie. „Aber hier sind hundert Leute, die du störst."

Der Riese begann noch einmal wie vorher zu brüllen, ohne dass ein Wort zu verstehen gewesen wäre. „Du glaubst, ich habe Angst vor dir!", rief die Frau. Sie war im Stehen so groß wie der Mann im Sitzen und ihre Blicke stachen ihm direkt in sein Auge. „Aber ich habe keine Angst!", rief sie. 35 „Sei endlich still und verschwinde!"

Der Riese schwieg. Er suchte mit den Händen nach seinen Krücken, stemmte sich in seinem Sessel hoch, hängte sich mit den Armen in die Krücken ein. Aus seinem Gebrüll war ein Murmeln geworden. Er bewegte sich, langsam vor- und zurückschaukelnd, mit seinen Krücken zur

40 nächsten Straßenecke und verschwand.

Mein Handy klingelte. „Wo bist Du?", fragte Paola. „Wir wollten doch in die Vorstellung!"
„Ich bin schon im Theater", sagte ich.

Quelle: Süddeutsche Zeitung Magazin vom 3. Mai 2002

1) Trottoir: Bürgersteig
2) Clochard: Stadtstreicher
3) Cafétier: Caféhausbesitzer

Anlage 2

Mit dem Traktor nach Hause
Polizei stoppt groben Unfug

Eine nicht alltägliche Art der Personenbeförderung stellten Beamte des Polizeireviers Weins-
berg am Freitag gegen 23.30 Uhr in Unterheinriet fest. Den Beamten kam auf einer Streifen-
fahrt ein Traktor entgegen, der insgesamt mit sieben Personen besetzt war. Drei Mädchen
saßen vor Freude kreischend in der Frontschaufel, während sich vier Jungs im Führerhaus
5 befanden. Beim Erkennen der Streife ergriffen die Mädchen zunächst die Flucht über die
angrenzende Wiese in Richtung Wald. Bei der Kontrolle gab der Traktorfahrer an, dass er
seine Freunde nach Hause fahren wollte. Nach kurzer Zeit kamen die jungen Damen reu-
mütig zurück und gaben auch bereitwillig ihre Personalien an. Nach einem eindringlichen
„verkehrserzieherischen Gespräch" traten die Jugendlichen den Heimweg an – zu Fuß, wie
10 es im Polizeibericht steht.

Quelle: Rhein-Neckar-Zeitung, Nummer 49, 29. Februar 2016, S. 7

Anlage 3

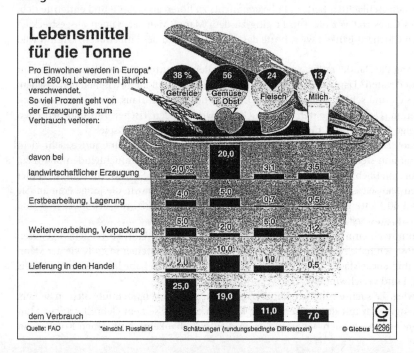

Lebensmittel für die Tonne

Pro Einwohner werden in Europa* rund 280 kg Lebensmittel jährlich verschwendet.
So viel Prozent geht von der Erzeugung bis zum Verbrauch verloren:

	Getreide 38 %	Gemüse u. Obst 56	Fleisch 24	Milch 13
davon bei landwirtschaftlicher Erzeugung	2,0 %	20,0	3,1	3,5
Erstbearbeitung, Lagerung	4,0	5,0	0,7	0,5
Weiterverarbeitung, Verpackung	5,0	2,0	5,0	1,2
Lieferung in den Handel	2,0	10,0	1,0	0,5
dem Verbrauch	25,0	19,0	11,0	7,0

Quelle: FAO   *einschl. Russland   Schätzungen (rundungsbedingte Differenzen)   © Globus 4296

Anlage 4

Tipps gegen Schimmelpilz im Wohnraum

Umfrage: Viele lüften falsch – und begünstigen damit Schimmelpilzbefall

Die Außentemperaturen fallen, und in nicht wenigen Häusern und Wohnungen zieht nun der Schimmelpilz ein. Doch das muss nicht sein. Durch richtiges Heizen und Lüften sowie weitere Handgriffe kann dem Befall vorgebeugt werden.

Zur Winterzeit entsteht in vielen Innenräumen wieder Schimmelpilzbefall. Dies hat meist nichts mit unhygienischen Verhältnissen zu tun. „Was den Schimmelpilz zum 5 Sprießen bringt, ist eine Mischung aus absinkender Außentemperatur, kalten Wandflächen und erhöhter Luftfeuchtigkeit in den Räumen", weiß der Sachverständige Erwin Barowski, der auf die Thematik Feuchtigkeitsschäden an Gebäuden und Schimmelpilzbefall spezialisiert ist.

Auch bei Abwesenheit der Bewohner sollte die Raumtemperatur idealerweise 16 bis 18° C 10 betragen. Denn ab ca. 13° C Wandoberflächentemperatur kann sich die Raumluft derart abkühlen, dass die in ihr enthaltene Feuchtigkeit zu einem hauchdünnen Wasserfilm auf der Wandoberfläche kondensiert – und damit zum optimalen Nährboden für Schimmelpilzbefall wird. Doch selbst wenn die Raumluft konstant bei 18° C gehalten wird, ist dies keine Garantie gegen den Schimmel. Oft führen baukonstruktive Schwachstellen dazu, dass die 15 Wandoberflächentemperatur trotzdem auf unter 13° C absinkt und damit Schimmelpilzgefahr besteht. Zudem ist es nicht möglich, Luftfeuchtigkeit im Wohnraum gar nicht erst entstehen zu lassen. Sie kommt unweigerlich durch die Atemluft des Menschen (50 g pro Stunde und Person), Kochen (1.000 bis 3.000 g pro Tag) sowie durch Baden und Duschen (1.000 g pro Tag und Person) zustande. Gegen Schwachstellen in der Baukonstruktion kann 20 eine Innendämmung helfen, z. B. eine spezielle Klimaplatte, die gegen Kondensation und Schimmelpilzschäden vorbeugend schützt. „Und das Lüftungsverhalten der Bewohner spielt eine entscheidende Rolle, besonders im Winter", betont der Sachverständige.

Rund ein Drittel der Bewohner lüftet falsch

Beim Lüften der Räume ist die Spaltlüftung über gekippte Fenster die schlechteste Variante. 25 Laut einer aktuellen repräsentativen Umfrage von Emnid lüften über 30 Prozent der Befragten ihr Zuhause nur über gekippte Fenster – und damit falsch. Bei geringen Außenlufttemperaturen kühlt der Raum bei der Spaltlüftung aus, insbesondere die Wandbereiche, die an das gekippte Fenster angrenzen. Kommen dann durch Duschen oder Kochen große Mengen von Feuchtigkeit hinzu, besteht erhöhte Schimmelpilzgefahr. Besser geeignet ist die so 30 genannte Querlüftung – auch Durchzug genannt. Für zwei bis fünf Minuten (je nach Außentemperatur) werden sämtliche Fenster und Türen der Wohnungsebene geöffnet. Der Raumluftaustausch ist im gleichen Zeitraum mehr als 30-mal höher als bei der Spaltlüftung; und der Energiebedarf für das Wiederaufheizen der Raumluft wird verringert.

Weitere Tipps des Fachmannes: Möbel, vor allem in Neubauten, sollten ca. 30 Zentimeter 35 von der Wand entfernt platziert werden, damit noch vorhandene Baufeuchte trocknen und die Raumluft ausreichend zirkulieren kann. Außerdem sollte man Wäsche möglichst nicht in den Wohnräumen trocknen. Tropfnasse Wäsche kann nämlich bis zu 500 g Feuchtigkeit pro Stunde abgeben, geschleuderte Wäsche bis zu 200 g pro Stunde.

40 **Schimmelpilzbefall stets vom Fachmann entfernen lassen**

Ist Schimmelpilz einmal aufgetreten, wird von vielen als erste Maßnahme das Abwischen mit Anti-Schimmelmitteln aus dem Baumarkt empfohlen. Doch Vorsicht! Der Schimmelpilz kann beim Abwischen gesundheitsgefährdende Sporen freisetzen, die mit bloßen Augen nicht sichtbar sind und sich im ganzen Wohnraum verteilen. Ein Schimmelpilz-
45 schadenbefall sollte deshalb stets vom Fachmann entfernt werden. Laut Umweltbundesamt gilt dies zwingend, wenn der Befall eine Fläche von einem halben Quadratmeter und mehr erreicht hat.

Quelle: www.baumessenrw.de/print/ausstellerverzeichnis/news/tipps-gegen-schimmelpilz-im-wohnraum (12.02.2016)